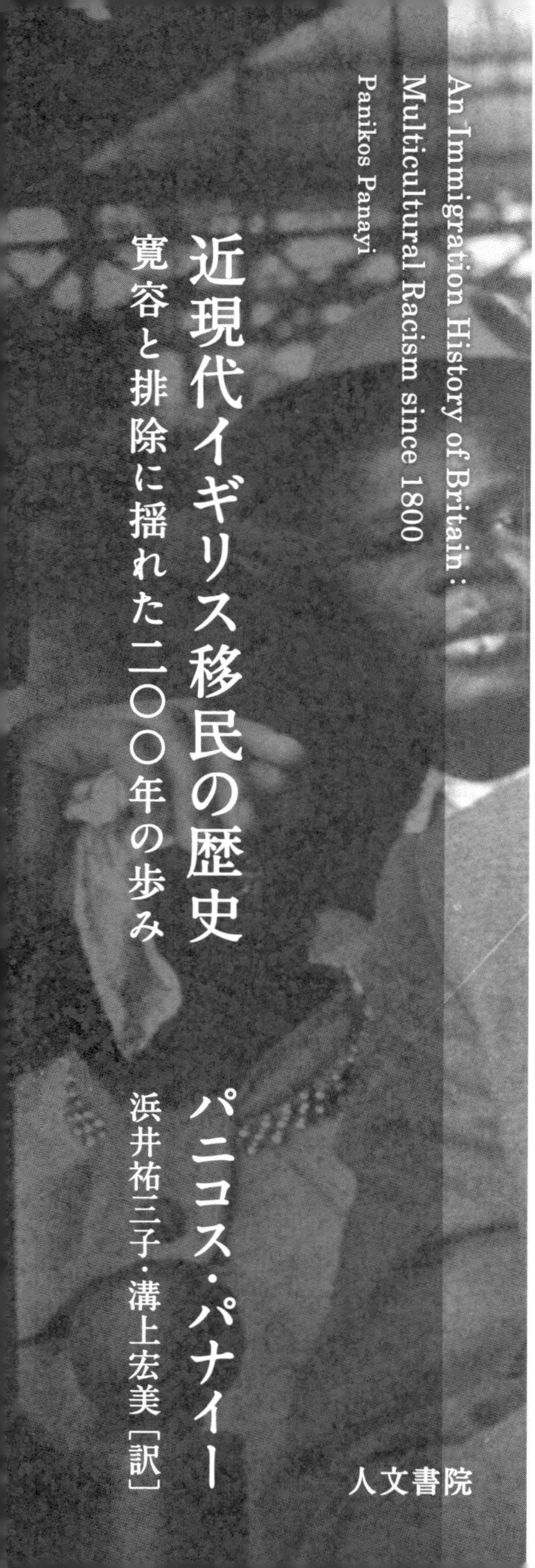

An Immigration History of Britain:
Multicultural Racism since 1800
Panikos Panayi

近現代イギリス移民の歴史

寛容と排除に揺れた二〇〇年の歩み

パニコス・パナイー

浜井祐三子・溝上宏美［訳］

人文書院

日本語版への序文

『近現代イギリス移民の歴史――寛容と排除に揺れた二〇〇〇年の歩み』の日本語版の出版が近づきつつある今、ヨーロッパでは夏の終わりを迎え、五〇万近い人々――その圧倒的多数が難民である――がこの大陸に向けて歩を進めている。シリアでの、終わることのないかに思われる戦争によって主に引き起こされたこの動きは、メディアによって第二次世界大戦終結以降最大の移住の動きとして報じられた。地中海を渡り、数百マイルもの道を歩く人々の悲惨な光景は、これまでになかったもののように思われる。第二次世界大戦が終わった時、あるいは一八四八年の諸革命の失敗に引き続いて起こった過去の難民危機の時と同じように、二〇一五年のイギリスは比較的少数の人々を受け入れた。

本書がとっている長期的視点に立てば、我々は現在のヨーロッパやイギリスで起こっている出来事を理解しやすくなる。以降の各章で示すように、本書は以下のような鍵となるテーマ、つまり、移住とその原因、統合の必然性、移民のアイデンティティの複雑さ、人種主義そして、単純にもっとも新しい集団、あるいはもっとも「脅威を及ぼす集団」にその対象が移っていく外国人嫌悪の堅牢さ、そして多文化主義の発展といったテーマに焦点を絞って、包括的にアプローチをしている。これらの五つのテーマによって、本書の出発点である一八〇〇年、あるいはそれ以前にさかのぼる近代イギリスの歴史的展開の中心に入移民というものを据えることができるだけでなく、現在も継続するプロセスとしての入移民についても説明できるであろう。

本書が最初に出版されてから五年の間に、若干であるが新たな進展があった。とりわけ、さらなる移民の到来がそれにあたるが、彼らの流入は、過去二〇〇年の間にイギリスにやってきた連綿とした人々の流れの単なる延長に過ぎない。イギリスにたどり着いた少数のシリア人たちでさえ、フランス革命以降、この国にやって来たたくさんの難民集団の一つであるにすぎないのである。多くの人々は、イギリスに心の傷を抱えてやってくるであろう。しかし、時がたてば、彼らが故国に戻らないとすれば、過去にやってきた何百万の人々と、良くも悪くも、似たような経験を彼らもすることになるであろう。様々な理由から過去二世紀の間にイギリスへやってきた先人たちと同じく、彼らも、数百年にわたって形作られてきたイギリスの彩り豊かな民族構成のつづれ織り《タペストリー》の一部になるのだ。

二〇一五年九月、レスターシャー、オードビーにて

パニコス・パナイー

近現代イギリス移民の歴史——寛容と排除に揺れた二〇〇年の歩み

目次

凡例

一、本書は、Panikos Panayi, *An Immigration History of Britain : Multicultural Racism since 1800* (2010) の全訳である。写真は割愛した。

二、原著において明らかな間違いがみられたとき、あるいは原著者から修正があったときは訂正の上訳出した。

三、訳注は［ ］で示した。読みやすさと利便性を考慮して、訳注は最小限に留め、なるべく簡潔に本文中に組み込む形とした。

四、訳語について

本翻訳では、原文の意図をなるべく正確に伝えると同時に、読みやすい日本語にすることを心がけた。いくつかの語に対する訳語の表記および訳注に関して、特に留意していただきたい点を以下に述べる。

《原著の Black という語の訳語について》

イギリスでは国勢調査《センサス》における Black or Black British というカテゴリーや、いわゆる「白人（White）」ではないマイノリティを指す言葉として使われる Black and Asian という表現で、Black という語は公的な場においても頻繁に使用される。上記の二つの例では、この語は、あえて日本語の訳語を当てるとすれば、いわゆる「黒人」であり、これはイギリスで言うと、アフリカ起源を持ち、かつてのイギリス植民地であった西インド諸島から移民してきた「西インド諸島系（West Indian）」（「アフロ・カリブ系（Afro-Caribbean）」と呼ばれる場合もある）が多数を占める人々を指す言葉であり、彼ら自身によってアイデンティティを表明する言葉としても用いられる。ただし Black は、文脈によっては、アジア系を含む「非白人」の意味で用いられる場合もある（もともとは主流社会の「人種差別」に対して差別を受ける非白人側の団結を促す政治的な表現であったが、前者ほどは定着しなかった）。著者の Black の語の使用もこの二つのどちらかの意味で用いられている。

Blackを「黒人」や「非白人」と訳すことに対しては人種的なカテゴリーの認識を強化し、そのような集団を実体化するとして批判もあるだろうと考え、訳者間で訳し方を検討したが、原著で用いられているニュアンスをなるべく正確に、また、わかりやすい日本語で伝えることを重視した結果、ブラックと片仮名のまま残す、アフリカ系など別の語に置き換えることはここでは避けた。Blackには黒人ないしは非白人という訳語を当て、ブラックというルビを当てることで対応した。

《Asian（アジア系）について》

Black and Asianはイギリスにおける「非白人」マイノリティを指す言葉としてしばしば用いられる言葉であるが、Asianについては、もともとは、しばしば「南アジア系」をもっぱら指す表現として用いられる傾向があった。国勢調査におけるカテゴリーにおいても、かつては、Asian or Asian Britishというカテゴリーのサブカテゴリーにはインド系、パキスタン系、バングラデシュ系などが並んでおり、中国系は別にカウントされていた（二〇一一年国勢調査からは、中国系もアジア系のサブカテゴリーとして列挙されるようになった）。原文中でも、著者はAsianを、もっぱら南アジア系を指す場合と、中国系を含めて指す場合と両方の意味で用いているように思われるが、ともに訳語はアジア系とし、特に訳し分けは行っていない。

《イギリス、イングランド、英（国）などの訳語について》

イングランド、スコットランド、ウェールズ、北アイルランドの四地域からなる連合王国という国の体制を取る「イギリス」において、国名や地域名を指す表現を訳す作業は時に複雑である。原文中のBritainやBritishは基本、「イギリス（人）」と訳した。EnglandやEnglishは一部、英国とした箇所もあるが（団体名等において）、基本、イングランドと表記した（英国とした場合もイングランドとルビを振った）。Anglo-Jewishなど、Anglo-が接頭辞的に用いられている場合の訳語として、「在英」「英系」という訳語を与えた部分もある。

《Commonwealthの訳語について》

Commonwealthについては、正式名称はThe Commonwealth of Nationsであるが、日本で一般的に用いられている「英連邦」という訳語を当て、コモンウェルスとルビを当てた。

五、人名等の英語表記・読みについて

人名は極めて著名な（よって英語綴りを付記するまでもない）人物を除いて、原則、第一章以降の初出時に英語での原表記を括弧内に記した。ただし、原注によって英語での綴りが確認できるものについては割愛した。書名も同様の扱いとした。

人名の読み（カタカナでの表記）については、移民やその子孫への言及が行われる場合以外にも、移民史の関係者・研究者には移民の出自を持つ者が多く、またこの本には国際的に活躍するイギリス外の研究者も多く名前が言及されているため、イギリス系以外の名前が多く登場する。綴りの他、現在も出身国（地域）で活躍しているか、ないしは英語圏で長く活躍している人か、本人がどう名乗りっているかなど、可能な範囲で確認し、判断した上で読みを当てるよう務めた。結果的に、現地（起源）読みを優先しているケースと、英語圏での読みとなっているケースがある。

英語での団体名は原語表記を付記しなかったが、索引で確認が可能である。

地名はなるべく現地読みに近い読み、ないしは日本で一般的に使われている読みでカタカナ表記した。英語による表記は付記していない。

はじめに

一九世紀半ば以降、イギリスの政治的および社会的言説《ディスコース》において、移民という問題《イシュー》に関心が集まるようになった。移民問題への注目は一八四〇年代末、アイルランドからの飢饉による移民を受けて一度大きく高まり、その後、一八八〇年代以降、東ヨーロッパからのユダヤ人の流入により、再び高まりを見せることとなった。もちろんその後、移民やその子孫たちが新聞の見出しを常に飾ってきたわけではないが、彼らの存在は定期的にメディアに大きく取り上げられ、中には、新たな移民の流入と、それによってイギリス社会にもたらされるかもしれない恐ろしい影響について、人々の恐怖を煽ろうとする新聞もあった。この国に移住してくる移民の集団は過去二〇〇年の間に変化してきたかもしれないが、移民に対しての否定的な態度は、むしろ不変であったとも言える。

社会において移民が注目を集めてきたことを反映し、学者たちも移民を研究の対象としてきた。一九世紀および二〇世紀の初頭において、アイルランド系、ユダヤ系、ドイツ系のコミュニティではそれぞれのコミュニティの歴史がすでに記述されており、第二次世界大戦の終わりまでに、特にアイルランド系の場合はJ・E・ハンドリー、ユダヤ系の場合はセシル・ロスのような先駆的学者たちの努力により、さらに発展を見ることとなった。この二つのマイノリティは確固たる歴史研究の基盤を有しており、その基盤は一九四五年以降さらに発展した。第二次世界大戦後の数十年間にヨーロッパ以外の地域から相当な数の移民が流入したことにより、人類学者および社会学者の関心も早急に寄せられることとなった。一九七〇年代および八〇年代までには、歴史学の専門家が移民を研究の対象とするようになり、その結果、二〇世紀の終わりには、ほぼ移民のみに関心を向けることで名をなす研究者というのも出現した。にもかかわらず、主流のイギリス史の研究者たちはいまだこの分野にきちんと目を向けようとしない傾向がある。

過去二百年に渡るイギリスへの移民の歴史を書こうとする者は、今や膨大とも言える文献を利用することができる。コリン・ホームズはかつて、影響力の大きかったその著書、『ジョン・ブルの島——一八七一年から一九七一年における移民とイギリス社会（*John Bull's Island: Immigration and British Society, 1871-1971*）』において、長期的な視野を採用した。一九八八年に出版されたこの著作は、一世紀に渡る歴史を描き出し、当時存在した研究を網羅したと言っても過言ではないだろう。二〇〇四年にはロバート・ウィンダーの『忌々しい外国人——イギリスへの移民の物語（*Bloody Foreigners: The Story of Immigration to Britain*）』が出版されたが、この本は、侵略者も含め、これまでイギリスへ来た全ての新来者を扱った。ウィンダーは現存する文献の多くを用いたが、それらの扱いの深さにおいて『ジョン・ブルの島』に比肩するものではなかった。

本書『近現代イギリス移民の歴史』は、研究者によって書かれる以上、『忌々しい外国人』よりも『ジョン・ブルの島』の方により共通する要素が多いと言いたいが、目指そうとしているアプローチはその二つの本の中間にある。一九八〇年代以降、歴史学者、そして何より社会科学者によって膨大な量の文献が書かれてきたこと、またこの本がさらに広い時代範囲を対象とすることを考えると、『ジョン・ブルの島』のように徹底して網羅しているとは言い難い。とはいうものの、歴史学者および社会科学者によって書かれてきた中心的な文献はかなりの量を扱ったつもりであるし、特に歴史学者の主たる業績をできるかぎり網羅しようとしたことは脚注や書誌情報を見ていただければおわかりであろう。

本書では様々な集団の経験を扱っているが、とりわけ、多くの注目を集めてきた、規模の大きな集団のいくつかに焦点を当てることとなった。特にアイルランド系とユダヤ系、そしてさらに、アフロ・カリブ系、南アジア系、ポーランド系、イタリア系、ドイツ系である。英連邦《コモンウェルス》からの移民およびその子孫に関する社会科学の文献については、主要な文献に関しては言及を行っているものの、全てを扱っているとは言い難い。

本書は、時代順的記述ではなく、主題別的記述のアプローチを取った。それぞれのテーマは六つの章で扱われ、最後に全体の結論が置かれている。第一章「イギリスは移民の国か?」は、序章的役割を担い、イギリス史における移民の重要性を検証しようとしている。この章は三つの主要な部分からなり、まず、現在ある文献、およびより広い範囲での移民の記憶について検証し、次に一八〇〇年以前のイギリスへの移民に目を向け、最後に過去二世紀に渡る変化の輪郭を示すことで章を締めくくっている。第二章「イギリスへの移民」はこれまでイギリスに移り住んできた主要な集団を概観することから始め、移民の規模を明らかにしようとし、その数として約九〇〇万人という数字を示している。第二章の残りの部分では、なぜそこまで多くの移民が移住してきたのかという理由を検証し、「基底にある要因」、「イギリスの役割と魅力」「地域的および個人的な要因」の三要素のそれぞれに取り組んだ後、「移民の動機の複雑さ」という節で締めくくられている。第三章は「地理、人口動態、経済」を検証することで、「統合」という重要なテーマに移って行く。レオ・ルカッセンの研究を用いて、移民の統合は複雑な問題であり、平坦な道のりとは程遠いことを示しつつも、移民たちの生活の、この三つの側面（居住形態、人口動態、経済活動）は移民の統合過程を示す三つの要素たりうるかもしれないと論じている。この章では同時に、過去二世紀の間の、移民集団の地理的集中の変遷に関する背景的情報も提供している。第四章、「エスニシティ、アイデンティティとイギリス人性《ブリティッシュネス》」はエスニシティとアイデンティティという二つの概念の紹介から始まり、特にイギリスという文脈においてその意味を考える。そこで指摘されることは、これまで「集団《ブロック》型エスニシティ」がこのテーマに関しての伝統的なアプローチとして支配的であったかもしれないが、研究者たちは次第に個々人の経験に目を向けるアプローチを取るようになってきており、それによって移民から「イギリス人」への変化を理解し、エスニックなアイデンティティのあり方の複雑さを分析することが可能になると指摘している。この章は宗教、政治、「文化的なアイデンティティ」という主要なテーマに焦点を当てている。第五章は「外国人嫌悪と人種主義」を扱うが、過去二世紀に渡って国家と世論に大きく関わる形で現れたイギリスの排外主義について概要を述べるにあたり、より伝統的なアプローチを採用していると言えるかもしれない。「多文化主義の発展」に関する第六章はこのテーマに対して、新しい、長期的な歴史的アプローチを用いて臨んでいる。「多文化主義」という概念に様々な定義があることを示した後、私たちは多文化社会としてのイギリスの歴史を主に三つの方法で理解することができるということを示唆している。第一に、移民とその子孫を法律によってイギリス社会の主流へと組み入れていくやり方について検証することによってであり、その出発点は一八二九年のカトリック解放法にまでさかのぼる。第二に、特に難民に対する、一般の人々の肯定的な態度に焦点を当てることによってである。そして、第三に、イギリスの生活に移民が与えた影響について検証することによってであり、それは上位文化、大衆文化、服飾文化、そして何より食文化を見ることになる。結論部は過去二世紀に渡る、イギリスにおける移民の歴史の矛盾と連続性について述べている。

以上のような主題別アプローチを取る一方で、本書はこの本で扱われている主要なテーマについて、過去二十年以上に渡り研究を行ってきた歴史学者である著者によって書かれた歴史の本である。他の研究者による業績を要約するだけでなく、イギリスにおけるドイツ系の歴史、人種主義の歴史、とりわけ人種主義的暴力、移民についての歴史記述と記憶、そして最近では移民と食文化の関係といった、これまで私が取り組んできた研究の多くをまとめてもいる。とはいえ、本書はほぼ一から書かれた新しい本である。

歴史学者によって書かれた著作であるから、歴史学的なアプローチを取っている。つまり、それは何より、本書が、社会科学的研究の多くに見られるような、ある特定の一時点に焦点を当てるというよりも、長期の変化を扱うということを意味する。結果的に、本書は単に移民してきた人々だけを扱うというよりも、その子孫をも扱い、エスニシティやエスニック・コミュニティというものに取り組んでいる。レオ・ルカッセンに倣ったこの長期的なアプローチは、世代によって経験が異なることを証明してみせ、またそれ故に、特にアイデンティティ、人種主義、多文化主義を扱う章においては、統合という問題を明らかにすることとなる。移民してきた世代がイギリス社会からは異質な存在でありつづけるかもしれない一方で、彼らの子孫たちは主流社会の標準に次第に近づいていくことになる。よって、確かに完全に消えはしないし、戦争など緊張が高まった際には新たな高まりを見せることがあるとはいえ、第二世代以降への敵意は減少する傾向にある。

よって、本書は移民へのアプローチとして、歴史学、社会科学において支配的であったパラダイム、つまり、人種関係とアイデンティティという二つのパラダイムを捨て去ることはしていない。人種関係パラダイムは一九六〇年代に台頭し、特に一九四五年以降流入した移民が直面した問題に焦点を当ててきたし、また次第にそれ以前の時期を扱う歴史学者のアプローチにも影響を与えるようになった。他方、最近では、アイデンティティが移民の経験の研究において注目を集めるようになった。第五章が示す通り、本書は移民とその子孫、双方の生活において人種主義が大きな影響を持っていることを確かに認めるが、その一方で、第四章においては世代を経て変化する集団的／個人的アイデンティティについて明らかにしようとしている。第三章が示すことは、人種主義は多くのコミュニティや個人の社会的・経済的生活を損なう一方で、彼らの経験を全体的に描き出すためには長期的な統合に着目したアプローチも必要であるということである。同時に、第六章はイギリス社会が次第に多文化的になってきた過程を記述しているが、それを、よく一般的に言われるように一九六〇年代から始まったことではなく、一九世紀の初頭に始まったプロセスとして描こうとしている。このような長期的な視野を取ることで、二世紀に渡る変化に取り組むことが可能になるのである。また、これによって移民の経験の複雑さを証明することも可能になる。人種主義が普通のことである一方で、統合も、変化するアイデンティティも多文化主義も同様に普通のことであると言えるからである。『近現代イギリス移民の歴史——寛容と排除に揺れた二〇〇年の歩み』は故に、過去二世紀に渡る、イギリスにおける移民とその子孫の多様で、複雑で、矛盾をはらんだ経験を明らかにする。

本書が示すように、イギリスに移住してきた全ての移民集団に当てはまる単一のパターンがあるわけではない。中には、通常は長期間をかけて、相対的な意味では容易とも言える統合を経験した集団もあれば、他の集団に比べて、極端な人種主義や外国人嫌悪に直面したものもある。しかし、近年のアイデンティティに関わる研究によって確立されてきたパターンに従って、本書は、移民の経験は単にコミュニティのレベルだけではなく、個人ベースでも検証されなくてはならないもので、二〇世紀のコミュニティにおいてはインタビューを用いることでより容易に実行できるプロセスであると主張する。本書は主題別アプローチを取ることで過去二世紀以上に渡る、移民の歴史に見られる主たる研究動向の統合を図ることを目的とする。

この本は長年に渡る移民、エスニシティ、人種主義の研究から生じてきたものである。その間、私は様々な学者と共に研究し、見出した見解について話し合うことで多くのものを得てきた。その中には以下のような人々が含まれる。クラウス・バーデ、ジョン・ベルチェム、キャシー・バレル、デヴィッド・セザラーニ、ローナ・チェサム、フランク・カーステッカー、デイヴ・ディー、アンドレアス・デムス、アンドレアス・ファーマイアー、コリン・ホームズ、アン・カーシェン、トニー・カシュナー、ヤン・ルカッセン、ケネス・ラン、ドナルド・マクレイルド、シュテファン・マンツ、ピーター・マーシャルク、ユーフェミア・ムピンガ、ヨッヘン・オルトマー、アレックス・ピーチ、バーナード・ポーター、ギャビン・シャファー、グルハルパル・シン、ジョン・ソロモス、ルチオ・スポンザ、ヨハネス・ディーター・シュタイネルト、ジョン・スティーヴンソン、マシュー・テイラー、ピッパ・ヴァーディー、そしてウェンディ・ウゴリーニ。また、常に私が移民、人種主義、エスニシティについて話し合う相手であり、私がこの本を書いている間、非常に協力的でいてくれた、我が妻マンディープにも感謝したい。

第一章　イギリスは移民の国か？

移民の歴史

トニー・カシュナーは、イギリスにおける難民の歴史と記憶に関する革新的な著作の中で、社会が、特に新聞メディアが、過去の亡命者たちを（とりわけ、全てのユグノーと、ナチズムから逃れた難民たちを）好意的に記憶にとどめていることと、いわゆる現代の「難民庇護申請者」たちが敵意を持って遇されることとを比較対照させている。カシュナーは彼が研究対象としている現代のイギリス社会というものは、過去の難民たちの一見したところ平和的な統合の記憶を、問題含みの、貧しい「難民庇護申請者」たちを鞭打つための杖として用いているというのである。しかし同時に、彼が明らかにするのは、実際のところは、イギリスに逃れてきた過去の難民たちも、現在の「難民庇護申請者」たちと同様、当時は敵意ある態度で迎えられたのだという事実である。カシュナーがまず示そうとしていることは、移民に関する歴史や記憶といったものは時間と共に変化し、当時あった現実、困難、複雑さ、そして否定的な反応などを反映していないということであるが[1]、同時に、彼の著作は過去二世紀に渡る移民のプロセスにおける連続性というものを証明するための出発点となりうる。

なぜ、イギリスにやってきた過去の移民を次第に好意的に思い出すようになるのかという理由の一つは、最初にこの国にやってきた人々、そしてだんだんとこの国に同化されていった人々の子孫たちが、最初にやってきた時のトラウマを忘れ、イギリスにおいて彼らのコミュニティが築いた歴史のより肯定的な側面に専ら注目するという事実にある。カシュナーはこのプロセスを説明するにあたり、英国《イングランド》ユダヤ人歴史協会の主導により、一九世紀後期以降、ユダヤ人の記憶と歴史記述が形成されてきた過程に特に関心を向けている。イギリスにおけるユダヤ博物館の誕生もこの肯定的な歴史を永続させる役割を担ってきた。(2)

二一世紀の始まりにあって、イギリスの都市の大通りを歩けば、実際に様々な類の人々がそこにいるという現実、あるいは、中国料理とインド料理のレストランが遍く存在しているという現実によって、多文化社会としてのイギリスは確かにそこに存在しているように思われる。しかし、イギリスへの移民の歴史が、歴史学の専門家によってであれ、広く一般社会によってであれ、どの程度記憶され、記録されているか、という点についてはそこまで明白至極というわけにはいかないのである。

一九世紀に歴史学が学問として興隆した時から、最も重要であると認識された「集団」はナショナルな集団であり、歴史学においては多くがネーションというプリズムを通して書かれ、理解され、認識されてきた。(3) イギリスの歴史家の多くが、時に潜在的なナショナリズムの結果として、(4) また、言語的トレーニングの欠如により地理的により広い範囲に焦点を当てる可能性を制限された結果、自国の歴史を記述した。イギリスの一般的な歴史は最近まで、それが階級、性差、エスニシティのいずれに基づくものであれ、マイノリティを排除するものだったのである。

学術的なマルクス主義と、より最近のポストモダニズムへの「転回」という二つの影響の組み合わせにより、この状況は確実に変化することとなった。学術的な著作の数々は、「主流ではない《オールタナティヴ》」歴史への興味がより強まったことを示しており、これまで無視されてきた階級や、性差、エスニシティといった分野に今や重きを置くようになっている。つまり、いまや焦点は、一つの支配的な歴史ではなく、複数の歴史にあるのだ。具体的には、エスニシティの研究、多文化社会の発展や、特に現代イギリスの都市部に居住する黒人《ブラック》およびアジア系の遍在に注目することで、このプロセスは容易なものとなる。

過去を発見し、記憶に留めようとする試みは何も学問的な著作を生産するという学術的なプロセスにのみ限定されるものではない。歴史の回復は地域の歴史を記録しようとする公共の遺産《ヘリテージ》保存の取り組みにも見られ、それはしばしば、自らのコミュニティの集団的記憶を集積することに積極的に貢献する移民たちと協同の上、行われている。これに加えて、移民たちは彼らの個人の歴史を大切に育み、彼らの物語を未来の世代に伝え、究極的にはいかなる学術的ないしは公共の場にも現れない運命にある物語を紡いでいる。学術的および公共の遺産《ヘリテージ》に関する取り組みは、多文化のイギリスの発展への認識が高まるにつれ、それと組み合わさる形で、日常的なメディアの言説においても移民の経験により重要性を付与することに役立ってきた。

イギリスにおける移民の歴史は故に、三つの方法によって「記憶される」（研究され、記録され、選別され、現在もしくは未来において消費されることを前提に提示される）。まず、「専門家による」移民の歴史の発展、つまりそれは一九世紀にさかのぼり、概して、自身も移民としてのルーツを持つ歴史家によって先導されたプロセスである。二つ目は、移民の体験や彼らの記憶が社会に広められるようになったという、より最近の動きによってである。そして三つ目は、個人による記憶の不朽化によってである。

移民に関する学術的な研究はごく最近になって「主流の」歴史家たちの関心を引くようになってきた。一九世紀の歴史記述は近代進歩史観的《ホイッグ》伝統によりイングランドの栄光ある歴史を紡ぎ出すことによって特徴づけられており、その中心的議論は中世の君主による恣意的な権力の乱用からリベラルな民主主義的自由へと発展を遂げたことに焦点を当ててきた。そのような著作は発展的展開を信奉し、産業化により生じた民主化プロセスの結果、その運命が漸進的に向上して行った労働者階級の立場を無視する傾向があった。(5)

そのような歴史研究のあり方に対抗して、明確な労働者階級的視点に基づく歴史記述が二〇世紀の前半、特にG・D・H・コール、(6)J・L・ハモンドとL・B・ハモンド、(7)そしてE・P・トムソン(8)らの研究者の影響のもと発展した。一九六〇年代に高等教育が拡大したことも、当時興隆しつつあった経済学部や社会史学部へと、一九四四年教育法によって設置されたグラマースクール［公立中等進学校］という教育的階梯を経て、労働者階級出身の人々を送り込むこととなった。本質的には、労働者階級の歴史について記述することで、彼らは父母、祖父母の歴史を復元しようとしていたのである。(9)

一九六〇―七〇年代に歴史家として職を得た者のうち、移民史の分野へと乗り出す者はほとんどいなかった。しかしそのような状態は長くは続かなかった。その主たる理由は、帝国・英連邦《コモンウェルス》からの戦後の移民が社会において可視的な存在だったからである。マイケル・バントン(10)やルース・グラス(11)のような社会科学者がすぐに移民へと焦点を当てるようになった。結果、今日の人種に関わる関心が、その方法論や関心分野が変化するのに社会科学者よりも時間がかかる人たちである歴史家へも最終的には確実に浸透した。移民のルーツを持つ少数の歴史家たちは、しばしば自らが起源を持つ集団について研究し、移民の歴史が発展するのに貢献した。

様々な移民集団の歴史記述が証明するように、イギリス史における移民の研究は戦後の移民流入によって始まったわけではない。一九世紀末のイギリスで二つの最大の移民集団はアイルランド人とユダヤ人であったが、彼らはすでに彼ら独自の歴史記述を創出し始めていた。まずアイルランド人であるが、重要な出発点は、ジョン・デンヴァー（John Denvir）の『イギリスのアイルランド人（*The Irish in Britain*）』（一八九二）であり、当時のアイルランド人移住者たちの状況、および彼らの歴史に関する様々な詳細を提供してくれる有益な本である。次の主要な貢献は一九四〇年に出されたJ・E・ハンドリー（J. E. Handley）による、スコットランドにおけるアイルランド人の綿密な社会史の二巻本である。[12] 一九六三年にはJ・A・ジャクソン（J. A. Jackson）の『イギリスのアイルランド人（*The Irish in Britain*）』が続いた。一九四五年以降、百万人以上のアイルランド人がイギリスへと流入したことで、ヴィクトリア朝の大量移民に関する関心が爆発的に増加したのである。この分野で活躍した主要な研究者にはパトリック・オサリバン、[13] ロジャー・スウィフト、シェリダン・ギリー、[14] メアリー・ヒックマン、[15] ドナルド・マクレイルド[16]らがおり、彼らの多くがアイルランド系の出自を有していた。さらに、リヴァプール大学に[17]アイルランド研究所が、ロンドン・メトロポリタン大学にもアイルランド研究センターが設置され、[18] それぞれがイギリスにおけるアイルランド系の研究にかなりの重きを置いている。しかしながら、最近のエンダ・ディレイニーの研究を例外として、二〇世紀後半の移民を扱ったものはほぼない。[19]

在英ユダヤ人の歴史記述の嚆矢は少なくとも一七三八年のドゥブロシエ・トーヴィ（D'Blossiers Tovey）の『ユダヤの英国《イングランド》（*Anglia Judaica*）』の出版にまで遡る。より適切な出発点は一八五一年であるが、この年、モーゼス・マーゴリアスの注目すべき三巻本の、前ローマ時代からヴィクトリア朝までのユダヤ人移住の歴史が出版された。第一次世界大戦に至る時期はさらに学問的研究の発展を見た。[20] 一八九三年にはイギリスにおける最も初期の移民史の研究組織の一つとして、英国《イングランド》ユダヤ人歴史協会が成立し、『協会紀要（*Transactions*）』という形でその学術的雑誌も刊行された。[21] 結果的にここに、二〇世紀の在英ユダヤ人の歴史の父であり、戦間期に執筆活動を始め、一九四五年以降にイングランドのユダヤ人の様々な一般的また特定的側面について記述し続けることとなるセシル・ロスの現れてくる素地が作られたのである。[22] ロスと比肩する人物はおそらく、一連の著作を、最も注目すべきものとしては一九五四年に『イングランドにおけるユダヤ人の社会史（*Social History of the Jews in England*）』を書いたV・D・リップマン（V. D. Lipman）のみであろう。

一九六〇―七〇年代にはイギリスにおけるユダヤ人の歴史研究に大きな進展が見られ、一九世紀後期の東ヨーロッパからのユダヤ人流入の社会史に関する主要な三つの著作が発表された。[23] それ以降、ユダヤ系の歴史については多くの研究、特に反ユダヤ主義、ユダヤ系のエスニシティや在英ユダヤ人の中の異なる集団についての研究が数多く著されている。この分野の主要な研究者はユダヤ系イギリス人であり、主たる研究者として、ジェフリー・オルダマン、デヴィッド・セザラーニ、デヴィッド・フェルドマン、デヴィッド・F・カッツ、トニー・カシュナー、そしてユダヤ系アメリカ人のトッド・M・エンデルマンとW・D・ルービンスタインがいる。また、ここに含まれるべきは非ユダヤ系のコリン・ホームズとビル・ウィリアムズである。[24] ユダヤ系イギリス人の学術的歴史研究の未来の発展に最も重要なものとして、サウサンプトン大学にトニー・カシュナーによって作られたユダヤ・非ユダヤ関係パークス研究センターがある。[25]

ユダヤ系ほど、長く詳細な歴史記述を有するマイノリティは他にはあまりない。例外としてはユグノーがおり、グレート・ブリテンおよびアイルランド・ユグノー協会、そしてその『研究会報（*Proceedings*）』が一八八五年にまで遡り、この、現在では同化された集団についての記憶を保存している。学術団体ではあるものの、その研究の多くは系図学〔家系研究〕であり、それは人々によってユグノーの祖先をたどる際に用いられている。[26] このマイノリティ集団も詳細な歴史記述を有している。[27]

ドイツ系の研究は、アイルランド系やユダヤ系と同様、一九世紀に遡り、その嚆矢は一八八五年に出されたカール・ハインリヒ・シャイブレ（Karl Heinrich Schaible）の『イングランドにおけるドイツ人の歴史（*Geschichte der Deutschen in England*）』である。その後このテーマに関して二人の著作家、イアン・コルヴィンとC・R・ヘニングスによる研究が続いたが、これらは信頼性が低いと考えられる。というのも、どちらのケースも、第一次世界大戦が著者の見方に影響しているからである。[28] 一九七〇年代になってようやくイギリスにおけるドイツ系の歴史は強い関心を集めるようになり、その焦点はナチズムからの難民や、近年では一九世紀や第二次世界大戦直後のような時期にもある。この分野を最初に作った初期の権威のうち何人かは非ドイツ系であったが、[29] 次第にこの分野の研究はドイツ系の手によるものになりつつある。[30] さらに、第三帝国《ナチス》からのドイツ系難民に関する研究はそれ自体が一つの研究分野として確立しつつあり、[31] その最も注目すべき動きはロンドン大学のドイツ・ロマンス語研究所にドイツ・オーストリア亡命者研究センターが設立され、現在では『年報（*Yearbook*）』を発行していることだ。[32]

イタリア系は一九八〇年代の終わりから強い学問的興味を集めてきた。二人の代表的研究者はルチオ・スポンザとテリ・コルピであり、どちらもイタリア系であることを誇り高く表明している。スポンザは彼自身が移民であり（現在ではヴェネチアに戻っている）、[33] コルピは自らを「イタリア系スコットランド人の三代目」と称する。[34] 加えて、いくつかのより小さな規模の、通常イタリア系ないしはイタリアに何らかの関連を持つ研究者による研究が最近出てきている。[35] 東ヨーロッパ系の人々も、ポーランド系の場合に見られるように、[36] しばしば東ヨーロッパ系コミュニティ出身の学者たちの関心を集めてきた。

次に、ヨーロッパ以外の地域を起源とする移民に焦点を移すと、歴史記述はいまだその揺籃期にあると思われるかもしれない。しかし、このことは中でも特定のエスニック・コミュニティに、より当てはまることである。確かに、その多くの研究が白人男性の手による(37)(現在その状況は変わりつつある)(38)とはいえ、イギリスにおける黒人《ブラック》の研究は近年始まったものではない。他方、インド系についての歴史研究はより最近の現象であり、ロジーナ・ヴィスラムの一九八六年に出版された研究に遡る。(39)その他の優れた研究の中には、二〇〇〇年に出されたショムパ・ラヒーリの『イギリスのインド系――イギリスとインドの邂逅、人種とアイデンティティ一八八〇―一九三〇(*Indians in Britain: Anglo-Indian Encounters, Race and Identity, 1880-1930*)』、二〇〇二年に出されたケイティ・ガードナーの『年齢、語りと移住―ロンドン居住ベンガル系高齢者のライフ・コースとライフ・ヒストリー(*Age, Narrative and Migration: The Life Courses and Life Histories of Bengali Elders in London*)』がある。より最近になって、ラヒーリは『イギリスにおける南アジア系の歴史』を共著で執筆した。(40)ここでも重要なのは、第二次世界大戦後、イギリスに定住した黒人《ブラック》およびアジア系の人々について初期の記述を残した社会科学者の役割である。実際、これらの集団に関する殆どの研究はディアスポラ〔離散〕やポストコロニアリズムなどより広範な問題に関連している。(41)

移民に関する歴史記述は大きな前進を遂げてきた。かなりの著作が自分自身のコミュニティについて研究している個人の手によるもので、このことは歴史が集団的アイデンティティを形成するのに重要であることを示している。しかし主流の歴史家たちはイギリスにおける移民の歴史をどのように扱ってきただろうか。戦後移民が社会を変容させたインパクト、(42)およびエスニック・マイノリティが現在では人口の八%をしめるという事実、(43)加えて、イギリスそのものの形成に移民が中心的な役割を果たしてきたことにもかかわらず、(44)主流の歴史家たちは移民にほぼ関心を払っておらず、このことは移民の専門家たちによってもかねてより指摘されていた。[45] イギリスを代表する歴史家であるサー・デヴィッド・キャナダインにとって、階級のような社会史の中心的問題を扱っているにもかかわらず、移民は単純に存在していない。[46] 同様に、ロバート・コルズのような学者にとって、「イングランドにおけるアイデンティティ」は移民を排除したものであり、そのことはこのテーマに関する彼の高く賞賛された著作において四〇九ページのうち、二〇ページしか割かれていないことからもわかる。[47] 主流のイギリス史に関して言えば、いまだにポール・ギルロイが彼の『ユニオン・ジャックに黒《ブラック》はない』で主張したことを反駁するのは困難なのである。[48] この状況を説明するには、イギリスの歴史家たちのエスニックな構成も大きな原因である。つまり、彼らが通常エスニック・マイノリティの人々に出会うのは訪れるレストランのオーナーやオフィスの清掃係であって、学問の同僚としてではないということである。[49]

しかし、イギリス史における移民を一つの現象として説明しようとする一連の概説書も存在する。そのような本の最初の例は一八九七年という昔に出ている。[50] ここ数十年では、一連の歴史家たちがそのような概説書を出版しており、その多くは過去二世紀に焦点を当てている。[51] 主流の歴史家たちは移民を周辺的であると見なしているにしても、これらの著作は、学者や学生や一般読者に対し、この国の最近の歴史において移民が重要であることを確実に認識させようとしている。

このような状況は社会科学における状況とは対照的で、社会科学においては、バントンやグラスなどのパイオニア的研究者の研究に基づき、またヨーロッパの他の地域や、アメリカ合衆国での状況を反映して、イギリスにおける移民、エスニシティ、人種主義に関する研究が中心的なものとなっている。ヨーロッパ各国の状況を比較したような本が編集されることも普通のこととなった。[52] イギリスにおいて編集されるエスニシティに焦点を当てた学術雑誌も出てきており、特に『エスニック・人種研究（*Eth-*

nic and Racial Studies）』と『エスニック・移民研究ジャーナル（*Journal of Ethnic and Migration Studies*）』が著名である。さらに、ディアスポラ研究に焦点を当てた研究センターや研究所も設立されており、おそらくその最も有名なものがウォリック大学のエスニック関係研究センターであろう[53]。加えて、多くの社会科学者がイギリスにおけるディアスポラの研究に焦点を当てる形でキャリアを確立している[54]。

アカデミックな分野で移民が注目されることは、移民が集合的記憶の一側面となったことを示す一方で、個人の体験もまたより一般向けの方法で、公共に紡ぎ出される歴史という形になって記録されるようになってきている。移民たち自身が自らの人生経験をこれらプロジェクトのために再構築するだけでなく、主流社会側の様々な組織もイギリスがますます多人種になってきたことを証明するために移民の記憶を利用するという形で、このような活動に携わるようになっている。この種の移民の経験を記憶に留めておこうとする試みは完全に戦後に入ってからの動きというわけではない。トニー・カシュナーによって編集された本に寄せられた論文は、ユダヤ系の歴史保存が一九四五年以前に始まったことをかつて証明した[55]。しかし最近の数十年において、移民のアイデンティティの構築が真に始まっており、それはあらゆるレベルにおいて作用し、またそこではオーラル・ヒストリー〔口述歴史〕が特別な役割を果たしている。今日では、特に移民が著しく集中する地域の地方自治体組織のみならず、エスニック・マイノリティのメンバーとその代表者の双方が関わるような、移民の経験を記録する事例をいくつも挙げることが可能である。

移民の記憶保存における一つの重要な展開は系図学〔家系研究〕に見いだすことができる[56]。家族の歴史への興味はマジョリティの間で盛んになりつつあり、また、マイノリティの間でも、多くの場合自らの外国起源を探るマジョリティの人々に起因することが多いものの、関心を集めつつある。このことは特に二つの組織の発展において明らかである。まず、在英ドイツ人家族史協会は一九八七年に設立され、毎年会合を開き、イギリスにおけるドイツ人の歴史に関して出版を行い、そして最も重要なことは、自らのドイツ起源を探りたいと希望するイギリス人のために家系図に関する情報を提供していることである(57)。加えて、より大規模なグレート・ブリテン・ユダヤ系系図学協会は国際的な会員構成を持ち、「家系研究を奨励し、ユダヤ系の家系に関する記録および資料の保存を促進する」(58)組織である。しかし、おそらくそれはイギリスに移住してからの歴史が短いからであろうが、戦後の帝国および英連邦《コモンウェルス》からの移民の間には、いまだそのような公的に認可を受けた系図学協会のようなものは存在していない(59)。

このような組織が作られるためのイニシアティブが生じるには、明白に、本質的にグループとして活動する、外国に起源を持つという意識を共有する人々が存在する必要がある。加えて、地方自治体、特に図書館やアーカイヴ［史料編纂所］もまた、移民の歴史を構築するプロセスに重要な役割を果たす。一九八〇年代後期および一九九〇年代初期から、ハマースミスとフラムの区自治体により組織されたプロジェクトにより、ロンドンに居住する様々な移民コミュニティに関する「エスニック・コミュニティ口述歴史《オーラル・ヒストリー》プロジェクト」という組織によってまとめられた一連の導入的な冊子が出版されている。これらの冊子は基本的にある特定の集団のメンバーが自身の移住と定住の経験を回想する内容となっている(60)。それ以降、エスニック・マイノリティのコミュニティの存在が顕著な他の地域の図書館も、特定のエスニック・マイノリティ集団の歴史を社会に広めることに参加している。レスターシャーの図書館とド・モンフォート大学の協同によって行われている、同地域の多文化口承《オーラル》・図像史料《ピクトラル》プロジェクトは「ハイフィールズ記憶プロジェクト」というレスターのこの都市中心部《インナーシティ》に居住してきた様々なエスニック集団とのインタビューの集積となっている。これらのインタビューは全てプロジェクトのウェブサイ

トに文字化されて公開されている。(61)

アーカイヴも、移民に関する様々な史料を所有するものが存在するが、(62) その地域における多文化な歴史を次第に認知するようになりつつある。(63) 移民の経験が歴史として記録化されつつあることの最も重要な証拠の一つとして、「移住の体験《ムービング・ヒア》」ウェブサイトの展開がある。これは国立公文書館によって支援され、全国宝くじ事業財団の「新たな機会基金」による資金援助を得ている。これは過去二百年以上の間にイギリスに移住してきた様々な集団（アフロ・カリブ系、アイルランド系、ユダヤ系、南アジア系に集中しているものの）に関する史料で全国から集めた数十万点を展示するバーチャルなアーカイヴ空間である。(64) 他方、ブラック文化アーカイヴは「一九八一年にイギリスに居住する黒人《ブラック》の歴史や文化に関する資料を収集、整理、保存、普及させ、またこれらの資料を国内、また国外に対して利用、アクセスを可能にするために設立された」。その「究極の目的はイギリスにおけるブラック・ヒストリーの最初の、全国規模の博物館を設立すること」である。(65)

博物館も移民の経験を一般に広めることに貢献してきた。この文脈において最も重要な展示は一九九三年にロンドン博物館で行われた「ロンドンの人々」という展示であろう。(66) 実際には、イギリスには未だ移民博物館は存在しないが、ユダヤ系コミュニティは小さなユダヤ博物館をマンチェスターとロンドンに展開し、展示を行い、イギリスにおけるユダヤ人の暮らしに関心を持つ人々のために資料を提供している。(67) しかしながら、移民の経験の歴史が一般に知られるようになってきていることを示す最も際立った事例はおそらく「ブラック・ヒストリー・マンス〔非白人歴史月間〕」の展開に見ることができよう。アメリカ合衆国での類似の行事に刺激を受け、一九八七年に始められたこの行事は、現在では毎年一〇月にイギリスにおける非白人《ブラック》の歴史を、特に現代の経験に焦点を当て、真に国中で賛美し、世に知らしめる機会を提供している。二〇〇四年には一四〇〇もの行事が開かれた[68]。

よって、様々な発展が起きていることは次第にイギリスにおける移民の経験を記憶に残す動きが高まっているということであり、その多くは移民としての起源を持つ人々によって始められている。このことは第二次世界大戦後、およびそれ以前に到来した移民の経済的・社会的成功という背景においても理解されうるし、メディアに移民としての起源を持つ人々の存在がより顕著になっていることとも関係していると考えうる。実際、これはより広範に、小説、映画、テレビなどにおいて「主流ではない《オールタナティヴ》」体験がより一般的に受け入れられるようになっていることとも時を同じくして起きていると論じることも可能である。ゼイディー・スミス（Zadie Smith）の『ホワイト・ティース（*White Teeth*）』［二〇〇〇年］、モニカ・アリ（Monica Ali）の『ブリック・レーン（*Brick Lane*）』［二〇〇三年］、アンドレア・レヴィ（Andrea Levy）の『スモール・アイランド（*Small Island*）』［二〇〇四年］などが著名な例であろう［いずれも移民の体験をストーリーの中心ないしは一部に据え、ベストセラーとなった小説であり、映画など映像化もされている］。

しかし、このような、イギリスにおけるエスニックな歴史の一般化は問題を孕まないわけではない。コミュニティの指導者が関わっている場合、彼らはエスニック集団を代表し、インタビューを受ける人々を選定する。これらの問題は重要であり、なぜならこの種のプロジェクトは必ずしも性差《ジェンダー》や階級の問題、困窮や人種差別の経験の存在を認めるとは限らないからである。カシュナーによれば、統合や経済的成功など肯定的な話に焦点があたり、貧困や敵意など、より居心地のよくない経験を語ることを避ける傾向があるという。とりわけ、階級、宗教、性別《ジェンダー》、世代間の内部対立が仄めかされることは完全に避けられ、より調和したイメージが伝えられるようになる。マイノリティの歴史がコミュニティの結束感を作り出そうとする時、それが正確な歴史ではなくなってしまう危険性がある[69]。

ある程度の発展は生じているという確実な証拠はあるにせよ、移民の歴史はマスメディアの究極的な形であるテレビのスクリーンからは、歴史が一般的に人気を増しているにもかかわらず、未だ排除されたままである。[70] テレビという場を離れても、一般に共有される歴史は、移民の歴史が主流の歴史とは切り離された歴史であるという感覚を否定しきれていない。例えば、ブラック・ヒストリー・マンスはエスニック・マイノリティを記念するために短い期間が割り振られているが、では、一年のうち残りの期間はどうなるのだろうか。同行事は国民の記憶における隔離化への流れを反映している。[71] 故に、「主流」の記憶は非白人《ブラック》の人々や移民全般を、彼らが果たしたイギリス史における役割にもかかわらず無視する傾向にあるのだ。[72]

国、またコミュニティのレベルで移民の記憶への評価が広がる一方で、オーラル・ヒストリーの利用や移民の研究における詳細なインタビューへの学問的興味が増加したことで、個人レベルでの記憶、エスニシティ、移住の関係についてのより深い理解が促されている。[73] インタビューの使用は移民自身が舞台の中央に出ることを可能にする。[74] 移民の移動はもはや均質で予測可能な、名もなき人々の群れによる現象ではなく、分裂し、複雑で、非常に人間的な現象であるとわかってきた。移民たちにとって、記憶や歴史の問題は特に重要なものである。移住は、移民ではない者が絶対に向き合わないかもしれない形で移民に過去と直面することを強いる。移民の記憶は移住後の生活と同様、移住前の生活にも関わっている。イギリスにおけるコミュニティ発展の歴史は重要ではあるが、多くの移民、また特に難民たちにとって移住がどんな経験であったかを知るに当たって、それではせいぜい半分しか示すことしかできない。個々人のライフ・ストーリーに焦点を当てることは、移住とエスニシティの研究を行うにあたって、「集団《ブロック》」アプローチを切り崩すためにそのような経験を使用することができた学者たちによって始めら

れたことでもある。(75)

よって、イギリスにおける移民の歴史や記憶は三つの異なる方法で発展をとげてきた。学問的歴史記述の発展による専門的な方法、コミュニティや歴史遺産《ヘリテージ》のイニシアティブによる一般的な方法、そして最後に個人によって、である。移民は国の歴史《ナショナル・ヒストリー》や公的な歴史においては無視されてきたし、今でもそうである。進歩は生じつつあるが、移民は未だ歴史という学問の中において周辺的な分野であると大抵見なされている。これは社会科学における状況とは対照的である。広く社会においても、移民の歴史は未だ何か切り離されて異なるもの、一般的な歴史記憶の標準的範囲の外側にあるものだと考えられている。そしてそれが取り入れられる時には、肯定的で魅力的な歴史を作り出そうという拙速な動きによって移民の経験の複雑さが失われてしまう危険がある。

けれども、イギリスにおける移民の歴史や記憶は力強いものであり、まだおそらく現在も強くなりつつある。技術的な進歩は、移民たちが祖国との密接な結びつきを通して彼ら自身のエスニックな記憶を保持するのに役立ち、また同時にこれらの記憶を対象とする、コミュニティの歴史プロジェクトに勢いを与えている。移民の歴史はいまだいくつかの点において周辺にとどまっているかもしれないが、否定しがたく活力があり、今後も成長を続けるであろう。

主流の歴史家たちがいまだイギリスという国民国家の発展において移民が重要であったことを無視する傾向があるにしても、限定的な成功にとどまっているとはいえ、移民たち自身が彼らの経験をより広いイギリス社会の注目の場に引き出そうとしている。歴史の専門家にしても、広く社会の人々にしても、移民の起源を持つ人々にとって、持たない人々よりも、イギリスは移民の国であることを受け入れることはより居心地のよいことなのである。

一八〇〇年までの移民

移民の国としてのイギリスという問題《イシュー》に取り組むもう一つの方法として、その歴史においてどのような人の移動があったのかを検証することがある。アメリカ合衆国に関してオスカー・ハンドリンが、いまやそのテーマの古典となった著作の冒頭において、「私はアメリカ合衆国の移民の歴史を書こうと考えた、そして気がついたことは移民そのものがアメリカの歴史であったのだ(76)」と述べたことを思い出す。このような大胆な記述を過去二世紀に渡るイギリス史の発展の道筋に当てはめることは困難であるかもしれないが、イギリス史の全体の流れを分析すれば、いかにこのイギリス諸島への人の動きが、一八、一九世紀までに自らをイギリス人とかイングランド人と称するようになる人々を作り出していったのかがわかる。ロバート・ウィンダー（Robert Winder）は長期的アプローチを取る彼の著作『忌々しい外国人――イギリスへの移民の物語』の中でこの事実を認めている。ウィリアム・カニンガムも、彼の本は一〇六六年のノルマン人侵攻から始まっているが、同様の見方をしている(77)。コリン・ホームズは他方、短く一〇六六年以前の侵略にも触れ(78)、一一世紀の半ばから一九世紀の半ばに至るまでの合間にこの国にやって来た人々の流れも扱っている(79)。

しかしながら、イギリスを移民の国と見なす中心的な理由は、最終的に民族的な多数者《エスニック・マジョリティ》となる人々は大陸ヨーロッパやさらにその向こうからやってきた人々に起源を持つというまさにその事実にある。これらにはケルト人、ローマ人、アングル人とサクソン人などが含まれ、これはまさにイングランドの人々を形作るものとして一九世紀の歴史家たちや神話作成者の人々が利用した要素である(80)。この意味で、イギリスは、他のヨーロッパ諸国と同様、ローマ帝国の滅亡から中世初期にかけて起きた「民族移動の時代」に起源を発するマジョリティ人口を持つ国民国家である。[81]

現代の政治・学問的言説においては移民という概念は国民国家の成立以後、特に一九世紀と二〇世紀の人々の到来を指すものとなっている。特に政治サークルにおいては、移民という概念は、ある特定の国民国家にすでに居住する人々および政府は、世界の他の場所からやって来た人々と対比されて、長く確立された権利を有するのだという考えに基づいている。すでにそこにいた人々は、歴史の様々な状況により、その特定の地理的地域において発展してきた人々であるから、通常（西側諸国では）経済的なニーズに基づいて、「よそ者《アウトサイダー》」が入国したり権利を行使したりすることを許すか否かを彼らが選択できるというものだ。しかしながら、国民《ネーション》の歴史を十分に古くまで遡ったことのある歴史家であれば誰でも、現在マジョリティであると自ら考えている人々もかつての移住に起源を持っていたことがわかる。人口の移動はヨーロッパ中にあらゆる「国民《ネーション》」を作り出したのだ。ドイツに関して、クラウス・J・バーデは「移動する人《ホモ・ミグラン》」について述べ[82]、「境界を越える人々（humans across borders）」と「人々を隔てる境界（borders across humans）」という概念を作ったが[83]、後者は、人間はしばしば境界に先んずる存在であるという事実に基づいている。[84]

イギリスに目を向けることで、このプロセスは現在進行中であるとわかる。ここでは、一八〇〇年までのイギリスへの人の流れを四つの時期に分けて考えることができる。まず侵略の時代であり、これは一一世紀まで続いた。次に中世盛期から後期にかけて大陸からの商人、銀行家、職人の流入、それから一五〇〇年―一六五〇年頃にかけて宗教難民、経済移民、奴隷の流入、そして最後に一七世紀半ばから一九世紀が始まるまでの経済に基盤を置く移民の増加である。第一期は様々な集団を含んでおり、残りの三つとは大きく異なっている。侵略の時代は、その後にイギリスにおいて出現するマジョリティを形成することになる要素を提供することとなった。それと同様に重要なのが、中世初期までに国家という枠組みもまた出現したことである。このことによってこの先の侵略を寄せつけなくなっただけではなく、また同時に移民という概念が作り出され、それは原始的ではあるがしばしば厳格な規制によって制限されることとなった(85)。一〇六六年という年はイギリスの移民の歴史にとって象徴的な年である。なぜなら、この年を境にこの国へ入る人の流れは侵略から移住へと変わり、移民を制限することや移民という概念そのものがノルマン朝から生じることになったからだ。にもかかわらず、この後一九世紀初めまでの間に起きた人口移動を検証することで二つのことが証明される。まず、イギリスのマジョリティ人口の起源における移住の重要性である。二つ目は、特に一一世紀以降、アイルランドと大陸ヨーロッパから政治的／経済的要因の組み合わせにより起きた絶え間ない人の流れである。ノルマン人侵攻以後の数世紀の移動は一八〇〇年以降に繰り返されるパターンを作り出したのだ。

イギリスの最初の住民を形成するのはケルト人であると主張する人々でも、ケルト人の歴史をたどれば彼らの起源がさらに遠く、別の場所にあることはわかる。この集団は共通する言語の方言を話し、共通の宗教パターンを有し、イギリス諸島の各地に定住したと言われている（そのような主張や、それに続く構築に関しては多くの議論が存在するが）(86)。

ローマ人の侵略はイギリスの発展に大きな影響を与え、この国にイギリス諸島をローマ化する何千人もの定住者をもたらした(87)。その支配地域において人々を統合していったローマ帝国の複雑なエスニック構成を反映して、新たな定住者たちはさらに帝国の各地、現在のドイツ(88)、ガリア、イベリア半島(89)、アフリカといった地域から、多くの人々をつれて来た(90)。ピーター・フライヤーはイギリスにおける黒人《ブラック》の歴

史に関わる彼の本の冒頭において「イングランド人よりも先に、イギリスにはアフリカ人がいたのだ」と述べている。(91)

フライヤーのこの発言は、イングランド人の概念の基盤であるアングル人とサクソン人は五世紀の後半までイギリスに来ていなかったという事実に基づいている。北ドイツからやってきたこれらの侵略者、定住者、移民たちは一〇万人を数え、当時の人口の一〇%を占めた。より重要なことは、この集団がイングランド国家の基盤を作ったことである。(92)

その後、ヴァイキングの侵略があり、これはイギリスの神話構築においては略奪する人々の群れと見られているが、国の発展と、その後段階的に発展する人々の集団において重要な役割を果たしている。スカンジナビアからの人々は当初侵略者として到来し、いわゆる「アングロ・サクソン」の支配者や住民と戦ったが、彼らもイギリスに定住し、特定の地域、特にイングランド北部へと集中した。(93)

最後の、そしておそらく最も重要な侵略は一一世紀、ノルマン人の到来とともに起こった。彼らはロンドンを中心とするイングランド南部に集中し、そこに向けてノルマン族の居住地から人々の移住が生じたが、同時に国の残りの部分の多くも支配した。ウィリアム征服王と彼の後継者たちは同時に大陸から兵隊たちも連れて来た。ノルマン人たちはイングランド国家の礎を堅固なものとしたのである。(94)

大陸からイギリスへ到来する人々の定住の動きは一一世紀を境に変化した。以後、侵略者による定住はなくなったのである。「この後、移民は平和的な入国という問題となり、統一的な支配の下にある、多かれ少なかれ規律ある社会へ適応しなければならなくなった」(95)、そしてそれによって外国人《エイリアン》の概念や原始的な入国制限が発展することになったのである。これ以降、移民、特にユダヤ人は他からは異なるコミュニティを形成し、時に過酷で根強い敵意に直面することになる。

一二世紀から一六世紀にかけて、言語、宗教、そして出身地域の組み合わせに基づいて、当時のイギリス社会のマジョリティとは異なるエスニシティを持つ一連の様々な人々が到来する。イギリスを含む中世ヨーロッパ社会において最も明確に際立っていた集団がユダヤ人であり、彼らは数多くの法的な規制を課せられ、また日常的な敵意に直面した。時にそれは残忍な虐殺へと爆発する可能性を持ち、一二九〇年のイギリスで起きたような追放へとしばしば至った。実際、イギリスやヨーロッパの他の地域でのユダヤ人コミュニティの存続は、地域によって異なる反ユダヤ主義の強さに大きく影響を受けた。(96)

イングランドにおけるユダヤ人コミュニティは一一世紀の終わり、第一次十字軍の時代の大陸での虐殺を逃れてやってきた人々が流入したことによって拡大した。さらなる流入はスペイン、イタリア、ロシアからも続いた。一三世紀におけるユダヤ系コミュニティの規模の推計は五〇〇〇人から一万六五〇〇人と幅があり、それは当時の都市人口の一%までを占めた。(97)ユダヤ系は当初ロンドンに集中したが、一三世紀初頭までにはブリストル、ケンブリッジ、エクセター、グロスター、リンカーン、オックスフォード、ヨークなど二〇の異なる地域に存在した。(98)

中世におけるユダヤ人の最もよく知られた職業は金貸しであり、これは、非ユダヤ人は教会による取り決めにより金貸業に従事できなかったことによる。しかし彼らの職業は事務職、医者、商人、金細工職人、兵隊、ワイン商、海産物商、チーズ商と多岐に渡った。(99)しかしながら、「大半が惨めな貧困と、ほぼそれに近い状態で」暮らしており、同じユダヤ教徒たちの喜捨に大きく依存していた。(100)

ユダヤ人はコミュニティとしての意識を発展させていき、それは根強い反ユダヤ主義によって、特に特定の地理的居住区域である「ユダヤ人街」への居住を義務づけられたことによって、彼らが好むと好まざるとにかかわらず強制された意識でもあった。(101)婚姻もユダヤ人同士で行われた。ユダヤ人の学問が中世イングランドにおいて栄えていた間、大半のコミュニティは少なくとも一つのシナゴーグを有した。[102]

反ユダヤ主義は根本的にユダヤ人コミュニティのあらゆる側面、彼らのまさに生存に至るまでに影響を与えた。まず、様々な形態の法的規制、特に居住地域に関する規制に直面した。他の規制は彼らの金貸しとしての能力を制限することとなった。[103]民族浄化は中世および近世イングランドの特徴の一つとなり、最終的には一二九〇年からのユダヤ人追放で頂点に達した。[104]その施策は一七世紀半ばまで効力を持ち、イギリス史の中で何度も繰り返される極端な不寛容という長く続く伝統の存在を指し示している。

中世国家の態度は当時、民衆の反ユダヤ主義を正当化するようなものであり、一般のユダヤ人へ反感は様々な形で表出した。儀礼殺人に関する非難が生じ、それによって、ユダヤ人が過ぎ越しの祭りの儀礼の一部としてキリスト教徒の子供の血を医療で用いるために殺人を犯す場所があるという作り話が広まった。そのような非難の中で最も有名なものが一一四四年にノリッジで、一二五五年にリンカーンで起きた。[105]同様に深刻であったのが反ユダヤ主義の攻撃が中世社会においては非常に激しかったことである。実際、キリスト教徒の中には、ユダヤ人に「始めてに遭遇」するのは「しばしば暴力沙汰であった」という者もいた。[106]最悪のユダヤ人迫害は一一九〇年にヨークで起き、自殺による死者一五〇人を出した。[107]しかしながら、同時期、反ユダヤ暴動は他の場所、例えば、ダンスタブル、リン、スタンフォード、ベリー・セント・エドマンズなどで起きていた。最後の例では五七名が殺害された。一二六二年から一二六六年の間にさらにウースター、ノーサンプトン、カンタベリー、リンカーン、イーリーでユダヤ人が殺害された。[108]

中世イングランドでもう一つ重要な集団は一二八一年以降ロンドンの「交易所《コントール》」に集まった北ドイツ

のハンザ同盟の商人たちであった。一四世紀の間、この中世の商業同盟の「支部」がイプスイッチ、ヤーマス、ハル、ヨーク、ニューカッスル、リン、ボストンなど東海岸の港に進出した。ハンザ同盟の商人たちはまたノリッジ、スタンフォード、リンカーン、ウェストミンスター、カンタベリー、ウィンチェスターなどの都市で商品を販売しようとした。さらに彼らは、ダンバー、グラスゴー、アバディーンなどのスコットランドの町で商いをし、定住した。彼らが輸入した主要な商品には、羊毛、布、ニシン、ワイン、穀物、毛皮、蠟《ろう》などがあった。一四世紀後期から一六世紀末の間のイギリスにおけるハンザ商人の歴史とは当時の政治的・経済的状況によって特権を得たり、失ったりすることであった。彼らは金貸しとして重要な役割を果たした。エリザベス一世の治世において、特に彼らのライバルであった「冒険商人組合」からの敵意が彼らに向けられるようになった。ハンザ商人たちは最終的に他の中世や近世のコミュニティと同様の目に遭い、一五九八年にエリザベス一世によってイングランドから追放された。[109]

テリ・コルピは、より後の時代のイギリス史におけるイタリア人に関する彼女の研究において、現代のコミュニティへの発展の軌跡をたどるために中世へも目を向けている。中世の定住者たちと現代の移民コミュニティとの間のつながりは薄いが、一三世紀の末から、ジェノヴァやヴェネチアから来た商人たちがテムズ川沿いやサウサンプトンでも居住地を発展させていった。さらに、現在ではドイツとなっている地域からの移住とディア人が銀行業において特に重要になった。ユダヤ人の追放の後、ロンバルディア人が銀行業において特に重要になった。

同様、イタリア半島からイギリスに一時的に移住する人々の中には、芸術家、作家、音楽家、学者、教会関係者などが存在した。[110] 職人がフランダース地方からも到来し、ロンドンにはイベリア半島やガスコーニュ地方からの商人が住み着いた。[111]

イギリスに常に存在した集団として、主にその地理的近接性のせいであるが、アイルランド人がいる。一二世紀に流入が生じ、中には露天商や労役者として働いたものがいた。その他の者たちは中世の最下層階級へと転落し、結果、一二四三年にアイルランド貧民を追放する法令が作られると追放の犠牲者となった(112)。

一六世紀および一七世紀初頭にかけていくつかの際立った集団の移動が生じた。フランス、ドイツ、低地地方での対抗宗教改革を逃れた人々はイギリスにおける最初の明確な難民集団となった。二つ目の流れはより経済に基盤を置く移民であり、前の数世紀に起きた商人の移動のうちのいくつかの継続であると同時に、技術移転に関わる複数の特定業種の職人をも含んでいた。一五〇〇年以降において、もう一つ存在の確認できる集団としては、強制移民のカテゴリーに入るが、最初の黒人《ブラック》奴隷たちがいる。一六世紀にはイギリスに最初のロマが到来した。アイルランドからの移民もまた継続した。

プロテスタント難民は一五四〇年代に到来し始めた。カルヴァン派の礼拝が一五四八年にカンタベリーで行われており、ロンドンや南イングランドの他の地域では一五五〇年までに外国人の信徒団が形成されていた。最も大きく重要なものはロンドンにあったオースティン・フライアーズ教会で、そこではドイツ人、フランス人、ワロン人、フラマン人が別々に信仰を行っていた。カトリック教徒のメアリー一世が一五五三年に王位に就いたことで国外に退去せざるをえなくなったが、一五五八年のエリザベス一世即位以降、大挙して戻ってくることになった。エリザベス一世の治世にイングランドに移住した集団として特に三つの集団がある。最初の二つは、ハプスブルグの低地地方の支配者であったアルバ公による、ネーデルランドでのプロテスタントの抵抗への弾圧を逃れてきた。彼らは、現在のベルギーにあたる南ネーデルランドからのフランス語方言を話すワロン人と、北部からのオランダ語を話すフラマン人に分かれた。三つ目の集団が一五七二年のサン・バルテルミの虐殺の後イギリスに渡ってきたフランス系プロテスタントであるユグノーの第一波である。

新来者たちは南東イングランド全域、特にロンドン、ノリッジ、コルチェスター、サンドウィッチ、ハリッチ、ドーバー、ヤーマス、キングス・リンなどに定住した。ロンドン以外で最大の集中があったのはノリッジであり、三〇〇〇人の「よそ者《ストレンジャー》」が居住したとされる。ロンドン以外の地域での経済活動は特に織物産業を中心として発達し、ロンドンでは宝石細工や皮革製品製造など様々な職業に従事した。

難民たちは自らの宗教を信仰し続けた。例えばノリッジでは、ワロン人とフラマン人のコミュニティがそれぞれ教会を持ち、コルチェスターには一五七一年からフラマン人の教会があった。最も大きく多様な活動はロンドンで起きた。フランス人の教会は一五六〇年代後期から一五八〇年代にかけて一五〇〇人以上の信徒を数えた。オースティン・フライアーズ教会は、当時オランダ系となっていたが、一五八三年には信徒が一八五〇人おり、一六八〇年になっても四二回の洗礼を行っている。

難民たちは当初は歓迎されたが、二〇世紀の難民たちと同様、敵意にも晒された。例えばサンドウィッチでは、地域の法令が新来者たちの経済活動の範囲を制限し、これはロンドンを含む他の地域でも起きた。コルチェスターでは難民たちはイングランド人に対して高慢で交わろうとしないとか、元からいた人々《ネイティヴ》の仕事を奪うといった非難を浴びた。暴動はかなり定期的に起き、例えば一五八六、一五九三、一五九五、一五九九年のロンドンの騒擾がある。最も深刻な攻撃は一五七〇年のノリッジでのものであった。[113]

一六、一七世紀にはまた、経済に基盤を置く移住も生じた。商人や、元からいた人々《ネイティヴ》では従事できない特定の職業で働く職人が到来し、彼らは、リエン・ビク・ルーによって（彼女は実際には一四〇〇年から一七〇〇年という時代を通して扱っているが）指摘されたように、技能移転を促進した[114]。ルーは、例えば、これらの世紀において、ドイツおよびオランダからの専門家の移住により結果としてイングランドでビール醸造が広まった過程を検証している[115]。ラインガルト・エッサーもこのような発展を指摘するとともに、一六世紀において採掘や精錬の技術が発展する上でドイツ人の存在がいかに重要であったかを示している[116]。イタリアの職人、学者、採掘人、芸術家、実業家などもこの時期にイギリスに移住し、結果、ロンドンのイタリア人教会は一五六八年には一五〇人の信徒を抱えていた。ハンザ商人に加え、様々な外国人の商人も一六、一七世紀にイギリスに存在し、様々な商品を扱っていた。そのような集団に対する敵意は決して水面下に留まることはなく、時に噴出した。その最も有名なものが一五一七年の「邪悪なメイ・デーの暴動」として知られる外国人嫌悪の暴動である[117]。

一六世紀にイギリスに登場したもう一つの重要な集団はアフリカ人であり、その大半は奴隷としてやってきた。実際、一五世紀の初めにはすでに、スコットランドのジェームズ四世が彼の宮廷に属するアフリカ人を数人有していた。イングランドには、最初の五人の奴隷が一五五五年に到来した。その数は世紀が進むに連れて増え、一五九〇年代までには彼らに対する敵意が生じ、結果、一六〇一年にエリザベス一世はさらなる民族浄化の動きとして、王国からの「黒人《ブラックムア》」の追放を認可した。ごく少数のものだけがこの措置から免れた[118]。

一六世紀初期はまた、イギリスに最初のロマがやってきた。彼らは五世紀のパンジャーブからの移住に起源を持ち、次第に中東およびバルカン地方へ西方移動を行い、その後西ヨーロッパへ、最終的にはイングランドとスコットランドに一五〇五―一五年の間に到着した[119]。彼らが定住した全ての国家において、ロマの歴史とは公的・非公的な迫害の歴史であった。イングランドでは一六世紀から一八世紀にかけて彼らの移動を禁じる一連の法令が出された。実際、一七八三年までに彼らは単にロマであるという理由だけで収監や追放の対象となった[120]。

アイルランド人も一五、一六世紀の間イギリスに移住し続け、それは一つの理由として彼らの国での絶え間ない戦火を逃れるためでもあった。「異なる言語を話し、武力によって支配されているにせよ、より統制されていない部族社会から来たため」、移民の大半は「再び、ホスト社会の低階層に居場所を求めた[121]」。また再び彼らは敵意に直面し、その中身は真っ当な文学における否定的なステレオタイプに始まり、一六二九年にアイルランドの浮浪者を追放する法令という形で民族浄化を可能にする法的措置が追加されるにまで至った[122]。

ノルマン人の征服から一六世紀半ばまでの時期全体をこのように概観すると、ある一連のパターンが浮かび上がってくるように思われる。第一に、移民はかなり小規模で起きた。第二に経済的および政治的理由が人々の移動を引き起こした。イギリスが職人と商人を惹き付けた一方で、宗教改革の混乱がプロテスタントの難民をイギリスに追い立てる契機となった。通婚や同化は一一世紀から一七世紀にかけて明らかに起きていた[123]。しかし多くの極端な周辺化や迫害も同時に起きていた[124]。民族浄化は中世、チューダー期、スチュワート期のイギリスにおいて常態であった。

イングランド内戦〔清教徒革命時の国王派対議会派の武力対立、一六四二―四九年〕終結後の一五〇〇年はイギリスへの移民の歴史において新しい段階に入る。これまでの移民の流れのいくつか、つまりプロテスタントの難民、黒人《ブラック》奴隷、アイルランド人などは続いて入ってくることになったため、このことはさほど明確ではないかもしれない。しかしながら、この時期がまとまった特徴を持ち、一九世紀への布石となる理由は三つある。第一に、国家また人民からの排除や迫害は続いたが、民族浄化はなくなったということである。第二に、これらの時代にはイギリスおよびヨーロッパの移民の歴史において一九世紀を特徴付けることになる移民の流れ、つまり、ドイツ系、ユダヤ系、アイルランド系移民の増加が見られるからだ。最後に、まさにこの増加によって、これらの一九世紀移民コミュニティの基礎が一八〇〇年までに築かれたことである。

一六五〇年より後に起きたいくつかの増加はそれ以前の動きと関連を持っている。このことは、例えば、一六八五年に宗教的寛容を認めたナントの勅令がルイ一四世によって廃止された動きとは無関係に、常に宗教改革の後遺症の被害者であり続けたユグノーに当てはまる。この措置の前後にフランスを離れた難民一五万人から一八万人のうち、約五万人がイギリスにやってきて[125]、当初はロンドンに集中したが、その後イプスウィッチやプリマスなどの他の定住地へと移動した。一六世紀の先人たちと同様、一七世紀のプロテスタント移民は織物産業、ロンドン東部の特に重要な産業であった絹織物業に深く関わった。他には、時計製造業、宝石業、時に専門職にさえ従事した。ユグノーたちは彼らが定住した地域に豊かな宗教生活を作り上げた。彼らは当初イギリス社会から好意的な反応を受け、それは彼らの到来に際し彼らを援助する基金の設立という形で現れた[126]。しかしながら、「なべて歓迎ムードであったというよくある描き方は単純すぎ[127]」、それはユグノーたちは経済的な脅威であると考えられ、文化的にも際立っており、また彼らが実際には逃れてきたところのフランス王ルイ一四世やその対外政策と同一視されたが故であった[128]。カシュナーはイギリス史における難民の経験と神話の対立について行った彼の分析においてユグノーが耐え忍んだ敵意を強調している[129]。

黒人《ブラック》奴隷たちもまた増加し、それは何百万人もの人々をアフリカからアメリカへと運んだ、この「商品」の大西洋貿易の発展と関わっていた[130]。黒人《ブラック》たちは、砂糖プランテーション経営者や奴隷貿易船の船長らが帰国する際に連れて来られて、イギリスに到来した。他のアジア人、アフリカ人奴隷たちはかつて海外で政府官吏のために働き、その主人たちが帰国する際にイギリスへとやってきた。アフリカ人も幾人か、船上で働いた自由船員として到来した。

一八世紀の間に、一万人から一万五〇〇〇人の黒人《ブラック》がイギリスに居住した。彼らは特にロンドン、そしてブリストルやリヴァプールなどその他の奴隷貿易港に集中した。大半が召使い、従者、執事などとして働き、奴隷の身分のままであった。その一方で自由な身分の黒人《ブラック》は、物乞いで糊口を凌ぐものもいたが、道路掃除、果実露天商、大道芸人など様々な職業に従事した。男性が多数を占めていた。奴隷身分の女性は通常メイドとして働き、自由な身分の黒人《ブラック》女性は洗濯女、縫子、娼婦などとして働いた。

一八世紀の終わりまでに、十分な数の自由身分の黒人《ブラック》が集まったことでロンドンでのコミュニティが発展し、非公式な集会を持つようになった。が、一見したところ（身体的見かけにより）マジョリティとは大きく異なる集団の完璧な同化の一例として、この初期の黒人《ブラック》コミュニティは一九世紀初めまでにその存在が不可視なものとなる。これはさらなる移民の流入が無かったことに一部理由がある。この結果、男性が圧倒的だったこともあり、イングランド人女性との結婚が通常のこととなった。

一九世紀および二〇世紀に移住することとなる集団の多くと同様に、通婚や同化とともに人種主義も存在した。一八世紀の間、黒人《ブラック》に向けられた敵意は国家の後ろ盾を持ち、なぜならそれは当時黒人《ブラック》は奴隷として所有物だと見なされており、人間としての地位さえ認められなかったからである。アフリカに対する態度を反映しつつ、一般人の間の人種主義が彼らの従属的地位を強化することとなった。ステレオタイプにより、彼らは怠惰でふしだらであると見なされた。(131)

一八世紀イギリスにおけるアイルランド人の増加は、これ以前の移民の流入と関連すると同時に、一八〇〇年以後のさらなる増加の基盤を築いた。拡大はリヴァプール、ブリストル、そしてとりわけロンドンで生じた[132]。かなりの数のアイルランド人が田園地帯で夏季収穫人として労働した。プロト工業化による人口の増と経済的な変化が人々をイングランドへと押し出す助けとなった。アイルランド人はヴィクトリア時代と同様、物乞いや盗みから露天商、煉瓦工まで社会階層構造の底辺の仕事に就いた。都市人口の大半と同様に、アイルランド人は不衛生な環境に居住し、首都の特定の地域、特にセント・ジャイルズに集中した。ローマ・カトリック教会が一八世紀の終わりまでにロンドン、リヴァプールに出現した。このような展開は一六世紀初期からのイギリス宗教改革によって噴出したカトリックに対する敵意の後、寛容が育ってきた証であるかもしれないが、アイルランド系カトリックに対する敵意は、決して水面下深くに潜んではいなかった。それはたびたび表面化し、暴力沙汰は一七三六年、一七四〇年、一七六三年にも生じていたが、最も有名な事例は一七八〇年のゴードン暴動［第五章を参照］であろう[133]。

二つの新しい集団（これらが一九世紀に主要な二つのコミュニティとなっていくのだが）が一七世紀の後半に出現した。一つ目は再興を果たしたユダヤ人であり、二つ目はドイツ人で、実に多様な集団を含んだが、宗教に関連してコミュニティとしての意識を育んでいった。ユダヤ人の中には一二九〇年の追放以降もイギリスに居住する者がいたが[134]、一六五六年の再入国許可が近代のイギリスにおけるユダヤ人の歴史の幕開けであった。一七世紀の後半にイベリア半島や中央・西ヨーロッパからイギリスにやってきた人々の中には商人や医者がおり、その他「行商人、召使い、浮浪者、その類いの者」を含む「資本や技能を殆ど持たない者」とともにやってきた[135]。一八世紀初期までには宗教審問を逃れたセファルディム［離散ユダヤ人のうち、スペインなどの南ヨーロッパ、北アフリカなどに一時期居住した人々とその子孫］が移民の大半を占めたが、一七二〇年代頃、オランダ、ドイツ、ポーランドなどから、悪化する経済状況と反ユダヤ主義の両方から逃れてくるアシュケナジム［離散ユダヤ人のうち、ドイツや東ヨーロッパに一時期居住した人々とその子孫］が次第に増加するようになってこの状況は変わり始めた。エンデルマンはイギリスに入国した者の多くは物質的資源を殆ど持っておらず、露天商や物乞いなど様々な活動に従事することになったという事実を指摘している。が、一九世紀および二〇世紀の初頭と同様に、一八〇〇年以前もユダヤ人コミュニティは非常に多様化し、裕福でより確立した地位を持つユダヤ人が確固として存在する一方で、新来者たちがロンドンやその他都市部の街路で日々極貧の暮らしをするというように、様々な宗教的実践および社会階級を含むものとなった。(136) 一八〇〇年までに二万人から三万人のユダヤ人がイングランドに居住していた可能性がある。ロンドンに集中したが、一八世紀の間に様々な土地、遠くはエクセター、プリマス、リーズ、マンチェスター、リヴァプール、エジンバラまで広がって行った。(137) セファルディムもアシュケナジムも主にシナゴーグを開くことを通じてユダヤ人という他と異なる意識を維持した。ロンドンにおける信仰の場の主要なものとしては、セファルディムの場合はベヴィス・マークス、アシュケナジムの場合はグレートおよびハンブロ［一九三六年に統合されているが当時は別々のシナゴーグ］あり、どれも一七世紀の間に設立された。これに加えて、より小さな信徒団も首都ロンドンに、またユダヤ人がよく居住した外の地域にも形成された。慈善組織や学校も発達し、つまりセファルディムおよびアシュケナジムの確固たるコミュニティの基石は一九世紀の初めまでにもうすでにしっかりと置かれていたのである。(138)

トッド・エンデルマンは、(139) 特に当時の大陸での状況と比較して、一八世紀イギリスにおいてユダヤ人が経験した寛容を強調しており、この寛容こそが、徹底的な同化と彼が見る現象を促進した要因であったと見ている。(140) しかしながら、反ユダヤ主義はイギリス社会に根付いたままであった。彼らに対して存在した法的な規制（その意味で［他国にいる］彼らの同胞たちの多くと似ていた）の撤回、そしてそれに続く完全な解放は一九世紀に至るまで起きなかった。(141) 根強い、しかし潜在的な反ユダヤ主義があからさまな敵意へと爆発した場合もいくつかあり、最も有名なのは一七五三年にユダヤ人帰化法の制定の後起きたもので、結果、この法律は廃止された(142)。

ドイツに起源を持つイギリスでの居住者は一六五〇年から一八〇〇年の間は完全な市民権を持たなかったものの、一九一四年より前には、ここまでの敵意に遭遇することはなかっただろう。ドイツのいくつかの地方からこの時期、様々な移民の流れがイギリスに到来した。まず、プファルツ選定侯領から一七〇九年に政治的および経済的理由によりイギリスへ移住した約一万五〇〇〇人の移民のグループが存在した。彼らは全般的に敵意を持って受け入れられ、結果、政府は彼らを北アメリカへと追い払う決定をくだした。一九世紀にまで続く新しい流れもまた発展した。多くのドイツ人は大西洋を渡る旅の途中で船を乗り換えるためにイギリスに滞在したが、その間に残ることを決めた者もいた。イギリスで工業化が始まったことで、やってきた事業家や商売人もいた。商人たちがイギリスにやってきたのは大陸市の衰退の結果、顧客たちと直接交渉を持ちたいと願うようなったためとも考えられる。一七一四年にハノーヴァー朝の王が即位したこともドイツ人にとってはイギリスへ惹き付けられる要因となった。

定住地は圧倒的にロンドンに集中していたが、そこには広い範囲の社会階級や職業が含まれ、先に触れた商人を頂点として、音楽家、製糖労働者（一八世紀と一九世紀の大半を通じてイーストエンドで過酷な状況の中働いた）までいた。宗教は一八世紀の間ドイツ人移民を結びつける要因となった。一六七〇年代に始めてのドイツ系の教会がロンドンに誕生し、（ローマ・カトリック教会を一つ含む）六つの教会が開かれた。このうちの二つ、サヴォイの聖マリア・ルター派教会とホワイトチャペルの聖ジョージ教会は学校を開いた。ドイツ人は何度か敵意にさらされ、特に有名なのはプファルツ難民危機の際に新聞が彼らを攻撃した時に起きた(143)。

一九世紀の初めまでに、これに続く二百年の間に拡大することになるコミュニティの多く、特にユダヤ人とアイルランド人、およびドイツ人が確固たる土台を発展させていた。他の一八世紀の移民集団、特に黒人《ブラック》のコミュニティはほぼ通婚と、その結果の同化により消滅した。ここまで触れた移民コミュニティの多くが規模は小さいが、常に移民の流れがあったことはイギリスにおける移民の歴史の重要性を指し示している。

一八〇〇年以降の移民

一一世紀から発展してきたパターン——移住、エスニック集団やアイデンティティの発展と、通婚や外国人嫌悪の結果として起きる、そのようなアイデンティティの喪失を包含する——は、一九世紀、二〇世紀の間も続いた。一八〇〇年以前も絶えざる移民の流れが存在したと主張することが、そして、その結果この国が移民の国であると示すことができる一方で、この時期を境として、また特に一九四五年以降、移民という現実、その持続性、規模が、移民を国の発展の中心的なファクターにしている。

まず、移民の数が、特に世界的な人口の爆発的増加と交通革命に結びつく形で著しく増加した。その規模は、一九四五年以降特に著しく伸びることとなるが、一九世紀にはすでに変化の兆しがあった。一八〇〇年から一九一四年の間に、約百万人がアイルランドから海を渡り、イギリスに移住した。第一次世界大戦以降、この集団の移動はさらに加速され、結果、一九四五年以降だけで、さらに百万人のアイルランド人の移住が起きており、アイルランド系はこの国において常に最大の移民集団であったことを示す。彼らは第二次世界大戦以降、さらに遠くから移住してきた集団が数々到来したことにより、だんだんと不可視な集団となっていったが、一九世紀の長きに渡り、イギリスの主要なよそ者《アウトサイダー》集団であり続けた(144)。ユダヤ人の移住はより小規模で起きたが、一九世紀の終わりまでに、ユダヤ人は主要な可視的集団を形成し、一八世紀に築いたコミュニティの基盤を発展させることで一九四五年までには約五〇万人に達した。一九世紀後半のユダヤ人移民は殆ど東ヨーロッパから到来し、その後、これに一九三〇年代のナチスからの亡命者が続いた(145)。これら二つの主要集団以外に存在した一九四五年以前の重要なマイノリティ集団としては、一九一四年までに六万人を数えたドイツ人コミュニティが存在したが、第一次世界大戦のドイツ人嫌悪によって破壊され(146)、またその他には一九三〇年代までにそれぞれ二万人と三万人に達しつつあったフランス人とイタリア人のより小さな集団が存在した(147)。

歴史記述においては黒人《ブラック》およびアジア人の定住がいかに長い歴史を持つかが焦点となっているが(148)、非ヨーロッパ系の集団は一八〇〇年から一九四五年の間にはたった数千人規模でしかなかった。中国人、南アジア人、黒人《ブラック》の新たに生じたコミュニティのいずれも、とりわけ黒人《ブラック》コミュニティは第二次世界大戦前のいずれの移民集団とも殆ど関わりを持っていない。アジア人、中国人の定住が第二次大戦以前の移民定住の基盤の上に行われた少数の地域もあったかもしれないが、一九四五年以後のイギリスの移民の歴史はその規模と多様性だけでなく、新来者の出身地においても一つの転換点となったのだ。一八世紀には奴隷の輸入は確かにあったが、一九四五年以後に初めてかなりの規模の移動がヨーロッパ大陸より遠い地域から生じた。カリブ海諸島、南アジア、香港、アフリカなどから数百万の人々がイギリスに移住してきた。アメリカ大陸からもより少ない数の移動があった。二〇〇一年の国勢調査によれば、イギリスの人口のうち八％の人々がある特定のエスニック・コミュニティに属していると答えている［ここでいう「エスニック・コミュニティに属している」状態とは国勢調査の回答において非白人マイノリティとしてのアイデンティティを選択していることを指す。アイルランド系、ユダヤ系などは含まれていない。最新の二〇一一年調査では連合王国の人口の約一三％が非白人エスニック・マイノリティであることが示された］。ヨーロッパよりも遠い地域からの移民は一九四五年以後著しく増加したが、ヨーロッパ大陸からの移民も継続した。百万人規模のアイルランドからの移動の他、数十万規模の人々がポーランドおよびイタリアから到来し、キプロスおよびマルタを含む様々なヨーロッパの国々から数万人規模で移住してきた(149)。しかしこれらの集団は主要なエスニック集団の一部にすぎない。例えばロンドンに焦点を当てれば、膨大な数の異なる民族的起源《エスニック・オリジン》を持つ人々が住んでいることがわかるだろう(150)。

しかしながら、イギリスへの移住者は次第にロンドンから、国土全体へと広がって居住することとなった。一九四五年以前には全てのエスニック集団のかなりの割合（イタリア系とドイツ系の場合は約半数）(151)が首都に集中した。このことはより大きなアイルランド系コミュニティに関してはさほど当てはまらない。アイルランド系はロンドン南部、東部に集中しただけではなく、イングランド北部の大きな都市の大半、特にリヴァプール、グラスゴー、マンチェスター、さらにはニューカッスル、リーズ、ヨークにおいても可視的な存在となった(152)。一九世紀のユダヤ人移民もロンドンのイーストエンド地区に特に集中したが、一九一四年までには新たに首都以外の大都市、マンチェスター、リーズ、グラスゴーなどにも集住した(153)。他方、より小規模な移民集団は首都の外に住むこともあったかもしれないが、めったに数百人規模を越えなかった。この状況は一九四五年以後大きく変わる。戦後初期の新移民たちは一九四五年以前には殆ど外国人が居住していなかった地域にも居住するようになっただけでなく、ロンドンにおいても伝統的に移民が居住した地区、特にイーストエンドを出て、首都の様々な地域に広がって行った。戦後のロンドンは移民と密接な関係を持って発展をとげた。同時にコヴェントリーやレスターなどのイングランド中部の広い地域がかなりの数の外国人の流入を経験し、より小規模なイングランド北部の都市、ブラッドフォードやブラックバーンなども同様であった(154)。

移民はまた、イギリスの人口動態を変化させた。これは一九九一年の国勢調査以降計測されるようになった様々なエスニック集団出身の人々の存在にのみ当てはまるのではない。加えて、長期的に見ると、移民の子孫は次第に人口全体と同様の出生パターンを示すようになるが、少なくとも初期において、新来者はしばしば、より確立された人口集団よりも高い出生率を示す(155)。

移民はまた、一九世紀および二〇世紀におけるイギリスの経済発展において重要な役割を果たした。このことは特に工業に従事した人々、例えばこの時期全体を通じてのアイルランド人や、戦後のパキスタンおよびカリブ海からの移民に当てはまるであろう。しかし移民はしばしばある特定の時点における経済の需要を反映する。一九世紀および戦後初期にイギリスに定住したアイルランド人は重工業へと職を求めたが、より最近の東ヨーロッパからの移民は次第にサービス産業で働くようになっている。しかしながら、全ての移民が単純に、経済の飼葉、つまり非熟練労働力としてやってきたと考えることは間違っているであろう。過去二百年の間、起業家、熟練労働者および専門職の外国人がこの国で働いてきた。移民たちは最上部から最下部まで、イギリス経済および社会のあらゆる階層にその存在感を示している(156)。

一八〇〇年以降、何百万人もの人々がイギリスに移動したことはアイデンティティおよび「イギリス人性《ブリティッシュネス》」の概念に、重要な影響を及ぼしており、特に近年その傾向が顕著である。あらゆる規模の、全ての移民集団は独自のコミュニティを形成し、それは、一九世紀半ばロンドンに居住した数百人のドイツ人難民から、多様な南アジア系の集団を包摂するような彼ら独自のアイデンティティを構築してきた戦後の数百万人の南アジア人にまで至る。実際、イギリスにおける全てのエスニック・アイデンティティとは、常に故国から持ち込まれた要素と新しい環境において彼らを再構成する要素を合わせたものである。南アジア系のムスリム〔イスラム教徒〕移民の場合のように、宗教的実践がインド、バングラデシュ、パキスタンでの現実をかなり忠実に反映するかもしれない一方で、[157] イギリスに居住する他の南アジア系の生活の他の要素、例えば、衣服や食事などにおいては、元々の要素と新しい居住国《ホームランド》での要素を組み合わせている。[158] 実際、より近年の研究が証明するように、人々は次第に様々な地理的場所の要素を組み合わせながら、独自のアイデンティティを選び取るようになっている。[159] 元々の移民の生活に深く根ざした要素、例えば宗教などは、その後の世代においてもしばしば残り続けるだろうが、長期的に見れば、同化のプロセスが起きる可能性もある。[160]

移民は明確に、特に戦後においては、多文化主義の概念の発展において重要な役割を果たしてきた。歴代の政府、特に労働党政権はこの概念の基盤となる法制を確立してきたが、実は多文化主義の概念は一九世紀初期にその起源をたどることができる。しかし多文化主義は第二次世界大戦終結以降、日常生活において起きてきた変容においてより可視的なものになりつつある。このことは特に大衆文化、衣服、食において当てはまるように思われる。[161] しかし、一九世紀にまで遡っての検証により、食、上位文化、大衆文化の変容に移民がずっと役割を果たして来たことがわかる。[162]

この本がこれから指し示す通り、イギリスは過去二百年に渡って、様々な意味で常に移民の国であった。しかし「肯定的な」変化が起きたのと同時に、人種差別や外国人嫌悪という堅固な障害も残り続けた。人種主義の性質は、一九世紀の大半におけるアイルランド人に対して、また第一次世界大戦時のドイツ人に対しての暴力の極みがその後に緩和していったという意味において、時につれて変容してきたように思われる。しかし一九世紀末以来の移民法の展開や、新聞の全ての新しい集団に対する敵意などいくつかの要素は不変であるように思われる。外国人嫌悪の被害者は時とともに変遷し、一九世紀のアイルランド人から、二〇世紀初頭のユダヤ人、第一次世界大戦時のドイツ人、一九五〇年代の西インド諸島人、一九六〇年代から一九八〇年代までのアジア人、一九九〇年代の難民庇護申請者、そして近年のムスリム、というように変化している。しかし、よそ者《アウトサイダー》への敵意は、通常はある特定の時期に、ある特定の集団に対して集中することになるが、常に存在した。イギリスは過去二世紀に渡り移民の国として発展を遂げてきたが、この発展に対して異を唱える敵意の流れは常に存在し[163]、ここで本質的に多文化主義的な人種主義という状況を生じさせてきたのである。

（1） Tony Kushner, *Remembering Refugees: Then and Now* (Manchester, 2006).

（2） Tony Kushner, ed., *The Jewish Heritage in British History: Englishness and Jewishness* (London, 1992).

（3） Stefan Berger, Mark Donovan and Kevin Passmore, eds, *Writing National Histories: Western Europe Since 1800* (London, 1999).

（4） Michael Billig, *Banal Nationalism* (London, 1995) において議論されている。

（5） Herbert Butterfield, *The Whig Interpretation of History* (London, 1965).

（6） 彼の最も重要な著作はおそらく、レイモンド・ポストゲイト（Raymond Postgate）との共著による *The Common People* (London, 1938).

（7） 例えば、*The Skilled Labourer, 1760–1832* (London, 1919) を参照。

（8） E. P. Thompson, *The Making of the English Working Classes* (London, 1963).

（9） 労働者階級史のよい出発点としては、*Labour History Review* がある（二〇〇五年に創刊七〇周年を迎え、かつては *Bulletin of the Society for the Study of Labour History* として発刊されていた）。

（10） Michael Banton, *The Coloured Quarter: Negro Immigrants in a British City* (London, 1955).

（11） Ruth Glass, *Newcomers: The West Indians in London* (London, 1960).

（12） タイトルは以下の通り。*The Irish in Scotland, 1798–1945* (Cork, 1943); *The Irish in Modern Scotland* (Cork, 1947).

（13） Patrick O'Sullivan, ed., *The Irish World Wide: History, Heritage, Identity*, 6 Volumes (Leicester and London, 1992–7).

（14） Roger Swift と Sheridan Gilley により編集された三冊の重要な著作は以下の通り。*The Irish in the Victorian City*

(London, 1985); *The Irish in Britain, 1815-1939* (London, 1989); *The Irish in Victorian Britain: The Local Dimension* (Dublin, 1999).

(15) Mary Hickman, Religion, *Class and Identity: The State, the Catholic Church and the Education of the Irish in Britain* (Aldershot, 1994).

(16) Donald M. MacRaild: *Culture, Conflict and Migration: The Irish in Victorian Cumbria* (Liverpool, 1998); *Irish Migrants in Modern Britain, 1750-1922* (Basingstoke, 1999); ed., *The Great Famine and Beyond: Irish Migrants in Britain in the Nineteenth and Twentieth Centuries* (Dublin, 2000).

(17) http://www.liv.ac.uk/irish/ [http://www.liv.ac.uk/irish-studies/ にサイト移行。最終アクセス日：二〇一五年九月三日]

(18) http: //www. londonmet. ac. uk/pg-prospectus-2004/ research/centres/isc. cfm [https: //metranet. londonmet. ac. uk/irishstudiescentre/ にサイト移行。最終アクセス日：二〇一五年九月三日]

(19) Enda Delaney, *The Irish in Post-war Britain* (Oxford, 2007).

(20) Moses Margoliouth, *The History of the Jews in Great Britain*, 3 Volumes (London, 1851); John Mills, *The British Jews* (London, 1863); A. M. Hyamson, *The History of the Jews in England* (London, 1908).

(21) http://www.jhse.dircon.co.uk/html/about_us.html [http://www.jhse.org にサイト移行。最終アクセス日：二〇一五年九月三日]

(22) *A History of the Jews in England* (Oxford, 1941) は彼の研究の多くを要約している。

(23) Lloyd P. Gartner, *The Jewish Immigrant in England, 1870-1914* (London, 1960); John A. Garrard, *The English and Immigration, 1880-1910* (London, 1971); Bernard Gainer, *The Alien Invasion: The Origins of the Aliens Act of 1905* (London, 1972).

(24) 最も重要な著作は以下のものを含む。Geoffrey Alderman, *Modern British Jewry* (Oxford, 1992); David Cesarani, ed., *The Making of Modern Anglo-Jewry* (Oxford, 1990); Todd M. Endelman, *The Jews of Britain, 1656-2000* (London, 2002); David Feldman, *Englishmen and Jews: Social Relations and Political Culture, 1840-1914* (London, 1994); Tony Kushner, *The Persistence of Prejudice: Anti-Semitism in British Society during the Second World War* (Manchester, 1989); W. D. Rubinstein, *A History of the Jews in the English Speaking World: Great Britain* (Basingstoke, 1996); Colin Holmes, *Anti-Semitism in British Society, 1876-1939* (London, 1979); Bill Williams, *The Making of Manchester Jewry, 1740-1875* (Manchester, 1976); David S. Katz, The Jews In the History of England, 1485-1850 (Oxford, 1994).

(25) http://www.parkes.soton.ac.uk/ [最終アクセス日：二〇一五年九月三日]

(26) http://www.huguenotsociety.org.uk/ [最終アクセス日：二〇一五年九月三日]

(27) 例えば以下を参照。Robin D. Gwynn, *Huguenot Heritage : The History and Contribution of the Huguenots in Britain* (London, 1988) ; B. J. Cottrett, *The Huguenots in England : Immigration and Settlement, c. 1550–1700* (Cambridge, 1992).

(28) Ian Colvin, *The Germans in England, 1066–1598* (London, 1915) ; C. R. Hennings, *Deutsche in England* (Stuttgart, 1923).

(29) Rosemary Ashton, *Little Germany : Exile and Asylum in Victorian England* (Oxford, 1986) ; Panikos Panayi, *The Enemy in Our Midst : Germans in Britain during the First World War* (Oxford, 1991) ; Panikos Panayi, *German Immigrants in Britain during the Nineteenth Century, 1815–1914* (Oxford, 1995) ; Panikos Panayi, ed., *Germans in Britain Since 1500* (London, 1996).

(30) 例えば以下を参照。Ulrike Kirchberger, *Aspekte deutsch-britischer Expansion : Die Überseeinteressen der deutschen Migranten in Großbritannien in der Mitte des 19. Jahrhunderts* (Stuttgart, 1999) ; Johannes-Dieter Steinert and Inge Weber-Newth, *Labour & Love : Deutsche in Grossbritannien nach dem Zweiten Weltkrieg* (Osnabruck, 2000) ; Stefan Manz, *Migranten und Internierte : Deutsche in Glasgow, 1864–1918* (Stuttgart, 2003) ; Stefan Manz, Margrit Schulte Beerbühl and John R. Davis, eds, *Migration and Transfer from Germany to Britain, 1660–1914* (Munich, 2007).

(31) この研究テーマに関する重要な著作には W. E. Mosse, et al., eds, *Second Chance : Two Centuries of German-Speaking Jews in the United Kingdom* (Tübingen, 1991) がある。

(32) http://www.sas.ac.uk/igs/HPEXILECENTRE.htm [http://modernlanguages.sas.ac.uk/research-centre-german-and-austrian-exile-studies にサイト移行。最終アクセス日：二〇一五年九月三日]

(33) Lucio Sponza : *Italian Immigrants in Nineteenth Century Britain* (Leicester, 1988) ; *Divided Loyalties : Italians in Britain during the Second World War* (Frankfurt, 2000).

(34) Terri Colpi, *The Italian Factor : The Italian Community in Great Britain* (Edinburgh, 1991), p. 5.

(35) 最近の著作は以下を含む。Azadeh Medaglia, *Patriarchal Structures and Ethnicity in the Italian Community in Britain* (Aldershot, 2001) ; Claudia Baldoli, *Exporting Fascism : Italian Fascists and Britain's Italians in the 1930s* (Oxford, 2003) ; Anne Marie Fortier, *Migrant Belongings : Memory, Space, Identity* (Oxford, 2000) ; Wendy Ugolini, *'Communal Myths and Silenced Memories : The Unremembered Experience of Italians in Scotland During World War Two'* (University of Edinburgh Ph.D thesis, 2006).

(36) 例えば以下を参照。Jerszy Zubrzycki, *Polish Immigrants in Britain : A Study of Adjustment* (The Hague, 1956) ; Keith Sword with Norman Davies and Jan Ciecha-

nowski, *The Formation of the Polish Community in Great Britain, 1939-1950* (London, 1989); Peter D. Stachura, ed., *The Poles in Britain, 1940-2000: From Betrayal to Assimilation* (London, 2004).

(37) 以下のような著作が含まれる。Peter Fryer, *Staying Power: The History of Black People in Britain* (London, 1984); David Killingray, ed., *Africans in Britain* (London, 1993); Kenneth Little, *Negroes in Britain* (London, 1972); James Walvin, *Black and White: The Negro and English Society, 1555-1945* (London, 1973).

(38) 例えば以下を参照。Jagdish S. Gundara, and Ian Duffield, eds, *Essays on the History of Blacks in Britain* (Aldershot, 1992); Ron Ramdin, *The Making of the Black Working Class in Britain* (Aldershot, 1987); Hakim Adi, *West Africans In Britain, 1900-1960: Nationalism, Pan-Africanism and Communism* (London, 1998); Mike and Trevor Phillips, *Windrush: The Irresistible Rise of Multi-Racial Britain* (London, 1998).

(39) Rosina Visram, *Asians in Britain: 400 Years of History* (London, 2002).

(40) Michael H. Fisher, Shompa Lahiri and Shinder Thandi, *A South Asian History of Britain* (Oxford, 2007).

(41) 例えば以下を参照。N. Ali, V. S. Kalra and S. Sayyid, eds, *A Postcolonial People: South Asians in Britain* (London, 2006); and Roger Ballard, ed., *Desh Pradesh: The South Asian Presence in Britain* (London, 1994).

(42) Panikos Panayi, *The Impact of Immigration: A Documentary History of the Effects and Experiences of Immigrants and Refugees in Britain Since 1945* (Manchester, 1999).

(43) http://www.statistics.gov.uk/cci/nugget.asp?id=273［現在このアドレスでは当該データを確認できないが、国立統計局（http://www.ons.gov.uk）のウェブサイト等で二〇〇一年国勢調査およびその後の国勢調査のデータは入手可能である］この数値は非白人（non-white）集団のみを指す。ヨーロッパからの移民とその子孫、特にアイルランド系を参入すれば、おそらく数値は約一二％に上がる。

(44) これはRobert Winder, *Bloody Foreigners: The Story of Immigration to Britain* (London, 2004) の中心的テーマの一つである。

(45) Tony Kushner and Kenneth Lunn, 'Introduction', in Kushner and Lunn, eds, *The Politics of Marginality: Race, The Radical Right and Minorities in Twentieth Century Britain* (London, 1990); Panayi, *Impact*, p. 29.

(46) David Cannadine, *Class in Britain* (London, 1998) では移民は扱われていない。

(47) Robert Colls, *Identity of England* (Oxford, 2002).

(48) Paul Gilroy, *There Ain't No Black in the Union Jack: The Cultural Politics of Race and Nation* (London, 1987).

(49) 過去数十年間に渡り、歴史研究者のエスニシティ構成を記録しているアメリカ歴史協会（American Historical Association）とは違い、王立歴史学会（Royal Historical Soci-

ety）やヒストリーＵＫ（History UK）などの集団はこのような問題には取り組んでおらず、そのこと自体このような組織を主導する人々のエスニシティ構成を反映している。アメリカの組織事例については例えば、以下を参照。Robert B. Townsend, The Status of Women and Minorities in the History Profession,' *Perspectives*, April 2002.

(50) William Cunningham, *Alien Immigrants in Britain* (London, 1897).

(51) 最も重要なものとしては以下を参照。Jim Walvin, *Passage to Britain: Immigration in British History and Politics* (Harmondsworth, 1984); Colin Holmes, *John Bull's Island: Immigration and British Society, 1871-1971* (Basingstoke, 1988); Panikos Panayi, *Immigration, Ethnicity and Racism in Britain, 1815-1945* (Manchester, 1994); Panayi, *Impact*; Tony Kushner and Katherine Knox, *Refugees in an Age of Genocide: Global, National and Local Perspectives During the Twentieth Century* (London, 1999); Winder, *Bloody Foreigners*.

(52) 数多い例の中でも以下の二つを参照せよ。John Wrench and John Solomos, eds, *Racism and Migration in Western Europe* (Oxford, 1993); Alice Bloch and Carl Levy, eds, *Refugees, Citizenship and Social Policy in Europe* (Basingstoke, 1999).

(53) http://www.warwick.ac.uk/CRER/index.html［同研究所は二〇一一に廃止されたが、関連する情報はウォリック大学のウェブサイト http://www2.warwick.ac.uk/fac/soc/crer で確認できる。最終アクセス日：二〇一五年九月三日］

(54) 著名な例としては Michael Banton, Paul Gilroy and John Solomos らがいる。

(55) Kushner, *Jewish Heritage*.

(56) 出発点としては以下から始めるとよい。家族史協会連盟（Federation of Family History Societies）のウェブサイト（http://www.ffhs.org.uk）、ＢＢＣのウェブサイト（http://www.bbc.co.uk/history/familyhistory）。家族史に関する雑誌としては以下のようなものがある。*Genealogy Magazine*; *Ancestors*; *Family History Monthly*; *Who Do You Think You Are?*; *Your Family Tree*; *Family History*; and *Family Tree Magazine*.

(57) http://www.art-science.com/agfhs/events.html［http://www.agfhs.org/site/index.php にサイト移行。最終アクセス日：二〇一五年九月三日］

(58) http://www.jgsgb.org.uk［最終アクセス日：二〇一五年九月三日］

(59) 組織のリストは以下を参照。http://www.genuki.org.uk/Societies/index.html, GENUKI, Family History and Genealogy Societies.［最終アクセス日：二〇一五年九月三日］

(60) 以下のような著作がある。*Asian Voices: Life-Stories from the Indian Sub-Continent* (London, 1993); *The Motherland Calls: African Caribbean Experiences* (London, 1992); *Xeni: Greek Cypriots in London* (London, 1990); *Passport to Exile: The Polish Way to London* (London, 1988).

(61) http://westworld.dmu.ac.uk/fmp/web/highfields/mainmenu.html [http://highfields.dmu.ac.uk にサイト移行。最終アクセス日：二〇一五年九月三日]

(62) Imtiaz Habib, *Black Lives in the English Archives, 1500-1677: Imprints of the Invisible* (Aldershot, 2008).

(63) 以下を参照。CASBAH, 'a pilot web site for research resources relating to Caribbean Studies and the history of Black and Asian Peoples in the UK', http://www.casbah.ac.uk [サイトは現在閉鎖]

(64) http://www.movinghere.org.uk/default.htm [サイトは現在閉鎖。ただし国立公文書館（http://www.nationalarchives.gov.uk）のウェブサイトにアーカイヴ化されているのを確認できる。最終アクセス日：二〇一五年九月三日]

(65) http://www.movinghere.org.uk/about/ambh.htm [サイトは現在閉鎖。アーカイヴ化されたものについては同上。「ブラック文化アーカイヴ」の情報は http://bcaheritage.org.uk で見ることができる。最終アクセス日二〇一五年九月三日]

(66) 以下を参照。Nick Merriman, ed., *The Peopling of London: 15,000 Years of Settlement from Overseas* (London, 1993).

(67) http://www.jewishmuseum.org.uk [最終アクセス日：二〇一五年九月三日]、http://www.manchesterjewishmuseum.com [最終アクセス日：二〇一五年九月三日]

(68) http: //www. Black-history-month. co. uk/home. html [http://blackhistorymonth.org.uk にサイト移行、最終アクセス日：二〇一五年九月三日] この行事に関するダーカス・ハウ（Darcus Howe）の見解は以下を参照。*New Statesman*, 25 October 2004.

(69) Kevin Myers, 'Historical Practice in the Age of Pluralism: Educating and Celebrating Identities', in Kathy Burrell and Panikos Panayi, eds, *Histories and Memories: Migrants and their History in Britain* (London, 2006), pp. 35-53.

(70) Sarita Malik, *Representing Black Britons: A History of Black and Asian Images on British Television* (London, 2002).

(71) Tony Kushner, 'Great Britons: Immigration, History and Memory', in Burrell and Panayi, *Histories and Memories*, p. 24.

(72) Jo Littler and Roshi Naidoo, eds, *The Politics of Heritage: The Legacies of Race* (London, 2005) を参照。

(73) Mary Chamberlain, *Narratives of Exile and Return* (London, 1997); Paul Thompson, 'Moving Stories: Oral History and Migration Studies', *Oral History*, vol. 27 (1999), pp. 24-37.

(74) Caroline B. Brettell and James F. Hollifield, 'Introduction: Migration Theory - Talking Across Disciplines' in Caroline B. Brettell and James F. Hollifield, eds, *Migration Theory: Talking Across Disciplines* (London, 2000), pp. 1-26.

(75) 第二章と第三章を参照。

(76) Oscar Handlin, *The Uprooted: The Epic Story of the Great Migration that Made the American Peoples*, 2nd edn (Boston, MA, 1973), p. 3.

(77) Cunningham, *Alien Immigrants*.

(78) Holmes, *John Bull's Island*, p. 5.

(79) Panayi, *German Immigrants*, pp. 209–14.

(80) Panayi, *German Immigrants*, pp. 209–14.

(81) Panikos Panayi, *Outsiders: A History of European Minorities* (London, 1999).

(82) Klaus J. Bade, *Homo Migrans: Wanderungen aus und nach Deutschland: Erfahrungen und Fragen* (Essen, 1994).

(83) Klaus J. Bade, ed., *Menschen über Grenzen: Grenzen über Menschen: Die Multikulturelle Herausforderung* (Essen, 1995).

(84) Panayi, *Outsiders*.

(85) T. W. E. Roche, *The Key in the Lock: Immigration Control in England from 1066 to the Present Day* (London, 1969), pp. 13–46.

(86) Simon James, *The Atlantic Celts: Ancient People or Modern Invention?* (London, 1999) を参照。

(87) Edward James, *Britain in the First Millenium* (London, 2001), pp. 39–64; Nicholas J. Higham, *Rome, Britain and the Anglo-Saxons* (London, 1992), pp. 17–68.

(88) Karl Heinrich Schaible, *Geschichte der Deutschen in England* (Strasbourg, 1885), pp. 1–19.

(89) V. G. Kiernan, 'Britons Old and New', in Colin Holmes, ed., *Immigrants and Minorities in British Society* (London, 1978), p. 24.

(90) Alexander Demandt, 'Patria Gentium: Das Imperium Romanum als Vielvölkerstaat', in Bade, *Menschen über Grenzen*, pp. 22–37.

(91) Fryer, *Staying Power*, p. 1.

(92) Catherine Hills, *Origins of the English* (London, 2003); C. J. Arnold, *Roman Britain to Saxon England* (Bloomington, IN, 1984).

(93) James, *Britain*, pp. 214–70; P. H. Sawyer, *From Roman to Norman England*, 2nd Edn (London, 1998), pp. 114–20; Julian D. Richards, *Viking Age England* (London, 1991).

(94) Brian Goulding, *Conquest and Colonization: The Normans in Britain, 1066–1100* (London, 1994); Nicholas J. Higham, *The Norman Conquest* (Stroud, 1998).

(95) Kiernan, 'Britons', p. 25.

(96) Mark R. Cohen, *Under Crescent and Cross: The Jews in the Middle Ages* (Princeton, 1994).

(97) Paul Hyams, 'The Jewish Minority in Medieval England, 1066–1290', *Journal of Jewish Studies*, vol. 25 (1974), p. 271; Hyamson, *History of the Jews in England*, p. 107.

(98) H. G. Richardson, *The English Jewry under Angevin Kings* (London, 1960), pp. 6–14.

(99) 同書、pp. 25–6.

(100) Hyamson, *History of the Jews*, p. 108.

(101) 同書、p. 277.
(102) Hyams, 'Jewish Minority', pp. 284-7.
(103) Robin R. Mundill, *England's Jewish Solution : Experiment and Expulsion* (Cambridge, 1998).
(104) 同書を参照。
(105) Hyamson, 'Jewish Minority'.
(106) 同論文、p. 277.
(107) R. B. Dobson, *The Jews of Medieval York and the Massacre of March 1190* (York, 1974).
(108) Hyamson, *History of the Jews*, pp. 39, 48, 88.
(109) T. H. Lloyd, *Alien Merchants in England in the High Middle Ages* (Brighton, 1982), pp. 82-94 ; T. H. Lloyd, *England and the German Hanse, 1157-1611 : A Study of their Trade and Commercial Diplomacy* (Cambridge, 1991) ; Friedrich Schulz, *Die Hanse tend England : Von Edwards* III *bis auf Heinrichs VIII Zeit* (Stuttgart, 1978), pp. 11, 13 ; Inge-Maren Peters, *Hansekaufleute als Gläubiger der Englischen Krone (1294-1350)* (Cologne, 1978), pp. 99-104 ; Elenora M. Carus-Wilson, 'Die Hanse In England', in Kölnisches Stadtmuseum, ed., *Hanse in Europa : Brücke zwischen den Märkten 12.-17. Jahrhundert* (Cologne, 1973), pp. 91-101 ; J. W. Archer, 'The Steelyard', *Once a Week*, vol. 5 (1861), p. 54 ; Georg Syamken, 'Englandfahrer and Merchant Adventurers', *Hamburger-Wirtschafts-Chrornik*, vol. 5 (1975), pp. 17-28 ; W. E. Lingelbach, *The Merchant Adventurers of England : Their Laws and Ordinances* (Philadelphia, 1902), pp. xv-xxxi.
(110) Colpi, *Italian Factor*, pp. 25-6. その他の中世ドイツ人集団に関しては Panayi, *German Immigrants*, pp. 6-7 を参照。
(111) Nick Merriman, 'Front Prehistoric Times to the Huguenots', in *Merriman, ed., The Peopling of London : 15,000 Years of Settlement front Overseas* (London, 1993), pp. 36-8 ; Kiernan, 'Britons', p. 28.
(112) Kevin O'Connor, *The Irish in Britain* (Dublin, 1974), p. 13.
(113) 上記のプロテスタント難民に関する記述は以下の文献を用いている。C. W. Chitty, 'Aliens in England in the Sixteenth Century', *Race*, vol.8 (1966), pp. 129-45 ; Nigel Goose, 'The "Dutch" in Colchester', *Immigrants and Minorities*, vol. 1 (1982), pp. 261-80 ; Marcel Backhouse, 'The Strangers at Work in Sandwich', *Immigrants and Minorities*, vol. 10 (1991), pp. 70-99 ; David Ormond, *The Dutch in London : The Influence of an Immigrant Community* (London, 1973) ; Panayi, *German Immigrants*, pp.7-8 ; Andrew Pettegree, *Foreign Protestant Communities in Sixteenth Century London* (Oxford, 1986) ; Randolph Vigne and Charles Littleton, eds, *From Strangers to Citizens : The Integration of Immigrant Communities in Britain, Ireland and Colonial America, 1550-1750* (Brighton, 2001), pp. 7-105.
(114) Lien Bich Luu, *Immigrants and the Industries of London* (Aldershot, 2005).
(115) Lien Bich Luu, 'Dutch and their Beer Brewing in Eng-

land, 1400-1700', in Anne J. Kershen, ed., *Food in the Migrant Experience* (Aldershot, 2002), pp. 101-33.

(116) Raingard Esser, 'Germans in Early Modern Britain', in Panayi, *Germans in Britain*, pp. 21-7.

(117) Martin Holmes, 'Evil May-Day 1517 : The Story of a Riot', *History Today*, vol. 15 (September 1965), pp. 642-50 ; Irene Scouloudi, 'Alien Immigration in London, 1558-1640', *Proceedings of the Huguenot Society of London*, vol. 16 (1938), pp. 27-49 ; Michael Wyatt, *The Italian Encounter with Tudor England : A Cultural Politics of Translation* (Cambridge, 2005).

(118) Fryer, *Staying Power*, pp. 4-12 ; Florian Shyllon, *Black People in Britain, 1555-1833* (London, 1977), p. 3 ; Paul Edwards, 'The Early African Presence in the British Isles' in Gundara and Duffield, *Essays*, pp. 15-24.

(119) Angus Fraser, *The Gypsies* (Oxford, 1992), pp. 10-44 ; Jean-Paul Clebert, *The Gypsies* (London, 1964), pp. 15-29 ; Brian Vesey-Fitzgerald, *Gypsies of Britain : An Introduction to their History*, 2nd edn. (Newton Abbot, 1973), pp. 20-32.

(120) David Mayall, *English Gypsies and State Politics* (Hatfield, 1995), pp. 18-26.

(121) O'Connor, *Irish in Britain*, p. 13.

(122) Jackson, *Irish in Britain*, p. 73.

(123) Mark Greengrass, 'Protestant Exiles and their Assimilation in Early Modern England', *Immigrants and Minorities*, vol. 4 (1985), pp. 76-8 ; Vigne and Littleton, *Strangers to Citizens* ; Lien Luu, 'Alien Communities in Transition', in Nigel Goose and Lien Luu, eds, *Immigrants in Tudor and Early Stuart England* (Brighton, 2005), pp. 192-210.

(124) 文脈化については以下を参照。R. I. Moore, *The Formation of a Persecuting Society : Power and Deviance in Western Europe, 950-1250* (Oxford, 1987) ; and David Nirenberg, *Communities of Violence : Persecution of Minorities in the Middle Ages* (Princeton, NJ, 1996).

(125) Greengrass, 'Protestant Exiles', pp. 67, 71.

(126) Anne J. Kershen, *Strangers, Aliens and Asians : Huguenots, Jews and Bangladeshis in Spitalfields, 1660-2000* (London, 2005), pp. 76-83, 109-14, 168-72 ; Gwynne, *Huguenot Heritage*, pp. 32-7, 67-9.

(127) Gwynn, 同書, p. 124.

(128) 同書, pp. 110-28.

(129) Kushner, *Remembering Refugees*, p. 30.

(130) James Walvin, *Black Ivory : Slavery in the British Empire*, 2nd Edn (Oxford, 2001).

(131) 上記の記述は以下を参照。Fryer, *Staying Power*, pp. 67-236 ; Little, *Negroes in Britain*, pp. 187-229 ; Walvin, *Black and White* ; Scobie, *Black Britannia* ; and Norma Myers, *Reconstructing the Black Past : Blacks in Britain, 1780-1830* (London, 1996).

(132) O'Connor, *Irish in Britain*, p. 18.

(133) Brenda Collins, 'Proto-Industrialization and pre-Famine

Emigration', *Social History*, vol. 7 (1982), pp. 127–46 ; O' Connor, *Irish in Britain*, pp. 14–15 ; John Denvir, *The Irish in Britain* (London, 1892), pp. 76–7, 102 ; D. Bogan, 'History of Irish Immigration to England', *Christus Rex*, vol. 12 (1958), pp. 38–48 ; Dorothy M. George, *London Life in the Eighteenth Century* (London, 1979 reprint), pp. 16–31.

(134) Endelman, *Jews of Britain*, pp. 15–27 ; Katz, *Jews in the History of England*, pp. 15–144.

(135) Endelman, 同書、p. 29.

(136) 同書、pp. 41–77.

(137) Cecil Roth, *The Rise of Provincial Jewry : The Early History of the Jewish Communities In the English Countryside* (London, 1950). 一八世紀のポーツマスに関しては Tony Kushner, *Anglo-Jewry Since 1066 : Place, Locality and Memory* (Manchester, 2009), pp. 121–49 も参照。

(138) Todd Endelman, *The Jews of Georgian England : Tradition and Change in a Liberal Society* (Philadephia, PA, 1979) ; Roth, 同書。

(139) Endelman, 同書、pp. 13–85.

(140) Todd M. Endelman, *Radical Assimilation in English Jewish History, 1656–1945* (Bloomington and Indianapolis, 1990).

(141) 第六章を参照。

(142) Endelman, *Jews of Georgian England*, pp. 86–117 ; Thomas W. Perry, *Public Opinion, Propaganda and Politics in Eighteenth Century England : A Study of the Jew Bill of 1753* (Cambridge, MA, 1962).

(143) Panikos Panayi, 'Germans in Eighteenth Century Britain', in Panayi, *Germans in Britain*, pp. 29–48 ; Manz, Schulte Beerbühl and Davis, *Migration and Transfer*.

(144) MacRaild, *Irish Migrants*, p. 43 ; Delaney, *Irish in Post-war Britain*.

(145) Endelman, *Jews of Britain*.

(146) Panayi, *German Immigrants* ; Panayi, *Enemy*.

(147) Nicolas Atkin, *The Forgotten French : Exiles in the British Isles, 1940–44* (Manchester, 2003), p.188 ; Colpi, *Italian Factor*, p. 72.

(148) 特に以下を参照。Fryer, *Staying Power*, Visram, *Asians in Britain* ; and Fisher, Lahiri and Thandi, *South Asian History of Britain*.

(149) Colpi, *Italian Factor*, Kathy Burrell, *Moving Lives : Narratives of Nation and Migration among Europeans in Post-war Britain* (Aldershot, 2006) ; Floya Anthias, *Ethnicity, Class, Gender and Migration ; Greek Cypriots in Britain* (Aldershot, 1992) ; Geoff Dench, *Maltese in London : A Case Study in the Erosion of Ethnic Consciousness* (London, 1975).

(150) Panikos Panayi, 'Cosmopolis : London's Ethnic Minorities', in Andrew Gibson and Joe Kerr, eds, *London from Punk to Blair* (London, 2003), pp. 67–71 ; Anne J. Kershen, ed., *The Promised Land : The Migrant Experience in a Capital City* (Aldershot, 1997).

(151) Panayi, *German Immigrants*, p. 93; Colpi, *Italian Factor*, p. 74.

(152) Swift and Gilley による三巻本 *Irish in the Victorian City*; *Irish in Britain*; and *Irish in Victorian Britain* 所収の論文を参照せよ。

(153) Williams, *Making of Manchester Jewry*; Joseph Buckman, *Immigrants and the Class Struggle: The Jewish Immigrant in Leeds, 1880–1914* (Manchester, 1983); Kenneth E. Collins, *Second City Jewry: The Jews of Glasgow in the Age of Enterprise, 1790–1919* (Glasgow, 1990); Ben Braber, *Jews in Glasgow 1879–1939: Immigration and integration* (London, 2007).

(154) Pippa Virdee, *Coming to Coventry: Stories from the South Asian Pioneers* (Coventry, 2006); John Martin and Gurharpal Singh, *Asian Leicester* (Stroud, 2002); Vaughan Robinson, *Transients, Settlers and Refugees: Asians in Britain* (Oxford, 1986); Sodhi Ram, *Indian Immigrants in Great Britain* (New Delhi, 1986).

(155) 例えば以下を参照せよ。Barry Kosmin, 'Nuptuality and Fertility Patterns of British Jewry, 1850–1980', in D. A. Coleman, ed., *Demography of Immigrant and Minority Groups* (London, 1982), pp. 246–61.

(156) 例えば、以下を参照せよ。John Wrench, Andrea Rea and Nouria Ouali, eds, *Migrants, Ethnic Minorities and the Labour Market* (Brighton, 1999); Jan Rath, ed., *Unravelling the Rag Trade: Immigrant Entrepreneurship in Six World Cities* (Oxford, 2002); Masse, *Second Chance*.

(157) Danièle Joly, *Britannia's Crescent: Making a Place for Muslims in British Society* (Aldershot, 1995).

(158) Panikos Panayi, 'Immigration and Food in Twentieth-Century Britain: Exchange and Ethnicity', *Journal for the Study of British Cultures*, vol. 13 (2006), pp. 15–16; Parminder Bhachu, *Dangerous Designs: Asian Women Fashion the Diaspora Economies* (London, 2004).

(159) 例えば、以下を参照せよ。Anne J. Kershen, ed., *A Question of Identity* (Aldershot, 1998).

(160) Leo Lucassen, *The Immigrant Threat: The Integration of Old and New Migrants in Western Europe since 1850* (Chicago, 2005).

(161) Panikos Panayi, *Spicing Up Britain: The Multicultural History of British Food* (London, 2008); Bhachu, *Dangerous Designs*; Paul Oliver, *Black Music in Britain: Essays on the Afro-Asian Contribution to Popular Music* (Milton Keynes, 1990).

(162) 例えば、Manz, Schulte Beerbühl and Davis, *Migration and Transfer* を参照せよ。

(163) Colin Holmes, *A Tolerant Country? Immigrants, Refugees and Minorities in Britain* (London, 1991).

第二章　イギリスへの移民

移民の規模

移民は歴史を通じて、イギリスの発展における重要な役割を果たしてきたが、一八世紀の半ば、そして特に一九世紀以降、イギリスへの移民の規模が変化した。アイルランド飢饉による移民は一〇年の間に二五万人以上にも及び、その後の一五〇年間に起こることになる移動の大きさを示していた。

移民の地理的起源という点では、一八〇〇年以降の移民を一九四五年より前と一九四五年より後の二つの時期に分けることがここでは役立つ。一八〇〇年から一九四五年の間はヨーロッパ大陸よりも遠くを起源とする者は少なく、新来者の圧倒的多数は過去二〇〇年に渡りイギリスに最大数の移民を提供し続けたアイルランドからの移民か、ないしは最も近いヨーロッパ大陸からの移民であった。トニー・カシュナーが、世論調査機関マス・オブザヴェーションのデータを用いて示したように、黒人《ブラック》およびアジア人は二〇世紀初期にはごく珍しい存在であり、人口の大半は、ほぼもしくは全く彼らと接触を持つことはなかった。(1)ピーター・フライヤー、ロジーナ・ヴィスラム、ロン・ラムディンのような人々はイギリスにおける非白人《ブラック》が実は長く存在していたことを正しく指摘したのかもしれないが、(2)そのような集団は二〇世紀の半ばに至る一五〇年の間は小規模なままで、アフリカ、西インド諸島、インド、中国に起源を持つ人々は数千人を越えることはなかった。[3] ヨーロッパ大陸よりも遠い地域からの移民が増加したのは一九五〇年代以降のことである。そして二一世紀の初頭までには、ロンドンという特異なグローバル都市の中に世界の縮図が存在するような状態となった。[4]

故に、一八〇〇年ごろから一九四五年までの間はイギリスへの移民の圧倒的大多数がヨーロッパを起源としていた。実際、その大半はアイルランド出身であった。一八四〇年代のアイルランド大飢饉によって引き起こされた危機により一八四七年から一八五五年の間に二〇〇万人を越える人々がアイルランドを離れ、そのうち三〇万人がイギリスに移住したが、[5] この時期というのはアイルランドからの移民流出とイギリスへの流入という観点において、実は氷山の一角にすぎない。一八一五年から一九三〇年の間に約七三〇万人がアイルランドを離れた。[6] 多くの者はアメリカを目指したが、かなりの割合がイギリスへ移住した。世界全体の数字はおそらく一九世紀を通じて存在したイギリスにおける季節農業労働者を除外しているが、[7] 大飢饉の前・間・後にイギリスの都市に移動し、定住した移民労働力の定期的な流れを含んでいるようだ。ドナルド・マクレイルド、コーマック・オグラダ、エンダ・ディレイニーの研究を用いるとすれば、一八一五年から一九四五年までの間に約一五〇万人のアイルランド人がイギリスに渡ったことになる。[8]

このことは一八〇〇年から一九四五年の一世紀半の間ずっと、アイルランドは純粋に数だけでいえば、最も重要なイギリスへの移民送り出し地であったということを意味する。一九四五年より前にはヨーロッパ大陸からの他の移住もいくつか生じたが、ずっと小さい規模であった。その中で最も大きなものはユダヤ人であった。一九世紀の大半を通じ、ゆっくりと、規模は小さいが絶え間ない移住が主として二つの地域から生じた。まず、最大で一万人規模の中流階級ドイツ系ユダヤ人がいた。これに加えて、一八世紀にロシア君主によってその領土の西側に居住するユダヤ人を隔離するために作られたユダヤ人居留地《ペイル》から、より貧しい階層の一万五〇〇〇人ほどの移民が一定の割合で流入した。[9] アイルランドの大飢饉に相当する出来事が一九四五年以前のユダヤ人移民の歴史にも起きていたと考えるなら、それは反ユダヤ主義の爆発的な高まりという形で実際二度起きている。最初のユダヤ人居留地《ペイル》からの人の波は一八八〇年ごろから一九一四年に三〇〇万人の人々が「帝政ロシアの抑圧と貧困」から逃れた時に生じた。二五〇万人もの人々がこの間アメリカに向かい、一五万人がイギリスに定住した。[10] 一九一四年から一九三〇年代初頭にかけてイギリスに移住したユダヤ人は第一次世界大戦と厳しい移民規制のために数千人に留まった。[11] しかしながら、一九三〇年代のナチスによるユダヤ人迫害が三〇万人もの人々が出国するユダヤ人難民危機を引き起こした。[12] イギリス政府や世論は難民の流入という考えに対してかなりの反対の意を示していたにもかかわらず、七万八〇〇〇人が第二次世界大戦の開戦までにイギリスに居住していた。[13] 政府がホロコーストの犠牲者を救う明確な努力を一つも行わなかったため、戦争中にイギリスへと逃れたユダヤ人は多くはなかった。[14] 戦争終結時にも、常にユダヤ人流入に対する移民政策を決定する上で大きな役割を果たしてきた反ユダヤ主義により、ナチスの迫害を生き残り、イギリスへと受け入れられた者はほんの数百人にすぎなかった。[15] 実際、一九四五年以後、イスラエル国家がヨーロッパ大陸を離れるユダヤ人の多くを惹き付けていた時、ユダヤ人移民の流入は実に限定的であった。約二〇〇〇人のユダヤ人が一九五六年のハンガリー動乱を逃れてイギリスに移住し、スエズ危機の間にエジプトを逃れた同様の数の者たち、また一九六七年にアデンから移住した者も少数いた。ただし、七万五〇〇〇人ほどのイスラエル人が近年イギリスに移住している可能性もある。[16] 一九四八年以後、中には後にイギリスに戻ってきた者もいたが、三万人以上のユダヤ人がイギリスを離れてイスラエルへと移住した[17]。過去二〇〇年全体を考えると、約三〇万人のユダヤ人が様々な、多くはヨーロッパの地域からイギリスへと移住したが、この数値はアイルランド人に比べると、その集団〔アイルランド人〕の戦前期の数のみで考えたとしても遥かに及ばない。

一九四五年より前に、様々なヨーロッパ国家からのその他の移住もまた生じ、その全てが戦後も、通常はより大きな規模で続くことになるものであった。一九四五年より前に相当数のドイツ人の移住が生じたが、同国からは何百万人もの移民が（殆どがアメリカへと）移住を果たしていた。第一次世界大戦の勃発までにピーク時でドイツ人約六万人がイギリスに居住した一方で[18]、それ以外の人々も一九世紀初頭にイギリスに短期間滞在し、その中にはアメリカへの移住の途上移民《トランスマイグラント》としてイギリスに留まる者もあり、その数は全体で数万人を数えた[19]。しかし一〇万人以上の長期居住移民が一九世紀の間にイギリスに定住したとは考えにくい[20]。ドイツからの移住は第一次世界大戦の外国人排斥の余波を受けて減少したが、中にはこの対立の間に破壊されたコミュニティを限定的に回復しようとした移住者もいた。一九一八年と一九三九年の間に最大で二万人のドイツからの移住が生じたと推測できるが[21]、この数字は、その大半がユダヤ人であると同時にドイツ人であると感じていたユダヤ系ドイツ人移民を含むとするなら、さらに六万人増加するであろう[22]。これにより、一九四五年より前にドイツからイギリスへと移住した人々は最大で一八万人おり、その中からユダヤ系ドイツ人を除くと一二万くらいにまで落ちつくことになる。

アイルランド人、ドイツ人、ユダヤ人の三集団は、一九四五年よりも前にイギリスに流入した、どの移民集団よりもはるかに数においてまさっている。イタリアとフランスからはそれぞれ最大で四万人がやってきた可能性がある[23]。興味深いことに、四万四五九二人のアメリカ人が一九三一年国勢調査の時期までにイギリスに居住しており[24]、このことは一九四五年までに少なくとも七万人がイギリスに移住したことを示す。ここに第二次世界大戦時にやってきた何百人ものアメリカ軍兵士《GI》を加えることはかなり大げさにアメリカ人の数を誇張してしまうことになるだろう[25]。これよりも小規模な集団としては、インド人、中国人、アフリカ人、西インド諸島人がいるが、これらの人々は国勢調査に殆ど影響を与えていない。一八〇〇年から一九四五年の間にイギリスに移って来たインド人、中国人、黒人《ブラック》については、最大でそれぞれ二万人いたと示唆することが可能である[26]。これらに、さらに加える必要があるのはその他のより様々な集団であり、中には一九世紀半ばに抑圧を逃れてやってきた数千人のヨーロッパからの難民[27]、第二次世界大戦時にヒトラーのヨーロッパを逃れて来た約一〇万人の亡命者[28]、第一次世界大戦時の二四万人のベルギー人など（ただし、後の二つの集団の圧倒的多数は後に帰国した）[29]が含まれる。私たちは一九四五年よりも前にイギリスに移住した人々の数について確固たる結論に至るための完全に証明しうる科学的方法論を用い得ず、個々の集団について標準的な資料を参照しているが、二五〇万人という値を推定することができる。ここにイギリスの港に一時的に滞在した水夫や[30]、一九世紀の間にイギリスを通過した途上移民《トランスマイグラント》、また特に、第二次世界大戦時のアメリカ軍兵士《GI》たちを加えればこの数値はかなり増加するであろう。

　一九四五年以前に約二五〇万人のイギリスへの移住があったという数値を受け入れることで、一八一五年から一九三〇年の間に一一四〇万人の人々がこの国から出て行ったにせよ、この国はかなりの入移民国になったということが明らかに指し示されるであろう[31]。シャーロット・エリクソンのような学者が一九四五年より前、イギリスは大量移民送り出し国となっていたという事実を証明するが[32]、イギリスは同時に大量移民受け入れ国ともなっていたのである。

　特に移民受け入れ国としてのイギリスという側面は一九四五年以降さらに明確になっていった。第二次世界大戦後の六五年間［ここで著者は、一九四五年—二〇〇〇年まではなく、本書が執筆された時点の二〇一〇年までの六五年間の意味で述べている］にその前の一四五年間に流入したよりも多くの人々がイギリスに移住した。同様に重要なことは、イギリスへの移民はだんだんと国際化［出身国が多様化］していった。これは、二〇世紀の終わりまでにロンドンがグローバル都市として人々を惹き付けるようになったことと合わせて、かつての帝国植民地から「母なる国」への移住を望む市民が定住したことに部分的に起因する。しかしながら、このイギリスへの移民の国際化によって、一九四五年以前に確立した移民の流れの多くがそれ以後も続いたという事実を覆い隠すべきではない。戦前の起源を持つグループとして顕著であるのはアイルランド人、イタリア人、ドイツ人である。ヨーロッパ系の新たな集団として顕著であるのはポーランド人である。しかし、その他様々なヨーロッパ大陸系の集団も、おそらく一九四五年以前に移住してきた中国人やインド人の移民の総数を凌駕する規模で、イギリスに入国している。

ここで再度述べるが、次第にイギリスへの移民がヨーロッパ［大陸］化し国際化したにもかかわらず、第二次世界大戦後のイギリスへの最も重要な移民の流れの一つはアイルランドからであった。エンダ・ディレイニーが正しく指摘するように、「一般的な認識に反して、アイルランド人は一九七一年時点で飛び抜けて最も大きなエスニック・マイノリティ集団であった」し、その数はその年の国勢調査によれば七〇万九二三五人に上った(33)。一九三一年の数値はやはり五〇万五三八五人と多いものの、一九七一年時人口の約半数が一九四五年以降に移住したのかもしれない(34)。ディレイニーは最近の数十年も続いているパターンとして、一時的な移住があったことも指摘している(35)。二〇世紀の終わりまでにイギリスに居住するアイルランド生まれの人々の数は未だ約五〇万人と多い(36)。

アイルランド人と並んで、一九四五年以降、一連のヨーロッパ大陸系集団がイギリスに移住した。東ヨーロッパ人、特にポーランド人は戦後のイギリスへの最も顕著な移住集団となっている。最初の移住は一九四五年に、戦争終結後スターリンの支配下となった祖国に戻るよりもイギリスに留まることを選んだポーランド亡命政府と軍の構成員からなる約一四万五〇〇〇人が定住したことで生じた。[37]戦後直後、イギリス国家はまた、先ほどのポーランド人と同様の理由で故国に帰りたくなかった「避難民」を九万一一五一人の労働力として受け入れた。この集団にはラトヴィア人、リトアニア人、エストニア人、ウクライナ人、ズデーテン地方出身のドイツ人などが含まれていた。[38]

一九四〇年代後期から冷戦の終結までの間、東ヨーロッパからの移民は着実な流れから細流へと変化した。ただし、ソビエト支援を受けた抑圧に対する反応として二回の難民の移住という形での増加はあった。最初の移住は一九五六年のハンガリー動乱の鎮圧の後に生じ、イギリスには二万二〇〇〇人が移住して来た。[39]同様に、一九六八年のプラハの春の失敗の後、約六〇〇〇人のチェコ人がイギリスに入国した可能性がある。[40]しかし、キャシー・バレルがポーランドに関して実証した通り、東側ブロックからイギリスへの移民は、政治的、経済的双方の理由により、冷戦下でも完全には止まらなかった。「推測では八〇年代に頂点に達し、最小でも数千人規模となる」と述べている。[41]

冷戦終結により東ヨーロッパからイギリスを目指す新しい集団が出現し、中には以前はイギリスでは存在感が希薄であった集団もあった。最も初期のものの一つはユーゴスラビア戦争からの難民であった（「難民庇護申請者」に対する敵意がその数をたった一万二〇〇〇人に押しとどめた）。[42]一九九〇年代の間、東ヨーロッパからは経済移民も生じた。これは二〇〇四年に東ヨーロッパの国々がEUへの加盟を果たした後、特にポーランド人が何十万人もの規模で流入したことへつながっていく。一九四五年以後、おそらく七五万人の東ヨーロッパ人がイギリスにやってきた。特にポーランド人は、二〇〇四年以後にやってきた人々に関しては一時的な滞在である可能性が高いものの、五〇万人を数える可能性がある[43]。

イギリスにやってきたヨーロッパ人の集団で規模が小さいものと言えば他にも、かつてイギリスと帝国支配においてつながっていたキプロス、マルタなどの国々から来た人々がいる。キプロスからの移民は二つの明確な時期に起きた。まず、一九五〇年代および一九六〇年代初頭の経済を動機とする移民により七万人以上が到来し、そのうち八〇%がギリシア系、残りはトルコ系で、これは島の民族的構成を反映していた。一九七四年にはトルコのキプロス侵攻の後、さらにギリシア系キプロス人が一万人イギリスに逃れた[44]。同様に約三万五〇〇〇人のマルタ人もイギリスに移住しているようだ[45]。

イタリア人のイギリスへの移住も一九四五年以降かなりの規模で、いくつかの時期に渡って起きている。その最初の事例においては、一九四五年に約一五〇〇人の戦争捕虜が留まった[46]。テリ・コルピによれば、さらに一九四八年から一九六八年の間に一四万八一四〇人のイタリア人が（そのうち二〇%は後に故国へ帰ったものの）到来し[47]、一九七〇年代から八〇年代にかけてもこのパターンは続いた[48]。二〇〇一年までにイギリスに居住するイタリア人の数は一〇万七二四四人となっている[49]。一九四五年以降に生じた、もう一つの重要な、しかしより目立たないヨーロッパ移民の集団はドイツ人であり、何回かの波に分かれて入国している。一九四〇年代の後半には第二次世界大戦の生んだ副産物として、様々な集団の移住が生じ、中には元戦争捕虜約二万四〇〇〇人、労働力補充による労働者約一万一〇〇〇人、戦後のドイツ占領軍の兵士と結婚し、イギリスに入国したドイツ人女性一万人などが含まれており、その総数は一九五〇年代初頭までに約四万五〇〇〇人となった[50]。しかし、それ以降の注目すべき増加としては多くが中流階級・専門職の移民であり、ローマ条約の下での労働移動の自由によって促進されたものである。二一世紀の初めまでに二六万六一三六人のドイツ人がイギリスに居住しているとされる。ケリ・ピーチは「この数値にはドイツに駐留したイギリス兵士に生まれた子供がかなりの数含まれている」と考えているが[51]、この数値は少なくともそれだけの数が戦後ドイツから移住したことを示唆する。ポーランド人、ドイツ人、イタリア人は、EU域内における労働移動の自由を保障するローマ条約の助けによりイギリスに移住した戦後の移民集団のうち、最大のものである。二〇〇一年には七二万九九六七人のEU加盟諸国の国民がイギリスに居住している[52]。一九四五年以降のヨーロッパ大陸からのイギリスへの移民はそれ以前の一世紀半に生じた移民の数を凌駕している。

イギリスに移住した何百万人ものヨーロッパ系の人々について概略を述べた後、ようやく次にヨーロッパ大陸の外側からこの国に移住してきた人々へと記述を移していくことができる。これらの人々は様々に分類することができる。まず明確な分類の方法としては、イギリスと帝国を通しての結びつきがあったが故にイギリスにやってきた人々と、そうでない人々である。明らかに、前者には西インド諸島人、香港系中国人、南アジア人などが含まれる。西インド諸島からの移住は第二次世界大戦後の二〇年ほどの間に起きたが、南アジアからの移住は特に男性のパイオニアたちに家族が後に合流していった結果、よりゆっくりと漸進的に生じた。一九八〇年代以降、特に冷戦の雪解けが民族排外主義のナショナリスト国家を生じさせることとなり、イギリスへの移住は新しい地域からも生じるようになった。

ここで移民の数を確実に知ろうとすることは特に問題がある。まず、帝国および英連邦《コモンウェルス》からの移民から始めよう。西インド諸島人はすでに第二次世界大戦時にイギリスでの存在感を増しており、それは軍隊における任務のため、ないしは戦時経済による労働力の需要増のためであった[53]。一九五一年までにイギリスにおける西インド諸島人の数は一万七二一八人であったが、その後数十年間で飛躍的に伸び、一九六一年には一七万三六五九人、一九七一年のピーク時には三〇万四〇七〇人で、その後二〇〇一年までに二五万人以下と減少した[54]。西インド諸島から（大半はジャマイカからであった）イギリスへ移動した人々の全体数について結論に至ることは大変困難である。マーガレット・バイロンは一九五五年から一九六一年の間だけで二二万一六七六人が移住したと示唆しており、このことは西インド諸島へ帰郷した移民の割合がかなり高かったことを示し、その状況は一九七一年以降も続いた。例えば、彼女の示唆によれば、二万七〇〇〇人が一九八〇年代に帰郷したことになる[55]。彼女の数字が実際に示すのは四〇万人もの西インド諸島人がイギリスに移住し、そのうちかなりの割合の人々が西インド諸島に戻ったということである[56]。

中国人のイギリスへの移住、特に香港からの移住は飲食業の発展と密接な関係を持っている。中国料理のレストランが一九五〇年代に増加し始め、それ以来、香港からの労働者の勧誘が続いている。一九四六年から一九六二年の間に約三万人の中国人がイギリスに到来し、一九七〇年代の半ばまでには約六万人にまで増加した[57]。その時以来、さらに増加が生じており、イギリスに居住する中国系の出自を持つ人の総数は約二五万人にまで増加し、おそらく第二次世界大戦以降で三二万人の中国系の人々がイギリスに移住したことになる。

一九四五年以降イギリスに移住した非ヨーロッパ系の移民のうち最も数が多いのは「南アジア人」であり、しかし、この集団はバングラデシュ系、インド系、パキスタン系に分かれ、またその出身国において特定の地域を出身地としている。南アジア人の中には東アフリカを経由してイギリスに移住した人々も存在する。一九五〇年代に移住はすでに始まっていたが、ピークを迎えたのは家族の呼び寄せに大きく起因する形で一九六〇年代および七〇年代である。結婚相手を南アジアから選ぶという風習や、専門職の入国により、それ以降もある程度の移住が確保される結果となった。二〇〇一年までに国勢調査の数値によればアジア系のエスニシティを持つ人々の数は二〇二万七〇〇〇人存在し、そのうち約半数が、彼ら自身が移住してきた人々である。その内訳はインド系が一〇〇万人、パキスタン系が七四万七〇〇〇人、バングラデシュ系が二八万人となっている。少なくとも一〇〇万人の南アジア人が過去六〇年間にイギリスへと移住し、その数値は死亡や帰郷移民による人口の変化を含むとすればさらに増加することになる(58)。

ケリ・ピーチはこの他にもイギリスと世界各地との帝国による結びつきの結果、イギリスに移住することになった様々な集団の存在を指摘している。まず、三四万人の「新英連邦《コモンウェルス》で生まれた白人」がおり、この集団は「白人ではあるが植民地生まれの家族を連れて帰還した行政官や植民者」によって構成されている。これに加えて、何万人もの「移住者、学生、一時居住者」が南アフリカ、ニュージーランド、オーストラリア、カナダから移住してきた。二〇〇一年国勢調査は八三万四一〇七人のアフリカ人の存在を示しており、彼らはガーナやジンバブエを含む様々な国々の出身者で、様々な難民集団を含んでいる(59)。

難民たちは一九七〇年代から、地域的な政治的危機が、彼らが住んでいた国民国家に影響を及ぼした結果、イギリスに移住してきた。この中には一九七九年のイラン革命からの亡命者三万人以上、ピノチェト独裁を逃れたチリ人三〇〇〇人、ヴェトナムでの内戦の結果を逃れた（主として中国系のエスニシティの）ヴェトナム人一万五〇〇〇人、故国、特にトルコにおける迫害を逃れたクルド人一万五〇〇〇人、一九八〇年代および九〇年代に抑圧を逃れてきたザイール人一万五〇〇〇人などが含まれている。その他ここ数十年の間にイギリスに逃れてきた人々の中には約二万八〇〇〇人のスリランカ人、七五〇〇人のガーナ人、そして二万六〇〇〇人以上のソマリ人などがいる(60)。より最近では、数万人のジンバブ

表 2-1　1800年頃～2000年頃の移民の推定数

移民集団	1945年以前の移民	1945年以降の移民	計
アフリカ人(Africans)	10,000	1,000,000	1,010,000
アメリカ人(Americans)	70,000	250,000	320,000
アラブ人(Arabs)	10,000	290,000	300,000
ベルギー人(Belgians)	240,000	40,000	280,000
中国人(Chinese)	20,000	320,000	340,000
キプロス人(Cypriots)	2,000	80,000	82,000
フランス人(French People)	40,000	100,000	140,000
ドイツ人(Germans)	100,000	300,000	400,000
ハンガリー人(Hungarians)	2,000	38,000	40,000
アイルランド人(Irish)	1,500,000	700,000	2,200,000
イタリア人(Italians)	40,000	160,000	200,000
ユダヤ人(Jews)	220,000	80,000	300,000
ポーランド人(Poles)	5,000	500,000	505,000
南アジア人(South Asians)	20,000	1,000,000	1,020,000
西インド諸島人(West Indians)	10,000	400,000	410,000
その他(Other)	50,000	1,000,000	1,050,000
総　　計	2,339,000	6,258,000	8,597,000

訳注：著者に確認の上，原著から表題および一部数字を修正した

エ人がイギリスに移住してきている。[61]

最後に、ここに加えられなくてはならないのはここ数十年のより裕福な専門職の移民たちである。特に目立つ二つの集団としてアメリカ合衆国市民と、レバノン人、イエメン人、パレスチナ人などを含む「アラブ人」がいる。[62]ケリ・ピーチは「アラブ人」二九万人が一九九一年までにイギリスに居住していると見積もっており、他方、二〇〇一年の国勢調査によれば一五万八四三九人のアメリカ市民が連合王国に居住している。[63]過去二世紀に渡るイギリスへの移民の数を確定しようとしても、推定値に頼るしかない。自立的に行われ、長期に渡る統計プロジェクトのみが正確な数値を明らかにできる。表2-1により関係する人々の数を推測することができるのみであるが、この表は過去二世紀におけるイギリスの発展の

歴史において移民が中心的な役割を担っていたことをはっきりと示している。一九四五年より前には移民は主としてヨーロッパからやってきたが、一九四五年より後には次第にヨーロッパ大陸を越えてイギリスへと人々が引き付けられるようになったし、二〇世紀が経過するにつれて、新来者の出身地も次第に多様になっていった。表2‐1はイギリスへやってきた移民がいかに多様であったかを示しているが、移民の帰国やイギリスで生まれた移民の子供の数は計算に入れていない。これは、何千ページにも及ぶ一次史料を徹底的に検証した結果に基づく決定的な総計というよりは、移民に関する現存文献に基づいた推計である。

イギリスへの移住の理由

実際のところ、二世紀の長きに渡って、世界中の様々な場所からイギリスに向けて何百万人もの人々が移住した理由を明確に理解しようとしても、安易に一般化できるようなものではない。移民のプッシュ要因とプル要因を検証する、というレイヴェンシュタインの移民へのアプローチに立ち戻りたくなるが[64]、このアプローチは近年、イギリスに人々がやってきた理由を検証する人々の間で次第に不人気になりつつある。

大半の学者たちは次第に、以下に述べる二つのアプローチのどちらかを用いるようになっている。最初のものはイギリスへの移民を特に一九四五年以降の、イギリスによる移民や国籍の規制のされ方の結果と見る見方である[65]。確かにイギリス国家によって講じられた一連の措置、つまり一九四八年のイギリス国籍法、一九六〇年代の英連邦《コモンウェルス》移民法の展開、一九八〇年代の難民の扱いに関する法律などを十分把握することなしに、第二次世界大戦後の何百万人もの人々の移動を理解しようとすることは不可能なことであろう。しかしこのようなアプローチには三つの弱点がある。第一に、歴史的な視点を持っておらず、故にイギリス移民政策の起源を重視しないことである。バーナード・ゲイナー、バーナード・ポーター、アンドレアス・ファーマイアー、ルイーズ・ロンドン、そしてヴォーン・ベヴァンらの研究が示唆するように、二〇世紀の後半におけるほど発達したものではなかったかもしれないが、移民政策は、一八〇〇年から一九四五年にかけてのイギリスへの人々の移住そして排除において重要な役割を果たした。[66] 第二に、移民がやってきた元の地域に十分な関心を払わないことである。スペンサー、ポール、ハンセン〔註65を参照〕の研究を読んでもなぜ人々がかつてのイギリス植民地を離れたのかはわからない。最後に、このようなアプローチを採用する学者たちは、イギリス国家を中心に考えるため、不可避的に、なぜ一人の人間が、例えばパンジャーブからロンドンに移住することを決めたのか、という個人の動機付けにほぼ全く関心を払わない。

もう一つの、最近人気を増しつつあるアプローチは最後の問題を確実に解決するであろう。メアリー・チェンバレン、ケイティ・ガードナー、キャシー・バレルのような学者たちは、最近イギリスにやってきた移民たちにインタビューをすることによりそれぞれ西インド諸島、バングラデシュ、ヨーロッパの特定のいくつかの地域からやって来た移民の心の内側に入って行ける。[67] これらの学者たちは自らのインタビューを能動的なものと捉えている。バレルは「移民を行為者《エージェント》として受け入れることで移住を取り巻く意思決定の複雑さに切り込んでいくことができる」と述べている。[68] チェンバレンもバレルも「経済的および構造的モデル」に焦点を当てる学者の研究に批判的で、そのようなモデルは「経済的な必要性、（失業、人口過多など）故国での経済的な剥奪の結果、それ以外の場所での豊富な雇用を求めて、全ての移民が移住の動機付けを与えられているという前提である」とする。[69] これらの学者は、構造的要因は個々の移民の選択の背景であるとみなす。このアプローチは、近年移民の研究において大きな役割を果たすようになってきたトランスナショナリズムという概念の発展と関連を持っている。トランスナショナリズムは、さらなる移民を促進するネットワークを生じさせる、移民の離散《ディアスポラ》と故郷《ホームランド》の間の結びつきを重視する。[70] これは一九世紀の移民、特にアメリカ合衆国への移民に関して用いられた、より伝統的な「連鎖移民《チェーン・マイグレーション》」アプローチの採用であるようにも思われる。例えば、キャスリーン・ニールズ・コンゼンは一九世紀ミルウォーキーの発展において、移民と故国とのつながりを認識した。[71]

移住の理由を説明するにあたり、ライフ・ナラティヴ〔人生に関する語り〕とトランスナショナル・アプローチが魅力的でまた総合性を持ち合わせているように見えるものの、特に過去二〇〇年間に渡り、何百万人もの人々に関わる、イギリスへの様々な人々の移住を扱うにあたっては、注意をせねばならないことがいくつかある。そもそも、死者にインタビューを行うことは不可能である。一九四五年以降にイギリスにやってきた個々の移民の動機付けについては結論を下すことができても、例えばある個人がなぜドイツのハノーヴァー州やヘッセン州からロンドンへ一八四〇年代にやってきたのかを調査するにあたり史料は十分に得られようがない。状況証拠により確かに移民のネットワークは存在したと示されても、[72] ライフ・ナラティヴ・アプローチは（全ての移民ではないにせよ）一九三九年以前に移住してきたドイツ人移民には適用することは難しい。同様に重要なのが、トランスナショナル・アプローチは強制移民の概念にも適用しづらいということである。強制移民は第一次世界大戦後、何千万人もの人々に影響を与えてきた。侵略、過酷な人種的迫害、飢饉の到来などの状況において、ある特定の集団を受け入れてくれる最も近い場所に到達することはしばしば最も重要な要因である。

ライフ・ナラティヴ・アプローチは構造的ないし世界規模の要因の重要性を認めるかもしれないが、完全に関与はしない。一八〇〇年以降イギリスに移住してきた何百万人もの人々について説明しようとする時、私たちは過去二〇〇年以上の間に起きた世界の人口動態、および経済における変化について検証せざるをえないだろう。一八〇〇年以降のヨーロッパの移民について研究を行っているクラウス・J・バーデ[73]、一九世紀の大西洋横断移動に焦点を当てているダーク・ヘルダー[74]、現代世界における移民の移住を扱うスティーヴン・カースルズとマーク・J・ミラー[75]、二〇世紀の難民移動を検証するマイケル・マラス[76]などの学者は、彼らの研究が一連の多様な地理的およびエスニックな起源から、様々な方向に移動する何百万人もの人々を扱っているため、構造的なアプローチを取らざるを得ないのである。イギリスへの移民を扱って、全てのレベルの原因に取り組んでいると最も言える著作としてはトニー・カシュナーとキャサリン・ノックスの『ジェノサイドの時代の難民――二〇世紀のグローバル／ナショナル／ローカルな視点（*Refugees in an Age of Genocide: Global, National and Local Perspectives During the Twentieth Century*）』がある。

構造的な要因はそれ自体検証される必要があり、それはなぜなら過去二世紀以上の間に生じた、基底にあるグローバルな変化を理解することによってのみ、個人的な動機を理解することができるからである。これらの構造的な変化は個人的な動機がそこから芽吹いてくるところの土壌として作用する。移住は常にイギリス、ヨーロッパ、そしてグローバルな歴史を特徴付けてきたが、過去二世紀における人口の移動はそれまでの人類の歴史において生じた人間の移動の総量を凌駕している[77]。全ての原因の中で最も根の深いものとして人口の増加があり、それにより不可避的により多くの人々が移住するようになっている。経済的な変化、より具体的には工業化と資本主義の興隆が貪欲なまでの労働力の需要を生んだ。

それと同様に重要なのが、蒸気機関、そしてその後のモーターエンジンの導入が、それらが鉄道、船、車、航空機に応用されたことにより、人口の移動をより容易にした。これらの変化全てが移住をより容易にする条件を作り出すのに中心的な役割を果たした。政治的な変化も基本的に重要なものであった。第一次世界大戦以後、強制移民がだんだんと普通のこととなり、二〇世紀前半のヨーロッパを見るにしろ、より最近の数十年に視点を広げるにしろ、何千万もの人々に影響を与えて来た。

故に、一八〇〇年以降、イギリスに何百万人もの人々が移住した理由を完全に理解するには、様々な問題および因果関係のレベルを理解する必要がある。第一に、基底にある人口動態的、経済的、政治的、そして運輸的ファクターであり、このような要因が移住の可能性をより高めた。第二に、イギリスが移民を惹き付けた要因であり、より具体的には移民政策の肯定的／否定的役割、世界の他の地域と比べた際のイギリスの豊かさである。最後に、個人的およびトランスナショナル的ファクターであり、これは世界の特定の地域からのイギリスへの移住者の明確な流れを決定してきた。イギリスと移民の出身地域との関わりは、それが地理的近接性であろうが、帝国支配による結びつきであろうが、大きな役割を担って来た。

基底にある要因

一七世紀の半ば以降、世界の人口は約七九〇〇万人から六〇億人以上へと増加した。最初ヨーロッパに影響し土地への負荷を生じさせた人口爆発は、二〇世紀の間に世界の他の地域へと広がった。(78) 人口増はそれだけでは移住へとつながらないが、しばしばそのような移住を可能にする前提条件を提供する。

南アジアと中国での人口の増加が移住の可能性を高めたが、移住はその中の特定の地域からしか生じていない。

一九世紀のヨーロッパに焦点を当てることによって、人口の変化が基底要因として果たす役割を検証することができる。近世を特徴付けてきた安定した人口動態構造は、主として死亡率の低下を原因とする突然の増を経験し、より多くより安定した人口へと移行していき、これは二〇世紀ヨーロッパを特徴付けることになる。ただし、この変化は国によって早く訪れたところとそうでもないところが存在した。例えば、アイルランドやイタリアは二〇世紀の後半になるまで人口の安定は達成しなかった。ヨーロッパにおける一九世紀は一部、再調整の時代であり、突然の人口の増が資源に負担を生じさせた[79]。西ヨーロッパでまず生じた増が南へ、東へと広がって行った。アイルランドの人口は例えば、その後また減少したものの、「一八〇一年の約六〇〇万人から一八四一年の八〇〇万人へと」増加した[80]。他方、ドイツは一八一六年の二四八三万一〇〇〇人から一九一〇年の六四五六万八〇〇〇人へと着実に増加した[81]。同様のパターンがイタリアとロシアで見られた。イタリアでは、一八六一年の二一七七万六八二四人から一九一一年の三四六七万一三七七人に人口が増加し[82]、ロシアではユダヤ系人口が一八五一年の二四〇万人から一九一〇年の五六〇万人へと増加している[83]。

人口の増加は所有できる土地の縮小につながり、以前と同じ数の人々をもはや支えることはできなくなった。故に、かつて一つの家族を支えるに十分であった土地が、人口が増え続けるにつれ、より多くの人々を支えなければならなくなったのである。ドイツの場合においては、相続が息子たちの間で平等に行われた地域（特に南西ドイツ）、また長子が全てを相続していたプロシアにおいて、人口の変化が同様の作用をもたらした。後者では残りの息子たちは別の仕事を見つけなければならないため、結果的に出移民が促された。[84]ドイツの場合、一九世紀の人口増と国内移住および出移民は明らかな関連を有している。ドイツの工業化は移動可能な国内労働力の供給なしには生じえなかったであろう。一九世紀の大半において労働力の供給が雇用の数を凌駕していたため、アメリカへの出移民が生じた。一八八〇年代の末になって初めて雇用の数と供給数が一致し、また実際、雇用の数が凌駕するようになったので、入移民が生じたのである。[85]

これまでに記した一九世紀西ヨーロッパのパターンの多くは、一九四五年以降イギリスに移住してきた移民たちの出身地である世界各地でも見られるようになった。例えばキプロスは死亡率の急激な減少により一九二〇年代以降人口が大きく増加した。結果、現地では失業が生じ、都市へと人口が集中、そして、一九五〇年代、六〇年代にはイギリスへと向かうようになった。[86]同様に、西インド諸島でも戦後初期に危機が生じたが、その中で急激な人口増加は背景的な要因の一つとして働き、そこに短期的な経済危機も起きたのであった。[87]

人口増そのものは〔国外への〕出移民を促さないかもしれないが、それはしばしば田舎から都会への人口の国内移動を生じさせる。[88]近代の工業化のプロセスは人口の国内移動なくしては達成され得なかった。[89]同様に一九世紀のアメリカの工業化も、戦後の西側諸国における経済成長も、国際移民労働力の供給なしには起こりえなかったのである。[90]

イギリスへの移民増のいくつかの事例は短期の経済危機の結果起きた。ウォルター・D・カンプホフナーとブレンダ・コリンズはそれぞれ南西部ドイツとアイルランドの事例に言及しながら、一九世紀初頭のプロト工業化の崩壊の結果について述べており、労働集約型の家内工業がより安価に製造されるイギリスの工業製品によって脅かされ、結果として起きた失業が出移民へとつながったと論じている。[91]

一連の短期的な農業危機もイギリスへの移住の可能性をより高めたし、少なくとも一つのケースにおいては、不可避なものとした。このケースとは一八四五年から四九年にかけてのアイルランドのジャガイモ飢饉であり、大規模な短期的流入を引き起こし、フランク・ニールをして飢饉難民危機とまで言わしめた。[92]一八四七年から一八五五年にかけてイギリスに移住した三〇万人もの人々のうち多くはリヴァプールに到着し、結果その都市は「難民危機」の衝撃を経験することとなった。[93]アイルランド人はその時、単純に「アイルランドではない最も近い場所」へと移動したにすぎない。一七五万人の人々がアイルランドから出移民したのと同時に、[94]一五〇万人もの人々が死亡したと推測される。マクレイルドはジャガイモに高く依存していた西部からの移住者が最も多かったと述べており、[95]またリン・ホレン・リーズは貧困の度合いが最も低かった層と最も高かった層が出移民を最も行わなかった層であると述べている。「前者の場合、出移民の動機を欠いていたからであり、後者の場合、出移民の手段を欠いていたからであった[96]」。

実際、アイルランドの飢饉は西ヨーロッパに影響を与えた最後の大農業危機の一部であり、[97]その農業危機こそ、大陸で起きた一八四八年の一連の革命の発生に背景的要因として寄与したものであった。ドイツのような地域では、この沈滞が革命にも、出移民にもつながったのである。一八四五年は多くの地域で平均以下の収穫高となり、翌年にはジャガイモ、ライ麦、小麦、果実などの不作が生じた。一八五〇年代初頭にも同様の農業危機が起き、様々な作物に影響が出た。不可避的に広く飢饉が起きた。これを背景として、それに人口の増加やプロト工業化の失敗が重なることで、約一五〇万人の人々がドイツを離れ、その大多数が、イングランドの港を経由しながら、アメリカ合衆国に向かったのである。[98]

二〇世紀のイギリスへの移民にも同様に背景的要因として働いた短期的経済危機を認めることができ

る。西インド諸島、特にジャマイカからの移住に話を戻すと、第二次世界大戦の直後、経済的状況は農業危機のために悪化した。サイモン・テイラーは「砂糖産業は一九四六年から一九五〇年の間、深刻な過剰生産に陥った」として、これで多くの小自作農がより大きな農園に土地を売る結果となり、その後失業にあえぐこととなったと述べている。一九四〇年代の終わりまでにはジャマイカの人口の約四分の一が失業していた。[99] 一九四八年の植民地省の覚書は砂糖交易の長期的な危機に注目しながら、西インド諸島において、失業と人口増（移民ではないにせよ）の結びつきについて述べており、「労働市場への流入は減少分を大きく上回っている。出生率は高いが、死亡率は減少し、今も減少しつつある[100]」と述べている。同様に、一九六〇年代初頭にレストラン産業で働くためにイギリスに移住した中国系移民の大半は当時、一連の経済危機を経験していた香港出身者であり、危機は部分的には米作から野菜作への移行によって、また中国の内戦を逃れて香港に流入した難民による土地への過剰な圧力により生じていた。[101]

基礎をなす人口動態的・経済的要因は移民が生じるための前提条件を作り出すという役割を果たす。アイルランドのジャガイモ作物の不作などいくつかのケースでは、イギリスへ移住した理由を理解するのにさらに多くの変化をそこに重ね合わせる必要はない。しかしこれは例外的である。他の多くの事例においては、それが西インド諸島の例に見られるように、イギリスと移民の出身地域との間の政治的な結びつきのような基本的なレベルにおいて存在するに過ぎないとしても、そこに介入してくる他の要因が重要となる。

もう一つの要因として、一九世紀および二〇世紀の間に交通手段が改善されたことが挙げられる。人の移動が起きるのに蒸気機関やモーターやジェット・エンジンが必要なわけではない。一九世紀以前に起きた人の移動は、何十万人もの人がそこに加わりながらも、徒歩や馬車などで行われたが、特定の最終目的地に到達するまで何世紀もかかる場合もあった。ロマの人々は五世紀にインドを出発したかもしれないが、一六世紀の初めまでイギリスには到達しなかった(102)。同様に最初の「民族移動の時代」において、特にローマ帝国の滅亡の後、ヨーロッパ中で大量人口移動が生じたが、これは徒歩や馬車での移動であった(103)。

イギリスへの、またイギリスからの移動が比較的小規模であった時代は、ヨーロッパの状況と似て、一九世紀初めに蒸気機関の発明とともに終わりを迎えたが、これは偶然にもイギリスおよびヨーロッパの人口の爆発的増加と時を同じくしていた。これら二つの要因は世界中で、移動の起こりやすさ、量、スピードを増加させ、特にアメリカの工業化を助けるためにアメリカ合衆国にヨーロッパから人を送り込むのに重要な役割を果たした(104)。

イギリスは大西洋横断移動において重要な役割を果たし、そのことはアイルランド人、ドイツ人、ユダヤ人の国内におけるイギリス定住を容易にしたが、これは一九世紀の大半において、[ヨーロッパ大陸からアメリカ大陸への]出移民たちは船を乗り換える前にイギリスの港へ立ち寄ったからである。一八六〇年代以降は、船は次第にヨーロッパ大陸の港から直接アメリカへと向かうようになった。少数の途上移民《トランスマイグラント》はさらに旅を続けるよりもイギリスに留まることを選んだ(105)。

交通手段の改善はまたアイルランド海を渡る旅をも容易にした。一八一〇年代における蒸気船の発達は「天候に左右されるため帆船航海にはなかった航海の定期性をもたらした(106)」。大飢饉の時までにはアイルランドとイギリスの間には何十ものルートが存在していた(107)。よって、海上輸送が一八四〇年代のアイルランド人のイギリスへの流入に役割を果たしたのである(108)。多くのアイルランド人はその後アメリカへと移住することを望んでいた。デヴィッド・フィッツパトリックはこの移住のプロセスを「段階的」と表現している。「無一文の移民が歩いて物乞いをしながら港へとたどり着き、苦労してアイルランド海を渡り、スコットランドや北イングランドで臨時雇いの仕事をして数ポンドかせぎ、最終的にはためたお金を、大西洋を渡る航海へと投資するのである」[109]。

蒸気エンジンの発達は一九世紀のドイツからの大量の（四〇〇万人以上）出移民においても役割を果たした。蒸気船が旅を速くした一方で、鉄道も新たに改良されたドイツの出発港のブレーメンやハンブルクなどに出移民たちを運ぶのに役立った。一八六〇年代までには鉄道路線がドイツ国中からこれらの港に出移民を運ぶまでに発達していた。一九世紀の大半、大西洋を渡り、アメリカ合衆国を最終目的地とするルートの多くは、まずイギリスの東海岸の港、特にハルやロンドン、他にもハートルプールやグリムズビーなどに船でたどり着き、それから汽車でアメリカへの出発地、通常はリヴァプールまで移動した。大半がアメリカ合衆国までたどり着いたが、少数の者はイギリスに留まり、ドイツ人コミュニティを強化した[110]。

途上移民《トランスマイグレーション》は一九世紀のヨーロッパ系のユダヤ人コミュニティの発展にも寄与した。ハロルド・ポリンズは以下のように記す。「在英ユダヤ人のコミュニティはアメリカに行かなかった人々の集まりであるような印象を受ける」。ドイツ人と同様のルートをたどりながら、ユダヤ人たちは「汽車でハルからリヴァプールに向かい、リーズやシェフィールド、マンチェスターで降りて、駅近くのユダヤ人区にそのまま留まってしまった[111]」。同様に、ビル・ウィリアムズは一八四〇年代以降に生じた、イングランド北部都市での東ヨーロッパ系ユダヤ人の定住を「主としてアメリカを到着地としていた移動の、その地域における残滓」と表現している[112]。

海上輸送の発展と、特にとりわけ、一九世紀以降のイギリス商船隊の活躍もまた、イギリスにおけるアジア人の定住に役割を果たした。ロジーナ・ヴィスラムが指摘するように、イギリスに最も早く定住したアジア人の集団の一つが一八〇〇年より前にやってきた「インド人船員《ラスカー》」と呼ばれる人たちであった[113]。多くがシレット地方の人々であり、その後イギリスに留まり続け、一九四五年以後のバングラデシュ系コミュニティの発展の基礎を作った[114]。

第二次世界大戦後の初期の数十年にイギリスにやってきた人々の大半が鉄道と蒸気船を組み合わせて旅を行った。エンパイア・ウィンドラッシュ号が一九四八年にティルベリーの港に到着した出来事は西インド諸島の人々、またより広くは、英連邦《コモンウェルス》からイギリスへの移民到来の始まりを象徴的に示すイメージとなっているが[115]、この議論の文脈においては、それは国際旅行と移動における海上輸送の重要性と優位を象徴している[116]。

一九六〇年代以降の長距離輸送は飛行機での移動を伴う可能性が高くなった。このことの主な結果は、それ以前の蒸気船の到来と同様に、旅をより早く、快適にするというもので、それは必ずしも移動を容易にするということではなかった。しかし、空の旅はおそらく、移住の起こりやすさを増した[117]。このことはスティーヴン・カースルズとマーク・J・ミラーも指摘している[118]。イギリスの移民法も同様の考えである。一九八八年には移民（輸送業者賠償責任）法が有効な書類を持たずにイギリスに移送されてきた乗客一名につき、航空会社に対して一〇〇〇ポンド（二〇〇〇年には二〇〇〇ポンドに増額された）の罰金を支払うよう取り決めている[119]。

イギリスへの国際移住や移動における交通手段の進化に対して移民研究者たちは比較的関心を払ってこなかったが、過去二世紀における人の移動の歴史を船、鉄道、航空機、自動車などを考慮に入れることなく考えることは不可能であろう。交通革命は構造的なレベルで基本的な役割を果たしたのである。

二〇世紀の大半において、移動する人々が限定的にしか選択の余地を与えられなかったのは迫害という要素である（実際には一定レベルの選択が、どんなに限定的であったとしても、存在するとはいえ）。ジャガイモ飢饉の結果生じた移住を研究する学者たちの中には強制移民という要素を指摘する人々もいるが[120]、強制移民という概念そのものは通常、難民という概念が発達した時代でもある二〇世紀に政治的な変革と相容れずに出国した人々を主に指して来たように思われる。マイケル・マラスが書いている通り、「戦争や迫害によって居住する場所を去らざるを得なくなり、よその地に逃れる人々は有史以来、ヨーロッパ大陸には広く存在していた……［が］、二〇世紀になって初めて、ヨーロッパの難民は国際政治における重要な問題となったのだ[121]」。大半の難民の定義は一九五一年の国連条約に遡り、「十分に理由のある迫害の恐怖」によって故国を逃れた人々を難民として認めている。しかし政治的難民と経済的難民の境目は二〇世紀の移民に関する政策決定者が考えるよりももっとずっと複雑なものであり、それを最も古典的に実証して見せたのがダイアナ・ケイとロバート・マイルズの一九四〇年代後期のイギリスへの「ヨーロッパ志願労働者」の移住に関する研究である[122]。しかし難民の概念そのものがイギリスへの強制された移住を扱う際に不十分であり、なぜなら例えば、第二次世界大戦時のドイツ人およびイタリア人の戦争捕虜（その多くが最終的に残留した）の事例を説明できないからである。

一八〇〇年以降のイギリスへの強制された移住の検証にこの二つの集団を含めることによっても、殆どの難民がヨーロッパ大陸における政治的な不寛容の結果この国に逃れてきたのだという事実は変わらない。より厳密には、ほとんどの強制された移住が二つの不寛容な国家（つまり、一九四五年までの様々な体制の下でのドイツ、およびロシアまたはソビエト連邦）によって生じている。ヨーロッパ以外の地域からイギリスに向けての難民の移動は一九七〇年代初め、ウガンダのアジア人に対するイディ・アミンの迫害政策の結果が最初であった。その時以来、大半の強制された移住が（だんだんと難民庇護法制による厳しい取り締まりを受けるようになっているものの）様々な地域から生じており、これは冷戦終結による不確実な状況および結果として生じた迫害的なナショナリズムの台頭により著しく増加している。

一八〇〇年から一九四五年までの間、ドイツからの強制された移民の大半はイギリスへと向かった。一九一四年まではこれらの数千人の人々の大半は、当時の権威に反抗し、彼らの活動の結果として牢獄に入れられることを恐れた政治活動家であった。彼ら亡命者は三つの段階に分かれてやって来た。まず、一八三〇年代の自由主義的《リベラル》な若きドイツ運動へのドイツ連邦による弾圧を逃れた人々であり、彼らはスイスを経由してイギリスへとやってきた。二つ目の集団は一八四八年革命の失敗の後やってきた一一五〇人ほどの集団で、その中にはカール・マルクスが含まれていた。最後の流入は一八七八年一〇月に社会主義者鎮圧諸法が制定されたことで生じたものである[123]。

一九一四年から一九四五年ドイツ軍がヨーロッパ各地を跋扈した「災難の時代」の間[124]、ヴィクトリア朝にイギリスへと逃れていたわずか数千人から、数十万人へと強制移民の数が膨れ上がった。最初の集団は、短期間に大量の人々を巻き込んだという点でアイルランドのジャガイモ飢饉に似ているが、一九一四年のドイツによるベルギー侵攻を逃れてやってきた二四万人のベルギー人からなり、そのほぼ全員が第一次世界大戦の終結とともに帰国した[125]。ルイーズ・ロンドンが特に指摘した通り[126]、ナチスから逃れてきた難民、特にユダヤ人の流入は、イギリス政府の彼らへの政策に大きく依存していたが、第三帝国を逃れるにあたり基底にあった要因は迫害であった[127]。第二次世界大戦の勃発とドイツ軍によるヨーロッパ各国の侵略はいくつかの新しい集団をイギリスへと送り込むことになり、その数は数十万人を数えた。まず、ベルギー、フランス、ノルウェー、オランダ、チェコスロバキアなどナチスに占領された様々な国々から、約七万五〇〇〇人もの人々がやってきた[128]。同時に、イギリス軍によって捕らえられた三七〇万人のうち、最大で三六万二〇〇〇人のドイツ人戦争捕虜が一九四六年の八月にはイギリスに抑留されており、そのうち一万五〇〇〇人がそのまま留まった[129]。同様に、一九四三年の時点で七万五〇〇〇人のイタリア人戦争捕虜もイギリスに抑留されていたが、そのうち一五〇〇人は帰国しなかった[130]。

戦争終結直後には、第二次世界大戦とソビエト支配の副産物として、さらに難民の流入が相次いだ。しかしながら、一九三九年以前にもロシア帝政およびソビエトの独裁はポーランド人、政治的亡命者、ユダヤ人などの流入を生じさせていた。ポーランドからの亡命者は彼らの故国に影響を与えた迫害の時期を逃れてきており、一八三〇―一年、一八四八年、一八六三―四年、そして一九〇五年の革命的反乱の失敗の後、イギリスへと逃れてきた[131]。ロシアの政治的亡命者は帝政下の弾圧の結果、二〇世紀の初めに国を逃れて来たが、その中にはロンドンにやってきたレーニンも含まれていた[132]。一〇〇万人以上の難民がロシア革命を逃れて来て、その大半がフランスやドイツを目的地としたが、一万五〇〇〇人はイギリスに入国した[133]。第一次世界大戦に至る数十年間において、反ユダヤ主義および生活状況の悪化により、約二五〇万人のユダヤ人が帝政ロシアのユダヤ人居留地域《ペイル》を出て西方に向かい、多くがアメリカを最終的な目的地とした。ユダヤ人は居住や専門職における雇用を制限され、他方でユダヤ人迫害《ポグロム》が一八八一年、一九〇三年、一九〇五年に起きた。迫害は人口の増加および、ユダヤ人が集中していた都市部への解放された農奴の移動と時を同じくし、結果、都市部の資源への圧迫が生じ、さらに西の、すでに確立されたユダヤ人コミュニティに向けて移動を促した[134]。第一次世界大戦前のユダヤ人の西への移動は難民移動の複雑さを例証している。

より小さな集団も一九四五年以前に、より明白な政治的迫害から逃れてきた。例えば、数百人のイタリア人が一八二一―二年、一八三一年のイタリア半島での革命の失敗の後に到来したし、他にも一八四八年の革命の弾圧を逃れて、フランス人やハンガリー人などとともにやってきた者もいた。一八五〇年代初頭には七〇〇〇人のイタリア人難民がイギリスに居住していた。[135] フランスからの亡命者は一八七一年のパリ・コミューンの弾圧の後やってきた。[136] 数万人のスペイン人がスペイン内戦を逃れてやってきたが、イギリスに来たバスクの児童難民は約四〇〇〇人のみであった。[137]

戦後期の主要な難民の移動は冷戦の始まりと雪解けを背景に起きている。ただし、イギリスへの移動が限定的であることは〔出身地と〕目的地との関わりによって果たされる役割を示している。一九四五年にナチス帝国が崩壊し、「ヨーロッパは難民であふれかえっていた」。[138] 一九四四年から一九五〇年の初めまで、ドイツを焦点とし、ヨーロッパ内で様々な方向へと逃れる一連の移住の流れが生じ、一九四五年から一九四七年の間でその数二五〇〇万人を数えた。[139] このような状況の下、難民の一部がイギリスへと向かうことは不可避であった。実際のところ、イギリスにやってきた二五万人は戦禍を被ったイギリスを再建するために大陸の人々を勧誘するという政府の決定の結果やってきたのであった。そのうちの集団の一つは亡命ポーランド軍・政府であった。彼らは戦争中もイギリスに駐屯していたが、ソビエト連邦によって占領されたポーランドに帰国したいとは思っていなかった。ポーランド人再定住法が彼らと彼らの家族がイギリスに留まることを可能にした。[140] 一九四〇年代の末に約九万人の「避難民」がイギリスに到来したことは、ソビエト支配の拡大への恐れを背景にヨーロッパの難民キャンプから外国人労働力を直接勧誘した結果起きたのである。[141]

冷戦による凍結は実際、一九四〇年代末から一九七〇年代まで、世界的な難民の流れをかなり小さなものに押しとどめていたとも言える。ソビエトによる一九五六年のハンガリーに対する弾圧、一九六八年のチェコスロバキアに対する弾圧はイギリスに少数の難民しか送り出さなかった。[142] 一九八〇年代までイギリスにやってきたその他の難民はヨーロッパを宗主国とする植民地帝国の解体と民族間の不和を背景として生じている。興味深いことに、一九四七年のインドの分離独立《パーティション》とそれによって生じた一三〇〇万人の難民はイギリスへの直接の人の移動にはつながらなかった。[143] しかし、帝国の遺産はウガンダのアジア人のイギリスへの移動を引き起こし、これはイディ・アミンによって支配されていたアフリカの地域〔ウガンダ〕へと一九世紀以降インドから移住してきていた人々を、そこから追放しようとする動きの中で起きた。[144] 一九七四年の一万二〇〇〇人のギリシア系キプロス人のイギリスへの脱出は、民族浄化により北部のギリシア系が南部に、また同様にトルコ系が北部に移動するという事態を背景として生じたが、これはこの地域を一六世紀以降支配してきたオスマン帝国とイギリス帝国の崩壊の過程の一部でもある。[145] 冷戦と帝国の遺産（フランス、アメリカ、ソビエト）が同時に影響したのが一九七〇年代のベトナムからの何十万人ものボートピープルの流出であり、そのうち一万五〇〇〇人がイギリスへとやってきた。[146] これ以外に、一九八〇年代以前にイギリスに逃れてきた人々のうち、重要ではあるが、他とは関連のない事例としては、ピノチェト政府による弾圧を逃れて来たチリ人たちがいる。[147] 一九八〇年代に入国した新たな流れとしてはイラン革命の余波を逃れて来たイラン人、故国での民族対立を逃れてきたスリランカのタミール人などが含まれている。[148]

冷戦の雪解けは一九九〇年代に地球規模の難民危機が生じるのに大きな役割を果たした。[149] いわゆる「歴史の終わり」は自由主義のパラダイスではなく、民族浄化に燃えるナショナリズムの再燃をもたらした。国連難民高等弁務官事務所《UNHCR》にとって「懸念される人々」の数は一九七五年の約二〇〇万人から一九九五年には二七〇〇万人に跳ね上がっている。[150] イギリスへの移動の大半がソビエト連邦の崩壊による東ヨーロッパからの人々であるが、他にもアフリカや中東からの流れもある。世界全体の数字の大きさや彼らの到着時に起きた集団ヒステリーとは裏腹に、一九九〇年から二〇〇〇年の間にイギリスに難民としての保護を求めた人々の数はたった七万四〇五人であった。四万八八五五人は申請を却下されている[151]。

イギリスの役割と魅力

世界全体で保護を求める難民の数と、一九九〇年代にイギリスに入国した難民の数の間の差は、イギリスのメディアおよび社会に深く外国人嫌悪的な要素が存在していることを示唆するのみでなく[152]、かなりの規模の移動が生じるためにはイギリスとの直接的な関わりが必要であることも示している。過去二世紀に渡って起きてきた基底的な変化にもかかわらず、移住者のうちわずか数%しかイギリスへやって来てはいない。故に、イギリスという国の特定の魅力〔移民を惹き付けたもの〕と役割がここで二つの項目のもとに考慮されなくてはならない。それは「イギリス経済の強さ」と「移民政策の役割」である。

「世界で最初の工業国[153]」として、一九世紀の初め以降興隆し国を支えてきた経済に必要な人員を確保するために、イギリスは常に移民を惹き付ける潜在力を有していた。第二次世界大戦後の再建の必要性は外国人労働力の需要をさらに大きくした。二一世紀の初めに至るまで、イギリスの工業の衰退とサービス産業への移行にもかかわらず、依然としてイギリスは外国人労働力を必要としてきている[154]。

経済的な強みはイギリスが過去二〇〇年以上に渡って世界で最も豊かな国の一つであることを意味し、それは特に移民の起点となった地域と比べた時に際立つ。戦後の事例をたった一つ挙げるとすれば、一九六七年に国民一人当たりのGDPはパキスタンで一二五ドル、ジャマイカで二五〇ドル、イギリスで一九七七ドルであった。[155] イギリスにおけるパキスタン系コミュニティに関するパイオニア的研究で知られるムハンマド・アンワルは一〇三人の移民になぜ彼らが移民して来たのかを尋ねたが、そのうち八一人が「職を得てお金を稼ぐため」であれ「子供たちや家族のためによりよい未来とするため」であれ、経済的な理由を挙げた。[156] 一九世紀の半ばに焦点を当てても、同様の動機付けが見て取れる。一八八一年のロンドンにおけるドイツ人コミュニティに関する記述では多くの移民が「豊かなイングランド、そこではお金が道に落ちている」というような意識を持っていたという。新来者たちは到着してから周りの状況に馴染むまで数日間をホテルで過ごし、それから長期的な職や住居を探し始めたという。[157]

これまで一連の学者たちがイギリスの経済とアイルランド人のイギリスへの移住の関係について取り組んできた。このコミュニティは故国での経済的不安から逃れ、ロンドン、ランカシャー、ヨークシャー、イングランド北東部、もしくはスコットランドなどで、しばしば困難な生活・労働の状態に置かれることになったとはいえ、少なくとも雇用の機会を得ることができた。[158] J・A・ジャクソンは「国の経済が海外へと拡大する際に安価な労働力の予備があることは急激な工業発展にとって不可欠な要素と言える」と述べている。[159] 同様に、ロバート・マイルズは、「アイルランド人労働力なしにあれほどの規模および速度で資本主義的な工業化が起きることは難しかっただろう」と彼が言い切るところのスコットランドの西部に特に焦点を当て、「アイルランド人労働力は資本主義的発展のための極めて重要な要因であった」と考えた。[160] 他方、ジェフリー・ウィリアムソンは一八二〇年から一八六〇年の間について、「アイルランド人は重要な要素となるには少なすぎた」と主張している。[161] しかしアイルランド人移民は一九世紀の間に農業労働者としても重要な役割を果たしていた。[162]

二〇世紀までは大規模ビジネス、政府、イギリスへの移民労働者との間には直接的な関連性はないように思われるが、この状況は、移民政策が次第にイギリス経済のニーズによって発展するに従って変化することとなった。このことは第一次世界大戦期、徴兵により労働市場に隙間が生じた際に明らかになった(163)。ピーター・キャハランは「利己心が存在しなかったならば、ベルギー人難民へのイギリスの対応はより寛容とは言えないものになっただろう。オランダからの難民の輸送は博愛心のなせるわざというよりは本質的にイギリスの経済政策の一環であった」と述べている(164)。黒人《ブラック》人口も第一次世界大戦の間、船舶輸送と軍需産業の分野で増加した(165)。第二次世界大戦時の労働力需要が次第に労働力の直接的な勧誘を増やし、その中にはアイルランド人、西インド諸島人が含まれていた。当初、戦争の勃発時には［アイルランドがイギリス政府の意向に逆い、中立の立場を取ったため］イギリス政府はイギリス—アイルランド間の渡航を制限したが、イギリスで労働力不足が深刻化し、アイルランドで失業の増が生じたことで、イギリスの労働省とアイルランドの産業通商省との間にアイルランド人労働者のイギリスへの渡航を容易にするための合意がなされた(166)。同時に、植民地省と労働省は西インド諸島でも勧誘を行い、その多くが軍需産業に従事した(167)。

労働省の第二次世界大戦時の活動は先例となり、一九四〇年代後期からその後も続けられ、産業と国家の協力関係を示している。このことは戦後すぐのヨーロッパ志願労働者の勧誘で最も明確になった。労働力不足を抱えた限定的ないくつかの産業（国民保険サービス、農業、石炭鉱業、繊維産業など）のために、よい健康状態の潜在的被雇用者を勧誘する目的でヨーロッパ避難民キャンプを労働省の面接者が訪れたのである(168)。

イギリス経済の継続的な強みは移民の展開に役割を果たしてきた。一九六二年移民法はヨーロッパ以外からの移民を排除したにもかかわらず、労働バウチャー・システムを導入し、労働力が不足する領域に労働者の流入を許した[169]。一九七〇年代、一九八〇年代の高失業率の時には入国者は減少したが、二一世紀の初めにあって、移民はもはや政府の政策の一分野と化しており、それはイギリス経済が健全であること、労働力の不足、そしておそらく、移民という現象が次第に受け入れられるようになっていることを反映している[170]。

イギリス国家は産業を助けたが、〔ヨーロッパ〕大陸で大企業が直接的な労働力勧誘に果たしたような役割を果たすことはなかった。例えば、ドイツの場合においては、労働力を必要とする企業は連邦労働局に申請を出し、局は勧誘が行われる国にオフィスを設置し、労働力候補者に面接を行った[171]。しかし、イギリスの場合にも積極的な勧誘活動はあった。例えば、一九四六年の後半、労働省は二二〇〇人のアイルランド人にイギリスの石炭産業で働くよう勧誘を行った。次の年には二万九〇〇〇人が農業、鉱業、看護などの分野で働くための移住を援助された。積極的な援助は雇用機会が拡大発展する産業において増え、移民が独りでに進行するようになるにつれて減少した[172]。しかし労働省はまた、ウェールズの金属工業や石炭鉱業、ベッドフォードやピーターバラのレンガ製造など、特定の職業で働くイタリア人を勧誘する計画を開始し、結果これらの町でイタリア人のコミュニティが発展するのに寄与した。全体で、一万五〇〇〇人ほどのイタリア人がこのような形でレンガ製造業に労働力として流入し、その後家族が合流した[173]。一九四六年から一九五三年の間、全体では二二万八〇〇〇人のヨーロッパ人とその家族が労働許可を得て、ヨーロッパ大陸からイギリスに流入したのである[174]。

カリブ海諸島からの移民は直接的に労働省と関わってはいないように思われるが、その代表者は植民地省の代表者とともに、一九四八年六月にエンパイア・ウィンドラッシュ号でやってきた四一七人の人々を「彼らができるだけ早く雇用を見つける手助けとなるように最善を尽くすため」出迎えた[175]。西インド諸島ではイギリス鉄道、ロンドン交通局、国民保険サービス、イギリス宿泊・飲食業協会などの大企業を巻き込んだ直接的な勧誘があった（ただし、このような努力によって移民した人々の数を確定することは難しい）[176]。興味深いことに、多くの学者が個人的な接触の重要性に焦点を当てるにもかかわらず、「一九五〇年代と一九六〇年代にはカリブ海諸島からの移民とイギリスの労働力不足の間には常に相関がある」とされ、一九五一年、一九五五年、一九六〇年、一九六五年に増加し、一九五三年、一九五八年、一九六二年、一九六七年の「景気後退」の年に減少している。加えて、南アジアからイギリスへの移住は「これと同様の、しかしより弱いイギリスの状況との相関」を示した[177]。

二一世紀に目を移せば、イギリスへのポーランド人の移住、そして実際それ以外のヨーロッパ人の移住もイギリス経済との相関を示す。自由主義的雇用政策と堅調な経済成長の国に移動するため、何十万人ものポーランド人がより高い給料がもらえることを理由に、しばしば彼らの教育レベルより低い仕事に従事することになったとしても、より生活水準の低い故国を離れる[178]。

一九世紀および二〇世紀のイギリスへの移民の経済的な原因は、一九七〇年代に発展した（主にマルクス主義に起源を持つ）学者たちによる理論化と一致する。このような考えは発展途上の地域から、ヨーロッパやアメリカなどより豊かな経済への移動という概念の周辺で発展したものだが、その大半は一九世紀および二〇世紀の大量移民の発展に関わる要因の捉えがたさを認識している[179]。

イギリスの豊かさとイギリス経済の強さは明確に、過去二世紀に渡って人々を惹き付ける中心的な要因であったが、その事実は、多くの場合は移民政策を使って新来者の流れを制限しようと努力してきたイギリス政府によっても認識されていた。一八世紀末からの国家の役割をまとめると、全体としてはフランス革命期の終わりからヴィクトリア朝後期まで自由放任アプローチであると示唆される。その時以降、イギリス国家は外国人嫌悪的で人種主義的な世論に影響を受け、右派の新聞やポピュリストの政治家に煽られ、イギリス経済の労働力需要に応じたいという思惑もあり、一九〇五年の外国人法に始まり、一連の国籍法および移民法を、人種主義者をなだめ、イギリス経済の需要を満たすために作り続けてきたのである。

イギリスにおける現代の移民規制は故に、本質的には一九〇五年に始まる。バーナード・ポーターが指摘する通り、「一八二六年から一八四八年まで、そして一八五〇年から一九〇五年まで、イギリスの法令全書には行政府が、外国人が好きにイギリスに来たり、住んだりすることを妨げることができるようにするものは何も存在しなかった…この入国の自由は、難民であろうがなかろうが、どんな理由で入国を望むにしても、全ての外国人に適用された」(180)。二一世紀の始めまでに移民および外国人入国規制は特に厳格で度を超したものになってきているかもしれないが、ヴィクトリア朝時代の自由放任も何やら異常な事態である。T・W・E・ロシュ、ヴォーン・ベヴァン、トマス・ペリーのような学者が実証しているように、外国人規制は中世からイギリス国家の発展に重要なものであった(181)。一九世紀の大半においてイギリスから、またイギリスへの出入国が自由であったことの理由として、ヴィクトリア朝中期の相対的な繁栄を挙げることができるが、その豊かさは一九世紀末の大恐慌により脅威にさらされ(182)、これは一九〇五年の外国人法制定へ向けてのキャンペーンと時を同じくする。同様に重要なのは、エドワード朝、そして特に第一次世界大戦が国家による自由放任的態度に終わりを告げ、それ以降、市民の生活の全ての側面において政府の介入が増し、おそらくそれを最も象徴的に示すのが一九一六年の徴兵制の導入であったということである(183)。

ヴィクトリア朝中期の比較的寛容な態度というのは部分的にはその時代の政治的安定によるものだっ

た。大陸の隣人たちとは違い（彼らは同じ時代に市民の生活に大きく介入していた）[184]、イギリスは侵略や国内における革命などの恐れから無縁であった。移民制限法制の導入はこの平和と安全が危機にさらされた時に起きた。一七九三年の外国人法とその後に続いた、外国人の入国や居住を規制し、国外追放の権限を大きくする一連の法律は、戦時［対仏戦争時］にイギリスで施行されたものである[185]。同様に、一八四八年に外国人の入国を規制するために作られた法律は大陸で革命の混乱が生じていた時にできた[186]。規制がなかった理由としてこの時期のイギリスへ流入した移民の規模が小さかったことを挙げたくなるかもしれないが、この議論は、アイルランドの飢饉に続く近現代イギリスへの最大の「難民」危機の存在を無視することになる。その際、地方自治体、特にリヴァプールは大変な対応に迫られたが、彼らの不満にもかかわらず、アイルランドからブリテン島への人の流れは自由であり続けた[187]。

イギリスの移民規制の「ひな型」ともいえるものは一九〇五年の外国人法と同時に生じた。この後作られることになる類似の法律と同様に、規制を求める運動が先行し、この時は特にロンドンのイーストエンドに流入する貧しい東ヨーロッパ系ユダヤ人の移民が問題視された[188]。その規制の条件はかなり限定的であったが、この法律はこれ以後の移民を希望する人々を抑止することとなった[189]。しかし、これは同時に「一九世紀の大半に存在した自由主義の伝統」を破棄したことによって「外国人入国における一大転機となった」のである[190]。

強迫的なドイツ人嫌悪症や、より広くは第一次世界大戦時の反外国人感情の高まりにより新たな法的措置、中でも最も重要なのは一九一四年の外国人規制法と一九一九年の外国人法の制定が行われた。一九一四年法はイギリスのドイツ人コミュニティを主な対象としており、ベルギーからの移民の入国を妨げるものではなかった。一九一九年法は同年の第一次大戦時終結時の反外国人ヒステリーの中で制定されたが、これにより内務大臣は移民増加の兆候が見られた時には枢密院勅令により制限を行う権限が与えられた。一九二〇年の勅令は全ての移民に労働許可証を取得することを義務づけ、自立して生計を立てられない者は入国することを禁止された。

一九一九年法は一九二〇年代に、当時、ロシア革命やアルメニアの民族虐殺により難民の流入がなかったことをよく説明してくれる[191]。一九三〇年代に入ると、特に第二次世界大戦が近づくにつれて数が増加していたユダヤ人難民に関して、政府が制限を緩めたことで、状況が変わってきた。一九三八年までにはたった一万一〇〇〇人しか入国しなかったが、「水晶の夜《クリスタルナハト》」事件のユダヤ人虐殺によりさらに五万五〇〇〇人が入国した。かつての解釈では、例えばA・J・シャーマンなどの研究はヨーロッパの他の国民国家に比べた時のイギリスの寛容さを強調した。ルイーズ・ロンドンとトニー・カシュナーは難民をイギリスに入れるための特定の計画が遂行されたことを指摘し、その難民らの中には家庭内使用人として入国した二万人や、その後二度と親に再会することのできなかった約一万人の子供たちも含まれていた〔キンダートランスポートについては第四章を参照〕[192]。

一九四八年イギリス国籍法はイギリスと帝国に単一のイギリス市民権を作り出し、どちらの市民もイギリスに居住し、働くことを可能にした。この法律はそれを意図したわけではなかったものの、「多文化なイギリス」が創り出される法的な基礎となったのである。同法はイギリスへ英連邦《コモンウェルス》からの移民を入りやすくし、結果、一連の地域的・個人的要因が移住という実際の行動と結びつくこととなった。しかしながら、一九五〇年代までには西インド諸島人のイギリスへの入国に反対するキャンペーンが起こり、一九五八年のノッティングガムとノッティングヒルでの暴動で頂点に達し、結果、一九六二年には英連邦《コモンウェルス》移民法の制定へとつながった。この法律によって帝国および英連邦《コモンウェルス》市民権を有する人々のイギリスに居住する権利は彼らが労働の許可を得なければ取り上げられることとなり、故に本質的にこのような人々は一九一九年の外国人法のもとで外国人《エイリアン》［非帝国臣民］に課せられたのと同じ制限をうけることになったのである。しかしながら、イギリスのパスポートを持つ東アフリカのアジア人が一九六〇年代、アフリカ化政策を背景にイギリスへ移住したことで、この制限には抜け穴が存在することが明らかになった。ここで再度、イギリス政府は人種主義に屈し、一九六八年の英連邦《コモンウェルス》移民法と一九七一年の移民法を制定した。これにより、イギリスに居住する権利を祖父母のうち少なくとも一人がイギリスで生まれた人に制限し、結果として非白人を排除しつつ、最近出移民した人々［イギリス系白人］の子孫は入国を許されることになったのである。この後に続いたのが一九八一年イギリス国籍法で、実質的に一九四八年法は廃止された[193]。

一九六〇年代から八〇年代にかけて導入された法律は、国家がその触手をどんどん多くの生活の領域へと伸ばす時代にあって制限を受けない、また別の形態の移民については扱ってこなかった[194]。これは難民である。一九九〇年代の間にその数が増加すると、難民は次第に「難民庇護申請者」となり、これは新聞に焚き付けられて、難民たちは一九五一年の難民に関する国連条約に照らして難民としての地位を証明しなくてはならないと国家が次第に考えるようになったからである。結果的に、難民の数とそのイギリスにおける生活を制限するために一九九〇年代には一連の措置が取られることとなり、中でも二〇〇二年のブレア政府による白書『確実な国境管理、安全な避難所（*Secure Borders, Safe Haven*）』で有終の美を飾った。この時期に作られた法制は、地方自治体、それから地方紙および全国紙の圧力に対応する形で、難民をロンドンおよびイングランド南東部から国の残りの地域に分散させようとした。

大変奇妙なことに、上記の政策はまた、難民庇護申請者が働くことを妨げ、そのことが彼らを「寄生者」としてステレオタイプ化する結果となったため、彼らへの反感を高めた[195]。二〇〇〇年にはイギリス政府が、経済は移民労働力に依存していることを認めたこともあって、より奇妙さが際立つ[196]。しかし、第二次世界大戦以後ずっと、また残りのヨーロッパ諸国と共通して、これまでのイギリス政府は［彼らにとって］適切な人種的系統の、経済的生産性を有する移民を求めてきた[197]。国家が次第にヨーロッパの外からの移民を排除する一方で、一九七三年のイギリスの欧州共同体への加盟はイギリスが自由な労働者の移動を受け入れたことを意味した。このことは二〇〇四年に、他の大半のEU諸国とは異なり、新たなEU加盟国の国民、特にポーランド人の入国を許した時に、最も顕著になった[198]。同様に重要であるのは、一九六〇年代以来、イギリスでは不法移民を閉め出すことに失敗し続けており[199]、その数は今では何万人にも上るかもしれないことである[200]。

地域的・個人的要因

スティーヴン・カースルズは世界的な不法移民の増加は、とりわけ地球の北と南での不平等を背景として、移民政策の失敗を証明していると述べた[201]。イギリスの場合、特に第二次世界大戦後において、移民制限を重要なものでないと考えることは、それらが新来者の出身国や出身地域を決めるのに重要な役割を果たしたことを考えるとありえない。カースルズは、マーク・J・ミラーとの著作において、世界規模での移民の流れを説明する際に、移民システム論を指摘した。このアプローチは「移民を送り出す国と受け入れる国との間に植民地支配、政治的な影響力、交易、投資、文化的な紐帯などに基づく、かねてからのつながりが存在すること」を認知した。カースルズとミラーはこれらの「マクロ構造」に加

えて、ミクロないし個人的要因を考慮する必要性を述べている。(202)

このアプローチは確かに私たちが過去二世紀に渡るイギリスへの人の移動をよりよく理解するのに役立つ。これまでの記述はマクロ構造のうちの多くを、人口の変化、交通手段の発達、経済成長、そして移民法の影響などの形で考慮してきた。過去二〇〇年以上に渡るイギリスへの移民の主要な流れを検証することで、かねてよりのつながり、特に植民地支配によるつながりの重要性が実証される。帝国というつながりはイギリスへ何百万人もの人々が送り込まれるにあたり役割を果たし、それは一九四五年以降の移民の多くが南アジアと西インド諸島出身であるという明白な事実だけではなく、過去二世紀以上を通じてのアイルランドの重要性や、その他一九四五年以降流入した移民の中にその他のより小さなイギリスの植民地の出身者が含まれていたことからも言える。加えて、「政治的な影響」もＥＵ域内移民を説明するのに役立つ。同様に重要であるのは、夥しい数の外国人兵士が（彼らがアイルランド、アフリカ、西インド諸島、中国、インド、アメリカ合衆国などどこに起源を持つ者であれ）フランス革命およびナポレオン戦争以来、イギリスの国土に駐屯したり、イギリス軍と一緒に戦闘を行ったりしたことの基礎として、イギリスとの帝国を通してのつながりが役割を果たしたということである。(203)もう一つの重要な、そして明白な要因を形作るのは地理的な近接性であり、これは一九四五年よりも前のイギリスへの移動の大半がヨーロッパ起源であったことを説明するのに大きく役立つ。

しかし構造的、マクロおよび地理的な要因が存在したかもしれないが、学者たちはだんだんと移民というのは個人的な動機付けを持つものだと認識するようになっている。個人的な動機付けの中には、明確な形の労働力の勧誘の他にも、家族の再結合（伝統的には連鎖移民《チェーン・マイグレーション》と見られてきた）、ある特定の地域からの移住などが含まれる。ミクロなレベルで見れば、全ての集団や個人が個人的な動機付けを有することがわかる。

近年進展した一九世紀イギリスのドイツ人コミュニティの研究では、コミュニティの、ないしはより正確には複数のコミュニティの発展に個人的な影響力が大きかったことを認識するようになっている。ローズマリー・アシュトンの『リトル・ジャーマニー』〔邦訳題は『ロンドンのドイツ人―ヴィクトリア期の英国における亡命者たち』（的場昭弘・大島幸治訳）〕は一八三〇年代から一八五〇年代にかけてロンドンに出現した難民集団を検証の対象とする。この集団の人々は抑圧的なドイツからずっとより個人的・政治的自由が認められていたイングランドへ逃げて来た。中には一八三〇年代からすでにイギリスに移住を果たしていた者たちもいたが、他の者たちは一八四八年の革命の失敗の後やって来た。ドイツでもそうであったように、革命思想家たちは共産主義から自由主義まで、それぞれの政治的信念に従って分裂した[204]。

これらの革命家たちはイギリスに移住するにあたり政治的に動機付けされた理由を持っていた。加えて、特に一九世紀半ばにおいては、移民たちはハノーヴァーかヘッセンか、特定の地域の出身であった。前者は一八世紀にハノーヴァーとイギリスの統合が行われて以来人々を送り込んでいた。後者はおそらく合衆国へと移民する途中の途上移民《トランスマイグラント》の定住の結果として発展したのであろう。しかしながら、一九世紀のドイツからイギリスへの移民の多くは特定の職業の人々を勧誘するという習慣と密接な関わりを持っていた。例えば、一八世紀後期から一九世紀半ばのロンドン、イーストエンドでの製糖業にとって、このとりわけ大変な仕事に従事する、特にハノーヴァー出身の移民が重要であった。このケースにおいては、出身地域、定住の地点、職業を特定することができる。他のドイツ人の職業もここまで厳密ではないにせよ、同様のパターンを示す。例えば、一九〇〇年から一九一四年の間のイギリスの外国語通信士の五〇%はドイツ人であったが、これはイギリス人に外国語訓練が欠けていたために不足を埋める必要があったからである。同様に、ドイツ人ウェイターもヴィクトリア朝およびエドワード朝、そして第一次世界大戦の後でさえイギリスへの一定の流入があった。外国語通信士同様ある種の徒弟見習い制度が存在し、彼らがドイツへ帰国ないしはヨーロッパの他の地域に移って雇用された時によりよい職に就けるように、経験を積ませるだけでなく、英語の訓練も行った。第一次世界大戦の勃発までに増加していたドイツ人のパン職人もまた直接的な勧誘の過程に依存していた。すでに生活を確立した店主が農業労働者を入国させ、二年間は食と住居を提供して、その後、彼らは新しい職を見つけ、金をため、同国人をさらに呼び寄せる。このようなドイツからの地域的、職業的集団の他にも、ウルリケ・キルヒベルガーとシュテファン・マンツはイギリスにおけるドイツ人コミュニティのジグソー・パズルのまた別のピースを見出している。例えば、マンツはビジネスマン、個人家庭教師から大学の教授まであらゆるレベルの教師に特に注目している。キルヒベルガーはイギリス帝国にビジネスその他の機会を見てイギリスの領土に拠点を置いた特定のドイツ人利益集団に焦点を当てる。その中には宣教師や、その他イギリス帝国によって植民地化された地域に関心を持つ人々が含まれていた(205)。

一九世紀のイギリスにおけるドイツ人コミュニティの発展は政治的、地域的、職業的なものであれ、ネットワークの重要性を示し、このことは一連の、各々独立した複数のドイツ人コミュニティが定住地において発展したことを意味している。ルチオ・スポンザに代表される、一九一四年以前のイギリスへのイタリア人の移住を検証した学者たちは特定の職業の者の移入が生じていたことと同時に、特定の地域的起源があったことも示す。農業のパターンが変化しつつあったことや、兵役の恐れや課税といった背景に照らして説明することで、スポンザはヴィクトリア朝とエドワード朝のイタリア人移民の大半が四つの地域に起源を持っていることを突き止めた。つまり、中部および北部イタリアのコモ、パルマ、ルッカ、リリ・ヴァレーズである。彼は特にこのうちの二つめ、「パルマの南のアペニン地方、エミリア州、リグーリア州、トスカーナ州の交わるあたり」に焦点を当て、その中でも「最も多くの移民がやってきたのはタロ川（ヴァルタロないしはヴァルディタロ）、チェノ川（ヴァルチェノ）の川の二つの谷、特にその前者からであった」としている。この地方の出身の者はロンドンで石膏像作りに従事し、職業による連鎖移民を形成していた。[206] 他方、パルマからの移民はしばしば街頭音楽家として働き、搾取の循環の一部となっており、この中には親の承認を得てロンドンへ送られ、彼らの面倒を見てくれる「元締め《パドローネ》」のシステムの下で働く少年たちも含まれていた。彼らは稼いだお金を持って家に戻った。このプロセスは一九世紀の大半続くことになった。[207] 他方で、一九世紀後期から二〇世紀初期にかけて生じた南ウェールズのイタリア人コミュニティもまた同様の地域から来ており、特にパルマとジェノアの間に位置するバルディの町の出身であった。ドイツ人パン職人のケースに似て、イタリア人のカフェ経営者がこの町から人を勧誘し、新来者に「固定された契約、食事、衣服、住居と、契約で定められた二年ないしは三年の終わりにイタリアへの帰路の運賃」を提供した。[208] 同様に、一八七七年から一九三九年にかけてのスコットランドでのイタリア人の定住を検証した研究は、移民の大半は四つの特定の地方からやって来ていた。この時期のスコットランドに定住した全てのイタリア人の一三・六％がルッカ（バルガ）の一つの町の出身であった。[209]

　ユダヤ系歴史記述の発展にもかかわらず、ユダヤ人コミュニティの起源や移民のパターンについて、一九一四年より前のドイツ人およびイタリア人コミュニティの発展に関して存在するような詳細な情報はない。アン・カーシェンによるスピタルフィールズのミクロ研究でさえ、第一次世界大戦前のこの地域へのユダヤ人移住の過程についてあまり多くを語らない。[210] 一次史料が示すのはネットワークの重要性である。アダム・フランソワーズは一八八八年に出移民および入移民に関する特別委員会に質問された際、彼は「〔リトアニアの〕メーメルから三ロシア・マイル行ったところ」の出身であると述べている。なぜイングランドに移住したのかと聞かれ、彼が答えているのは「私は娘を結婚させたいと強く望んでおり、しかし娘に用意できる持参金を持たず、誰かが手紙を書いてきて、もし娘がこちらにやってきて手に職でもつけたら、持参金に必要な額を貯めることができるかもしれないと言ったから」と答えている。[211]

第二次世界大戦後の移民はトランスナショナリズムの様相を示しており、このことは、いずれも特有の移民パターンを示す中国人、西インド諸島人、南アジア人に焦点を当てることで明らかである。実際、一九四五年以前でさえ中国人はすでに他とは異なる移民集団であった。中には学生、そしてイギリスの船舶で働く船員がおり、後者の流入の結果、リヴァプール、南ウェールズ、ロンドンのイーストエンドなど沿岸地域に中国人の定住地が形成されることとなった。[212] 戦後のコミュニティは大きくは、一九五〇年代以降、興隆しつつあったレストラン業で働くために香港から移住が起きた結果として形成され、南ウェールズのイタリア人のカフェ従業員や一九一四年以前のドイツ人のパン職人のパターンをなぞっている。香港からイギリスへの移民は一九六〇年代初頭に一九六二年英連邦《コモンウェルス》移民法の導入が差し迫りつつあったことにより増加した。勧誘《リクルートメント》の類型は一九五〇年代に発達し、一九六一年の中国レストラン協会の設立で定式化した。一九六二年以降もレストランで働く人員を確保するための移住は続き、経営者は人員が必要であり、同じ仕事ができる現地《ネイティヴ》の人々が欠けていることを証明できれば香港から人々を連れてくることができた。[213] ジェームズ・L・ワトソンは移民の選定において親戚関係や家系の重要性を強調しており、特定の村からこのような形で人々が海外に送り出されているという事実を指摘している。[214]

イギリスへのカリブ系移民に関する研究は個人的な動機付けの作用を証明している。メアリー・チェンバレンはバルバドスに焦点を当てた。イギリスへの移民に関わる背景的要因、例えばイギリスの会社からの直接の勧誘や、島政府の出移民に対する肯定的態度を認めた上で、同時に親類縁者の移民パターンが移住する決定を行うのに役立つことを指摘し、個人的な家族歴の役割について強調している。[215] 他方、スチュワート・フィルポットは彼の行ったモントセラトという非常に小さな島からの移民の研究において、その島の人口は一九四六年の一万四三三三人から一九六〇年には一万二一六七人に減少したのであるが、その背景にある経済的要因を詳しく検証するとともに、家族のつながりや移住の伝統の重要性を指摘している。[216] 同様に、マーガレット・バイロンは別の小さな島、ネヴィスからレスターへの移住を研究し、この移動における家族のつながりの重要性を強調する。[217]

世界でも最大の移民送り出し能力、特に（イギリスとの植民地支配を通しての関係を理由として）イギリスへのそれを潜在的に持つ地域は南アジアである。しかし、二〇世紀の末までに、かつてのイギリス領インドの後継である国家に一〇億を越える人が居住していたにもかかわらず、一〇〇万から二〇〇万人の人々しか実際にイギリスには移住していない。一九六〇年代に様々な法律が制定されたことが、この数が少ないことに重要な影響を与えている。しかしながら、一連の研究者が明らかにしている通り、南アジアからイギリスへの移動は極めて特定の地域に限定されている。南アジア系の中にはインドやパキスタンから直接は来ておらず、イギリス帝国支配下でのかつての移住の結果として、アフリカおよび西インド諸島から来ている者もいる。[218] 南アジアから直接来た者は特に四つの地域の出身である。パキスタンのミールプール県、バングラデシュのシレット、インドのグジャラートとパンジャーブである。実際、パキスタンのカシュミールのミールプール県とその近くのチャンベールプール県のチャチ地方の出身者で殆どの移民がこれらの地域の中の特定の地区からやってきている。ケリ・ピーチが指摘するように「パ

イギリスのパキスタン系人口の八〇％を占める。シレット地方出身者でイギリスのバングラデシュ人口の八〇％以上が占められている。インドのパンジャーブのジャーランダル地区出身者だけでイギリス在住シク教徒の八〇％を占める。グジャラート州出身者でイギリス在住ヒンドゥー教徒の七〇％を占めている」[219]。

グジャラート出身者とパンジャーブ出身者はしばしば東アフリカ経由でも移住してきており、長く移民の伝統があることが示される。グルハルパル・シンとダルシャン・シン・タトラはイギリスへのシク教徒の移住に特に言及しつつ、八世紀にまで遡る「移住の文化」の発展についてさえ述べている[220]。親類縁者のネットワークがジャランダル地区の小さな下部地区からの特定の移住のパターンを決定し、それがイギリスにおけるシク・コミュニティの基礎を作ることになったのだという[221]。

パキスタン、特にミールプールからイギリスへの移住は同様に発展した。ある特定の村からの親類縁者のつながりが移住を決定し、まず男性が移住、そして一九六〇年代以降、一九七〇年代に入ると特に、妻や子供たちの移住が起きた。まず男性が移住して（他の南アジアの集団にも当てはまるパターンである）共同生活し、次第に扶養家族がその後を追って移住するという変化を経て、それが家族という単位へと変化した[222]。

イギリスへのシレットからの移民、特にロンドン東部に住み着いた人々もまた深い起源を持つ。まず、その起源はイギリス船舶に乗って働いていた多くのシレット出身者が一八世紀の終わりまでにイギリスの港に姿を現すようになっており、この伝統は二〇世紀半ばまで続いた。一九五〇年代と六〇年代、特に一九六二年の英連邦《コモンウェルス》移民法の制定前はだんだんと多くのシレット出身者がイギリスに移住するようになっており、ミールプールのパターンと同様に、その後一九七〇年代には家族がそれに続いたのである[223]。

移民の動機の複雑さ

レイヴェンシュタインが移民の法則を一八八〇年代に考えだした際に、[224]彼は様々な原因や動機付けを伴う複雑なプロセスを単純化しようとした。何百万人もの人々が過去二〇〇年以上に渡り、イギリスへと移住したその移動に（近年の個々の移住体験を検証した研究が実証している通り）傾向を見出すことは容易かもしれないが、法則を作ることは確実に困難である。にもかかわらず、本章はこれまで三つのレベルで作用する説明を提供しようと試みてきた。

基底にある要因は直接的にそれ自体で移民を引き起こすわけではないかもしれないが、近代世界の発展に中心的なものとなった進歩のいくつかを説明要因に入れることなしにイギリスへの移民移住の規模と起源を完全に説明することは難しいだろう。人口の圧力は一八二五年にヘッセンに生まれた人が二五年後に自動的にイギリスに移動するということは意味しないが、背景的な要因を提供し、もし他の要因が働いた時、その人物が移民するかもしれないということを意味する。工業化以前の経済における急激な人口増加の結果はしばしば失業と貧困を意味し、それは同じ国内だろうがもっと遠くであろうが、より豊かな土地があるとわかったとき、重要になる。一九世紀のドイツ人移民はアメリカや、ヨーロッパの他の地域にも移動したが、大半のドイツ人移住者は単にドイツのある地域から別の地域へと移動しただけであった。[225]同様に、過去二世紀に渡る様々な交通革命は移民を引き起こしたわけではないかもしれないが、それを容易にはした。一九世紀のイギリスの場合、大西洋横断の船舶輸送は［アメリカへの］途上移民をもたらし、中にはイギリスに留まることを選んだ者たちもいた。最後に、出移住、特に強制された移住を促した最も直接的な背景要因は、特に二〇世紀においては、政治的な迫害であった。

上記の発展の大半は本質的に伝統的なプッシュ要因である。イギリスの魅力と役割は伝統的なプル要因を反映している。産業革命以降、イギリスが世界の他の地域の大半よりも豊かであったことは、それを知ることになったのがネットワークの結果であるか、直接的な勧誘の結果であるかはともかく、主要な役割を果たした。イギリスの移民政策は労働需要という経済的要因と、人種主義的なメディアおよび極右からの圧力により決定され、イギリスへの移民の数と出身地を規定した。

しかしながら、特定の明確な要因、しばしば長い歴史的な伝統を持ち、地域的・個人的特質を持つ要因も、なぜ、ある特定の集団がイギリスへ移住したのかを決定してきた。アイルランドの地理的近接性と、イングランド、スコットランド、ウェールズよりも低い発展段階にあった経済という要因とが組み合わさって、アイルランドからこれら三地域への移民はほとんど不可避なものとなった。しかしコリンズやディレイニーのような研究者が一九世紀および二〇世紀に関して実証したように、ネットワークが出生地や定住地を決定した。同様に、特に一九四八年の国籍法の制定の後は、帝国及び英連邦《コモンウェウルス》の大半の地域の相対的貧困を背景にして、帝国支配によるつながりが移民を可能にしたのである。同時に、南アジア系の移民について研究をしている人々は地域、地方、血縁、家族、個人的な動機付けなどの要因が個々の人々を帝国と英連邦《コモンウェウルス》の中心地へと送り込んだのだと証明している。

イギリスへの移住は故に、様々なレベルにおいて理解される必要がある。移民の出身国・地域などの起源《オリジン》はイギリスに来てからの、また彼らの子供たちの生活やアイデンティティを決定するのに大きな影響を及ぼす。以下の章によって示される通り、移民の起源《オリジン》の特徴は新しい環境においても個々のコミュニティとともに残り続けるのである。

(1) *Tony Kushner, We Europeans? Mass Observation, 'Race' and British identity in the Twentieth century* (Aldershot, 2004), pp. 111-12.

(2) Rosina Visram, *Asians in Britain: 400 Years of History* (London, 2002); Peter Fryer, *Staying Power: The History of Black People in Britain* (London, 1984); Ron Ramdin, *Reimagining Britain: 500 Years of Black and Asian History* (London, 1999).

(3) Michael H. Fisher, *Counterflows to Colonialism: Indian Travellers and Settlers in Britain, 1600-1857* (Delhi, 2004), p. 384; J. P. May, 'The Chinese in Britain', in Colin Holmes, ed., *Immigrants and Minorities in British Society* (London, 1978), pp. 111-24; Fryer, 同書, pp. 237-97.

(4) Panikos Panayi, 'Cosmopolis: London's Ethnic Minorities', in Andrew Gibson and Joe Kerr, eds, *London from Punk to Blair* (London, 2003), pp. 67-71.

(5) Donald M. MacRaild, *Irish Migrants In Modern Britain*, 1750-1922 (Basingstoke, 1999), p. 33.

(6) Dudley Baines, *Emigration from Europe 1815-1930* (London, 1991), p. 9.

(7) 例えば以下を参照。D. Morgan, *Harvesters and Harvesting, 1840-1900* (London, 1982), pp. 76-87; Sarah Barber, 'Irish Migrant Agricultural Labourers in Nineteenth Century Lincolnshire', *Saothar*, vol. 8 (1982), pp. 10-23; B. M. Kerr, 'Irish Seasonal Migration to Great Britain, 1800-38', *Irish Historical Studies*, vol. 3 (1942-3), pp. 365-80.

(8) MacRaild, *Irish Migrants*, pp. 10, 33; C. Ó Gráda, 'A Note on Nineteenth Century Irish Emigration Statistics', *Population Studies*, vol. 29 (1975), pp. 143-9; Enda Delaney, *Demography, State and Society* (Liverpool, 2000), pp. 45, 130.

(9) Panikos Panayi, *German Immigrants in Britain during the Nineteenth Century, 1815-914* (Oxford, 1995), pp. 83-7; Leonard Schapiro, 'The Russian Background of the Anglo-American Jewish Immigration', *Transactions of the Jewish Historical Society of England*, vol. 20 (1959-60), pp. 215-22; V. D. Lipman, *A History of the Jews in Britain Since 1858* (Leicester, 1990), pp. 12-13; Todd M. Endelman, *The Jews of Britain, 1656-2000* (London, 2002), 79-81.

(10) W. D. Rubinstein, *A History of the Jews in the English Speaking World: Great Britain* (Basingstoke, 1996), p. 95.

(11) Tony Kushner and Katherine Knox, *Refugees in an Age of Genocide: Global, National and Local Perspectives During the Twentieth Century* (London, 1999), pp. 44-7, 64-100.

(12) Herbert A. Strauss, 'Jewish Emigration in the Nazi Period: Some Aspects of Acculturation', in Werner E. Mosse, et al., eds, *Second Chance: Two Centuries of German-Speaking Jews in the United Kingdom* (Tübingen, 1991), p. 83.

(13) Louise London, *Whitehall and the Jews, 1933-1948:*

British Immigration Policy and the Holocaust (Cambridge, 2000), pp. 11-12.

(14) 同書を参照。

(15) David Cesarani, *Justice Delayed : How Britain Became a Refuge for Nazi War Criminals* (London, 1992), pp. 77-80.

(16) Bernard Wasserstein, *Vanishing Diaspora ; The Jews of Europe Since 1945* (London, 1996), p. 73 ; *Jewish Chronicle*, 18 May 2007.

(17) Wasserstein, 同書、pp. 91-2.

(18) Panikos Panayi, *The Enemy in Our Midst : Germans in Britain during the First World War* (Oxford, 1991), p. 1.

(19) Ulrike Kirchberger, *Aspekte deutsch-britischer Expansion : Die Überseeinteressen der deutschen Migranten in Großbritannien in der Mitte des 19. Jahrhunderts* (Stuttgart, 1999), pp. 32-41.

(20) 数に関する議論については Stefan Manz, *Migranten und Internierte : Deutsche in Glasgow, 1864-1918* (Stuttgart, 2003), pp. 13-44 を参照。

(21) James J. and Patience P. Barnes, 'London's German Community in the Early 1930's', in Panikos Panayi, ed., *Germans in Britain Since 1500* (London, 1996), pp. 131-46 を参照。

(22) Marion Berghahn, *German-Jewish Refugees from Nazi Germany* (Oxford, 1988).

(23) Nicholas Atkin, *The Forgotten French : Exiles in the British Isles* (Manchester, 2003), pp. 187-94 ; Terri Colpi, *The Italian Factor : The Italian Community in Great Britain* (Edinburgh, 1991), pp. 48, 72.

(24) *Census of England and Wales 1931 : General Tables* (London, 1935), p. 221 ; *Census of Scotland 1931 : Report of the Fourteenth Census of Scotland*, vol. 2 (Edinburgh, 1993), p. 112.

(25) David Reynolds, *Rich Relations : The American Occupation of Britain 1942-45* (London, 1995).

(26) Fisher, Lahiri and Thandi, *South Asian History of Britain*, pp. 47-157 ; May, 'Chinese in Britain', pp. 111-24 ; Fryer, *Staying Power*, pp. 237-67 ; K. C. Ng, *The Chinese in London* (London, 1968), pp. 5-7.

(27) Sabine Freitag, ed., *Exiles from European Revolutions : Refugees in Mid-Victorian England* (Oxford, 2003).

(28) M. J. Proudfoot, *European Refugees, 1939-52* (London, 1957), pp. 71-2.

(29) Kushner and Knox, *Refugees*, p. 48 ; Peter Cahalan, *Belgian Refugee Relief in England during the Great War* (New York, 1982), pp. 1, 448.

(30) 例えば Visram, *Asians in Britain*, pp. 54-63 を参照。

(31) Baines, *Emigration from Europe*, p. 9.

(32) Charlotte Erickson, *Leaving England : Essays on British Emigration in the Nineteenth Century* (London, 1994).

(33) Delaney, *Demography*, p. 264.

(34) *Census of England and Wales 1931 : General Tables*, p. 221 ; *Census of Scotland 1931*, p. 112.

(35) Enda Delaney, *The Irish in Post-war Britain* (Oxford, 2007), pp. 63-70.

(36) Brendan Halpern, 'Who are the Irish in Britain? Evidence from Large-Scale Surveys', in Andy Bielenberg, ed., *The Irish Diaspora* (London, 2000), p. 89.

(37) Keith Sword, Norman Davies and Jan Ciechanowski, *The Formation of the Polish Community in Great Britain* (London, 1989).

(38) Diana Kay and Robert Miles, *Refugees or Migrant Workers? European Volunteer Workers in Britain* (London, 1992).

(39) Kushner and Knox, *Refugees*, pp. 241-61.

(40) Panikos Panayi, 'Refugees in Twentieth century Britain: A Brief History', in Vaughan Robinson, ed., *The International Refugee Crisis: British and Canadian Responses* (London, 1993), p. 105.

(41) Kathy Burrell, 'War, Cold War and the New World Order: Political Borders and Polish Migration to Britain', 'History in Focus', Issue 11, http://www.history/ac.uk/ihr/Focus/Migration/articles/burrell.html［最終アクセス日：二〇一五年九月三日］。Krystyna Iglicka, *Poland's Post-war Dynamic of Migration* (Aldershot, 2001), pp. 42-3, 100 も参照。

(42) Kushner and Knox, *Refugees*, pp. 355-74.

(43) Home Office, Department of Work and Pensions, H. M. Revenue and Customs and Department for Communities and Local Government, 'Accession Monitoring Report, May 2004-June 2006'; Kathy Burrell, 'Introduction: Migration to the UK from Poland: Continuity and Change in East-West Mobility', in Kathy Burrell, ed., *Polish Migration to the UK in the 'New' Europe After 2004* (Farnham, 2009), pp. 1-11.

(44) Vic George and Geoffrey Millerson, 'The Cypriot Community in London', *Race*, vol. 8 (1967), p. 277; Panayi, 'Refugees', p. 107.

(45) Geoff Dench, *Maltese in London: A Case Study in the Erosion of Ethnic Consciousness* (London, 1975), p. 28.

(46) Lucio Sponza, 'Italians in War and Post-war Britain', in Johannes Dieter-Steinert and Inge Weber-Newth, eds, *European Immigrants in Britain* (Munich, 2003), p. 189.

(47) Colpi, *Italian Factor*, p. 135.

(48) Kathy Burrell, *Moving Lives: Narratives of Nation and Migration among Europeans in Post-war Britain* (Aldershot, 2006), p. 8.

(49) 二〇〇一年国勢調査を参照。

(50) Johannes-Dieter Steinert and Inge Weber-Newth, *Labour and Love: Deutsche in Großbritannien nach dem Zweiten Weltkrieg* (Osnabrück, 2000), pp. 46, 62, 116.

(51) Ceri Peach, 'Empire, Economy, and Immigration: Britain 1850-2000', in Paul Slack and Ryk Ward, eds, *The Peopling of Britain: The Shaping of a Human Landscape* (Oxford, 2002), p. 269.

(52) 二〇〇一年国勢調査を参照。

(53) Arnold R. Watson, *West Indian Workers in Britain* (London, 1942); Margaret Byron, *Post-war Caribbean Migration to Britain: The Unfinished Cycle* (Aldershot, 1994), p. 77.

(54) Byron, 同書, p. 78; 2001 Census.

(55) Byron, 同書, pp. 79, 171.

(56) 同書, p. 80.

(57) Ng, *Chinese in London*, p. 2; James L Watson, 'The Chinese: Hong Kong Villages in the British Catering Trade', in Watson, ed., *Between Two Cultures: Migrants and Minorities in Britain* (Oxford, 1977), p. 182.

(58) Ceri Peach, 'South Asian Migration and Settlement in Great Britain, 1951-2001', *Contemporary South Asia*, vol. 15 (2006), pp. 134-6; Peach, 'Empire', p. 269.

(59) Peach, 'Empire', p. 269; 2001 Census; Dylan Nichols, *What Are You Doing Here? The Question of Australians in London* (Brighton, 2007); Alice Bloch, 'Zimbabweans in Britain: Transnational Activities and Capabilities', *Journal of Ethnic and Migration Studies*, vol. 34 (2008), pp. 287-305; David Conradson and Alan Latham, 'Friendship, Networks and Transnationality in a World City: Antipodean Transmigrants in London', *Journal of Ethnic and Migration Studies*, vol. 31 (2005), pp. 287-305; Kristine Krause, 'Transnational Therapy Networks Among Ghanaians in London', *Journal of Ethnic and Migration Studies*, vol. 34 (2008), pp. 235-7.

(60) Kushner and Knox, *Refugees*, pp. xv, 289-354, 375-95; Panayi, 'Refugees', pp. 107-8; Alice Bloch, *The Migration and Settlement of Refugees in Britain* (Basingstoke, 2002), p. 45; Kathy Spellman, *Religion and Nation: Iranian Local and Transnational Networks in Britain* (Oxford, 2004), p. 38.

(61) JoAnn McGregor, '"Joining the BBC (British Bottom Cleaners)": Zimbabwean Migrants and the UK Care Industry', *Journal of Ethnic and Migration Studies*, vol. 33 (2007), p. 805.

(62) Fred Halliday, *Arabs in Exile: Yemeni Migrants in Urban Britain* (London, 1992), pp. 4-5.

(63) Peach, 'Empire', p. 269; 2001 Census.

(64) E. G. Ravenstein, 'The Laws of Migration', *Journal of the Royal Statistical Society*, vols 48 and 52 (1885 and 1888).

(65) 例えば以下を参照。Ian R. G. Spencer, *British Immigration Policy: The Making of Multi-Racial Britain* (London, 1997); Kathleen Paul, *Whitewashing Britain: Race and Citizenship in the Post-war Era* (Ithaca, NY, 1997); Randall Hansen, *Citizenship and Immigration in Post-war Britain* (Oxford, 2000); James Hampshire, *Citizenship and Belonging: Immigration and the Politics of Demographic Governance in Post-war Britain* (Basingstoke, 2005).

(66) Bernard Gainer, *The Alien Invasion: The Origins of the Aliens Act of 1905* (London, 1972); Bernard Porter, *The Ref-*

ugee Question in Mid-Victorian Politics (Cambridge, 1979); Andreas Fahrmeier, *Citizens and Aliens: Foreigners and the Law in Britain and the German States, 1789-1870* (Oxford, 2000); Vaughan Bevan, *The Development of British Immigration Law* (London, 1986); London, *Whitehall and the Jews*.

(67) Mary Chamberlain, *Narratives of Exile and Return* (London, 1997); Katy Gardner, *Age, Narrative and Migration: The Life Course of Bengali Elders in London* (Oxford, 2002); Burrell, *Moving Lives*.

(68) Burrell, 同書, p. 25.

(69) Chamberlain, *Narratives*, p. 5.

(70) Enda Delaney, 'Transnationalism, Networks and Emigration from Post-war Ireland', *Immigrants and Minorities*, vol. 23 (2005), pp. 425-9.

(71) Kathleen Neils Conzen, *Immigrant Milwaukee, 1836-1860: Accommodation in a Frontier City* (London, 1976), pp. 34-42. Delaney, 同書, pp. 428-9 はトランスナショナル・アプローチの新しさを分析している。

(72) 状況証拠とは一九世紀半ばロンドンにおける婚姻登録や、慈善組織によって支援を受けた人々の記録であるが、それについてはPanayi, *German Immigrants*, p. 57 を参照。

(73) Klaus J. Bade, *Migration in European History* (Oxford, 2003).

(74) 例えば Dirk Hoerder, *Labor Migration in the Atlantic Economies: The European and North American Working Classes during the Period of Industrialization* (London, 1985) を参照。

(75) Stephen Castles and Mark J. Miller, *The Age of Migration: International Population Movements in the Modern World*, 3rd edn (Basingstoke, 2003).

(76) Michael R. Marrus, *The Unwanted: European Refugees in the Twentieth Century* (Oxford, 1985).

(77) 例えば以下を参照。Bade, *Migration in European History*; Dirk Hoerder and Leslie Page Moch, eds, *European Migrants: Global and Local Perspectives* (Boston, MA, 1996); Leslie Page Moch, *Moving Europeans: Migration in Western Europe Since 1650*, 2nd Edn (Bloomington and Indiana, 2003); Panikos Panayi, *Outsiders: A History of European Minorities* (London, 1999).

(78) 例えば以下を参照。Massimo Livi-Bacci, *A Concise History of World Population*, 2nd Edn (Oxford, 1977); Ray Hall, 'Stabilizing Population Growth: The European Experience', in Philip Sarre and John Blanden eds, *An Overcrowded World? Population, Resources and the Environment* (Oxford, 2000), pp. 109-60; http://www.un.org/esa/population/publications/sixbillion/sixbillion.html, UN Department of Economics and Social Affairs, Population Division, 'The World at Six Billion' [http://www.un.org/esa/population/publications/sixbillion/sixbilcover.pdf にページ移動。最終アクセス日：二〇一五年九月三日]

(79) 古典的著作 D. V. Glass, *Population Policies and Movements in Europe* (London, 1940) を参照。

(80) Brenda Collins, 'The Origins of Irish Immigration to Scotland in the Nineteenth and Twentieth Centuries', in T. M. Devine, ed., *Irish Immigrants and Scottish Cities in the Nineteenth and Twentieth Centuries* (Edinburgh, 1991), p. 2.

(81) John E. Knodel, *The Decline of Fertility in Germany, 1871-1939* (Princeton, 1974), p. 32.

(82) Luigi di Comite, 'Aspects of Italian Emigration, 1881-1915', in Ira D. Glazier and Luigi De Roza, eds, *Migration Across Time and Nations : Population Mobility in Historical Context* (London, 1986), p. 150.

(83) Salo W. Baron, *The Russian Jew Under Tsars and Soviets* (London, 1964), p. 76.

(84) Panayi, *German Immigrants*, pp. 38-9.

(85) Klaus J. Bade, ed., *Population, Labour and Migration in 19th and 20th Century Germany* (Leamington Spa, 1987) 所収の論文を参照。

(86) George and Millerson, 'Cypriot Community', p. 278 ; Floya Anthias, *Ethnicity, Class, Gender and Migration : Greek Cypriots in Britain* (Aldershot, 1992), pp. 6-7.

(87) Lorna Chessum, *From Immigrants to Ethnic Minority : Making Black Community in Britain* (Aldershot, 2000), pp. 26-30 に要約されているように、カリブ海諸島における人口増の役割について多くの文献が存在する。

(88) Bade, *Population, Labour and Migration* 所収の論文を参照。

(89) Clive Trebilcock, *The Industrialization of the Continental Powers, 1780-1914* (London, 1981).

(90) Stephen Castles, et al., *Here for Good : Western Europe's New Ethnic Minorities* (London, 1984) ; Timothy J. Hatton and Jeffrey G. Williamson, *The Age of Mass Migration : Causes and Economic Impact* (Oxford, 1998).

(91) Walter D. Kamphoefner, 'At the Crossroads of Economic Development : Background Factors Affecting Emigration from Nineteenth Century Germany', in Glazier and De Roza, *Migration Across Time*, pp. 174-201 ; Brenda Collins, 'Proto-Industrialization and Pre-Famine Emigration', *Social History*, vol. 7 (1982), pp. 127-46.

(92) Frank Neal, 'South Wales, the Coal Trade and the Irish Famine Refugee Crisis', in Paul O'Leary, ed., *Irish Migrants in Modern Wales* (Liverpool, 2004), pp. 9-33.

(93) Frank Neal, *Black '47 : Britain and the Irish Famine* (Basingstoke, 1998), pp. 123-56.

(94) この数値は Lynn Hollen Lees, *Exiles of Erin : Irish Immigrants in Victorian London* (Manchester, 1979), p. 39による。

(95) MacRaild, *Irish Migrants*, p. 32.

(96) Lees, *Exiles of Erin*, p. 39.

(97) Ruth-Ann Harris, *The Nearest Place that Wasn't Ireland : Early Nineteenth Century Irish Labour Migration* (Ames, IO, 1994), pp. 188-9.

(98) Panayi, *German Immigrants*, pp. 42-3.

(99) Simon Taylor, *A Land of Dreams : A Study of Jewish and Caribbean Migrant Communities in England* (London, 1993), pp. 87-90.

(100) 「西インド諸島における失業 ('Unemployment in the West Indies')」と題された文書が Panikos Panayi, *The Impact of Immigration : A Documentary History of the Effects and Experiences of Immigrants and Refugees in Britain Since 1945* (Manchester, 1999), pp. 38-40 に引用されている。

(101) Panikos Panayi, *Spicing Up Britain : The Multicultural History of British Food* (London, 2008), pp. 168-9.

(102) Angus Fraser, *The Gypsies* (Oxford, 1995).

(103) Walter Goffart, *Barbarian Tides : The Migration Age and the Later Roman Empire* (Philadelphia, PA, 2006).

(104) 例えばPhilip M. Taylor, *The Distant Magnet : European Migration to the USA* (London, 1971), pp. 131-66を参照。

(105) M. A. Jones, 'The Role of the United Kingdom in the Transatlantic Emigrant Trade, 1815-1875' (unpublished University of Oxford D. Phil thesis, 1955) ; Panayi, *German Immigrants*, pp. 61-5.

(106) Frank Neal, 'Liverpool, the Irish Steamship Companies and the Famine Irish', *Immigrants and Minorities*, vol. 5 (1986), p. 30.

(107) Neal, *Black '47*, p. 50.

(108) 同書, pp. 51-88.

(109) David Fitzpatrick, *Irish Emigration, 1801-1921* (Dublin, 1984), p. 23.

(110) Panayi, *German Immigrants*, pp. 44-5, 61-7 ; *Kirchberger, Aspekte deutsch-britischer Expansion*, pp. 29-55 ; Manz, *Migranten und Internierte*, pp. 27-30.

(111) Harold Pollins, *Hopeful Travellers : Jewish Migrants and Settlers in Nineteenth Century Britain* (London, 1991), p. 25.

(112) Bill Williams, *The Making of Manchester Jewry, 1740-1875* (Manchester, 1985), p. 176.

(113) Visram, *Asians in Britain*, pp. 14-33 ; Fisher, *Counterflows*, pp. 32-41, 65-71, 137-78.

(114) Gardner, *Age*, pp. 91-4 ; Carole Adams, ed., *Across Seven Seas and Thirteen Rivers : Life Stories of Pioneer Sylhetti Settlers in Britain* (London, 1987).

(115) 特に Mike and Trevor Phillips, *Windrush : The Irresistible Rise of Multi-Racial Britain* (London, 1998) を参照。

(116) Julius Isaac, *British Post-war Migration* (Cambridge, 1954), pp. 144-59 ; Adams, *Across Seven Seas*, pp. 15-66.

(117) Mimi Sheller and John Urry, 'The New Mobilities Paradigm', *Environment and Planning A*, vol. 38 (2006), pp. 207-26.

(118) Castles and Miller, *Age of Migration*, p. 29.

(119) Bloch, *Migration and Settlement of Refugees*, p. 46.

(120) 例えば Neal, 'South Wales' を参照。

(121) Marrus, *Unwanted*, p. 3.

(122) 難民という概念に関する議論は、例えば以下を参照。

Kushner and Knox, *Refugees*, pp. 11–16 ; Danièle Joly, *Haven or Hell? Asylum Policies and Refugees in Europe* (London, 1996), pp. 1–16 ; and Kay and Miles, *Refugees or Migrant Workers?*, pp. 1–10.

(123) Rosemary Ashton, *Little Germany : Exile and Asylum in Victorian England* (Oxford, 1986), pp. 25–55 ; Christine Lattek, *Revolutionary Refugees : German Socialism in Britain, 1840–1860* (London, 2006) ; Panayi, *German Immigrants*, pp. 78–83.

(124) Eric Hobsbawm, *Age of Extremes : A Short History of the Twentieth Century* (London, 1994), pp. 6–7.

(125) Cahalan, *Belgian Refugee Relief* ; E. Hatch, 'Belgian Refugees in the United Kingdom', *Quarterly Review*, vol. 446 (1916), pp. 188–214 ; John Horne and Alan Kramer, *German Attrocities, 1914 : A History of Denial* (London, 2001).

(126) この後一〇二ページを参照。

(127) Gerhard Hirschfeld, ed., *Exile in Great Britain : Refugees from Hitler's Germany* (Leamington Spa, 1984).

(128) Martin Conway and José Gotovich, eds, *Europe in Exile : European Exile Communities in Britain, 1940–45* (Oxford, 2001).

(129) Steinert and Weber–Newth, *Labour and Love*, pp. 32–46, 78 –115.

(130) Sponza, 'Italians in War and Post–war Britain', pp. 188–9.

(131) Krzysztof Marchlewicz, 'Continuities and Innovations : Polish Emigration after 1849', in Freitag, *Exiles*, pp. 103–20 ; Norman Davies, 'The Poles in Great Britain, 1914–1919', *Slavonic and East European Review*, vol. 50 (1972), pp. 63–4.

(132) John Slatter, ed., *From the Other Shore : Russian Political Emigrants in Britain, 1880–1917* (London, 1984).

(133) Panayi, 'Refugees', p. 100 ; Norman Stone and Michael Glenny, *The Other Russia* (London, 1990), p. xvi.

(134) 例えば以下を参照。Baron, *Russian Jew*, pp. 63–98 ; Schapiro, 'Russian Background' ; Raphael Mahler, 'The Economic Background of Jewish Emigration from Galicia to the United States', *YIVO Annual of Jewish Social Science*, vol. 7 (1952), pp. 255–67 ; Kushner and Knox, *Refugees*, pp. 19–22 ; Lloyd P. Gartner, *The Jewish Immigrant in England, 1870–1914*, 3rd edn (London, 2001), pp. 15–23.

(135) Margaret C. Wicks, *The Italian Exiles in London, 1816–1848* (New York, 1968) ; Porter, *Refugee Question*, p. 16 ; Freitag, *Exiles*.

(136) Colin Holmes, *John Bull's Island : Immigration and British Society, 1871–1971* (Basingstoke, 1988), p. 35.

(137) Dorothy Legarreta, *The Guernica Generation : Basque Refugee Children of the Spanish Civil War* (Reno, NV, 1984) ; Knox and Kushner, *Refugees*, pp. 103–25.

(138) Marrus, *Unwanted*, p. 297.

(139) Eugene Kulischer, *Europe on the Move : War and Population Changes, 1917–1947* (New York, 1948), p. 305.

(140) 例えば以下を参照。Jerzy Zubrzycki, *Polish Immigrants in Britain : A Study of Adjustment* (The Hague, 1956) ; Sword, Davies and Ciechnowski, *Formation of the Polish Community* ; Thomas Lane, *Victims of Stalin and Hitler : The Exodus of Poles and Balts to Britain* (Basingstoke, 2004) ; Kathy Burrell, 'War, Cold War and the New World Order : Political Borders and Polish Migration to Britain', 'History in Focus', Issue 11, http://www.history/ac.uk/ihr/Focus/Migration/articles/burrell.html.

(141) Lane, 同書 ; Kay and Miles, *Refugees or Migrant Workers?* ; J. A. Tannahill, *European Volunteer Workers in Britain* (Manchester, 1958) ; Elizabeth Stadulis, 'The Resettlement of Displaced Persons in United Kingdom', *Population Studies*, vol. 5 (1952), pp. 207-37.

(142) Kushner and Knox, *Refugees*, pp. 241-61 ; Panayi, 'Refugees', pp. 104-5.

(143) Yasmin Khan, *The Great Partition : The Making of India and Pakistan* (London, 2007) ; Peach, 'South Asian Migration'.

(144) Valerie Marrett, *Immigrants Settling in the City* (Leicester, 1989), pp. 13-29 ; William G. Kuepper, G. Lynne Lackey and E. Nelson Swinerton, *Ugandan Asians in Great Britain : Forced Migration and Social Absorption* (London, 1975).

(145) Peter Loizos, *The Heart Grown Bitter : A Chronicle of Cypriot War Refugees* (Cambridge, 1981) ; Anthias, *Ethnicity*, p. 6.

(146) Carol Dalglish, *Refugees from Vietnam* (London, 1989).

(147) Joly, *Haven or Hell?*, pp. 86-9 ; Kushner and Knox, *Refugees*, pp. 289-92.

(148) Panayi, 'Refugees', pp. 107-8.

(149) Francis Fukuyama, *The End of History and the Last Man* (London, 1992).

(150) UNHCR, *The State of the World's Refugees : In Search of Solutions* (Oxford, 1995), pp. 19-20.

(151) Bloch, *Migration and Settlement of Refugees*, pp. 8-12 ; Tony Kushner, *Remembering Refugees : Then and Now* (Manchester, 2006).

(152) この後第五章を参照。

(153) Peter Mathias, *The First Industrial Nation : The Economic Transformation of Britain, 1700-1914* (London, 2001).

(154) Rosemary Sales, 'Secure Borders, Safe Haven : A Contradiction in Terms?', *Ethnic and Racial Studies*, vol. 28 (2005).

(155) Stephen Castles and Godula Kosack, *Immigrant Workers and Class Structure in Western Europe* (London, 1973), pp. 27-8.

(156) Muhammad Anwar, *The Myth of Return : Pakistanis in Britain* (London, 1979), p. 25.

(157) Heinrich Dorgeel, *Die Deutsche Colonie in London* (London, 1881), pp. 17-21.

(158) 第三章を参照。

(159) J. A. Jackson, *The Irish in Britain* (London, 1963), p. 82.

(160) Robert Miles, *Racism and Migrant Labour* (London, 1982), p. 123.

(161) Jeffrey Williamson, 'The Impact of the Irish on British Labour Markets during the Industrial Revolution', In Roger Swift and Sheridan Gilley, eds, *The Irish in Britain, 1815–1939* (London, 1989), p. 160.

(162) B. M. Kerr, 'Irish Seasonal Migration', pp. 365–80 ; Morgan, *Harvesters and Harvesting*, pp. 76–87.

(163) 例えば Trevor Wilson, *The Myriad Faces of War : Britain and the Great War, 1914–1918* (Cambridge, 1986), pp. 215–31, 519–30 を参照。

(164) Cahalan, *Belgian Refugee Relief*, p. 249.

(165) Kenneth Little, *Negroes in Britain : A Study of Racial Relations in English Society*, 2nd Edn (London, 1972).

(166) 'The Transfer of Irish Workers to Great Britain', *International Labour Review*, vol. 48 (1943), pp. 338–42 ; Delaney, *Demography*, pp. 112–59.

(167) Watson, *West Indian Workers*.

(168) Kay and Miles, *Refugees or Migrant Workers?* ; Stadulis, 'Resettlement of Displaced Persons' ; Tannahill, *European Volunteer Workers*.

(169) この後を参照。

(170) Sales, 'Secure Borders'.

(171) 例えば Ulrich Herbert, *A History of Foreign Labour in Germany, 1880–1980 : Seasonal Workers/Forced Laborers/Guest Workers* (Ann Arbor, MI, 1990), pp. 193–235 を参照。

(172) Isaac, *British Post-war Migration*, pp. 194–5.

(173) Sponza, 'Italians in War and Post-war Britain', p. 196.

(174) Xavier Lannes, 'International Mobility of Manpower in Western Europe', *International Labour Review*, vol. 73 (1956), p. 14.

(175) Panayi, *Impact*, pp. 38–9.

(176) Chessum, *Immigrants to Ethnic Minority*, p. 32 ; Panayi, 同書、pp. 41–2 ; Peach, 'Empire', p. 268.

(177) Peach, 同書 ; Taylor, *A Land of Dreams*, p. 100.

(178) Burrell, *Polish Migration to the UK* 所収の論考を参照。

(179) 例えば以下を参照。Castles and Miller, *Age of Migration*, pp. 21–9 ; Robin Cohen, *Migration and Its Enemies : Global Capital, Migrant Labour and the Nation State* (Aldershot, 2006) ; Timothy J. Hatton and Jeffrey G. Williamson, eds, *Migration and the International Labor Market* (London, 1994).

(180) Porter, *Refugee Question*, p. 3.

(181) T. W. E. Roche, *The Key in the Lock : Immigration Control in England from 1066 to the Present Day* (London, 1969) ; Thomas W. Perry, *Public Opinion, Propaganda and Politics in Eighteenth Century England : A Study of the Jew Bill of 1753* (Cambridge, MA, 1962) ; Vaughan Bevan, *The Development of British Immigration Law*

(London, 1986), pp. 50-8.

(182) 以下を参照。W. L. Burn, *The Age of Equipoise : A Study of the Mid-Victorian Generation* (London, 1964) ; Geoffrey Best, *Mid-Victorian Britain, 1851-1875* (London, 1971) ; Martin Hewitt, ed., *An Age of Equipoise? Reassessing Mid-Victorian Britain* (Aldershot, 2000).

(183) G. R. Searle, *A New England? Peace and War, 1886-1918* (Oxford, 2004).

(184) Fahrmeier, *Citizens and Aliens.*

(185) 同書、pp. 102-3 ; Bevan, *Development of British Immigration Law*, pp. 58-64.

(186) Porter, *Refugee Question*, pp. 3, 86.

(187) Neal, *Black '47*, pp. 123-76.

(188) Bernard Gainer, *The Alien Invasion : The Origins of the Aliens Act of 1905* (London, 1972).

(189) Jill Pellew, 'The Home Office and the Aliens Act, 1905', *Historical Journal*, vol. 32 (1989), pp. 369-85.

(190) Bevan, *Development of British Immigration Law*, pp. 70-1.

(191) Panayi, *Enemy*, pp. 47-8 ; J. C. Bird, *Control of Enemy Alien Civilians in Great Britain, 1914-1918* (London, 1986), pp. 14-16 ; Kushner and Knox, *Refugees*, pp. 44-54, 64-76 ; Colin Holmes, *A Tolerant Country? Immigrants, Refugees and Minorities in Britain* (London, 1991), pp. 26-7.

(192) London, *Whitehall and the Jews* ; Kushner, *Remembering Refugees*, pp. 141-80 ; A. J. Sherman, *Britain and Refugees from the Third Reich* (London, 1973).

(193) 一九四八年から八一年の移民法制の歴史は以下の文献を参照。Hansen, *Citizenship and Immigration* ; Paul, *Whitewashing Britain* ; Spencer, *British Immigration Policy* ; Hampshire, *Citizenship and Belonging*, pp. 16-48 ; David Steel, *No Entry : The Background and Implications of the Commonwealth Immigrants Act, 1968* (London, 1969) ; and John Solomos, *Race and Racism in Britain* (Basingstoke, 1993), pp. 61-77.

(194) Geoffrey K. Fry, *The Growth of Government : The Development of Ideas about the Role of the State and the Machinery and Functions of Government in Britain Since 1780* (London, 1979) ; Peter Hennesy, *Whitehall* (London, 1990).

(195) Bloch, *Migration and Settlement of Refugees* ; Kushner, *Remembering Refugees* ; Vaughan Robinson, Roger Anderson and Sako Musterd, *Spreading the 'Burden'? A Review of Policies to Disperse Asylum Seekers and Refugees* (Bristol, 2003) ; Sales, 'Secure Borders', p. 445 ; Michael Dummett, *On Immigrants and Refugees* (London, 2001).

(196) Sales, 同書を参照。

(197) Panayi, *Outsiders*, pp. 129-46 ; Paul, *Whitewashing Britain.*

(198) Burrell, *Polish Migration to the UK.*

(199) Robin Cohen, *Frontiers of Identity : The British and the*

Others (Harlow, 1994), pp. 125-7.

(200) *The Independent*, 14 August 2003.

(201) Stephen Castles, 'Why Migration Policies Fail', *Ethnic and Racial Studies*, vol. 27 (2004), pp. 205-27.

(202) Castles and Miller, *Age of Migration*, pp. 26-7.

(203) 例えば以下を参照。P. Karsten, 'Irish Soldiers in the British Army, 1792-1922 : Suborned or Subordinate', *Journal of Social History*, vol. 17 (1983), pp. 33-64 ; C. L. Joseph, 'The British West Indies Regiment, 1914-1918', *Journal of Caribbean History*, vol. 2 (1971), pp. 94-124 ; Reynolds, *Rich Relations* ; Graham A. Smith, *When Jim Crow Met John Bull : Black American Soldiers in World War II Britain* (London, 1987).

(204) Ashton, *Little Germany* ; Gottfried Niedhardt, ed., *Großbritannien als Gast- und Exilland für Deutsche im 19. und 20. Jahrhundert* (Bochum, 1985) ; Lattek, *Revolutionary Refugees*.

(205) Panayl, *German Immigrants*, pp. 56-60, 122-6, 130-1, 133-4 ; Kirchberger, *Aspekte deutsch-britischer Expansion* ; Manz, *Migranten und Internierte*.

(206) Lucio Sponza, *Italian Immigrants in Nineteenth Century Britain* (Leicester, 1988), pp. 36-51, 75.

(207) 同書、pp. 62-75, 141-61 ; John E. Zucchi, *The Little Slaves of the Harp : Italian Child Street Musicians in Nineteenth-Century Paris, London and New York* (London, 1992), pp. 76-110.

(208) Colin Hughes, *Lime, Lemon and Sarsaparilla : The Italian Community in Wales, 1881-1945* (Bridgend, 1991), p. 47.

(209) Andrew Wilkin, 'Origins and Destinations of the Early Italo-Scots', *Association of Teachers of Italian Journal*, no. 29 (1979), pp. 52-61.

(210) Anne J. Kershen, *Strangers, Aliens and Asians : Huguenots, Jews and Bangladeshis in Spitalfields, 1660-2000* (London, 2005).

(211) *Select Committee on Emigration and Immigration (Foreigners)* (London, 1888), p. 69.

(212) Szeming Sze, 'Chinese Students in Great Britain', *Asiatic Review*, vol. 27 (1931), pp. 311-20 ; May, 'Chinese in Britain'.

(213) J. A. G. Roberts, *China to Chinatown : Chinese Food in the West* (London, 2002), pp. 172-6 ; Susan Chui Chie Baxter, 'A Political Economy of the Ethnic Chinese Catering Industry' (University Aston Ph.D Thesis, 1988), pp. 107-12 ; *The Times*, 2 October 1961 ; Ng, *Chinese in London*, pp. 36-8.

(214) Watson, 'The Chinese', pp. 184-91.

(215) Chamberlain, *Narratives*.

(216) Stuart B. Philpott, *West Indian Migration : The Montserrat Case* (London, 1973).

(217) Byron, *Post-war Caribbean Migration*, pp. 69-72.

(218) Colin Clarke, Ceri Peach and Steven Vertovec, eds,

South Asians Overseas : Migration and Ethnicity (Cambridge, 1990) ; Hugh Tinker, *The Banyan Tree : Overseas Emigration from India, Pakistan and Bangladesh* (Oxford, 1977).

(219) Peach, 'South Asian Migration', p. 136.

(220) Gurharpal Singh and Darshan Singh Tatla, *Sikhs in Britain : The Making of a Community* (London, 2006), pp. 31-8.

(221) Fisher, Lahiri and Thandi, *South Asian History of Britain*, p. 164.

(222) Anwar, *Myth of Return*, pp. 27-46 ; Pnina Werbner, *The Migration Process : Capital, Gifts and Offerings among British Pakistanis* (Oxford, 1990) ; Badr Dahya, 'Pakistanis in Britain : Transients or Settlers?', *Race*, vol. 14 (1973), pp. 243-8.

(223) Kershen, *Strangers, Aliens and Asians*, pp. 43-8 ; Gardner, *Age*.

(224) Ravenstein, 'Laws of Migration'.

(225) Bade, *Population, Labour and Migration* 所収の論文を参照。

第三章　統合への三つの道？——地理、人口動態、経済

統合のパターン？

レオ・ルカッセンは、一九世紀および二〇世紀ヨーロッパへの長期的な視点を取りつつ、時代を通じての移民集団の地位の変化を説明しようとして、統合という問題《イシュー》に最近、立ち戻った。その著書において彼は、戦後の移民たちはおそらく社会経済的梯子を上って行くであろうし、「これまで遠い、また近い過去において多くの移民たちがそうしてきたように、西欧社会に溶け込み、そこに新しい風味や色を加える存在になる」であろうと結論した。(1) ルカッセンの著作はイギリスから二つの事例研究、一九世紀のアイルランド系と戦後の西インド諸島系を取り上げている。彼が用いた統合の尺度は地理的集中における変化、通婚率、雇用に関連する社会階層移動である。ルカッセンはアイルランド人に関して、詰まるところ彼らは不可視な存在になったのだから統合は起きたに違いないと結論しながらも、資料の不足から確固たる結論に至ることは困難であるとした。(2) このことはM・A・G・オトゥーイが今や彼の古典的とも言える論文において一九世紀のアイルランド人について述べたことを裏付けている。つまり、その論文によればこの集団の経験を「静止画」として見ることは「誤りである」。なぜならば「一九世紀の後半、そして緩やかに加速したペースで一八八〇年代以降、職および生活状況において明らかな改善

が見られた」からである。[3] カリブ海からイギリスへの移民については、ルカッセンは「かなりの数が……失業、劣悪な住宅、人種主義などに直面した」が、その多くの子孫が「社会階層上昇、まともな住宅状況、高い通婚率」という点で「うまくやって」きたと結論づけた。[4]

ルカッセンやオトゥーイのような学者によって採用された長期的なアプローチは、彼らが歴史家として、定住パターン、人口動態構造、移民の生活での経済的・社会的地位において、時代を通じて変化が起きたことを証明することを可能にした。このことは多くの戦後の社会科学者たち、特に西インド諸島系とその子孫の地位を検証した学者たちのアプローチと対照的である。例えば、その古典的とも言える著作『有色人《カラード》地区』におけるマイケル・バントン[5]に始まり、ルース・グラス、[6]シーラ・パターソン[7]のような研究者の研究、その他同様に評価されている著作、ジョン・レックス[8]やジョン・ソロモス[9]といった研究者の一九六〇年代から一九八〇年代の第二世代の地位を検証した研究に至るまで、イギリスのアフロ・カリブ系は未だ剝奪されたゲットーに囚われた存在であるように思われる。本質的には、これらの学者たちは、一九五〇年から一九八〇年代の特定の時期に焦点を当てた結果、ほぼ不可避的に暗鬱たる結論に達したのである。同様に、一九世紀のアイルランド人研究の多くはこの集団の貧困や剝奪の経験に焦点を当てたが、長期的な視野を取ることはなかった。[10] 一九世紀アイルランド人の歴史記述はスウィフトとギリーの三巻本によって支配され、また第一世代に焦点を当てることで、[11] その子孫の運命に関してはほぼ無関心である。[12]

ユダヤ人の歴史記述はそれとは対照的に、二〇世紀初頭で消えてしまったりはしなかった。多くの研究が確かに、一九世紀の終わりに到来し、そしてアイルランド人や西インド諸島人同様の都市中心部《インナーシティ》［都市中心に位置する社会経済的剝奪を受けたいわゆる貧困地域］における剝奪経験を持つ東ヨーロッパからの移民に集中していた。[13] しかし数多くの他の学者はより長期的な視野に立ち、結果、数世紀に渡ってコミュニティで起きた社会的・経済的変化をたどることが可能になった。一七世紀半ばに再入国以来、イギリスにやってくるユダヤ人の波はその後のゲットーからの脱出が一つの特徴だったのである。

　在英ユダヤ人の歴史研究者たちはまた、研究対象である集団の複雑さをもよく理解していた。その複雑さはその集団を形作った様々な移民の波に起因し、つまり一七世紀、一八世紀においては圧倒的にイベリア半島系およびオランダ系であったユダヤ人が、ヴィクトリア朝およびエドワード朝において次第に東ヨーロッパ系に移行し、ナチスからの難民へと行き着いたのだ。在英ユダヤ人の長期の研究が証明するものはそのコミュニティの発展に関わる二つの主要な特徴である。まず、そのコミュニティは様々な地理的地域からの移住、およびかなり異なる宗教的実践の結果として発展したものであるということだ。同様に重要であるのは、リップマン、オルダマン、ルービンスタイン、エンデルマンのような学者の研究が示すのはイギリスに移住した移民が様々な社会経済的背景、職業経験、定住パターンを持ったということである。ヴィクトリア朝後期のロシアのユダヤ人居住区《ペイル》からの移民は、衣料苦汗工場［スウェット・ショップ（sweat shop)。低賃金・長時間労働の工場］で働いたが、その後の世代はロンドンの郊外に移住し、より高い社会階級への移動を果たし、一つの典型的パターンを示している。しかし、一九三〇年代にナチスから逃れてやってきたユダヤ人は圧倒的に中流階級であり、また別のパターンを示す。多くの歴史家がイギリスにおけるユダヤ人の経験の複雑さをアイデンティティ、および社会経済的活動や階層移動の双方において証明している。(14)

　一九世紀ドイツ人コミュニティの歴史記述もまた複雑な様相を示し、完全な統合には決して至らなかったという事実を指摘した。この特定のマイノリティ集団は、イギリスに過去二世紀に渡って暮らしてきた他のコミュニティに比べると、かなり独特な運命に翻弄され、それは中世のユダヤ人の運命に匹敵する。実際、一九世紀イギリスのドイツ系の歴史は、第一次世界大戦中に人種主義により実質的に彼らが姿を消したという意味で、ドイツのユダヤ人の歴史と重なる部分がある。当時起きていた統合は一九一四年の国外追放をもって止まった(15)。しかしながら、ヴィクトリア朝およびエドワード朝〔のドイツ人コミュニティ〕に焦点を当てると複雑なコミュニティの様相が明らかになり、それはその起源《オリジン》によって形作られている。このマイノリティ集団の歴史記述はこの集団が決して一つのコミュニティを形成しなかったことを証明する。その代わりに、ドイツ系はしばしば特定の職業において働くためにやってきた個別の集団としてイギリスに移住してきた。このことは、ドイツ系が経済・社会的範囲《スペクトラム》の全ての部分に、つまり物乞いから投資銀行家まで、幅広く存在する結果となった。結果として、ドイツ系のロンドンにおける居住パターンは貧しいイーストエンド地区から、中間的なイズリントン、裕福なシデナムまで多様であった(16)。一九世紀イギリスのドイツ系コミュニティは過去二世紀以上に渡るイギリスの移民コミュニティの歴史において社会的・経済的出自の重要性を強調している。例えば、銀行家として入国した人々は彼らが入って来た際の社会的集団に留まり続ける傾向があり、お金がなくイーストエンドに居住することになった者は、現地の女性との結婚の結果、多少の統合は起きたかもしれないが、精糖業で働き続け、あまり社会階層移動を経験しない傾向がある。

第二次世界大戦後のイギリスにおける「アジア系」の歴史も経験の多様さを強調する。アジア系のエスニシティという概念は一九八〇年代までに発達したが(17)、イギリスのアジア系は様々な出身・出自であり、そのことが彼らの社会的・経済的生活を決定する上で大きな役割を果たした。比較的（アフロ・カリブ系との比較においては確実に）集団外婚が行われないことは、ミールプール出身者、シレット出身者、グジャラート出身者、パンジャーブ出身者は（それぞれの集団内で結婚する傾向が強かったとはいえ）アジア人として彼らを結びつけたかもしれないが、彼らを結びつけるそれ以外の要素は少なかった。これら個々独自のコミュニティは全国津々浦々の都市部に隣り合わせに居住した。集団として、また個人としても他の社会全体に比べると高い失業率に苦しむ傾向があり、しかし同時に（大半の戦後移民集団と同様に）自営業の率も高かった。しかし同時にミールプール出身者やシレット出身者と、グジャラートの上位カーストの出身者との間には学歴や社会的地位において明らかな差が存在した。[18]

移民は全体として、明らかにその［居住地域の］地理、人口動態、経済などの点で特定のパターンに従うということはない。おそらく、移民が入国した後に彼らの生活を決定する最も重要な要因はイギリスにやってくる前の社会的地位にある。例えば、イングランド北部の工場での労働のために移住したパキスタン人は低い階級に留まる可能性が高く、彼らの子孫も同様である。ジョン・レックスが証明した通り、ゲットーに生まれることは全てのエスニック集団にとってその将来のライフチャンスを大きく決定する。[19] 対照的に投資銀行家としてイギリスに入国したドイツ人はそれとはかなり異なるライフチャンス、雇用経験、そして居住パターンを経験したであろう。社会階層移動は確かに起きる。ただし、それは一九世紀後半のロシア系ユダヤ人の古典的な事例が示す通り、何世代にも渡って起きるものなのである。

以下の議論はイギリスにおける移民の居住形態、人口動態、経済活動を説明する一つのパラダイムは存在しないということを示す。最も魅力的なパラダイムの一つはルカッセンの慎重な統合アプローチであり、これは時間を経て、中流階級的職業に行き着いた移民たちや（より可能性としては高く）その子孫たちに適用された場合、大いに役立つであろう。しかしながら、ルカッセンによって取り上げられたアイルランド系やアフロ・カリブ系は一八〇〇年以降イギリスにやってきた数多くの移民の中のたった二例であるにすぎない。マリオン・ベルクハンのナチスを逃れた中流階級ユダヤ人の研究はかなり異なる構図を示している。[20]

全国規模の地理的分布

よって、イギリスにおける移民の居住パターンは全てゲットーからの浮上という古典的なパターンに一致するわけではない。なぜなら、全ての移民が最初にそこに住み着くわけではないからである。地理的な集中、隔離、郊外への移動のような問題を扱う前に、まず私たちはイギリスにおける全国規模での移民の分布というより広い視野を取ることが可能である。より広い視野が証明するのは戦後における移民はそれまで外国人の移住をほぼ経験していなかった地域、特にイングランド中部地方、ロンドンのイーストエンドとウェストエンド以外の地域に、分散が進むようになったということである。新来者とその子孫は一九四五年以降ロンドンの多くの地域を形成してきた。

とはいえ、例えば、一九四五年以前にはイーストエンドが移民を惹き付ける唯一の磁石であったというのは現実を単純化する。確かに、イーストエンドはこの地域が惹き付けた移民の多様さという点において独特であった。アン・カーシェンのスピタルフィールズにおける研究は一七世紀の終わりから現在までにおよび、ユグノー、東ヨーロッパのユダヤ人、シレット人と多様な経験に焦点を当てる。[21]しかし、一八五一年にはホワイトチャペルの人口の一〇%以上を占めたアイルランド人など、その他の顕著な集団もイーストエンドには存在した。[22]同様に、ドイツ人も一八世紀の終わりから第一次世界大戦中の追放までイーストエンドに集中したし、[23]他方、中国人もライムハウスにかなりの数居住していた。[24]一九四五年以降イーストエンドに定住した集団の中にはシレット人に加え、マルタ人やソマリ人がいる[25]。

しかしながら、一九四五年より前のイギリスにおけるユダヤ人やアイルランド人の歴史記述が示す通り、これらの二つの集団は国中に居住していた。まず前者であるが、セシル・ロスはその古典的な研究『地方ユダヤ人の勃興』で再入国を許されたユダヤ人たちが当初はロンドンに集中したが、一九世紀の初めまでにブリテン諸島の四四の場所に分散した様を示す[26]。しかしながら、より詳細に検証すると、これらの場所のいくつかには文字通りほんの数人しか存在しなかった。ロスはコヴェントリーの例をあげ、そこにユダヤ人が存在したことを確信させようとするが、実際に説得力のある数字は提供していない[27]。実際、彼は自らが記述したコミュニティのうちいくつかは消滅したのだと指摘している[28]。

一九世紀後半の東ヨーロッパからの流入は確実にイギリスのユダヤ系人口を増やした。ただし、ここでも、彼らは特定の地域に集中した。最も重要な地域としてはロンドンのイーストエンドのホワイトチャペルとステップニーであるが、その他かなりの規模のコミュニティがグラスゴーのゴーバルズ地区、リーズのレイランズ地区、マンチェスターのチータム・ヒルなどに存在した。同様にリヴァプール、ハル、ニューカッスルなど大西洋横断の出移民輸送に関わる港にはコミュニティが形成され、他にも、バーミンガムには「第二の都市部ユダヤ人区」が形成された。また、南ウェールズのユダヤ人コミュニティも拡大した。戦間期にはユダヤ人は社会階層移動が生じるにつれて、元々の定住地から移住し始めた。例えば、イーストエンドのユダヤ人は様々な地域、一般的にはロンドン東部および北部の郊外、例えば、ハックニー、ストーク・ニューイントン、パーマーズ・グリーン、チングフォード、ゴールダーズ・グリーン、ヘンドン、フィンチェリーなどの地区に（首都の他の地域へも移動はあったものの）移っていった。同時に、移住はボーンマスやブラックプールなどの海岸部のリゾート地へも生じた。[29] 一九世紀後半に生じた東ヨーロッパからの流入、それに続く人口増や分散にもかかわらず、イギリス人の大半はこれまで、この［ユダヤ人という］次第に分散されたが、それでもまだ集住するマイノリティ、第二次世界大戦の開戦時には約三七万人を数えていた人々と、限られた交流しか持ってこなかったというのが実情であろう。[30]

対照的に、一九世紀と二〇世紀を一緒に扱うと、アイルランド人はユダヤ人よりもより遍在する存在であった。それは、彼らがより多く存在したことにもより、その数はアイルランドで生まれた者だけで、第二世代を含まない数字でも、一八六一年には八〇万人以上、一九三一年にも五〇万人以上を数えた。[31] 同時に、同胞と共に働く雇用に従事しがちであった東ヨーロッパのユダヤ人とは対照的に、アイルランド人は、残りのイギリス人と同じように産業革命を労働力として支え、イギリスの労働市場により居心地よく吸収されていったのだ。[32] 確かに、アイルランド人もまた特定の地域、特にロンドン、グラスゴー、バーミンガム、マンチェスター、リヴァプール、リーズ、エジンバラ、カーディフ、ニューカッスルなどの大都市に集中した。しかしより小さな場所にもかなりの数存在し、[33] これは、そのような場所には数えるほどしかいなかったユダヤ人とはかなり異なる規模であった。例えば、ニューポートの町では、一八五一年に、一万九三二三人のうち二〇六九人と、人口の一〇・七％をアイルランド人が占めていた。[34] 彼らは確かに移住の初期段階には集中していたが、その後最終的には分散された。しかしながら、一九四五年以前の他の移民集団とは対照的に、アイルランド人は一時雇いの収穫人として田園地帯にも出現した。一八六〇年代にはノーサンバランド、ヨークシャー、チェシャー、シュロプシャー、ウスタシャー、ウォリックシャー、グロスタシャー、ウィルトシャー、イーストアングリア、エセックス、リンカンシャーなど、彼らは「特定の州で未だ活発に就労していた」とされる。[35] 同時に、アイルランド人の〔鉄道などの〕建設人夫も田園地帯で働いた。[36] 故に、アイルランド人移民は一九四五年以前に、季節労働者として、または長期居住者として（ただし長期居住者は少なくとも短期的にはかなり集中して居住したが）、国の多くの部分に暮らしていた。

第二次世界大戦前にイギリスに移動した他の主要な集団はロンドンに集中した。このことは特にヴィクトリア朝後期およびエドワード朝のドイツ人移民に当てはまり、そのうち五〇％は常に首都に居住し、もっとより小規模な集住がイングランド北部の主要都市、例えばリヴァプール、マンチェスター、ハル、ブラッドフォードなどに生じた。[37] イタリア人のコミュニティは一九世紀から二〇世紀の初期にかけて同様の首都への集住を見せたが（五〇〇〇人から一万人が居住）、より小規模にはエジンバラ、グラスゴー、リヴァプール、マンチェスター、南ウェールズに集中した。[38] ヨーロッパ系のより小規模な集団の大半は首都ロンドンに集中する傾向があった。[39] しばしば一時的にしか滞在しない水夫から成る黒人《ブラック》、アジア系、中国系のコミュニティはカーディフ、リヴァプール、テムズ川に隣接するロンドン東部などによく集中していた。[40]

移民たちは確かに一九四五年より以前にも、国中に定住していた。大半の集団がロンドンの特定の地域に多く居住したのに対して、アイルランド人はイギリス中に居住していた。特定の集団が民族ごとに集住する状況は第二次世界大戦後も続いたが、二つの重要な変化が生じた。まず、ロンドンでは、移民とその子孫はかつてその集団が集中したイーストエンドおよびウェストエンドの中心地域《ハートランド》を離れて内ロンドンおよび外ロンドンの多くの郊外に拡大するようになった。第二に、新来者、特にヨーロッパより遠い地域からの人々が、かつては移民受け入れの経験の少なかった地域、特にイングランド中部や北部の一部にも居住するようになったことである。

一九四五年以前にロンドン中心部から転出する移民もいたものの（特に、戦間期の裕福な一九世紀のドイツ人と社会階層移動可能だったユダヤ人の場合がそうであったが）、首都の多くの部分は、一九四五年以前は殆ど移民の経験はなかった。首都の郊外に移民の定住が増加したことの説明の一つは、郊外における人口そのものが、特に公共住宅が増えるにつれて増加していたという事実にもある。[41] 確かに、イーストエンドには様々な集団が、大きくはその安い住宅費のために、定住し続けた。[42]

一九五〇年代以降、西インド諸島人がブリクストンとノッティングヒルという二つの地域に集中し始めるなど、英連邦《コモンウェルス》からの移民が第二次世界大戦前には外国人の居住が比較的少なかった首都の新しい地域に居住し始めた。[43] しかしながら、一九六〇年にルース・グラスが指摘したように、これら二つの地域はこのコミュニティのメンバーが首都の他の地域（未だほぼロンドンの西部と南部の内であったが）にも居住するようになっても西インド諸島系コミュニティの中心地域《ハートランド》であり続けた。[44] 一九六〇年代以降、ロンドン北部および東部、特にブレント、ハックニー、およびハリンゲイ、中でも特にトッテナムへの移動が起きた。[45]

他方、南アジア系のコミュニティのイギリスにおける発展はそれより少し遅く、一九六〇年代にインド、パキスタン、バングラデシュ、東アフリカからの移民が多く到来した時に始まった。個々の集団がロンドンの個々の地域に集中するという特定のパターンがここで形成された。シク教徒はサウソールの中心地域《ハートランド》に集中し、グジャラート系はさらに少し北に行きウェンブリーに定住し、またトゥーティングにも集中した。これらの地域は全て二〇世紀に拡大し、第二次世界大戦後に移民の流入の結果発展したロンドンの代表的郊外地域である。他方、シレット系の定住はタワー・ハムレッツの長く移民が居住した地域に集中し、他方パキスタン系コミュニティはほぼ首都以外の地域で発展することとなった(46)。

戦後のロンドンにおけるアイルランド系の居住は一九世紀半ばのホワイトチャペル、セント・ジャイルズ、サザークへの集中とは異なっていた(47)。新しいコミュニティは北部および北西部ロンドン、特にブレント、カムデン、イズリントン、イーリングに居住する傾向があった。もしアイルランド人にロンドンにおける中心地域《ハートランド》があったとしたら、キルバーンであろう(48)。他の「白人《ホワイト》」の集団のうち、ユダヤ人の定住は、彼らが社会階層の上部に上り詰めるに従って、さらに郊外へと移って行った(49)。戦後のギリシア系キプロス人は圧倒的に北ロンドン、最初は内ロンドンのカムデン・タウンに集中したが、だんだんと北部の郊外、当初はハリンゲイ、それからさらに外のエンフィールドへと移動した。しかし、他の戦後移民集団の大半と同様に、ギリシア系キプロス人は集中したものの、最も貧しい地域の一つであるハックニーから、最も豊かな地域の一つであるバーネットまで、殆どのロンドンの区に居住した(50)。

二一世紀の初めまでにロンドンは真にグローバルな都市になった。まず、ロンドンは、上記の主要な集団だけではなく、まさに世界中からの人々を居住させている。同時に、特定のコミュニティは特定の地域に集中しているものの、首都ロンドンの全ての地域、特にニューアム、ブレント、イズリントン、ハリンゲイ、トッテナム、イーリングが今やかなりの数の移民とその子孫を抱えるようになっている。戦後のロンドンは国際移民を基盤に築かれ、大きくはその結果として拡大したのである(51)。

このことは同様にマンチェスターおよびバーミンガムの地方都市にも当てはまる。同時に、ウォルヴァハンプトン、ブラッドフォード、ブラックバーン、レスターなどの都市もまた、大きくは移民定住の結果、発展を遂げた。一九世紀のアイルランド系移民の数と分散の度合いを考えれば、一九四五年より後に移民によって新たに影響を受けた場所を指摘することは難しいように思われる。しかし実際には戦後移民による新たな影響を受けた都市はあり、これは、移民の数がさらに増えたこと、新来者の異質さの程度、起業的活動、そして新来者の中に未だ統合されていない者がいるという事実に起因する[52]。

レスターのような町にとって変化は否定し難い。第二次世界大戦前と戦後直後にアイルランドからの移民は生じたが、ヴィクトリア朝の定住は小規模であった[53]。実際、様々な場所からレスターへの移民は戦後初期に生じたが、一九七〇年代以降になって初めてアジア系の移住が本格化し、結果、現在では人口の三五―四〇%をエスニック・マイノリティが占め、それはヴィクトリア朝に定住した数千人のアイルランド人とは全く異なっている[54]。

同様の状況はいくつかの北部の都市にも存在した。例えば、ブラッドフォードでは、そのほとんどがミールプール出身者であるムスリムが二〇〇二年に人口の一七%を占めている[55]。同様に、ヴォーン・ロビンソンが実証した通り、一九八〇年代から、南アジア系の定住もまたランカシャーの方に移動して行った。彼はイングランド西中部、特にシク教徒の顕著な集中があるウォルヴァハンプトン、またパキスタン系を含む様々な集団が存在するバーミンガムを検証している[56]。

しかしここで一九世紀に立ち戻ると、これらの都市のいくつかにはアイルランド人による今よりもさらに高い集中が見られたことがわかる。例えば、一八五一年にブラッドフォードには九五八一人のアイルランド生まれがおり、これは人口の二六%にあたる。一九〇一年までにはブラッドフォードの人口は二七万九七六七人にまで成長し、アイルランド生まれの数は減少したが[57]、このような数値は第二世代およびその後の世代におけるアイルランド系としてのアイデンティティの存在を示してくれない（一九九一年以降の国勢調査では記録されている）。同様に、ロジャー・スウィフトが証明した通り、アイルランド系は一八七一年のウォルヴァハンプトンで人口の一七%を占めた[58]。他方、バーミンガムは一八五二年に、最大で八八七三人のアイルランド人（人口の四・九％にあたる）を記録し、これと対比されるのは一九九一年時点でこの都市の非白人《ブラック》／エスニック・マイノリティに属すると答えている人が二〇万六八〇〇人（人口の二二・五％）で、この当時の同都市に居住するアイルランド生まれの数三万八〇〇〇人はここに含まれていない(59)。

この議論の結論として、私たちは一九四五年の前と後の移民コミュニティの分散度をいくつかの観察点において比較することができる。まず、一九四五年以降イギリスに移住してきた移民がそれ以前よりも数が多かったという事実を考えると、集合的に見て一九四五年以前のアイルランド人、ユダヤ人のどちらよりも、より広範囲に広がったことは不可避であった。しかしこれは包括的な観察である。戦後移民、特に南アジア系は、比較的これまで移民の影響を受けてこなかった都市や地域に定住することが多かったかもしれない一方で、アイルランド系の大規模な定住をかつて経験した地域の中には、戦後は比較的、単一文化的であった地域もあった。一九世紀のアイルランド系の主要な集中地としてリヴァプールがあり、一八四一年から一八九一年の間に総人口の一二・六―二二・三％のアイルランド系を擁していたが、この状況は戦後再現されることはなく、それはおそらくリヴァプールが一九世紀に渡航者用の港として重要であり、そのことは、一九四五年以降は当てはまらなかったことによるであろう(60)。同様に、カーディフやグラスゴーなど伝統的な定住の地域に流入が起きたが、アイルランド系移民のスコットランドおよびウェールズへの移民の規模の大きさは戦後繰り返されることはなかった(61)。

ゲットー化の不可避性?

二〇世紀の終わりに労働党政府は、人種主義の高まりに対応して、都市部への移民の集中に意識的になり、「難民庇護申請者」を移民の数が顕著でない地域や町に分散させる政策を導入することを決めた。これによって政府は移民定住によって生じる不可避な事態の一つを避けようとしていたのである。(62) 移民ネットワークの発達は新たにやってきた移民がすでに定住した友人や親戚の例に倣って居住したということを意味してきた。(63)

キャスリーン・ニールズ・コンゼンやスタンリー・ナーデルのようなアメリカの移民史の学者たちは移民の集中を強調し、(64) それは、ムハンマド・アンワルやプニーナ・ワーブナーなど、パキスタン系について研究を行っている学者の例のみを挙げるとすれば、イギリスの最近の移民定住について研究を行っている社会科学者も同様の指摘を行っている。(65) このような集中はエスニック・コミュニティの形成に重要なものであった。(66) 同様に、ここ最近の数十年において難民を分散させようとする国家の試みにもかかわらず、この政策はほぼ実現していない。むしろ、それは都市の特定の地域における難民の集中を引き起こしてしまう傾向が強かった。(67) 同時に、公共住宅の割当方針は、特定のエスニック集団をしばしば一緒に居住させてきたという意味で同様の効果を持つ傾向があった。(68) 政府の政策とトランスナショナルな移民が避けがたく持つ性質は都市の特定の地域における［移民］人口の集中につながった二つの要因となっている。三つ目の要因は［移民には］ちゃんとした住居に居住する経済的余裕がないことであり、このことはイギリス史を通じて、移民を特に貧しい地域へ押しやってきており、やがて彼らがそこから出て行くことにつながってきた。同時に、根底にある経済的要因がイギリスへの移民を促す主要な要因であったので、多くの新来者は彼らの働く場所の近くに定住した。(69)

移民の集中がイギリス史を通じて生じてきたことは、それがアイルランド系、ユダヤ系、西インド諸島系、もしくはより最近の数十年においては南アジア系のムスリムであれ、明白であるように思われる。移民が直面する敵意の大半は、彼らの居住地の集中によって示されるように、移民たちが一見して混じり合うことを拒んでいるように見えることと関係している。テッド・キャントルはこれを二〇〇一年夏にイングランド北部の都市で起きた民族間の対立につながったような、コミュニティの結束を妨げる要因の一つであると見なした。(70) ケリ・ピーチは現代イギリスにゲットーは存在するかどうかを検証しようとし、「アメリカ的過剰隔離のモデルは存在しない」と結論付けた。しかし彼は、パキスタン系、バングラデシュ系の間には顕著な集中が見られるとし、これは連鎖移民と、宗教的実践を続けるために同じグループのメンバーと近接して居住したいという強い願望によって説明される。しかしこのことはアフロ・カリブ系には当てはまらない。一九九〇年にピーチは論文において以下のように結論付けている。「アメリカ型のゲットーは存在せず、不利な経済的状況や、継続する差別の実質的な証拠にもかかわらず、ロンドンにおける黒人系《ブラック》カリブ人の間の隔離的傾向は減少傾向にある」(71)。これは、キャスリーン・コンゼンが、一九七九年にアメリカ合衆国における状況に言及しつつ述べたこと、「ヨーロッパ移民の大きな最後の波の後の二世代……うつろに佇む空っぽの教会がしばしば、かつてあった移民居住区の唯一の目撃者である」と関連している。(72)

もし私たちがピーチ、コンゼン、ルカッセンの主張を組み合わせるならば、居住の集中、特に貧しい都市中心部《インナーシティ》における集住は、経済的、政治的、文化的要因の組み合わせによって、どんな集団の歴史にもある初期の一時的な段階であるということになるだろう。ルカッセンとピーチは戦後の西インド諸島系の移民について書くにあたって、隔離が二一世紀の始まりまでにどこまで減少したかという点に関して慎重な態度を示しているものの、一九世紀に定住した集団に関しては消滅したと述べることはより容易であると思われる。

同時代の観察者に従うと、ヴィクトリア朝のアイルランド人に関する文献の大半が都市中心部《インナーシティ》で彼らの居住が集中していたことに焦点を当てている。この観察は一九世紀の著述家に始まり、最も著名なのはフリードリヒ・エンゲルスのマンチェスターに関するもので、他にもレオン・M・フォーシェが一八四〇年代のマンチェスターに言及しつつ、アイルランド人を「人々の中で最も汚く、不健康な集団であり、彼らの住居も最も汚く不健康で、彼らの子供たちは最も顧みられていない」と述べたこともある。(73)このような見方はイギリスにおけるアイルランド人に関する公的な記述に部分的に基づいており、そのような公的な記述には一八三六年のアイルランドの貧民階級の状況に関する王立委員会の補遺が含まれている。そこには、アイルランド人の住居を「手に入れうる限りにおいて最も安価な住居」であるとの記述があり、つまり「彼らは最も低い、湿気の多い、汚い、不健康な、荒廃した地域に集まっている」ということであった。同様に重要であるのは、その記述が「イングランドのアイルランド人は現地の人々と、仕事で接触を持つ時以外は殆ど混じり合おうとしない」そして「イングランド人の真ん中で特異なコミュニティを」形成していると主張していることだ。報告書は「この分離」を「元からいた人々《ネイティヴ》」の「彼らと混じり合い」たくないという気持ちの他に、「部分的には習慣の違い、部分的には宗教的派閥の違い、部分的には出身地《カントリー》の違い、またいくつかの場合においては言語による」と説明している。(74)

一九世紀のイギリスにおけるアイルランド人に関する研究の大半がこの隔離を強調している。リヴァプールが最も明確な事例の一つを提供している。例えば、フランク・ニールはここではアイルランド人は一四の行政区に集中していたことを実証しており、その地区のそれぞれでアイルランド人は人口の八・四％から四七・二％の間を占めていた。聖バーソロミュー教会区のストックデール・ストリートではアイルランド人が九〇・三％を占め、他にもニールはヴォクソール地区とノースエンド地区の通りにも高い集中を指摘している。[75] コリン・プーリーは経済的および文化的要因により集中が一八七〇年代まで続いたことを確認している。[76] しかしながら、彼はこの隔離の程度、またゲットーの存在を証明しようとする学者たちに対して異論を唱えており、かなりの割合の人口が一八七一年までに「ゲットー」の外に出て住んでいたことを実証している。[77]

ヴィクトリア朝イギリスのアイルランド人の歴史を研究した歴史家のうち、一九世紀からさらに研究の年代を進めた者にスティーヴン・フィールディングがおり、彼はヴィクトリア朝中期の隔離の程度を疑問視する。彼は一九世紀後期にマンチェスターの貧しい労働者階級の地区に居住していたカトリック教徒の五六％は、一部をスラム撤去の結果として説明しながらも、一九三九年までには三〇％まで減少したと証明している。[78] リン・リーズはアイルランド系の内ロンドンからの移住を、「都市中心部《インナーシティ》が工業地区へと変容したこと」により「より多くの人々が外の地区へと移動するようになった」ことを指摘している。[79] 同時に、ジョン・ヒッキーはカーディフにおいてアイルランド系がいかに彼らの当初の定住地から出て行ったかを示している。[80]

アイルランド系に関する、より長い視点を取るいくつかの研究は時代を経て分散が起きたことを示している。同じことは一九世紀のドイツ人にも、第一次世界大戦時の民族浄化の前でさえ生じていた。この集団はアイルランド系よりもより多様な社会階層構造を有していた。中流階級の商人は民族によって集中していたことを示すいくつかの証拠が存在するが、ロンドンのドイツ系の研究は、彼らは第一次世界大戦の勃発まで首都のあらゆる地域に居住していたことを示している。確かに、イーストエンドとウェストエンドの二つの地区への顕著な集中は同時代の観察者によっても認識されていた。ウェストエンドでの集中はヴィクトリア朝後期に生じ、イーストエンドでの集中は一八世紀から生じた。ドイツ系労働者階級のイーストエンドにおける定住は一九世紀の終わりに向けてピークに達したが、その地域を改善しようとする住宅建設計画と東ヨーロッパのユダヤ人の流入が、社会階層移動とともにドイツ人をさらに東へと移住させることになり、一九一四年までに解消していった(81)。

新たな環境において、なんら法的な制限がこのような集中を強制してはいなかったものの、ヴィクトリア朝後期およびエドワード朝のユダヤ人の集住はある程度、ロシアのユダヤ人居住地《ペイル》と同様のものであった(82)。この新たな流入は一九世紀末の時点で在英ユダヤ人の一要素に過ぎず、すでに一七世紀の半ば以降出現し、すでに確立されたコミュニティに加わったのであった。裕福なセファルディム系ユダヤ人は一九世紀の初めにはウェストエンドにすでにすでに定住していた。ヴィクトリア朝にはアシュケナジム系のコミュニティはシティ［ロンドンの中心地域。金融街があることで知られる］を出て、イズリントン、セント・ジョンズ・ウッド、メイダ・ヴェールの他、同様の地域［ウェストエンド］に移住して行った。より裕福ではないユダヤ人はダルストン、ハックニーに移住して行った。にもかかわらず、かなりの集中がシティやその近隣の周辺に存続した(83)。

ヴィクトリア朝後期とエドワード朝におけるユダヤ人の流入は本質的にはイギリスにおける新しいユダヤ人コミュニティを創り出し、それを最も顕著に明示するものの一つが民族による集中のレベルである。ロシアのユダヤ人居住区《ペイル》からやってきた貧しいアシュケナジム系のユダヤ人は彼らの先駆者であったアイルランド人の居住パターンと同様のパターンを展開し、都市中心部《インナーシティ》に移住してきた。イーストエンドは彼らの真の中心地域《ハートランド》となり、結果、一九一一年にイングランドとウェールズの国勢調査で記録されたロシア人（圧倒的にユダヤ人であった）六万三一〇五人のうち四万三九二五人がイーストエンドのステップニー地区に居住しており、これは新たに到着したうちの七〇％が居住していたことになる。一八八九年ロンドン東部に首都のユダヤ人のうち九〇％が居住していた。(84) このような都市中心部《インナーシティ》への集中は新たに到来した東ヨーロッパ系のユダヤ人が定住した他の大都市でもまた生じた。例えば、グラスゴーでは六〇〇〇人のユダヤ人のうち約四〇〇〇人がゴーバルズ地区に居住していた。(85)

ヴィクトリア朝後期とエドワード朝を特徴付けたこの集中は第一次世界大戦後に解消していった。一九三〇年代初期までには首都に居住するユダヤ人のうち、わずか六〇％しかロンドン東部に居住していなかった。首都のこの地域の中においても分散が起き、その時点でユダヤ人家族のうち五二％しか居住していなかったステップニーから、ロンドン東部の外の地域へと移って行ったのと同様に、ハックニー、ベスナル・グリーン、ストーク・ニューイントン、ショアディッチ、ポプラーへと起きたのである。(86)

第二次世界大戦後、ユダヤ人の社会階層移動が同様のペースで継続する中、さらなる外ロンドン郊外地域への分散が起きた。部分的に民族外婚の結果でもあるが、(87) イギリスにおけるユダヤ人の人口が減少したことは、ユダヤ教を実践しなくなった者がレッドブリッジなど新興のユダヤ人居住地域から出て行くようになったことを示す。ロンドン北東部への移住に加えて（これはイーストエンドからの北に向かっての漸進的な移動として説明できるものだが）、その他の主要な新興の集中地域としては、ゴールダーズ・グリーンおよびヘンドンからエッジウェアに向けて、そして近年ではハートフォードシャー、特にラドレットにまで及んでいる。顕著な集中は実際存在しており、一九八〇年代の調査ではバーネットに居住する全てのユダヤ人のうち六〇%がその行政区《バラ》の二〇ある選挙区のうちの六つに居住しており、いまだユダヤ人としてのアイデンティティを有している者に関しては、一九世紀半ばのアイルランド人と同様のレベルの集中があることが示されている。同様に、マンチェスターのユダヤ人の三分の一はチータム・ヒルが顕著なユダヤ人定住地区ではなくなるにつれて、ホワイトフィールド、プレストウィッチなどの北部の地区へと移動して行った。[88]

よって、アイルランド人、ユダヤ人といった一九世紀の主要な移民集団は複雑な歴史を持っている。他方、分散は確実に起きており、特にユダヤ人の場合、かなり速いペースでそれは起きた。同様に、都市中心部《インナーシティ》のアイルランド人ゲットーも戦間期までには消え失せ、これは部分的には再開発によるものであった。東ヨーロッパから移住したユダヤ人は第一次大戦前の数十年はステップニーに大きく集中し続けていたが、この「ゲットー」も一九二〇年までには解消し始めた。ユダヤ人が大挙してロンドン北東部および北西部の特定の地区に移住したことを示すいくつかの証拠もあり、そのような地区ではユダヤ人の集中が新しい宗教的施設の設立を可能にしたが、[89] しかしこの「集団的《ブロック》」移動〔への注目〕によって「〔ユダヤ教という〕信仰を捨てた」人々だけでなく、首都の別の地域に移住した人々の存在が無視されてしまう。[90] アイルランド人およびユダヤ人移民によって集中は証明されるが、しかしその程度には疑問が残り、他方、分散は明らかである。

戦後移民の間で発展した「ゲットー」は未だ歴史の早い段階にあるために残っているが、これらが、そこに住んでいた住民が分散されたり、集団で郊外の地域に移動したりするという意味で、かつてのユダヤ人やアイルランド人の前例と同じ道をたどらないと考える理由はない。大半の南アジア系の集中はできてから四〇年以下であり、他方西インド諸島系の場合、解消の兆しはより見えているが、その発生は一九五〇年代にまで遡る。

西インド諸島からイギリスへの移民の研究は新来者が特定の場所へ集中しており、時にその集中は出身島にさえ基づいていることを指摘した。スチュワート・フィルポットは一九七〇年代にはイギリスに居住する四〇〇〇人のモントセラト人のうち「ゆうに三〇〇〇人以上」がロンドン、特にストーク・ニューイントン、ハックニー、フィンズベリー・パークといった、その他の西インド諸島人が生活し、熟練ないしは非熟練労働、交通や工場労働で働いていた都市中心部《インナーシティ》に居住していたと推定する。定住パターンはまた、移民過程のトランスナショナルな組織化とも関わっており、結果、新来者は彼らの移住を助けた人々の近く、ないしはそれらの人々と共に居住したのである。(91) ピーチは一九五〇年代から六〇年代の間にイギリスに移住した全ての西インド諸島人の定住を検証して、同様の要因の組み合わせを指摘した。彼はロンドンおよびバーミンガムにおける集中の存在を証明する一方で、分散は一九六一年にすでに起きていると述べ、また、西インド諸島人は、より目立たずより数の多かった当時のアイルランド系の集団と同程度の集中を示していたと述べている。(92) ジョン・レックスはとりわけ都市中心部《インナーシティ》における移民(黒人《ブラック》とアジア系)の社会的隔離に注意を専ら振り向けているが(93)(一九八〇年代初頭の都市暴動の際に最も顕著となった現象である)(94)、他の調査は多様な定住パターンを指摘しており、ピーチの所見を裏付けている。政策研究所の一九九一年国勢調査の分析によれば、カリブ系のうち三七%は当該のエスニック集団が五%未満しか居住していない地方自治体区に居住し、三七%が一〇%以上の区に居住し、そのうちわずか三%しか二五%以上のカリブ系人口を抱える区には居住していない。このことは平均値九%を導き、居住パターンにかなりの多様性を示し、統合が示唆されている。(95) カリブ系の集中はまた当初の定住地域の外で発展することもあった。一九九〇年代初頭までにハックニーやランベスなどの内ロンドンの区からエンフィールドに向けての移住が起きた(96)。

二〇〇一年九月一一日の〔アメリカでの〕出来事、同じ夏に起きたイングランド北部都市での民族間対立、二〇〇五年の地下鉄での爆破といった出来事の後、二一世紀の初めまでに、アジア系コミュニティ、より特定的にはムスリムのコミュニティは、彼ら以前のユダヤ人やアイルランド人に似て、排他的で極度に集中したエスニック集団を最も象徴的に示す存在となっている。しかしながら、より詳しく調査すると、南アジア系は彼らの先達、アイルランド人やユダヤ人と同様、皆が「ゲットー」に暮らしているわけではない。

アジア系の移民が特定の地域を出身地としていること、また組織化された移民であったことを考えると、不可避的に集中的な定住が発達し、それはしばしばブラッドフォードやロシュデールに移住したミールプール出身者の場合などのように、工業地域において生じた(97)。アジア系の移民は投資と考えて、なるべく早く都市中心部《インナーシティ》の不動産を購入する傾向があった。プニーナ・ワーブナーはマンチェスターのパキスタン人におけるこのプロセスを実証し、アンワルは同様の発展をロシュデールで示した(98)。これはイギリスにおける南アジア系の定住の一つのパラダイムであるのかもしれないが、確実にこれだけではない。例えば、レスターへの移住であるが、一九六〇年代の間はこのパターンに従ったが、一九七〇年代の初期、イディ・アミンのウガンダからのアジア系の追放の後、変化が起きた。実際、ウガンダからの難民のうちいくらかは当初レスターへの移住の前、キャンプに居住し、そこで、ウガンダ再定住局やレスター市自治体のレスターへの移住を阻止しようとする努力にもかかわらず、知己と連絡を取ったのである(99)。定住は一九六〇年代からいくつかの都市中心部《インナーシティ》の区に集中し、レスターのいくつかの地域はほぼ白人で占められたままであった。一九八〇年代までに都市中心部《インナーシティ》から「オードビーのような、より高ステータスの郊外」に向けて移住が起こり始めた[100]。同様に、一九六〇年代にマンチェスターの中心部の区で生じた当初の集中は一九八〇年代の終わりまでには「中心部に近い郊外」へと移り始めており、これは半世紀前のユダヤ人の経験と似通った、かなりペースの速い分散を示している[101]。ロンドンでは南アジア系はブレントのような中心部の行政区《バラ》からハローやレッドブリッジなどに向けて移住した。そのうちレッドブリッジでは三分の二以上が、より裕福な北部の地区ではなく、ニューアムに隣接する五つの南部の地区に居住した[102]。

南アジア系の集団の都市中心部《インナーシティ》から郊外への移住にもかかわらず、民族による集住は継続している。大半の研究が示唆するのは、インド系は南アジア系の中では最も集住しない集団であり（とはいえアフロ・カリブ系、中国系、アイルランド系よりは集中している）、これに続くのがパキスタン系、バングラデシュ系である。隔離はイングランド北部および中部の都市、レスター、ブラッドフォード、リーズなどでより典型的に生じている。宗教的要因と経済的要因の組み合わせがこの状況を作り出しており、結果、より貧しいバングラデシュ系とパキスタン系がモスクの近くに住みたいと願う傾向がある（これはいくつかの場合においては、より中流階級的なインド系とは対照的である）。一九九〇年代初期に行われた政策研究所の調査によれば、インド系とバングラデシュ系は平均すると、自分たちの集団の一三％が居住している地域に住んでおり、パキスタン系の場合一四％となっている[103]。

故に南アジア系の居住に関する証拠も複雑なままである。集中は一九六〇年代から起きている一方で、概して、特定の地域で例外はあるとはいえ、ゲットー化は生じていないようだ[104]。しかし、過去二〇〇年の間のイギリスへの移民定住の歴史に立脚した視点を採用するなら、南アジア系が他と異なっていると見なす理由はないように思われる。なにせ、インド系、バングラデシュ系、パキスタン系がこの国に到来し始めて数十年であるのだ。居住という観点からすれば、統合は起きている。遅々としているように思われるかもしれないが、アイルランド系、ユダヤ系の定住パターンに似ているのである。

人口動態

民族外結婚もまた統合のサインであり、拡大家族が分裂することもまた然りである。ルカッセンは前者が同化のプロセスが始まったことの徴であると慎重に示唆している。[105] 異民族間の結婚や結びつきがどれだけ生じているかを検証する前に、イギリスに移住してきた移民の人口動態的構造について注意を向ける必要がある。短期的には最初のアジア系の到来などのように違う場合もあるが、長期的に見た場合は、大半のコミュニティは相対的に釣り合った性別《ジェンダー》バランスを示している。よって男性に偏ったコミュニティは一時的な移住者、例えば一九世紀の商業運輸など特定の職業に従事する者によって通常は構成される。白人の家族が破綻することが増えているため、[106] 移民の集団は今やこの点において目立つようになってしまったかもしれないが、家族の重要性は社会全体の状況を反映してきた。拡大家族が同一の居住単位に同居することは第一世代の標準的状況であったかもしれないが、その子孫たちは次第に、より広い社会の状況を反映し、このパターンから離れつつある。民族外結婚は定住した［第二］世代よりも移民の子孫において一般的になってきている。ただしこのパターンの状況は民族によって異なっている。

少なくとも一つのコミュニティはそのメンバーが実際に消え失せる程度まで他民族集団と通婚が行われたという意味で、究極的な形の同化を果たしたように見える。この圧倒的に男性が多い集団は一九世紀初期に存在した黒人《ブラック》コミュニティである。ただし、ノーマ・マイヤーズの研究は消失したというより

は、このコミュニティは奴隷制の廃止の後、衆目から外れてしまったのかもしれないということを示唆している。(107)

それ以後の一世紀半の間、黒人《ブラック》およびアジア人は、世界中からやってきた人々がイギリスの商船に関わっていたこともあり、ほぼ男性によって占められていた。一八五〇年代までには五〇〇〇人から六〇〇〇人の「インド人水夫と中国人水夫がイギリスの港にいた」(108)。実はインド人の女性もイギリス人家族に仕える乳母や子守りとしてイギリスに来ていたのだが、インド人水夫とさほど関わりはなかったであろう。(109)中国人もまた不均衡な男女比で、一九〇一年には男性三三八人に対して女性四九人、一九三一年には男性一七四七人に対して女性一八七人であった。(110)黒人《ブラック》も二〇世紀の半ばまでは、水夫、二つの大戦時に労働を助けるために導入された労働者、学生、汎アフリカ主義運動の興りに関連してイギリスにいた政治活動家のいずれであれ、男性が大多数であった。(111)

一九世紀にイギリスで不均衡な男女差を示していたヨーロッパ系の集団にイタリア系がある。児童音楽家が相当数存在してはいたことを除けば、(112)ルチオ・スポンザは一八六一年から一九一一年の間にイングランドとウェールズに存在したイタリア人コミュニティにおいて女性が三〇％を越えることはなかったと計算している。このような不均衡の結果、スポンザが証明したのは一九世紀の半ばまでにイタリア人ではなく、イングランド人の妻を持つ家庭が大多数を占めるようになっており、他にもアイルランド人女性やその他の国の出身の女性と結婚している者もいた。このような結びつきはイギリスにおけるイタリア人男性移民の「定住化のプロセスに貢献する要因」であった。(113)

異民族間関係は圧倒的に男性で占められていた非ヨーロッパ系の男性移民と現地女性の間にも成立し、戦間期には新聞や学者たちの間にかなりの懸念を引き起こした。(114)一九三〇年代後期と一九四〇年代初期のカーディフのビュート・タウン地域に関する研究で、ケネス・リトルは「主に、この地域で最大の学校に通っている二〇〇人の子供」の内訳を分析している。彼の結論は子供たちの父親の二五％が「白人」であるが、残りは一九％の西インド諸島人、二三％の西アフリカ人、一四％のアラブ人、一九％の「ソマリ人、マルタ人、インド人、ギリシア人、その他」によって構成されている。対照的に、母親は八一％が白人で、一一％が「英系黒人《アングロ・ネグロイド》」、残りが「英系中国人《アングロ・チャイニーズ》」、エジプト人、ソマリ人、その他」となっている。[115]

故に小さいコミュニティは一般的に女性より男性が多いことが多く、これは不可避的に民族間関係の成立につながることとなった。統合が起きるにつれて、第二世代やその後の世代はほぼ確実に民族外結婚を実践したが、一九世紀のより規模の大きなコミュニティはより均衡した男女差を示した。ドイツ人は、上に述べたような民族の事例より程度は小さいが、一八六一年から一九一一年の間、常に男性が女性よりも多い状態にあり、女性が全体の三一％から四〇％を占めていた。イギリスには独身よりは既婚のドイツ人が多く、よって、ドイツ生まれであれ、イギリス生まれであれ、子供はこの集団には同じく普通に存在した。イングランド人との結びつきも確実に生じており、それはホワイトチャペルにあった聖ジョージ・ドイツ・ルター派教会の婚姻登録によって一八八三年から一八九六年の間に二四・四％の結婚がドイツ系でない夫や妻を含んでいることからもわかる。[116]

一九世紀後期から二〇世紀初期にかけての東ヨーロッパのユダヤ人のイギリスへの移民は在英ユダヤ人の人口構成を変容させた。すでに確立したコミュニティが社会全体の結婚や出産パターンによく似たパターンを示す一方で、新たに到来した者たちは戦間期まではイングランド人の隣人たちに比べて顕著に高い出生率を示している。このことはユダヤ人が増加し、一九五〇年代までに最大数四五万人が記録されたことからも明らかである。ヴィクトリア朝後期およびエドワード朝においてかなりの数の子供たちも到来したが、移民統計は女性よりも男性の方が多く入国したことを示している。しかしながら、一九一一年の時点ではすでに、ロシア生まれの四五歳以下の男性の二二%がロシア以外で生まれた女性と結婚している。この異民族間結婚の高い率にもかかわらず、コミュニティは大きくなった。在英ユダヤ人の戦後の歴史は人口動態的な意味では完全な統合を指し示している。一九八〇年までにイギリスのユダヤ人は低い出生率と高い高齢者の率を示すようになった。結果的にユダヤ人の数は二〇〇一年国勢調査までに二五万九九二七人まで減少している。民族外結婚もまた続いており、今では、出生率が下がっていることも視野に入れると、かなりの影響を持つ。(117) シナゴーグでの結婚式は故に一九六五年の一八三〇組から一九九二年の一〇三一組まで減少している。

一九世紀のアイルランド人移民はユダヤ人と同様の人口動態パターンを示す。男性が数的に優位だったようであるが、差はかなり小さなままであった。ロンドンの場合では世紀半ばまでに女性が男性より多くなっているようだ。地方の国勢調査統計によれば、かなりの割合で独身のアイルランド人も存在したが、家族も一般的であった。アイルランド人の世帯サイズは社会の他の集団のものよりも大きく、特に飢饉による流入の後は、核集団の他に拡大家族や下宿人まで含んでいる可能性があった。しかしながら、このパターンは時間を経て次第に変化した。リヴァプールの場合、一八五一年の一世帯の平均人数がアイルランド人とそれ以外でそれぞれ九・四人および七・二人であるのに対して、一八七一年には七・六人および七・三人と差は少なくなってきている。(118)

第一次世界大戦までにアイルランド人コミュニティのサイズが縮小したことは、移民流入が減少したことを示しているが、同時にそれは民族外結婚をも示唆している。一八五一年にはすでにゲーツヘッドのアイルランド系の婚姻カップルのうち二八・三％がイングランド人およびスコットランド人の相手を含んでいた。[119]このことはスタッフォード、ブリストル、ヨークなどの小規模のアイルランド人コミュニティのいくつかでは通常のことになっていった。しかしマンチェスターの、もっと規模の大きなコミュニティでは民族外結婚は一般的ではないものであり続けた。それはマンチェスターではローマ・カトリック教会が異民族間結婚に反対し、また教会が教育、社会、宗教、慈善組織などのネットワーク全体の中心に位置していたため、おそらくローマ・カトリック教徒の婚姻相手を見つける機会がより多かったのであろう。イギリスにおけるローマ・カトリック系人口とそれを支えた教会の成長はアイルランド人やその子孫が集団内で結婚したことに理由がある。第二次世界大戦後も継続してローマ・カトリック教徒の数が増加したことは部分的にはアイルランドからのさらなる移民の流入の結果である。[120]同じエスニシティのメンバーを結婚相手として選べること（ないしは単に存在しないこと）が影響を与えるとはいえ、究極的には、イギリスにおける婚姻相手の選択はこの集団にとっても、他のエスニック・マイノリティのメンバーにとっても個人的なことであり続けている。

戦後移民の人口動態パターンは、一九四五年以前のものと同様に、集団によって異なっている。比較的パターンの異なる集団の一つがアイルランド系であり、これは女性が移民の多数派を占めてきたためで、この状況は一九世紀後半から戦間期まで続いた。[121]ドイツ人女性の中には、第二次世界大戦直後にドイツの町や都市を統治したイギリス占領軍の構成員の花嫁として、イギリスにやってきた者もいた。[122]他方、また別のヨーロッパ系の集団、ギリシア系キプロス人はかなりバランスの取れた人口分布である。独身の移民が生じた時、これらの人々は彼らの拡大家族のメンバーによってお膳立てされた結婚のシステムを通じて同じコミュニティのメンバーと通常、結婚する。他のケースではギリシア系キプロス人は家族全体で移住して来る、または最初男性がやって来て後に女性と子供たちが合流する、という形である。第一世代の間は民族外結婚は一般的ではないが、コミュニティの規模が小さいという理由や遠く離れた故郷にも大きな予備集団が存在しないという事実により（キプロスの人口はやっと八〇万人を越える程度であるので）、この集団そのものが今世紀のうちに［通婚によって］イギリスから存在しなくなってしまうということも考えられる[123]。

ずっと大きな西インド諸島系のコミュニティでさえ、死亡や帰郷移民によって第一世代の移民の数においては顕著に減少している。ただし、黒人《ブラック》系カリブ人のエスニシティに関する詳細な研究によればコミュニティの成長が証明されており、結果、黒人《ブラック》系カリブ人は二〇〇一年国勢調査によれば五六万五八七六人を数え、これは連合王国の全人口の一％にあたる。しかしながら、これは一九七〇年代にケリ・ピーチがグレート・ブリテンに居住する西インド諸島系の人々の数を五四万八〇〇〇人と推定した数から顕著に増加していない。二〇〇一年国勢調査からの別の興味深い数値は自分自身を「複合的なエスニック・オリジンを持つ」と称している人々が六七万七一一七人に達していることであり、その多くが黒人《ブラック》系カリブ人と白人の間に生まれたと思われる。西インド諸島系移民の初期の歴史では、他の戦後移民コミュニティと同様、後から女性と子供がやってきたケースもあったものの、かなり均衡な人口構造を示していた。西インド諸島系の男性と女性の間の婚姻関係は複雑なもので、これはカリブ系諸島での状況とイギリスのより広い白人社会での状況を反映している。結果的に、多くのアフロ・カリブ系の起源を持つ人々が結婚を理想であると見ているにもかかわらず、両親二人に子供二人という核家族は一つの規範型に過ぎない。一九八四年までに西インド諸島系の家庭の三一％が、白人の一〇％と対比されて、単親家庭である。二〇〇一年までに黒人《ブラック》系カリブ人は三八％という、全てのエスニック集団の中で最も高い単身世帯の率を示している。加えて、黒人《ブラック》系カリブ人は異民族間関係および婚姻の率がイギリスの他の集団やアメリカ合衆国の黒人《ブラック》と比較しても高い。ある調査によれば、「イギリス生まれの黒人《ブラック》系カリブ人」の男性の四〇%はイギリス生まれの白人のパートナーを持っており、このコミュニティの外国生まれの男性に限っても約一八%がそうであった。黒人《ブラック》および白人双方の間の、このような関係に寛容な態度は（特にアメリカとの比較において）このマイノリティがゲットー化していないことにもよる。それによって仕事上の、また社会的な関係が発展しやすく、民族間結婚の高い率の主要な説明の一つとなっている。[124]

南アジア系の移民は黒人《ブラック》系カリブ人の人口変化の歴史とは異なる変化を遂げてきた。一九五六年にパキスタン系とバングラデシュ〔当時はまだ東パキスタン〕系の九三%が男性であり、インド系の場合は七三%であった。これらの男性の移民は働き、家族に仕送りし、最終的には故郷へ帰ることを目的としていた。結果的に、特に一九五〇年代および六〇年代は、全て男性によって構成される世帯が様々な南アジア系コミュニティに生じた。通常は一人の家主がこれらの家を所有したが、中には一人以上のオーナーが存在するものもあった。とにかく、店子たちは十分な資金を貯めると、今度は自分自身の家を買うのであった。多くの移民が故郷へ戻る代わりに、妻や子供を呼び寄せるようになった時、南アジア系のコミュニティの性別《ジェンダー》、年齢の構造は時代とともに変化することとなった。このようにして、一九七四年までには男性の割合はパキスタン系で六五%、インド系で五六%にまで減少し、より伝統的な世帯が発展することになった。プニーナ・ワーブナーは南アジア系の生活様式と住居において、独身男性〔集合〕世帯から若い家族、「拡大した、複雑な三世代家族」へという三つの段階があると述べている。ウガンダからの難民は最初から家族でやってきたので、このパターンに従わなかった。人口動態的には南アジア系のコミュニティは減少しておらず、これは帰郷移民が少ないこと、故郷から花嫁を呼び寄せること、民族外結婚が比較的少ないことなどにより、少なくとも黒人《ブラック》系カリブ人との比較においては確実にそうである。二〇〇一年の国勢調査はインド系の六％、パキスタン系の四％、バングラデシュ系の三％しか民族外で婚姻してらず、ただしこの数値はおそらく異なる南アジア系の集団間での結婚を含んでおらず、また様々な世代間の変化も考慮に入れていない。個々人の行う結婚の選択にもかかわらず、南アジア系のコミュニティは強固なままで、彼らの人口動態的未来を予測することは難しい[125]。

　人口動態的および地理的パターンが正に指し示すのは特定の集団の個々のメンバーがそれぞれ住居やパートナーの選択に関してそれぞれに選択を行うという事実である。エスニック・コミュニティは単純に集団《ブロック》として機能するのではない。なぜならその集団《ブロック》を形成する個々のメンバーが自らのアイデンティティに関してそれぞれ選択を行い、その中で住居や結婚相手に関する選択が重要になり、そこに彼らがイギリス社会における自分たちの位置や社会との関係についてどう認識しているかが反映されるからである[126]。

経済

　過去二世紀以上に渡るイギリスの、何百万人もの移民とその子孫に関する他の全ての要素と同様、彼らの社会・経済的地位に関して一般化を行うことは不可能である。現代イギリスの検証はこの点を証明するのに役立つであろう。多くの指標によって示されているのは、バングラデシュ系とパキスタン系が経済的・社会的梯子の最下層部に位置し、また最近移民してきたポーランド人が最悪の住宅環境の一部に居住していることだ。他方、現代イギリスにおいて最も裕福な人々の一部は外国人であり、そのことはサッカー・クラブの所有状況によって、もしくはプレミア・リーグで活躍するサッカー選手の顔ぶれによっても象徴的に示される。同様に、一九六〇年代以降の社会・経済的指標によりユダヤ人マイノリティがイギリス社会全体よりもかなり高い社会・経済的地位にあることが示唆されてきた。他方、インド系や中国系は「白人系イギリス人」よりも失業率が高いかもしれないが、専門職に従事している割合がより高い。(127)

このイギリス社会における移民の社会・経済的地位の多様性は単純に現代的な現象であるとは言えない。ヴィクトリア朝中期を検証すると、社会的に確立された在英ユダヤ人（中にはイギリス社会の高次の階層に到達していた者もいた）もいれば、アイルランド系労働者（完全に労働者階級の範疇にあった）もいたのである。しかしこれも結局は一般化であり、なぜならばヴィクトリア朝およびエドワード朝のイギリスのユダヤ人は社会的にも経済的にも多様だったからである。社会階層移動は起きていたかもしれないが、東ヨーロッパからの貧しい新来者の流入もまた生じていた。(128)同様に、リン・ホレン・リーズは一九世紀半ばロンドンのアイルランド人には、「修業や職の機会を求めてロンドンへとやってきた」ところの「職人」とともに、「少数の中流階級」の人々、その大半がプロテスタントで「専門職としての、もしくは教育の機会を求めて首都にやってきた」人々が含まれていたと指摘した。しかし彼女は最大の集団は「技術を持たない農村労働者と小規模農業従事者」であり、ロンドンおよび国中の様々な地域で産業プロレタリアートとなった人々であったと認識している。(129)ドイツ人はおそらくヴィクトリア朝およびエドワード朝のイギリスにおいて最も多様な移民集団であり、それは少なくともユダヤ人と同程度には多様で、乞食から百万長者までが含まれていた。(130)

特に現代のイギリスでは、多くの指標が移民コミュニティの社会・経済的地位の低さを強調するかもしれないが、個々の集団の中、またその間での多様性をもまた私たちに印象付ける。このことは一九七〇年代の社会学的研究の大半によって主張された見方と矛盾する。カースルズやマイルズによって代表されるこの見方は、一九世紀半ばのアイルランド人および第二次世界大戦後の数十年間におけるヨーロッパへの移民の勧誘に焦点を当て、このような新来者の労働者階級としての地位を強調することしかできなかった(131)。より最近では、カースルズとマイルズは高度技能移民の移動を認識しており(132)、これはロンドンに焦点の一つを当てて、EU内の移民の分析を行ったエイドリアン・ファヴェルも同様である(133)。

カースルズのもともとの研究はヨーロッパにおける戦後移民の社会階層移動について限定的な注意しか払っていなかった(134)。ルカッセンはより最近になって黒人《ブラック》系カリブ人の中に上昇移動があることを認識している（同時に失業率の高さも認めている）(135)。ただし、この分野における研究が不足しているために、アイルランド人に同様のパターンを見ることは困難である(136)。長期に渡る社会階層移動の古典的な事例としては、東ヨーロッパのユダヤ人があり、一九世紀の終わりには都市中心部《インナーシティ》での履物・衣服産業の労働者として集中していたが、二〇世紀の終わりには様々な中流階級の職に移動している(137)。

居住パターンの場合と同様、多様性と社会階層移動は過去二世紀に渡るイギリスにおける移民の社会・経済的活動パターンの現実を反映している。社会階層移動の一つの方法は小さなビジネスを始めることである。レストランは、特に戦後のイギリスにおいては、エスニック・マジョリティの需要に応えることを目的としたが(138)、移民たちの間で生じた居住の集中がエスニック経済の発展を可能にし、そのような経済はかなりの自立的な持続可能性を持っている。エスニック経済は一九世紀の終わりからユダヤ人コミュニティにおいて明らかであり、その一〇〇年後、南アジア系に引き継がれた。しかしながら、これらのパターンは全てのエスニック集団で繰り返されることはなく、結果、このような経済活動は例えば、アイルランド系、黒人《ブラック》系カリブ人の集団においてはあまり発達しなかった。

これらの発展と、集団によって異なる状況に関しては一連の説明が存在する。宗教は二つの意味で重要である。まず、ユダヤ人と南アジア人の場合、食事に関する戒律によって、受け入れ可能な食品を提供する小売店や取り扱い業者の発展が必要となった。結果、コーシャー［ユダヤ教の戒律で許された食物］であれ、ハラール［イスラム教の戒律で許された食物］であれ、ベジタリアンの製品であれ、そのような食品を扱う一連のビジネスが発展したのである。この要因はアイルランド系やアフロ・カリブ系の間でいかなる規模でも食料品ビジネスが発展しなかったことの説明にはなるが、第一次世界大戦前のロンドンにおけるドイツ食品ビジネスの成長を説明できない[139]。宗教はまた、人種差別のために専門職において成功する主流の道筋が閉ざされていると感じ、故にビジネスに走るマイノリティの企業家の後押しとなるという意味でも機能した。この理論はマックス・ウェーバーとR・H・トーニーの資本主義の勃興における非国教徒の役割に関する説明に起源がある[140]。一方、W・D・ルービンスタインは一八世紀以降、イギリスの非常に裕福な層のかなりの割合が銀行業や薬品業に従事するよそ者《アウトサイダー》、特にユダヤ人であったと証明している。彼もまた宗教の役割を強調する[141]。他方、一九世紀にイギリスに移住した東ヨーロッパ系のユダヤ人移民の間の起業に関する研究において、アンドリュー・ゴッドリーは同化のレベルと起業の間の相関関係を引き出している[142]。近年のアジア系のビジネスにおける成功の研究もその起源はウェーバーにある。そういった研究は人種主義の存在（結果、アジア人は自営業を選ぶ）、宗教の異質さを強調する。それから、特に東アフリカから移住した者たちに関してはかつて事業を経営していた経験があるという事実も指摘できる[143]。移民マーケットの規模もイギリスにおける移民のビジネスの成功に役割を果たす。特にアジア人の場合、もし南アジアに起源を持つ人々に単純にターゲットを絞って食品や衣料品を製造することに集中したとして（ただし、例えばティルダ・ライス［香り高い長粒種のバスマティ米の販売で知られるブランド］の場合などのようにイギリスのマーケット全体に市場を広げることが多いのであるが）、現在ではその規模は潜在的には二〇〇万人に到達する可能性もある。[144] 地方レベルではアジア人の人口が一〇万人以上である都市においては、明らかに、かなりの規模のマーケットが存在している。一九七〇年代後半のレスター（ウガンダからの大量流入の後、一〇万人のアジア人口を抱えるようになっていた）の研究は、このエスニック集団のサイズと、食料品店など、移民によって経営されるビジネスの数と割合の増加との間に明らかな相関関係を指摘している。[145] しかしながら、アジア系のビジネスにおける成功は相対的なものに留まり、特に都市中心部《インナーシティ》で自分たちのコミュニティのメンバーを顧客とする小さな食料品店の場合はそうである。二一世紀の初めまでにいくつかの指標はアジア系の自営率の低下を指摘しており、その原因としては第二世代が親世代の重労働を引き継ごうとしないことや、スーパーマーケットのチェーンがより小さな規模の店舗を出店するようになったことが考えられる。[146] 同時に、自営を行わない人々は社会全体よりも高い失業率に苦しんでいる。[147] 宗教、起業家精神、市場など以外にイギリスにおいて経済的に成功した移民の存在を考える際の最後の要因としては、イギリスの移民政策が経済的に自立した人々を歓迎してきたことも指摘しなくてはならない。[148]

居住や人口動態と同様、ここで強調しなくてはならないのは、異なる集団間、また集団の中にも多様性があるということであり、結果、過去二世紀に渡り、移民の中には乞食から百万長者まで様々な人々が存在したということである、確かに、いくつかの集団は他の集団に比べより多様である、ヴィクトリア朝およびエドワード朝のドイツ人コミュニティは最も多様な集団の一つであり、他方、多くの文献によれば、アイルランド人は労働者の集団であり、ゆっくりとした社会階層移動のプロセスを経験した。

アイルランド人に関する研究はヴィクトリア朝において彼らが労働者階級の職業に従事していたことを強調している。フランク・ニールがリヴァプールの研究で実証したように、移民たちの中には非熟練肉体労働以下の仕事、例えば売春や窃盗業などに従事する者もあった。[149] ニールがまた強調しているのは、一八四〇年代後半にアイルランド飢饉によって移民してきた者たちがイギリスの港に着いた時の貧困、疾病、困難である。[150] ヴィクトリア朝時代のジャーナリストで社会批評家だったヘンリー・メイヒューは一八五〇年代初期にロンドンにいた一万人の「路上アイルランド人《ストリート・アイリッシュ》」について記しており、彼らはナッツ、果物、魚から、「黄燐マッチやクレソン」まで様々なものを売っていたとしている。そのような行為は彼らの起業家精神を示唆している一方で、メイヒューはアイルランド人がこのような路上販売に従事するのは日雇い労働が年中はないからだとしている。彼はまた「男女問わずアイルランド人の路上販売人は物乞いをする」と主張している。[151] エリザベス・マルコムは一九世紀の後半にイングランドの精神病者保護施設にアイルランド人が多く存在したことを研究し、このことを貧困や偏見と結びつけている。[152]

リーズは、一九世紀ロンドンのアイルランド系の経済的活動に関するメイヒューの観察を裏付ける形で、彼らは「首都の社会・経済的階層の最下層部に集中し」、そこで生存のために困難な生活を送ったが、「輸送や建築、食料配送などの産業の基盤となるような臨時雇い労働者の巨大な予備労働力」を形成したと述べた。[153] ロンドン以外の場所では、アイルランド人は鉄道建設にあたる人夫や繊維工場の間に合わせ労働者のような特定の役割を果たすようになっていた。一八四一年にはイギリスの人夫の一〇%までがアイルランドの出身であった。[154] アイルランド人はヨークシャーやランカシャーの繊維生産において、低賃金で長時間の労働に従事することで、特に重要な役割を果たした。ブラッドフォードの工場では、彼らは様々な仕事に従事した。北部イングランドのその他の地域では、アイルランド人はクリーヴランドの鉄鉱石採掘場や、タインサイド地方での様々な職業において臨時雇い労働者として働いた。スコットランドでも、アイルランド人の職業はイングランドにおける職業とよく似ていた。人夫はドックや、港や、鉄道の建設に役立った。彼らはまた造船所、ドック、工場、ウィスキー醸造場、製陶場、ガス工場などで働いた。他のアイルランド人は鉱夫として、特にランカシャーの炭坑で働いた。南ウェールズでは、アイルランド人は様々な職業、特に非熟練の職種で働いた。(155) 他方、使用人労働は一九世紀の職に従事するアイルランド女性の三分の一以上を占めた。(156)

最後に、明らかに都市中心部《インナーシティ》のゲットーに集中しているにもかかわらず、アイルランド人は一九世紀の大半、通常は季節によって異なる作物の収穫に当たる農業労働者としても目立って重要な役割を果たした。一八三〇年代にはアイルランド人は干し草や穀物の収穫を助け、一人でやってくる時もあれば、物乞いをする子供たちを連れてくる時もあった。一八四一年イギリスにやってきたアイルランドの収穫労働者は五万七六五一人である。アメリカ合衆国への出移民が増加するにつれ、一九世紀には全般的に減少した。長期に渡って住み着いた者の中にはアイルランド人がチコリー生産で働いたヨークの事例のように、農業に従事する者もいた。(157)

故に、一九世紀イギリスの第一世代のアイルランド人は肉体労働、中でもしばしば非熟練労働に従事する者が圧倒的に多かった。しかし、リン・リーズが証明するように、中流階級のコミュニティもまた、明らかに少数であるが存在した。リヴァプールではアイルランド人の約六・五%は商人や銀行家など「専門職および中間職」に従事していた。(158)

ヴィクトリア朝中期の移民の子孫の間にいくばくかの社会階層移動が生じていたであろうことは確か

であるが、しかし、ハンドリーは彼の研究書『近代スコットランドのアイルランド人』において「一九世紀の後半を通じて、アイルランド人移住者と同世紀の最初の数十年間にイギリスに定住した人々の第一、第二、第三世代の大多数が非熟練ないし半熟練の職種で労働する産業予備労働力としての地位を占めるようになった」と述べている。[159] このことはもともとのイギリス人も一九世紀の間に次第にプロレタリアート化されていったという事実を反映している。[160] しかしアイルランド人の間にも一定程度の社会階層移動は生じたに違いなく、結果、発展した中流階級コミュニティは「貧しい生い立ちから身を立てた」ことになる。この集団には「パブの経営者や商店主」が含まれたが、例えば二〇世紀後半の南アジア系とは対照的に、商店主は少なかった。残念ながら、一九世紀のアイルランド人の経済的統合の歴史を研究する者は二〇世紀については言及していない。[161]

一九世紀ヴィクトリア朝のドイツ人コミュニティはアイルランド人とは著しく異なる経済活動のパターンを示している。第一次世界大戦時の民族浄化が社会的統合を押しとどめたが、その時までにかなりの変化が生じていた。ドイツ人はより少数で到来しており、しばしば職業による連鎖移民の一部として移住してきた。彼らが非熟練の工場労働に雇用されたということを示す証拠は殆どない（例外は製糖労働者であり、ロンドンのイーストエンドやリヴァプールにおいて、きつい肉体労働を長時間、低賃金で行った）。[162] しかし、第一次世界大戦前のロンドンにいたドイツ人の大多数はイギリスの階級構造の最下層に近いところに位置し、貧困も広く見られた。アイルランド人と異なり、ドイツ人の多くは様々な熟練労働に従事した。この中にロンドンでの仕立て業があった。ドイツ人はエドワード朝までにウェイターとしてとりわけ重要な存在になり、この職業集団の約一〇％を占めるまでになった。ドイツ人の街頭音楽家は、通常夏にイギリスに移動してきたが、同様にヴィクトリア朝の街の暮らしを特徴付けるものとなった。

ドイツ人中流階級も顕著に現れ、またここでも特殊な職業集団を形成した。まず、小規模な小売商や商店主、特にパン屋、床屋、肉屋はとりわけロンドンでは至るところに見られた。これらの店はイギリス社会全体を相手に商ったが、ロンドンのイーストエンドおよびウェストエンドにおいてエスニック経済が出現すると、アイルランド人と比べるとこの集団はずっと小規模であるにもかかわらず、ドイツのパンや肉製品を扱う店が繁盛することが可能になった。[163]外国語通信士はイギリスにおいてドイツ人中流階級のもう一つの集団を形成した。[164]加えて、教員、女家庭教師《ガヴァネス》、学者なども特定の技能を持ってイギリスに流入した。例えば、女家庭教師《ガヴァネス》は音楽や外国語を教えることができた。[165]銀行家、技師、織物商もまた、より大きなビジネス・チャンスがあり、彼らの企業家としての技能を認め、受け入れてくれる国家に移住したのであった。[166]

ヴィクトリア朝およびエドワード朝のドイツ人において社会的な統合と階層移動の程度を測ることは難しい。大半はおそらく彼らが生まれついた階級に留まり、他方、中にはドイツへ帰国する者もおり、それは元々一時的にイギリスにやってきていたのか、もしくは第一次世界大戦時に国外追放になったからであろう。確かに、雇用された会社の代表として、ないしは単身でイギリスにやってきた商売人たちの多くはやがて彼ら自身の会社を設立していった。[167]彼らの中にはイギリスの国籍を取得する者もおり、そのことは一九一一年の国勢調査によれば六八三六人のドイツ人が帰化している事実によってわかる。第一次世界大戦時には彼らは社会からの排斥に直面したが、帰化していた者たちは一九二〇年代まで生き延びた。対照的に彼らの同郷でより貧しい人々は、ドイツ国籍を維持し、故に財産を没収された。[168]

イギリスに来たイタリア系の移民にはその歴史において、同様の劇的なエピソードは少なくとも第二次世界大戦期まではない。一九世紀の間に生じた移動の大半は、例えば街頭音楽《ストリート・ミュージック》の活動など、下層階級の肉体労働に従事する集団であった。気圧計や温度計の製造など明確な熟練労働に従事する者も一握りはいた。その他の者は非熟練労働者であった。[169] イタリア人はまた、アイスクリーム販売を含む、飲食業や食品供給の様々な側面に関わるようになった。移民たちの中にはヴィクトリア朝のイギリスの街路で一ペニー・アイス〔安価な街頭販売アイスクリーム〕を売るところから初めて、二〇世紀にはアイスクリームのカートやヴァンを買えるようになっていった者もいた。[170] イタリア人はまた、第一次世界大戦までにレストラン業に関わるようになった。多くは単純にウェイターとしての職を見つけ、他方、一九四五年までには、自身の飲食店を持つに至った者もいた。[171] 第二次世界大戦期に、イギリスにおけるイタリア人の統合の歴史において一大転機となる出来事が起きた。コミュニティは一九一四年から一九一八年の間のドイツ人が受けたような敵意にさらされることはなかったが、イタリア人は男女ともに抑留され、これによって多くの店や飲食業ビジネスは影響を受けた。[172]

新たに、圧倒的に労働者階級の多いイタリア人の集団が到来するようになったのは一九五〇年代のことである。[173] しかしながら、戦後期に加えて、一九世紀の終わりからいくつかの家族に生じた社会階層移動や同化によって証明されるように、連続性は存在している。チャールズ・フォルテ（Charles Forte）が築いたような飲食業帝国は第一次世界大戦前の移民にその起源を持っていた。[174] 同時に、ここ数十年のイタリア人移民は熟練労働者が多くなってきている。[175]

おそらく、最も複雑な事情を持ち、長期に渡って存在する集団で、また同時に過去二世紀に渡って明白な社会階層移動を示している集団といえば、ユダヤ人であろう。純粋に社会的な観点で、この集団が持つ複雑さは、このコミュニティが数度に渡る移民の波の結果として形成された集団であるという事実にある。ヴィクトリア朝に次第に確立されつつあった在英ユダヤ人は一七世紀半ばの再入国許可以降に南、中央、東ヨーロッパから移住したセファルディム系およびアシュケナジム系ユダヤ人であった。社会階層の下方には東ヨーロッパから増加しつつあった移民がエドワード朝までに新たなコミュニティを形成し、一九一四年までにはいくばくかの社会階層移動を経験し始めていた。彼らは一世紀の間に、数世代を通じて苦汗工場で働く労働者から専門職へと上昇していったのである。当初のゲットー化、およびその後の集団での郊外への地理的移動は、古典的なエスニック経済が発展したことを示す。最後に、より中流階級の集団がナチスから逃れ一九三〇年代に移住してきたが、この集団のメンバーの多くは当初、彼らの専門職的および教育的地位よりも下の職業に就くことになった。

一九世紀初期までには中流階級および上流階級のユダヤ人コミュニティがロンドンおよびその他の地域でも確立されていた。例えば、リーズにはユダヤ人の職人、商人、熟練工などが居住していた[176]。同様の状況はヴィクトリア朝にカーディフでも生じており、そこではユダヤ人は様々な職に従事していた[177]。地方に居住したヴィクトリア朝のユダヤ人のうち中流階級だったメンバーの中にはもともと、街路で商売を行っていた行商人だった者もいたが、大陸、特にドイツから、起業や労働のために直接やってきた者もいた[178]。ヴィクトリア朝中期の社会階層梯子の上部には株式仲買人、投資銀行家《マーチャント・バンカー》や大規模商人、そして次の階層には小規模製造業者が続いた[179]。ヴィクトリア朝期にはユダヤ系貴族さえ出現しており、少数のユダヤ人は、偏見にさらされながらも、法律や医学の専門職に就くようになった[180]。エンデルマンはヴィクトリア朝にはイギリス生まれおよび外国生まれの中流・上流階級ユダヤ人の間に「根本的な同化」が起きたのだとし、つまりこれはキリスト教への改宗を指した[181]。しかしながら、ヴィクトリア朝のユダヤ人に関する全ての記述で、貧困にあえぎ、あまり社会に統合されていない人々もそれなりの規模で存在したことが指摘されており、この中には一九世紀に新たに移住して来た者と初期の移住者で目立った社会階層移動を経験しなかった者の子孫がいた。ビル・ウィリアムズはこの人たちのことを「行商人と軽犯罪者の残り滓」と表現した[182]。

一九世紀末に東ヨーロッパからの移民流入が最高潮を迎えたことはイギリスにおけるユダヤ人コミュニティの社会的・職業的構造における変化を意味した。確立された中流階級の集団は新来者に対して、彼らが自分たちの地位を損なうと信じ、敵意をあらわにした[183]。東ヨーロッパからの移民の職業は、都市中心部《インナーシティ》に集中しており、衣類製造に関連するものであった。一九一一年までに「イングランドおよびウェールズのロシア人、ポーランド人、ルーマニア人の約半数が履物や帽子も含めて、被服業に関わる何らか職種に従事していた」。他所と同様、ロンドン東部においては仕立て業が特に重要であり、その数はさらに多かった[184]。同時代人たちが認識していた通り、この分野での雇用の大半は「苦汗工場」で生じており、移民自身が同じコミュニティのメンバーを搾取する構造が存在した（ただし、労働組合運動がこのような搾取に対抗するために発達した[185]）。

ユダヤ人の特定の地域への集中は顕著なエスニック経済の発達を可能にし、それは特に食事に関する戒律よって制限された食料供給の周辺分野で発達した。ユダヤ人の肉屋やパン屋は当時『ジューイッシュ・クロニクル（*Jewish Chronicle*）』に広告を出していたが、特に目立つようになった。これらは戦後も生き残り、ユダヤ人とともにイーストエンドを出て郊外へと移って行った。しかしながら、これらはコーシャーの規律が守られなくなるにつれて、二〇世紀の末までに大きく衰退した[186]。

この食事に関する戒律が守られなくなったということは文化変容のプロセスの一側面を示しており、また同時に社会階層移動という特徴も帯びている。この階層移動は、東ヨーロッパからのユダヤ人の子孫を一九六〇年代および七〇年代までにイギリスの社会・経済的階層の梯子の上部に上らせることとなった。この集団の中には第一次世界大戦の開戦までに、特に衣服と食料の分野において、すでにビジネスを確立しつつあった者もいた(187)。戦間期には労働者階級の職業が多数を占めていたが、衣服製造業から、家具や煙草の製造などの産業へと変化しつつあった。女性は次第に事務職で働くようになった。法律、医学、歯科医学、会計などの分野の専門職への移動も起きていた(188)。

　社会階層移動は戦後、顕著に増加した。ナチズムからの難民は圧倒的に中流階級的背景を有していた。短期的には元々の職業に就けなかった者もいたかもしれないが、これらの難民に関して存在する二つの重要な研究は、イギリスにおけるユダヤ人の歴史に対して賞賛的な態度を取り、彼らが成功したことを指摘している（ただし中には抑留を受けた者もいた）(189)。一九六一年までにユダヤ人のうち四四％が中流階級に分類されるようになった。第二次世界大戦期の後、一九七八年までにレッドブリッジ居住のユダヤ人の約九五％が（イギリスの人口全体においては五五％であるのに対して）住宅を所有するようになっていた(190)。二〇〇一年の国勢調査の分析では、ユダヤ人はイギリス社会のその他の人々よりも顕著によりよい学歴を有している。結果的に、彼らは中流階級的職業に集中している。全人口の約一一％が専門職に就いているのに対して、この集団では二三％となっている(191)。ビル・ルービンスタインもイギリスの様々なエリート層へのユダヤ人の進出を証明しており、一九四五年から一九九五年の間にユダヤ人の閣内大臣が一四人、一九七五年には王立協会《ロイヤル・ソサエティ》の会員に四五人と指摘している。ユダヤ人の出自の著述家にはハロルド・ピンター（Harold Pinter）［劇作家、詩人、二〇〇五年ノーベル文学賞受賞］、トム・ストッパード（Tom Stoppard）［劇作家、映画脚本家、『ローゼンクランツとギルデンスターンは死んだ』などで知られる］、アーノルド・ウェスカー（Arnold Wesker）［劇作家、代表作『調理場』など］がいる。このコミュニティはまた大衆文化へも影響を与えており、例えばフランキー・ヴォーン（Frankie Vaughan）［ポップス歌手］、ヘレン・シャピロ（Helen Shapiro）［ポップス歌手］、マイクとバーニーのウィンターズ兄弟（Mike and Bernie Winters)〔コメディアン〕、マーク・ボラン(Marc Bolan)〔ロック・ミュージシャン〕がいる。(192)

ユダヤ人の社会階層移動は、東ヨーロッパからのユダヤ人に焦点を当て続けた場合は一世紀の間に、またこのコミュニティの他のメンバーも分析に含める場合はより長い期間に渡って生じた。故に私たちは戦後移民のうち、数十年のうちに同一レベルの経済的成功を成し遂げた者はほぼいないであろうと考えるかもしれない。しかし経済的な指標は、個々の集団の間、またその中においても、相矛盾する結果を示し続けている。イギリスに到来した時点での社会的地位、職業および収入が、移民およびその子孫双方の経済的成功のレベルを決定する上で、重要な役割を果たす。

戦後全体を検証すると、移民とその子孫は最下層から最上層まであらゆる職業的活動に雇用を見出していることが証明される。多くの研究者が指摘するのは、移民とその子孫たちはまた、人口全体よりも高い失業のレベル(主に偏見とゲットー化によって引き起こされる)を経験するということである。一九六〇年代初期において、イギリスの非白人《ブラック》の人々はすでに白人よりも失業状態になる確率が高かった。(193)一九七〇年代および一九八〇年代の経済不況までに、特に南アジア系とカリブ系の、移民の第二世代は白人よりも高い失業率を経験し、これは彼らの親たちの経験を反映しており、(194)現在まで続いているパターンである。二〇〇二―三年に白人系イギリス人の男性のわずか五%しか失業していないのに対し、南アジア系および黒人《ブラック》では一三%から一七%の間となる。(195)

失業に焦点を当てて強調すべき必要があるとはいえ、このことは戦後の移民の雇用に関する多くの他の経済的統計とは矛盾するもので、それらの統計が指し示すのはイギリス経済における移民の重要性である。労働力調査は二〇〇四年のイギリスの被雇用者のうち一〇%が他の国で出生したことを示し、(196)これは移民の子孫を含まない数値である。(197)戦後を通して、一連の様々な集団が主に労働者階級の職業において働くために入国した。この移動は一九四〇年代後期からのアイルランド人および東ヨーロッパ人の到来に始まり、その後はアフロ・カリブ系および南アジア系、そして最近ではポーランド系が後に続いている。イギリスの移民政策はある程度はイギリス経済の需要に応じて決められており、このプロセスを容易にした[198]。しかし他の経済的指標はまた、戦後移民たちの中には相対的に高いレベルの経済的成功を収めた者もいるという事実を指し示している。これらには自営や教育に関する数値も含まれている。パキスタン系は白人よりも高い失業率であるが、同時に彼らはかなりの高い自営率も示す。教育における到達度に関する統計は更なる矛盾を指し示す。アイルランド系、中国系、インド系の人々は学位を持つ率が最も高い集団に入っているが、同時にこれらの集団の約五分の一が何も資格を有していない[199]。

イギリスに一九四五年以降やってきた集団のいくつかに関する個々の調査は、これらの矛盾のいくつかを解明する手助けになる。ポーランド人の二回の大きな波が圧倒的に労働者階級的職業へと流れ、しばしば社会・経済的地位の喪失を引き起こした。確かに、住宅購入などの統計に現れているように、いくばくかの社会階層移動がその後生じた[200]。二〇〇四年五月のポーランドのEU加盟の後の二年間にイギリスにやってきたポーランド人の約四〇%は「管理、経営およびマネジメント」において雇用を見出しているが、残りはより確実に労働者階級的な雇用、例えば農業、食品・魚・肉の加工、接客、飲食業、製造などに従事した[201]。

イギリスにおけるギリシア系キプロス人コミュニティのメンバーは一九五〇年代以降、様々な職業に従事してきた。一九六六年にはこの集団の一九・六%が自営であり、同じ時に人口全体では七・一%となっている。しかしながら、自営業者の多くが彼らと同郷の人々を搾取しており、これは第一次世界大戦前の東ヨーロッパからのユダヤ人の様子とも重なる。ギリシア系キプロス人は特に飲食業で重要な役割を果たした。多くが自分のレストランを開いた一方で、他の者たちは何年もウェイターや、コックなどとして働いた。専門職への移行や長時間の肉体労働からの離脱は移民の子孫世代になって生じた[202]。

アフロ・カリブ系の雇用は過去数十年に渡って全体として改善のパターンを示しているが、ただし、ここでもまたその様相は単純ではない。ルカッセンはイギリスにおける移民の統合に関する彼の研究におけるケーススタディの一つとしてこの集団を取り上げた。彼は第一世代の移民たちが肉体労働・低熟練雇用で働く傾向があったことと、その子孫が特に一九八〇年代に失業率が高かったことを指摘している。しかしながら、彼は近年において、彼らの社会経済的地位が改善しつつあることを示唆する[203]。ルカッセンのこの集団の分析は正に、長期的なアプローチを取ることで、ある特定の期間に焦点を当ててしまうことを避けられることを示す。特に、この例ではソロモスやレックスなどが一九八〇年代に焦点を当てることで、当時の都市中心部《インナーシティ》暴動に参加したアフロ・カリブ系の若者の社会経済的地位の悲惨さに注目し、アンダークラスの概念を発展させるに至った見方から距離を置くことが可能になる[204]。だが確かに、私たちはこのような見方をする研究も軽視するべきではない。なぜなら多くの社会経済的統計は、アフロ・カリブ系は未だ不利な状況に置かれていることを示しているからである。

一九四五年以前にイギリスに移住した黒人《ブラック》の移民たちは一九四〇年代後期以降やってきた者たちとはほぼ関係がないけれど、これらの早い到来者たちの地位について簡潔に検証しておくことも有用である。ヴィクトリア朝のイギリスに居住した者たちの大半は地位の低い社会・経済集団に入る傾向があった。メイヒュー[205]はいくらかの「エチオピアのセレナード奏者」の存在を確認しており、他方、マイケル・バントンはロンドンにおける「ネグロの物乞い」の存在を指摘している[206]。最も長く存在した黒人《ブラック》の集団は水夫であり、アフリカや西インド諸島出身で、リヴァプール、ロンドンのイーストエンドやカーディフなどの港湾都市に居住した[207]。第二次世界大戦中に生じた増加は船員、兵士、軍需品製造の労働者などを含んでいた[208]。中流階級の黒人《ブラック》は学生や政治活動家などで、殆どがアフリカ出身であった[209]。

一九四〇年代後期以降、カリブ海諸島から到来した人々は一般的に社会・経済的梯子の底辺に位置することとなり、肉体労働に従事し、人種主義の影響によってマジョリティよりも高い失業率を経験した[210]。新来者の多くが偏見のために社会・経済的地位の喪失を経験したのである。西インド諸島系の移民のうちわずか二二%しかカリブ海諸島では非熟練ないしは半熟練の仕事に従事したことがなかったにもかかわらず、イギリスではその割合は六三%にまで上がった。西インド諸島系の専門職ないし熟練労働者のうち殆ど九〇%にあたる人々がロンドンでは肉体労働しか見つけられなかった[211]。シーラ・パターソンは一九六〇年代にロンドン南部で西インド諸島系の移民を雇用した産業や工場には食品やソフトドリンクの製造、衣服商、建設業などがあったと述べている[212]。他には交通を含む公営セクターに職を得た者もあった。一九五八年までに四〇〇〇人の西インド諸島人がロンドン交通局で働いた[213]。人々と接しながら働くこの種の雇用の存在にもかかわらず、西インド諸島人は一九六〇年代までは小売店での職を得ることはめったになく、これは経営者が客足の遠のきを恐れたためであった[214]。人種的な偏見は、一九六〇年代以降様々な防止策が取られてきたにもかかわらず[215]、今日でも残り続けているが、特に機会均等法制が導入される前は、西インド諸島系の人々は、私営・公営セクターどちらで働いていても、同僚と同じレベルの昇進を受けることがなかった[216]。このような偏見はカリブ海出身の移民がもともとイギリスにいた人たちよりも高い失業率を経験したという事実の背後にあるものだ。ロンドン交通局のような会社は「［カリブ人を］最後に採用し、最初に首を切る」といった人員整理方針を採用していた[217]。故に、一九六一年にはすでにロンドンに居住する西インド諸島系の男性は、イギリス生まれの者が三・二%であるのに対して、六%の失業率を経験していた。[218]

西インド諸島系の移民は彼らの親世代と同様の経験に直面した。一九六〇年代の間、若年者雇用局は「有色人種《カラード》の学校卒業者」に非熟練の仕事を見つけることはできたが、熟練職、事務職や、人と接する必要のある店での販売業において就職先を見つけるのは困難であった。[219] 多くの研究は同時に教育システムの失敗を指摘しており、圧倒的に白人であった教育専門職の人々は西インド諸島系の子供たちに敵意または無関心を持って接していたとされる。[220] 同時に多くの黒人《ブラック》の子供たちが都市中心部《インナーシティ》で成長したという事実は、彼らが底辺の学校に通ったということも意味した。[221] 今日でも、彼らは全てのエスニック集団の中で最低レベルの成績である。[222] 結果的に、黒人《ブラック》の若者は高い失業率を経験してきた。この、都市中心部《インナーシティ》に集中する実質的なアンダークラスという地位がイギリスにおける黒人《ブラック》男性の犯罪率の高さにつながる中心的な要因となっている。[223]

西インド諸島系の人々はいまだに全体的に恵まれていない集団であるが、変化も起きている。民族間通婚の多さと次第に地理的に分散されるようになっていることは状況の改善を意味している。黒人《ブラック》の中流階級が形成されつつあり、[224] イギリスで最も成功しているスポーツ選手の中にアフロ・カリブ系の出自の者もいる。[225] にもかかわらず、これらの人々、特にスポーツ選手は少数に過ぎない。都市中心部《インナーシティ》に留まる者はいまだ、彼らの親、祖父母世代と同様の経済的、社会的に困難な将来に直面している。

アジア人とその子孫の経験もまた、いくつかの暗鬱たる事実を示しているが、この集団を形成している人々の出自の複雑さを考えると、明確なパターンを実証することは困難である。黒人《ブラック》同様、アジア系の人々も人種主義を経験しており、そのことはアジア系も失業率が高く、またバングラデシュ系とパキスタン系の場合、教育到達度の低さも生じていることを意味する。しかし、その一方で、彼らは自営の率が高く、インド系は教育到達度において最高レベルである部分もある。この矛盾の理由は部分的には、もともとの移民の出自カーストの違いにある。

イギリスのアフロ・カリブ系と同様に、アジア系の定住は一九四五年以後に始まったわけではないが、戦後に全く異なる規模で展開することとなった。第二次世界大戦前に住んでいた者は、ロジーナ・ヴィスラムやショムパ・ラヒーリを含む一連の学者の研究によって認識されている通り、様々な職業集団の者を含んでいた。ヴィスラムの一九四五年以前のアジア系の歴史について書かれた代表的研究書の初版のタイトルは『女中《アイア》、水夫《ラスカー》と王侯《プリンス》（*Ayahs, Lascars and Princes*）』であり、この多様性を示している。現実には、このうち二番目の、港に集中する一時的で貧しい住民であった水夫が一九世紀の間はイギリスにおけるその他の南アジア系の人々を数において圧倒していた。しかしながら、ヴィスラムはあくまでも限られた個人に過ぎないものの、アジア系の国会議員や女性選挙権活動家、その他の政治活動家の存在を指摘する。第一次世界大戦の間一二七万人のインド人が西部戦線で戦ったが、そのうち負傷した数千人しかイギリスには来なかった。戦間期には最大で八〇〇〇人のインド人がイギリスに居住したかもしれない。インド系の労働者階級が、特にドックや海運業に関連する人々の間で出現したようで、また飲食業で働く者もいた。インド人の物売りや行商人も見られるようになった。同時に、第二次世界大戦の終わりまでに、一〇〇〇人ものインド人の医者がイギリスに居住するようになった可能性があり、戦後のこの集団の移住の基礎を作った。第二次世界大戦の間に、特にミールプールから、徴兵のために生じた労働力不足を補うために、バーミンガムなどの大都市にある工場で働くために来た者もいた。[226]

この多様性は第二次世界大戦の後も継続した。専門職としてイギリスに移住したインド人はしばしば彼らの地位を維持した。しかしながら、インド人全体としては、中国人に次いで最も優れた教育的資格を有し、また最も専門職の雇用に就く率も高いかもしれないが、同時に「白人系イギリス人」よりも失業率が高い。バングラデシュ系とパキスタン系のコミュニティは、より都市中心部《インナーシティ》に密集しているが、最も失業率の高い集団に入っており、また農業労働者としての社会的な出自によって説明されるが、資格のない人々が最も多い。他方、パキスタン人は二三％と最も自営率が高い。[227]

これらの現代におけるパターンはイギリスにおける南アジア人の多様な出自を反映しており、同時に多くのバングラデシュ系やパキスタン系の人々の居住が都市中心部《インナーシティ》に集中していることの結果でもある。彼らは非熟練労働に従事するために移住したのであり、一九七〇年代にはこれらの集団の約五分の四が肉体労働者で占められていた。[228] その時から、パキスタン系、およびその他の南アジア人の人々の間では、これは彼らがそれ以外の雇用形態において直面した人種主義のせいでもあるが、だんだんと自営になる人が増えた。アジア人企業家の中には億万長者に成る者もいたが、[229] 多くが小額の利益を上げる会社を経営している。[230] 同時に、バングラデシュ系とパキスタン系の親たちは都市中心部《インナーシティ》に集中し、一九八〇年代の高失業率の時代には確実に、アフロ・カリブ系の人々と同様の雇用体験をする傾向があった。[231] イギリスで成功している南アジア系の人々はしばしば専門職として移住して来た者で、高いカーストの出身者であることも多い。[232] 最も有名な成功譚の一つは、今や右派の新聞にも賞賛されているが、[233] その多くがウガンダでビジネスの経験のあったウガンダ系アジア人である。[234]

故に、イギリスにおけるアジア人の統合は、そこに関わる集団の多様性のために非常に複雑である。いくつかの点では、異なるタイプの統合が起きた。肉体労働職で働いた親の元に生まれた人々は、より高いカーストの背景を持つ人々と同じレベルの経済的成功を成し遂げなかった。自営は南アジア系によって好まれた経済活動の一形態であるかもしれないが、しかし特に自分たちと同じ集団が居住する地域で食料品店を経営する人々の場合、統合がなされたとは言えないし、多くは小規模な利益を上げるビジネスであるので、快適な中流階級的生活スタイルにつながるとも言えない。

中国系コミュニティは、規模もより小さく多様性においても劣るが、南アジア系と同様の経験をした。この集団も一九四五年以前に少数存在し、港町に集中し、水夫としてやって来た者もいれば、食料品店、洗濯業、最初の中国料理レストランなど小さな飲食店を開いた者もいた[235]。戦後、中国系コミュニティの成長は中国料理およびそのレストランの広がりを反映しているが、インド料理のレストランと同様、このビジネスに従事した者で、大きな利益を上げた者は少なかった[236]。同時に、中国系の人々は白人系のイギリス人よりも高い失業率を経験した。しかしながら、彼らはまた学校でも最高レベルの成績を収めている[237]。

統合の不可避性?

過去二世紀間のイギリスにおける何百万人もの移民とその子孫たちの居住パターン、人口動態、経済に関して結論に到達するのはかなり困難な作業である。にもかかわらず、私たちは以下のような一連の主張を行うことができる。まず、移民のコミュニティはゲットー化と貧困に永遠に囚われたままではない、ということである。たとえ、そのような移住当初の状況から抜け出すのに何世代もかかったとしても変化は起きる。一九世紀半ばのアイルランド人移民はこの「ゲットー」からのゆっくりとした脱出のよい例の一つを提供し、他方ユダヤ人は最も「教科書的な」事例の一つとなっている。

しかしながら、ユダヤ人に焦点を当てることで、地理的なゲットーは時とともに消失したかもしれないが、一九世紀の東ヨーロッパ系ユダヤ人はロンドンの郊外に集団として移住する傾向があったことがわかる。このことは南アジア系の場合も起き、例えばレスターの事例で、郊外のオードビー地区に移住が起きたことである。しかし、レスターの事例がイギリスにおいて最も高いレベルの隔離が進んだ事例のいくつかを示すとしても、多くの社会調査は戦後発展したコミュニティのメンバーが次第に分散されていくことを指し示してきた。もし居住における分散が統合の指標を提供するのであれば、イギリスの殆どの集団は、確実に何世代かを経て、いくばくかの統合は経験してきた。

移民集団の人口動態は多様性を示している。一方で、いくつかの集団、特にアジア系のケースでは、もともと圧倒的に男性移住者中心の構成であったが、その後、彼らを追ってやって来た妻や子供たちと再結合した。他の集団はアイルランド系、ユダヤ系、西インド諸島系、ギリシア系キプロス人と、家族で移住する傾向があった。イギリスにおける男女間関係や家庭のあり方は故郷でのパターンを反映する傾向があり、結果、家族の概念が十分確立された地域、例えばキプロスの出身である場合、このパターンを続けてきたし、西インド諸島系の場合、より非公式《インフォーマル》な関係であることが多かった。イギリスの環境もまた時とともに影響を与えた。民族間通婚や異集団間に生じる関係は、明らかな統合の指標であるが、次第に日常的に見られるようになり、ただし、集団によってその変化の速度は異なった。同時に、出生のパターンも次第にマジョリティの人々のものを反映するようになった。

移民コミュニティの経済的地位も多様なパターンを示す。過去二〇〇年の間、移民たちが最も対価の低い、底辺の雇用を引き受け、また最も高い失業率を経験してきたことは否定できない。これは最も一般的な（しかし唯一ではない）パラダイムを示している。移民たちの中には、特にここ数十年に見られるように、イギリスに資産、技能、資格を持って移民して来た者たちがいる。現代の統計が高い割合の失業を示す一方で、政府によって歓迎される、イギリスで最も裕福な人々もまた移民である。同時に、社会階層移動もまた生じた。東ヨーロッパ系のユダヤ人の場合がこのプロセスが作用した最もわかりやすい事例である。ただしイーストエンドの苦汗工場から専門職の雇用への移動は場合によっては一世紀をかけて、四世代を通じて生じた。

故に、統合は時間をかけて進むプロセスである。一八五〇年代のアイルランド人や一九六〇年代の西インド諸島人に焦点を当てると、多くの移民がまずは困難な状況に置かれることを確認するに過ぎない。同様に、時間や世代を通じ、人口全体の標準的状態への収斂が生じる。一九世紀の移民の事例は社会階層移動には長い期間が必要だということを意味する。戦後移民コミュニティの中には統合の進行を示すものもあるが、中には、マジョリティ人口の社会・経済的地位に到達するまでには未だ長い道のりがある集団も存在する。

（1） Leo Lucassen, *The Immigrant Threat : The Integration of Old and New Migrants in Western Europe since 1850* (Urbana and Chicago, 2005), p. 213.

（2） 同書、p. 49.

（3） M. A. G. Ó Tuathaigh, 'The Irish in Nineteenth Century Britain : Problems of Integration,' *Transactions of the Royal Historical Society*, vol. 31 (1981), p. 156. Paul O'Leary, *Immigration and Integration : The Irish in Wales, 1789–1922* (Cardiff, 2000) も参照。

（4） Lucassen, *Immigrant Threat*, p. 141.

（5） Michael Banton, *The Coloured Quarter : Negro Immigrants in a British City* (London, 1955).

（6） Ruth Glass, *Newcomers : The West Indians in London* (London, 1960).

（7） Sheila Patterson, *Dark Strangers : A Sociological Study of the Absorption of a Recent West Indian Migrant Group in Brixton, South London* (London, 1963).

（8） 例えば, John Rex, *The Ghetto and the Underclass : Es-*

says on Race and Social Policy (Aldershot, 1988) を参照。

(9) John Solomos, *Black, Youth and the State : The Politics of Ideology and Policy* (Cambridge, 1988).

(10) 例えば以下を参照。W. J. Lowe, *The Irish in Mid-Victorian Lancashire : The Shaping of a Working Class Community* (New York, 1989) ; Frances Finnegan, *Poverty and Prejudice : A Study of Irish Immigrants in York, 1840-1875* (Cork, 1982).

(11) Roger Swift and Sheridan Gilley は以下の重要な三冊の著作を編集している。*The Irish in the Victorian City* (London, 1985) ; *The Irish in Britain, 1815-1939* (London, 1989) ; *The Irish in Victorian Britain : The Local Dimension* (Dublin, 1999).

(12) しかしSteven Fielding, *Class and Ethnicity : Irish Catholics in England, 1880-1939* (Buckingham, 1993) は社会経済的地位の変化よりもカトリックとしてのアイデンティティの残存について論じている。

(13) 古典的研究としては以下がある。Lloyd P. Gartner, *The Jewish Immigrant in England, 1870-1914* (London, 1960) ; John A. Garrard, *The English and Immigration, 1880-1910* (London, 1971) ; Bernard Gainer, *The Alien Invasion : The Origins of the Aliens Act of 1905* (London, 1972).

(14) これらの複雑さを明らかにした在英ユダヤ人の長期的な研究としては以下のものがある。Geoffrey Alderman, *Modern British Jewry* (Oxford, 1992) ; W. D. Rubinstein, *A History of the Jews in the English Speaking World : Great Britain* (Basingstoke, 1996) ; Todd M. Endelman, *The Jews of Britain, 1656-2000* (London, 2002) ; V. D. Lipman, *A History of the Jews in Britain Since 1858* (Leicester, 1990).

(15) 第五章を参照。

(16) 以下を参照。Panikos Panayi, *German Immigrants in Britain during the Nineteenth Century, 1815-1914* (Oxford, 1995) ; Stefan Manz, *Migranten und Internierte : Deutsche in Glasgow, 1864-1918* (Stuttgart, 2003) ; Ulrike Kirchberger, *Aspekte deutsch-britischer Expansion : Die Überseeinteressen der deutschen Migranten in Großbritannien in der Mitte des 19. Jahrhunderts* (Stuttgart, 1999).

(17) アジア系のアイデンティティおよびエスニシティについては第四章に述べる。

(18) この後の議論を参照。

(19) Rex, *Ghetto.*

(20) Marion Berghahn, *German-Jewish Refugees from Nazi Germany* (Oxford, 1988).

(21) Anne J. Kershen, *Strangers, Aliens and Asians : Huguenots, Jews and Bangladeshis in Spitalfields, 1660-2000* (London, 2005).

(22) Lynn Hollen Lees, *Exiles of Erin : Irish Immigrants in Victorian London* (Manchester, 1979), p. 57.

(23) Panikos Panayi, *German Immigrants in Britain during the Nineteenth Century, 1815-1914* (Oxford, 1995), pp. 26-7, 93-100 ; Panikos Panayi, 'Anti-German Riots in Lon-

don During the First World War', *German History*, 7 (1989), vol. 7, pp. 194-7.

(24) John Seed, 'Limehouse Blues: Looking for Chinatown in the London Docks, 1900-40', *History Workshop Journal*, Issue 62 (2006), pp. 58-85.

(25) Geoff Dench, *Maltese in London: A Case Study in the Erosion of Ethnic Consciousness* (London, 1975); Geoff Dench, Kate Gavron and Michael Young, *The New East End: Kinship, Race and Conflict* (London, 2006); David J. Griffiths, 'Fragmentation and Consolidation: The Contrasting Cases of Somali and, Kurdish Refugees in London', *Journal of Refugee Studies*, vol. 13 (2000), pp. 281-302; John Eade, *Placing London: From Imperial Capital to Global City* (Oxford, 2000).

(26) Cecil Roth, *The Rise of Provincial Jewry: The Early History of the Jewish Communities in the English Countryside* (London, 1950), pp. 110-11.

(27) 同書、pp. 52-3.

(28) 同書、p. 26.

(29) Gartner, *Jewish Immigrant in England*, pp. 145-6; Henrietta Adler, 'Jewish Life and Labour in East London', in Sir Hubert Llewellyn Smith, ed., *New Survey of London Life and Labour*, vol. 6 (London, 1934), pp. 271-2, p. 296; Lipman, *History of the Jews in Britain*, pp. 206-9; Ursula Henriques, *The Jews of South Wales: Historical Studies* (Cardiff, 1993).

(30) Lipman, 同書、p. 205.

(31) Panikos Panayi, *Immigration, Ethnicity and Racism In Britain*, 1815-1945 (Manchester, 1994), pp. 51-2.

(32) この後の記述を参照。

(33) 例えばSwift and Gilley, *Irish in Victorian Britain*を参照。

(34) Chris Williams, '"Decorous and Creditable": The Irish in Newport', in Paul O'Leary, ed., *Irish Migrants in Modem Wales* (Liverpool, 2004), p. 55.

(35) D. Morgan, *Harvesters and Harvesting, 1840-1900* (London, 1982), p. 76; Sarah Barber, 'Irish Migrant Agricultural Labourers in Nineteenth Century Lincolnshire', *Saothar*, vol. 8 (1982), pp. 10-23.

(36) J. H. Treble, 'Irish Navvies in the North of England, 1830-50', *Transport History*, vol. 6 (1973), pp. 227-47.

(37) Panayi, Immigration, pp. 92-107.

(38) Lucio Sponza, *Italian Immigrants in Nineteenth Century Britain* (Leicester, 1988), pp. 322-5; Terri Colpi, *The Italian Factor: The Italian Community in Great Britain* (Edinburgh, 1991), p. 74.

(39) Panayi, *Immigration*, pp. 56-7.

(40) 例えば以下を参照。Kenneth Little, *Negroes in Britain* (London, 1972); Seed, 'Limehouse Blues'; J. Salter, *The East in the West or Work Among the Asiatics and Africans in Britain* (London, 1896); Diane Frost, *Work and Community Among West African Migrant Workers Since the Nineteenth Century* (Liverpool, 1999), pp. 29-103.

(41) Panikos Panayi, 'Cosmopolis: London's Ethnic Minorities', in Andrew Gibson and Joe Kerr, eds, *London from Punk to Blair* (London, 2003), pp. 67–71; Malcolm Harrison, Deborah Phillips, Kusminder Chahal, Lisa Hunt and John Perry, *Housing, 'Race' and Community Cohesion* (Coventry, 2005).

(42) Dench, Gavron and Young, *New East End*.

(43) Edward Pilkington, *Beyond the Mother Country: West Indians and the Notting Hill White Riots* (London, 1988); Patterson, *Dark Strangers*.

(44) Glass, *Newcomers*, pp. 32–40.

(45) Richard Skellington, *'Race' in Britain Today*, 2nd Edn (London, 1996), p. 58.

(46) Panayi, 'Cosmopolis'; Gurharpal Singh and Darshan Singh Tatla, *Sikhs in Britain: The Making of a Community* (London, 2006), pp. 62–3; Muhamad Anwar, *British Pakistanis: Demographic, Social and Economic Position* (Coventry, 1996), pp. 16–19; Kershen, *Strangers*.

(47) Seán Hutton, 'The Irish in London', in Nick Merriman, ed., *The Peopling of London: 15,000 Years of Settlement from Overseas* (London, 1993), p. 119.

(48) Bronwen Walter, 'Contemporary Irish Settlement in London: Women's Worlds, Men's Worlds', in Jim Mac Laughlin, ed., *Location and Dislocation in Contemporary Irish Society: Emigration and Identities* (Cork, 1997), pp. 67–8; Judy Chance,' The Irish in London: An Exploration of Ethnic Boundary Maintenance', in Peter Jackson, ed., *Race and Racism: Essays in Social Geography* (London, 1987), pp. 142–60.

(49) Barry A. Kosmin and Caren Levy, *The Work and Employment of Suburban Jews: The Socio-Economic Findings of the 1978 Redbridge Jewish Survey* (London, 1981).

(50) Robin Oakley, *Changing Patterns of Distribution of Cypriot Settlement* (Coventry, 1987).

(51) Panayi, 'Cosmopolis'; Merriman, *The Peopling of London*.

(52) この後を参照。

(53) Graham Davis, *The Irish in Britain, 1815–1914* (Dublin, 1991), pp. 175–6.

(54) Gurharpal Singh, 'Multiculturalism in Contemporary Britain: Reflections on the "Leicester Model"', in John Rex and Gurharpal Singh, eds, *Governance in Multicultural Societies* (Aldershot, 2004), p. 57; Valerie Marrett, *Immigrants Settling in the City* (Leicester, 1989), pp. 1–5; Margaret Byron, *Post-war Caribbean Migration to Britain: The Unfinished Cycle* (Aldershot, 1994), pp. 75–7.

(55) Humayun Ansari, *'The Infidel Within': Muslims in Britain Since 1800* (London, 2004), p. 173.

(56) Vaughan Robinson, *Transients, Settlers and Refugees: Asians in Britain* (Oxford, 1986). Singh and Tatla, *Sikhs in Britain*, pp. 62–3; and Anwar, *British Pakistanis*, pp. 20–6 も参照。

(57) C. Richardson, 'Irish Settlement in Mid-Nineteenth Century Bradford', *Yorkshire Bulletin of Economic and Social Research*, vol. 20 (1968), p. 41.

(58) Roger Swift, 'Anti-Catholicism and the Irish Disturbances: Public Order in Mid-Victorian Wolverhampton', *Midland History*, vol. 9 (1984), p. 88.

(59) Carl Chinn, '"Sturdy Catholic Emigrants": The Irish in Early Victorian Birmingham', in Swift and Gilley, *Irish in Victorian Britain*, pp. 52, 58; Skellington, *'Race'*, p. 58.

(60) Frank Neal, *Sectarian Violence: The Liverpool Experience, 1819-1914* (Manchester, 1988), p. 9.

(61) ウェールズについては以下を参照。O'Leary, *Immigration and Integration*; and Charlotte Williamson, Neil Evans and Paul O'Leary, eds, *A Tolerant Nation? Exploring Ethnic Diversity in Wales* (Cardiff, 2003). 一九世紀スコットランドにおけるアイルランド系については J. E. Handley: *The Irish in Scotland, 1798-1845* (Cork, 1943); *The Irish in Modern Scotland* (Cork, 1947) を参照。より最近のスコットランドについては Scottish Office Central Research Unit Papers, 'Ethnic Minorities in Scotland', June 1983を参照。

(62) Vaughan Robinson, Roger Anderson and Sako Musterd, *Spreading the Burden: A Review of Policies to Disperse Asylum Seekers and Refugees* (Bristol, 2003).

(63) 第二章を参照。

(64) Kathleen Neils Conzen, 'Immigrants, Immigrant Neighbourhoods, and Ethnic Identity: Historical Issues', *Journal of American History*, vol. 66 (1979), pp. 603-15; Stanley Nadel, *Little Germany: Ethnicity, Religion and Class in New York City, 1845-80* (Urbana and Chicago, 1990).

(65) Pnina Werbner, *The Migration Process: Capital, Gifts and Offerings among British Pakistanis* (Oxford, 1990), pp. 11-49; Muhammad Anwar, *The Myth of Return: Pakistanis in Britain* (London, 1979).

(66) この後の第四章を参照。

(67) Deborah Phillips, 'Moving Towards Integration: The Housing of Asylum Seekers and Refugees in Britain', *Housing Studies*, vol. 21 (2006), pp. 539-53.

(68) 例えば Jeff Henderson and Valerie Khan, 'Race, Class and the Allocation of Public Housing in Britain', *Urban Studies*, vol. 21 (1984), pp. 115-28を参照。

(69) これらの問題への導入としては E. D. Huttrnan, 'Housing Segregation in Western Europe: An Introduction', in E. D. Huttman, W. E. Blanco and S. Saltman, eds, *Urban Housing: Segregation of Minorities in Western Europe and the United States* (London, 1991), pp. 21-39を参照。

(70) Ted Cantle, *Community Cohesion: A New Framework for Race and Diversity* (Basingstoke, 2005), pp. 198-201.

(71) Ceri Peach, 'Does Britain Have Ghettos?', *Transactions of the Institute of British Geographers*, New Series, vol. 21 (1996), pp. 232-4. Nissa Finney and Ludi Simpson, 'Sleepwalking to Segregation?' *Challenging Myths About Race*

and Immigration (Bristol, 2009) も参照。

(72) Conzen, 'Immigrants', p. 603.

(73) Leon M. Faucher, *Manchester in 1844 : Its Present Condition and Future Prospects* (London, 1844), p. 28.

(74) *Royal Commission on the Conditions of the Poorer Classes in Ireland, Appendix G, The State of the Irish Poor in Great Britain* (London, 1836), pp. xi, xiv.

(75) Neal, *Sectarian Violence*, pp. 10-15.

(76) Colin G. Pooley, 'The Residential Segregation of Migrant Communities in Mid-Victorian Liverpool', *Transactions of the Institute of British Geographers*, New Series, vol. 2 (1977), pp. 364-82.

(77) Cohn G. Pooley, 'Segregation or Integration? The Residential Experience of the Irish in Mid-Victorian Britain', in Swift and Gilley, *Irish in Britain*, pp. 60-83.

(78) Fielding, *Class and Ethnicity*, pp. 27-33.

(79) Lees, *Exiles of Erin*, p. 60.

(80) John Hickey, 'Irish Settlement in Nineteenth Century Cardiff', in O'Leary, *Irish Migrants in Modern Wales*, pp. 34-53.

(81) Panayi, *German Immigrants*, pp. 93-100 ; Manz, *Migranten und Internierte*, pp. 41-3.

(82) Salo W. Baron, *The Russian Jew Under Tsars and Soviets*, 2nd Edn (London, 1964), pp. 63-74を参照。

(83) Lipman, *History of the Jews in Britain*, pp. 14-15 ; Endelman, *Jews of Britain*, pp. 94-5.

(84) Panayi, *Immigration*, p. 55.

(85) Murdoch Rogers, 'Glasgow Jewry : The History of the City's Jewish Community', in Billy Kay, ed., *Odyssey : Voices from Scotland's Recent Past* (Edinburgh, 1982), p. 113.

(86) Adler, 'Jewish Life', pp. 271-2, 296 ; Lipman, *History of the Jews in Britain*, pp. 207-8.

(87) この後を参照。

(88) Endelman, *The Jews of Britain*, pp. 230-1 ; Stanley Waterman and Barry Kosmin, 'Ethnic Identity, Residential Concentration and Social Welfare : The Jews in London', in Jackson, *Race and Racism*, pp. 263-4 ; *Jewish Chronicle*, 13 July 2005 ; David Graham, Marlena Schmool and Stanley Waterman, *Jews in Britain : A Snapshot from the 2001 Census* (London, 2007), pp. 23-37.

(89) この後第四章を参照。

(90) Waterman and Barry Kosmin, 'Ethnic Identity', p. 261.

(91) Stuart B. Philpott, 'The Montserratians : Migration Dependency and the Maintenance of Island Ties in England', in James L. Watson, ed., *Between Two Cultures : Migrants and Minorities in Britain* (Oxford, 1977), p. 108.

(92) Ceri Peach, *West Indian Migration to Britain : A Social Geography* (London, 1968), pp. 84-8.

(93) John Rex, 'The Social Segregation of the Immigrant in British Cities', *Political Quarterly*, vol. 39 (1968), pp. 15-24.

(94) John Benyon and John Solomos, eds, *The Roots of Urban Unrest* (Oxford, 1987).

(95) Tariq Modood, et al., *Ethnic Minorities in Britain : Diversity and Disadvantage* (London, 1997), p. 188.

(96) Deborah Phillips, 'Black Minority Ethnic Concentration, Segregation and Dispersal in Britain', *Urban Studies*, vol. 35 (1998), p. 1686.

(97) Verity Saifullah Khan, 'The Pakistanis : Mirpuri Villagers at Home and in Bradford', in Watson, *Between Two Cultures*, pp. 57-76 ; Anwar, *Myth of Return*, pp. 17-61.

(98) Werbner, *Migration Process*, pp. 15-49 ; Anwar, 同書， pp. 28-35.

(99) John Martin and Gurharpal Singh, *Asian Leicester* (Stroud, 2002), pp. 10-11 ; E. Nelson Swinerton, William G. Kueper and G. Lynne Lackey, *Ugandan Asians in Great Britain* (London, 1975) ; Marrett, *Immigrants Settling in the City*.

(100) Martin and Singh, 同書， pp. 16-20 ; Phillips, 'Black Minority Ethnic Concentration', p. 1687.

(101) Werbner, *Migration Process*, pp. 15-49.

(102) Phillips, 'Black Minority Ethnic Concentration', p. 1687.

(103) Modood, *Ethnic Minorities in Britain*, p. 188.

(104) 以下を参照。同書 ; Peach, 'Does Britain Have Ghettos?' ; Ron Johnston, James Forrest and Michael Poulsen, 'Are there Ethnic Enclaves/Ghettos in English Cities', *Urban Studies*, vol. 39 (2002), pp. 591-618 ; John Stillwell and Deborah Phillips, 'Diversity and Change : Understanding the Ethnic Geographies of Leeds', *Journal of Ethnic and Migration Studies*, vol. 32 (2006), pp. 1131-52.

(105) Lucassen, *Immigrant Threat*, pp. 136-7.

(106) このような問題への導入として例えば以下を参照。John Haskey, Kathleen Kiernan, Patricia Morgan and Miriam E. David, *The Fragmenting Family : Does it Matter?* (London, 1998) ; and Graham Allan and Graham Crow, *Families, Households and Society* (Basingstoke, 2001).

(107) Norma Myers, *Reconstructing the Black Past : Blacks in Britain, 1780-1830* (London, 1996). Assimilationist perspectives include : Peter Fryer, *Staying Power : The History of Black People in Britain*, pp. 235-6 ; and James Walvin, *Black and White : The Negro and English Society, 1555-1945* (London, 1973), pp. 189-201.

(108) Rosina Visram, *Asians in Britain : 400 Years of History* (London, 2002), p. 33.

(109) Visram, *Asians in Britain*, pp. 50-4.

(110) Panayi, *Immigration*, p. 60.

(111) Fryer, *Staying Power*, pp. 237-367.

(112) John E. Zucchi, *The Little Slaves of the Harp : Italian Child Street Musicians in Nineteenth-Century Paris, London and New York* (London, 1992), pp. 76-.110.

(113) Sponza, *Italian Immigrants*, pp. 58-60.

(114) Paul B. Rich, *Race and Empire in British Politics* (Cambridge, 1990), pp. 130-5.

(115) Little, *Negroes in Britain*, pp. 108-9.

(116) Panayl, *German Immigrants*, pp. 108-10.

(117) S. Rosenblaum, 'A Contribution to the Study of the Vital and other Statistics of the Jews in the United Kingdom', *Journal of the Royal Statistical Society*, vol. 68 (1905), pp. 525–62 ; Adler, 'Jewish Life', pp. 283, 294 ; Barry A. Kosmin, 'Nuptiality and Fertility Patterns of British Jewry, 1850–1980 : An Immigrant Transition?', in D. A. Coleman, ed., *Demography of Immigrant and Minority Groups in the United Kingdom* (London, 1982), pp. 245–61 ; Bernard Wasserstein, *Vanishing Diaspora : The Jews in Britain Since 1945* (London, 1996), pp. viii, 74 ; Rubinstein, *History of the Jews*, pp. 418–19 ; Graham, Schmool and Waterman, *Jews in Britain*, pp. 39–50.

(118) John Haslett and W. J. Lowe, 'Household Structure and Overcrowding Among the Lancashire Irish, 1851–1871', *Histoire Social*, vol. 10 (1977), pp. 45–58 ; Finnegan, *Poverty and Prejudice*, pp. 72–4 ; David Large, 'The Irish in Bristol in 1851 : A Census Enumeration', in Swift and Gilley, *Irish in the Victorian City*, pp. 51, 53 ; Lees, *Exiles of Erin*, pp. 48–51.

(119) Frank Neal, 'A Statistical Profile of the Irish Community in Gateshead : The Evidence of the 1851 Census', *Immigrants and Minorities*, vol. 27 (2009), p. 66.

(120) Fielding, *Class and Ethnicity* ; Lucassen, *Immigrant Threat*, pp. 46–8 ; Walter, 'Contemporary Irish Settlement in London', pp. 61–93 ; A. E. C. W. Spencer, 'Catholics in Britain and Ireland', in Coleman, *Demography*, pp. 211–43 ; John Herson, 'Migration, "Community" or Integration? Irish Families in Victorian Stafford', in Swift and Gilley, *Irish in Victorian Britain*, pp. 156–89.

(121) Walter, 同書, p. 65 ; Louise Ryan, 'Passing Time : Irish Women Remembering and Re-Telling Stories of Migration to Britain', in Kathy Burrell and Panikos Panayi, eds, *Histories and Memories : Migrants and their History in Britain* (London, 2006), pp. 191–209.

(122) Inge Weber-Newth, 'Bilateral Relations : British Soldiers and German Women', in Louise Ryan and Wendy Webster, eds, *Gendering Migration : Masculinity, Feminity and Ethnicity in Post-War Britain* (Ashgate, 2008), pp. 53–70.

(123) Floya Anthias, *Ethnicity, Class, Gender and Migration : Greek Cypriots in Britain* (Aldershot, 1992), pp. 7–8 ; Kathy Burrell, *Moving Lives : Narratives of Nation and Migration among Europeans in Post-war Britain* (Aldershot, 2006), pp. 10–11 ; Pamela Constantinides, 'The Greek Cypriots : Factors in the Maintenance of Ethnic Identity', in Watson, *Between Two Cultures*, pp. 269–300 ; Panikos Panayi, 'One Last Chance : Masculinity, Ethnicity and the Greek Cypriot Community of London', in Pat Kirkham and Janet Thumin eds, *You Tarzan : Masculinity, Movies and Men* (London, 1993), pp. 146–52.

(124) Glass, *Newcomers*, pp. 15–20 ; Patterson, *Dark Strangers*, pp. 298–307 ; Colin Brown, *Black and White Britain : The Third PSI Survey* (Aldershot, 1984), pp. 28, 35–9 ; Office

for National Statistics, *Focus on Ethnicity and Identity* (London, 2005), pp. 1-2, 5 ; Suzanne Model and Gene Fisher, 'Unions Between Blacks and Whites : England Compared with the USA', *Ethnic and Racial Studies*, vol. 25 (2002), pp. 728-54 ; Sharon Beishon, Tariq Modood and Satnam Virdee, *Ethnic Minority Families* (London, 1998) ; Susan Benson, *Ambiguous Ethnicity : Interracial Families in London* (Cambridge, 1981).

(125) Robinson, *Transients, Settlers and Refugees*, pp. 32-3, 225 ; Office for National Statistics, *Focus on Ethnicity and Identity*, p. 4 ; Roger Ballard and Catherine Ballard, 'The Sikhs : The Development of South Asian Settlements in Britain', in Roger Ballard, ed., *Desh Pradesh : The South Asian Presence in Britain* (London, 1994), pp. 21-56 ; Werbner, *Migration Process*, pp. 21-7 ; Ceri Peach, 'South Asian Migration and Settlement in Great Britain, 1951-2001', *Contemporary South Asia*, vol. 15 (2006), pp. 136-7.

(126) アイデンティティに関してはこの後第四章を参照。

(127) Office for National Statistics, Focus on Ethnicity and Identity, pp. 9-10 ; Rubinstein, *History of the Jews*, p. 400 ; Brendan O'Neill, 'How Migrants Really Live', *New Statesman*, 4 June 2007, pp. 28-30 ; http://business.timesonline.co.uk/tol/business/specials/rich_list［閲覧には利用登録が必要。最終アクセス日：二〇一五年九月三日］; Will Hutton, 'Greed Will be the Death of Football', *Observer*, 30 September 2007.

(128) V. D. Lipman, *A Social History of the Jews in England, 1850-1950* (London, 1954), pp. 65-80.

(129) Lees, *Exiles of Erin*, pp. 53-4.

(130) Panayi, *German Immigrants*, pp. 110-44.

(131) Stephen Castles and Godula Kosack, I*mmigrant Workers and Class Structure in Western Europe* (London, 1973), pp. 57-115 ; Robert Miles, *Racism and Migrant Labour* (London, 1982), pp. 121-50.

(132) Stephen Castles and Mark J. Miller, *The Age of Migration : International Population Movements in the Modern World*, 3rd edn (Basingstoke, 2003), pp. 170-2.

(133) Adrian Favell, *Eurostars and Eurocities : Free Movement and Mobility in an Integrating Europe* (Oxford, 2008).

(134) Stephen Castles, *Here for Good : Western Europe's New Ethnic Minorities* (London, 1987), pp. 137-9.

(135) Lucassen, *Immigrant Threat*, pp. 130-4.

(136) 同書、pp. 35-40.

(137) この後一六七―一七〇ページを参照。

(138) Panlkos Panayi, *Spicing Up Britain : The Multicultural History of British Food* (London, 2008), pp. 162-76.

(139) 同書、pp. 40-64, 124-50.

(140) Max Weber, *The Protestant Ethic and the Spirit of Capitalism* (Originally 1904, London, 1976 Edn) ; R. H. Tawney, *Religion and the Rise of Capitalism* (London, 1926).

(141) W. D. Rubinstein, *Men of Property : The Very Wealthy*

in *Britain since the Industrial Revolution* (London, 1981), pp. 144-75.

(142) Andrew Godley, *Jewish Immigrant Entrepreneurship in New York and London, 1880-1914: Enterprise and Culture* (Basingstoke, 2001).

(143) Hilary Metcalf, Tariq Modood and Satnam Virdee, *Asian Self-Employment: The Interaction of Culture and Economics in England* (London, 1996).

(144) Panayi, *Spicing*, p. 206.

(145) Howard E. Aldrich, John C. Carter, Trevor P. Jones and David McEvoy, 'Business Development and Self-Segregation: Asian Enterprise in Three British Cities', in Ceri Peach, Vaughan Robinson and Susan Smith, eds, *Ethnic Segregation in Cities* (London, 1981), p. 172.

(146) Trevor Jones, 'Small Asian Businesses in Retreat? The Case of UK', *Journal of Ethnic and Migration Studies*, vol. 29 (2003), pp. 485-500.

(147) Mark S. Brown, 'Religion and Economic Activity in the South Asian Population', *Ethnic and Racial Studies*, vol. 23 (2000), pp. 1035-61.

(148) Louise London, *Whitehall and the Jews, 1939-1948: British Immigration Policy and the Holocaust* (Cambridge, 2000), p. 122 は「第二次世界大戦直前にイギリスに入国を望んだユダヤ人たちにとって、仕事の提供であれ出資者からの支援であれ、経済的支援が最も重要であった」と指摘している。

(149) Frank Neal, 'A Criminal Profile of the Liverpool Irish', *Transactions of the Historic Society of Lancashire and Chesire*, vol. 140 (1990), pp. 160-99.

(150) Frank Neal, *Black '47: Britain and the Irish Famine* (Basingstoke, 1998).

(151) Henry Mayhew, *London Labour and the London Poor, Vol. 1* (originally 1861, London, 1968), pp. 104-20.

(152) Elizabeth Malcolm, '"A Most Miserable Looking Object": The Irish In English Asylums, 1850-1901: Migration, Poverty and Prejudice', in John Belchem and Klaus Tenfelde, eds, *Irish and Polish Migration in Comparative Perspective* (Essen, 2003), pp. 121-32.

(153) Lees, *Exiles of Erin*, pp. 88-95.

(154) Treble, 'Irish Navvies'.

(155) J. M. Welly, 'The Irish in Manchester, 1832-49', *Irish Historical Studies*, vol. 17 (1973), pp. 345-58; Richardson, 'Irish Settlement', pp. 51-5; T. P. MacDermott, 'Irish Workers in Tyneside in the Nineteenth Century', in Norman McCord, ed., *Essays in Tyneside Labour History* (Newcastle-upon-Tyne, 1977), pp. 154-77; Malcolm Chase, 'The Teeside Irish in the Nineteenth Century', *Labour History Review*, vol. 57 (1992), pp. 14-17; Handley, *Irish in Scotland*, pp. 54-62, 84, 109, 117; Handley, *Irish in Modem Scotland*, pp. 134-6; A. B. Campbell, *The Lanarkshire Miners* (Edinburgh, 1979), pp. 178-204; Paul O'Leary, 'Skill and Workplace in an Industrial Economy: The Irish in South Wales', in Belchem and Tenfelde, *Irish and Pol-*

ish Migration, pp. 63–74.

(156) David Fitzpatrick, '"A Peculiar Tramping People": The Irish in Britain, 1801–70', in W. E. Vaughan, ed., *A New History of Ireland*, vol. 5 (Oxford, 1989), pp. 641–2.

(157) J. A. Jackson, *The Irish in Britain* (London, 1963), pp. 74–6 ; Davis, *Irish in Britain*, pp. 96–101 ; E. J. T. Collins, 'Migrant Labour in British Agriculture in the Nineteenth Century', *Economic History Review*, vol. 29 (1976), pp. 48–52 ; Finnegan, *Poverty and Prejudice*, p. 28.

(158) John Belchem, 'Class, Creed and Country : The Irish Middle Class in Victorian Liverpool', in Swift and Gilley, *The Irish in Victorian Britain*, pp. 190–211 ; Ó Tuathaigh, 'The Irish in Nineteenth Century Britain', pp. 155–6.

(159) Handley, *Irish in Modern Scotland*, pp. 134–5.

(160) Donald M. MacRaild and David E. Martin, *Labour in British Society, 1830–1914* (Basingstoke, 2000) ; Neville Kirk, *Change, Continuity and Class : Labour in British Society, 1850–1920* (Manchester, 1998).

(161) Belchem, 'Class, Creed and Country', p. 193. 以下も参照。Ó Tuathaigh, 'The Irish in Nineteenth Century Britain', pp. 155–7 ; Fielding, *Class and Ethnicity*, pp. 29–30.

(162) Hans Rössier '"Die Zuckerbäcker waren vornehmlich Hannoveraner": Zur Geschichte der Wanderung aus dem Elbe-Weser-Dreieck in die Britische Zuckerindustrie', *Jahrbuch der Männer vom Morgenstern*, vol. 81 (2003).

(163) Panayi, *German Immigrants*, pp. 123–34 ; Panayi, *Spicing*, pp. 55–9.

(164) Gregory Anderson, 'German Clerks in England, 1870–1914 : Another Aspect of the Great Depression Debate', in Kenneth Lunn, ed., *Hosts, Immigrants and Minorities : Historical Responses to Newcomers in British Society* (Folkestone, 1980), pp. 222–62.

(165) Panayi, *German Immigrants*, pp. 134–8 ; Manz, *Migranten und Internierte*, pp. 87–110.

(166) Stanely D. Chapman, 'Merchants and Bankers' in Werner E. Mosse, et al., eds, *Second Chance : Two Centuries of German-Speaking Jews in the United Kingdom* (Tübingen, 1991), pp. 335–46 ; Panayi, 同書、pp. 139–42 ; Manz, 同書、pp. 48–86 ; Stefan Manz, Margrit Schulte Beerbühl and John R. Davis, eds, *Migration and Transfer from Germany to Britain, 1660–1914* (Munich, 2007).

(167) Panayi, 同書、pp. 140–2.

(168) 以下を参照。同書および Manz, *Migranten und Internierte*, pp. 231–95.

(169) Sponza, *Italian Immigrants*, pp. 62–93.

(170) Lucio Sponza, 'Italian "Penny Ice-Men" in Victorian London', in Anne J. Kershen, ed., *Food in the Migrant Experience* (Aldershot, 2002), pp. 17–41 ; Panayi, *Spicing*, pp. 76–8 ; Colin Hughes, *Lime, Lemon and Sarsaparilla : The Italian Community in Wales, 1881–1945* (Bridgend, 1992), pp. 13–58.

(171) Panayi, 同書、pp. 83–8.

(172) Colpi, *The Italian Factor*, pp. 99-129.

(173) 同書, pp. 192-7 ; Anthony Rea, *Manchester's Little Italy : Memories of the Italian Colony of Ancoats* (Manchester, 1988).

(174) Charles Forte, *Forte : The Autobiography of Charles Forte* (London, 1986).

(175) Donna R. Gabaccia, *Italy's Many Diasporas* (London, 2000), pp. 164-5.

(176) Ernest Krausz, *Leeds Jewry : Its History and Social Structure* (Cambridge, 1964), p. 1.

(177) Ursula Henriques, 'The Jewish Community of Cardiff, 1813-1914', *Welsh History Review*, vol. 14 (1988), pp. 267-79.

(178) V. D. Lipman, 'The Origins of Provincial Anglo-Jewry', in Aubrey Newman, ed., *Provincial Jewry in Victorian England* (London, 1978), pp. 1-12.

(179) Lipman, *A Social History of the Jews*, pp. 27-8.

(180) Endelman, *The Jews of Britain*, pp. 99-100 ; John Cooper, *Pride Versus Prejudice : Jewish Doctors and Lawyers in England, 1890-1990* (Oxford, 2003), pp. 11-42.

(181) Todd M. Endelman, *Radical Assimilation in English Jewish History, 1656-1945* (Bloomington and Indianapolis, 1990), pp. 73-143.

(182) Bill Williams, *The Making of Manchester Jewry, 1740-1875* (Manchester, 1976), p. 57.

(183) Bill Williams, '"East and West" : Class and Community in Manchester Jewry, 1850-1914', in David Cesarani, ed., *The Making of Modern Anglo-Jewry* (Oxford, 1990), pp. 15-33 ; Eugene C. Black, *The Social Politics of Anglo-Jewry, 1880-1920* (Oxford, 1988).

(184) Geoffrey Alderman, *Modern British Jewry* (Oxford, 1992), p. 121.

(185) Joseph Buckman, *Immigrants and the Class Struggle : The Jewish Immigrant in Leeds, 1880-1914* (Manchester, 1983) ; Anne J. Kershen, *Uniting the Tailors : Trade Unionism Amongst the Tailors of London and Leeds, 1870-1939* (London, 1995).

(186) Panayi, *Spicing*, pp. 46-55, 133-41.

(187) 同書 ; Godley, *Jewish Immigrant Entrepreneurship*, pp. 54-6.

(188) Adler, 'Jewish Life and Labour', pp. 283-7 ; Lipman, *A History of the Jews in Britain Since 1858*, pp. 212-13.

(189) Gerhard Hirschfeld, ed., *Exile in Great Britain : Refugees from Hitler's Germany* (Leamington Spa, 1984) ; Mosse, *Second Chance*.

(190) Rubinstein, *History of the Jews*, p. 400.

(191) Graham, Schmool and Waterman, *Jews in Britain*, pp. 79-98.

(192) Rubinstein, *History of the Jews*, pp. 402-5.

(193) Castles and Kosack, *Immigrant Workers*, p. 90.

(194) Malcolm Cross, 'Ethnic Minority Youth in a Collapsing Labour Market : The UK Experience', in Czarina Wilpert,

ed., *Entering the Working World: Following the Descendants of Europe's Immigrant Labour Force* (Aldershot, 1988), pp. 56-88.

(195) Office for National Statistics, *Focus on Ethnicity and Identity*, p. 9.

(196) Dudley Baines, 'Immigration and the Labour Market', in Nicholas Crafts, Ian Gazeley and Andrew Newell, eds, *Work and Pay in Twentieth Century Britain* (Oxford, 2007), pp. 330-52.

(197) Christian Dustmann and Francesca Fabbri, 'Immigrants in the British Labour Force', *Fiscal Studies*, vol. 26 (2005), p. 424.

(198) 第二章を参照。

(199) Office for National Statistics, *Focus on Ethnicity and Identity*, p. 9.

(200) Sheila Patterson, 'The Poles: An Exile Community in Britain', in Watson, *Between Two Cultures*, pp. 219-21.

(201) Home Office, Department of Work and Pensions, H. M. Revenue and Customs and Department for Communities and Local Government, 'Accession Monitoring Report' 22 August 2006, p. 23.

(202) Anthias, *Ethnicity, Class, Gender*; E. J. B. Rose, et al., *Colour and Citizenship: A Report on British Race Relations* (London, 1968), pp. 154-8; Zena Theodorou and Say Kyriacou, 'Cypriots in London', in Merriman, *Peopling of London*, pp. 98-105.

(203) Lucassen, *Immigrant Threat*, pp. 130-6.

(204) Rex, *Ghetto*.

(205) Mayhew, *London Labour*, pp. 190-4.

(206) Michael Banton, *The Coloured Quarter* (London, 1955), p. 26.

(207) Little, *Negroes in Britain*; Diane Frost, ed., *Ethnic Labour and British Imperial Trade: A History of Ethnic Seafearers in the UK* (London, 1995).

(208) Fryer, *Staying Power*, pp. 294-7, 358-67.

(209) Edward Scobie, *Black Britannia: A History of Blacks in Britain* (Chicago, 1972), pp. 141-151.

(210) 人種主義については第五章で詳しく扱う。

(211) Pilkington, *Beyond the Mother Country*, pp. 31-2; Glass, *Newcomers*, p. 31.

(212) Patterson, *Dark Strangers*, pp. 101-30.

(213) Ron Ramdin, *The Making of the Black Working Class in Britain* (Aldershot, 1987), p. 197.

(214) Clifford S. Hill, *How Colour Prejudiced is Britain?* (London, 1971), p. 53.

(215) 第六章を参照。

(216) Lorna Chessum, *From Immigrants to Ethnic Minority: Making Black Community in Britain* (Aldershot, 2000), pp. 133-40.

(217) Patterson, *Dark Strangers*, p. 97.

(218) R. B. Davison, *Black British Immigrants to England* (London, 1966), p. 89.

(219) Hill, *How Colour Prejudiced is Britain?* p. 138.

(220) このテーマに関する二つの古典的な研究は以下の通り。Bernard Coard, *How the West Indian Child is Made Educationally Subnormal in the British School System : The Scandal of the Black Child in Schools in Britain* (London, 1971) ; and Tony Sewell, *Black Masculinities and Schooling : How Black Boys Survive Modem Schooling* (Stoke-on-Trent, 1997).

(221) Mohan Luthra, *Britain's Black Population : Social Change, Public Policy and Agenda* (Aldershot, 1997), pp. 185-202.

(222) Office for National Statistics, *Focus on Ethnicity and Identity*, p. 8.

(223) 例えばJohn Benyon, ed., *Scarman and After : Essays Reflecting on Lord Seaman's Report, The Riots and their Aftermath* (Oxford, 1984) を参照。

(224) Sharon J. Daye, Middle *Class Blacks in Britain : A Racial Fraction of a Class Group or a Class Fraction of a Racial Group* (Basingstoke, 1994).

(225) Ernest Cashmore, *Black Sportsmen* (London, 1982).

(226) この上のパラグラフは以下の三つに基づく。Visram, *Asians in Britain* ; Michael H. Fisher, Shompa Lahiri and Shinder S. Thandi, *A South Asian History of Britain : Four Centuries of Peoples from the Indian Sub-Continent* (Oxford, 2007), pp. 95-158.

(227) Office for National Statistics, *Focus on Ethnicity and Identity*, pp. 8-10.

(228) Anwar, *Myth of Return*, p. 46.

(229) Andrew Bryson, 'Britain's Richest Asians', Daily Telegraph, 19 April 2006.

(230) Monder Ram, David Smallbone, David Deakins and Trevor Jones, 'Banking or "Break-Out" : Finance and the Development of Ethnic Minority Businesses', *Journal of Ethnic and Migration Studies*, vol. 29 (2003), p. 663.

(231) Cross, 'Ethnic Minority Youth', p. 72.

(232) http://www.dalits.nl/pdf/noescape.pdf [最終アクセス日：二〇一五年九月三日]' Dalit Solidarity Network UK, 'No Escape : Caste Discrimination in the UK', 2006.

(233) Tony Kushner, *Remembering Refugees : Then and Now* (Manchester, 2006), p. 34.

(234) Metcalf, Modood and Virdee, *Asian Self-Employment.*

(235) J. P. May, 'The Chinese in Britain', in Colin Holmes, ed., *Immigrants and Minorities in British Society* (London, 1978), pp. 111-24 ; John Seed, 'Limehouse Blues' ; K. C. Ng, *The Chinese in London* (Oxford, 1968), pp. 1-19 ; Maria Lin Wong, *Chinese Liverpudlians : A History of the Chinese Community in Liverpool* (Birkenhead, 1989).

(236) Panayi, *Spicing*, pp. 168-72.

(237) Office for National Statistics, *Focus on Ethnicity and Identity*, pp. 8-9.

第四章　エスニシティ、アイデンティティとイギリス人性《ブリティッシュネス》

ナショナルな集団《ブロック》、エスニック集団《ブロック》から個人へ

各移民コミュニティの居住形態、人口動態、経済活動の形態を長期間にわたって検証すれば、集団によってその速さとあり方は異なるにしても、最終的には何らかの形で統合へと向かっていったことがわかる。統合は、各エスニック・マイノリティ間やその出身地、定住地との関係についても起こる。このことは、たとえば服装や食べ物の変化によって示されるように、文化適応と表現してもよいかもしれない。第一世代の移民は母国ともっとも緊密につながってきたかもしれないが、彼らの子孫たちについては、祖国と自らが生まれついた環境の双方の要素を取り入れたいわゆる混合《ハイブリッド》アイデンティティを形成するであろうということが予想できる。

現代のイギリスでは、個人は一般的にも、そして学問上も認められているアイデンティティを自ら形作ってきた。一〇%以上もの人口が移民の出自であるとの認識を自ら示す社会で個人が自己の帰属を特定する際には、主に、一九九一年以降国勢調査の時の分類項目として承認されたエスニシティが指標の一つとして使われてきた(1)。しかし、いつもこのようにエスニシティが個人の帰属を示す一つの分類項目とされてきたわけではなかった。とりわけ、エスニシティを分類項目としては無視しがちな傾向にある

歴史家の間では状況は違っていた。とくに一九六〇年代―一九七〇年代にかけてイギリス社会をマルクスの階級理論によって分析することが大流行していた時代にはそうであった。M・A・G・オトゥーイはE・P・トムソンの古典的著作『イングランド労働者階級の形成』の「アイルランド人はけっしてゲットーに押し戻されることはなかった。同じ言葉を話し、合同法の下ではイギリスの市民であった一つの民族を従属的なマイノリティとするのは難しかったであろう」という主張に異議を呈した。(2) トムソンが一九七六年に最初に著書を出版してから大量になされてきたエスニシティに関する研究(とくにイギリスにおけるアイルランド人に焦点をあてたものを)をみてくると、トムソンの主張は、良く評価しても単純に過ぎ、最悪の場合には傲慢にすらおもえる。というのも、彼はヴィクトリア朝のアイルランド人というエスニシティの存在を無視しているかのようであるからだ。しかしながら、彼は、アイルランド人の独自性を認めてはおり、九〇八ページ中一六ページ分をその記述に割いている。主流に属するイギリス史家のなかにはエスニシティの問題を無視してきたものがいるし、あるいは現在も無視し続けているものたちもいる。(3)

移民の過程についての研究に続いて行われた移民コミュニティに関する初期の研究のほとんどがエスニシティを集団的な現象として捉える傾向にあり、個々人の人生に注目することはほぼなかった。一九七〇年代半ば以降に進んできた一九世紀イギリスにおけるアイルランド人についての現代の研究のあり方は、移民のエスニシティについての研究がどのように発展してきたのか、その道筋を示している。アイルランド移民のアイデンティティ、より正確にはその民族組織《エスニック》を分析した歴史家たちは、エスニシティや統合や個人の選択の問題を正面から扱うことはなく、二つの中心的な問題に焦点を当てる傾向にあった。一つ目は、新しくやってきた移民の宗教的な必要性に応じるために、宗教改革以降初めて、イギリスにおいて集団的な組織としてローマ・カトリック教会が増加したことである[4]。二つ目は、移民と政治との関係である。イギリス政治の主流との関係[5]、イギリスにおけるアイルランド民族主義運動[6]、アイルランド移民がプロテスタント、カトリック双方のグループから構成されていたことに起因する宗派対立の拡大[7]が分析の対象となってきた。宗派対立の問題に関する研究ではアイルランド人が一枚岩のグループではなかったことが認められてはいたが、初期に行われた研究のほとんどが性差に注意を払わず、主に男性のみを研究対象とし、一人ひとりの人生を検証することはなかった。このことは、たとえば、一九世紀後半のリヴァプールやマンチェスターに住む第二世代のアイデンティティの二重性という現実を示すような史料が乏しいという事情を考えれば、おそらくは仕方のないことであったであろう。一九九〇年代までには、移民の社会科学的研究においてエスニシティの概念が重要性を増すとともに、歴史研究者からも注目され始めたことで広く受け入れられるようになり、エスニシティの概念を取り入れたスティーヴン・フィールディングとメアリー・ヒックマンによる二つの重要な研究がなされた。しかしながら、双方の研究とも、未だ集団を分析対象とし、宗教と政治の問題に焦点を当てていた[8]。

　実際、エスニシティという概念自体が基本的に人々の集団を前提とした分析概念であった。ネイサン・グレイザーとダニエル・P・モイニハンはこの問題に関する重要な研究の紹介で「エスニック集団」の重要性について語っている。グレイザーとモイニハンは、一八四八年の中欧におけるハンガリー民族主義者から一九六〇年代のイギリスにおける西インド諸島系に至るまでを取り上げ、エスニック集団が政治的な意味合いを持つ利害集団であるということを認めた。なぜなら、新しい国民国家の形成であろうと、単にイギリスという国家から平等な扱いを受けるための何らかの権利の獲得であろうと、その集団全体を代弁する人々が、彼らが代表している集団の何らかの認知を求めたからである[9]。

このような研究手法をとると、極端な場合には、エスニック集団を率いる者たちが道具主義的にエスニシティを利用しているということを示唆することになってしまうかもしれない。しかし、すべてのエスニシティには、何らかの現実的な基盤がある。「ほとんどの学識者や政策決定者たちは、あるエスニック集団を一つのまとまりと分類する際に、何らかの文化的特殊性を強調するであろう」というデヴィッド・メーソンの言葉に私たちは賛成するであろう。[10] しかし、一体何をもって文化的特殊性とするのであろうか?

最近のイギリス史においてエスニック・マイノリティとして認められた人々にとって[11] 重要であったのが、連合王国の外のどこから移民してきたかということであったのは明白である。この意味では、構築されたエスニシティのほとんどが、新聞発行部数の増大であれ、政治活動であれ宗教であれ、母国と関わるものであった。最後の二つ(政治活動と宗教)は、ある集団の「公式の」エスニシティを規定する要素となっているものであり、そのことは、ドイツ人の政治組織やヴィクトリア朝の教会組織[12] から、組織化されたイスラムの勃興やそれに関わる政治グループ[13] に至るまで、近年のイギリスにおける移民定住の歴史を通じて描かれてきたことであった。それでもなお、宗教と政治は新たな問題をもたらしている。とりわけ政治活動は、現在でも、きわめて自発的に行われ、個人の選択を伴う。一九世紀のイギリスにおけるドイツ人たちの例や現代のムスリムたちの例を考えるなら、彼らはそれぞれ自らをこれらのエスニック集団の構成員であるとみなしているが、その選択は彼ら自身にゆだねられている。そこには、ドイツ人の場合であればマルクス主義者から極右のナショナリストまで、ムスリムの場合であればジハーディストからイギリス政治の主流で活動する者まで幅がある。宗教もまた同じように問題をはらんでいることがわかる。教会やモスクへの出席率といった情報を得ることが難しいというだけでなく、イギリスにおいては様々な形のキリスト教やイスラムのあり方が表れてきたが、それらは祖国に源流をたどることができるものであった。

出身地とのつながりについてはさらに検討が必要である。というのも、出身地は重要な源流となるが、定住地で起こることをそこから確実に判断することはできないからだ。たとえば、イギリスにおけるイスラムという考え方も問題をはらむ。宗教的行為においてムスリムの間には違いがあるというだけでなく、彼らはアフリカ、南アジア、中東といった世界の様々な地域からきている。[14]一九五〇年代以降にイギリスへきたパキスタン系の人々が、自分たちが何らかの国際的なイスラム・アイデンティティを持っていると思っていたということは考えられない。ただし、彼らは、自分たちの宗教を信じている人が世界中にいることは認識していただろう。二一世紀が幕を明けるころには、これらのパキスタン系移民とその子孫は、自らがイギリスにおける一つの宗教的なエスニック集団とつながっていることに気付いただけでなく、アジア系、もしくは南アジア系という形の民族的《レイシャル》、地域的集団で自らを表現しうることも認識するようになった。この後者の集団の区分がある理由には、機会平等を確保するための調査や国勢調査においてアジア系というのが一つの分類として示されるように、これがすでに人種別の法的な区分となっているということがある。[15]このようなエスニシティが生まれてきた背景には、イギリスのアジア系知識人、学者がそれを望んだということもあるだろう。そして、そこから私たちはグレイザーやモイニハンの議論を思い起こすであろう。たとえば、『イギリスの南アジア系の歴史』の著者たちは対象としている人々の多様性を認めてはいるものの、本の書き出しでは「南アジア出身の人々は、今日、イギリスにおいて集団としては最大のエスニック・マイノリティを形成している」と断言しているのである。[16]

したがって、現代のイギリス社会におけるパキスタン系の人々は、個々人がそれぞれに割り当てられ、あるいは、選び取ることができる、あるエスニシティに基づいた幅のある〔複数の〕アイデンティティを持っている。つまり、出身地というのは、イギリス、あるいは他の定住地において新たなエスニシティが作り出されるうえで、その根拠の一つにしかならないのである。たしかに離散《ディアスポラ》は地球大に広がっているが(17)、それらもまた、特定の環境において地域レベルで創造され、想像されたものとなるにすぎない。(18)人工的に創造された想像の共同体としてネーションをとらえるベネディクト・アンダーソンの主張は、エスニック集団にも適用できるのである。たとえ、〔アンダーソンがネーションについて指摘するように〕自らが特定の国民国家の全員を代表していると主張するとしても、あるいは、さらに傲慢であるが、〔エスニック集団の指導者たちが〕世界のどこに住んでいるとしても、その「共同体」の成員全員を自らが代弁していると主張するにしても。一つの国民を構成している人々は、互いにけっして同じ集団の中の一握り以上の構成員と出会うことはないというアンダーソンの主張もまた、エスニック集団についてもいえることなのである。(19)国民国家もエスニック・マイノリティも政治的な動機を背景とした人工的な創造物なのである。

　したがって、イギリスにおける移民とその子孫は、出身地、宗教、政治的立場のような複数の要素に基づいて自ら選ぶことができる多様なエスニシティを持っている。加えて、階級、ジェンダーと出生地もまた、個人の帰属意識や忠誠の対象を判断する手がかりとなる。そのため、近年、社会科学系の研究者の間では次第に集団的にエスニシティをとらえる枠組みを離れて、個人を基準としてアイデンティティをとらえるようになってきている。(20)このような捉え方には様々な利点がある。第一に、このことによって私たちは国民国家やエスニック集団という枠組みから自由になることができる。個人は、今や、複数のアイデンティティを持ちうるのだ。このことは、アヴター・ブラーがその著書『離散の製図法』の序論のなかで雄弁に語っている。ブラーは、パンジャーブ地方で生まれ、ウガンダで育ち、アメリカで勉強し、一九七二年のイディ・アミンによるアジア人追放の結果イギリスに移り住むことになった女性としての彼女自身の人生を例に挙げた。したがって、彼女はインド人でも、アフリカ人でも、パンジャーブ人でも、イギリス人でもありうるというまさに四つのアイデンティティを持つことになるのだ。[21] イギリスにいる東アフリカ出身のアジア人たちのような「二度の移民」経験をもつ集団[22]には、他の移民たちよりもより多くのアイデンティティが選択できるようにおもわれる。しかし、他のどの集団であっても、検証すれば、同様に複雑な状況が明らかになるであろう。一九世紀後半から二〇世紀にかけてのユダヤ人のように、様々なエスニシティを持つ集団が連綿と移民したことによって形成された集団に対しても、このことが適用できるのは明らかである。[23] だが、たとえば、イタリア系コミュニティの概念について問いかけを行ったアンヌ＝マリー・フォーティエが明らかにしているように、ごく最近イギリスにやってきたイタリア系のような明らかにより均質的なグループについても、同じことがいえるであろう。[24]

個々人は、自分が身を置いている環境に即した帰属意識を自分が持っていると思うかもしれない。このことは移民第二世代以降については特にあてはまる。彼らは、二つの文化の狭間におかれることになるのだから。このように状況に応じてアイデンティティを選択すれば、何を着るかということであろうと、[25] 家の中で、あるいは外で何を食べるかといったことであろうと、場に応じて異なる振る舞いをするということがおこりうる。[26]

移民の個人的な動機を調べる場合と同様、[27] 一九世紀と比べて、現代のイギリスにおいてのほうが、個人レベルでアイデンティティを明らかにすることが容易である。なぜなら、ここでも、オーラル・ヒストリーという手法を使うことによって、研究対象となる個人に聞き取りを行うことが可能であるからだ。

たとえば、ヴィクトリア朝のアイルランド人の研究者たちには、歴史記述の対象としている人々の言葉はほとんど残されていない。したがってエスニシティについて書いたものたちは、必然的にエスニック集団、特に、宗教や政治団体として組織された集団に焦点を当ててきた。これに対して、ケイティ・ガードナーやキャシー・バレルのような研究者たちは、アイデンティティについて、目の前にいる研究対象から直接聞き取りを行うことができる。ガードナーやバレルは、研究対象である人々が重層的なアイデンティティを持っていることを認めて、分析ツールとしてトランスナショナリズムという枠組みを使うことを選択した。それによって、ガードナーが研究対象としたロンドンのイーストエンドにいるバングラデシュ系にしても、バレルが研究対象としたレスターのヨーロッパ系にしても、イギリスの移民たちが定住地と出身地双方とのつながりを持っているということを認識することが可能になる。このようなアプローチをとれば、移民やその子孫が国民国家を超えた個人的なネットワークやつながりを持っていることが明らかになる。彼らは特定の国に住んでいるかもしれないが、その生活や経験はその政治的単位の中に限定されてはいない。というのも、一つには、彼らは出身地との個人的つながりを持っていたり、家族や親族としての役割を担っていたりするからである。移民やその子孫たちは、民族的にイギリス人である隣人たちとは異なる人生経験をすることになる。定期的に祖国に帰ることを可能にする航空機や、イギリスだけでなく、祖国の出来事に日常的に触れることを可能にする電話、衛星放送、新聞などの幅広い情報・通信手段を利用することによって、彼らはこれらのエスニシティを永久に持ち続けることができるのだ。しかしながら、このような生活がどれほど新奇なものであるかは疑わしい。一九世紀イギリスにおけるドイツ人コミュニティを調べれば、ドイツ、イギリス双方のあらゆる出来事をカヴァーし、様々な利益集団に向けて発行された新聞が数えきれないほどあったことがわかるであろう。

加えて、トランスナショナルな枠組みでとらえれば、移民の人生には、単に戻ったり進んだりといっただけでなく、たとえばアヴター・ブラーのように、複数の地域を経た重層的な移動が伴っているということも認識することができるようになる。究極的には、トランスナショナリズムという枠組みを取ることで、移民過程の影響を受けた個々人が、統一的な国民国家によって課された人工的な境界にとらわれない複数の対象に対する忠誠心、重層的なものの見方、複数のアイデンティティを持つということを理解することも可能になるのである。(28)

したがって、私たちがどのようなアプローチをとろうと、移民やその子孫は出身地、定住地、そして自身が生きた経験に応じて様々な形で自身が何者であるかを決めているのである。時が過ぎれば、移民の子孫たちがイギリスの規範に適応したと私たちは主張するかもしれない。経済活動、人口動態、居住地の形態が統合へと向かうのとまったく同じように、言語であろうと、宗教的行いであろうと、服装であろうと食事であろうと、移民やその子孫たちの生活のその他の側面もまた統合へと向かう。たとえば、ロンドンのイーストエンドやそのほかの都市中心部《インナーシティ》に定住した東欧系ユダヤ人コミュニティは、第一次世界大戦のころまでには物理的な意味でゲットーから出ていき、社会階層の上昇を経験し、他の集団の人々と結婚をした。さらに、彼らの言葉も次第に英語になり（とりわけイギリスで育ち教育を受けた者たちについては）、西欧風の服装をし、マジョリティの人々と同程度に信仰から離れ、ユダヤ人コミュニティの外の社会にいる人々の食べ物を食べるようになる。(29) おそらく、彼らのイギリス人性《ブリティッシュネス》の受容をもっともよく示すのは、ユダヤ人たちが二つの世界大戦において、その全人口に占める比率に比べて高い割合で［イギリス軍に］従軍したという事実であろう。(30)

過去二世紀間のイギリスで暮らしてきた者のなかには一部に過激な反イギリス姿勢をとった移民やその

子孫たちがいたかもしれないが、大半がそのパスポート上の国籍を受け入れてきた。しかしながら、イギリス人性《ブリティッシュネス》の概念は、近年、次第に（アメリカの世論や研究者たちがかつて呼称してきたように）、「ハイフン付」になってきている。[31] 移民集団はいまや自分たちをたとえば黒人系イギリス人《ブラック・ブリティッシュ》やイギリス系アジア人《ブリティッシュ・エイジアン》として捉えている。二重のアイデンティティを持っているとされるもっとも歴史あるコミュニティである在英ユダヤ人を除いて、このような考え方は一九四五年以前の大半のエスニック・コミュニティには存在しなかった。ただし（これまでみてきたように）、二重にしかアイデンティティをもたないという考え方は現実を単純化しすぎているのであるが。[32] 他方で、一九世紀のドイツ人たちはイギリス系ドイツ人《ブリティッシュ・ジャーマン》という概念を形成しなかった。[33] また、アイルランド人たちは、アイルランド人のままであったようにおもわれる。[34] 彼らはあらゆる移民とその子孫たちに共通する統合過程を経験したのであるが、いずれのケースにおいても第二世代以降の者たちは「ハイフン付」のアイデンティティを持つ必要性を感じなかったようである。

　近年においては、二重のエスニシティという概念は急速に広まってきた。このことは、新たにやってきた黒人《ブラック》やアジア系については特に当てはまる。彼らは、制度上も個人的にも、しばしば自身を黒人《ブラック》であり、かつイギリス人でもある、あるいは、アジア人であり、かつイギリス人でもあるというようにみなす。他方、マリオン・ベルクハンは、ナチスドイツからのドイツ系ユダヤ人難民を扱った著書のタイトルを『大陸系イギリス人』とした。[35] 二重のアイデンティティという状況が起こった理由の一つには、戦後の移民集団が敵意に直面し、自らの民族性を強調しつつも、イギリスへの忠誠心を証明せざるを得なかったということにあるのかもしれない。しかし、戦後、移民コミュニティに対する敵意はそれほど顕著には増大しなかった。[36] むしろ、帝国亡き後のイギリス社会を多元社会として認めるようになったというほうが説得力のある説明になろう。このことは、二一世紀には数百万もの黒人《ブラック》やアジア系出自の人々が暮らすようになったという事実によってはっきりと認識されるようになった。このようなことが認められるようになった背景には、かつての帝国領出身である人々が常に投票権を持ち、政治に参加してきており、したがって自らの特異性をかろうじて主張することができてきたということがある。アジア系、あるいは黒人《ブラック》を代表する知識人たちは、この二重のアイデンティティをさらに強く強調してきた。一連の研究によれば、今やイギリス人性《ブリティッシュネス》とは多様なエスニック集団を包含するものとなってきており、白人であることや先祖代々イギリスの血統と引き継いでいるといったことでイギリス人であるかどうかを判断するような、イギリス人を狭く定義する考えはとられていないのである。(37)

戦後の移民やその子孫たちが自らのイギリス人としての立場を受け入れた背景には、帝国や英連邦《コモンウェルス》出身の人々が常にイギリス国籍を保有してきたという事実がある。同様に、イギリスの国籍法が出生地主義をとっていたということも、この過程を容易にした。(38) たとえば、一九世紀のドイツ移民は外国人であったかもしれないが、彼らは帰化することができたし、その子孫はイギリス国籍を獲得できたであろう。その結果、第一次世界大戦が勃発したときには、多くの者がイギリスのために戦うことになったのだ。(39) 同様のことがイタリア人についてもいえる。彼らも一九三九年―一九四五年にはイギリス軍に従軍することになったのだ。(40)

移民やその子孫にとって、エスニシティ、アイデンティティ、イギリス人性《ブリティッシュネス》といったものは複雑な問題を引き起こす。第一に、ナショナリズム研究者たちは国民国家内部の多様性を主張したが、近年、それとまったく同様のことを、エスニシティの研究者も主張している。エスニック集団が存在するのだとすれば、それらの集団は個々の構成員から成り立っている。彼らは似たような人生経験を持っているかもしれないが、それぞれが、自らとエスニック集団やイギリス社会との関係を様々にとらえている。同時に、二〇〇年という長い期間をみわたす視点に立てば、世代ごとに変化が起こるという事実を認める必要もでてくるであろう。経済や人口動態が統合へと向かっていくように、個々人のアイデンティティも統合に向かっていくのである。そのことは、言葉の使い方や食べ物の消費、服装といった形で判断ができる。

したがって、エスニシティや個人のアイデンティティというのは、二つの異なった位相において展開している。一方では、実際にエスニック・グループとして何らかの影響力を持っている集団は、過去二世紀にわたって、自分たちの組織を形成してきた。そのなかには、大量のアイルランド移民の宗教上の需要にこたえるためにヴィクトリア朝に再生したローマ・カトリック教会が生き残っていることからもわかるように、非常に耐久性があるものもある。実際、一八〇〇年以降、宗教はエスニック組織や個人のアイデンティティの主な源である。近年のイスラムの盛り上がりは、アイルランド人やドイツ人、イタリア人、ユダヤ人など一九世紀のどの移民コミュニティも経験した宗教熱の高まりと同様のものである。過去二〇〇年間にわたって、個人のアイデンティティにおいては異なるにしても、政治は、移民集団が組織化をする際のもう一つの主な手段になってきた。イギリスにいる難民たちは、しばしば以前の活動を続けることを希望した。同時に、アイルランド人であろうと、インド系であろうと、アフリカ系であろうと、植民地からきた多くの移民が、時には、帝国の中心であるイギリスで独自のナショナリズムを発展させた。しかしながら、過去二世紀間のイギリス史において階級というものが非常に重要な影響を与えていたことから、新来者は、しばしば政治の主流に入り込んだり、独自の左派グループを形成したりした。最近では、イスラム過激主義という形で政治と宗教のつながりが形成されてきているように思われる。もっとも、アイルランド・ナショナリズムについても、明らかにその起源はローマ・カトリック信仰にあった〔のであり、宗教と政治のつながりは何もイスラム過激主義が最初ではないのであるが〕。

　このようにエスニック組織が祖国にその起源を求める場合に加えて、戦後のイギリスでは新たな形のエスニシティが形成されてきた。おそらく、それを示す最もよい例であり、その人工性がもっとも際立つのが、異なる宗教を信仰し、様々な地理的起源をもつ多様な集団を一つにまとめあげている南アジア系というエスニシティであろう。シク教徒、ヒンドゥー教徒、南アジア系ムスリムを包含する諸団体が新聞を発行したり、ラジオ局をつくったりしている。食事、服装、言語がこれらのグループ間の日常的レベルでのつながりを強化する役割を果たしている[41]。南アジア系というエスニシティは、例えば、「ドイツ性」といったものと必ずしも大きく異なっているわけではない。ドイツ人についても、イギリスのドイツ系マイノリティという概念が形成されるうえで新聞が大きな役割を果たした[42]。

　しかし、このように公的に構築され、教会や寺院といった建造物や、政党、新聞といったものに支えられるエスニシティは、移民の起源をもつ個々人が自らをどのようにみているかということについて限られた情報しか与えてくれない。イギリスにおけるローマ・カトリック教会の増加やイスラムの発展は、アイルランドやパキスタンから来た人々の多くが自らの宗教を実践してきたということを示しているが、ほぼ確実にそうではなかった人たちも多くいた。世代を重ねれば、宗教実践は途絶えていくということも起こる。言語の使用、服装、食事などのような個人のアイデンティティを示す指標をみていくと、時とともに、イギリスの標準に近づくという変化が起こることがわかる。

　したがって、エスニシティやアイデンティティといった問題や、それらとイギリス人性《ブリティッシュネス》との関係を考える際には、私たちは以下の問題を念頭においておく必要がある。第一に、エスニックな集団や組織は出身地と居住国《ホームランド》の双方の要素を、混合《ハイブリッド》アイデンティティを形成するうえで利用するということである。

第二に、エスニック組織は、そのすべての構成員を代弁するわけではないということである。マイノリティの中には自分たちの利益を代表するとする公的機関をもっているものもあるかもしれないが、在英ユダヤ人の歴史で証明されているように、下位集団も生まれてくるのである。第三に、エスニック組織の中には数百年にわたって存続するものもあるかもしれないが、それらもまた変貌をとげていくということである。エスニシティやアイデンティティを個人レベルで検証すれば、そのことはよりはっきりする。通常は世代を経るうちに起こってくる祖国の規範からイギリスの規範への移行は、言語、服装、食事のどの点から見ても、統合を示すもっともよい指標の一つとなるのだ。

宗教

教会への出席率からわかるように現代イギリス社会は世俗化してきているが(43)、このような一般化では、過去二世紀間全体を通じて宗教が持っていた重要性(44)や、一九四五年以前のほとんどのイギリス人にとって、またヴィクトリア朝以降のエスニック・マイノリティにとって宗教が中心的な位置を占めていたという事実が覆い隠されてしまう。アメリカの移民研究者は、かなり以前から信仰の重要性を認めてきた。オスカー・ハンドリンは、「移民たちの思考を合衆国の状況に適応させるまさにその過程こそが、生き方において宗教を最も重要なものにした」と書いている(45)。同様に、エスニシティの指標としての宗教をとりわけ重要なものとみたウィル・ハーバーグは、「移民が最初に重視するのは、自分たちの教会である(46)」、少なくとも、彼らが同胞とみなす者たちの精神的必要性に配慮すべきだと考える人にとっては、それは重要であると主張した。また、フレデリック・C・リュプケは、一九世紀のドイツ人たちは、

「自らを第一にカトリック教徒であったり、ルター派であったり、福音主義者であったり、メノナイトであったりメソジストであると思っていたのであって、ドイツ人であるというのは二の次でしかなかった(時には、たまたまそのように思っただけであった)」と主張した[47]。

リュプケの主張は大胆にも思えるが、ドイツ人がどのようにナショナリズムを形成してきたか、とりわけ第一次世界大戦に至る世紀における離散《ディアスポラ》のなかでそれをどのように形成してきたかということをみれば、この主張は多分に真実を含んだものとなる[48]。より問題であるのは、どの程度宗教儀式が行われ、どの程度の人々が教会に通っていたかということを証明することが困難であるという事実である。というのも、リュプケの主張が虚偽であるというわけではないが、これら二つについては慎重に取り扱う必要があるからである。一九世紀のアメリカ合衆国へのヨーロッパ系移民に関するジェイ・P・ノーランの古典的研究では、移民たちは「祖国でなじんでいた宗教を再生産した。ある者にとっては、それは教区を中心とした活動的な精神生活であった。別の者にとっては、それは宗教に対する無関心であった。そして移民の教区はこれらの伝統的な様式を変更するように強く迫られた」と述べられている[49]。同様に、一九世紀ロンドンのアイルランド移民について書いたリン・リーズは、「大半の移民もイギリスで生まれたその子供たちも、出生やおそらく死亡に関わる主なカトリックの儀式には参加した。しかし…神父たちが推奨するほど定期的に教区のことに関わり続けるような機会や関心をもっていた者ははるかに少なかった」と主張している[50]。移民がどの程度自らの宗教を実践するかということが個人の選択に左右されるのは明らかである。

それでもなお、一九四五年以前のイタリア人、ドイツ人、アイルランド人や、第二次世界大戦後のギリシア系キプロス人や多くの西インド諸島系など過去二世紀間にイギリスに移民したすべてのある程度の規模を持つ移民コミュニティの集団的、個別的アイデンティティにおいて、信仰は中心的な位置を占めてきた。信仰集団として自らを主に定義するコミュニティや個人もある。イギリス近現代史において、そのことを示す最もよい例がユダヤ人であろう。彼らは、一七世紀に再び居住が認められて以降〔第一章を参照〕、信仰を組織化するためのあらゆる道具立てをつくってきた。しかし、在英ユダヤ人は複雑な宗教グループを形成しており、出身地域、宗教儀式、階級によって異なる集団を形成していた。第二次世界大戦後に移民してきた南アジア出身者についても、状況は同様に複雑である。信仰を実践しているパキスタン系、バングラデシュ系、インド系のムスリム、ヒンドゥー教徒、シク教徒たちにとって、宗教は生活のなかで中心的な役割を果たしている。しかしながら、イギリスにはイスラム教の形態は複数あるし、ヒンドゥー教はカーストの影響も受けている。イギリスにいるムスリムの約五分の一は南アジア出身ではない[51]。南アジア出身者でさえ、東アフリカや西インド諸島などを経由してきた者もいる。これは、ヒンドゥー教徒やシク教徒についてもあてはまる事実である[52]。

トッド・エンデルマンは次のように書いた。「伝統的なユダヤ教とは、生活様式全体である。それは一部の厳格なユダヤ教徒の一日や一週間の行動を決めているだけではない。理論的には、彼、もしくは彼女の人生すべての枠組みをつくるものであるのだ」と[53]。同じことはイスラム教やシク教についてもいえる。イギリスにいるこれらの三宗教のいずれにおいても、一握りの熱心な信徒であれば、そのような模範的な行動をとり、規律化された信仰生活を送るであろう。とりわけ、「ゲットー」の外に出た場合はそうなるであろう。ユダヤ教、イスラム教、シク教は信徒に対し多くを要求する宗教かもしれないが、組織化の洗練という点では、これらの宗教も過去二世紀にイギリスで根付いた他の宗教と似ている。つまり、単に建物を建てるというだけでなく、信徒の生活の様々な側面をサポートする公的な信仰の為の場を開設する。ローマ・カトリック信仰にしても、ユダヤ教にしてもイスラム教にしても、学校や慈善団体、社会組織をつくってきた。これらのことは構成員を一つの集団にまとめておきたいという願望の結果なされたものであろうが、若者を対象とした組織やスポーツクラブなどの設立は、新しい環境に適応するためのものでもある。このような活動を行ったのは規模の大きな宗教だけではない。一九世紀のドイツ系福音主義教会などのより小規模な宗教も同様であった。

これらの宗教のいくつかに焦点を当てれば、宗教勢力が宗教と関連した道具立てをつくりあげるために移民コミュニティの成長という機会をどのように利用したかが、みえてくるであろう。同時に私たちはそこから適応の過程もみることができるであろう。同様に、一見したところまとまっているかにみえる宗教勢力が、実際には複雑さを抱えているということも明らかになってくるであろう。最後に、宗教指導者たちの努力にもかかわらず、彼らの言葉が届かないこともままあるのである。

一九世紀のローマ・カトリック信仰の発展は、近代イギリスにおける移民の宗教アイデンティティと実践の複雑さを検証するうえでの出発点となる。アイルランド系移民の流入は、ローマ・カトリック教会を、宗教改革の時にプロテスタントに改宗しなかった人々の子孫や大陸ヨーロッパ出身の有力家系の子孫から構成される「小規模でプライドが高く、裕福な非大衆的組織」から、膨大なアイルランド人信徒を擁する「大規模で、つましく貧しい大衆的な組織」へと変えた。伝道者たちはこの過程で大きな役割を果たした。(54) ロンドンでは、このような活動は、街の裕福なカトリック信徒や外国の大使からの資金援助や海外からの寄付を受けた。イエズス会士や、修道女や修道士たちもこれに関与した。(55) イギリス本土における全国規模でのローマ・カトリック教会の再興は、二六五年もの時を経て、また一八二九年のカトリック解放に続いて一八五〇年に起こり、イングランドにおけるローマ・カトリックの成長の背景となった。一八五〇年九月二九日以降、「イングランドは大司教と一二名の司祭がいる教会管区となった。司祭は所属する管区から任命され、その人数はすぐに一四人に増えた」[56]。

イギリス本土でのローマ・カトリック教会の復興は、アイルランドでの信仰復興を背景として起こった。ドナルド・マクレイルドは、「ジャガイモ飢饉後のアイルランドでは、『信仰』革命が起こり、これによって、近代的な情報伝達手段の普及、英語の浸透、そして非常に重要なことには伝統的農村社会の崩壊を背景に、典礼儀式やより豊かで視覚に訴える象徴主義の強調が可能になった」ということを述べている[57]。アイルランドにおける神父の人数は、一八四〇年には人口六五〇万に対して二一五〇人、比率にして一対三〇〇〇であったのが、人口三三〇万人に対して三七〇〇人、比率にして一対九〇〇に増大した[58]。

このことは、イングランドで人口当たりの聖職者の数が減っていたのとは対照的である。イングランドでは、あらゆる教会が、急速に拡大し増大する都市人口に対応しようとむなしい努力をしていた[59]。その状況でもなお、一九世紀初期にはローマ・カトリック教会がほとんど存在しなかった状況から始まって、この新たに根を張った宗教は、純粋に数としてみれば、ヴィクトリア朝には急成長を遂げた。たとえば、一八四六年に四七人の神父、一八教区であったランカシャーでは、一八七〇年までには四五教区、一二九人の神父を擁するまでになった[60]。一八四〇年代にはすでにロンドンには一一万から一二万五〇〇〇人のアイルランド人カトリック教徒が住んでいた[61]。ヴィクトリア朝のイギリスにおけるアイルランド人カトリック教徒の総数は、移民とその子孫を含めて、一二〇万に達していたかもしれない[62]。

しかし、このような単なる数字でヴィクトリア朝イギリスのアイルランド人カトリック教徒のアイデンティティについて何がわかるというのであろう？　アイルランド人カトリック教徒のエスニシティや個人のアイデンティティは単に教会への出席だけでなく、社会的行事全体への参加によってもあらわされる。そのような社会的行事は、信徒の人生全体をほぼコントロールすることもある。スティーヴン・フィールディングが書いたように、カトリック信仰とは、「ぼんやりした帰属の感覚だけでなく、任命された者たち——高位聖職者や聖職者たち——によって統合され、強制された一連の利害関係を伴う官僚主義的制度をも含んでいる」のである。彼はマンチェスターのローマ・カトリック教会の神父たちについて述べている。一九世紀から二〇世紀初頭にかけて、神父の大半がアイルランド生まれの移民であったが、彼らは「信仰を取り締まる警察官」として、「一般信徒たちを自分たちの意志に従順に従わせようと」した。[63] ドナルド・マクレイルドは、一九世紀のローマ・カトリック教徒たちが神父たちに対して抱いていた「尊敬の感覚、さらには畏怖の感覚」について叙述している。[64]

イギリスのアイルランド人カトリック教徒たちが神父たちに対してとっていたかもしれない肯定的な姿勢というのは、必ずしも教会への出席率にあらわれるわけではない。一八三〇年代ロンドンのカトリックの子供たちは事実上全員が洗礼を受けていたが、「一八三七年に復活祭の義務を果たした」のはカトリック教徒の一〇％に過ぎなかった。[65] 教会への出席率は、首都のカトリック教徒人口の二五％から三〇％を推移していたとみられている。グレアム・ディヴィスによれば、カーディフのアイルランド人カトリック教徒の約四分の一が、「一八四一年—一八六一年の期間、復活祭の儀式を行った」とされているが、リヴァプールでは信仰を実践したのは一〇％に過ぎなかった。[66] 他方、フランク・ニールは遥かに高い数字をあげていて、その比率は一八五三年のリヴァプールに住むローマ・カトリック教徒の労働者階級の九〇％に達したと主張している。[67] おそらく私たちは、ジョン・ベルチェムが提示したような、その間の数字を受け入れることになろう。彼は「一八六五年に定期的にミサに参加していたのは街のアイルランド人の四三％しかいなかった」と主張している。彼はまた、「リヴァプールのアイルランド人は、自分たちの信仰を絶賛しており、彼らを取り巻いている『異教徒』たちを徹底的に軽蔑していた」とも述べている。[68]

　教会への出席率というのは計測が難しいし、矛盾する数字がでることがわかっている。しかし、教区数の増大や神父に示された敬意からは、教会が一九世紀イギリスのアイルランド人カトリック教徒たちの生活で重要な役割を果たしたことが読み取れる。しかし、この影響力は単に直接的な宗教の力に現れたのではなく、移民たちの日常生活に影響を及ぼすことを目的とした、そしてドナルド・マクレイルドが「社会的カトリシズム」として議論したあらゆる種類の組織の発展のなかに現れたのである。[69]フィールディングは、教会は信徒たちの精神的安寧を目的としていたけれど、また、「信徒たちの精神と肉体は管理される必要があるとも考えていて、結果的にカトリック教徒たちの日常生活を支配しようとした」と述べた。[70]

　困難な状況に陥ったアイルランド人カトリック教徒たちは、イギリス到着後すぐに教会の代表者たちと連絡を取ろうとしたであろう。カトリックの慈善団体は、新来者の生活の面倒をみただけでなく、彼らを拡大する教会組織や効率的につくられた伝道組織のなかに取り込もうとした。[71]新しく発達した組織は、とりわけ禁酒のような、イギリスのアイルランド人カトリック・コミュニティの生活の特定の部分に活動の焦点を置いていた。ロンドンにはそのような組織として断酒協会や酩酊抑止のためのカトリック連盟があったし、スコットランドにはそれに相当するものとしてカトリック禁酒運動があった。[72]リヴァプールでは、カトリック教会は一九二〇年代ごろまでに学校や託児所、ホステルも含む「小福祉国家」を築き上げていた。慈善団体には、カトリック女性連盟やカトリック社会ギルドもあった。[73]

しかしながら、イギリスでアイルランド人のカトリック信仰を存続させるうえでもっとも重要な道具となったのは学校であった。きちんとした国家レベルの計画はつくられなかったものの、地域レベル、全国レベルの双方でローマ・カトリック教会は児童にアイルランド的、カトリック的価値観を植え付けようとした[74]。地域レベルでは、アイルランド人カトリック教徒の児童は宗教教育を受けることになった。リヴァプールでは、街の約二万二三六九人、八人に一人にあたるアイルランド人の児童が一八七〇年代までにはローマ・カトリックの教育を受けていた[75]。同様に、マンチェスターの児童の約一三%が第一次世界大戦直前の時期にカトリック系の学校に通っていた[76]。子供たちへの正しい価値観の叩き込みは教室においてだけでなく、一九世紀の末ごろまでには出現してきたローマ・カトリック系の青少年組織を通じても行われた。マンチェスターでは、カトリック少年クラブやカトリック少年団があり、これらは主流であった類似の組織に対抗してつくられたものでもあった[77]。同様に、ダンディでは、第一次世界大戦期勃発までに、ローマ・カトリック教会がカトリック勤労少年のための家や託児所を含む様々な子供のための団体を設立していた[78]。

イギリスにおけるアイルランド人に関する研究の大多数がヴィクトリア朝に焦点を当てている。そのために、一九一八年以降ローマ・カトリックの組織がどの程度まで影響力を維持し続けるのか、また、どの程度までカトリック信仰が生き残ったのかということを明らかにすることが困難になっている。メアリー・ヒックマンは、アイルランド自由国の建国によって移民コミュニティの関心がアイルランド自治をめぐる政治から離れたことから、神父の影響力が一九二一年以降は増大したと主張する[79]。しかし、ダンディでは一九二〇年代初頭に教会からとりわけ左翼運動への「流出」についての懸念が増大していた[80]。しかしながら、リヴァプールでは強力なローマ・カトリックのアイデンティティが戦間期も生き残っており、九万五〇〇〇人もの人々がこの信仰を守っていた。一六もの教会がいまだ機能しており、イースターには何千もの人々をひきつけることができた。様々な組織がこの期間を通じて生き残った[81]。同様に、マンチェスターでの教会への出席率は、戦間期の間、少なくとも一つの礼拝所、つまり、ハルムの聖ウィルフリッズ教会では変化はなく、この礼拝所は伝道者の派遣さえ行っていた。他方で、青年の四一%が一九一八年にカトリックの青少年組織とのつながりを持っていたが、この数字は一九四〇年には二八%に落ち込んだ[82]。

戦間期には幾分かの「流出」が起こったのかもしれない。しかし、一九四五年後以降の新たなアイルランド人移民流入によって、ローマ・カトリック教会は再活性化する機会を得た。一九七〇年代までにイギリスのローマ・カトリック教徒が約五〇〇〇万人にまで増大した事実にかんがみるなら、信仰からの離脱がどの程度起こったのか疑わしい。[大陸]ヨーロッパからの移民があったということが一九二〇年代に二〇〇万人であったローマ・カトリック人口が増大した一つの理由になるかもしれないが、「増加分の大半がアイルランド移民の直接の結果であった[83]」。エンダ・ディレイニーは、伝道活動がしばしばアイルランド人を受け入れた経験のない地域にターゲットを絞って、ヴィクトリア朝に行われたのと同様の活動を第二次世界大戦後に新たに定着したアイルランド移民のいる都市でも行ったと主張している。一九世紀の状況と同様に数字にはばらつきがあるが、研究の結果では教会出席率がかなり高かったことが示されており、伝道者たちはそれなりに成功を収めていた[84]。アイルランド人アイデンティティという点からは特に重要でないとしても、カトリックという点においておそらく最も重要であったのは、ローマ・カトリック系の学校も国庫からの補助を受け取ることができるようになって、これらの学校へ通う子供たちの数が戦後に増大したということであろう[85]。

宗教は、過去二世紀間、とりわけ一九四五年以前におけるアイルランド人カトリック教徒のアイデンティティを維持するうえで中心的な役割を果たしていた。アイルランド人カトリック教徒に関する研究では、第二次世界大戦後彼らは同化した、あるいは少なくともその存在が目立たなくなったとされている。これらの研究は、その理由を、この時期にはアイデンティティに人種的要素が入り込み、黒人《ブラック》やアジア系の人々がより目立つようになったことによって、アイルランド人やその子孫たちが次第に白人のイギリス社会に同化したからだとしている[86]。ただし、このような見方に対しては、ルイーズ・ライアンやブロンウェン・ウォルターのような研究者が疑問を投げかけている[87]。第二次世界大戦後のローマ・カトリック信仰については、とりわけカトリックであることが二一世紀初頭におけるイスラム教と同じような意味をもったヴィクトリア朝と比較して、アイルランド的な要素の重要性が低下した後に、ローマ・カトリック信仰がアイルランド人に残されたアイデンティティの拠り所になったとつい解釈したくなる[88]。しかしながら、近年のイギリスで、世俗的なアイルランド性なるものが再発見されてきている。いずれの場合も、ローマ・カトリックであることは、特に一九世紀に政治が主要な役割を果たしていたのと同様、常にイギリスにおけるアイルランド性の一つの側面を代表していた[89]。

同様に重要であるのは、アイルランド移民の中に、ローマ・カトリック教徒ではなく、プロテスタントであった者がかなりの割合いたということである。一九世紀、一八一五年以降、ローマ・カトリック教徒と同じぐらい、プロテスタントもアイルランドを離れ世界中に移民していった。ヴィクトリア朝イギリスにいたアイルランド人の四分の一がプロテスタントであり、特にリヴァプールとスコットランド西部に集中していた[90]。しかし、これらのグループが自らの民族性《エスニシティ》をどのようにとらえていたのかを調査したところ、ほとんどが宗教的な活動を行っていないことが明らかになった。彼らは、その代わりに、

オレンジ結社に代表されるような反カトリックの政治的なアイデンティティの形成に精力を傾けたのである。(91)

アイルランド人と同様、ドイツ人やイタリア人でも宗教は極めて重要であった。ヴィクトリア朝、エドワード朝を通じて、イギリスでは、ロンドンを中心に多数のドイツ系プロテスタント教会が建てられた。ローマ・カトリック教徒のアイルランド人の場合と同様、彼らも教会と関わる一連の教育、慈善活動を行っていた。一九一四年以前のイギリスにおいて全国レベルで何らかのドイツ人のナショナル・アイデンティティが存在したとすれば、それは宗教を基盤としたものであった。一九世紀、ロンドンにはドイツ系のローマ・カトリック教会も一つだけあった。つまり、他のドイツ系カトリック教徒たちはロンドン以外の地域ではアイルランド系の教会に行っていたということになる。興味深いことに、ドイツ系の教会は、一九世紀の移民とより新しい時期の移民たちとの間の連続性を主に示すものとなっている。第一次世界大戦期に反ドイツ感情が広がり、結果としてドイツ人が追い出されたことでドイツ人コミュニティの痕跡のほとんどが消し去られたかもしれないが、反ドイツ主義者たちは信仰の場だけは侵さなかった。ドイツ人の場合も、過去二世紀間にイギリスにいた他のエスニック・マイノリティと同様に、教会へ定期的に通っていた人々が実際にどれぐらいいたのかを判断するのは難しい。一九〇五年のロンドンにおける教会への出席率に関する調査では、調査期間中の日曜日の朝にドイツ人が利用できる一五の教会のうちの一つに行った人は七四五人しかおらず、夕方にはその人数は七七七人になった。ロンドンのドイツ人人口が約二万七〇〇〇人であったということを考えると、アイルランド人カトリック教徒の場合の数字と比べてかなり低い割合になる。それでもなお、とりわけ多くの貧しいドイツ人の日常生活においてドイツ人の行う慈善活動や教育活動が中心的な役割を果たしていたことを考えれば、このことをもって一九世紀のドイツ移民の間で宗教が重要であったとするリュプケの説を退けることはできないように思われる。裕福な人々が貧しい人々に与えるという側面があったことから、これらの慈善組織は一九一四年以前のイギリスにおいて、統合されたドイツ人コミュニティが存在するかのような幻想をつくり上げることに大きく貢献していた。現実には、確実にロンドンにおいては、イーストエンドの貧しい者たちやイズリントンやフォレスト・ヒルのような地域に住むより裕福な者たちなど、異なる社会的階級のドイツ人たちはそれぞれ自分たちの教会で礼拝をしていた。もっとも、多くの地域では地域に一つの教会しか存在しなかったため、地方の教会ではより幅広い社会階層の人たちが同じ教会に集まったであろう。宗教はドイツ系の人々を単一の集団としてまとめ上げるのに一役買ったかもしれないが、社会的階級の違いがあったからというだけでなく、ドイツ人の間で異なる信仰があったがゆえに、それはドイツ系の人々をまとめると同時に分断する役割も果たしたのである。[92] プロテスタントやローマ・カトリック以外にも、イギリスにはドイツ系ユダヤ教徒も住んでいた。一九一四年以前は、彼らはドイツ系だけのシナゴーグを利用しない傾向にあったし、ドイツ系のユダヤ教徒に特化したアイデンティティは形成しなかったようである。しかし、彼らは一九世紀から二〇世紀にかけて、「正統派ユダヤ教」と「改革派ユダヤ教」の双方に影響を及ぼした。他方で、ナチスドイツから逃れた難民のうちのかなりの割合の者たちが、すでに長期間の文化変容とドイツ社会への同化を経た結果、世俗的になったと自らをとらえていた。[93]

一つの共同体であるという感覚をつくり上げるうえで宗教が重要な役割を果たしたヨーロッパ系の集団という点では、イギリスのイタリア人もドイツ人と似ている。ドイツ系教会と同様、一九世紀に発展したイタリア系カトリック教徒のための教会は二〇世紀になっても存続する傾向にあった。さらにドイツ系と同様に、彼らも自らの慈善組織をつくっていた。本書で検討する他の集団と同様に、イタリア人コミュニティも様々な集団からなっていたが、ローマ・カトリック教徒としての一体感が出身地や階級が異なる人々をまとめ上げるうえで重要な要素となった。彼らの信仰の程度については判断が難しいが、一九九〇年代半ばに行われた調査では、イタリア人の四分の三が自分たちを信心深いとしており、三分の一が一週間に一度は教会に通っていることが明らかになった。同じ調査で質問を受けた女性のうち、合計で九六％の女性がわが子に洗礼を受けさせたと回答した[94]。

過去二世紀間のイギリスにおけるユダヤ人コミュニティのアイデンティティを扱ううえで、宗教という側面を無視して議論することはけっしてできない。一見すれば、イギリスのユダヤ人は、他の地域のユダヤ人と同じように宗教を軸として一つのエスニシティを形成していたかもしれないが、出身地の違いも重要であった。同様に、イギリスの場合、社会階級もユダヤ人の在り方に影響を与えていた。ただし、社会階級は出身地やどのタイミングで移民してきたかといった問題とも結びついていた。加えて、ヨーロッパ大陸のどこに出自を持つかということと関連して、どのような形の宗教的慣習をもっているかによっても在英ユダヤ人たちは異なる下位グループに分かれた。ジェフリー・オルダマンやビル・ウィリアムズのような研究者たちが強調するように、過去二世紀間に単一のユダヤ人コミュニティが存在したということは困難であることが明らかになった[95]。長期間を通じて検証すれば、ユダヤ人の宗教実践が減少していく状況を分析することができるであろう。

スペインやポルトガルから来たセファルディム系のコミュニティが縮小しつつあった一九世紀初めには、イギリスのユダヤ人を分断する主な要因は出身地であった。中東欧からの移民流入の結果、一九世紀後半にはアシュケナジム系の集団が増大し続けたであろう。セファルディム系のコミュニティは、一七世紀後半以降、ロンドンを中心として広範囲にわたる慈善活動、とりわけ教育活動を発展させたが、建設したシナゴーグの数はアシュケナジム系より少なかった[96]。シナゴーグの建設は、ロンドンであれ地方であれ、ユダヤ人コミュニティの「到来」を示すものであった。ロンドン中央部にアシュケナジム系集団が建てた西部シナゴーグ、ハンブロ・シナゴーグおよびグレート・シナゴーグ〔第一章を参照〕の他に、信仰の場は郊外や地方にも広がった。たとえば、カーディフでは、シナゴーグは一八五〇年代に間借りした部屋で聖職者を任命して開設され、一八六〇年代には学校もつくられた[97]。一九世紀半ばまでには、大陸での状況に呼応してアシュケナジム系のユダヤ人たちは正統派と改革派に分かれはじめた。そのことは、一八四〇年に建てられた西ロンドン・シナゴーグに象徴されるような、典礼をより柔軟に解釈しようとする人々のためのシナゴーグが建てられたことにも表れている[98]。

一九世紀半ばごろには、在英ユダヤ人たちは多くのグループに分かれていたが、同時に、在英ユダヤ人たちの自信の増大とユダヤ人に対する差別の撤廃を求める運動の組織化の流れを受けて、公式に代表する全国組織をつくろうという動きもあった。一八世紀半ばに生まれた代表委員会は、これらの組織のほぼすべてをまとめて代表していた。というのも、この組織は政治的機能、宗教的機能の双方を果たし、多様なユダヤ人コミュニティのすべてを代表していると主張していたからである[99]。同時に、一八四〇年代に公式に創設された主席ラビは正統派信徒のために統一された宗教サーヴィスや儀式を提供しようとしていた[100]。一八七〇年には、統合シナゴーグが建設されることになるが、このシナゴーグはユダヤ人が郊外に移っていったことからロンドンの信徒たちのまとまりを維持することを目的としていた[101]。ヴィクトリア朝にはユダヤ人の教育・慈善活動が発展し、一七世紀にユダヤ人の定住が再度許可されて以降あった流れを確固たるものにした。ユダヤ人の昼間学校の生徒数は、一八五〇年代初頭の約二〇〇〇人から、一八八〇年代初頭にはロンドンで五六八七人、地方で二一二七人へと増加した(102)。

ヴィクトリア朝のユダヤ人は宗教とどのような関係を取り結んでいたのであろうか？　共同体としての構造がつくられたということからは、ユダヤ人がどのように信仰活動を行っていたのかであるとか、ユダヤ性をどのようにして維持していたのかということはほとんどわからない。V・D・リップマンは、一八五一年三月二八日—二九日、土日にかけてイギリスで実施されたすべての宗教に関する調査を精査し、「一八五一年のユダヤ人人口が三万五〇〇〇人」であったとの彼自身の算定に基づき、ユダヤ人人口の一〇％以下にあたる三〇〇〇人、もしくはそれ以下の者しか礼拝に参加しておらず、それはローマ・カトリック教徒よりも低い割合であったと結論付けた。ロンドンの外では「シナゴーグ以外」で礼拝が行われていたということもその背景にあるのであろうが(103)、この結果は、改宗も含めた同化がすすみつつあったということも示唆しているように思われる。しかしながら、エンデルマンは、改宗するのはまれであり、むしろ「日々の生活の中でいかなるものであっても宗教を重要な要素と考えないようになったことから、イギリス生まれの中流階級の間でユダヤ教が衰退した」ということを指摘している(104)。

したがって、ヴィクトリア朝中期のユダヤ人は、ピラミッド型の組織を持ちつつも、なおも多様性をはらんだコミュニティを形成していた。ロンドンでも地方でもシナゴーグの数は持続的に増大していたが、信仰の実践については低いレベルにとどまっていたようである。一九世紀末に東欧から移民が流入したことによって大きな変化が起こった。この新移民の流入は、新しく来た移民たちと、すでに定着している様々な在英ユダヤ人グループとの間の軋轢を生みだした。新しく来た移民たちは、定着しているユダヤ教徒たちのように贅沢なものをつくる金銭的余裕はなかったため、自分たちのシナゴーグ、独立したヘブロス［友愛会］やシェブロ［地域に根付いた社交の場やクラブ］を、「使えると判断した奥部屋や階上の部屋、屋根裏や小屋に」つくった。[105] これらの信仰の場は移民たちが最初に定住したところに形成され、ロンドンのイーストエンドには多数のものが、リヴァプールには二〇ヶ所がつくられた。グラスゴーでは間に合わせのシナゴーグがオックスフォード・ストリートやゴーバルズ地区のサウス・ポートランド・ストリートにでき、一校あったユダヤ教の学校と合わせて総数は四〇〇にのぼった。[106] これほど多くの信仰の場が生まれたということからは、新来者が自分たちの信仰の実践に対する強い意欲を持っており、既存のコミュニティに対応したシナゴーグにはあまり行きたがっていなかったということがわかる。第一次世界大戦勃発までの時期、彼らは強い敵対心に直面していたことから、新移民と既存の在英ユダヤ人の間で派閥抗争のようなものも生じていた。一八八七年に新しいシェブロやヘブロスをもまとめあげるシナゴーグ連盟が設立されたのもそのためであった。[107] 相互不信は、宗教上の行いをめぐるものだけではなく、階級や出身地、外見や人数の違いをも要因となっていた。既存コミュニティは「ゲットー」にたくさんの新移民が流入することで反ユダヤ主義が高まり、自分たちが一九世紀を通じて獲得してきた成果が台無しになることを恐れていた。移民たちはまた、自分たちの宗教学校をつくり、東欧でのやり方を継続させていた。しかし、この初期においては、宗教実践は無計画に行われていたようである。一九〇五年ロンドンの信仰に関する国勢調査からは首都のユダヤ人たちの約二五％が参加していたことがうかがえるが、[108] この数字はドイツ系よりもはるかに高いものであった。

在英ユダヤ人社会の分裂は戦間期まで残っており、他方でユダヤ教を実践する者たちは減り続けた。ロザリン・リヴシンは、一九二〇年代までに、多くの第二世代のユダヤ人たちの間で、世俗的な社会組織やスポーツ組織が普及したことから、あるいは、土曜日出勤によってシナゴーグへ通うことが不可能になったことから、あるいは「宗教が自分たちの日常において無意味で無関係に思えるようになった」

ということから、信仰を実践する者が減っていったということを明らかにしている。[109] それでもなお、ユダヤ人たちは、都市中心部《インナーシティ》から郊外に移るにつれて、ロンドンにおけるヘンドン・シナゴーグの建設に代表されるような新しいシナゴーグを開設した。[110] 実際、イングランドとウェールズにおけるシナゴーグの数は一九〇一年の約一五〇から一九二一年には二五〇に、一九四〇年には三五〇に増大した。[111] ビル・ルービンスタインは、戦間期には、東欧出身の上昇志向の高いユダヤ人たちをひきつけた統合シナゴーグの勢力が強まったことにあらわれるように、宗教という点では「古いユダヤ人と新しいユダヤ人が溶け合い、主流の在英ユダヤ人の信仰スタイルや独特な姿勢が形成された」と主張した。[112] しかしながら、シナゴーグ連盟も存続しており、地方やロンドンのシナゴーグのなかには、いかなる全国的などの集団からも独立を維持し続けたものもあった。[113]

在英ユダヤ人の人口は第二次世界大戦直後に最大に達した。一九四五年以降は、信徒たちの人数が徐々に減る一方、次第にともに活動することを拒否するようになった様々なユダヤ人グループの間では派閥争いが続いた。セファルディム系、改革派、正統派へブライ信徒連合につどった正統派と拡大しつつあった超正統派が主要四大派閥であった。国家補助を受けたものであろうと私立であろうと通常の学校教育、放課後教育双方を含む教育活動や、慈善活動のような共同体の活動のなかには、少なくとも第二次世界大戦後しばらくの間は、ユダヤ人コミュニティにおいて宗教的側面を強化するものもあった。しかしながら、一九九〇年代のシナゴーグでの礼拝への参加数を調べた結果からは、主流の正統派ユダヤ教家庭出身のユダヤ人のうち二六％が礼拝に参加したことがなく、四七％は年に一、二回か、特別な時に参加する程度であることが明らかとなった。他方、宗教婚の年間件数の平均は一九六〇年代後半の一八三〇件から一九九二年には一〇三一件に減少した。二一世紀初頭には、ロンドンにいるユダヤ人のかなりの割合の者たちが自分のアイデンティティが宗教的ではなく世俗的なものであると考えていたが、それには、宗教実践を自分がしていないとか、信仰に熱心だと彼らがみなしている正統派の人々と自分がかけ離れていると感じているということが関係していた[114]。

東欧から移民してきた者たちの子孫たちの中で、ユダヤ教の信仰が衰退し、他方でイギリス人性《ブリティッシュネス》が育ってきたことを示す指標の一つが食生活である。第二次世界大戦直後にはコーシャーの習わしを守る人々の数が最大となったが、コーシャーを扱う肉屋の数が減少したことにもみられるように、これ以降衰退した。イギリスのユダヤ人たちの食事内容の変化にも、東欧出身の子孫たちのイギリス化が現れている。彼らは、一九三〇年代初頭には、「レバー・ボール」や「アインラオフ」、「クレプレハ」、「スタッフド・ネックス」のような祖国のアシュケナジム系の料理は食べなくなり、エッグ・マヨネーズやサーディン、ロースト・ビーフ、ロースト・ラムにミントソースや裏ごしをしたプラムやリンゴや洋ナシといったイギリスの人々が食べるものと同じものを食べるようになった。今日のイギリスに公式に承認されたコーシャーレストランが、イタリアンやチャイニーズとして看板を掛けているものも含めて、一握りしかないという事実をみれば、この傾向は戦後期を通じて続いたであろう[115]。

ビル・ルービンスタインは、ユダヤ人が次第に科学や政治から娯楽まであらゆる分野においてイギリス社会のより高い階層へと上昇を遂げたと指摘している[116]。ナイジェル・ローソン（Nigel Lawson）〔保守党の政治家でジャーナリスト。サッチャー政権で蔵相を務めた〕、マーク・ボラン、クレア・レイナー（Claire Rayner）〔ジャーナリスト、著述家〕といった名前は、ユダヤ人たちが明確に、そして純粋にイギリス人としてのアイデンティティをもってイギリス社会の主流に入った様子を示している。もっとも、ナイジェル・ローソンとその娘〔料理研究家、ナイジェラ・ローソン（Nigella Lawson）のこと〕は自身を、世俗的な意味でユダヤ人であると捉えているだろうが[117]。

在英ユダヤ人は、度重なる移民によって形成された重層的なアイデンティティを持つ複雑な集団の好例である。その共同体は、諸団体の複雑な統合体に代表される高度に中央集権化されたものであった。一九世紀末にやってきた新移民の子孫たちが社会的上昇を遂げたのは、彼らが次第にイギリスの規範に統合されていったことの反映であった。そのことは、二つの大戦時にユダヤ人たちがその人口比率に比べて高い割合で従軍したことに端的に示されている。

第二次世界大戦後発展してきたエスニック・コミュニティの中では南アジア系移民がもっとも目立つ諸宗教をイギリスに持ち込んだかもしれないが、信仰は他の集団、とりわけギリシア系キプロス人たちにとっても重要であった。ギリシア正教の教会は、ロンドンでは一七世紀以降存在してきた。一八七八年にギリシア人の商人たちによって開かれた聖ソフィア教会は、主に第二次世界大戦直後にキプロスからやってきた移民たちに対して宗教サーヴィスを行った。その後、とりわけ、カムデン・タウンやケンティッシュ・タウンといった移民が定住した地域を中心に、他の教会も開設された。一九九〇年代には、ロンドンおよびその近郊にあるギリシア正教会の教会数は三二にまで増大し、他の地域でも首都以外に住むギリシア系キプロス人の小さなコミュニティのための教会が存在した。これらの多くは、使われなくなった国教会の教会を引き継いだものであった。一九九〇年代初頭の著書のなかで、フロヤ・アンシアスは、ギリシア系キプロス人の大多数がクリスマスや新年、イースター、結婚式、洗礼、葬式や記念日といった行事を維持していると述べた。教会では中高年女性の姿が目立ち、男性はそれほど頻繁には礼拝に参加しない。教会は、イギリスに住むギリシア系キプロス人のライフサイクルにおいて重要な役割を果たす。他の移民グループの宗教の場合とは異なり、ギリシア系キプロス人の場合には、日曜学校を活動の中心としており、大規模な福祉組織を形成してこなかった。教会は、特定のコミュニティの組

織とは結びつきをもたないキプロス人たちにとって、自らの民族性《エスニシティ》を表現する重要な存在となった。(118)

第二次世界大戦後のイギリスで、新たに流入してきた移民がもっていた宗教アイデンティティとしてもっとも際立ち、そしてその信徒数がもっとも多いものは、ヒンドゥー教、シク教、イスラム教という形で南アジアからはいってきた。少なくとも、これらの諸宗教の信徒のうちの一部は元英領インドにそのルーツを持っている。ただし、なかには、アフリカや他の地域を経由してイギリスにきた者たちもいる。イスラム教は、現在においても、もっとも複雑な宗教である。というのも、その信徒たちは南アジア出身者だけで占められているわけではないし、また、宗教儀式という点でも、もっとも多様な宗教であるからである。イスラム教はまた、第二次世界大戦後に新しくでてきた宗教の中でももっとも規模が大きく、洗練された福祉団体を持ち、政治的にもきわめて活発であるなど、もっとも組織化された宗教でもある。

一九四五年以降、ヒンドゥー教、シク教、イスラム教は急速に拡大したかもしれないが、これらの宗教の信者自体はヴィクトリア朝のロンドンにも住んでいた。ただし、周囲の激しい敵意のために、これらの信者たちが自分たちの宗教を実践するのは困難であった。実際、キリスト教の伝道者たちはこれらの宗教の信徒たちに対し興味とないまぜになった敵意を示したため、一九世紀のイギリスにいたインド人たちがキリスト教へ改宗した例は少なかった。有名な改宗者には、パンジャーブの最後の「マハラジャ」で、一八五四年、東インド会社に領地を引き渡した後にイギリスに移ってきたダリープ・シン(Duleep Singh)がいる。しかしながら、彼はその後インドに帰国した際に自らの信仰に戻った。ただし、パリで死の床にあったときには、彼はふたたびキリスト教に改宗したようである。このことは、彼が宗教を便宜的に利用していたことを示している。ジョセフ・ソルター(Joseph Salter)や他の伝道者たちがロンドンのイーストエンドにいたインド人水夫《ラスカー》たちを改宗させようと努力したが、ほとんど成功しなかった。しかし、元々南アジアで行っていたように、少なくとも組織化された形で彼らが信仰を続けることは困難であった。第一次世界大戦勃発の頃までにはウォーキングに埋葬地と共に建てられたものも含めて、いくつかのモスクがロンドンに現れていた。リヴァプールでも、イスラム教への改宗を促す努力が行われた結果、信徒たちが集まるようになった(119)。

戦間期には、南アジア系の人々の宗教活動はさらに組織化されるようになった。中央ヒンドゥー協会やヨーロッパ・ヒンドゥー協会が一九三〇年代までには結成された。これらの組織は幅広く福祉活動、社会的、宗教的活動を展開した(120)。最初のシク教のグルドゥワーラー［シク教の寺院］は一九一一年にロンドンのシェパーズ・ブッシュにある家屋で開かれたようで、イギリスにおけるシク・コミュニティの中心となった。信徒のなかには重要な宗教上の祭り、とりわけ、ヴァイサキ［シク教の祭日］の時には宗教儀式に参加するために数百マイルも旅をしてやってきた者たちもいた(121)。イスラム教も、ロンドンにいくつかのモスクが開設されるなど戦間期に重要な発展期を迎えた。フマユン・アンサリは、二〇世紀初頭の南アジア系および中東系移民の間で日々の宗教活動がどのように行われていたかを詳しく述べている。しばしば配偶者は白人であることもあったが、結婚はイスラム教式かキリスト教式で行われた。ただし、移民、とくに水夫たちのなかには、しばしば白人社会の敵意に直面したことから白人社会と距離を置きたがる者たちもいたが、そのため、彼らはより容易に宗教的な実践を続けることができた(122)。

信仰を実践している人の数が少なかったことを考えると、祖国で特徴的であった厳格な宗教活動を信者が行うための組織も機会もほとんどなかった第二次世界大戦以前のイギリスでは、ヒンドゥー教、シク教、イスラム教は周縁的な存在に留まっていたといえる。一九六〇年代以降、一九世紀のアイルランド人に匹敵するような大規模な南アジアからの移民流入がおきたことで、この状況は大きく変わった。ニーズデンにあるスワミナラヤン寺院に代表されるようないくつかの壮麗な寺院を有し[123]、イギリスで三番目に規模の大きな信徒集団を形成しているにもかかわらず[124]、ヒンドゥー教は南アジア系の宗教グループのなかでももっとも目立たないようである。シク教徒が伝統的衣装を着ることで一体感を強めたり、ムスリムがイラク戦争で団結したりしたのに対して、ヒンドゥー教徒にはコミュニティ全体をまとめ上げる政治的な争点がないということが、おそらくその背景にはあるだろう。多様な下位グループから成り立っているムスリムやシク教徒と同様、ヒンドゥー教徒も出身地や宗教儀式のやり方やカーストによって分かれている。このことは、ヒンドゥー教徒たちがまとまって声を上げることを非常に難しくしている[125]。ヒンドゥー教徒たちが何らかの形で一つにまとまったコミュニティをつくるとすれば、それは、フェスティバル、とりわけレスターのディーワーリー［ヒンドゥー教の新年のお祝い］を通じてである。レスターのディーワーリーには、六万もの人が参集する[126]。

シク教徒のコミュニティも多様である。第一に、カーストが重要である。同時に、シク教徒の中にはインドから直接移民してきた者たちもいるが、東アフリカ経由で移民してきた者たちもいる。グルドゥワーラーの出現は、イギリスにシク・コミュニティが到来したことを視覚化するものであった。移民の最初の段階では、男性世帯主が「宗教儀礼を行うことはまれであったし、どちらかといえば、彼らはそのようなことを軽蔑していた[127]」。これらの初期の定住者たちは「信仰を明示することを避けようとした」し、多くが「ひげをきれいに剃るほうを選び」、ターバンをまくことはめったになかった[128]。しかしながら、あるシク教徒の少女は、以前は着ていた英国式の洋服を脱いで伝統衣装に戻らなくてはならなかったことに文句をいいつつ、以下のようなことを述べている。彼女によれば、「多数のパンジャーブ人」

がやってきてから、[129]人々は宗教に適した服装に着替えたという。つまり、男性の場合にはひげを生やしてターバンを巻き、女性の場合にはサルワール・カミーズ（長ズボンとシャツ）を着るようになったというのだ。それでもなお、話はシクのコミュニティが一九六〇年代のある段階で一斉に祖国の服装に戻ったということでは終わらない。世代や状況、個人や家族の信仰への姿勢に加え、個人の選択のすべてが、シク教徒が伝統衣装を着るかどうかを決めるうえで大きな影響を与えた。パーミンダー・バチュが書いたように、シクの女性たちはイングランド全体のファッションだけでなく、イングランドにおける居住地の地域性の影響も受けているのである。一九九〇年代初頭には、シクの女性たちは、服装においてもアクセントにおいても、カムデン出身の女性がカムデンっ子になるのとおなじように、ブラミー〔バーミンガムっ子〕である。[130]このような状況は、「ターバン・キャンペーン」を通じてシク教徒がバスの運転やオートバイを運転する際に伝統的な被り物を付ける権利を主張し勝ち取ったこととは対照をなす。シンやタトラは実際に四件の「ターバン・キャンペーン」を確認した。[131]

グルドゥワーラーが増えており、なかにはインドにあるものと同種の建築物やイギリスでももっとも壮麗な教会建築に匹敵するようなすばらしいものもあるという事実もまた、信仰への固執度の低下という状況と対照をなしている。寺院の数が増大したことは、一九五〇年代以降イギリスにおけるシク教徒の人口が増大したということだけでなく、建設資金の多くが寄付からきていることから考えると彼らの経済状況がよくなってきているということを示している。初期の到着者たちは学校の講堂や家屋などの建物を間に合わせで使用していたが、近年は専用の建物が増えた結果、グルドゥワーラーの数は一九五一年の一件から、二〇〇一年には二一四件に増大した。ある調査ではシク教徒の三九％が少なくとも週に一度は礼拝に参加しているということが主張されているが、この数字は信仰を維持する割合としては際立って高いもののように思われる。グルドゥワーラーは同胞たちをスカウト活動のような共同体活動によって囲い込もうとしてきた。また、翻訳サーヴィスについても需要が増えてきた[132]。シク教徒たちはかなり高い割合で信仰を維持しているものの、このことからはコミュニティや信徒集団を構成している個々人の多様性まではわからない。

一見すると、一九四〇年代以降のイギリスにおけるイスラムの勃興は、イスラムを信仰する者たちにおいて信仰を実践する者の割合が高いということも示しているように思われる。ハラール・ミート［イスラム教で定められた方法に従って屠殺、解体された肉］が得られなかったことに象徴されるように、初期の定住者たちは可能な範囲で信仰を実践しなければならなかった。一九五〇年代から六〇年代においては、地域で得られる食べ物をそのまま食べていた者たちもいたし、以下に挙げる三通りの方法のいずれかで、これを避けようとした者もいた。一つ目としては、イスラムの教えではコーシャーの肉を食べることは許されていたことから、コーシャーを扱う肉屋へいくというやり方である。二つ目は、生きたニワトリを買い、祈りをささげながら屠殺して自宅でハラールにするやり方である。三つ目は、イギリスの肉屋から肉を買わずに、野菜だけを食べるというやり方である。長期的には、南アジア出身のムスリムたちは、人口が増え市場が生まれたことによって食事上の問題を解決できたであろう。一九七〇年代までには、そして特に一九八〇年代には、ハラール・ミートは次第に手に入りやすくなった。一九九四年に設立されたハラール食材認定協会の管理下でハラール・ミートを売る肉屋の数がイギリスの都市中心部《インナーシティ》に増えたのである[133]。他方、宗教上許容されている食べ物はムスリム人口の増大とともに入手が容易になったものの、消費パターンの変化からは第二世代以降が統合に向かう状況が現れている。ラマダンの間、日の出前に食べられるハラール認証をうけた食材でつくられたムスリム用のイギリス式朝食《フル・イングリッシュ・ブレックファスト》が存在するということは、このことを究極的に示すものといえよう。

食生活の変化は統合のプロセスを反映する。このことは、一九五〇年代以降に到着した南アジア系移民の子孫に影響を与えてきた。しかしながら、多くの研究が、イスラムコミュニティの目立った隔離に関心を集中させている。このようなイスラムの目立った隔離の状況はイスラムの制度化にも表れている。第二次世界大戦後すぐの時期にきた移民たちは、テラスハウス〔イギリスの都市部に特徴的に見られる長屋式集合住宅〕のような間に合わせの建物に設営されたモスクで礼拝をしていた。一九五九年、ブラッドフォードで最初のモスクが開設されたが、このモスクには様々な宗派の者たちが集っていた。しかしながら、結局、ブラッドフォードはパンジャーブから来た特定のグループによって占められてしまっただけでなく、いくつかの異なる伝統をもった宗派が一九八一年に設立されたブラッドフォード・モスク協議会によってある程度は統合されるとともに、街の中のモスクの数も一九八九年までに三四に増大した。[135] このことは全国的な状況を反映しており、イギリス全土では一九八三年に登録されたモスクが一三であったのに対し、一九八五年までには三三八へ、それ以降さらに一三〇〇程度にまで増加した。[136] 同時に、イギリスにおいて、南アジア出身者だけでなく世界中からのムスリムの様々な宗派を代表し、それぞれの国内での利益を追求する種々の全国組織が発展してきた。イスラム組織の中には若者や女性といった特定の利益集団を対象としたものも多い。[137] 多くのモスクで、モスクに付属した教育活動が行われている。実際、二〇〇七年には、イギリスには総数で一〇〇の私立学校と七の公立学校があり、このような学校の存在がエスニック間の相違や分離を固定化するとの主張もなされている。[138] イスラム教組織の発展を、過去二〇〇年間のユダヤ人やアイルランド人カトリック・コミュニティのものと歴史的に比較するなら、特にイスラム教に特別なところはないようである。

プニーナ・ワーブナーやケイティ・ガードナーといった研究者が主張してきたように、イスラム信仰の実践は、個人や家族といったレベルで異なってくる。ワーブナーは特にマンチェスターに対象を絞り、とりわけ女性によって執り行われる特定の儀礼が、どのようにして家庭で実践されるかを明らかにした。(139)それに対し、ケイティ・ガードナーはタワー・ハムレッツに住む高齢のベンガル出身者から聞き取りを行い、年齢とともに信仰心が高まったことを示している。その理由について、彼女は二通りで説明をしている。第一に、イギリスの一部、特にロンドンのイーストエンドで「イスラム化の進展」が起こったことから宗教実践が容易になったということである。第二に、彼女が聞き取りを行った高齢の男性たちによれば、年を重ねるにつれてモラルについて考えるようになり、そのことがひいては、以前は関心の中心であった仕事やお金の問題よりも宗教へ思考を向ける要因になったということである。(140)

しかしながら、イギリスのすべてのムスリムを統合する包括的な宗教が発展してきたという見方には、同化や統合が起こってきたイギリスの多文化的現実を踏まえた時、修正が必要である。イギリス生まれの女性の中でイスラムの服装をする者が増えているということは、統合とは逆行する動きがあることを示唆するようである。ただし、女性たちのなかには、そのような服装をしたほうが自由になり、より自らのアイデンティティを確固たるものとすると主張する者もいる。(141)他方で、ムスリムの男性の中でイスラムの服装をする者はほんの一握りにすぎない。(142)イギリスのムスリムにおいては、同化よりも統合が一般的であるように思われる。

宗教は、過去二世紀間のイギリスにおいて様々な集団で主要な役割を担ってきた。とりわけ、アイデンティティの確立が主に信仰と関わっていたアイルランド人カトリック教徒、ユダヤ教徒、シク教徒、ムスリムではそうであった。いずれの場合においても、コミュニティの組織の発展によって、イギリスで新しい宗教を実践することが容易になった。アイルランド人やユダヤ人の歴史からは、長期的には宗教を基盤にして自己が何者であるかを認識することは不可避的に減少していったことがわかるが、最近出現した南アジア系のコミュニティも同じことになるかについては、結論を出すにはまだ早いであろう。

政治

過去二世紀間のイギリスにおいて、政治はエスニック間の相違を固定化するうえで重要な役割を果たしてきた。とりわけ、祖国での迫害から逃れてきた政治活動に積極的な難民においてはそうであった。古典的な例としては、一九世紀のヨーロッパ大陸における迫害、特に一八四八年の諸革命の失敗以降の迫害から亡命してきた者たちや、ナチスから逃れてきた者たちがいる。同様に、ヴィクトリア朝後期以降、帝国からイギリスにやってきた政治的に活動的な裕福な移民たちも、新たな環境の中で活動を継続した。またもっと人数が多い集団でも、典型例としてはヴィクトリア朝のアイルランド人のように、祖国の政治的主張を支持する政治活動に活発に関わったり、一九三〇年代にイギリス・ファシスト連合に対抗したイーストエンドのユダヤ人たちのように人種主義への抵抗として新たな活動に参加したりする者もいた。より最近では、イスラム主義者による政治活動が人種主義に対する抵抗の一形態として展開されることもあるが、このような活動は、ムスリムが迫害を受けていると感じられたことに対して抗議する国際的な動きに呼応したものでもある。二〇〇五年に少数のイスラムの若者たちがロンドンで起こした事件に示されるように、暴力もイギリスにおける政治意識の表現の一形態となってきた。このことは、事例としては一九世紀半ばのアイルランド人までさかのぼることができ、アフロ・カリブ系の若者たちを中心とした一九八〇年代の都市中心部《インナーシティ》の暴動でも強くしめされている。このような路上での行動とは対照的に、多くの移民やその子孫たちは主流の政治プロセスに包含されてきている。このことは重要な統合の指標であり多文化主義を促進するものでもある[143]。

難民や移民は一九世紀初頭からイギリスでのあらゆる政治的活動に参加してきた。祖国で政治に関わっていた者たちは、イギリスの主流とは異なる意識を確立し、自らの政治的エスニシティを形成してきた。一九世紀に迫害から逃れてきた亡命者や一九四五年以前のアフリカ系、アジア系の滞在者などを含む、このような人々は帰国して政治活動を続けることを待ち望んだ。他方、主流の政治プロセスにエスニック・マイノリティが入ってきたということは、明確な統合の指標となる。［帰国を前提とした活動と主流への統合の］その間にあるのが、しばしば人種主義に対する抵抗として行われ暴力に帰着することも多い、新たに形成された政治的活動である。

一九世紀、イギリスにたどりついた政治的亡命者たちは、大陸で行ってきた活動を継続したいと望んだ。一九世紀初頭のロンドンにおけるイタリア移民の研究の中でマーガレット・C・ウィックスが明らかにしたように、たとえイギリスでの滞在期間のほとんどを政治運動に費やしたとしても、亡命の身のままでいたいということは、彼らはほとんど望んでいなかった。しかしながら、彼女の検証によれば、教育を受けたエリートの中にはイギリスで定住し、地位の高い職を確保した者たちもいた[144]。

追放の結果として、また「独立した」ポーランドの建国を求めて、ヴィクトリア朝以降、イギリスではポーランド人たちが多くの政治活動を行った。二一世紀初頭の移民流入までは、ポーランド人たちの大半が、少なくともドイツやロシアの迫害を理由として入国してきた。一八四〇年代には、ポーランドからの亡命者たちは万国民主主義者友愛協会と呼ばれるグループに入った。この組織は、その名前が示すように、難民という集団を一つのグループとする形でヨーロッパ各国からの難民たちを統合するものであった。さらに、ポーランド民主主義委員会やポーランド再生のための民主主義委員会もこの時期に結成され、イギリス人の急進派から援助を受けていた。さらに、一八五〇年代には、少数のポーランド人社会主義者の集まりもつくられた(145)。第一次世界大戦中には、(ユダヤ性に対して)自らのポーランド性を強調したイギリスのポーランド人たちは、終戦後のポーランド国家建設を訴えて運動を行い、ポーランド情報委員会を設立した。もっとも、ノーマン・ディヴィスが明らかにしたように、[ポーランド人たちの間では]様々な党派がロンドンでは生まれたのであるが(146)。第二次世界大戦中にイギリスに来ることになったポーランド亡命政府や亡命軍は、明らかに政治性をもった一つの集団として自らを捉えていた。ただし、第一次世界大戦期と同様、ソ連に割譲された地域に対してどのような姿勢を取るかなどによって、彼らもまた分裂した。まことに奇妙なことに、この反共のポーランド亡命政府は一九九〇年まで独自の大統領をたて続けた。それでもなお、戦後のポーランド人コミュニティの中で亡命政府の政治に関わった者たちは一握りしかおらず、代わりに、彼らはあらゆる種類の組織をつくった(147)。キャシー・バレルは、戦後のレスターにおけるポーランド人に関する研究で、退役軍人クラブなどの「ポーランド的空間」を検証したが(148)、とりわけ、聞き取りの対象者たちがポーランドという国の過去と故郷を思い出す様子に彼女は焦点を絞り、共産主義ポーランドへの帰国という問題が移民たちのトランスナショナルなアイデンティティの形成を促したことを示した(149)。

一九世紀末、ロシア帝国の皇帝専制支配が強まる中、ロンドンはロシアからの亡命者による政治活動の拠点となった。その中でもっとも有名であったのがレーニンである。革命家やイギリス人の支持者たちをまとめ上げたロシア自由友愛協会など、多数の組織が設立された。一九一七年のロシア革命で亡命者の多くが帰国したが、ソ連の弾圧の結果、一九二〇年代に祖国を押し出されることになった者もいた。[150]

一九世紀半ばから二〇世紀半ばにかけてのイギリスで、もっとも政治的に活発であった国民共同体の一つがドイツ人であった。彼らは、この期間を通じて、様々な理由からイギリスに移り、共産主義からナチズムまで様々な主張に同調して、多数のグループに分裂した。イギリスでの滞在を暫定的なものにすぎないと考えていた者もいれば、イギリスで人生の大半を過ごした者もいた。

ドイツ人の政治亡命者は一八三〇年代にイギリスへ移り始め、その後、一八四八年の諸革命の失敗に続いて、様々な政治迫害のためにかなりの人数の難民がイギリスに移住し、一連の特徴ある諸集団が生まれた。カール・マルクスを支持するかどうかの問題もめぐって、極左勢力では内部抗争が起こった。もっとも長く続いた左翼グループの一つが、ドイツ人労働者教育協会である。共産主義革命活動の拠点としてロンドンが重要であったことは、一八六四年に第一次インターナショナルが設立されたことからもわかる。一八四八年の諸革命の失敗によって亡命したマルクスとエンゲルスはイギリスで過ごした。もっとも、エンゲルスは、父親の商売の関係もあって移住したのであったが。一八七八年にビスマルクが社会主義者鎮圧諸法を制定したことによって、イギリスにはさらに左派の難民たちが流れ込んだ。亡命者の流入はさらに続き、その中には、『社会民主主義者（*Sozialdemokrat*）』紙を持ち込んだエドゥアルト・ベルンシュタイン（Eduard Bernstein）や、一八九五年に流入した無政府主義者で第一次世界大戦期には抑留されることになるルドルフ・ロッカー（Rudolf Rocker）も含まれていた。[151] ナチスが政権を掌握して以降、さらに左翼の政治活動家たちがロンドンにやってきた。[152] その中にはユダヤ人たちもおり、彼らは自分たちの組織を作ったが、その中で有名なものには一九四五年以降ユダヤ人のための運動を行っ

た ユダヤ人難民協会がある。[153] 多くの場合、ドイツ人であることと、中央ヨーロッパからの左翼難民としての政治的信条は不可分のものであった。

同様のことは一八四八年の諸革命以降に亡命してきた、ゴットフリート・キンケル（Gottfried Kinkel）やカール・ハインリヒ・シャイブレ、アーノルド・ルーゲ（Arnold Ruge）やカール・ブラインド（Carl Blind）らを含む基本的に自由主義で民族主義的な傾向を持つ亡命者たちにもいえる。彼らは一九世紀半ば、ブラインドが編集し、「ドイツにおける専制支配打倒」を目的とした『ドイツ同盟者（*Der Deutsche Eidgenosse*）』のような一連のドイツ語新聞をロンドンで発行した。[154]

加えて、ドイツ人の右派政治活動も一九世紀末からナチス時代に至るまでイギリスで発展した。ヴィクトリア朝後期からエドワード朝にかけて、ドイツにおける民族的な自信の高まりがイギリスのドイツ人コミュニティにも影響を及ぼし、ドイツ植民協会やドイツ海事連盟などの団体はロンドンやグラスゴーにも支部をつくった。[155] 他方、戦間期にはイギリスのドイツ人の活動の多くがナチ化した。[156]

ユダヤ人たちは祖国での迫害もあって東ヨーロッパから逃れたのかもしれないが、彼らは、祖国でのユダヤ人の窮状ではなく、新しい環境で直面した状況に対応した活動をすぐに始めた。東ヨーロッパからのユダヤ人とドイツ人の間の政治性に違いが出た主な理由は、多くのドイツ人が、エスニシティを理由として迫害を受けた集団であったからではなく、政治的活動を理由として亡命したからであろう。基本的にドイツ人難民たちはロンドンでも大陸で行っていたのと同じ問題を訴える運動を続けたが、ヴィクトリア朝、エドワード朝の多くのユダヤ人の移民は、イギリスで初めて政治化したのである。

すでに地位を確立していた在英ユダヤ人たちは、一九一四年以前の東ヨーロッパと一九三三年以降のナチスの影響が及んだヨーロッパの双方におけるユダヤ人の苦境に注意を傾けた。彼らを支援するため、古くから定着したこの共同体は一連の組織を設立した。彼らが一体どの程度の支援を行ったかについては議論がある。歴史家の中には、すでにイギリスに定着していたユダヤ人たちが、大陸ヨーロッパにおける迫害からの難民を支援しようという気持ちと同じぐらい、何千ものユダヤ人が流入することで反ユダヤ主義が高まり自らの立場も脅かされることを恐れていたという事実を指摘する者もいる[157]。それでもなお、在英ユダヤ人たちは一九一四年以前および一九三〇年代―四〇年代にかけてヨーロッパに残っていたユダヤ人たちを助けるための様々な組織を設立した。一九世紀後半には、一八八二年にロシア帝国のユダヤ人の扱いに抗議し、イングランドや大陸における難民を支援するために設立されたマンション・ハウス基金も生まれている。同じように、一九三〇年代にも、ドイツ系ユダヤ人のためのイギリス中央基金やユダヤ人難民委員会など同様の目的を持つ組織が設立された。これらの組織の多くが、主に新しい環境に到着した難民の苦境を緩和することを目的としていた。一八八五年に設立された困窮ユダヤ人一時避難所はそのような組織の一例であるが、この組織は二週間以上の滞在は認めなかった。実際、滞在者の多くはアメリカ合衆国へ向かう途中にイギリスに一時滞在した移民であった。他方、一九三〇年代に設立された組織は、支援対象の人々の多くが長期間留まるであろうことを前提としていた。在英ユダヤ人たちは、支援を与えるだけでなく、統合を促し、新しく来た者たちの露骨なユダヤ性を消そうと取り組んだ[158]。

しかしながら、東ヨーロッパから新しくやってきたユダヤ人難民たちがすでに定着していたコミュニティとは宗教上異なる道を歩んだのと同様に、少なくとも短期的には、彼らもまた自らの政治組織をつくった。長期的にはユダヤ移民たちは主流の政治に吸収された[159]。短期的には、ロシア帝国の迫害を逃れたユダヤ人たちは苦しい社会状況を改善し、日々の反ユダヤ主義と闘うための政治組織に参加した。とりわけ仕立て業を中心として、ユダヤ人労働組合を結成し、ユダヤ人同胞からの搾取に対して戦ったが、[160]このことはユダヤ人雇用主との民族的《エスニック》同一性より階級的団結のほうが重要であるという事実を示していた。一九三〇年代までにはロンドンのイーストエンドのユダヤ人意識は、反ユダヤ主義を掲げるファシストたちの活動によって生まれた脅威に呼応して、まさに政治的なものとなった。ユダヤ人の中には共産党に加入し、一九三六年一〇月の「ケーブル街の抗争」で頂点に達した反ファシズムの抗議運動に参加する者もいた。この抗議運動はイギリス共産党の影響下で、一〇万人もの反ファシズム主義者（その多くが地元のイーストエンドに住むユダヤ人であった）が一九〇〇人のファシストに立ち向かった。[161]一九世紀後半から二〇世紀初頭のイギリスのユダヤ人のなかには、一九〇〇年までにはヨーロッパ中に広がっていたシオニズムという形のトランスナショナルな政治思想を支持した者たちもいた。様々な国際組織がイギリスに支部を持っていたが、一八九七年に設立されたシオニスト機構などイギリス本国で生まれたものもある。一九一四年には五〇の支部をもっていたイングランド・シオニスト連盟は、一九二一年には三万人の会員と二三四の加盟団体を擁していた。[162]二〇世紀初頭のイギリスでイスラエルへと回帰しようとしたユダヤ人たちと、一〇〇年後に国際的イスラム運動によって政治的に急進化したムスリムは、双方とも、イギリス国外に自身の政治的インスピレーションを求めた点でよく似ている。それでもなお、これは単に政治的立場の一つを現すに過ぎない。イギリス国籍を持ち、その結果投票権もあることから、大半のユダヤ人やムスリムは完全に政治の主流に統合されてきた。[163]

同じことは、二〇世紀初めに選挙権が拡大されて以降のイギリスにおけるアイルランド人にもいえる。というのも、一九二一年のアイルランド自由国建国［決定］によって彼らはイギリス国籍を失ったにもかかわらず、彼らはずっと投票権を持ち続けていたからである。[164]ヴィクトリア朝では、彼らは、自分たちの主張を政治に取り入れてもらうために投票以外の方法を模索した参政権を持たない労働者階級と同じ状況に置かれていた。投票ができなかったことから、彼らは、とりわけアイルランド自治を訴えた圧力団体に参加したり、プロテスタントの場合には、とりわけオレンジ結社と関係する暴力的活動に関与したりするなどした。しかし、アイルランド人たちも、選挙権が一九世紀―二〇世紀初頭にかけて拡大したことから、主流政治に統合されていった。

独立したアイルランド国家建国を目的とした多くの運動がイギリス本土で起こった。早くも一八四〇年には合同法撤廃協会はイギリスとアイルランドの間の合同法の撤廃を求めて運動を行った(165)。この時期、アイルランド連盟はチャーティストと緊密に結びつき、より重要な集団となった。彼らの活動はとりわけ、リヴァプール、マンチェスター、ブラッドフォードを中心として一八四八年に頂点に達した。しかし、彼らはすぐに革命の年に厳しい監視下に置かれて迫害されるようになり、一八四八年に消えてしまった(166)。

しかしながら、一八五〇年代以降、より暴力的なアイルランド・ナショナリズム〔民族主義〕がフェニアン・アイルランド共和主義兄弟団〔Irish Republican Brotherhood〕（ＩＲＢ）という形で表出した。ＩＲＢはニューヨークに本部を置き、アイルランドとイギリス本土の両方で活動をしていたトランスナショナルな組織であった。ＩＲＢは、暴力でもってイギリスの統治を覆すことを目的としており、ローマ・カトリック教会が厳しく抑圧したにもかかわらず、一八六五年には連合王国で八万人もの会員を擁していた。一八六七年―一八六八年にかけてその活動は頂点に達し、チェスター城を占拠しようと試み、アイルランドの蜂起を企てて失敗し、ＩＲＢの政治犯を移送していたマンチェスター警察の護送車を襲い、クラーケンウェルの監獄を爆破した。この爆破でフェニアンの囚人たちは解放されたが、近隣の住民二〇名が犠牲になった。このような活動を受けて、ロンドンで二万二〇〇〇人のアイルランド人が一八六八年にヴィクトリア女王への忠誠を宣言する請願を出した[167]。この後、暴力的な活動は衰えたものの、フェニアンの再組織の結果一八八一年にはソルフォード兵営とリヴァプール市庁舎への攻撃が行われ、後者については建物が損壊し、前者では七歳の少年が死亡した。一八八七年まで、アイルランド系アメリカ人によって実行された「ダイナマイト戦争」の第二段階で、さらなる爆破が行われた[168]。

ヴィクトリア朝後期、アイルランド・ナショナリズムは、とりわけリヴァプールを中心とするランカシャーのコミュニティにおいて、それほど暴力的ではない形態でも示された。一八六〇年代には、聖パトリック兄弟団も活動している[169]。より重要なことに、一八七〇年に設立されたグレート・ブリテン・アイルランド自治連盟は一八七〇年代―一八八〇年代にかけて、全国的に数多くの支部と何千人もの会員を擁した[170]。第一次世界大戦直前にナショナリストの活動が頂点に達した背景には一八八三年以降のグレート・ブリテン・アイルランド国民連盟の発展があった。この組織は、その前に設立されたものと同様、アイルランドに拠点を置く指導者の下で動いていた[171]。アイルランド・ナショナリストの勢力は二〇世紀初頭のリヴァプールで強く、「一七の活動的な支部に一万人の会員を擁し、時には三年間にわたって市政府に加わったり、一九二二年になっても二三人の議員を出して市議会で野党を形成したりし、移民たちの全面的支持を受けていた[172]」。イギリスのアイルランド人は第一次世界大戦での従軍を大挙して志願したが、一九一六年におこったアイルランドの反乱［イースター蜂起］についてはイギリス本土でも支持を受けていた[173]。

チャーティストから自由党、労働党に至るまで主流政治への参加もアイルランド人の統合において重要であったが、イギリスにおける組織化されたアイルランド人カトリック教徒の活動は祖国への強い忠誠に貫かれていた。[174] 組織化された政治活動だけでなく、アイルランド人カトリック教徒とプロテスタントは、特にリヴァプールやグラスゴーといった彼らがひしめきあって暮らしていた大都市を中心とした路上でのエスニック間の抗争の中で明確になったある種の政治意識を発展させていった。この抗争の背景には、一七九五年にアーマー州で創設され、一八一九年にリヴァプールに最初の支部をつくったオレンジ結社の存在があった。その後、オレンジ結社はリヴァプールで特に目立つ存在となった。オレンジ結社はまた、多くのプロテスタントが暮らしたマンチェスターやスコットランド、とりわけグラスゴーやエディンバラで支配的となった。その結果、アイルランド・ナショナリズムと同様に、この集団は一九世紀、ブリテン諸島全域にわたる活動を通じて一つのトランスナショナルな運動を形成した。確かにその組織という点では社会的に認められる立派なものを装っていたかもしれないが、その会員たちは、とりわけリヴァプールやグラスゴー、エディンバラの路上でローマ・カトリック教徒たちと抗争した。一九世紀、これらの都市では宗派的な暴力が頻発していた。オレンジ結社も騒擾も第一次世界大戦後は下火になったが、宗派性自体は衰えたわけではなかった。このことは、スコットランドのサッカー界において今でも「オールド・ファーム」［プロテスタント系の支持をうけるレンジャーズＦＣとカトリック系の支持を受けるセルティックＦＣ］のライバル関係が残っているということからだけでなく、たとえば、ムッソリーニがイギリスに宣戦布告したことを受けて一九四〇年六月にエディンバラで起こった反イタリア人暴動に反カトリック感情が作用したという事実からもわかる。[175]

第一次世界大戦後、および一九四五年以降、イギリスのアイルランド人は次第にイギリスの主流政治に統合されていった。カトリック教徒が労働党を支持し、プロテスタントが保守党を支持するという構図も生まれていった。もっとも、この構図ですべてが説明できるわけではない。[176] 一九三〇年代にはリヴァプールやコヴェントリー、ロンドン、バーミンガム、マンチェスターでＩＲＡ〔Irish Republican Army（アイルランド共和国軍）〕の爆破テロも起こった。一九世紀と同様に、これらの爆破テロにイギリスのアイルランド人コミュニティは関与しない傾向にあったが、首都でいくつかの爆弾が爆発した翌日、二〇〇〇人のアイルランド人がＩＲＡの政治犯を支持してロンドンを行進した(177)。二〇世紀末のＩＲＡによる爆弾テロはイギリスにいるアイルランド人からほとんど支持を得ることはなかった。もっとも、爆破の最盛期にはイギリス社会の主流の人々は、アイルランドから来たＩＲＡの爆破テロ犯とイギリスのアイルランド人コミュニティを区別していなかった(178)。戦後のコミュニティは祖国に関する問題よりも、イギリス国内の課題をめぐって自らの投票行動を決めた。つまり、主に労働者階級を主体とする集団であることから、彼らは労働党を支持する傾向にあり、定住地の選挙区において重要な存在となったのである(179)。

一九世紀の黒人《ブラック》と、アジア系移民は、人数が少なかったことからアイルランド人ほどの政治的活動に関わることはなかったが、政治は彼らのアイデンティティのあり方を決めるうえで重要であった。実際、多くの個人や集団は南アジア、西インド諸島、アフリカ社会の高い社会階層から政治意識を高めるためにロンドンへ来ていた。「一八五〇年代以降、アフリカの貿易商人や、族長、法律家、医者たちは大挙してシエラレオネや英領ゴールド・コーストから、高い教育を受けさせるために子供たちをイギリスへと送り込んだ。ラゴスや、オールド・リバーからも数人のものが来た」。この結果、黄金海岸《ゴールド・コースト》原住民保護協会が創設され、イギリスにおける同胞の立場を改善するためにロンドンに代表団を送った(180)。一九世紀後半には、汎アフリカ主義の運動の形も整えられ、とりわけ、一八九七年にはロンドンにアフリカ同盟が設立されている。実際、この集団の指導的人物には、アフリカ系アメリカ人のヘンリー・シルヴェスター・ウィリアムズ（Henry Sylvester Williams）がいた。この運動は、イギリス帝国中の「アフリカ系であると主張するすべての臣民の利益」を守るとともに、アフリカ系の人々の間の「一体感」を醸成し、「アフリカ人全般が友好的に交流」しやすくすることを目的としていた[181]。三年後には、再びロンドンで汎アフリカ会議が開かれ、アフリカ人、アフリカ系アメリカ人がともに参加し、世界中の黒人《ブラック》の地位の問題を議論した。その結果、アフリカ同盟は汎アフリカ同盟となり、世界中のアフリカ系の人々の地位の改善を目的とするようになった。しかしながら、この組織はロンドンにいた黒人《ブラック》たちが短期滞在の学生を中心とした集団であり、他方で白人を中心とした政党からは支援をあまり得られなかったことから、短命に終わった[182]。新しい汎アフリカ組織が戦間期のイギリスで誕生した。その中には、一九一八年に設立されたアフリカ進歩連合も含まれていた。一年後には、ウェストミンスターのセントラル・ホールで第二回汎アフリカ会議が開催され、ブリュッセルとパリでセッションが行われたのち、第二次汎アフリカ同盟の設立に至った[183]。とくに戦間期にロンドンで誕生した西アフリカ学生連合は、アフリカ・ナショナリズムの担い手へと成長した[184]。ジャマイカ人の医師、ハロルド・ムーディ（Harold Moody）が率い、自前の機関誌『キーズ（*Keys*）』を発行していた有色人連盟は、おそらく一九二〇年代—一九三〇年代にかけてのロンドンにおいてもっとも重要な黒人《ブラック》政治組織であっただろう。一九三一年にロンドンで設立された同組織は、会員や世界中の黒人《ブラック》の地位改善を目的としていたが、一九四七年にムーディが死去した後、消滅してしまった[185]。

二〇世紀初頭のロンドンで黒人《ブラック》たちの政治意識が形成された状況は、ヴィクトリア朝にイギリスにやってきた難民の活動と類似している。いずれの場合においても教育を受けた人々がそのような意識を通じて共通の目的のために結びつけられることになったからである。この点においては、インターナショナルの形成過程と非常に類似している[186]。いずれにおいても、このような過程によって、ある特定の集団（労働者階級であれ、黒人《ブラック》であれ）に対する共通の関心を持つ人々が世界中においてその集団の利益を自分たちが代表していると主張した。黒人《ブラック》政治活動家は後におこる発展に先んじていた。というのも、彼らは肌の色とアフリカの出自を基盤として共通の利害を持つ多様な人々の一群をまとめ上げる新たなアイデンティティを作り上げたからである。したがって、一九四五年以降にさらに発展することになるイギリスにおけるブラック・エスニシティの概念は、二〇世紀の初頭に、教育をうけたアフリカ系の人々、アフリカ系アメリカ人、西インド諸島系が加わった努力の成果として誕生したのであった。

特定の出自を反映して政治的に表出されるエスニシティは、一九四五年以前のイギリスにおいて南アジア系の定住者たちの間で生まれた。まず、白人の会員もいたインド連盟やインド国民会議のロンドン支部などインドの独立を訴える様々なグループが生まれた。[187] 他方、ロジーナ・ヴィスラムは、戦間期にインド人水夫《ラスカー》たちが自分たちの地位を改善させるために行っていた活動について叙述している。[188] より限定的であるが、一九三〇年代、コヴェントリではシク教徒を中心にしたインド人労働者組合が現われた。[189] さらに、「非ムスリムの間でいきわたっているイスラム教やムスリムに対する誤解」を取り除くことを目的として、早くも一九〇三年には汎イスラム協会が生まれ、一九一〇年には中央イスラム協会に改名した。[190]

戦後の英連邦《コモンウェルス》移民の大半とその子孫は、イギリスの市民権を持っており、そのため投票権もあったことから、とりわけ労働党への支持を明確にしつつ、主流の政治の中に組み込まれていった。[191] それでもなお、南アジアやカリブ諸国から来たエスニック・マイノリティたちは、差別に直面したり、祖国での政治に継続して関心を抱いたりしたことから、様々な政治組織を形成したり、暴動や抗議活動という形で路上でより直接的な行動にでたりした。

カリブ系の人々がつくった団体の中でもっとも重要なものの中には、新しく到着したり、差別にあったりしている人々を支援することを目的とするネットワーク団体として一九五九年に設立された西インド諸島人常設委員会がある。[192] とはいえ、西インド諸島系の人々の政治意識は、イギリスではより非公式なレベルでも働いていた。あるロンドンのコミュニティを調査したレス・バックは、調査対象地域において、肌の色を軸としながらも、白人のエスニック・グループも包含するある混合的《ハイブリッド》なナショナル・アイデンティティが生まれつつあると述べた。[193] 同時に、私たちはイギリスにおいて、ジェンダーが中心的な役割を果たす形で黒人《ブラック》の政治的エスニシティが生まれていることも認識する必要がある。[194] さらに、シーラ・パターソンは、一九五〇年代末までにはロンドンで少人数のラスファタリアン［一九三〇年代にジャマイカで生まれた宗教的思想運動であるラスタファリを実践する人々］の存在が確認できたと述べている。[195] 彼らは、その後、さらに増加した。[196] 長期間にわたる差別と失業を経験してきたことに対する怒りから生まれた非公式の黒人《ブラック》の政治意識がはっきりとあらわれた出来事として重要であるのが、一九八〇年代に起こった都市中心部《インナーシティ》での暴動である。ロンドン、ブリストルや他の大都市で起こった諸事件には様々なエスニック・グループが加わったが、次第に黒人《ブラック》の若者との関連で語られるようになった。というのも、サッチャー政権や保守党を支持したマスコミの一部は、騒乱の主要因として不利な境遇ではなく、人種のほうに焦点を当てたからである。[197] 路上での暴力行為に黒人《ブラック》の若者が加わっていたという事実は、過去数十年間や前世紀からイギリスに存在した選挙権を剝奪された人々の行動様式［路上での暴力による抗議］に彼らが適応したということを示唆する。[198] 実際、一九八〇年代のイギリスにおける黒人《ブラック》の若者たちのような行動は、一九一九年の人種暴動や一九五八年にノッティンガムやノッティング・ヒルで起こった暴動のように二〇世紀にすでに先例がある。これらの出来事において、黒人《ブラック》は基本的には暴力的な人種主義の犠牲者であったが、一九一九年、一九五八年とも、彼らは対抗して戦った[199]。

とりわけ二〇〇一年の都市中心部《インナーシティ》の暴動で見られたように、社会的、経済的状況に対する不満も、二〇世紀末には急進的なイスラムが勃興してくる背景となった[200]。この暴動では、二〇世紀におけるユダヤ人や黒人《ブラック》の時のように、北部のムスリムの若者たちが白人の人種主義者たちに立ち向かった[201]。それでもなお、このような振る舞いは、他の形の抵抗、特に二〇〇五年のロンドン地下鉄における爆破テロとともに、国境を越え世界中に拡散するイスラム意識を現している。このような意識は、一九七九年のイラン革命の後に本質的には誕生し、イギリスでは、ムスリムがイスラムへの冒瀆とみた『悪魔の詩（*Satanic Verses*）』を燃やすために路上に出た一九八〇年代末期の「ラシュディ事件」〔一九八八年に出版されたイギリスの作家、サルマン・ラシュディ（Salman Rushdie）の小説『悪魔の詩』におけるムハンマドの描写がムスリムからムハンマドを冒瀆したものとして大規模な抗議を招いた事件〕の時に最初に示された。

とりわけこの行動に着目して、タリク・モドゥードは、一九八九年一月に起きた焚書の背景には、南アジア出身のムスリムが「イギリスにおいて、はっきりとわかる社会の底辺層を形成していた」ことがあると、一連の社会的、経済的指標を用いて述べている[202]。ムスリムの中には経済的に成功したものもいることから、状況はそれほど単純なものではないかもしれないが[203]、この集団が直面している経済的剥奪が政治化の要因となっているという彼の概括的な主張自体はそれでも事実であるし、他の研究者たちにも受け入れられている[204]。しかしながら、プニーナ・ワーブナーは、「『悪魔の詩』に対するムスリムの反応はなじみのない『上位文化』の権威に、恵まれない境遇の下層階級の人々が対決したということではない」として、社会的、経済的要因については否定している。そうではなく、彼女は、この事件を「それぞれが自身の上位文化を守ろうとしている同等に審美的なコミュニティの間の抗争」として見ている。つまり、「大衆」対「上位」、「下位」対「上位」ではなく、「上位」対「上位」の対立としているのである。[205] ワーブナーは、イギリスにおけるイスラムの政治意識を自由主義思想対イスラムという形での二つの自信をもったイデオロギーの衝突として基本的に見ており、そのことによって双方の間の敵対を説明している。モラルやライフスタイルや世界観の問題も、ムスリムがイギリスの主流社会に対して抱く敵意の背景にある。アリソン・ショーが書いたように、「多くのパキスタン系の人々は西欧社会のモラルや性規範を低く評価している。彼らはしばしばイギリスの高い離婚率と婚姻外の出産の増大を、西欧の道徳観が低い証拠として引き合いに出す[206]」。そして、これが『悪魔の詩』に対する反応を掻き立てた問題でもあった。

しかしながら、一九五〇年代―六〇年代にパキスタン系の人々が最初に到着してから、二〇〇五年七月の事件が起こるまでの過程は複雑である。初期の定住者たちは、パキスタン福祉協会のような独自の圧力団体を設立した。このパキスタン福祉協会からは、バングラデシュ分離独立の後は、バングラデシュ福祉協会も生まれている。基本的に、このような団体は移民第一世代を中心としていた。一九七〇年代には、彼らの子孫が国庫の補助も受けて、若者センターやフットボールクラブを設立した。バングラデシュ系青年戦線のような組織もあらわれた。その間、一連のイスラム組織が発展した。ただし、これらのほとんどが純粋に宗教目的でつくられたものであった。[207]『悪魔の詩』の出版は重要な転換点ではあったが、イスラムを基盤とした政治運動のひな形となった一九七九年のイラン革命など国際的な出来事は二〇〇五年七月の事件を導く布石となった。その間、アメリカ合衆国が率いた最初のイラク戦争が勃発し、ソ連崩壊で死に絶えてしまったソビエトの社会主義のかわりに、アメリカに対抗する政治イデオロギーとして、西欧に対するグローバルで強烈な敵対心がムスリムの間に育つことになったのである。アフガニスタンとイラクに対する侵攻によって、多くの傷つきやすく、すでに政治的に活動的であったイギリスの第二・第三世代のムスリムの間に、世界的にムスリムが犠牲にされており連帯しなければならないという感情が生まれることになった。彼らは、急進的なイスラム思想を受け入れたのであった。(208)二〇〇五年七月の事件の爆破テロ犯たちはイギリスのムスリムのなかでもっとも過激な人々であったが、世論調査からは、このコミュニティがイスラム諸国に対するイギリスの外交政策に反対していることが明らかとなった。(209) イギリスのシク・コミュニティは、地理的には多くのムスリムと出自を同じくするが、イスラムの政治活動とは対照的である。シク教徒たちは、パンジャーブのある特定の限られた地域を出自として、国際的に拡散《ディアスポラ》した宗教に基づくコミュニティの一部を形成している。(210) たとえば、二〇〇四年、バーミンガムで演劇「ベーツィティ（*Behzti*）〔恥辱〕」〔イギリス人のシク教徒、グプリート・クァ・バーティ（Gurpreet Kaur Bhatti）の脚本による演劇。グルドゥワーラーにおけるレイプシーンなどがあったことから論争となり、二〇〇四年一二月、バーミンガムの劇場で地元のシク教指導者に率いられた抗議活動が暴動に発展し、上演が中止された〕に対して敵対心が示されたときのように、彼らの間でも、宗教的な過激主義が形成される場合もある。この劇はあるグルドゥワーラーにおける性的逸脱行為の存在をほのめかしていた。同様に、独立したシク国家、カリスタンを建国しようとする運動は、一九八〇年代―九〇年代にかけてのイギリスでも支持を得ていた。他方で、階級を基盤としたインド人労働者組合は戦後も活発であった。(211) おそらくイギリスの外交政策が海外のシク教徒を攻撃の対象としたことがかつてなかったことから、また彼らはムスリムよりもイギリスで剥奪された状況にないことから、シク教徒の政治活動はイスラムのものよりも急進化してこなかったのであろう。

この節を閉じるにあたって、私たちは、アイルランド人以降、イギリスの主な移民コミュニティがいつも主流政治に統合されてきたという事実を強調する必要がある。また、私たちは、とりわけ、アイルランド人、ユダヤ人、イスラムの政治活動の間に類似性があるという事実も再度強調しておく必要がある。すべてのグループが、少なくとも当初においては人種主義を受け、社会の最底辺におかれることになった。すべてのグループが、イギリスの主流からは非難されながら、アイルランド・ナショナリズムであれ、シオニズムであれ、イスラム急進主義であれ、自らの政治活動の基盤として国際的な宗教を拠り所とした[212]。

文化的アイデンティティ

政治活動や宗教活動は、新しい環境で変化することはあるかもしれないにせよ、出身地と確かな結びつきを持つ。宗教的な礼拝に参加したり、組織化された宗教活動に参加したりすることは、第一世代が過去との結びつきを維持したいと思った時に取るやり方の一つであった。同じことは祖国と結びついた政治活動についてもいえる。長期的には、宗教も政治も次第に複合的なイギリス人アイデンティティの象徴となる。大衆文化、あるいは上位文化と結びつけてアイデンティティをみた場合には、統合の過程がよりはっきりとわかるし、そしてより早期にその過程が始まったこともわかる。祖国に対する忠誠が残る場合もあるとはいえ、たとえば、スポーツについてはこのことがいえる[213]。日常生活についても同様のパラダイムを示す。短期的には新しく到着した移民コミュニティは祖国でとっていた食事を求めるが、食事については急速な統合の過程を経る[214]。長期的には、すべての移民の食生活がイギリスの影響を受けることになる。他方、戦後の移民たちは、映画や衛星テレビのおかげでかなり「純粋」な形で祖国の文化と接触を維持し、混合的《ハイブリッド》でトランスナショナルな生活を営むことができる[215]。

過去二世紀間にわたるイギリスのアイルランド人についてみていくと、彼らの文化的アイデンティティが変容していったことがわかる。とりわけ、二〇世紀においてはそうであったし、ヴィクトリア朝と比較して宗教や政治の重要性が低下した一九四五年以降についてはますますそうであった。このコミュニティの場合には、過去二世紀間に日常的な面でイギリス人性《ブリティッシュネス》の獲得を容易にしたのは、食生活であった。彼らの食事は、主流社会と非常に似ていたので、相違として際立つことがなかったのである。[216]それでもなお、一九四五年以前においては、この食事の面のように、主流社会との差異が目立たなかったというのは、むしろ珍しい例であった。というのも、宗教と政治に加えて、彼らの他の生活の側面は、間違いなく、少なくとも短期的にはその異質性を示していたからである。マイケル・デューイは、一九世紀初頭のイギリスの都市部におけるアイルランド系の埋葬儀礼に焦点を当てた。それらの儀礼は「伝統的な宗教と迷信と多神教の名残をとどめたものが混じりあった」ものであった。彼は「社会集団の団結を強化し、社会的、精神的、実際的な意味を持つ」通夜を分析した。[217]他にも、聖パトリックデーの祝祭は一九世紀に広がり、二〇世紀には世界中のアイルランド人コミュニティにおいて大衆現象となったが、このことは、このコミュニティにおけるトランスナショナリズムの発展を明確に示していた。[218]

宗教や政治とも結びついているものの、スポーツは、イギリスのアイルランド人アイデンティティについて非常に興味深いことを示唆する例である。二つの興味深い過程が生じた。まず、アイルランドの民族運動と結びついたゲーリック・スポーツは、他のイギリス的要素とは全く異なる独自のアイデンティティが生き残ってきたことを示している。他方、フットボール［サッカー］においては、民族対抗のゲームに参加する中で独自性が形成されることになった。一八八四年に設立されたゲール競技協会（GAA）は、ゲール語連盟の指導の下、一九世紀のナショナリストたちがスポーツを舞台に自らの主張を表現したものであった。ゲール語連盟は、アイルランドにおいてのみでなく、各地に離散しているアイルランド系カトリック教徒たちの間にゲール的理想とゲール語を広めようとしていた。[219]ゲール競技協会は一八九六年にロンドン支部を開設し、アイリッシュ・スポーツは、二〇世紀初頭には、首都で開花し、[220]リヴァプール[221]やマンチェスターを含む他のアイルランド・コミュニティでも普及した。しかしながら、フィールディングは、マンチェスターのアイルランド人コミュニティにおける活動が「貧弱」であったと述べている。というのも、ゲール語連盟の民族的《エスニック》排他性を反映して、ハーリングやゲーリック・フットボールに参加するためにはゲール語を話す必要があったからである。この排他性こそが、離散コミュニティでの普及に失敗した理由であろう。[222]しかしながら、このことは、ジョセフ・M・ブラッドリーが一九世紀から現在に至るまでのGAAの歴史を叙述したスコットランドにおける状況とは対照的であるように思われる。[223]アイリッシュ・スポーツは、言語の障壁が除かれたことで、二〇世紀になっても生き残った。結果として、一九六〇年代にはロンドンに六〇ものGAAのクラブがあり、バーミンガムには独自のゲーリック・フットボール・リーグがある。[224]

しかし、アイルランド人たちはまた、フットボールという、イギリスでもっとも主流のスポーツにも参加した。スコットランドでは、グラスゴー、エディンバラ、ダンディといった都市にフットボールクラブがあり、一九世紀の間にこれらの都市で生まれつつあったプロテスタント対カトリックの対立構図を永続化させるのに一役買っていた。実際、二一世紀の初頭に書かれた本で、ジョセフ・M・ブラッドリーは、聞き取りを行ったグラスゴーのセルティックFCのサポーターの証言を用いながら、グラスゴーのこのフットボールクラブを支援することが、一九世紀にイギリスにやってきた移民の子孫たちにとって、アイルランドの三色旗を振ることでもっともはっきりと示されるようなアイルランド人アイデンティティを表明しつづける一つの手段になっているとまで述べている。このようなアイデンティティの表明が、グラスゴーにおける日々の生活で明確に表れていたその他の宗派的分断を背景にして、この街にフットボールを根付かせたのである。[225] しかしながら、ブラッドリーは、同化を促す触媒としてのフットボールの要素も検討してきた。[226] リヴァプールのようなアイルランド人コミュニティを擁するイングランドの諸都市においては、アイルランド人フットボールクラブも形成されたが、同時にフットボールによって同化が促進されることもあった。[227]

スポーツは、ヴィクトリア朝以降イギリスで形成されてきた組織化されたアイリッシュ・エスニシティを体現したものの一つに過ぎない。オトゥーイは一九世紀末までに「あらゆる移民組織」が、「移民コミュニティと祖国を結びつける多種多様な絆」として、スポーツだけでなくアイルランド音楽や歌にも熱心に取り組んだと書いている。[228] アイルランド系の新聞もこの過程に一役買った。[229]

戦後になると、アイルランド人アイデンティティはかなりの統合と同化の過程を経たように見える。ただし、フットボールやスコットランドでの宗派抗争をみれば、そのような安易な一般化ができないことがわかるが。ブロンウェン・ウォルターとルイーズ・ライアンがイギリスにおけるアイルランド女性に関して叙述したように、第一世代は必然的に出生した地とのつながりをしっかりと維持することになる。[230] しかし、ヨーロッパ以外から来たエスニック・マイノリティと比べて、(名前を無視すれば)彼らは主流の人々と見かけ上は差異がわからないこともあって、この祖国とのつながりは、第二世代以降になると次第に一般的ではなくなってくる。おそらく、スコットランドにおいては大規模なアジア系や黒人《ブラック》の移民がなかったこともあって、一九世紀型のエスニック・アイデンティティがいまだに重要であり続けているのだろう。[231]

一九世紀以降のイギリスにおけるドイツ人アイデンティティにおいて政治や宗教は重要であったものの、これらの二つとは全く異なる活動も発展してきた。ヴィクトリア朝では、ドイツ系の人々、特に社会の最上層の人々が、あらゆる種類の「フェアアイネ」（クラブ）を設立していた。そのような組織は、その関心の中心をスポーツ、劇場、音楽といった活動においていた。ドイツ系のトゥルンフェアアイン〔体操クラブ、一九世紀のドイツで国民の身体育成を目的として考案された体操（トゥルネン）を行うクラブ〕は、ロンドンのドイツ人コミュニティにとってとりわけ重要となった。労働者階級には、パブとボーリングが特に人気であった。[232] 一九一四年には、ドイツ系のビアホールは首都のコミュニティにとって重要な社交の場となった。実際、ドイツ系の人々には食事面の制限はなかったが、彼らはドイツの様々なラガーだけでなく、多種多様なソーセージやその他のドイツ風の珍味を購入したという点でアイルランド人と異なっていた。[233] 戦間期には、イギリスに住んでいる様々なドイツ出身の移民集団の間で多様な活動が行われていた。レストランの中には第一次世界大戦期の民族浄化を生き延びたものもあり、新聞もまた復活した。[234] ナチズムから逃れた難民たちは、戦間期に劇場やキャバレーを中心としたものも含め、あらゆる種類の支援活動、文化活動を打ち立てた。これらの多くが戦後にまで生き残った。[235] 一九四五年以降に到着したドイツ人たち、とりわけ専門職の者たちは、自らのエスニック・アイデンティティを積極的に維持することにはそれほど関心を持たなかった。ドイツ人は地理的に集中してコミュニティを形成することがなかったこともあり、ヴィクトリア朝に発展した大量のエスニック組織は復活しなかった。しかしながら、ドイツ系の教会の中には第一次世界大戦後も残り、存続し続けることになったものもある。同時に、一九四五年以降に到着したドイツ人たちは彼らの先駆者のような民族的《エスニック》な活動には従事しなかったかもしれないが、彼らもドイツ人であるというアイデンティティや生まれた土地とのつながりを失いはしなかった。イングランド人男性と結婚した女性や、自らの二重のアイデンティティを受け入れた者でさえ、そうであった。[236]

　最近、ウェンディ・ウゴリーニは、アンヌ＝マリー・フォーティエに倣って、イギリスにおけるイタリア人コミュニティの民族的《エスニック》帰属意識を解剖し、第二世代が抱える二重のアイデンティティという複雑な問題について明らかにした。一九九〇年代に、特にテリ・コルピが描いた像は、一九四五年以前に到着した北部イタリア出身の移民と第二次世界大戦後の南部出身の移民たちが対照的であることは認めつつも、一九世紀初頭から第二次世界大戦後の時期まで連綿と続くかなり一枚岩的な集団としての像であった。個々人のアイデンティティの問題が移民やエスニシティの研究において中心課題となる以前に書かれたコルピの研究は、イタリア人コミュニティの組織形成《アソシエーション》の文化に焦点を当てており、そのことが、個々人の持つアイデンティティの複雑さについての検証を妨げることになった。[237] これに対して、ウゴリーニは、スコットランド（特にエディンバラ）を調査対象として聞き取り調査を行い、とりわけ第二次世界大戦期のイギリスのイタリア人コミュニティの複雑さを浮き彫りにした。ウゴリーニは、第二次世界大戦期にアランドラ・スター号の沈没［第五章を参照のこと］と抑留を経験し、犠牲者としての共通経験でまとまった集団としてイタリア人コミュニティをみる見方にとりわけ批判的であった。[238] そのかわり、特に第二世代に着目して、彼女は彼らが二重のアイデンティティを持っていたということを、特に多くがイギリス軍で、時にはイタリア戦線で戦ったという事実を通じて実証したのであった。[239]

キャシー・バレルは、トランスナショナリズムに焦点を当てることで戦後のイギリスにおけるイタリア系のアイデンティティの複雑さを実証した。彼女はポーランド人とギリシア系キプロス人についても同様であることを明らかにしている。これらのコミュニティのメンバーはイギリスに住んでいるかもしれないが、その記憶の多くや、テレビの視聴や新聞の購読など彼らの日常生活の様々な側面は、出生地とつながっている。[240] バレルもまた、ウゴリーニと同じく組織形成《アソシエーション》の文化に焦点を当てる傾向にあったギリシア系キプロス人やポーランド人についての先行研究に対して、オーラル・ヒストリーを入れることで、個人という視角を加えた。たとえば、イギリスのギリシア系キプロス人については三〇以上もの新聞があるが、その中で最も重要で現在も存続している『パリキアキ（*Parikiaki*）』には第二世代以降の人々のために英語のページがある。[241] 一九九〇年代には、公的補助を受けるコミュニティ・センターや村落協会、女性団体、サラセミア［地中海沿岸諸国にみられる遺伝性の溶血性貧血］協会や、少なくとも一つは存在する劇団など、イギリスのキプロス人たちの組織が数多く存在した。[242] 明らかに、他のコミュニティと同様に、ギリシア系キプロス人たちも世代を経る中でそのアイデンティティは変容を遂げている。彼らについても、第二世代以降の言葉の使い方を見れば、重層的なアイデンティティの複雑さを示す帰属意識の変容の状況がよくわかる。ギリシアやキプロスでは、現代ギリシア標準語が公用語であるが、ロンドンのギリシア系キプロス人やその子供たちはキプロス方言を話す。この言語媒体には英語の言葉も含まれるが、このことは、ロンドンのギリシア系キプロス人コミュニティが、ギリシア出身者にもキプロス出身者にも完全には理解できない独特の言語を発展させてきたことを意味する。このような言語は、それを話す集団の移動の歴史を反映しているのだ。[243]

地理的に出身地が異なる集団から成り立っていることもあって、イギリスにおけるユダヤ人の言語形態も同じように複雑である。ヴィクトリア朝後期やエドワード朝に東ヨーロッパから来た人々は、イディッシュ語を話していた。この言葉は、日常生活においても、また、新聞が発行されるにつれ出版物においても、移民の間でのコミュニケーションのために使われる言語となった。しかし、イディッシュ語を話す子供たちが世界中から来た生徒と同様に英語が話される教室に入った途端に、統合のプロセスが始まることになる。つまり、次第にイディッシュ語は使われなくなり、戦間期までには第二世代の間では通常のコミュニケーション媒体として、英語が使われるようになった。[244] 一九三〇年代に難民として到着した者たちは、その中には両親を伴わない子供たち〔ユダヤ人に対する迫害が強まる中、ドイツからユダヤ人の子供を救出する目的で一九三八年に開始されたキンダートランスポートで渡英した子供たちのこと。イギリスに受け入れられたのは子供のみで、親はドイツに残された〕も含まれていたのだが、彼らはドイツ語から英語に切り替えなければならなかった。[245]

ナチズムから逃れたドイツ系ユダヤ人難民が独自の社会的、文化的組織を設立したのとまったく同様に、ロシア帝国から逃れた亡命者たちも組織をつくった。第一次世界大戦以前の組織形成活動は、在英ユダヤ人の階級による分断を反映していた。組織の中には、既存コミュニティが新しく来た者をすぐにイギリス化したいと望んだことからつくられたものもあった。ヴィクトリア朝の中流階級のドイツ系ユダヤ人移民は、すでにドイツの主流社会に文化的に同化しており、結果として宗教が重要な障害とはならなかったことから、既存のイギリスのコミュニティへの彼らの移動はスムーズであった。[246]第一次世界大戦勃発までには、統合された在英ユダヤ人たちは、そのイギリス化と中流階級としての立場を確立する組織を設立した。このような組織には、たとえば、ニューカッスル、グラスゴー、マーサー、カーディフにある文芸や音楽の協会、ロンドンにある数えきれないほどの類似の組織がある。[247]

ロシア帝国から新たに到着した者たちはすぐにそのような組織に吸い寄せられることはなく、代わりに、独自のものを形成したり、既存コミュニティが彼らのために組織した活動に参加したりした。後者においては、スポーツはとりわけ重要な手段となった。潜在的に不満を抱きやすい若者たちを真面目に生活するまっとうな道へと導くことを目的としたスカウト運動やカトリック少年クラブといった活動を反映して、ユダヤ系少年団、ブレイディ・ストリート少年クラブ、ウェスト・セントラル少年クラブ、ステップニー少年クラブなどの団体（すべてが一八九五年―一九〇〇年の間に結成された）も同様の目的を持っていた。[248]統合過程において、スポーツはとりわけ重要であることが明らかになった。ロンドンのフットボールの例をみるならば、第一次世界大戦以前にユダヤ人リーグが生まれていたというだけではなかった。長期的にみれば、一九三〇年代にはユダヤ人たちの間でかなり広がったアーセナルやトッテナムといったより規模の大きなプロのフットボールチームを応援するという行動が、主流社会へ入るための重要な手段ともなったのである。土曜日のフットボール観戦への参加は、シナゴーグへの出席率の低下を反映するものでもあった。[249] 新たに来た者たちはまた、既存の在英ユダヤ人が彼らのためにもうけた活動に参加したり、主流の活動に加わったりするだけでなく、独自の文化的組織もつくった。たとえば、イディッシュ劇場は一九一四年にはロンドンのイーストエンドに出現していた。そのなかでももっとも重要なものには一九一二年に開設されたイディッシュ人民劇場があったが、この劇場は一五〇〇人を収容できた。[250]

イギリスのユダヤ人の間では文芸も発達した。それを示す一例が新聞の発行である。たくさんの出版物が発刊し、廃刊していったという意味では、ユダヤ人たちも、ドイツ人たちとよく似ていた。新聞の多くが特定の立場をとっていたことから、このことは在英ユダヤ人の間に存在した内部の緊張関係を現していた。一九世紀末―二〇世紀初頭にかけて現れたイディッシュ語のものは、明らかに東ヨーロッパから新しく来た者たちを対象としていた。グラスゴーだけでも、「イディッシュ語の新聞が次から次へとあらわれては消え」、一九三〇年代にはこの言語を使う人口が減ったためにイディッシュ語新聞は維持できなくなった。[251] 一九世紀末には、『ジューイッシュ・ワールド（*Jewish World*）』、『ジューイッシュ・クロニクル』という二種類のユダヤ系新聞が全国紙として足場を固めた。前者は戦間期に廃刊したが、後者は確固たる地位を築いた在英ユダヤ人のジャーナリズムにおける代弁者となった。加えて、この新聞には料理などイギリスにおけるユダヤ人の生活の様々な側面に関するコラムがあり、ユダヤ人らしさを構築するうえでもこの新聞は重要な役割を果たした[252]。ヴィクトリア朝、エドワード朝に発展したユダヤ人の社会的、文化的組織の多くは統合や同化がすすむにつれて消えていったが、『ジューイッシュ・クロニクル』は、宗教的なものの多くとともに、在英ユダヤ人の存続を示す主な印として生き残った。イズレイル・ザングウィル（Israel Zangwill）の作品に代表されるようなユダヤ人を題材に扱ったユダヤ文学もまた一九世紀に発展し、その後も、在英ユダヤ人たちが社会的上昇を経験するにつれ、ゲットー以外のテーマを扱った作品を書く作家もでてきた[253]。

ヨーロッパ以外から来た集団も一九四五年以前から社会的、文化的活動を展開し始めていたが、それらの活動が開花するのは戦後期の大量移民以降のことであった。第二次世界大戦以前に少数ながら暮らしていた中国系の人々は、とりわけ、ロンドンのイーストエンドにあるライムハウスに出現したコミュニティにおいて、社会的活動の中心となった少数のレストランを開設した。イギリスの食事と中国の食事がかなり異なっていたことが、このコミュニティが非常に小さかったことに加えて、このことの背景にあっただろう。チャイナタウンはヴィクトリア朝にはアヘン吸引所としての評判も得ることになり、地元の者も中国からの移民もアヘン吸引を行ったので、「阿片窟」は社交の中心としてレストランと同様の役割を果たすことになった。イギリスで生まれた子供たちのための中国人学校とともに、中国人学生がつくった組織なども生まれた。第二次世界大戦後、中国人の数は増大したにもかかわらず、この集団はアジア系や黒人《ブラック》のような組織形成《アソシエーション》の文化を発展させなかった。この背景には、このコミュニティが分散しており、多くが国中の同胞から離れた地域で、孤立した状況でレストランを経営しているということがあるだろう。しかし、イギリスに出現したいくつかのチャイナタウン、とりわけロンドンのソーホーでは、組織化された文化活動が発展した。もっとも、近年、中国人移民が増えていることから、ソーホーの状況は他の都市中心部《インナーシティ》でも出現しつつある。[254]

二〇世紀の終わりに近づくにつれて、イギリスにおけるインドやパキスタン出身の移民の子孫たちの間から新たな種類のアイデンティティが誕生した。つまり、イギリス系アジア人《ブリティッシュ・エイジアン》というものである。この新しいアイデンティティは、インド亜大陸に出自を持つ人々だけでなく、アフリカや他の地域を経由してきた人々も含めて、アジア系を構成している多種多様な集団を一つにまとめ上げる。差別という構成員に共通する集団的経験と、イギリスの白人の主流社会と比べれば互いによりよく似ているという気持ちが、このように新しく非宗教的なハイフン付アイデンティティの形成を促している。アジア系というものが人口動態上の分類項目としてうけいれられたということも、このような新しいアイデンティティの形成を後押ししている。もっとも、政府はイギリス系アジア人《ブリティッシュ・エイジアン》を構成している多様な下位集団も承認しているのであるが。同様に重要なことに、イギリス系アジア人《ブリティッシュ・エイジアン》は、異なる下位集団のすべてを読者として想定する新聞『イースタン・アイ（*Eastern Eye*）』や、二四時間放送されているラジオチャンネルであり公的資金も受けているＢＢＣのエイジアン・ネットワークの開局に見られるように、文化的カテゴリーとしてもあらわれてきた。これらの機関は、イギリス系アジア人《ブリティッシュ・エイジアン》たちの集合的な経験も、個々の集団の経験も扱っている。服装や食事も重要な役割を果たす。これらの要素は宗教と結びついているために南アジア系のエスニック・グループを分断する側面もあるが、一定の類似性もあるため、これらの商品を扱う全国的な市場が発展することも可能にする。食べ物に関しては、食肉については南アジアのどの宗教かによって姿勢が異なるが、同様のスパイスを使うため、食べ物を軸とした一定の集合的なアイデンティティを形成することになる。[255]

南アジア系のアイデンティティにおいて宗教が重要であるということは、家族が中心であり続けるということを意味する。イギリスにいる南アジア系ムスリムについて書かれたものでは、とりわけ公的空間で女性が周縁化されており、そのことによって彼女たちのアイデンティティが家庭や家族との活動と密接に結びついていることが指摘されている[256]。それでもなお、宗教の種類を問わず、公的空間に入ったたくさんの南アジア系の女性がいることを考えると、このような見方はあまりにも単純化しすぎているように思われる[257]。

　第二世代以降の南アジア系の人々は統合も経験している。とりわけ宗教施設と結びつく形で出身地の言葉を教える学校も増えてきたが、英語が急速にコミュニケーションの主な媒体となり、その結果、祖国の母語を話す人々は減ってきた。しかしながら、子供たちには、放課後にコミュニティで開講されるクラスを通じてインド系の言語を学ぶ機会もある[258]。同様に、一九六四年以降、九〇ものシク教徒の新聞がイングランドで発刊され、その大半はパンジャーブ語で出版された[259]。重層的なアイデンティティが第二世代以降から生まれてきているが、そのことは、特に、パンジャーブに起源をもつバングラ・ミュージックがイギリス的環境の中で独自に発展していることからもわかる[260]。イギリスのベンガル出自の若者たちは、ロンドンのイーストエンドにあるバングラタウンから始まったバングラ・ミュージックを生み出した[261]。ブラッドフォードのパキスタン系の若者を調査したイクラク・ディンは、この地の第二世代がラップから宗教音楽まで、アメリカ、イギリス、アジアの様々な音楽を聴いているということを明らかにした[262]。しかし、ボリウッド映画を見ることなどに示されるように、トランスナショナリズムは、継続的に南アジアとの接触を維持することを可能にする。このような行動は女性にとって祖国と自身を結びつけるうえで特に重要である[263]。有名なところではＺＴＶ〔一九九二年にムンバイで開局したインド系の国際衛星放送〕のような国際テレビステーションの発展も、祖国から離れた人々の独特のアイデンティティを維持している[264]。ただし、このような国際テレビと同時に、とりわけ若いアジア系が好むアメリカ映画やイギリス映画も視聴されている。[265]
混合化《ハイブリッド化》の過程は、イギリスにおけるアフロ・カリブ系についてはさらに明確であるようにみえる。その背景には、南アジア系と比較して、西インド諸島系はすでにカリブ諸国にいたときにイギリス人アイデンティティを受け入れており、彼らの多くがイギリスへの移動を母なる国への移民として捉えていたということがあるだろう。[266] 同時に、異なる人種の間に生まれた多くの子供たちが複雑なアイデンティティを発達させている。[267] イギリス諸都市への到着を機に、カリブ出身であるというアイデンティティを基盤としたコミュニティが確かに生まれた。南アジア系の場合と同様、この背景には彼らが直面した敵意があり、そのことが地理的にも文化的にも彼らを一つにすることになった。コミュニティ・センターや退役兵協会はすでに一九六〇年代初頭にはブリクストンで誕生しており、他方、スポーツ、特にクリケットは、プレーヤーにとっても、またイングランドに遠征に来た際に西インド諸島の選手を応援する人々にとっても、非常に重要なものとなった。[268]
二〇世紀の後半、イギリスではブラック・エスニシティが形成された。これは本質的に政治的なものであり、アフリカ出身者も包含できるものであった。[269]『ヴォイス（*Voice*）』のような新聞はこのアイデンティティを普及するうえで一役買ったが、また国境を越えた文化を形成する側面も持っていた。西インド諸島系の人々にとって、これには家族的つながりがあるカリブ海諸国出身者だけが含まれるのではなく、[270] アメリカ合衆国をも含むものであった。このような流れによって、ブラック・アトランティックという概念がでてきた。つまり、とりわけ音楽を中心とし、アメリカを主な拠点としながらも、イギリスやカリブ海諸国にも分派を持つ国際的なアフリカ系の大衆文化が発展しているのである。[271] この離散の文化のイギリス的な側面は、日々の関係性や特徴ある大衆文化の出現に反映される形で、地域的な環境から引き出されてきたのであった(272)。

結論

移民という過程は混合的《ハイブリッド》なアイデンティティを生み出す。第一世代は祖国と相対的に近い関係を持っているかもしれないが、彼らも周囲の環境の影響を受けている。私たちはイギリスの移民コミュニティの発展を、エスニシティからイギリス人アイデンティティへの移行を表すものとして捉えるかもしれないが、この新たな形態のアイデンティティは、それぞれの祖国の要素も包含している。

イギリス近現代史においてエスニシティの発展を考えるうえでもっとも重要な構成要素は、もっとも変化していないようにみえるという意味で、宗教である。過去二世紀間のイギリスでもっとも重要なエスニック・コミュニティのうちの三つ、アイルランド人カトリック教徒、ユダヤ人、ムスリムが、宗教を基盤とする帰属意識を発展させてきた。政治もまたこれらの集団すべてで重要であった。というのも、彼らの中でもっとも熱心な信徒たちは、別の国、つまりアイルランドや、シオニズムという形での国際的な政治運動、あるいは汎イスラム主義に忠誠を感じたからである。

トランスナショナルという分析視座は、特に一九四五年以降に拡大した集団について検討するときには、イギリスにおけるエスニシティを考えるうえで役立つツールとなる。たとえば、ポーランド人やインド系の人々、アフロ・カリブ系にとって、祖国との接触が重要となった。これらの三つの集団に属する人々はイギリス社会に完全に統合されていると感じるかもしれないが、外国語の新聞を読み、出身地で製作された映画を見、国際的な音楽を聴くことは彼らの民族的《エスニック》起源を表しており、また、そこにしがみつきたいという願望を彼らが持っていることを示しているのである。

エスニシティについての初期の研究は人々を集団として捉えてきたかもしれないが、オーラル・ヒストリーに基づくより最近の研究は、このような古い手法の単純さを明らかにしてきた。イスラム教は一九四五年以降のイギリスでもっとも急速に拡大した宗教の一つであると確認されているが、個々人のレベルでモスクへの出席率を測るのは困難である。同様のことは、過去二世紀間におけるローマ・カトリック教徒やユダヤ教徒についてもいえるが。同様に、見かけ上統一性を持つ集団から出てきた政治組織は、その集団の一部しか代弁していない。ドイツ系の事例からは、どのような民族的《ナショナル》マイノリティにも、多種多様で異なる政治的立場があることがわかる。また、大半の移民コミュニティは、政治との関わりを続けつつ、イギリスにいる他の多くの人々と同じように主流に入っていくにすぎない。

個人は、どの程度まで自らのエスニシティを実践するかを選択する。しかし、世代を経れば、彼らはしばしば混合的な《ハイブリッド》形で、あるいはハイフン付の形で、最終的にイギリス人となる。文化的統合は、経済的統合よりは必然的に起こるようにみえる。経済的統合は、人種主義の為に問題が残るからである。イギリスで学校教育を受けた結果、コミュニケーションをする際の第一言語が英語になることは、統合という過程をもっとも明確に示す。同時に、服装や、特に食事は、新たな環境の中で変容を遂げる。

イギリスでは、祖国での状態を確実に維持することは難しくなってくる。コミュニティのメンバーの中には、彼らが出身地の規範とみなすものを再確立しようとする者もいるが、同じ民族的《エスニック》出自を持つ者のすべてが同じ道を歩むとは限らない。イギリスに存在するすべてのエスニック・コミュニティに下位集団があり、究極的には個人がいる。個人は、どの程度まで祖国の規範を実践するかを選択するが、第二世代以降になるとますますそれを選択しなくなる。「故郷」からの、新たな環境からの、そして、場合によっては国境を越えた離散の意識からくる諸要素が結びついた混合的《ハイブリッド》な複数のイギリス人アイデンティティが生まれている。これらの新たなアイデンティティは、そのすべてが拡散を示唆するかもしれないが、同時にそのすべてがイギリス人性《ブリティッシュネス》を指し示してもいるのだ。

（1） David Coleman and John Salt, 'The Ethnic Group Question in the 1991 Census : A New Landmark in British Social Statistics', in Coleman and Salt, eds, *Ethnicity in the 1991 Census*, Vol. 1, *Demographic Characteristics of the Ethnic Minority Population* (London, 1996), pp. 1-32.

（2） M. A. G. Ó Tuathaigh, 'The Irish in Nineteenth Century Britain : Problems of Integration', *Transactions of the Royal Historical Society*, vol. 31 (1981), p. 150 ; E. P. Thompson, *The Making of the English Working Classes* (London, 1982 reprint), p. 480.

（3） 第一章を参照のこと。

（4） これに関しては、Sheridan Gilley の研究が特に重要である。たとえば、以下を参照せよ。'The Roman Catholic Mission to the Irish in London, 1840-1860', *Recusant History*, vol. 10 (1969-70), pp. 123-45 ; 'The Roman Catholic Church and the Nineteenth-Century Irish Diaspora', *Journal of Ecclesiastical History*, vol. 35 (1984), pp. 188-207 ; 'Catholic Faith of the Irish Slums : London, 1840-70', in N.J. Dyos and M. Wolff, eds, *The Victorian City : Images and Realities* (London, 1973), pp. 837-53.

（5） たとえば、以下を参照せよ。Rachel O'Higgins, 'The Irish Influence in the Chartist Movement', *Past and Present*, no. 20 (1961), pp. 83-96 ; Dorothy Thompson, 'Ireland and the Irish in English Radicalism before 1850', in James Epstein and Dorothy Thompson, eds, *The Chartist Experience : Studies in Working-Class Radicalism and Culture, 1830-1960* (London, 1982), pp. 120-59 ; John McCaffrey, 'The Irish Vote in Glasgow in the Late Nineteenth Century : A Preliminary Survey', *Inns Review*, vol. 21 (1970), pp. 306.

（6） これに関しての古典的な研究に以下のものがある。Alan O'Day, *The English Face of Irish Nationalism* (Dublin, 1977). しかし、たとえば、以下の研究も参照のこと。Bernard O'Connell, 'Irish Nationalism in Liverpool, 1873-1923', *Eire Ireland*, 10 (1975), pp. 24-37.

（7） 古典的な研究には以下のものがある。Tom Gallagher, *The Uneasy Peace : Religious Tension in Modem Glasgow, 1819-1940* (Manchester, 1987) ; Frank Neal, *Sectarian Violence : The Liverpool Experience, 1819-1914* (Manchester, 1988) ;

and Donald MacRaild, *Faith, Fraternity and Fighting : The Orange Order and Irish Migration in Northern England, c. 1850–1920* (Liverpool, 2005).

（8） Mary Hickman, Religion, *Class and Identity : The State, the Catholic Church and the Education of the Irish in Britain*（Aldershot, 1995）; Steven Fielding, *Class and Ethnicity : Irish Catholics in England, 1880–1939* (Buckingham, 1993).

（9） Nathan Glazier and Daniel P. Moynihan, 'Introduction', in Nathan Glazier and Daniel P. Moynihan, eds, *Ethnicity : Theory and Experience*（Cambridge, MA, 1975), pp. 1–26.

（10） David Mason, *Race and Ethnicity in Modem Britain*, 2nd edn（Oxford, 2000), p. 12.

（11） スコットランド人やウェールズ人といった民族的マイノリティと比較して。

（12） Panikos Panayi, *German Immigrants in Britain during the Nineteenth Century, 1815–1914* (Oxford, 1995).

（13） たとえば、以下を参照せよ。Philip Lewis, *Islamic Britain : Religion, Politics and Identity among British Muslims* (London, 2002).

（14） たとえば、以下を参照せよ。Danièle Joly, *Britannia's Crescent Making a Place for Muslims in British Society*（Aldershot, 1995).

（15） Coleman and Salt, 'Ethnic Group Question'.

（16） Michael H. Fisher, Shompa Lahiri and Shinder Thandi, *A South Asian History of Britain*（Oxford, 2007), pp. xi–xxil. Fisher はアメリカ人であるが、Lahiri と Thandi は南アジア系イギリス人である。

（17） Robin Cohen, *Global Diasporas : An Introduction*（Abingdon, 1999).

（18） Pnina Werbner, *Imagined Diasporas among Manchester Muslims*（Oxford, 2002).

（19） Benedict Anderson, *Imagined Communities : Reflections on the Origin and Spread of Nationalism*（London, 1991).

（20） これに関して基本的情報を得るためには、たとえば、以下を参照せよ。Jonathan Rutherford, ed., *Identity : Community, Culture, Difference*（London, 1990); and Stuart Hall and Paul du Gay, eds, *Questions of Cultural Identity*（London, 1996).

（21） Avtar Brah, *Cartographies of Diaspora : Contesting Identities*（London, 1996), pp. 1–10.

（22） Parminder Bhachu, *Twice Migrants : East African Sikh Settlers in Britain*（London, 1985).

（23） たとえば、以下を参照せよ。David Cesarani, ed., *The Making of Modern Anglo-Jewry*（Oxford, 1990); Todd M. Endelman, *The Jews of Britain, 1656–2000* (London, 2002); David Feldman, *Englishmen and Jews : Social Relations and Political Culture, 1840–1914*（London, 1994).

（24） Anne-Marie Fortier, *Migrant Belongings : Memory, Space, Identity*（Oxford, 2000).

（25） Parminder Bhachu, 'Culture, Ethnicity and Class Among Punjabi Sikh Women in 1990s Britain', *New Community*, vol. 17（1991), pp. 408–9.

(26) David Graham, *Secular or Religious: The Outlook for London's Jews* (London, 2003), p. 14.

(27) 第二章を参照のこと。

(28) Steven Vertovec, 'Transnationalism and Identity,' *Journal of Ethnic and Migration Studies*, vol. 27 (2001), pp. 573-82; Katy Gardner, *Age, Narrative and Migration: The Life Course of Bengali Elders in London* (Oxford, 2002), pp. 14-18; Kathy Burrell, *Moving Lives: Narratives of Nation and Migration among Europeans in Post-war Britain* (Aldershot, 2006), pp. 110-12; Panayi, *German Immigrants*, pp. 180-3.

(29) Rosalyn Livshin, 'The Acculturation of the Children of Immigrant Jews in Manchester, 1890-1930', in Cesarani, *Making of Modern Anglo-Jewry*, pp. 79-96; David Graham, Marlena Schmool, and Stanley Waterman, *Jews in Britain: A Snapshot from the 2001 Census* (London, 2007); Panikos Panayi, *Spicing tip Britain: The Multicultural History of British Food* (London, 2008), pp. 46-55, 133-41.

(30) Tony Kushner, *The Persistence of Prejudice: Antisemitism in British Society during The Second World War* (Manchester, 1989), pp. 122-6.

(31) たとえば、以下を参照せよ。Frederick C. Luebke, *Germans in the New World: Essays in the History of Immigration* (Urbana and Chicago, 1990).

(32) Endelman, *Jews of Britain*; Geoffrey Alderman, *Modern British Jewry* (Oxford, 1992).

(33) Panayi, *German Immigrants*.

(34) ヴィクトリア朝のアイルランド人に関する一般的な研究は、彼らの統合全般に関する研究の欠如の問題ともつながっているのであるが、彼らのイギリス人性《ブリティッシュネス》については取り扱ってこなかった。たとえば、以下のものを参照せよ。Donald MacRaild, *Irish Migrants in Modern Britain, 1750-1922* (Basingstoke, 1999); Graham Davis, *The Irish in Britain* (Dublin, 1991); Fielding, *Class and Ethnicity*.

(35) Marion Berghahn, *Continental Britons: German Jewish Refugees from Nazi Germany* (Oxford, 1988).

(36) 第五章以下を参照せよ。

(37) たとえば、以下を参照せよ。Paul Ward, *Britishness Since 1870* (London, 2004), pp. 113-40; Harry Goulbourne, *Ethnicity and Nationalism in Post-Imperial Britain* (Cambridge, 1991).

(38) 第六章を参照のこと。

(39) このような人物には、Robert Graves がいる。これについては以下を参照せよ。*Goodbye to All That* (Harmondsworth, 1985).

(40) 以下を参照せよ。Wendy Ugolini, 'Communal Myths and Silenced Memories: The Unremembered Experience of Italians in Scotland During World War Two' (University of Edinburgh Ph.D thesis, 2006).

(41) 以下を参照せよ。Brah, *Cartographies of Diaspora*.

(42) Panayi, *German Immigrants*, pp. 145-200.

(43) Steve Bruce, *Religion in Modern Britain* (Oxford, 1995).

(44) 同書。

(45) Oscar Handlin, *The Uprooted : The Epic Story of the Great Migration that Made the American Peoples*, 2nd edn (London, 1979), p. 105.

(46) Will Herberg, *Protestant-Catholic-Jew : An Essay in American Religious Sociology* (Chicago, 1983), p. 14

(47) Frederick C. Luebke, *Bonds of Loyalty : German Americans and World War I* (De Kalb, IL, 1974), pp. 34-5.

(48) たとえば、以下を参照せよ。Harold James, *A German Identity : 1770 to the Present Day* (London, 1994).

(49) Jay P. Nolan, *The Immigrant Church : New York's Irish and German Catholics, 1815-1865* (London, 1975), p. 58.

(50) Lynn Hollen Lees, *Exiles of Erin : Irish Immigrants in Victorian London* (Manchester, 1979), p. 182.

(51) Lewis, *Islamic Britain*, p. 14.

(52) 同書、pp. 58-60. Steven Vertovec, 'Caught in an Ethnic Quandary : Indo-Caribbean Hindus', in Roger Ballard, ed., *Desh Pradesh : The South Asian Presence in Britain* (London, 1994), pp. 272-90 ; Bhachu, *Twice Migrants*.

(53) Todd M. Endelrnan, '"Practices of a Low Anthropological Level" : A Schechita Controversy of the 1950s', in Anne J. Kershen, ed., *Food in the Migrant Experience* (Aldershot, 2002), p. 81.

(54) David Fitzpatrick, '"A Particular Tramping People" : The Irish in Britain, 1801-70', in W. E. Vaughan, ed., *A New History of Ireland*, vol. 5 (Oxford, 1989), p. 651.

(55) Sheridan Gilley, 'Roman Catholic Mission' ; Lees, *Exiles of Erin*, pp. 175-93.

(56) John Denvir, *The Irish in Britain* (London, 1892), pp. 160-1.

(57) MacRaild, *Irish Migrants*, p. 80.

(58) Graham Davis, *The Irish in Britain, 1815-1914* (Dublin, 1991), p. 130.

(59) 同書。

(60) W. J. Lowe, *The Irish in Mid-Victorian Lancashire : The Shaping of a Working Class Community* (New York, 1989), p. 113.

(61) Lees, *Exiles of Erin*, p. 180.

(62) Davis, *Irish in Britain*, p. 140.

(63) Fielding, *Class and Ethnicity*, pp. 38, 43, 44.

(64) MacRaild, *Irish Migrants*, p. 88.

(65) Lees, *Exiles of Erin*, p. 180.

(66) Davis, *Irish in Britain*, p. 140.

(67) Neal, *Sectarian Violence*, p. 127.

(68) John Belchem, *Irish, Catholic and Scouse : The History of the Liverpool-Irish, 1800-1939* (Liverpool, 2007), p. 91.

(69) MacRaild, *Irish Migrants*, p. 91.

(70) Fielding, *Class and Ethnicity*, p. 56.

(71) たとえば、以下を参照せよ。Gilley, 'Roman Catholic Mission'.

(72) Lees, *Exiles of Erin*, p. 192 ; J. E. Handley, *The Irish in*

Scotland, 1798–1945 (Cork, 1943), p. 246.

(73) Frank Boyce, 'Irish Catholicism in Liverpool between the Wars', *Labour History Review*, vol. 57 (1992), pp. 17–20.

(74) Hickman, *Religion, Class and Identity*.

(75) Hugh Heinrick, *A Survey of the Irish in England* (London, 1872), pp. 92–3.

(76) Fielding, *Class and Ethnicity*, p. 62.

(77) 同書、pp. 65–6。

(78) W. M. Walker, 'Irish Immigrants in Scotland: Their Priests, Politics and Parochial Life', *Historical Journal*, vol. 15 (1972), pp. 655–56.

(79) Hickman, *Religion, Class and Identity*, p. 231.

(80) Walker, 'Irish Immigrants in Scotland', p. 666.

(81) Boyce, 'Irish Catholicism in Liverpool'.

(82) Fielding, *Class and Ethnicity*, pp. 50, 67.

(83) Enda Delaney, *The Irish in Post-war Britain* (Oxford, 2007), p. 134. 以下も参照のこと。A. E. C. W. Spencer, 'Catholics in Britain and Ireland', in D. A. Coleman, ed., *Demography of Immigrant and Minority Groups in the United Kingdom* (London, 1982), pp. 211–43.

(84) Delaney, 前掲書、pp. 149–59。

(85) 同書、pp.156–9。Hickman, *Religion, Class and Ethnicity*, pp. 238–48.

(86) Martin Mac an Ghaill, 'The Irish in Britain: The Invisibility of Ethnicity and Anti-Irish Racism', *Journal of Ethnic and Migration Studies*, vol. 26 (2000), pp. 137–47.

(87) Louise Ryan, 'Who Do You Think You Are? Irish Nurses Encountering Ethnicity and Constructing Identity in Britain', *Ethnic and Racial Studies*, vol. 30 (2007), pp. 416–38; Bronwen Walter, *Outsiders Inside: Whiteness, Place and Irish Women* (London, 2001).

(88) 第五章を参照せよ。

(89) これ以降の本文を参照せよ。

(90) MacRaild, *Irish Migrants*, pp. 100–8; Davis, *Irish in Britain*, p. 140.

(91) これ以降の本文を参照せよ。

(92) Panayi, *German Immigrants*, pp. 91–3, 148–79; Stefan Manz, *Migranten und Internierte: Deutsche in Glasgow, 1864–1918* (Stuttgart, 2003), pp. 165–70, 197–230; Susanne Steinmetz, 'The Germans Churches in London, 1669–1914' and Lothar Kettenecker, 'The Germans After 1945', in Panikos Panayi, ed., *Germans in Britain Since 1500* (London, 1996), pp. 49–71, 195–6.

(93) 以下に所収の Julius Carlebach と Albert H. Friedlander によるエッセイを参照せよ。W. E. Masse, et al., eds, *Second Chance: Two Centuries of German-Speaking Jews in the United Kingdom* (Tübingen, 1991), pp. 405–35。また、以下も参照のこと。Berghahn, *Continental Britons*.

(94) Lucia Sponza, *Italian Immigrants in Nineteenth Century Britain* (Leicester, 1988), pp. 22–3, 133–40; Azadeh Medaglia, *Patriarchal Structures and Ethnicity in the Italian Community in Britain* (Aldershot, 2001), pp. 98–99; Forti-

er, *Migrant Belongings*, pp. 30,107–14.

(95) Alderman, *Modern British Jewry*; Bill Williams, '"East and West": Class and Community in Manchester Jewry, 1850–1914', in Cesarani, *Making of Modern Anglo-Jewry*, pp. 15–33.

(96) V. D. Lipman, 'A Survey of Anglo-Jewry in 1851', *Transactions of the Jewish Historical Society of England*, vol. 17 (1951–2), pp. 174–5.

(97) リップマン、同論文。Cecil Roth, *The Rise of Provincial Jewry: The Early History of the Jewish Communities in the English Countryside* (London, 1950); Ursula Henriques, 'The Jewish Community of Cardiff, 1813–1914', *Welsh History Review*, vol. 14 (1988), pp. 282–3.

(98) Endelman, *Jews of Britain*, pp. 110–11.

(99) Alderman, *Modern British Jewry*, pp. 44–8.

(100) 同書、pp. 38–43; W. D. Rubinstein, *A History of the Jews in the English Speaking World: Great Britain* (Basingstoke, 1996), pp. 89–90.

(101) Alderman, 前掲書, pp. 85–9; Aubrey Newman, *The United Synagogue, 1880–1970* (London, 1977).

(102) V. D. Lipman, *A History of the Jews in Britain Since 1858* (Leicester, 1990), p. 29.

(103) Lipman, 'Survey of Anglo-Jewry n 1851', p. 186.

(104) Todd M. Endelman, *Radical Assimilation in English Jewish History, 1656–1945* (Bloomington and Indianapolis, 1990), p. 97.

(105) Alderman, *Modern British Jewry*, pp. 142–5.

(106) Murdoch Rodgers, 'Glasgow Jewry: The History of the City's Jewish Community', in Billy Kay, ed., *Odyssey: Voices from Scotland's Recent Past* (Edinburgh, 1982), p. 113; Kenneth E. Collins, *Second City Jewry: The Jews of Glasgow in the Age of Emancipation, 1790–1919* (Glasgow, 1990), pp. 48–9.

(107) Alderman, *Modern British Jewry*, p. 154.

(108) Endelman, *Jews of Britain*, pp. 148–50.

(109) Livshin, 'Acculturation', pp. 90–3.

(110) Geoffrey Alderman, *The History of the Hendon Synagogue* (London, 1978).

(111) Lipman, *History of the Jews in Britain*, p. 218.

(112) Rubinstein, *History of the Jews*, pp. 234–5.

(113) Endelman, *Jews of Britain*, pp. 220–2.

(114) Endelman, *Jews of Britain*, pp. 239–40; Rubinstein, *History of the Jews*, pp. 408–23; Graham, *Secular or Religious*; Stanley Waterman and Barry Kosmin, 'Ethnic Identity, Residential Concentration and Social Welfare: The Jews in London', in Peter Jackson, ed., *Race and Racism: Essays in Social Geography* (London, 1987), pp. 254–71.

(115) Panayi, *Spicing Up Britain*, pp. 46–55, 133–41; Endelman, 'Practices'.

(116) Rubinstein, *History of the Jews*, pp. 402–5.

(117) ナイジェラ・ローソンのユダヤ性については以下を参照せよ。Gilly Smith, *Nigella Lawson: The Unauthorised Bi-*

ography (London, 2005), pp. 3-17, 200-10.

(118) Floya Anthias, *Ethnicity, Class, Gender and Migration : Greek Cypriots in Britain* (Aldershot, 1992), pp. 124-5 ; Michael Constantinides, *The Greek Orthodox Church in London* (Oxford, 1933) ; Vic George and Geoffrey Millerson, 'The Cypriot Community in London', *Race*, vol. 8 (1967), p. 290 ; Pamela Constantinides, 'The Greek Cypriots : Factors in the Maintenance of Ethnic Identity', in James L Watson, ed., *Between Two Cultures : Migrants and Minorities in Britain* (Oxford, 1977), pp. 186-7 ; Zena Theodorou and Sav Kyriacou, 'Cypriots in London', in Nick Madman, ed., *The Peopling of London : 15,000 Years of Settlement from Overseas* (London, 1993), pp. 102-4.

(119) Gurharpal Singh and Darshan Singh Tatla, *Sikhs in Britain : The Making of a Community* (London, 2006), pp. 44-5 ; Humayun Ansari, *'The Infidel Within' : Muslims in Britain Since 1800* (London, 2004), pp. 82-4 ; Fisher, Lahiri and Thandi, *South Asian History of Britain*, pp. 95-101 ; Rosina Visram, *Asians in Britain : 400 Years of History* (London, 2002), pp. 57-64, 103-4.

(120) Fisher, Lahiri and Thandi, 前掲書, p. 149 ; Visram、前掲書、p. 298 ; Rashmi Desai, *Indian Immigrants in Britain* (London, 1963).

(121) Singh and Tatla, *Sikhs in Britain*, pp. 71-2.

(122) 以下の研究がこのような過程を地域レベルで検討している。Ansari, *'Infidel Within'*, pp. 92-144. Richard I. Lawless, *From Ta'izz to Tyneside : An Arab Community in the North-East of England during the Early Twentieth Century* (Exter, 1995), pp. 174-236。

(123) Ceri Peach, 'Social Geography : New Religions and Ethnosuburbs-Contrasts with Cultural Geography', *Progress in Human Geography*, vol. 26 (2002), p. 256 ; *Daily Telegraph*, 19 August 1995.

(124) Fisher, Lahiri and Thandi, *South Asian History of Britain*, p. 208.

(125) 以下を参照せよ。Fisher, Lahiri and Thandi, *South Asian History of Britain*, pp. 208-11 ; また、Rachel Dwyer, Shrikala Warrier と Kim Knott の Ballard, *Desh Pradesh* における論考も参照せよ。

(126) John Martin and Gurharpal Singh, *Asian Leicester* (Stroud, 2002), p. 12.

(127) Roger Ballard and Catherine Ballard, 'The Sikhs : The Development of South Asian Settlements in Britain', in Watson, *Between Two Cultures*, p. 37.

(128) Singh and Tatla, *Sikhs in Britain*, p. 127.

(129) 以下に引用されている。Arthur Wesley Helweg, *Sikhs in England : The Development of a Migrant Community* (Oxford, 1979), p. 54.

(130) Bhachu, 'Culture, Ethnicity and Class', pp. 408-9.

(131) Singh and Tatla, *Sikhs in Britain*, pp. 127-35.

(132) 同書、pp. 69-93 ; Roger Ballard, 'Differentiation and Disjunction Among the Sikhs', in Ballard, *Desh Pradesh*, pp.

109–16.

(133) Panayi, *Spicing Up Britain*, pp. 143–4 ; Ansari, *'Infidel Within'*, pp. 354–5.

(134) *Guardian*, 10 October 2006.

(135) Philip Lewis, 'Being Muslim and Being British : The Dynamics of Islamic Reconstruction in Britain', in Ballard, *Desh Pradesh*, pp. 58–87.

(136) Lewis, *Islamic Britain*, p. 13 ; *The Times*, 29 March 2008.

(137) Ansari, *'Infidel Within'*, pp. 340–88.

(138) Marie Parker–Jenkins, 'Equal Access to State Funding : The Case of Muslim Schools in Britain', *Race, Ethnicity and Education*, vol. 5 (2002), pp. 273–89 ; Nasar Meer, 'Muslim Schools in Britain : Challenging Mobilisations or Logical Developments?', *Asia Pacific Journal of Education*, vol. 27 (2007), pp. 55–71.

(139) Pnina Werbner, *The Migration Process : Capital, Gifts and Offerings among British Pakistanis* (Oxford, 1990), pp. 151–71.

(140) Gardner, *Age, Narrative and Migration*, pp. 109–13.

(141) Fadwa El Guindi, *Veil : Modernity, Privacy and Resistance* (Oxford, 1999).

(142) Ansari, *'Infidel Within'*, p. 215.

(143) 主流の政治プロセスにおけるエスニック・マイノリティに関しては第六章で取り上げる。

(144) Margaret C. Wicks, *The Italian Exiles in London, 1816–1848* (New York, 1968).

(145) T. Grzbienowski, 'The Polish Cause in England a Century Ago', *Slavonic Review*, vol. 11 (1932), pp. 81–7 ; Peter Brock, 'Polish Democrats and English Radicals, 1832–1862 : A Chapter in the History of Anglo-Polish Relations', *Journal of Modern History*, vol. 25 (1953), pp. 139–56 ; Peter Brock, 'The Polish Revolutionary Commune in London', *Slavonic and Eastern European Review*, vol. 35 (1956), pp. 116–28.

(146) Norman Davies, 'The Poles in Great Britain, 1914–19', *Slavonic and Eastern European Review*, vol. 50 (1972), pp. 63–89.

(147) Wojciech Rojek, 'The Government of the Republic of Poland in Exile, 1945–92', in Peter D. Stachura, ed., *The Poles in Britain, 1940–2000 : From Betrayal to Assimilation* (London, 2004), pp. 33–47 ; Jan E. Zamojski, 'The Social History of Polish Exile (1939–1945) : The Exile State and the Clandestine State', in Martin Conway and José Gotovich, eds, *Europe in Exile : European Exile Communities in Britain, 1940–45* (Oxford, 2001), pp. 183–211 ; Jerzy Zubrzycki, *Polish Immigrants in Britain : A Study of Adjustment* (The Hague, 1956), pp. 108–9.

(148) Kathy Burrell, 'Homeland Memories and the Polish Community in Leicester', in Stachura, 前掲書, pp. 79–82.

(149) Burrell, *Moving Lives*.

(150) John Slatter,ed., *From the Other Shore : Russian Political Emigrants in Britain, 1880–1917* (London, 1984) ;

Barry Hollingsworth, 'The Society of Friends of Russian Freedom : English Liberals and Russian Socialists', *Oxford Slavonic Papers*, vol. 3 (1970), pp. 45-64 ; Norman Stone and Michael Glenny, *The Other Russia* (London, 1990).

(151) Panayi, *German Immigrants*, pp. 82-3, 194-6 ; Rosemary Ashton, *Little Germany : Exile and Asylum in Victorian England* (Oxford, 1986), pp. 56-138 ; Christine Lattek, *Revolutionary Refugees : German Socialism in Britain, 1840-1860* (London, 2006) ; Rudolf Rocker, *The London Years* (London, 1956).

(152) Anthony Glees, *Exile Politics during the Second World War : The German Social Democrats in Britain* (Oxford, 1982).

(153) Ronald Stent, 'Jewish Refugee Organizations', in Mosse, *Second Chance*, pp. 594-8 ; Berghahn, *Continental Britons*, pp. 156-67.

(154) Ashton, *Little Germany*, pp. 139-87 ; Panayi, *German Immigrants*, pp. 182, 195.

(155) Panayi, 前掲書, pp. 197-8 ; Manz, *Migranten und Internierte*, pp. 185-97.

(156) James J. and Patience P. Barnes, *Nazis in Pre-War London, 1930-1939 : The Fate and Role of German Party Members and British Sympathisers* (Brighton, 2005).

(157) たとえば，以下を参照せよ。Alderman, *Modern British Jewry*, pp. 117-20, 276-82 ; Eugene C. Black, *Social Politics of Anglo-Jewry, 1880-1920* (Oxford, 1988).

(158) Alderman, 前掲書, pp. 113, 117-18 ; William D. and Hilary L Rubinstein, *Philosemitism and Support in the English-Speaking World for Jews, 1840-1939* (Basingstoke, 1999), pp. 43-4 ; Stent, 'Jewish Refugee Organizations', pp. 579-94 ; Anne J. Kershen, *Strangers, Aliens and Asians : Huguenots, Jews and Bangladeshis in Spitalfields, 1660-2000* (London, 2005), p. 119 ; Norman Bentwich, *They Found Refuge : An Account of British Jewry's Work for the Victims of Nazi Oppression* (London, 1956).

(159) これについては，特に，Geoffrey Alderman による以下の二冊を参照せよ。*The Jewish Community in British Politics* (Oxford, 1983) と *London Jewry and London Politics, 1899-1986* (London, 1989)。主流政治におけるユダヤ人に関しては，第六章において詳述する。

(160) Joseph Buckman, *Immigrants and the Class Struggle : The Jewish Immigrant in Leeds, 1880-1914* (Manchester, 1983) ; Anne J. Kershen, *Uniting the Tailors : Trade Unionism Amongst the Tailors of London and Leeds* (Ilford, 1995).

(161) 以下を参照せよ。Tony Kushner and Nadia Valman, eds, *Remembering Cable Street : Fascism and Anti-Fascism in British Society* (London, 2000) ; Elaine R. Smith, 'Jewish Responses to Political Antisemitism and Fascism in the East End of London', in Tony Kushner and Kenneth Lunn, eds., *Traditions of Intolerance : Historical Perspectives on Fascism and Race Discourse in Britain* (Manchester, 1989),

pp. 53-71 ; Henry Srebrnik, *London Jews and British Communism* (London, 1995).

(162) Gideon Shimoni, 'Poale Zion : A Zionist Transplant in Britain 1905-1945', *Studies in Contemporary Jewry*, vol. 2 (1986), pp. 273-4 ; Paul Goodman, *Zionism in England, 1899-1949* (London, 1949) ; Stuart A. Cohen, *English Zionists and British Jews : The Communal Politics of Anglo-Jewry, 1895-1920* (Princeton, 1982) ; Geoffrey Alderman, 'The Political Impact of Zionism in the East End of London Before 1940', *London Journal*, vol. 9 (1983), pp. 35-8.

(163) 第六章を参照せよ。

(164) Delaney, *Irish in Post-war Britain*, p. 191.

(165) Davis, *Irish in Britain*, p. 170.

(166) MacRaild, *Irish Migrants*, pp. 136-8 ; Lowe, *Irish in Mid-Victorian Lancashire*, pp. 182-9.

(167) MacRaild, 前掲書、pp. 138-42 ; Lowe, 前掲書、pp. 189-98 ; John Newsinger, *Fenians in Mid-Victorian Britain* (London, 1994) ; Patrick Quinlivan and Paul Rose, *The Fenians In England, 1865-1872* (London, 1982).

(168) Belchem, *Irish, Catholic and Scouse*, pp. 176-80 ; K. R. M. Short, *The Dynamite War : Irish-American Bombers in Victorian Britain* (Dublin, 1979).

(169) Gerard Moran, 'Nationalists in Exile : The National Brotherhood of St Patrick in Lancashire, 1861-5', in Roger Swift and Sheridan Gilley, eds, *The Irish In Victorian Britain : The Local Dimension* (Dublin, 1999), pp. 21-35.

(170) MacRaild, *Irish Migrants*, pp. 143-4 ; John Denvir, *The Irish in Britain* (London, 1892), p. 267.

(171) Fielding, *Class and Ethnicity*, p. 80.

(172) Bernard O' Connell, 'Irish Nationalism in Liverpool, 1873-1923', *Eire Ireland*, vol. 10 (1975), p. 24.

(173) Belchem, *Irish, Catholic and Scouse*, pp. 249-96 ; MacRaild, *Irish Migrants*, pp. 150-3.

(174) 第六章を参照せよ。

(175) MacRaild, *Faith* ; Tom Gallagher, *Edinburgh Divided : John Cormack and No Popery in the 1930s* (Edinburgh, 1987), pp. 150-2 ; Gallagher, *Uneasy Peace* ; Neal, *Sectarian Violence* ; Bill Murray, *The Old Firm : Sectarianism, Sport and Society in Scotland* (Edinburgh, 2000).

(176) Graham Walker, 'The Orange Order in Scotland Between the Wars', *International Review of Social History*, vol. 37 (1992), pp. 177-206.

(177) Belchem, *Irish, Catholic and Scouse*, pp. 312-14 ; Delaney, *Irish in Post-war Britain*, pp. 118-19 ; Tim Pat Coogan, *The IRA*, 2nd edn (London, 1994), pp. 113-31 ; Gary McGladdery, *The Provisional IRA in England : The Bombing Campaign, 1973-1997* (Dublin, 2006), pp. 29-45.

(178) 一九七〇年代のイギリスにおけるアイルランド人に対する偏見については、第五章で取り上げる。アイルランド人による爆破テロ活動については以下を参照せよ。Coogan, 前掲書、pp. 385-9, 513-32. 及び McGladdery, 前掲書、pp.

56-225.

(179) Delaney, *Irish in Post-war Britain*, pp. 191-4.

(180) Hans Werner Debrunner, *Presence and Prestige : Africans in Europe : A History of Africans in Europe Before 1918* (Basel, 1979), pp. 369-72.

(181) Ron Ramdin, *The Making of the Black Working Class in Britain* (Aldershot, 1987), pp. 49-50.

(182) 同書, pp. 52-5 ; Immanuel Geiss, *The Pan-African Movement* (London, 1974), pp. 177-92 ; Peter Fryer, *Staying Power : The History of Black People in Britain* (London, 1984), pp. 281-7.

(183) Geiss, 前掲書, pp. 240-9.

(184) 同書, pp. 297-303 ; Hakim Adi, *West Africans in Britain, 1900-1960 : Nationalism, Pan-Africanism and Communism* (London, 1998).

(185) 同書, pp. 100-29 ; Roderick J. MacDonald, 'Dr Harold Arundel Moody and the League of Coloured Peoples, 1931-1947 : A Retrospective View', *Race*, vol. 14 (1973), pp. 291-310 ; Edward Scobie, *Black Britannia : A History of Blacks in Britain* (Chicago, 1972), pp. 141-52.

(186) Julius Braunthal, *History of the International, 1864-1914* (London, 1966).

(187) Fisher, Lahiri and Thandi, *South Asian History of Britain*, pp. 136-7.

(188) Visram, *Asians in Britain*, pp. 225-53.

(189) Singh and Tatla, *Sikhs in Britain*, p. 96.

(190) Ansari, *'The Infidel Within'*, pp. 84-92.

(191) 第六章を参照せよ。

(192) Ramdin, *Making of the Black Working Class*, pp. 410-15, 426-30.

(193) Les Back, *New Ethnicities and Urban Culture : Racisms and Multiculture in Young Lives* (London, 1996), pp. 51-62.

(194) Julia Sudbury, *'Other Kinds of Dreams' : Black Women's Organizations and the Politics of Transformation* (Abingdon, 1998).

(195) Sheila Patterson, *Dark Strangers : A Sociological Study of the Absorption of a Recent West Indian Migrant Group in Brixton, South London* (London, 1963), pp. 352-5.

(196) Ernest Cashmore, *Rastaman : The Rastafarian Movement in England* (London, 1979).

(197) John Benyon and John Solomos, eds, *The Roots of Urban Unrest* (Oxford, 1987) ; Michael Rowe, *The Racialization of Disorder in Twentieth Century Britain* (Aldershot, 1998) ; Ceri Peach, 'A Geographical Perspective on the 1981 Urban Riots in England', *Ethnic and Racial Studies*, vol. 9 (1986), pp. 396-411 ; Harris Joshua, Tina Wallace and Heather Booth, *To Ride the Storm : The 1980 Bristol 'Riot' and the State* (London, 1983).

(198) たとえば, 以下を参照せよ。E. P. Thompson, 'The Moral Economy of the English Crowd in the Eighteenth Century', *Past and Present*, no. 50 (1971), pp. 76-136 ; George Rudé, *The Crowd in History : A Study of Popular Disturbances in*

France and England (London, 1985); John Benyon, 'Interpretations of Civil Disorder', in Benyon and Solomos, 前掲書, pp. 25-6.

(199) 以下を参照せよ。Panikos Panayi, ed., *Racial Violence in Britain in the Nineteenth and Twentieth Centuries*, (London, 1996).

(200) Nasar Meer, 'The Politics of Voluntary and Involuntary Identities: Are Muslims in Britain an Ethnic, Racial or Religious Minority?', *Patterns of Prejudice*, vol. 42 (2008), pp. 61-81.

(201) たとえば、以下を参照せよ。Ash Amin, 'Unruly Strangers? The 2001 Urban Riots in Britain', *International Journal of Urban and Regional Research*, vol. 27 (2003), pp. 460-4.

(202) Tariq Modood, *Multicultural Politics: Racism, Ethnicity and Muslims in Britain* (Edinburgh, 2005), p. 103.

(203) 第三章を参照せよ。

(204) たとえば、以下を参照せよ。Katy Gardner and Abdus Shukur, '"I'm Bengali, I'm Asian and I'm Living Here": The Changing Face of British Bengalis' in Ballard, *Desh Pradesh*, pp. 162-3; Tahir Abbas, 'A Theory of Islamic Political Radicalism in Britain: Sociology, Theology and International Political Economy', *Contemporary Islam*, vol. 1 (2007), p. 111; Brah, *Cartographies of Diaspora*, pp. 49-66.

(205) Werbner, *Imagined Diasporas*, p. 110.

(206) Alison Shaw, *Kinship and Continuity: Pakistani Families in Britain* (London, 2000), p. 266.

(207) Ansari, *'The Infidel Within'*, pp. 340-88; John Eade, 'The Search for Wholeness: The Construction of National and Islamic Identities Among British Bangladeshis', in Anne J. Kershen, ed., *A Question of Identity* (Aldershot, 1998), pp. 136-59.

(208) Werbner, *Imagined Diasporas*, pp. 153-83; Abbas, 'Theory'.

(209) たとえば、以下を参照せよ。*Sunday Telegraph*, 1 February 2006.

(210) Darshan S. Tatla, *The Sikh Diaspora: The Search for Statehood* (London, 1999).

(211) John De Witt, *Indian Workers' Association in Britain* (London, 1969); Singh and Tatla, *Sikhs in Britain*, pp. 94-121, 138-42; Sasha Josephides, 'Principles, Strategies and Anti-Racist Campaigns: The Case of the Indian Workers' Association', in Harry Gouldbourne, ed., *Black Politics in Britain* (Aldershot, 1990), pp. 115-29.

(212) 第五章を参照せよ。

(213) Jeremy MacClancy, ed., *Sport, Identity and Ethnicity* (Oxford, 1996); Grant Jarvie, ed., *Sport, Racism and Ethnicity* (London, 1991).

(214) Panayi, *Spicing Up Britain*.

(215) たとえば、以下を参照せよ。Vertovec, 'Transnationalism and Identity'; and Burrell, *Moving Lives*.

(216) Panayi, *Spicing Up Britain*, pp. 44-6.

(217) Michael Dewey, 'The Survival of an Irish Culture in Britain', *Irish Historical Studies*, vol. 20 (1982), pp. 25-6, 31-2.

(218) Mike Cronin and Daryl Adair, *The Wearing the Green : A History of St Patrick's Day* (London, 2002).

(219) Mike Cronin, *Sport and Nationalism in Ireland : Gaelic Games, Soccer and Irish Identity Since 1884* (Dublin, 1999).

(220) John Hutchinson and Alan O'Day, 'The Gaelic Revival in London, 1900-22 : Limits of Ethnic Identity', in Swift and Gilley, *Irish in Victorian Britain*, pp. 254-76.

(221) Belchem, *Irish, Catholic and Scouse*, p. 286.

(222) Fielding, *Class and Ethnicity*, p. 17.

(223) Joseph M. Bradley, *Sport, Culture, Politics and Scottish Society : Irish Immigrants and the Gaelic Athletic Association* (Edinburgh, 1998).

(224) Delaney, *Irish in Post-war Britain*, p. 172.

(225) Joseph M. Bradley, 'Marginal Voices : Football and Identity in a Contested Space', in Kathy Burrell and Panikos Panayi, eds, *Histories and Memories : Migrants and their History in Britain* (London, 2006), pp. 234-52. スコットランドにおけるフットボールと宗派対立全般についてより多くの情報を得るには、たとえば、以下を参照のこと。Murray, *Old Firm*.

(226) Joseph M. Bradley, 'Integration or Assimilation? Scottish Society, Football and Irish Immigrants', *International Journal of the History of Sport*, vol. 13 (1996), pp. 61-79.

(227) たとえば、以下を参照せよ。David Kennedy and Peter Kennedy, 'Ambiguity, Complexity and Convergence : The Evolution of Liverpool's Irish Football Clubs', *International Journal of the History of Sport*, vol. 24 (2007), pp. 894-920.

(228) Ó Tuathaigh, 'Irish in Nineteenth Century Britain', p. 164.

(229) たとえば、以下を参照せよ。Owen Dudley Edwards and Patricia J. Storey, 'The Irish Press in Victorian Britain', in Roger Swift and Sheridan Gilley, eds, *The Irish in the Victorian City* (London, 1985), pp. 158-78.

(230) Walter, *Outsiders Inside* ; Ryan, 'Who Do You Think You Are?'.

(231) Mac an Ghaill, 'Irish in Britain'.

(232) Panayi, *German Immigrants*, pp. 179-90 ; Sue Coates, 'Manchester's German Gentlemen : Immigrant Institutions in a Provincial City, 1840-1920', *Manchester Region History Review*, vol. 5 (1991-2), pp. 21-20 ; Christian Eisenberg, ' "German Gymnastics" in Britain, or the Failure of Cultural Transfer', in Stefan Manz, Margrit Schulte Beerbühl and John R. Davis, eds, *Migration and Transfer from Germany to Britain, 1660-1914* (Munich, 2007), pp. 141-5 ; Jonathan Westaway, 'The German Community in Manchester, Middle Class Culture and the Development of Mountaineering in Britain', *English Historical Review*, vol. 124 (2009), pp. 571-604.

(233) Panikos Panayi, 'Sausages, Waiters and Bakers : German Migrants and Culinary Transfer to Britain', in Manz, Beer-

bühl and David, 前掲書, pp. 149–53.

(234) James J. and Patience P. Barnes, 'London's German Community in the Early 1930s', in Panayi, *Germans in Britain since 1500*, pp. 131–46.

(235) たとえば、以下を参照せよ。J. M. Ritchie, *German Exiles: British Perspectives* (New York, 1997); Berghahn, *Continental Britons*, pp. 150–67; Günter Berghaus, 'The Emigres from Nazi Germany and their Contribution to the British Theatrical Scene', in Mosse, *Second Chance*, pp. 297–314.

(236) Kettenacker, 'Germans After 1945', pp. 187–208; Johannes-Dieter Steinert and Inge Weber-Newth, *Labour and Love: Deutsche in Großbritannien nach dem Zweiten Weltkrieg* (Osnabrück, 2000), pp. 271–91.

(237) Terri Colpi, *The Italian Factor: The Italian Community in Great Britain* (Edinburgh, 1991).

(238) 第五章を参照せよ。

(239) Wendy Ugolini: 'Reinforcing Otherness? Edinburgh's Italian Community and the Impact of the Second World War', *Family and Community History*, vol. 1 (1998), pp. 57–69; 'Memory, War and the Italians in Edinburgh: The Role of Communal Myth', *National Identities*, vol. 8 (2006), pp. 421–36. また、以下も参照せよ。Fortier, *Migrant Belongings*.

(240) Burrell, *Moving Lives*.

(241) Anthias, *Ethnicity, Class, Gender and Migration*, pp. 285–9.

(242) Sasha Josephides, 'Associations Amongst the Greek Cypriot Population in Britain', in John Rex, Daniele Joly and Czarina Wilpert, eds, *Immigrant Associations in Europe* (Aldershot, 1987), pp. 42–61. ポーランド人の社交的活動に関しては、たとえば、以下を参照せよ。Patterson, 'The Poles: An Exile Community in Britain', in Watson, *Between Two Cultures*, pp. 225–30.

(243) Evienia Papadaki and Maria Roussou, 'The Greek Speech Community', in Safder Allandina and Viv Edwards, eds, *Mulitilingualism in the British Isles: The Older Tongues and Europe* (London, 1991), pp. 189–201.

(244) Anne J. Kershen, 'Mother Tongue as a Bridge to Assimilation?: Yiddish and Sylhetti in East London', in Kershen, ed., *Language, Labour and Migration* (Aldershot, 2000), pp. 13–20; Livshin, 'Acculturation', pp. 86–90.

(245) Stefan Howald, 'Everyday Life in Prewar and Wartime Britain', in Marian Malet and Anthony Grenville, eds, *Changing Countries: The Experience and Achievement of German Speaking Exiles from Hitler in Britain, 1933 to Today* (London, 2002), pp. 106–9.

(246) Endelman, *Radical Assimilation*, pp. 114–43.

(247) Henriques, 'Jewish Community of Cardiff', p. 294; Collins, *Second City Jewry*, pp. 42–3; *Jewish Year Book, 1903–4* (London, 1903).

(248) Lipman, *History of the Jews*, pp. 107–8; Sharman Kadish,

'A Good Jew and a Good Englishman' : The Jewish Lads' and Girls' Brigade, 1895-1995 (London, 1995) ; Susan L. Tananbaum, 'Ironing Out the Ghetto Bend : Sports and the Making of Modern British Jews', *Journal of Sport History*, vol. 31 (2004), pp. 53-75.

(249) Dave Dee, '"Your Religion is Football!" Soccer and the Jewish Community in London, 1900-1960' (unpublished De Montfort University MA Thesis, 2007).

(250) Chain Bermant, *Point of Arrival : A Study of London's East End* (London, 1975), p. 199.

(251) Rodgers, 'Glasgow Jewry', p. 118.

(252) David Cesarani, *The Jewish Chronicle and Anglo-Jewry, 1841-1991* (Cambridge, 1994).

(253) Joseph H. Udelson, *Dreamer of the Ghetto : The Life and Works of Israel Zangwill* (London, 1990) ; Bryan Cheyette, ed., *Contemporary Jewish Writing in Britain and Ireland : An Anthology* (London, 1998).

(254) Virginia Berridge, 'East End Opium Dens and Narcotic Use in Britain', *London Journal*, vol. 4 (1978), pp. 3-28 ; John Seed, 'Limehouse Blues : Looking for Chinatown in the London Docks', *History Workshop Journal*, vol. 62 (2006), pp. 58-85 ; Szeming Sze, 'Chinese Students in Great Britain', *Asiatic Review*, vol. 27 (1931), pp. 311-20 ; Kwee Choo Ng, *The Chinese in London* (London, 1968) ; James L. Watson, 'The Chinese : Hong Kong Villagers in the British Catering Trade', in Watson, *Between Two Cultures*, pp. 195-200 ; Anthony Shang, 'The Chinese in London', in Merriman, *Peopling of London*, pp. 88-97 ; Wai-ki E. Luk, 'Chinese Ethnic Settlements in Britain : Spatial Meanings of an Orderly Distribution', *Journal of Ethnic and Migration Studies*, vol. 34 (2009), pp. 575-99.

(255) 以下を参照せよ。Brah, *Cartographies* ; Fisher, Lahiri and Thandi, *South Asian History* ; N. Ali, V. S. Kalra and S. Sayyid, eds, *A Postcolonial People : South Asians in Britain* (London, 2006) ; John Hamlett, Adrian R. Bailey, Andrew Alexander and Gareth Shaw, 'Ethnicity and Consumption : South Asian Shopping Patterns in Britain, 1947-75', *Journal of Consumer Culture*, vol. 8 (2008), pp. 91-111.

(256) Werbner, *Imagined Diasporas*, pp. 203-10 ; Shaw, *Kinship and Continuity*, pp. 58-60, 171-5 ; Amrit Wilson, *Finding a Voice : Asian Women in Britain* (London, 1981).

(257) 第六章を参照せよ。

(258) Robert Jackson and Eleanor Nesbitt, *Hindu Children in Britain* (Stoke-on-Trent, 1993), pp. 147-65.

(259) Singh and Tatla, *Sikhs in Britain*, pp. 186-95.

(260) 同書、pp. 198-204.

(261) Kershen, *Strangers, Aliens and Asians*, pp. 69-70 ; Gardner and Shukur, '"I'm Bengali"', pp. 160-1.

(262) Ikhlaq Din, *The New British : The Impact of Culture and Community on Young Pakistanis* (Aldershot, 2006), pp. 31-6.

(263) Divya P. Tolla-Kelly, 'A Journey Through the Material

Geographies of Diaspora Cultures : Four Modes of Environmental Memory', in Burrell and Panayi, *Histories and Memories*, pp. 159-65.

(264) Rajinder Kurmar Dudrah, 'British South Asian Identities and the Popular Cultures of British Banghra, Bollywood Film and Zee TV in Birmingham' (unpublished University of Birmingham Ph.D Thesis, 2001).

(265) Din, *New British*, pp. 86-9.

(266) たとえば、以下を参照せよ。Mary Chamberlain, *Narratives of Exile and Return* (London, 1997), pp. 70-90.

(267) Barbara Tizard and Ann Phoenix, *Black White or Mixed Race : Race and Racism in the Lives of Young People of Mixed Parentage* (London, 2002), pp. 42-55.

(268) Patterson, *Dark Strangers*, pp. 270-3 ; Lorna Chessum, *From Immigrants to Ethnic Minority : Making Black Community in Britain* (Aldershot, 2000), pp. 228-47 ; Mike and Trevor Phillips, *Windrush : The Irresistible Rise of Multi-Racial Britain* (London, 1998), pp. 100-3.

(269) Ramdin, *Making of the Black Working Class*.

(270) Tracey Reynolds, 'Caribbean Families, Social Capital and Young People's Diasporic Identities', *Ethnic and Racial Studies*, vol. 29 (2006), pp. 1087-1103.

(271) Winston James, 'Migration, Racism and Identity Formation : The Caribbean Experience in Britain', in Winston James and Clive Harris, eds, *Inside Babylon : The Caribbean Diaspora in Britain* (London, 1993), pp. 231-87 ; Paul Gilroy, *The Black Atlantic : Modernity and Double Consciousness* (London, 1993) ; Harry Goulbourne, *Caribbean Transnational Experiences* (London, 2002).

(272) Back, *New Ethnicities* ; Reynolds, 'Caribbean Families'.

第五章　外国人嫌悪と人種主義

人種主義、社会科学者と歴史研究者

一九八〇年代半ばには、イギリスの人種主義研究は社会学研究の主流に確固とした地位を築いており、歴史研究者からも大きな注目を集め始めていた。イギリスにおける非白人《ブラック》の定住について最初に研究を行ったケネス・リトルやシーラ・パターソン、マイケル・バントンといった人々は、経済生活や、男女関係も含めた白人との相互の接触に焦点を当てて非白人《ブラック》の経験を概観した。これらの研究者たちは、イギリスにいる非白人《ブラック》の人々が、職を探すときでも、異性と交流しようとするときであっても、日常的に様々な形の人種主義に直面しなければならないことを認識していた。[1] たとえば、一九七三年のブリストルに関するアンソニー・リッチモンドの研究にみられるように、[2] 一九六〇年代から一九七〇年代にかけて、社会科学者たちは次第に「人種関係」を研究の焦点に据えるようになった。この「人種関係」という言葉は、第一線の社会学者であるマイケル・バントンとジョン・レックスが用いた他、一九六九年に出たE・J・B・ローズ編の報告書『肌の色と市民権』においてもすでに同様の意味で用いられたものであった。[3] このようなアプローチがとられたことで、非白人《ブラック》は、個々の行為者としてではなく、全面的な〔非白人であるからということで例外なく〕差別に直面している一集団として捉えられるようになった。一九八〇年代には、このような人種主義を中心とするアプローチは、社会科学研究を席巻するようになった。若い研究者たち、とりわけ、マルクス主義の影響を受けたロバート・マイルズやジョン・ソロモスは、イギリス政府や社会において非白人《ブラック》の人々の境遇がほぼ耐えがたいものになったその過程に焦点を当て、イギリスという国を分析対象とした一連のシリーズ本を出版した[4]。タリク・モドゥードは、とりわけムスリムに焦点をあてて、次第に現代イギリスにおける人種主義研究の中心的存在となった。ただし、彼の研究は、すべてのエスニック・マイノリティの経験をカヴァーしており[5]、また、研究動向を反映して、資本主義社会においてはエスニシティを理由とした排斥が必然的に起こるというマルクス主義的な「大きな物語《マスター・ナラティヴ》」を脱却し、アイデンティティや、異なるエスニシティの間の関係の複雑なあり方を検討している。

　したがって、イギリスの人種主義研究は、様々な発展を受けて、とりあえず一通りのサイクルを終えた。初期の研究者は、カーディフ[6]やステップニー[7]、ブリクストン[8]などにおけるケーススタディを使って、移民の第一段階について描き、非白人《ブラック》と白人との初期の関係について検討した。人種関係というパラダイムがでてきたのにもかかわらず、多くの研究者はスパークブルック[9]やブリストル[10]、ノッティンガム[11]といった地域のケーススタディに焦点を当て続けた。確実に、彼らの研究は、エスニック・マイノリティがおかれた立場や彼らのライフ・チャンス［の乏しさ］、そして蔓延する国家や社会一般の差別を次第に否定的にみるようになっていった。

　エスニック・マイノリティ、とりわけアフロ・カリブ系、さらにはアジア系が社会の片隅に追いやられているという現実を受けて、研究の焦点は異なるエスニシティ間の関係から人種主義へと移っていった。一九五八年のノッティング・ヒル暴動、そしてその後に起こった一九六〇年代後半のパウエリズム［保守党の政治家、イーノック・パウエル（Enoch Powell）が主張した政治・経済政策。特に移民政策については、連合王国への非白人移民の抑制、あるいは移民停止を主張した］は、イギリス社会の不寛容な本質を感じ取っていた人々からすれば、もっとも早い時期にその現実を暴いてくれた出来事であった。一九六〇年代以降、移民法の下で次第に入国規制の在り方が人種主義的になっていき、一九八〇年代には警察の在り方が人種主義的であることが公的に認められるようになるなかで、イギリス社会に差別が蔓延していることが確信されるにいたった。しかしながら、イギリスの外の出来事、たとえば、アメリカのメディアが大西洋の両側における非白人《ブラック》の置かれた状況に焦点を当てるようになってきたことなども受けて、イギリスの人々はますます自分たちの中にいる「有色の」マイノリティの状況に注目するようになった[12]。同時に、一群のマルクス主義の影響を受けた研究者たち、とりわけ、スティーヴン・カースルズは、イギリスの経験を第二次世界大戦後のヨーロッパにおけるエスニック・マイノリティの出現という文脈で検討した。著名な二冊の著作で、彼は、移民とその子孫の地位が社会の最下層にあり、エスニック・マジョリティが忌避するようになった職に就くために西ヨーロッパにやってきたということから彼らが差別に直面するということを主張した。彼らはそのエスニシティによってだけでなく、階級によっても周縁化させられるのである。マルクス主義者は社会的、経済的関係としての資本主義システムを分析することから、移民たちは商品にとどめ置かれることになる[13]。興味深いことに、カースルズの最近の研究は、マルクス主義の枠組みが衰退したことを反映して、この決定論的なアプローチを離れてしまっている[14]。それでもなお、イギリスにおける人種主義の現実は残っている。

歴史研究者たちもまた人種主義の研究を発展させてきたが、その道程は社会科学者の同僚たちと同一ではなかった。すでに一九六〇年代の研究においてもイギリス社会の人種主義的特質は受け入れられていたが、一九七〇年代後半に急展開といえるものがあった。そのきっかけとなったのがコリン・ホームズの研究である。ホームズは、とりわけ反ユダヤ主義に焦点を当て、この分野において影響を及ぼすことになる研究を一九七九年に発表した。[15] 彼の研究は、イギリスにおける反ユダヤ主義に関するその後の研究に影響を与えただけでなく、特に彼が博士過程の学生たちの指導教員を務めたために、新進の移民研究者たちを他のグループの被差別経験の研究へと向かわせた。[16] ホームズは、その後、『イギリス社会における反ユダヤ主義（*Anti-Semitism in British Society*）』やイギリスにおける移民に関する二冊の概説書を出した。そのうちの一冊は特にイギリスの寛容の問題に焦点を当てていた。[17] マルクスの理論的影響を受けた人種主義とイギリス社会における移民の立場に関する社会科学の研究のいくつかと比べると、ホームズは主題に対して経験主義的な知識に基づいた、バランスに配慮した、熟慮されたアプローチをし、時に人種思想がヨーロッパのほとんどを席巻していた時代について国際比較もしばしば行った。しかし、特に彼の反ユダヤ主義に関する研究は、間違いなく、歴史研究者たちにイギリス史における人種主義の重要性を認識させることになった。

ホームズの研究は孤立したものではなかった。セシル・ロスの研究がその典型であるが、一九世紀から二〇世紀初頭にかけての在英ユダヤ人史の研究者たちは反ユダヤ主義にあまり関心を払わず、むしろ在英ユダヤ人コミュニティが定着しイギリス社会へと統合されていく様子を描こうとした。[18] しかし、一方で、イギリスにおける反ユダヤ主義の研究も一九六〇年代には始まっていた。[19] 初期の研究は、とりわけ一九世紀後半のユダヤ移民に対する反応に焦点を当てた。バーナード・ゲイナーとロイド・P・ガートナーはこの問題に対してジョン・ガラードとは異なるアプローチをとった。[20] ガラードの研究は、英連邦《コモンウェルス》や帝国から新たに到着した移民たちが直面した人種主義の影響をよりはっきりと受けており、事実、彼の著書ではこの二つの流入の比較がなされていた。[21] 基本的には、ホームズはこれらの三人の研究者の蓄積の上にたって分析する時代を戦間期へと進めたが、あからさまに示されたものだけでなく、より幅広く存在した裕福なユダヤ人に対する反ユダヤ主義も検討した。同様に、そしてホームズの研究よりも一年早く、ギゼラ・C・レブゼルターは戦間期の政治面における反ユダヤ主義に関する本を出版した。(22)

イギリスにおけるアイルランド人について研究をしてきた者たちは、常に彼らが直面していた敵意に注目してきた。このことは、ヴィクトリア時代についてコメントしたジョン・デンヴァーにさえいえることである。他方、ハンドリーは、スコットランドにおけるアイルランド人についての研究において、すでに、敵意というのをテーマの一つにしていた。(23) 一九七〇年代から八〇年代にかけて、アイルランド人に関する研究では、主要なテーマとして、敵意、とりわけ宗派間抗争の形で現れた敵意にますます関心が集まるようになった。(24)

同様に、イギリスにおける肌の色を理由とした人種主義の歴史についての研究も一九八〇年代には始まった。イギリスにおける非白人《ブラック》について全般的に研究していたジム・ウォルヴィンは、彼らに向けられた敵意に焦点を当てた。(25) もっとも、この分野でもっとも重要な研究者には、ピーター・フライヤーをあげなくてはならないのであるが。(26) その他の研究者たちは、その中にはアフリカを専門とした者もいたが、ヴィクトリア朝の社会における人種概念の発達の問題について検討した。(27)

一九八〇年代から一九九〇年代にかけて、イギリスにおいて人種主義は、依然として主流の研究では無視される傾向にあったものの、重要な研究分野となった。この時期に出てきた主要なテーマには抑留があり、特に第二次世界大戦期に行われたものが研究されたが、第一次世界大戦期のものについても研究がなされた。(28) 前者に関しては、専門の歴史研究者やジャーナリストを合わせて、大量の研究が出された。第二次世界大戦の研究では、ユダヤ人とイタリア人双方に焦点があてられた。(29) 同様に比較的新しい時期のイギリス史における人種を理由とした暴力についての研究も急増した。[30] 社会科学者の手によるものや、一九〇五年外国人法の制定に関するゲイナーの先行研究に続いて、歴史研究者たちも関心を移民法、国籍法の展開に移した。[31] より概説的な本もイギリスの人種主義の歴史に言及した。[32] 幅広い読者に向けた重要な本には、二〇〇四年に出たロバート・ウィンダーの『忌々しい外国人』があるが、この本は歴史を広く浅く扱ったものであるので専門的に学ぼうとする人にとっては、限られた価値しかないであろう。[33] このころまでには、マイノリティへの敵意に関する研究で大きな役割を果たしてきた研究者の中には、トニー・カシュナーの研究のいくつかに見られるように、否定的反応と共に肯定的な反応にも注意を払って、より慎重でバランスのとれたアプローチをするものも出てきた。[34] ただし、難民に対する姿勢を扱った彼の著書は、依然として批判的である。[35]

近代イギリス史における外国人嫌悪と人種主義

したがって、とりわけここ三〇年間に出された膨大な量の文献は、イギリスにおける移民とその子孫たちが過去二世紀間、広範囲にわたる敵意の表出に直面してきたと主張してきた。しかし、コリン・ホームズが述べたように、「移民や難民、そしてそれに類するマイノリティたちがイギリスにおいて敵対的な姿勢や扱いに耐えてきたという証拠は山ほどあるものの、それでもなお、これらのグループが間断ない敵意に直面してきた国としてイギリスを描くことは間違っているであろう」[36]。

社会科学者たち、とりわけ黒人《ブラック》やアジア系を研究対象としているものたちは、次第に、第二次世界大戦後帝国や英連邦《コモンウェルス》から来たエスニック・マイノリティが直面したあらゆる種類の敵意を表現する際、一九三三年―四五年のナチスドイツを特徴づけた種類の生物学的決定論を指し示さないで人種主義という概念を使うことを次第に受けいれるようになった。ソロモス、マイルズ、レイトン゠ヘンリーのような研究者は、基本的に、肌の色を理由とした敵意に言及し、イギリスという国家が、移民政策の結果、そして国家と社会が肌の色に対して全般的により懸念を持ったことから、新たにやってきた人々を、人種を理由とした差別の対象とするようになったと論じた[37]。

歴史研究者たちも、ソロモスやマイルズらが挙げたのと同種の日常的な敵意や国家による敵対的な姿勢を取り上げてきたが、多くのものはナチズムとそれがもたらした帰結について考えることから、人種主義という語を社会科学者ほど気軽に使うことはない。また、人種主義という概念を使うことが不適切になるときもある。たとえば、ヴィクトリア朝のアイルランド人たちが受けた日常的な攻撃の思想的背景には宗教があった。同様に、ドイツ人たちは第一次世界大戦期にどのグループにもまして強い敵対的姿勢を経験したかもしれないが、この敵対意識の背景には極端なナショナリズムがあった。他方、肌の色を理由とした敵意の歴史を扱う際に、歴史家たちは人種と人種主義の概念を用いる傾向にあった[38]。反ユダヤ主義もまた、一九世紀末以降のイギリスとヨーロッパでユダヤ人が一つの人種と捉えられ、その人種ゆえに差別の対象になったことから、人種の概念を使うのに適している[39]。それでもなお、第一次世界大戦以前のロンドンのイーストエンドでユダヤ人に敵対した人々が主に懸念していたのは、ユダヤ人が有しているとされた人種的劣等性ではなく住宅や雇用をめぐる競争であった。もっとも、一九三〇年代にロンドンのイーストエンドを行進したイギリス・ファシスト連合のメンバーたちは人種的な考えに目覚めていたけれども。

研究者たちは人種主義に対して様々なアプローチの仕方をした。社会科学者たちは、イギリス政治や社会と第二次世界大戦後にやってきた「有色の」エスニック・マイノリティとの間の全般的な相互関係として人種概念を使用するだけでなく、有色である人々に対する姿勢を描写するうえで人種主義という語を用いた。歴史研究者の中にもこのようなアプローチをとったものもいる。他方、歴史研究者たちは人種や人種主義という言葉をより慎重に使ってきた。私自身の研究では、人種主義という語を長期間にわたってやってきた様々な移民たちへの反応に対して用いてきた。[40] しかしながら、非白人《ブラック》以外のエスニック・マイノリティに対する敵意を研究している大半の歴史家たちはより慎重な姿勢をとっており、宗教を理由としたアイルランド人カトリック教徒に対する敵意や同じ理由で説明することができるイタリア人に対する否定的な姿勢にしても、第一次世界大戦期にナショナリストに扇動されて興ったドイツ人嫌悪にしても、一九世紀後半以降の反ユダヤ主義にしても、敵意の特定の形態にむしろ焦点を当てようとする。アイルランド人、ドイツ人、ユダヤ人についても、生物学的に決定された傾向がその集団に属する人々の振る舞いに影響を与えているという形で敵意が表現されはするものの、このような見解は単にアイルランド人やドイツ人やユダヤ人を嫌っているごく一部の人々に影響を与えるにすぎないという傾向があった。したがって、過去二世紀間にイギリスのエスニック・マイノリティに向けられた敵意のほとんどは外国人嫌悪、あるいは見知らぬ人々に対する恐れとして表現するのがより適切であるように思われる。たいていの場合、マスコミが短期的に新参者に対する否定的な見解をあおりたてたことがこのような敵対意識の背後にあり、それがアイルランド人であろうと、ドイツ人であろうと、ユダヤ人であろうと、アジア系であろうと黒人《ブラック》であろうと、過去二世紀にわたってイギリスにやってきたすべての移民たちに影響を与えた。概してメディアというのは一時期には一つの集団にのみ絞って、過度に焦点を当てる。より成熟したイデオロギーというのは人種主義者達の間で、そして特定の集団がイギリスに長期間存在したときに発展する傾向にある。

全体主義体制というのは確かに上からの人種主義を〔国民に〕示威する傾向にあるが、ナチス政権下のドイツにおいてでさえ、どの程度体制の命令することを実行するのか、あるいはそれに抵抗するのかといったことについて個々人が選択を行っていた。(41) このことはイギリス式の古典的なリベラル・デモクラシーの下ではより一層あてはまる。マルクス主義の影響を受けた社会科学者や政治学者にとっては、国家こそが人種主義を形成するうえで中心的な役割を果たすものであった。人種化の最も強力な道具には、移民法がある。移民法を通じて、一九〇五年の外国人法の成立と共に民族的《エスニック》出自によって人々が排除されはじめ、その後、とりわけ、第二次世界大戦後には、さらに多くの人数の望ましくない者たちが出身地に基づき、「よろしくない」肌の色をしていた場合には特に、排除され続けたのであった。国籍法もまた二〇世紀のイギリス人性《ブリティッシュネス》の定義に影響を与えてきた。一九八〇年代までには社会科学者たちや政治学者たちは、警察、司法、入国管理局といったイギリスの政府機関に人種主義が蔓延していることを暴露した。一九八〇年代の都市暴動を受けて出されたスカーマン報告書は、これらの問題についてイギリスの幅広い世論の注意を喚起した。(42) とりわけ警察から人種主義を取り除こうとしたにもかかわらず、その努力は実らなかった。一九九九年にスティーヴン・ローレンス（Stephen Lawrence）事件〔一九九三年、一八歳の黒人少年、スティーヴン・ローレンスが複数の白人少年に殺害された事件。その後の調査で、被害者の人種が殺害の要因であったことの他、警察や検察の対応の不手際が指摘され、その背景にこれらの組織における構造的な人種差別があったことが明らかにされた〕の調査から明らかになったことを受けて、イギリスにおいて制度的人種主義という概念が生まれることになった。(43) 過去二世紀にわたって公的機関がエスニシティに基づいて排除を行ってきたかのように思われるが、より最近の歴史と比べると、この時期に関してこの主張を支持するような歴史研究は相対的に少ない。

それでもなお、現在では、緊張が高まった時代、とりわけ二つの世界大戦の時期には、イギリス国家が大陸の抑圧的体制とほとんど変わらない政策を導入していると主張する多くの研究が存在している。このことは、第一次世界大戦期のイギリスで行われた財産の没収や抑留、追放という形でのドイツ系を対象とした民族浄化においてとりわけ明確である。国家は第二次世界大戦においても短期間であったが抑留という手段を用いたし、近年のアイルランド人やムスリムのテロリストの容疑者たちに対する扱いもまた、イギリス政府が直接的に抑圧的な行動をとることを示している(44)。

過去二世紀間を通じて、イギリスという国家のエスニック・マイノリティに対する政策は世論と共生関係を築いてきた。そのことは、一連の出来事から明らかである。個人レベルのエスニック関係が実際にどのようであったかについては明らかにすることは困難である。友好関係や恋愛関係に発展する一方、あからさまな敵意が示されたという証拠も多い。敵意については、暴力や、ヴィクトリア朝以降のイギリス人の移民集団に対する姿勢を特徴づける暴動の形で多くの場合表れてきた(45)。アイルランド人から「難民庇護申請者」に至るまでマイノリティを周縁化するうえでメディアが中心的な役割を果たしてきた。興味深いことに、出版物の中には、一九世紀初頭以降、そして実際には一七五三年の「ユダヤ法案」にまでさかのぼると、一時代に一つ以上の外集団に焦点を当てることに何とか成功したように思われるものもあるが(46)、メディアというのは、どの時代にも一時期にはある特定のマイノリティにのみ関心を集中させる傾向がみられるのだ。一七五三年のユダヤ人帰化法の撤廃を求める運動のように、強い敵意が示される時期のほとんどにおいて、目的はたった一つしかない。二〇世紀においてはとりわけそうで、その目的とは、ある特定のマイノリティのメンバーを放逐するための移民法の導入であった。したがって、その被害者は、一九世紀半ばのアイルランド人から、同世紀後半にはユダヤ人に移り、第一次世界大戦期にはドイツ人、戦間期にはユダヤ人、第二次世界大戦後には黒人《ブラック》やアジア系移民、そして

「難民庇護申請者」に移っていった。特に、一九世紀、そして戦間期には、このような反移民運動が起こるのと同時に、その下地となる人種思想や敵意もまた現れてきた。特定の集団にのみ関心が集中したからといって、先に対象となっていた他の被害集団への敵意が消えたわけではない。彼らは後景に退いただけなのである。メディアが難民庇護申請者をターゲットにしている二〇世紀末に黒人《ブラック》やアジア系移民に対する人種主義がなくならなかったように、反ユダヤ主義は第一次世界大戦期のドイツ人嫌悪の中でも消えることはなかった。

ソロモスやマイルズ、レックスのような社会科学者たちが一九五〇年代以降の黒人《ブラック》コミュニティに焦点を当てて主張しているように、エスニック・マイノリティに対する国民の敵意は労働市場においても表れてきた。第二次世界大戦期については詳細に労働市場を調査した研究はほとんどないが、第一次世界大戦の結果、ドイツ人の被雇用者が大量に解雇されたり、彼らに敵対するストライキがおこったりした。(47)

人種差別を標榜する政治グループは二〇世紀を通じてイギリスで存在し、特定の立法を求めて政府に影響を及ぼすためにマスコミの敵対的な表現をしばしば巧みに利用してきた。オレンジ結社は特にこのような形では活動しなかったかもしれないが、ヴィクトリア朝における反カトリック主義の牙城として活動してきた。他方、一九世紀末にイギリス同胞連盟が興って以降、移民排斥を標榜する政党はイギリスの政治的風景の一部となってきた。それどころか、しばしば、大政党が票を失うことを恐れたために、政治の主流にこれらの政党が影響を与えることもあったのである。

人種を理由とした暴力もまた過去二世紀間に繰り返されてきた。実際、一九六〇年代初頭まで、暴力的なイギリス近代史を反映して、(48)暴力はエスニック集団間の関係において常に存在した。ヴィクトリア朝のカトリック教徒とプロテスタントの関係においても、最悪の暴力が行われた第一次世界大戦期におけるドイツ人に対するものであっても、一九世紀後半から一九四〇年代後半に至るまでのユダヤ人と非ユダヤ教徒との関係においても、第一次世界大戦期から一九五〇年代後半に至るまでの非白人《ブラック》と白人との関係においてもそうであった。それ以降は移民排斥の暴動は減少したが、とりわけ一九九三年のスティーヴン・ローレンスの殺害事件に現れているように、個々のエスニック・マイノリティの構成員に対する攻撃は続いた。

過去二世紀間のイギリスにおける外国人嫌悪や人種主義の歴史を検討すれば、それがイギリスの風土に深く根付いたものであったことがわかる。すべてのエスニック・マイノリティが、様々な形で行使される制度的人種主義を基盤とし、そして様々な側面において大衆的に表出された敵意を経験してきた。とりわけ戦時中のように、あるいは、移民が多いと喧伝された時のように、敵意が特に高まったときには、公式であっても、非公式であっても、人種主義という形で不満の声がでることは、イギリス近現代史の特色の一つをなしている。

制度的人種主義

一九九九年の［スティーヴン・ローレンス事件に関する］マクファーソン報告書の発表により、イギリスでは制度的人種主義という概念が現われた。この概念は、イギリス国家の特定の機関、とりわけ警察が、偏見の蔓延に苛まれており、「その人が特定の肌の色、文化、民族的出自《エスニック》であるという理由で対象となる人々に適切かつ専門的なサーヴィスを提供できない」という状況を表すものとして用いられた(49)。この報告書は、国籍法や移民法に顕著に表れたように、イギリスの制度や国家の構造自体に公的な人種主義があるということを指摘してきた戦後社会学研究の成果の積み重ねの上に発表されたものであった。実際、一九八一年のスカーマン報告書では、すでに黒人《ブラック》人口が集中した地域において警察による人種主義が存在することが認識されていた。(50) 一九八〇年代には、イギリス社会では、とりわけイギリスの諸機関の行動を通じて、その社会の内部に人種主義があることは完全に認知されていた。一九四五年以前にそのような行動があったかどうかを確認するのは、教育機関、警察・治安機関、裁判所に対する調査がないために困難である。その代わり、一九四五年以前を対象としている歴史研究者たちは、二つの大戦期に行われた抑留や〔強制〕帰国など、情報が得られやすい、公的な人種主義の最も顕著で過酷な事例に焦点を当ててきた。これらの対立の事例は、過去二世紀のイギリスにおける公的な人種主義と外国人嫌悪の最悪のものであり、一九四五年以降に同程度の規模で繰り返されることはなかった。もっとも、裁判抜きでの拘留はごく最近、より小規模ではあるがムスリムやアイルランド人に対して行われている。政府機関の人種主義は過去二世紀にわたって存在し続けてきたが、近年、より詳細に調査されることによってよりはっきりとみえてきたように思われる。同時に、移民法は常に望ましくない者たちを排除する道具として作用した。一九〇五年の外国人法以降制定された法は、どれも特定のグループを念頭においていた。

公的に様々にしめされるイデオロギーの根底には、イギリス人性《ブリティッシュネス》の概念がある。ポール・ウォードのような研究者はヨーロッパ以外から移民が到着するようになって以降、この概念が次第に多様な集団を含むようになったと指摘するが、(51) ロバート・コルズはこの概念をロマンティックに捉えている。(52) しかし、とりわけイギリス人として正しい資格を持っていないとみなされる他者を排除することを目的とした移民法や国籍法からみれば、過去二世紀にわたりイギリスという国は外国人を嫌悪する性格を有していたといえる。ポール・ギルロイは一九八〇年代から一九九〇年代にかけて、特に政府機関や世論の言説において黒人《ブラック》が犯罪者として見られていくということに注意を払って、ユニオン・ジャックに黒《ブラック》はないと述べた(53)。一九世紀の初頭には、ユニオン・ジャックにはローマ・カトリック教徒もユダヤ人もいなかった。というのも、カトリックの場合は一八二九年のカトリック解放法の成立まで、ユダヤ人の場合はより後にユダヤ人を解放する立法が行われるまで、プロテスタントと同じ市民としての権利を持っていなかったからである(54)。同様に、第一次世界大戦期のイギリスでは、敵国民のあらゆる痕跡を国から消し去ろうとするドイツ人嫌悪が蔓延した(55)。特に一九一六年一月の徴兵制の導入前の時期など、論争が起こりそうな時期にはドイツに対する恐怖心をあおるための公認のプロパガンダ組織が存在した(56)。このドイツ人嫌悪はイギリスにいるドイツ人のみに矛先を向けていたわけではないが、大衆紙は在英ドイツ人を攻撃対象にしていた(57)。同様に、第二次世界大戦期には、宣伝組織は特にナチスドイツとファシストのイタリアに焦点を当て、国内に敵がいる危険性についても警告した。そのため、一九四〇年六月にはイタリア人を攻撃する暴動が起こり、同じ月に抑留が開始された(58)。二つの大戦以外では、イギリスという国家がこの種の外国人嫌悪を広めることはなかった。メディアを通じて、自由で民主主義的な国家としてのイギリス人性《ブリティッシュネス》とよそ者《アウトサイダー》の概念が形成されたのである。実際、平時には移民法を成立させるように政府に影響力を及ぼしたり、戦時中には国家により厳しい姿勢を取るように圧力をかけたりして、メディアは、平時戦時を問わずエスニック・マイノリティに対する政策が形成されるうえで中心的な役割を果たした(59)。

二〇世紀において、他のヨーロッパ諸国の中で人種主義的な体制があったのとは異なって、イギリスという国家が国内の移民に対してあからさまに人種主義を広めることはなかった。イギリス政府は、構造的には国家主義的でありつづけたが、政府が組織的に人種主義的な体制を支持する立場をとることはなかった。戦後に関する多くの研究が示唆しているように、教育は人種主義的な考えが流布した領域の一つであるかもしれない。ただし、戦前については、研究者たちは実質的に調査をしてこなかった。マイク・コールはイギリスの教育における人種主義の歴史的起源を探ろうとしていた。彼は、学校でエンパイア・デーの行事が行われるようになったこと指摘して、帝国内におけるイギリス人の人種的優越を維持するために一九世紀に大衆教育が行われるようになったと主張し、人種主義的な帝国のイメージがカリキュラムにも入り込んでいたと述べた(60)。

一九六〇年代にイギリスにやってきた大勢の海外生まれの児童たちは様々な問題に直面し、とりわけ同化を目的とする伝統的な教育システムにおいて周縁に追いやられることになった(61)。まず、子供たちは、新たな環境に適応しなければならなかった。学校も教師たちも、英語を話すことができない児童たちを、たとえエスニシティは異なっていても「できない子」としてひとまとめにしたために、中には同じく海外に起源を持つもののエスニシティが異なる子供たちと一緒くたにされることになった者もいた。特別な言語習得のためのクラスも作られはしたが、「できない子のクラス」が短期的な解決策としてとられたのである。そのようなクラスの中には、英語を話すことのできない児童と方言を話す西インド諸島系の児童とが一緒にされているクラスもあった(62)。したがって、子供たちは、そのエスニシティや生徒と教員の社会的地位の違いなどから、教師や教育当局が移民の子供たちに対し先入観を抱いている環境の中に入ってきたのである(63)。時には、人種主義が直接的に表れることもあった。たとえば、シェパーズ・ブッシュのある学校の教師は、ある児童が西インド諸島での生活を描いたとき、その女子児童になぜ自分が腰蓑をつけた絵を書かないのかと尋ねた。[64] 教師の中には、一九八〇年代末になっても「自分が教えるべきではない子供たち」を教えているという事実に腹を立てているものもいた。増大しつつあるエスニック・マイノリティの子供たちを白人の中流階級出身が大半を占める教師が教えるという状況のなかで、二つの集団の関係性は難しいものとなった。[65] その理由の一つには、多くの教師の側にあった人種主義だけでなく、彼らの高圧的な態度によって互いの間に憎しみが生まれていったということもあった。[66]

けっして同情的とはいえない教師と相対した子供たちが混乱してしまうというだけでなく、地方自治体のほうも、管轄区域内でエスニック・マイノリティの子供たちが増大したためにでてきた問題をどのように取り扱ったらよいのかについてほとんど知識がなかった。ローナ・チェサムは、レスターでは、地方教育当局自体が多くの教師と同様にエスニック・マイノリティの子供たちを問題として捉えていたと主張した。当初は同化主義的な手法がとられたものの、次第に統合主義的な手法に代わり、さらに文化多元主義的なものへと変わっていった。[67] 一九七〇年代から一九八〇年代ごろには、とりわけ黒人《ブラック》の男子生徒はトラブルメーカーであるとするステレオタイプが形成された。同じ時期にはスポーツ選手が黒人《ブラック》の肯定的なロール・モデルとなったため、スポーツへと男子生徒を方向づけようとする教師もいた。教育においては、アジア系については勤勉で従順であるというより肯定的なステレオタイプが形成されたものの、彼らの話す外国語と、二一世紀においては、とりわけムスリムについてその宗教を理由として、彼らもまた問題視されるようになった。このころには、貧しいムスリムは都市中心部《インナーシティ》に残り、白人は転出したために、いわゆるムスリムの学校が出来上がるという状況が多く表れることになった。[68]

学校が多文化主義を取り入れるにつれ、カリキュラムが変更されることもあった。[69] しかしながら、「新保守」主義の影響を受けたサッチャー政権とニュー・レイバーの政権下で、市民にイギリス人性《ブリティッシュネス》に関する感覚を植え付けなければならないという傾向が強まり、ナショナル・カリキュラムが導入され、続いて中等教育段階で市民権教育の科目が取り入れられた。歴史といった科目は、サー・ジェフリー・エルトン（Sir Geoffrey Elton）のような著名な学者からも支持を受け、特に重要となった。彼は、一九八六年に貴族院において歴史学協会のロビイストに向けて次のように語った。「学校はもっとイングランドの歴史について、国王や主教について教える必要がある。エスニック・マイノリティや女性の歴史という実際には存在しない歴史をいれるとシラバスはむちゃくちゃなものになる」と。(70)統一カリキュラムでは社会史は取り入れられたが、カリキュラムは一九〇〇年以降の主な世界史的事件と共に、主流のイギリス史を多く含むものになった。(71)ニュー・レイバーの下で発展した市民権教育は、新たなタイプのイギリス人をつくることを目指しているように見える。そこでは、多元主義とすべてのエスニック・マイノリティが平等に政治的権利にアクセスできるようにすべきだということが支持される一方、「アフリカ系やアジア系が制度的に差別される移民法の規定」と「あらゆる段階で、白人よりも非白人《ブラック》がより厳しく取り扱われるという刑事司法システムの問題」が存在するということが無視されている。(72)

エスニック・マイノリティを統合しようという一九六〇年代以降に教育者たちが行ってきた努力には、集団によって差があるものの、これらの人々の学歴が上昇してきていることからもわかるように成功をおさめた部分もあった。(73)二〇世紀初頭のようにエンパイア・デーが祝われることはなくなったし、戦後初期の時期のように、多くの中流階級出身の白人教師があからさまに人種主義的な姿勢で臨むことはなくなったものの、教育システムは依然として、イギリス市民を形成するうえで思考的枠組みを提供する機能を果たしているのである。

移民法及び国籍法制ほど、イギリスという国が構造的に人種主義的な要素をもっているということを如実に表すものはない。一九世紀の大半の時期において、イギリスは、社会経済的にはセキュリティを確保する必要性があり、次第に人種主義が強まった状況であったにもかかわらず、移民規制においてかなり自由放任な方針をとっていた。非ヨーロッパ圏の人々を人種的に階層化していく動きは、移民流入を制限する立法に影響を与えることはなかった。というのも、未だこれらの人々が大人数でイギリスに入ってくることはなかったからである。また、一八〇一年の合同法でブリテンとアイルランドが一つの国になったため、反カトリック信仰の動きがあっても、そのことでアイルランド人が国から排除されることにはならなかった。しかしながら、ヴィクトリア朝後期に反ユダヤ主義が高まったことで、東欧ユダヤ人を排除することを目的とした一九〇五年の外国人法が成立した。この法は、また、入国審査官が上陸港で規制を行ったり、「精神錯乱者」や「白痴」といった人々、あるいは海外で有罪判決を受けた人々などを望ましくない外国人としたりするなど、その後二〇世紀に発展する外国人規制で使われた仕組みの多くを持っていた[74]。

ヴィクトリア朝時代の国籍法制は、アンドレアス・ファーマイアーによれば、「明確さのモデル」であった。なぜなら、そこでは単純な出生地主義の原則がとられていたからである。つまり「イギリス人の親からであろうと外国人の両親の下からであろうと、国王の領土に生まれたものは」、後者がたとえ「一時的に滞在しているだけ」であったにしても、イギリス市民権を得られたのであった。ただし、中世の法の下では、イギリス人の両親を持つ者はまたイギリスでの権利も持っていた。一八七〇年の帰化法は、基本的にこの点についての基準を成文化した[75]。拡張的な出生地主義と制限的な血統主義というロジャース・ブルベイカーの分類に従えば、ドイツと比較した場合のフランスと同様に、私たちはイギリスを歴史的には拡張的な部類としていれることになるだろう[76]。それでもなお、イギリスが一九世紀には自由主義的な国籍法制を維持していたとはいっても、議会制民主主義が成熟していくなかで、裕福なイギリス人が持つ市民権を外国人には与えないという構造を基本的に備えていったものとして、これをみなければならないであろう。

国籍法制の展開において、第一次世界大戦は重要な転換点となった。戦争が勃発して、イギリス国籍および外国人地位法(一九一四)は議会を通過した。この法は、イギリス帝国内で出生したものに対しては出生地主義の原則を確認するものであった。帰化を希望する者は、「善良であること」と「適切な英語力をもって」いることが必要で、忠誠を誓わなければならなかった。しかしながら、ドイツ人嫌悪が高まったことから、イギリス国籍および外国人地位法(一九一八)が成立し、内務大臣がドイツ人に与えられた帰化証明書を破棄する権限を持つようになった。また、近代イギリス史上、もっともあからさまに外国人に対する嫌悪が示された措置の一つであるのだが、同法では、終戦後一〇年間、敵国出身の人々の帰化を許可しないことになった。[77]

第一次世界大戦で外国人嫌悪の傾向が強まったことで一九一九年外国人法が成立し、一九〇五年と一九一四年に成立した法律の規定が確立、延長された。このため、ヨーロッパにおいて諸帝国が崩壊し、抑圧的な政治体制が樹立されたことから多くの難民が発生した時代に、イギリスへの移民数は抑えられた。[78] 一九四八年のイギリス国籍法は、帝国市民権という概念を維持することによって一九一四年法の原則を継続させた。同法では〔帝国市民権保有者の〕連合王国での定住が認められていたが、一九六〇年代に人種主義が出現したことからこの点について変更がなされ、一九六二年、一九六八年、一九七一年の移民法の成立につながった。キャスリーン・ポールは、戦後初期に移民規制が人種主義的な意味合いを強めていく過程を検証し、白人で歴史的にはイギリス系アイルランド人であった人々を「イギリス臣民でもなく外国人《エイリアン》でもない」、投票権や被選挙権も含む「イギリス臣民が持つあらゆる権利と義務を持つアイルランド市民」とする特別な規定があったという事実を指摘した。[79] 一九八一年イギリス国籍法が成立したことで、この状況はさらに公式化、標準化された。八一年法は、一九四八年国籍法で規定され、その後、一九六〇年代から七〇年代に成立した移民法によって骨抜きにされていった、連合王国外で出生したイギリス人に対する自動的な居住権の付与を破棄した。さらに、この法では、出生地主義の原則も希釈化された。というのも、非合法な入国によって、あるいは滞在期限を越えて不法にイギリスで居住している両親のもとに出生した子供は自動的にイギリス市民権を得ることができなくなったからである。このような子供たちは、一〇年間継続的にイギリスで居住すれば市民権を取得できる。[80]

二〇世紀後半から二一世紀初頭には、難民庇護申請に注目が集まるようになった。ダニエル・ジョリーは、冷戦終結後ヨーロッパの諸国において、一九五一年の国連難民条約をそのまま適用すれば制御できなくなるだろう国境を越えた移動に対して消極的な姿勢が強まったことで難民庇護という概念が政治的に構築されたことについて述べた。[81] サッチャー政権やメージャー政権、そしてニュー・レイバーの政権は、国家が権力を拡大し続けている時代の制御できない移民の流れに様々な形で対応した。まず、一九七〇年代初頭のウガンダからの難民危機の際に採用された政策が用いられ、新たに入ってきたものたちは、一時的であっても、キャンプに振り向けられることになった。同時に、移民に敵対的な全国、地方双方のメディアに対応して、また、大規模な定住によって特定の地方自治体財政を圧迫することのないように、政府は、難民を国中に分散させる政策をとった。これもまた、一九七二年に設立されたウガンダ再定住局のやり方に倣ったものであった。分散されるため、難民たちは、その多くがロンドンにある彼らが定住したいと思う自民族の共同体に近い地域からは遠く離れ、外国人人口を抱えた経験がほとんどない地域に送られることになった。二一世紀に難民が送られた地域としては、グラスゴーのサイトヒルやレクサムのカイア・パークがある。受け入れた地域の共同体は、「難民庇護申請者」たちの到来に不快感をあらわし、緊張が高まったり、暴力沙汰がおこったり、殺人に発展することさえあった。同時に、イギリスも国家として難民庇護申請を行ったものを拘束したり、拘留したりしてきた。オックスフォード近郊にあって一九九三年から運営を始めたキャンプスフィールド・ハウスのように、イギリスへの入国権を自動的には得ることができなかった者を収容するための特別なセンターも設置された。このような施設に収容されている人数は、一九七三年にはわずかであったが、一九九一年には三〇〇〇人に増大した。また、庇護を求める者たちの福祉を受ける権利も攻撃にさらされている。(82)

このような状況をイギリス国内で難民や移民に対する人種主義や敵意が増大している証拠として捉えたくなるが、これは何も今に始まったことではない。難民庇護申請の対象は、異論はあったものの、難民を大々的に歓迎していたヴィクトリア朝中期の寛大な時代から狭められてきた。(83)デヴィッド・フェルドマンは、以前の移民たちはたいてい住民と同様の扱いを受けていたことから、庇護を申請するものたちへの福祉受給の制限は歴史上新しい動きであると主張している。(84)トニー・カシュナーとキャサリン・ノックスは、二〇世紀を通じて、難民庇護申請に対する政策は貧弱であったと結論付けた。(85)一九〇五年の外国人法は、イギリスという国家の権力が拡大するなかで、望ましくない移民の流れを制御する手段が必要であるという認識を打ち立てたという点で、まさしく分水嶺となった。実際、国籍法制は過去二〇〇年の間、ほとんど変化してこなかった。一九八一年以降、血統主義的要素が取り入れられたが、基本的には出生地主義の原則がそのまま維持されている。帝国全体からイギリスへの市民権の縮小は、基本的には帝国主義が崩壊していく動きに沿ったものであった。最近導入された市民権テストや帰化希望者に対するセレモニーの実施は、イギリス人になることを難しいものにするという点で新しい動きであるが[86]、ここに至る過程はけっして単純なものではなかった。統制が強化され、新たな国籍が絶え間なく導入され、さらには一九四五年以降移民法が制定されてきたことは歴史的には新しいものであるが、これらは、イギリスの国内で人種主義や排外的姿勢が増大してきたことのみならず、現代国家の権限が拡大してきたことによって説明ができる。基本的に、どのような境界の中で行使するにせよ、国籍法や移民法を用いることは、排除の手段なのである。一九〇五年の外国人法に始まって、イギリスの歴代政権は、世論に呼応してイギリス市民権の人種的構成や誰がイギリス人となるのかという基準を管理しようとしてきたが[87]、大きな人口構成上の変化がすでに起こった後にこれをやることも多かった。入国管理や国籍は次第に人種化されていったが、しかしそれは遡及的なものではなく、イギリス政府は新たな法律を遡及適用してすでにいる者を追放することはしてこなかった。それでもなお、追放というのは、特に二〇世紀のイギリス近現代史の一側面となっている。一九〇五年外国人法は内務大臣に「望ましくない者」を追放する権限を与えたという点でも先例となった[88]。この権限が行使された最初期の例の一つが、行く先々で敵意に直面した数百人のドイツ系ジプシーの集団追放であった[89]。

しかしながら、イギリス近現代史上最も重大な迫害は、第一次世界大戦期の敵意に満ちたドイツ人嫌悪を背景に発生した。イギリスのドイツ人コミュニティの人口が一九一四年の五万七五〇〇人から一九一九年には二万二二五四人に減少したという事実は[90]、この集団が民族浄化を経験したことを示唆している。この迫害は、国家、社会双方がドイツ人に対して行った様々な迫害が組み合わさって起こっており[91]、二〇世紀のヨーロッパで行われた他の民族浄化の話とそれほどの違いはなかった[92]。一九一九年に黒人《ブラック》を標的にした暴動が起こった後、政府は同様の行動によって被害者のほうに責を負わせることを決めた。ハルやサウス・シールズ、グラスゴー、カーディフ、リヴァプール、ロンドン、ソルフォードといった非白人《ブラック》を一定数抱えた都市では、帰国委員会がつくられた。暴動の対象となったこれらの地域の非白人《ブラック》の共同体は小さなものであったにもかかわらず、政府は国中の港湾にいる非白人《ブラック》船員による「脅威」を「取り除く」ことを決定したのである。(93) 一方、第一次世界大戦中にイギリスへ入国した二五万人のベルギー難民の大多数が自発的に帰国をしたものの、少数であるが出国を強制されたものもいた。(94)

第二次世界大戦でも、追放が一つの大きな特色となった。第一次世界大戦期のドイツ人ほど人数は多くなかったが、この被害を記憶として留めるコミュニティがその後も残ったことから、記憶としてはより鮮明に残された。実際、第二次大戦期の追放は、イタリア人とドイツ系ユダヤ人という二つの集団を対象としたことから、双方の集団が一九四〇年の春に実行に移された抑留と追放を記憶しているのである。(95) 一九四〇年六月のチャーチルの勧告によって内閣が追放を決定した後、約八〇〇〇人のドイツ人とイタリア人がカナダやオーストラリアへ送られた。カナダへ捕虜を運んだ一隻の船、アランドラ・スターは七月二日にドイツの潜水艦により沈められ、七〇〇名が死亡した。この事件は、抑留、帰国政策の転換点となった。というのも、その後、政府は、第一次世界大戦期にドイツ人に対して行ったような懲罰的な政策を続けることはしなかったからである。(96)

一九四五年以降、平和な時代のイギリスでは集団追放は行われていない。しかし、「不法移民」［という概念］が形成され、犯罪者として扱われていくなかで、個人レベルでの国外追放は入国管理局の日常的な活動となっている。(97) しかしながら、一九〇五年以降成立した一連の法律の規定により、イギリスの港や空港に到着した際に入国拒否され、イギリス国境すら超えることのできない者もいる。たとえば、一九八〇年代には、カリブ海諸国から到着した人々に対する入国拒否数が増大した。(98) 入国にふさわしくないとされる人々が何とか入国を果たした場合に対して、一九七三年に不法移民情報局が設立され、一九八〇年代にはエスニック・マイノリティに対して「パスポートの抜き打ち一斉検査」を行った(99)。この組織は、オーウェル流の監視［イギリスの作家、ジョージ・オーウェルの近未来小説『一九八四年（*Nineteen Eighty-Four*）』で描かれたような監視のこと］を想起させる入国管理執行局に引き継がれた。この組織は、二一世紀初頭には約五〇〇名のスタッフを抱える組織となった(100)。現在では、難民庇護申請を行う時には、個々のケースについて(101)、何年も続くような司法手続きを伴うこともある複雑な過程を経なければならなくなった(102)。

二〇世紀のイギリスでは、入国管理の執行というのが国家の人種主義の重要な側面をなす。平時において個人を対象に行われるものであろうと、戦時に集団的に行われるものであろうと、望ましくない者の追放は、自国の人口を構成するエスニシティの種類が重要となっているということを強調するものであった。しかしながら、スカーマン報告書以降になされた調査の大半が、警察と、近年においてイギリスの人種主義的構造の中で中心的役割を果たしているもう一つの機関であるとみなされている司法に焦点を当てている。

一九世紀から二〇世紀初頭に関する史料からは、近年と同様に、この時期においても警察や司法の運用が偏見に影響された形で行われていたということが明らかになっている。ロジャー・スウィフトは、ヴィクトリア朝の警察がアイルランド人の犯罪を取り扱う際に先入観が働いていたことを指摘した。彼は、アイルランド人が集中する労働者階級の地区で監視体制がしかれ、そのことがアイルランド人側の怒りを引き起こしていたと主張した。もっとも重要なことには、その後におこることを予想して行動したことから、アイルランド人は、他の人々よりも逮捕されやすかったということである。スウィフトは、アイルランド人がこのような偏見に直面した理由はエスニシティというより階級にあったとしているが、

「時折、個々の警察官がアイルランド移民に対する反感をあからさまに示すこともあった」[103]。また、バーナード・ポーターが主張してきたように、一九世紀に生まれたロンドン警視庁公安課の源流の一つはアイルランド人の爆弾テロ容疑者に対する監視体制にあった[104]。他方、ルチオ・スポンザは、一九世紀末において警察がイタリア人に敵対的であったことを指摘した[105]。

これらと比較して、警察とユダヤ人コミュニティの関係性についてはほとんど情報がない。ただ、ロンドンのイーストエンドにおいては基本的に両者が協調的な関係であったと推測する研究論文はある[106]。他方、J・レントゥル（J. Rentoul）判事は一九〇九年に審理した事件のうちの四分の三が「ロシア人の強盗犯やポーランド人窃盗犯、イタリア人刺殺犯、ドイツ人詐欺師」といった「出身国においてまさに最低の種類の外国人」によるものであったと述べていた[107]。

一九一五年五月、警察はドイツ人に対する暴力の高まりへの対応で忙殺された。ただし、私自身の研究の結果によれば、これらの出来事に関して、警察の側に何らかの組織的、あるいは個人レベルでの偏見があったという証拠はなかったし、裁判所は攻撃に関わった者に対して適切な処罰を下していたようである。それでもなお、第一次世界大戦期の反ドイツ人暴動は、ドイツ人への敵対的姿勢を基本として立法がなされるほどドイツ人嫌悪が蔓延した状況を背景にして勃発したものであった[108]。ジャクリーン・ジェンキンソンは、一九一九年の暴動における非白人《ブラック》に対する警察や司法の姿勢を詳細に調査した。彼女は、警察と非白人《ブラック》定住者との間の摩擦や、ハルやカーディフ、グラスゴーといったところで白人よりも非白人《ブラック》が逮捕されやすい傾向があったことを指摘した。しかし、法廷はより公平な姿勢をとった[109]。一方、リチャード・サーロウとD・S・ルイスは、一九三〇年代のロンドンのイーストエンドにおいては、警察はユダヤ人よりもファシストのほうを取り締まる傾向にあったということを指摘した[110]。

近年における警察や司法の人種主義に関する研究は、以下にあげる一連の問題に焦点を絞ってきた。まず、警察がマイノリティに対してとった不当な扱いである。この問題は、不平等な処罰ともつながる。また、マイノリティの集団は、黒人《ブラック》や、最近ではムスリムを狙い撃ちにした職務質問といった警察の過剰な治安行動に直面してきた。さらに、警察は、マイノリティに対して犯されたとりわけ人種的性格の強い犯罪に対しては、白人に対して行われた場合ほどの関心を払ってこなかった。最後に、黒人《ブラック》やアジア系の警察官や判事がいないために、このような不平等な扱いが生じやすくなった。一九四五年以降、イギリスにおいて警察や司法の不平等な扱いの主な被害者は黒人《ブラック》の若者や黒人《ブラック》全般であったが、ＩＲＡやイスラムのテロの脅威があったため、アイルランド人とムスリムも不快な経験をしてきた。

警察による蛮行の事例は第二次世界大戦終結直後の時期、一九四八年のリヴァプールにおける黒人《ブラック》と白人の間の暴力沙汰の取り扱いにもみられる。この事件は、一九一九年の同様の事件における警察の行動を思い起こさせるものであった。警察は、「有色のマイノリティを排除」し、六〇人の黒人《ブラック》と一〇人の白人を逮捕することで事態を収拾した。黒人《ブラック》たちはまた自宅においても警察の暴力に直面した。[111] ノッティング・ヒル暴動の時には警察はより公平に行動したようであるが、黒人《ブラック》の中には、警察が暴動を起こした白人から自分たちを満足に守ってくれないと感じた者もいた。[112]

ポール・ギルロイは、一九七〇年代まで、警察の幹部は、社会的剥奪の結果として以外には、犯罪と移民を結びつけることはほとんどなかったということを示した。[113] しかし、一九七〇年代から八〇年代にかけて、警察は黒人《ブラック》の若者を、とりわけ、マスコミでセンセーショナルな報道がなされた暴動や路上での強盗といった犯罪に関わる問題集団としてみるようになった。警察は高圧的な手段にでて、新たな方針を立てた。つまり、黒人《ブラック》コミュニティのあるところ（特にブリクストンであるが）に大人数の警察官を集中的に配置して職務質問を行ったり、秩序の紊乱に特別に対応する権限を有する特別巡回部をつくったりした。この組織は、一九七九年のサウソールにおける反人種差別行進の時にブレア・ピーチ（Blair Peach）を殺害したことに象徴されるように非常に高圧的に行動をした。黒人《ブラック》の若者たちが犯罪に走った要因には社会的剝奪の問題があったが、警察が高圧的にこれを解決しようとしたことは問題を増大させたにすぎなかった。このような警察の姿勢は、結局、「一九八一年七月の蜂起」の主な要因となったのである。このときには、その前に起きたブリクストンでの騒乱に続いて、国中の警察が様々なエスニック集団からなる都市中心部《インナーシティ》の若者から攻撃を受けた。スカーマン報告書の勧告があったにもかかわらず、一九八五年、家宅捜索中にシンシア・ジャレット（Cynthia Jarrett）が死亡した事件に象徴されるように、警察は黒人《ブラック》に対して高圧的な姿勢を継続した。この事件は、同じ年の一〇月にトッテナムでおこったブロードウォーター・ファーム暴動の発端となった[114]。

　警察による人種主義のなかで特に焦点があてられてきたのは、死亡事件まで引き起こすこともあった逮捕後の黒人《ブラック》に対する劣悪な処遇であった。すでに一九五九年には、植民地省の文書で、西インド諸島系からの警察官に対する苦情が一覧にされていた。苦情には「自宅への押し入り」に対するもの、「誤認逮捕」に対するものが二件、「暴行」や「蛮行」に対するもの二件などがあった[115]。一九八〇年代には、拘留されている黒人《ブラック》が死亡するといった事件に対して世論が注目するようになった。もっとも、責を負うべき警察官が罪に問われることは、たいていなかったのであるが[116]。このような死亡例の一つとして、クリントン・マクカービン（Clinton McCurbin）のものがある。実際、彼は、一九八七年にウォルヴァハンプトンにある［衣料販売店］ネクストの直販店で二人の警察官に窒息させられて死亡したのであった[117]。アイルランド人とアジア系の人々は、とりわけテロとのつながりがあるとみられたことで警察から特別な形の敵対的な扱いを受けてきた。ブロンウェン・ウォルターとメアリー・ヒックマンの手によるアイルランド人に対する偏見に関する人種平等委員会の報告書では、回答者の二五％が警察からアイルランド人に対する否定的な反応を受けたということが示されている[118]。一九七四年に発生したIRAによるパブ爆破事件後、一一月に制定されたテロリズム防止法の下で、警察官は容疑者を裁判なしで七日間拘束できるようになり、このことが容疑者たちへの暴力へとしばしば結びついた[119]。一九七四年におきたギルドフォードとバーミンガムでのパブ爆破事件の犯人発見が迫られた結果、平時のイギリスで史上最大の誤審が行われ、ギルドフォードについては四名、バーミンガムでは六名に誤った有罪判決が下されたが、彼らは後に無罪であることが判明した[120]。二一世紀初頭には、二〇〇一年九月一一日の同時多発テロ以降、ムスリムが数十年前のアイルランド人と同じような立場に置かれるようになった。もっとも、9・11以前にも、警察とアジア系の若者との関係はすでに悪化していた[121]。九月一一日の事件で、イギリスのムスリムに不利な様々な対策がとられることになった。その結果、警察が容疑者を尋問できる期間が二八日間に延長されただけでなく、言論の自由が制限され、監視が強化された。これは特にムスリムに影響を与えたが、社会全体がその影響を被った。ウェブサイトや討論を通じてイスラムのテロに面白半分に言及する者でさえ、今や、テロ行為を計画したとして中央刑事裁判所《オールド・ベイリー》で訴追を受ける可能性がでてきた[122]。

一九五〇年以降、様々なエスニック・マイノリティが警察の高圧的な手法に苦しんできたことに加え、警察は、犯罪の被害者、とりわけ人種差別を背景とした犯罪の被害者になったマイノリティの人々をしっかりと支援してこなかった。一九七〇年代に、ロンドンのイーストエンドに住むベンガル出身の人々を右翼の若者が絶えず攻撃していたにもかかわらず、警察の対応は鈍いものであったり、まったく対応がなされなかったりした[123]。一九八八年から一九九一年にかけてノース・プラストウで実施された調査では、七〇人が警察に対し人種を理由とした暴力事件を通報しており、うち五八人は警察が現場にむかったと述べていた。しかしながら回答者のほぼ半数が警察の対応に不満であり、その比率は白人に対する暴力事件の場合よりも高かった。(124) 一九八〇年代から一九九〇年代にかけて改善を示す兆しはあったものの、一九九三年のスティーヴン・ローレンス殺害事件において、警察が人種がらみの事件を捜査できないということが、もっとも象徴的に示されることになった。ブレア政権が彼の殺害及び警察とエスニック・マイノリティとの関係について全般的に調べるために国レベルでの調査をはじめたという事実は、一九七〇年代以降、幾分かの前進があったということを示している。ただし、それ以前にスカーマン報告書が出されていたにもかかわらず、警察の中にある人種主義は根絶されていなかったのであるが。(125)

警察とエスニック・マイノリティ、とりわけ黒人《ブラック》とアジア系との関係を考えるうえでもう一つ重要であるのは、警察のすべての職階においてエスニック・マジョリティのメンバーが完全にこの職を支配してしまっていることである。一九七六年初頭、ロンドン警視庁には二万一〇〇〇人の人員のうち、黒人《ブラック》の警察官はわずか三九人しかいなかった。(126) それ以降いくらか人数が増えたが、一九九四年でもイングランドとウェールズにおける警察官一二万七二九〇人のうち、エスニック・マイノリティ出身者は二一〇〇人(一・六%)に過ぎなかった。(127) 警察においてエスニック・マイノリティ出身者の比率が低いという状況は、とりわけ、黒人《ブラック》、アジア系の人口比率が高い地域でその後も続いている。たとえば、一九九九年のロンドン警視庁ではエスニック・マイノリティの比率は三・三%であったが、同じ時期のロンドンにおけるエスニック・マイノリティの人口に占める割合は二五・五%であった。(128) このように警察官になるエスニック・マイノリティの比率が低い理由には、黒人《ブラック》も、アジア系も、そしてアイルランド系の人々さえ、警察で人種差別に直面したということがある。ヒックマンとウォルターは、「事務職でロンドン警視庁に関わる仕事をしていた」ある女性の例を示している。「彼女のボーイフレンドはアイルランド人であった。彼女は、彼と別れなければ、最高機密を扱う建物で行っている今の仕事から移動させると通告されたのである。彼女は仕事のほうを辞めた」[129]。一九八二年には、ヘンドンにある警察訓練学校の講師が、候補生の書いたエッセイをリークした（そのため、彼は解職された）。そのエッセイの中には、「ぶっちゃけた話、どういうやつであれ、浅黒い奴ら《ウォッグス》も、くろんぼ《ニッグ・ノッグス》も、パキ〔パキスタンの略であるが、南アジア系の人々に対して使われる人種差別的意味合いの強い蔑称〕も嫌いだ」といったような文章が含まれていた[130]。したがって、黒人《ブラック》やアジア系の人々が警察に入ったとすれば、彼らは否定的なステレオタイプでもってみられることになるのだ。実際、人種主義に遭遇しなかった警察官は、ゼロとはいわないまでも、ほとんどいない[131]。

司法システムもまた同様のパターンを示してきた。問題の一部は、ここでも判事のエスニシティの構成にある。一九九五年時点で二〇八六人の判事のうち、わずか二九名がエスニック・マイノリティ出身であった[132]。結果的に、ほぼ判事が白人で占められた裁判では、白い肌をした被告人より黒い肌をした被告人のほうに厳しい判決がでる傾向にある。二〇世紀後半に、非白人《ブラック》の服役囚が増大したのは、そのためであろう[133]。

移民、国籍法制についていうにしろ、警察システムについていうにしろ、過去二世紀間においてイギリスが構造的に人種差別国家であったということについては、ほとんど疑問の余地はないように思われる。しかしながら、極端に不安が増大した時代においては、イギリスという国はまた、極端な迫害も行ってきた。アルン・クンドナーニは、9・11以降個人の自由が侵害されつつあるのを懸念して、『寛容の終わり（*The End of Tolerance*）』を著した。二つの大戦時、とりわけ第一次世界大戦時におけるマイノリティの経験を思い起こすなら、「テロとの戦い」によって作り出された雰囲気は、一九一四年―一九一八年、一九三九年―一九四五年に醸成された雰囲気の再来であるということができるかもしれない。これらの二つの戦争では、イギリスという国家は、戦争を遂行するために、市民的自由という平和な時代の概念をかなぐり捨てたのであった。国中の人々が苦しんだが、エスニック・マイノリティの人々、特に内なる敵とみなされた人々はとりわけ大きな打撃を受けることになった。[134]

第二次世界大戦時に行われた抑留は、同時期においてもっとも不寛容な行動の一つであった。戦争が勃発したとき、イギリスには七万三〇〇〇人の敵国出身の外国人がいたが、その大半がユダヤ人難民であった。彼らは、想定された脅威のレベルに基づき、A/B/Cの三つのカテゴリーに分けられた。カテゴリーAとされた約六〇〇人は即刻抑留されたが、カテゴリーCに入った六二〇〇〇人は制約を課されなかった。大半の人々は自由を保持したが、中には移動に制限がかけられた者もいた。一九四〇年春のドイツの快進撃と、六月一〇日のイタリアによるイギリスへの宣戦布告で国内や政府にパニックが起こり、「内なる敵」の集団抑留が実行に移された。この結果、二万二〇〇〇人のドイツ人およびオーストリア人と四三〇〇人のイタリア人は収監されることになった。この経験は、不寛容を示すものではあるが、比較的短期間で終わり、一九四四年八月までには抑留者数は一三〇〇人にまで減少した。彼らの大半がマン島に送られた。反ファシスト戦争で戦えば、早期に解放された。[135]

この状況は、イギリスがドイツ人嫌悪に染まった第一次世界大戦時と対照的であった。民族浄化の結果としては集団追放がもっとも重大であるが、イギリスのドイツ人コミュニティはまた、ドイツ銀行やドレスナー銀行の支店から、国中いたるところの大通りにあった地域の肉屋やパン屋に至るまで、その資産を完全なまでに没収されたのである。この資産の売却代金は、最終的には、ベルサイユ条約で定められたドイツの賠償金に組み込まれた。また、すべての敵性外国人男性が一九一五年五月以降講和条約締結まで集団抑留された。その数は一九一五年一一月に三万二四四〇人でピークを迎え、戦争終結時にもまだ二万四二五五人が残っていた[136]。

第二次世界大戦時、そしてより特徴的には第一次世界大戦時においてドイツ人はイギリス中の強烈な憤怒を浴びることになった。第一次世界大戦期のドイツ人の扱いは、敵対的な感情をあおるメディアや極右の影響を受けて、イギリスが国家として整然と秩序だって自国からドイツ的要素を取り去ったという意味では、ナチスドイツにおけるものや、アルメニア人の大虐殺や、ユーゴスラビア紛争と類似している。しかし、一九四五年以降にユダヤ人がドイツに戻ったように[137]、ドイツ人も一九一九年以降、イギリスへ戻ろうとした[138]。

「友好国」出身のマイノリティも戦時中には政府の敵対的な対応、あるいは少なくとも無関心に直面することになったが、敵性外国人ほどの規模ではなかった。第二次世界大戦期には、約一五万人の黒人《ブラック》米兵が、人種隔離された部隊でイギリスにやってきた。イギリス政府は人種隔離に反対したが、アメリカの圧力に屈した。いったんイギリスに彼らが到着すると、公的機関の人種差別は政府の部局から地域の警察にまで広がった[139]。

過去二世紀間のイギリスにおいて人種主義的な構造と外国人嫌悪という要素がはっきりと存在したことは疑いの余地がないようである。平時には、この特徴はイギリスに住むにあたって、あるいは市民権という概念においてふさわしくない民族的《エスニック》資質をもった人々を排除するという形で現れてきた。また、一九五〇年代以降の警察や司法によるアフロ・カリブ系の扱いにもっともはっきりと示されているように、構造的人種主義は公的機関による差別でもあった。戦時には、イギリスは、二〇世紀において他の国民国家も取り入れていた極端な手法に訴えてきた(140)。虐殺は行わなかったものの、確かに民族浄化は行ったのである。

イデオロギー、よそ者《アウトサイダー》とその迫害

国家的な外国人嫌悪や人種主義は、国民の中にある敵対意識と密接にかかわっている。これらは、(とりわけマスコミによって)よそ者《アウトサイダー》が作り出されたり、日々の敵対意識が醸成されたり、人種主義的な政党が台頭したり、暴力が発生した際にはっきりと現れ出る。リベラル・デモクラシーの国家においては、このような敵意の高まりは政策決定者に影響を与える。とりわけ、イギリスが普通選挙制度に移行した二〇世紀においてはそうであった。

確固とした表現の根底には、人種主義的な、あるいは外国人嫌悪の思想がある。非白人《ブラック》やユダヤ人のようによそ者《アウトサイダー》の中には過去二世紀の多くの時期において恐怖の対象となり続けてきたものたちもいるが、外国人嫌悪が向けられた対象は一九世紀半ばのアイルランド人から現代の「難民庇護申請者」まで変化してきた。主によそ者《アウトサイダー》とされる集団は時代によって変わるかもしれないが、それでもなお、敵意を抱かれるその理由は変化しない。第一に、一九〇五年の外国人法制定に向けたキャンペーン以降定期的に浮上し、特にマスコミにおいて移民法の改正を要求する形で表されてきた敵意の根底には、新しく入ってきた者たちが、職、住宅、福祉、あるいは女性といったような乏しい資源を奪うという考えがある。第二が、「イギリス式生活」を脅かすような何らかの生得的にみえる特質によって決定されたよそ者《アウトサイダー》集団の異質性である。宗教はこのような言説において非常に重要であり続け、一九世紀の大半を通じてローマ・カトリック信仰が、一九世紀末から第二次世界大戦までの時期にはユダヤ教が、そして近年ではイスラム教がこのような言説に組み込まれてきた。戦時中には敵対心は特に広がりやすく、両大戦時におけるドイツ人やユダヤ人にむけられた視線、あるいは「テロとの戦い」におけるムスリムへの視線からわかるように、特定のよそ者《アウトサイダー》集団が裏切る可能性のある人々として敵と結びつけられた。最後に、ヴィクトリア朝中期においてはアイルランド人、一九世紀末からはユダヤ人、過去二〇〇年間を通じては黒人《ブラック》とアジア系というように様々な集団が、特定の人種として認識されてきた。ヨーロッパ諸国の帝国主義の勃興と科学的人種主義の発展も、このように特定の集団をよそ者《アウトサイダー》とすることに寄与した。

人種主義的な、そして外国人を嫌悪する信条は様々な段階で影響を及ぼす。人種主義は、一九世紀中ごろから、大学の研究者やジャーナリスト、政治家、そして人種専門家を包含する「知識のある人々」の間で形成されていった。このような科学的人種主義は第一次世界大戦までには頂点に達し、戦間期にはアメリカにおけるのと同様に、イギリスにおいても知識人の間では衰退し始めた。[141] ただ、その影響は、戦後においても、大衆の間には残り続けた。一九四五年以降には科学的人種主義は教育を受けた人々の間では力を失ったかもしれないが、外国人嫌悪のその他の形は衰退せず、『ソールズベリー・レビュー(*Salisbury Review*)』のような右派の高級出版物においても、より一般向けの出版物においても流布し続けた。[142] このようなよそ者《アウトサイダー》の周縁化は、活字やメディアでのステレオタイプ化を推し進めることがあり、長期の間に根付いたイメージを固定化していった。[143] 過去二世紀のイギリス社会においてよそ者《アウトサイダー》に対するイメージや否定的見解を広げるという点では、マスコミが基本的に重要な役割を果たし続けている。一九八〇年代に関しては、テゥン・A・ファン・ダイクが特にこのことを認めており、[144] エリザベス・プールやジョン・E・リチャードソンは、現代イギリスにおいてムスリムに対する否定的なイメージがつくられるうえで大衆紙や高級紙が影響を及ぼしていると主張してきた。[145] トニー・カシュナーは、一九三〇年代と二一世紀初頭の双方において難民に対する敵対心が煽られる際に『デイリー・メール（*Daily Mail*）』や『デイリー・エクスプレス（*Daily Express*）』が一役買っていることを指摘している。[146] 同様に、一九世紀のアイルランド人のステレオタイプが形成されるときにも、[147] また、第一次世界大戦期のヒステリックなドイツ人嫌悪が煽られた時にも、[148] 新聞や定期刊行物が中心的な役割を果たした。伝える内容について規制がかけられた放送メディアとは異なり、新聞では過去二世紀間の大半の時期、書きたいことを書くことができた。一九六〇年代に人種関係法が制定された後でさえ、マスコミは、一九世紀半ばまでには確立されていた形式に沿って、民族的《エスニック》他者を常に中傷し続けた。一九四五年以前には、印刷媒体はアイルランド人やドイツ人、ユダヤ人を攻撃する、極めて否定的な見出しを印刷することができた。

一九世紀のアイルランド人に対する敵対心は以下の三つの問題を中心に構成されていた。つまり、反カトリック信仰、貧困、そして社会ダーウィン主義の進展に伴いヴィクトリア朝の末にかけては人種的なステレオタイプという要素が現われた。宗教改革から、その後の一八世紀にイギリスが国民国家へと発展した時代にかけて、反カトリックであることがイギリス人アイデンティティの核であり続けた。それは、単にアイルランド人やアイルランド移民に向けられたのみならず、フランスやスペインといった近隣諸国に対しても向けられた。[149] このような外国的なものを嫌悪する反カトリック信仰の頂点は一七八〇年におこった残虐なゴードン暴動［一七七八年に成立したカトリックに対する制限を緩和するカトリック法に抗議して、一七八〇年におこった反カトリック暴動。この法の撤廃を訴えた中心人物がジョージ・ゴードン卿（Lord George Gordon）であった］の際にアイルランド人に対して行われた攻撃であったといえるかもしれないが、[150] このような観念は、「宗教改革やそれ以前の伝統も引きだしつつ、一九世紀のイングランド社会のあらゆる階級の人々の行動に影響を与えた」[151]。ジョン・ウルフは、もっとも敵意に満ちた形態は、「ランカシャーとスコットランド西部のアイルランド人が定住した地域にみられた」と指摘した[152]。オレンジ結社に加えて、一九世紀には、多種多様なプロテスタント組織が誕生した[153]。熱狂的なプロテスタントが、彼らがみるところの「ローマ教皇からの脅威」にさらされていると感じているとき、とりわけ一八二九年のカトリック解放の直後や、さらに顕著に表れたところでは、アイルランド移民の流入がピークを迎えた一八五〇年にイギリス本土にローマ・カトリック教会が設立されたときなどに反カトリック信仰は急激に高まった[154]。カトリックを非道徳的であるとみる「安っぽい活字文化の豊富な伝統」は、深く根付いた報道機関と共に、この宗教を疎外した[155]。

反カトリック信仰は、特に暴動がその頂点を迎えた一八五〇年代には暴動を起こす者たちを衝き動かす信念となった。新しい移民が到来したことで、住宅や労働市場をめぐって日常的に緊張が高まったことによっても、労働者階級のこのような敵意は燃え上がった。スコットランドの『ブルワーク（*Bulwark*）』のような出版物やウィリアム・マーフィー（William Murphy）のようなプロテスタント福音主義者の説教師の活動が、さらにこの動きを掻き立てることになった[156]。加えて、一八三〇年代以降の定期刊行物は、「汚い」、そして「酔っぱらった」アイルランド人の描写で満ちており、この移民集団に対する中流階級の偏見を強めることになった。フリードリヒ・エンゲルスがアイルランド人を、特にその「汚さ」に焦点を当てて、人種的な分類で描いたことは有名である。彼はこの「汚さ」という言葉をアイルランド人の状況を描く上で幾度にもわたって使っていた[157]。ドナルド・マクレイルドは工業化の初期段階における「イングランドの状況」という見出しのついた記事からこのような姿勢を検討した。アイルランド人について書いた者たちは、彼らを人種的に違う存在としてみていた[158]。

反カトリック信仰だけでなく社会的経済的敵対心も一九世紀の間に減少していった。社会統合が行われ、アイルランド移民の数が減少し、イギリスにおいてローマ・カトリック教会の設置が受容されたということは、リヴァプールやグラスゴーでは勢力を保ったものの、カトリックに対する偏見が全般的に減退したことを意味する。[159] しかし、人種観に基づいた反アイルランド人感情は生き残り、さらに高まった。アイルランド人は、一九世紀後半の「科学的」人種主義の進展に巻き込まれ、原始的でアングロサクソンとはかけ離れた人々としてみられた。L・P・カーティスは、特にアイルランド人男性を凶暴なサルとするイメージが形成された状況について述べている。彼によれば、このようなイメージは、フェニアン団による脅威とダーウィンの進化論の一般化を背景に誕生したという。アイルランド人は、また、一九世紀後半にアングロサクソンが人種的に優越しているという概念が発達したことによっても、よそ者《アウトサイダー》とされることになった。このようなイメージは、とりわけヴィクトリア朝の中流階級を中心に『パンチ（*Punch*）』のような雑誌で特に広まっていたが、労働者階級には大きな影響を与えることはなかったであろう。[160]

二〇世紀になると、アイルランド人は否定的な関心の対象とされることは少なくなった。その理由は、一つには、一九世紀半ば以降移民数が減少し、その結果、彼らが社会的に統合されたということで説明できる。しかしながら、このような説明は第二次世界大戦後においてはあてはまらないであろう。実際には、アイルランド人は、ユダヤ人やドイツ人、そして「有色の」人々が人種主義者から最大の注目を向けられるようになるにつれ、後景に退いていったのである。しかし、スコットランドで宗派主義が永続化し、ウェールズでも二〇世紀に宗派主義が盛り返したことにみられるように、このことは、アイルランド人や、彼らがカトリック教徒であることに対する敵意が消えたということを意味するのではない。[161] また、アイルランド人の特性が知性の欠如にあるとして、それをネタにしたジョークが特に一九七〇年代から広がってきたということは、少なくとも、戦後においてもアイルランド人に対する偏見が底流にあったことを示している[162]。アイルランド人をネタにするジョークは、イギリス本土におけるＩＲＡの活動が盛んになったときに特に人気が出た。ヒックマンとウォルターが主張してきたように、このことは、アイルランド人に対する敵対心を引き起こすのに大きな役割を果たしたのである[163]。

ユダヤ人もまた、統合が進んだことと英連邦《コモンウェルス》移民が入ってきたことを背景に、第二次世界大戦後には相対的に目立たなくなった。しかしながら、ヴィクトリア朝後期から一九五〇年代に至るまで、反ユダヤ主義がイギリス社会にはびこり、残留した[164]。反カトリック信仰と同様に、反ユダヤ主義もその源流は数世紀も（反ユダヤ主義の場合には千年以上も）さかのぼる、特にユダヤ人をキリストの殺害者であり貸金業者であるとする否定的なステレオタイプとイメージにその源流をたどることができる[165]。一八八〇年以降六〇年間ほど、イギリスのユダヤ人は、諸々の状況が重なりあって周縁化されてきた。とりわけヴィクトリア朝後期からエドワード朝にかけての移民、イギリスでも信奉者を得たヨーロッパでの人種主義とファシズムの高まり、第一次世界大戦が重要であった。アイルランド人に対する敵意と同様に、反ユダヤ主義にもそれなりの基盤があったのである。

最も古典的なところではチャールズ・ディケンズの〔『オリヴァー・ツイスト（*Oliver Twist*）』の登場人物の〕フェイギンや、ウォルター・スコットの〔『アイヴァンホー（*Ivanhoe*）』の登場人物の〕アイザックに象徴されるように、ユダヤ人と金との絡みは一九世紀文学において重要であり続けた。エドガー・ローゼンバーグが書いたように、「善人であれ悪人であれ、金持ちであれ貧乏人であれ、暴君であれ奴隷であれ、ユダヤ人の場合、金がその人物が抱える問題の根っこに絡みついているのだ[166]」。他方で、ナディア・ヴァルマンは最近、一九世紀の英文学作品における「ユダヤ人」のイメージが複雑であることを指摘している。そこでのユダヤ人は「崇高であり、教養があり、愛国的であり、感情的であり、近代的である」のだ。[167]それでもなお、ユダヤ人男性を金と関連付けるイメージは残り、左右両派からその腐敗を非難されることになった。たとえば、ボーア戦争の時には労働組合の八三名の執行役員が署名したパンフレットが発行されたが、このパンフレットは「南アフリカとイングランドで戦争を支持する宣伝を展開したり、マスコミを使ってやらせたりしている資本主義者たちは、たいていがユダヤ人や外国人である」と主張していた。[168]他方、リベラルなジャーナリストのJ・A・ホブソン（J.A. Hobson）は、トランスヴァールの経済的な利権が「一握りの国際的な投資家、主にドイツ出身のユダヤ人に握られてしまって」おり、イギリスはそのユダヤ人のために南アフリカ戦争［ボーア戦争］を戦っているのだと主張した。[169]エドワード朝でも、とりわけ、ユダヤ人の閣僚たちがヒレア・ベロック（Hillaire Belloc）とG・K・チェスタトン（G.K. Chesterton）を中心とする人々からインサイダー取引を理由に非難を受けた「マルコニ・スキャンダル」の際に、金まみれで腐敗しているとして裕福なユダヤ人が右派から攻撃を受けた。ベロックとチェスタトンは、文学において、金に汚いユダヤ人というステレオタイプを生み出した人々でもあった。[170]

とりわけ一九〇五年の外国人法制定につながり、一九三〇年代にも盛り上がりをみせたユダヤ移民に対する敵意はイギリス現代史上の他の移民集団に対するものと類似した論点をめぐって表出され、そこでは同じようなイメージが使われた。彼らの異質性、その存在が職や住宅を脅かすということ、不衛生な習慣、そして見かけ上大量にいるようにみえることからイギリス的価値観を脅かすということに対して敵意が向けられたのである。一八八〇年―一九〇五年ごろには、新聞や定期刊行物だけでなく政府の調査を含めて人々の言説は、ユダヤ系外国人の脅威で染まっていった。一九三〇年代にはこのような流れはそれほど強いものではなくなっていたかもしれないが、『デイリー・エクスプレス』や『デイリー・メール』のようなタブロイド紙は、中流階級の職能団体の支持を得て、多くのユダヤ移民の社会的地位をかんがみた場合に、その人数が多いということと、彼らが職を脅かすということに対する警戒をあらわにしていた[171]。

ユダヤ人は一八七〇年代以降、人種化されてきた。コリン・ホームズが明らかにしたように、ジョセフ・バニスター（Joseph Banister）がこの点についてはもっとも悪いステレオタイプのうちのいくつかを提示している。とりわけ、彼が一九〇一年に出版した『ユダヤ人支配下のイングランド（*England under the Jews*）』では、「ユダヤの汚水」という言葉を使いつつ、貧しいユダヤ人を病原菌の持ち主として描いた[172]。また、ホームズは、ギゼラ・C・レブゼルターと同じく、このような言説が戦間期においても、とりわけヘンリー・ハミルトン・ビーミッシュ（Henry Hamilton Beamish）やアーノルド・リース（Arnold Leese）のような人々の間で継続されたとも主張した。後者のアーノルド・リースは「ユダヤ人の脅威を終わらせる方法として有効と考えられるのは、『根絶』、『同化』、『強制隔離』の三つしかない」とみていた[173]。

おそらく反ユダヤ主義のもっとも悪質な特徴は、ユダヤ人を、イギリスに対する忠誠心をまったく持たず、己の為だけに、あるいは外国の勢力や外国生まれの思想のためにだけに動く裏切り者たちとするものである。多種多様な反ユダヤ主義を説いてまわったアーノルド・ホワイト（Arnold White）は、「破壊する」か「同化する」しかない「イングランド人の帝国の中にあるユダヤ帝国」について書いた[174]。第一次世界大戦に向かう時期、そして戦時中にかけて、とりわけイギリスのドイツ系ユダヤ人が「父祖の国」のために活動していると信じたレオポルド・マクシー（Leopold Maxse）のように、ユダヤ人とドイツ人を同じものとしてみる反ユダヤ主義者も出てきた。J・H・クラーク（J.H. Clarke）は、一九一七年に出版した著書『ユダヤ人の抑圧下にあるイングランド（*England Under the Heel of the Jew*）』で同様の見解を示している[175]。第一次世界大戦後、ユダヤ人は、また、共産主義及びソ連の脅威と関係づけられるようになった。一九二〇年二月に『シオン賢者の議定書（*the Protocols of the Elders of Zion*）』が英訳されたことは、おそらくユダヤ人の陰謀論が頂点に達したことを象徴していよう。というのも、同書は「ユダヤ人が世界を征服しようと計画している」と主張していたからである[176]。

トニー・カシュナーが論じているように、反ユダヤ主義の思想は第二次世界大戦、そしてそれ以降の時期にも生き残った[177]。一九四七年には、パレスチナでユダヤ人部隊によって二名のイギリス人軍曹が絞首刑にされたことをきっかけに、ユダヤ人が裏切り者であるという観念からユダヤ人に対する暴動が発生した[178]。同様に、デヴィッド・セザラーニも、反ユダヤ主義が一九四五年以降のホロコーストの生存者たちに対する移民政策を規定したと述べている[179]。ユダヤ人に対する敵意で一九五〇年代以降も残ったものとして他に焦点になったのは、イスラエルとの関係であったり、シェヒーター［ユダヤ教の戒律で定められた食用の生き物の屠殺法］の残虐性であったり、腐敗しているといわれたビジネス慣行であったりした。極右は黒人《ブラック》やアジア系に焦点を当てたものの、コンバット18［一九九二年にイギリスで創設されたネオナチ組織］のようなもっとも暴力的なグループの中には、強硬な反ユダヤ主義をとり続けているものもある。ユダヤ人たちの社会的地位が上昇し目立たなくなったことから、また英連邦《コモンウェルス》からのエスニック・マイノリティの存在のほうが際立つようになったこともあって、一八八〇年―一九五〇年にかけてユダヤ人を人種主義的な敵意の主な被害者にしていた包括的な反ユダヤ主義の文化は衰退していった[180]。

一九世紀中葉から二〇世紀半ばまでの時期の外国人嫌悪はユダヤ人だけに集中していたわけではなく、他の集団にも向けられていた。ルチオ・スポンザは、ヴィクトリア朝において、イタリア人が、とりわけ騒音や子供の虐待、清潔さの欠如という問題をめぐって社会的に敵意を向けられていた様子について明らかにした。第二次世界大戦中には、イタリア系の人々の中でイギリス軍に従軍していた者がいたにもかかわらず、この集団に対し裏切り者という非難が向けられた(181)。

ドイツ人も同じような非難を受けた。ただし、ヴィクトリア朝では、彼らについては、イタリア人と同様(182)に肯定的な見方もされていたのであるが、それは彼らが人種的に類似した人々であったからであり、それぞれの学問の伝統があったからでもあった。しかし、一九世紀においても、社会的に彼らを敵対視する見方も底流にあった。ドイツ人は、戦時中もっとも脅威をもたらした敵を表した集団として、イギリスの外国人嫌悪の歴史の中で特別な位置を占めてきた。このようなステレオタイプはヴィクトリア朝からエドワード朝にかけて、すべてのドイツ人を祖国のスパイ［ドイツのスパイ］とみなすスパイ・フィーバーとして表面に出始めていた。スパイ・フィーバーは第一次世界大戦の初期段階で頂点に達した。戦争が継続しイギリスの勝利がなかったために、このフィーバーは、ドイツ人が国を操っているためにイギリスは戦争に勝てないと主張する陰謀説へと転化した。一九一五年五月に起こった旅客船ルシタニア号［イギリス船籍の旅客船。一九一五年五月、無制限潜水艦戦をとったドイツ軍の魚雷攻撃により沈没した］の沈没後には、ドイツ人に対する病的な憎しみは頂点に達した。この事件で、新聞には「野蛮な民族に対して妥協するな」や「悪名高い人種」というような見出しが躍った。『ジョン・ブル（*John Bull*）』の編集者であるホレイショ・ボトムリー（Horatio Bottomley）は「なぜイギリスのドイツ人を野放しにしておくのか？」として、「イギリスにいるすべてのドイツ生まれの男性を絶滅させ（神はこの言葉をお許しくださるだろう）、ドイツ生まれの女性と子供は全員追放したい」と宣言した。ボトムリーの一つ目の希望は実現しなかったかもしれないが、彼の二つ目の望みはかなりの程度実現された。ドイツ人嫌悪は戦間期には減退したが、一九四〇年に抑留を導入する決定のなかで、それは反ユダヤ主義と結びつくことになった。戦後にもドイツ人嫌悪を反映したステレオタイプは、とりわけイングランドとドイツとのフットボール試合の時などに表面化する形で残った。ただ、その時には、イギリスにいるドイツ人には向けられない傾向にはあった。[183]

第二次世界大戦後の大半の時期、人種主義は黒人《ブラック》とアジア系の移民に集中し、それ以前に連綿とやってきた移民たちに対してつくられたステレオタイプが再び現れた。反ユダヤ主義や反カトリック信仰と同様、ヨーロッパの向こうからやってきた人々に対する敵意には根深いものがあった。その根源の一つには、近世初期に黒人《ブラック》の人間性を剝奪し、「非人間的な所有物」にした奴隷制度があった。[184]奴隷解放で彼らのイメージは変わったかもしれないが、黒人《ブラック》、南アジア系、そして中国系の人々に対する否定的なステレオタイプは強力に残り続けた。二つの要素がこれらの否定的見方を長続きさせることになった。そのうちの一つが、中流・上流階級の白人の学のあるイギリス人と同様の文化的宗教的規範や同水準の経済力を持たないアフリカやアジアの人々との「帝国における出会い」である。インド大反乱や一八六五年のジャマイカの反乱によって、恐怖が非ヨーロッパ人のイメージを形作ることになり、そのイメージが二〇世紀に入っても存続した。ヴィクトリア朝の人々はアフリカの人々の黒い肌や衣服を着けない外見に嫌悪感を抱いた。彼らはまた、黒人《ブラック》を怠惰で迷信を信じ、性的に節操のない人々であると見ていた。[185]インドの人々に対する否定的な見方は、もっぱら宗教や女性の扱い、カースト制度、インド人の感情の起伏の激しさといったことがその理由であった。人種間の結婚はインド生活の一つの側面ではあったが、それはタブーとしてみられた。[186]ヴィクトリア朝のイギリスでは神秘的なオリエントのイメージもいきわたっていたが、二〇世紀初頭には日本人や、とりわけ中国人がイギリスの世界的な支配を脅かす存在として恐れられるようになった。このようなイメージは特に一九一三年にサックス・ローマー

(Sax Rohmer)作の『フー・マンチュー博士の秘密(*The Mystery of Dr Fu-Manchu*)』が出版されて以降広まった。[187]

一九世紀から二〇世紀初頭における非ヨーロッパ人に対する見方は、疑似科学としての科学的人種主義の興隆も背景としてつくられていった。その始まりはヴィクトリア朝以前にまでさかのぼるものの、[188]帝国における遭遇体験と、ダーウィンの進化理論の人間への応用とが合わさって、白人男性を頂点とし、暗い色の肌を持つ者たちを底辺とする人種のヒエラルキーの概念が出来上がった。ヨーロッパ大陸を通じて形成されたこのような人種的な考え方は、最も有名なところではロバート・ノックス(Robert Knox)(人種混淆や脳の大きさといった問題に焦点を当てた)、ジェームズ・ハント(James Hunt)、ジョン・クロフォード(John Crawford)といったイギリスの著述家たちの間にも支持者を得た。[189]

一九世紀に形成されたヨーロッパの外から来た人々に対するいくつかの見方が複雑に合わさって、イギリスにいた少数の人々に対する見方にも影響を与えた。ヴィクトリア朝中期には、特にロンドンの港湾地区において「アジア的」な人々をキリスト教徒に改宗させることを目的としていたジョセフ・ソルターのような人々から、その宗教に対して多くの注意が向けられた。否定的な視線は、白人女性との関係にも向けられた。[190]

同様に、ヴィクトリア朝のイギリスにいた少数の黒人《ブラック》は、人種の概念がでてきたことから敵意を向けられた。アジア系と同様に、その異質な宗教のために、彼らについても否定的なステレオタイプがつくられた。それでもなお、第一次世界大戦以前になされたイギリスにいるアフリカ人や西インド諸島系に関するコメントのほとんどがメイヒューの著書が指し示すような肯定的なイメージも含むものであった。[191]これらの移民集団に対する敵対心が、復員してきた白人の船員たちが職を取り戻そうとした第一次世界大戦の終結時に初めて頂点に達したことから考えれば、ヴィクトリア朝のイギリスにおいて黒人《ブラック》に比較的に寛容であったのは、人数が少なかったからであると推測できるように思われる。第一次世界大戦終結時において職を奪還したいとする白人たちの気持ちは、一九一九年の暴動の主要因となった(192)。地方の新聞は、移民に職を奪われたり、白人と非白人男女が交際するといった問題に焦点を当てて、この動きを支えた。ポール・リッチが明らかにしたように(193)、戦間期には、異人種間結婚への恐怖はさらに高まった。リッチはまた、アメリカ南部や南アフリカの例から影響を受けた人種隔離の原則がイギリスでも力を持ち始め、一九四五年以降の黒人《ブラック》の到来に対する対応にもそれが影響を与えたと述べている(194)。人数が少なかったものの、ヴィクトリア朝後期からエドワード朝に否定的な理由で注目を浴びた集団には中国人があった。中国を脅威とする見方や人口の増大に関連して当時広まり始めていた人種的なステレオタイプと結びついて、少人数の「安い」中国人労働者の雇用にする労働組合からの反発が強まっていった。この問題に関しては暴力事件を引き起こしただけでなく、新聞や定期刊行物が、特に人種混淆と「阿片窟」に焦点を当てて、少人数の中国人コミュニティに注目するようになるという結果も引き起こした(195)。

中国の人々は、第二次世界大戦後の時期には、黒人《ブラック》や南アジア系と比較すれば、それほどの注目は集めなかった。これら二つの集団は、一九四五年以前にはヨーロッパからの移民に対してなされたようなステレオタイプ化に集団的に直面した。また、移民流入がもたらす結果に対する恐れが、一九世紀に出てきた人種概念と結びつくことにもなった。ローナ・チェサムは、レスターに西インド諸島系がやってきたことに対するマスコミの反応を一九六二年の英連邦《コモンウェルス》移民法成立に至るまで分析した。彼女は、イギリスにある黒人《ブラック》に対する帝国的イメージがどのようにしてさらなる移民を止めたいという願望となり、そしてそれがイギリスも南アフリカでとられている人種隔離を導入すべきだという提案に結びついたのかを明らかにした。[196] ロバート・マイルズとアニー・ファイザックリーは同時期に全国レベルで移民の人種化がおこったことを指摘しており、マイルズはまた、マスコミが一九五八年のノッティンガムとノッティング・ヒル暴動を移民立法の導入を正当化する根拠として使ったことを指摘した。[197]

一九六〇年代初頭以降、人種や英連邦《コモンウェルス》からの移民に関するメディアの言説は、一連の問題に焦点が集中していた。[198] その一つは、当初は黒人《ブラック》の、続いてアジア系の、そしてより最近では難民たちのさらなる入国を止めようとするものである。この種の報道は一九七二年のウガンダからのアジア人流入「危機」の際に一つの頂点を迎えた。[199] より最近、一九九〇年代半ば以降には、マスコミは常に難民庇護を申請する権利の縮小を提言してきた。[200] メディアは、また、イギリスに定住したエスニック・マイノリティによって引き起こされる「問題」にも焦点を当ててきた。それ以前のヨーロッパ系移民集団に向けられた敵意と同様に、そのような報道では、「イギリスの生活様式」に対する脅威が強調された。主に注目された問題には、とりわけ黒人《ブラック》男性が引き起こし、暴力的とみなされ、特に一九八〇年代に起こった路上強盗や暴動と関係づけられた犯罪行為があった。[201] また、言葉や外見を含む異質性に対する敵愾心も、特に一九八三年にブラッドフォードの学校の校長であったレイ・ハニフォード（Ray Honeyford）が統合を重視して多文化主義教育を批判した際に顕在化した。[202] 一連の論者たちは、このような展開を第二次世界大戦直後に源流があり、サッチャー政権期に台頭した人種主義的な言説と関連付けた。[203]

二一世紀初頭、特に9・11以後には、「難民庇護申請者」とならんで、ムスリムがイギリスのメディアにおける否定的な報道の主なターゲットとなった。ムスリムの社会的疎外はハニフォード事件とともに進展し始め、『悪魔の詩』の焚書に対してあらゆる政治的立場から批判がなされた一九八〇年代末以降強まった。イスラム嫌悪に関する研究者たちは、その源流は歴史的に形成されてきたオリエンタリストによる否定的イメージにあるとしている。[204] 現代イギリスにおける偏見は、とりわけイラクでの戦争やイスラムのテロといった国際的な出来事を背景に生まれた。[205] しかしながら、敵愾心の大半は、ムスリムが社会的に統合できない人々であるように思われるというところに集中している。このような言説で重要な点として挙げられているのは、〔男女の〕分離教育、娘が宗教の異なる人と結婚することにムスリムの両親が反対するといった交際や結婚に対する姿勢の違い、そしてムスリムの生活における宗教の重要性である。この「言説の構築」において、分離主義的なイスラム政党もまた否定的な形で注目されている。[206]

ナサル・ミーアとテシーン・ヌーラニが、現代イギリスにおけるイスラム嫌悪と一世紀前の反ユダヤ主義を比較して主張するように、[207] 外国人を悪いものとする、そして人種主義的なイメージの歴史には明らかに連続性がある。主によそ者《アウトサイダー》とされる集団が持つ特質は変わるが、彼らに向けられる非難は変化しないように思われる。このような外国文化への恐怖は、移民やエスニック・マイノリティに対する敵意を主に形作ってきており、ある地域からの移民の増大が彼らに対する敵意の高まりを引き起こすことになるのである。これに歴史的に形成されてきた宗教的、人種的イメージ、そして外国人を悪いものとするイメージが影響を与え、また、国際政治における出来事が特定のマイノリティを特定の時期に際立たせることがある。

否定的なステレオタイプや人種概念が下敷きとなって、人種主義や外国人嫌悪の主張がより確固としたものとして現れる。このような例としては、二〇世紀のイギリスに絶えず存在した急進的な右翼集団の誕生があげられる。戦間期の大陸ヨーロッパのいくつかの地域で起こったように、極右集団がイギリスで権力を掌握するということはなかった。同様に、小選挙区制であるために、フランスにおける国民戦線のように極右の反移民政党が政治システムの中で重要な位置を占めるということが起こることはなかった。実際、一九世紀末以降、急進的な右翼集団は、地方選挙でも国政選挙でも数えるほどの議席を獲得したにすぎなかった。しかし、限られた支持しかうけなかったにもかかわらず、大政党も彼らを無視することはしてこなかった。というのも、議席を極右政党に奪われるかもしれないという恐れから、大政党も独自に反移民の立場を取ったり、反移民のレトリックを使ったりしたからである。一九世紀末にイーストエンドで誕生した集団から現在のイギリス国民党に至るまで、極右集団は、時折、彼らの主要な関心ごととして、もっとも多くイギリスに入ってきた特定の移民集団に対する入国規制、あるいは祖国への帰国推進などを訴えてきた。そして、その際極右集団は、社会において支配的になっており、また彼ら自身もその形成に影響を及ぼすこともある外国人嫌悪の言説に従って、これらの訴えをおこなった。しかしながら、ここでも支配的な人種差別言説を反映しつつ、これらの集団が、第一次世界大戦時のドイツ人のように、［人数とは関係なしに］もっとも脅威をもたらす集団に関心を集中させたこともあった[208]。

オレンジ結社は、イギリスの極右集団の歴史において出発点となる集団であるといえるかもしれない。しかし、この団体は、後の集団ほどあからさまに政治的ではなく、またプロテスタントのアイルランド人をその主な支持者としていたという点で、そのあとに生まれたいくつかの組織とは異なっていた[209]。一九世紀後半に、ユダヤ移民に反対して生まれたイーストエンドの組織のほうが、移民に反対する政党の最初といえるだろう。このような組織の最初のものには、一八八六年に設立され、アーノルド・ホワイトが一部資金援助をしていた困窮外国人移民抑制協会があるが、この組織はほとんど影響力を持たなかった。その後誕生した困窮外国人移民阻止協会は貴族院、庶民院の議員の中にその支持者を獲得したが、イーストエンドの一般住民をひきつけることはできず、解散することになった。第一次世界大戦以前における最も重要な反ユダヤ移民組織には、一九〇一年に、ステップニー選出の保守党議員であるウィリアム・エヴァンス＝ゴードン少佐（Major William Evans-Gordon）の下で設立されたイギリス同胞連盟がある。この組織は四万五〇〇〇人の会員を擁したとされ、またレスター、ケタリング、ベドフォードで会合を開いた。この組織は、東ヨーロッパからのユダヤ移民の流入を抑制するというその目的を達成し、一九〇五年外国人法の成立過程で、議会の支持を得たイーストエンドを基盤とする圧力団体としていくばくかの影響を及ぼした(210)。

第一次世界大戦中、極右はイギリスにいるドイツ人にその矛先を移した。主な組織にはイギリス帝国連合があるが、この組織は一九一八年には一万人の会員を擁し、「ドイツ人による支配や影響――その根源、支部、そして分子を――イギリス帝国から根絶する」ことを目的としていた。これより小さな圧力団体には、反ドイツ人連盟、ロンドン住民連盟、イギリス人のためのイギリス運動があった。「自警団」や国民党は、実際に議員の中に支持者を有していたし、右派の主張を広めていた。ドイツ人嫌悪はその主張の中のほんの一部に過ぎなかった。これらの組織は第一次世界大戦期およびその直後の国家主義的な雰囲気の中で繁栄した。このような雰囲気の中で、エスニック・マイノリティに不利な待遇を行うことが政府の政策となったのである(211)。

大陸でファシズムが勃興したことを受けて、戦間期のイギリスでは反ユダヤ主義的な圧力団体や政党がでてきた。イギリスでは民主主義の長い伝統があったこと、また国家権力がこれらの組織に圧力をかけたことから、イギリスにおいてこの種のイデオロギーを主張する集団が権力掌握に近づくことはなかった[212]。その中には、圧力団体としてとどまるものや、第二次世界大戦直後の時期にイギリスにいるユダヤ人の絶滅と追放を主張したヘンリー・ハミルトン・ビーミッシュに率いられた組織、またアーノルド・リースの下で同じような主張を掲げた帝国ファシスト連盟などのように少数党として残ったものもあった[213]。このような政党は、ドイツの国家社会主義と同様のイデオロギーを掲げたものの、権力を握らなかったという点でドイツのものとは異なっていた。

元保守党議員で、その後労働党に移り、さらに新党《ニュー・パーティ》を結成した議員サー・オズワルド・モーズリー（Sir Oswald Mosley）が一九三二年に創設したイギリス・ファシスト連合は、大陸の同様の諸政党を完全に模倣した政党で、議会組織を擁し、コーポラティズムを取り、一九三〇年代中ごろには、その機関誌である『黒シャツ（*Blackshirt*）』の紙面やイーストエンドのユダヤ人への攻撃からも明確になるように、強硬な反ユダヤ主義の立場をとった。ピーク時には五万人の会員を擁したが、ロンドン東部の他にはほとんど影響力を持たなかった。そのロンドン東部においてでさえ、議員を一人も出すことができなかった。それでもなお、この組織はイギリス政治を取り巻く雰囲気、とりわけイーストエンドのユダヤ人に対する雰囲気に悪影響を与え、一九三六年には、路上でこの組織が活動することを取り締まるための治安維持法が成立したのである。また、イギリス・ファシスト連合は、一九三四年に同組織が暴力沙汰に関係するまでは『デイリー・メール』紙からの支持を受けていた。イギリス・ファシスト連合の最盛期は一九三九年の戦争勃発以前に過ぎ、一九四〇年にその指導者が拘束されたことで消滅した[214]。

しかしながら、モーズリーの亡霊は一九四八年のユニオン運動の結成で戦後に蘇ったかに見えた。この組織は、当初はイーストエンドを基盤とした反ユダヤ主義団体であったが、そのうちに反黒人《ブラック》組織となり、一九五〇年代にはブリクストンやノッティング・ヒルといった西インド諸島系住民の多い地域で示威運動を行った。これらの地域では、ユニオン運動の活動に刺激を受けた地元の白人住民が一九五八年の暴動に加わることになった。この組織は一度も選挙で勝利することはできず、一九七〇年代には消滅してしまった[215]。

ヨーロッパ以外の地域からやってくる定住者たちに対する極右の注目の高まりは、一九六〇年一〇月のバーミンガム移民規制協会の結成によって顕在化した。この団体は抗議集会を組織したり、リーフレットを配布したり、請願活動を行ったり、地方紙に投書をしたりといった活動をした。その会員には保守党の地方議員も含まれていた。主流政党は、この団体の脅威を利用して反移民政策を展開した[216]。マイルズとファイザックリーは、「イングランド中部の議員の中にこの協会の言説を『草の根』の意見であると引用するものがおり、他方、協会自体は議員に政治的圧力をかけることでその目的を実現しようとするという相互依存関係［があること］」について述べた[217]。一九六四年の総選挙でピーター・グリフィス(Peter Griffiths)が保守党議員としてスメズィックから選出されたが、彼の後援者の中には堂々と以下のようなスローガンを使ったものもいた。「ニグロの隣人が欲しいなら、労働党に投票せよ」と。このエピソードは、一九六二年英連邦《コモンウェルス》移民法に反対していた労働党の姿勢を、移民規制を正当なものとして受け入れるといったものに転換させるうえで重大な影響を及ぼした[218]。保守党の人種主義は、イーノック・パウエルが、とりわけ、彼によれば野放しの移民政策の結果について語ったいわゆる「血の川」演説［一九六八年四月、パウエルが行った移民増大への危機感を訴えた演説。移民急増によって秩序が混乱するイギリスの将来を古代ローマの血で染まったテヴェレ川に例えたことからこのように呼ばれた］において英連邦《コモンウェルス》移民への反対を声高に述べた一九六〇年代末に頂点を迎えた[219]。

一九六〇年代から一九七〇年代にかけて新たに移民規制がかけられ、またパウエルは影の内閣から追放されたにもかかわらず、パウエルは、ナショナル・フロントを形成する新たな極右勢力に正統性を与[220]

えるのに一役買った。この組織は主に黒人《ブラック》とアジア系移民に焦点を絞っていたが、ユダヤ人による支配と権力であると彼らが捉えたものに対しても反対した。この組織は、一九七〇年代末には一万三〇〇〇人の会員がいると主張していたが、おそらく本当の会員数は五〇〇〇人ぐらいであったであろう。この組織は、レスター、ハックニー、ウォルサムストウのような移民が多い地区、あるいはそのような地区に近い地域において、選挙で多くの支持者を得た。それでもなお、一九一九年以降に生じてきた類似した状況と同様に、この組織が地方自治体レベルであっても選挙で勝利を収めることはなかった[221]。この組織は、移民と労働党に反対する白人人種主義者の政党であった。国民戦線への支持は、マーガレット・サッチャーが政権につき、一九七八年一月三〇日のグラナダテレビの番組『ワールド・イン・アクション』において「この国が異なる文化を持つ人々によって飲み込まれてしまうことに恐れを感じている」人々への共感を明言し[222]、「反移民政党としての保守党を再確立[223]」して以降は減退した。しかしながら、このサッチャーの台頭は、政治プロセスには参加しなかったコンバット18のような、イギリスの底流に潜むナチス的な主義主張をあからさまに述べる層を根絶することはなかった[224]。

それでもなお、一九九三年にはイギリスの政界に衝撃といえるものが走った。過去七〇年以上の歴史において初めて、あからさまに極右の主張を掲げる組織のメンバーがイギリス国民党［British National Party, 以下、BNP］党員として、ロンドン東部のアイル・オブ・ドッグスで地方議会の議席を得たのである。多くの意味で、このことは、少なくとも短期的には、これから起こることの前ぶれであることがわかった。二一世紀に入ると、BNPはダゲナム、バーンリー、バーキングやストーク・オン・トレントなど様々な地域で議席を獲得していった。これらの地域は、「白人が脱出した地域」や、あるいは、ストーク・オン・トレントの場合には、移民がほとんどいない地域としてみられていたところであった。きちんとした政党であるという自称にもかかわらず、ＢＮＰは基本的には人種主義者である国民戦線からでてきた反移民政党であった。その指導者であるニック・グリフィン（Nick Griffin）がひときわ目立っていることがその成功の理由の一つであるし、また同様に同党が成功を収めることができると感じる地域において地域に根付いたキャンペーンを行っていることも成功に結びついている。また、同党は、難民庇護申請者やムスリムに対する嫌悪感が高まっているときに、白人労働者階級の声を代弁しつつ、躍進した。保守党と労働党はＢＮＰから距離をおいているものの、同党が少ないながらも確実に選挙で勝利を収めていることは、両政党、とりわけ二〇〇一年と二〇〇五年の総選挙における保守党の反移民レトリックに影響を与えた。大陸ヨーロッパにおける類似の政党の成功には依然として追いついていないものの、ＢＮＰが選挙で躍進すればするほど、同党はまっとうな政党にみえるようになった[225]。二〇〇九年のヨーロッパ議会選挙での同党の勝利は、より重要な躍進としてみることができるかもしれない。ＢＮＰは九四万三五九八票を得て二人のヨーロッパ議会議員（党首ニック・グリフィンを含む）を当選させたが、この得票数は二三八万一七六〇票しかとれなかった労働党にそれほど引けを取らないものであった[226]。

イギリスでは、人種主義的な態度はマジョリティとマイノリティの日々の関係においてどのような結果を生んできたのであろうか？　イギリスに人種差別が存在することをもっともよく明らかにする二つの分野は、労働市場と住宅市場である。少なくとも短期的には、エスニック・マイノリティは社会の最底辺にある仕事につくことになる傾向があった。というのも、イギリス社会は、そのような雇用を彼らにふさわしいとする仕組みになっていたからである。彼らは、住宅においても、少なくとも最初は、手に入る中で最悪の物件に住むことになった[227]。人種差別が確実に存在することをもっともよく示すのが暴力であるが、暴力はイギリス社会において常に存在し続けている。

しかしながら、民族的《エスニック》多数派とドイツ人、ユダヤ人、そして西インド諸島系との関係に関する諸研究が示すように、偏見もまた、それ自体、多くの形で顕在化していた。第一次世界大戦期のイギリスにおいてドイツ人嫌悪が高まったということは、あらゆる場面でドイツ人に対する敵対心が生じていたということである。一九一四年、五〇のゴルフ・クラブの代表がホワイトホール・コートにある「ゴルファーズ・クラブ」に参集して、四九票対一票の圧倒的多数の議決でドイツ人会員を追放する決定を採択した。ロンドンにあるものも含め、国中の証券取引所や商工会議所も同様の行動をとった。ドイツ人のウェイターも職を奪われ、一九一五年五月のルシタニア号の沈没を受けて、依然としてドイツ人を雇用していた企業では反ドイツ人ストライキが発生した。社会の最上層にいたドイツ人は、何らかの形でドイツとの関係を持った人々に対する魔女狩りが広がる中で、多くのイギリス人の友人を失った。この魔女狩りの影響は王室にまで波及し、一九一七年、王室はその家名をサックス＝コバーグからウィンザーに変更した[228]。

研究者のなかには、一九世紀末以降のイギリスにおける社会的反ユダヤ主義を検討したものもいる。バーナード・ゲイナーは、最初の定住時からイーストエンドのユダヤ人たちに対する敵意がいたるところにあったということを明らかにした。たとえば、行商人たちは、彼らの存在が競争を激化させるとみなされたがゆえに敵意をもってみられた。もとからいた住民たちは、新しく来たものたちの衛生観念や住居の状況、異質な外見、食事などに注目したが、長らくイーストエンドで暮らしてきた人たちの規範とは異なっていたこともあって、そのすべてが地域レベルで批判や敵意を呼び起こすことになった[229]。コリン・ホームズも、歴史家ルイス・ネイミア（Lewis Namier）が彼の「人種」のために一九一一年にオックスフォードのオール・ソウルズ・カレッジでの研究員資格が得られなかったその過程を描きながら、第一次世界大戦前における中流階級のユダヤ人に対する反ユダヤ主義について明らかにした[230]。

戦間期から第二次世界大戦期にかけて、ユダヤ人は社会からの敵意を依然としてうけており、テニス・クラブやゴルフ・クラブ、自動車同好会などからの排除や、依然として続いていた雇用の場での差別に直面しつづけていた。雇用の場での差別は、人種関係法成立以前は、ユダヤ人を特に排除する広告で明確に示されていた[231]。マス・オブザヴェーションによる調査や日記を用いて、トニー・カシュナーは、この時期のイギリスにおける反ユダヤ主義的感情の広がりを明らかにした。一九三九年から行われたアンケートの回答は、「反ユダヤ主義に反対」するものから、「どちらともとれない」もの、「やや反ユダヤ主義的なもの」、「明らかに反ユダヤ主義的」なものまで多種多様に分かれていた[232]。カシュナーは、第二次世界大戦中から終戦直後にかけての時期に書かれた熱烈な反ユダヤ主義者たる五一歳のグラント夫人の日記を検討したが、彼女は、一九四二年にナチスの死の収容所の存在を知って、「強欲なユダヤ人たちが自らこの結果を招いたのだ」と言ってのけた[233]。これは反ユダヤ主義の中でももっとも極端な見解かもしれないが、ユダヤ人たちは戦時中も自分たちに向けられた敵意に耐え続けることになった。たとえば、疎開することになったユダヤ人の子供たちは移民を受け入れた経験がほとんどない地域に移され、角があるかと聞かれた子も実際にいたのである。男性専用クラブの中にはユダヤ人会員を排除しつづけたものもあったし、パブリック・スクールやゴルフ・クラブも受け入れ制限をしていた[234]。

この種の日常的な反ユダヤ主義は第二次世界大戦後も、少なくなったとはいえ、続いていた。パブリック・スクールはユダヤ人の子供に対する受け入れ制限を続けていたし、ユダヤ人の中には未だ紳士クラブに入ることが難しいという者もいた[235]。「鼻持ちならない上流階級の反ユダヤ主義は依然として苛立ちの原因であった。ワインバーやレストラン、談話室、都市部や地方のクラブで、悪意に満ちた注意書きや心得顔の表情でもって、ユダヤ人の野心や分離主義、成功に対する嫌悪が示されたのであった」[236]。イギリスのユダヤ人たちはまたパレスチナ人たちからの攻撃にもさらされ、極右は墓石や墓地を荒らした[237]。

イギリスのアイルランド人に関する研究者たちは一九世紀においてアイルランド人の日常生活を特徴づけた民族《エスニック》間の暴力について多くのことを書いてきたが、［アイルランド人とイギリス人］両者の接触におけるその他の側面についてはほとんど注目してこなかった。ドナルド・マクレイルドは職場での緊張関係について述べ、アイルランド人、スコットランド人、イングランド人が互いにまじりあうことは困難であり、民族間の抗争もあっただろうということを示唆した[238]。複数の当局が一九四五年以降、アイルランド人の日常生活に関する調査を実施している。それらの調査からは、とりわけスコットランドにおいて雇用と住宅面での差別があり、そのためにアイルランド人が社会一般の平均よりも健康問題に苦しむことになったということを明らかにした[239]。極めて重要なことには、アイルランド人に対する人種主義に関するヒックマンとウォルターの調査によって、ＩＲＡの活動が激化した、とりわけ一九七〇年代には、あらゆる場面での差別が存在したということが明らかになっている。このような差別には、近隣の住民からの敵対的な態度や、アイルランド人がいるところで、日常的にアイルランド人に関する「冗談」をいうといったこともあった[240]。

（とりわけ男性の）黒人《ブラック》と住民が日常的に接する中で異性と交際するということがよくあったが、イギリスにおける黒人《ブラック》の人生には、特に職や教育面での可能性という点において、人種主義がつきまとっていた[241]。したがって、黒人《ブラック》の日々の生活を扱う場合には、私たちは、彼らを迎えた好意的なものから否定的なものまでの様々な反応を考慮にいれる必要がある。もっとも極端に走ったところでは、暴力や殺害にまで発展することもあり、特に一九一九年と一九五八年に起こったように、異人種間の交際に対する反感が原因となる場合もあった。[242] これらの暴力の暴発の背後には、暴力以外のありとあらゆる類いの否定的反応があった。

一九世紀初期において黒人《ブラック》奴隷のコミュニティが消滅した理由としては異人種間結婚があげられるものの、このような行動に対する敵意は存在した。[243] 黒人《ブラック》の人口が少なかった一九世紀の大半において、多数派である白人住民は彼らに対して敵意を抱くことから魅了されることまで様々な反応を示していた。[244] 黒人《ブラック》労働者の数がやや増えた二〇世紀初頭には彼らに対する敵意が増大した。ティルベリー波止場で雇用されていたある西インド諸島系の人物はストライキにあって仕事を辞めざるをえなかった。[245] 戦場から戻った白人兵士や船員が復職を求めたことから、このような敵意は一九一九年の暴動で頂点に達した。[246]

日常的に示される敵意はその後の時期においても続いた。このことは、たとえば、一九二五年に有色船員令が出されたことに裏付けられるように、多くの非白人《ブラック》が住んでいた港湾地区で顕著であった。[247] コリン・ホームズは、戦間期においても肌の色を理由とした排除が存在したことを指摘している。たとえば、「一九三〇年代には、イギリス・ボクシング管理委員会は有色人《ブラック》のボクサーをイギリスの選手権で戦わせないことを決定した」。さらに皮肉なことに、アメリカの黒人俳優、ポール・ロブソン（Paul Robeson）が「オセロを演じることができ」、「群衆は舞台のロブソンを見るためにお金を払った」のに、「それでも、〔レストラン〕サヴォイ・グリルは彼を祝うために開かれたパーティに来た彼の入店を拒否できた」のである。[248]

数十万人のアメリカ兵や帝国各地からの兵士がやってきたにもかかわらず、このような肌の色を理由とした排除は第二次世界大戦期にも続いた。キリスト友会〔クェーカー〕が行ったある調査では、彼らが質問をした一七二人の女性の大家のうち「宿泊客として有色の客を受け入れるつもりであるのは四〇人しかいなかった」ことがわかった。[249] このことは、ホテルや公共娯楽施設で差別があったということを反映しているが、このような差別はイギリスにいるすべての黒人《ブラック》兵士に影響を与えたのである。黒人《ブラック》米兵に対する敵意は、〔人種隔離された〕黒人部隊《ジム・クロウ・アーミー》の存在からきた部分もあった。というのも、白人のアメリカ人であれば、自分たちの社交の場に黒人《ブラック》兵が入れば、その黒人《ブラック》兵を攻撃することになったからである。それでもなお、女性の中にはアメリカ系黒人《ブラック》と関係を持ち、最終的には結婚した者もいたことによく表れているように、多くのイギリスの人々は、アメリカ系黒人《ブラック》に対して好意的に反応した。もっとも、黒人《ブラック》兵士との結婚は、政府の狼狽を引き起こした。[250]

　一九四〇年代後半以降イギリスに到着した西インド諸島からの移民たちは、民族的《エスニック》多数派の住民たちからの様々な否定的反応に直面することになった。マイケル・バントンは、黒人《ブラック》やアジア系に対する人々の態度に関する研究で、「人種隔離はなかったが、完全に受容されることもなかった」と主張している。バントンは、あるアジア系の医師が尊敬を得ることができたとして、社会的地位の重要性を強調した。[251] それでもなお、確かに西インド諸島系はアンソニー・リッチモンドが強調するように差別を受けた。[252] 明らかな差別があった労働市場と住宅市場以外でも、[253] 西インド諸島系は社会的に人種主義を経験した。ノッティンガムに定住したジョージ・パウ（George Powe）は、肌の色で入場制限をしていた三つのパブから締め出された。[254] その他の組織、レストランや教会でさえもが同様の行動をとった。[255] 一九六〇年―一九七〇年代にかけて行われた様々な調査でも、とりわけ家主や雇用主、従業員や女性の大家の間に存在したこのような差別の存在を明らかにしていた。つまり、これが、住宅市場や雇用の場での人種主義を抑制しようとした人種関係法が成立した理由なのである。[256] 一九六四年二月になっても、ロンドン東部で一〇〇人以上の大型トラックの運転手たちが、非白人《ブラック》の募集に抗議してストライキを起こしている。[257] それでもなお、私たちは、人種主義が社会を覆っていたという描かれ方には注意をしなければならない。一九六〇年代のブリストルでの人種間関係に関するアンソニー・リッチモンドの研究では、とりわけ福祉のような問題になると移民に対して敵対心を抱く白人もいたが、人がどの程度敵意を持つかということにはそれぞれの個人的要素の影響が大きかったことを明らかにした。[258] 同様に、ダニエル・ローレンスは一九七四年に出版されたノッティンガムに関する研究において、偏見を持っていると判断してもよい者たちは、街の白人の中でも少数のマイノリティでしかないということを示唆した。さらに彼も、住宅と雇用が主な抗争の場になっていることを強調した。[259] 多くのアフロ・カリブ系の人々が社会的剝奪を経験し続けたということは、イギリスにおいて偏見が続いていたことを示している。田園地帯《カントリーサイド》にいるマイノリティについて述べた人々は、都市部以外では未だに彼らに対する敵対的な雰囲気が蔓延しているということを強調している。[260] 同様に、社会調査でも、イギリス人全体としては偏見がまだ広くあるということが明らかにされ続けてきた。[261]

ベンジャミン・ボウリングは、二〇世紀の最後の数十年間に、人種主義的な暴力が、どのようにして当局の関心をひく問題となったかを描いた。今や警察が人種を理由とした襲撃の数を記録しているだけでなく、一九九八年には、「人種に起因する犯罪」を禁止する法律も施行された。ボウリングは、警察が「記録した事件」の件数は一九八四年の一三二九件から、一九九六年には一万二一九九件に増大したと指摘している。同じ時期に、そのような記録をつけている警察は一五から四三に増えた。このことだけで数が増えたことを説明できるわけではないであろう。公的機関がこのような事件に注目するようになり、政治的にも圧力がかかるようになったことも、記録数が増えた原因であろう。[262]

現在、警察当局が人種差別を理由とする襲撃を記録しているからといって、そのような事件が史上最大に多発しているというわけではない。実際には、一九六〇年代初頭以降、暴力的な人種主義の一形態である反移民暴動は姿を消した。ヴィクトリア朝のイギリスで生きていた多くのアイルランド人男性にとっては、貧困や反カトリック信仰、アイルランド・ナショナリズムに対する反発といったものを背景として、喧嘩というのは日常生活の一部であった。アイルランド人はたいてい被害者のほうであったが、アイルランド人人口の多い北部の街では、アイルランド人住民は日常的に時折勃発する地元の労働者階級の男性との民族間《エスニック》の抗争を経験した。これらの労働者階級の男性たちは、アイルランド人プロテスタントたちと行動を共にしていることも多かった。事件の中には、一八五二年のストックポート暴動のように、地域的な事情が彼らの怒りに火をつけたものもあった。一八六〇年代には、ウォルヴァハンプトン、バーミンガムやより小規模の街などイングランド中部からイングランド北部にかけての諸都市で、遊説していたプロテスタント説教師のウィリアム・マーフィーが行った反カトリックの演説によって民族間の騒乱が起こった。最後に起こった大規模な反アイルランド暴動の一つが一八八二年に勃発しているが、このときには、地区の経済不況とダブリンで起こったフェニアンによるアイルランド長官殺害を背景としてトレデガーで一六〇軒もの家が破壊された。しかしながら、この後もグラスゴーやリヴァプールで住民間の暴力事件が続いた。また、アイルランド人はＩＲＡがバーミンガムのパブを爆破した一九七四年にも、一九世紀に起こった多くの事件においてのように何千もの人々に取り囲まれたわけではないものの、同市において襲撃を受けた(263)。

第一次世界大戦までの時期において人種主義者の主な攻撃対象になったのは、ユダヤ人と、人数としては遥かに少なかった中国人であった。第二次世界大戦後の英連邦《コモンウェウルス》移民たちが受けたのと同様の日常的な暴力が、移民が定着したロンドンのイーストエンドやリーズのレイランズといった地域で展開されていたであろうということが想像できるが、これらについては相対的に少ない情報しかない[264]。エドワード朝のイギリスで起こった最悪の人種暴動のうちの二つが、南ウェールズで起こっている。一九一一年七月にはカーディフで中国人が被害を受け、翌月には南ウェールズ一帯でユダヤ人も同様の目にあった。これらの出来事の背景には、ユダヤ人や中国人に対する根深い敵意や、労使間の関係の悪化があり、その結果、これらのマイノリティは、中国人の場合にはスト破りとして、あるいはユダヤ人の一部については裕福な者として、スケープゴートにされて巻き込まれたのであった[265]。ユダヤ人たちはまた、事実はまったく逆であったにもかかわらず、ユダヤ人がイギリス軍における従軍の負担を十分に果たしていないと非ユダヤ教徒の隣人たちが信じたために、一九一七年にロンドン東部やリーズで襲撃を受けた[266]。

イギリス現代史上もっとも深刻な人種を理由とする二大暴力事件が第一次世界大戦中、そして終戦直後に発生したが、このときにはドイツ人と黒人《ブラック》が被害者になった。ボーア戦争の時にイギリスにいるドイツ人に対して起こったより小規模で散発的な襲撃事件は[267]、その後に続いた事件の前ぶれであった。一九一四年の秋にはほとんど重大な事件は起こらなかったが、一九一五年五月のルシタニア号沈没の翌週にはイギリス現代史上最大に広がった暴動が発生した。このときには、国中でドイツ人の経営する商店が、多くの場合、数千もの人々が関わって襲撃された。これらの事件は、ヒステリーに近いドイツ人嫌悪を背景として起こり、暴動は戦争中に発生した民族浄化の一側面をなした[268]。一九一九年には、イギリスの黒人《ブラック》コミュニティに対して襲撃があった。これらの襲撃は反ドイツ人暴動ほどには広がらなかったが、都市部の九か所の地域で発生した。これらの事件は、黒人《ブラック》が彼らの仕事と女性を奪っていると信じた白人兵士の復員を背景として起こったが、第一次世界大戦中における戦闘での殺害経験と、底流にあった黒人《ブラック》に対するイメージも影響を与えた。[269]

戦間期においては、全面的な反移民暴動は発生しなかったようである。しかし、イギリス・ファシスト連合が勢力を拡大したことから、一九三〇年代を通じて、ロンドンのイーストエンドに住んでいるユダヤ人たちは日常的に反ユダヤ主義を理由とした暴力を受けていた。このころまでには、一九三六年のケーブル街の抗争に象徴されるように、ますます社会的地位を確立した存在となったユダヤ人コミュニティも反撃するようになっていた。[270] 一九四〇年六月にイタリアがイギリスに宣戦布告したことによっても、全国規模で発生した第一次世界大戦期のドイツ人を標的にした暴動ほどの規模ではなかったにせよ、暴動が発生した。[271]

戦後のイギリスにおいて、暴力は多くの黒人《ブラック》やアジア系の日常生活の一部であったが、一九二〇年以前にアイルランド人やドイツ人、黒人《ブラック》を標的として起こった類の暴動は発生しなかった。最も有名なところでは一九五八年のノッティンガムやノッティング・ヒル[272]、一九六一年のミドルズブラ[273]に代表されるように、いくつかの暴動は発生してきた。より最近では、小規模の騒動が難民庇護申請者を標的として発生している。[274]

一九五〇年代以降は大規模な反移民暴動は減少したかもしれないが、多くの公式、非公式の調査において、一九九三年のスティーヴン・ローレンス殺害事件に象徴されるように、マイノリティが日常的に攻撃にさらされているということが指摘されてきた。二〇〇四年には、イギリスの警察は五万二六九四件の「人種差別を背景とする事件」を記録している。犯罪の種類は、一九九一年から二〇〇五年の間に二五件発生した殺害事件[275]から、暴言や落書きまで多岐にわたっている。このような事件は、人種主義の存在をもっともあからさまに示しているのかもしれないが、今日のエスニック・マイノリティたちが、過去二世紀間のいずれの時期よりも、敵意に耐えているというわけではないであろう。なぜなら、国家は、単に、たとえば、アイルランド人に対する人種差別を理由とした事件を記録していなかっただけなのである。また、今日、これだけの事件が起こっているということは、それだけ今日のイギリス社会においてエスニック・マイノリティの比率が高くなっていることの反映でもあるのである。

人種差別の国、イギリス

いずれにしても、人種差別を理由とする攻撃が起こっているという事実は、社会の中により根深い不満、つまり人種主義の棘があることを示している。一九五〇年代以降、人種暴動が減っていることは人種関係が最初の段階からは移行したことを示唆してはいるが、一九一五年に起こったドイツ人に対する攻撃はドイツ人コミュニティがイギリスに定着してから何十年も後に起こった。しかし、人種暴動が他の種類の「人種差別を背景とする事件」にとって代わられたということは、人種主義が、イギリスという国において、そして社会において過去二世紀間ずっと残り続けたことを示している。

移民・国籍法制という形であれ、学校のカリキュラムや警察活動という形であれ、数多くの指標から制度的な外国人嫌悪や人種主義があったことが指摘できる。同様に、移民やその子孫を取り巻いた住宅、雇用環境もまた人種主義が存在し続けたことを示唆している。人種差別を標榜する政党が権力を握ったことはイギリスではなかったが、大政党も少数の票をそれらの政党に奪われることを恐れ、彼らが発するメッセージを無視できなかった。異なるエスニシティの間の関係を見ても、多くのイギリス人たちが過去二世紀間にわたり偏見を持ち、そして時にエスニック・マイノリティを攻撃したという事実を示している。底流にある人種主義的な活動は、否定的イメージを拠り所としている。つまり被害者の国籍や出身地は変わるかもしれないが、ステレオタイプはどれも似たようなものになる。

　イギリスは継続して人種主義的であったのか、それとも人種主義が頂点を迎えたり、逆に影をひそめたりしたりした時期があったのか？　いかなる歴史的展開においても、恒常性を指摘することは、経時的な現象を検討するという〔歴史学の〕目的を否定するように思われる。過去二世紀間のいかなる時期においても、公式であれ、非公式であれ、イギリスが人種主義や外国人嫌悪と無縁であったことはなかった。もしかしたら、移民規制がなかった一九世紀半ばがそれにあたるというようにおもえるかもしれない。しかし、ロジャー・スウィフトがヴィクトリア朝においてアイルランド人に対する偏った警察活動があったことを示唆しているし、反アイルランド人暴動も、一九世紀の都市ではありふれた情景であった。大衆の敵対的な姿勢も過去二世紀間にわたって存在し続け、それはもっともはっきりとした形として暴力で表されることもあったが、ほぼすべての移民集団がこれを受けてきた。

　最近出た著作の中には、イギリスが、とりわけ難民庇護申請者やムスリムを対象として、新たな不寛容の時代に入ったと指摘するものもある。最近、イギリス人が敵からの攻撃にさらされると感じていた二つの世界大戦期に導入された〔敵性外国人の〕抑留に比肩しうる極めて厳しい法律がいくつか成立したことは、このような主張を裏付けるように思われる。しかしながら、イギリスが、民族的にドイツ系を一掃する際に、大陸の政権が施行したのと同種の政策をエスニック・マイノリティに対して追求したのは第一次世界大戦中のみであった。

　人種主義と外国人嫌悪は過去二世紀間にわたって健在であり続けたものの、それらは二つの世界大戦と、そしてより最近では「テロとの戦い」の時にその頂点を迎えた。同時に、新たに移民が流入してくれば、敵意が噴出し、マスコミは東欧人やドイツ系ユダヤ人から、英連邦《コモンウェウルス》移民、そして東ヨーロッパやアフリカからの難民に至るまで新たな移民流入の波を止めようとして、以前に使われてきたイメージを再び用いてきたのである。

個々の集団の経験は、時代と共に変化する傾向にある。反ユダヤ主義は、消滅はしなかったかもしれないが、一九〇五年の外国人法を求める運動が起こり、一九三〇年代にイギリス・ファシスト連合が活動したときからは確実に減退している。同じことは、反アイルランド人感情についてもいえる。しかし、第一次世界大戦の時期におきた二つの出来事においては、人種主義者たちは、イギリスからドイツ系と黒人《ブラック》を追放するという目的を達成した。戦後の英連邦《コモンウェウルス》移民に関する研究の多くが、人種関係法の導入で少し変化したものの、彼らに対する敵意が続いていると主張している。

公式、非公式の人種主義が過去二世紀間のイギリス史の一つの特徴であり続けてはきたが、これは移民コミュニティに対する地元の人々の反応の一つの側面でしかない。他方で、人種やエスニシティを越えた結婚にもっともはっきりとあらわれるように、統合がおこっただけでなく、エスニック・マイノリティを公的に取り込んだという点でも、移民を通じてイギリス自体が変容したという点でも、この国はますます多文化の国へとなりつつあるのである。

（1） Kenneth Little, *Negroes in Britain* (London, 1948); Sheila Patterson, *Dark Strangers: A Sodological Study of the Absorption of a Recent West Indian Migrant Group in Brixton, South London* (London, 1963); Michael Banton, *The Coloured Quarter: Negro Immigrants in a British City* (London, 1955).

（2） Anthony H. Richmond, *Migration and Race Relations in an English City: A Study in Bristol* (London, 1973).

（3） Michael Banton, *Race Relations* (London, 1967); John Rex, *Race Relations in Sociological Theory* (London, 1970); E. J.

B. Rose, et al., *Colour and Citizenship: A Report on British Race Relations* (Oxford, 1969).

(4) Robert Miles の著書には以下のものがある。*Racism and Migrant Labour: A Critical Text* (London, 1982)、および *Racism* (1989). John Solomos の研究の中でもっとも重要であるのは、*Race and Racism in Modem Britain* (Basingstoke, 1993) である。同書は、いくつかの版を重ねており、彼の著書、*Black Youth, Racism and the State: The Politics of Ideology and Policy* (Cambridge, 1988) に基づいて書かれたものであった。

(5) たとえば、以下を参照せよ。Tariq Modood, *Multicultural Politics: Racism, Ethnicity and Muslims in Britain* (Edinburgh, 2005).

(6) Little, *Negroes in Britain.*

(7) Banton, *Coloured Quarter.*

(8) Patterson, *Dark Strangers.*

(9) John Rex and Robert Moore, *Race, Community and Conflict* (Oxford, 1967).

(10) Richmond, *Migration and Race Relations.*

(11) Daniel Lawrence, *Black Migrants, White Natives: A Study of Race Relations in Nottingham* (Cambridge, 1974).

(12) Stephen Small, *Racialised Barriers: The Black Experience in the United States and England during the 1980s* (London, 1994).

(13) Stephen Castles and Godula Kosack, *Immigrant Workers and Class Structure in Western Europe* (London, 1973); Stephen Castles, et al., eds, *Here for Good: Western Europe's New Ethnic Minorities* (London, 1984).

(14) Stephen Castles and Mark J. Miller, *The Age of Migration: International Population Movements in the Modem World*, 3rd edn (Basingstoke, 2003).

(15) Colin Holmes, *Anti-Semitism in British Society, 1876-1939* (London, 1979).

(16) もっとも重要なものとして以下がある。Tony Kushner, *The Persistence of Prejudice: Anti-Semitism in British Society during the Second World War* (Manchester, 1989) および、Panikos Panayi, *The Enemy in Our Midst: Germans in Britain during the First World War* (Oxford, 1991).

(17) Colin Holmes: *John Bull's Island: Immigration and British Society, 1871-1971* (Basingstoke, 1988); *A Tolerant Country? Immigrants, Refugees and Minorities in Britain* (London, 1991).

(18) 第1章を参照せよ。

(19) Bernard Gainer, *The Alien Invasion: The Origins of the Aliens Act of 1905* (London, 1972).

(20) Lloyd P. Gartner, *The Jewish Immigrant in England, 1870-1914* (London, 1960).

(21) John A. Garrard, *The English and Immigration, 1880-1910* (London, 1971).

(22) Gisela C. Lebzelter, *Political Antisemitism in England, 1918-1939* (New York, 1978).

(23) John Denvir, *The Irish in Britain* (London, 1892); J. E. Handley, *The Irish in Scotland, 1798-1945* (Cork, 1943); and J. E. Handley, *The Irish in Modern Scotland* (Cork, 1947).

(24) Walter L Arnstein, 'The Murphy Riots: A Victorian Dilemna', *Victorian Studies*, vol. 19 (1975), pp. 51-71; 同著者、*Protestant Versus Catholic in Mid-Victorian Britain* (London, 1982); Sheridan Gilley, 'The Garibaldi Riots of 1862', *Historical Journal*, vol. 16 (1973), pp. 697-732; 同著者、'English Attitudes towards the Irish', in Colin Holmes, ed., *Immigrants and Minorities in British Society* (London, 1978), pp. 81-110; Tom Gallagher, *The Uneasy Peace: Religious Tension in Modem Glasgow, 1819-1940* (Manchester, 1987); Frank Neal, *Sectarian Violence: The Liverpool Experience, 1819-1914* (Manchester, 1988).

(25) James Walvin, *Black and White: The Negro and English Society, 1555-1945* (London, 1973).

(26) Peter Fryer, *Staying Power: The History of Black People in Britain* (London, 1984).

(27) Christine Bolt, *Victorian Attitudes Towards Race* (London, 1971); Douglas Lorimer, Colour *Class and the Victorians: English Attitudes towards the Negro in the Mid-Nineteenth Century* (Leicester, 1978).

(28) 第1次世界大戦に関しては、以下を参照せよ。Panayi, *Enemy*; J. C. Bird, *Control of Enemy Alien Civilians in Great Britain, 1914-1918* (London, 1986). 第二次世界大戦に関する研究では以下のものがある。Peter and Leni Gillman, *'Collar the Lot': How Britain Interned and Expelled Its Wartime Refugees* (London, 1980); Miriam Kochan, *Britain's Internees in the Second World War* (London, 1983); and Ronald A. Stent, *Bespattered Page? The Internment of His Majesty's 'Most Loyal Enemy Aliens'* (London, 1980). 研究の多くがDavid Cesarani and Tony Kushner, eds, *The Internment of Aliens in Twentieth Century Britain* (London, 1993) の中で要約されている。

(29) イタリア人に関しては、以下を参照せよ。Lucio Sponza: *Italian Immigrants in Nineteenth Century Britain* (Leicester, 1988); 'The British Government and the Internment of Italians', in Cesarani and Kushner, 前掲書、pp. 125-44; and 'The Anti-Italian Riots, June 1940', in Panikos Panayi, ed., *Racial Violence in Britain in the Nineteenth and Twentieth Centuries* (London, 1996), pp. 131-49. また、以下も参照せよ。Terri Colpi, 'The impact of the Second World War on the British Italian Community', in Cesarani and Kushner, 前掲書、pp. 167-87.

(30) Panayi 編の前掲書に所収されている諸論考においてまとめられている。

(31) Andreas Fahrmeier, *Citizens and Aliens: Foreigners and the Law in Britain and the German States, 1789-1870* (Oxford, 2000); Kathleen Paul, *Whitewashing Britain: Race and Citizenship in the Postwar Era* (Ithaca, NY, 1997); Ian R. G. Spencer, *British Immigration Policy: The Making of Multi*

–*Racial Britain* (London, 1997).

(32) Tony Kushner と Kenneth Lunn の編集による以下の二冊の本を参照せよ。*The Politics of Marginality: Race, the Radical Right and Minorities in Twentieth Century Britain* (London, 1990) および、*Traditions of Intolerance* (Manchester: 1989). また、以下も参照せよ。Kenneth Lunn, ed., *Hosts, Immigrants and Minorities: Historical Responses to Newcomers in British Society* (Folkestone, 1980) および、Panikos Panayi, *Immigration, Ethnicity and Racism in Britain, 1825–1945* (Manchester, 1994).

(33) Robert Winder, *Bloody Foreigners: The Story of Immigration to Britain* (London, 2004).

(34) Tony Kushner and Katherine Knox, *Refugees in an Age of Genocide: Global, National and Local Perspectives During the Twentieth Century* (London, 1999); Tony Kushner, *We Europeans? Mass-Observation, 'Race' and British Identity in the Twentieth Century* (Aldershot, 2004).

(35) Tony Kushner, *Remembering Refugees: Then and Now* (Manchester, 2006).

(36) Holmes, *Tolerant Country?*, p. 110.

(37) Solomos, *Race and Racism*; Robert Miles, *Racism After 'Race Relations'* (London, 1993); Zig Layton-Henry, *The Politics of Immigration* (Oxford, 1992), pp. 44–99.

(38) たとえば、以下を参照せよ。Fryer, *Staying Power*; Bolt, *Victorian Attitudes Towards Race*; Lorimer, *Colour Class and the Victorians*.

(39) Holmes, *Antisemitism*; George Mosse, *Toward the Final Solution: A History of European Racism* (New York, 1978), pp. 66–76.

(40) Panayi, *Racial Violence*; Panayi, *Immigration, Ethnicity and Racism*.

(41) 古典的研究として以下を参照せよ。Detlev J. K. Peukert, *Inside Nazi Germany: Conformity, Opposition and Racism in Everyday Life* (London, 1993). 地域的な事例としては、以下を参照せよ。Panikos Panayi, 'Victims, Perpetrators and Bystanders in a German Town: The Jews of Osnabrück Before, During and After the Third Reich', *European History Quarterly*, vol. 33 (2003), pp. 451–92.

(42) Lord Scarman, *The Scarman Report: The Brixton Disorders, 10–12 April 1981* (Harmondsworth, 1982).

(43) Brian Cathcart, *The Case of Stephen Lawrence* (London, 1999); Sir William MacPherson, *The Stephen Lawrence Inquiry* (London, 1999).

(44) 以降の本文を参照のこと。

(45) Panayi, *Racial Violence*.

(46) Thomas W. Perry, *Public Opinion, Propaganda and Politics in Eighteenth Century England: A Study of the Jew Bill of 1753* (Cambridge, MA, 1962).

(47) 以降の本文を参照のこと。

(48) たとえば、以下を参照せよ。John Stevenson, *Popular Disturbances in England, 1700–1870* (London, 1979) および、Roland Quinault and John Stevenson, eds, *Popular Protest*

and Public Order : Six Studies in British History* (London, 1975).

(49) Macpherson, *Stephen Lawrence Inquiry*, p. 321. また、以下も参照せよ。Stuart Hall, 'From Scarman to Stephen Lawrence', *History Workshop Journal*, Issue 58 (1999), pp. 187-97.

(50) Scarman, *Scarman Report*, pp. 79-119.

(51) Paul Ward, *Britishness Since 1870* (London, 2004), p. 140.

(52) Robert Colls, *Identity of England* (Oxford, 2002).

(53) Paul Gilroy, *There Ain't No Black in the Union Jack* (London, 1987), pp. 72-113.

(54) 第六章を参照せよ。

(55) Panayi, *Enemy in Our Midst.*

(56) Cate Haste, *Keep the Home Fires Burning* (London, 1977) ; Gary S. Messinger, *British Propaganda and the State in the First World War* (Manchester, 1992).

(57) Panayi, *Enemy in Our Midst*, pp. 153-83.

(58) James Chapman, *The British at War : Cinema, State and Propaganda 1939-45* (London, 1998) ; Ian McLaine, *Ministry of Morale : Home Front Morale and the Ministry of Information in World War II* (London, 1979).

(59) 以降の本文を参照せよ。

(60) Mike Cole, '"Brutal and Stinking" : and "Difficult to Handle" : The Historical and Contemporary Manifestations of Racialisatlon, Institutional Racism, and Schooling in Britain', *Race, Ethnicity and Education*, vol. 7 (2004), pp. 40-2 ; Jim English, 'Empire Day in Britain, 1904-1958', *Historical Journal*, vol. 49 (2006), pp. 247-76.

(61) Hazel V. Carby, 'Schooling in Babylon', in Centre for Contemporary Cultural Studies, ed., *The Empire Strikes Back : Race and Racism in Contemporary Britain* (London, 1982), pp. 184-5.

(62) Lorna Chessum, '"Sit Down, You Haven't Reached that Stage Yet" : African Caribbean Children in Leicester Schools, 1960-74', *History of Education*, vol. 26 (1997), pp. 412-15 ; Catherine Jones, *Immigration and Social Policy in Britain* (London, 1977), pp. 216-17 ; Bernard Coard, *How the West Indian Child is Made Educationally Subnormal in the British School System : The Scandal of the Black Child in Schools in Britain* (London, 1971), p. 13.

(63) Coard, 前掲書、pp. 13-14.

(64) Ethnic Communities Oral History Project, *The Motherland Calls : African Caribbean Experiences* (London, 1992), pp. 21-2.

(65) David Gillborn, *Racism and Antiracism in Schools* (Buckingham, 2000), p. 101.

(66) Coard, *West Indian Child*, pp. 18-22.

(67) Chessum, '"Sit Down"', pp. 415-18.

(68) Cole, '"Brutal and Stinking"', pp. 44-6 ; Modood, *Multicultural Politics*, p. 202 ; Small, *Racialised Barriers*, pp. 104-5 ; Tony Sewell, *Black Masculinities and Schooling : How Black Boys Survive Modern Schooling* (Stoke-on-Trent,

1997).
(69) 第六章を参照せよ。
(70) Tony Kushner and Kenneth Lunn, 'Preface', in Kushner and Lunn, *Politics of Marginality*.
(71) *The National Curriculum for England and Wales* (London, 1999).
(72) Gillborn, *Racism and Antiracism*, p. 135.
(73) 第三章を参照せよ。
(74) Jill Pellew, 'The Home Office and the Aliens Act, 1905', *Historical Journal*, vol. 32 (1989), p. 373 ; Vaughan Bevan, *The Development of British Immigration Law* (London, 1986), pp. 67-72.
(75) Andreas Fahrmeier, *Citizens and Aliens : Foreigners and the Law in Britain and the German States, 1789-1870* (Oxford, 2000), pp. 43-52.
(76) Rogers Brubaker, *Citizenship and Nationhood in France and Germany* (Cambridge, MA, 1992).
(77) Panayi, *Enemy in Our Midst*, pp. 61-6 ; Bird, *Control of Enemy Alien Civilians*, pp. 235-62.
(78) 第二章を参照せよ。
(79) Paul, *Whitewashing Britain*, p. 98.
(80) Layton-Henry, *Politics of Immigration*, pp. 192-3.
(81) Danièle Joly, *Haven or Hell? Asylum Policies and Refugees in Europe* (London, 1996), pp. 17-43.
(82) Valerie Marett, *Immigrants Settling in the City* (Leicester, 1989), pp. 64-82 ; Robin Cohen, *Frontiers of Identity : The British and the Others* (Harlow, 1994), pp. 112-14 ; Kushner and Knox, *Refugees*, pp. 345-6 ; Derek McGhee, *Intolerant Britain : Hate, Citizenship and Difference* (Maidenhead, 2005), pp. 78-87 ; Arun Kundnani, *The End of Tolerance : Racism in the 21st Century* (London, 2007), pp. 72-89 ; Rosemary Sales, 'The Deserving and the Undeserving? Refugees, Asylum Seekers and Welfare in Britain', *Critical Social Policy*, vol. 22 (2002), pp. 456-78.
(83) Bernard Porter, *The Refugee Question in Mid-Victorian Politics* (Cambridge, 1979).
(84) David Feldman, 'Migrants, Immigrants and Welfare from the Old Poor Law to the Welfare State', *Transactions of the Royal Historical Society*, sixth series, vol. 13 (2003), pp. 79-104.
(85) Kushner and Knox, *Refugees*.
(86) http: //www. ukba. homeoffice. gov. uk/brtishcitizenship/applying/Home Office, UK Border Agency, 'How I apply for British Citizenship?' [現在は https: //www. gov. uk/becoming-a-british-citizen, 最終アクセス日二〇一五年九月三日]
(87) 以下を参照せよ。James Hampshire, *Citizenship and Belonging : Immigration and the Politics of Demographic Governance in Post-war Britain* (Basingstoke, 2005).
(88) Pellew, 'Home Office', p. 373.
(89) Colin Holmes, 'The German Gypsy Question in Britain, 1904-1906', in Lunn, *Hosts, Immigrants and Minorities*, pp.

134-59.

(90) Panayi, *Enemy*, p. 97.

(91) 以降の本文を参照せよ。

(92) Andrew Bell-Fialkoff, *Ethnic Cleansing* (Basingstoke, 1996).

(93) Jacqueline Jenkinson, 'The 1919 Riots', in Panayi, *Racial Violence*, pp. 92-111.

(94) Kushner and Knox, *Refugees*, pp. 62-3.

(95) Tony Kushner and David Cesarani, 'Alien Internment in Britain during the Twentieth Century: An Introduction', in Cesarani and Kushner, *Internment of Aliens*, pp. 1-11; Wendy Ugolini and Gavin Schaffer, 'Victims or Enemies? Italians, Refugee Jews and the Reworking of Internment Narratives in Post-war Britain', in M. Riera and Gavin Schaffer, eds, *The Lasting War: Society and Identity in Britain, France and Germany after 1945* (Basingstoke, 2008), pp. 207-25.

(96) 抑留に関連した帰国の問題は，以下のような著作において取り上げられている。Cesarani and Kushner, *Internment of Aliens*; Richard Dove, ed., *'Totally un-English?' Britain's Internment of 'Enemy Aliens' in Two World Wars* (Amsterdam, 2005), pp. 17-26; Gillman and Gillman, *'Collar the Lot'*; François Lafitte, *The Internment of Aliens* (London, 1988); and Kochan, *Britain's Internees*.

(97) Robert Moore and Tina Wallace, *Slamming the Door: The Administration of Immigration Control* (London, 1975), pp. 57-106.

(98) Joint Council for the Welfare of Immigrants, *Target Caribbean: The Rise in Visitor Refusals from the Caribbean* (London, 1990).

(99) Cohen, *Frontiers*, pp. 126-7.

(100) Bill Jordan and Franck Düvell, *Irregular Migration: The Dilemmas of Transnational Mobility* (Cheltenham, 2002), pp. 172-97.

(101) Max Travers, *The British Immigration Courts: A Study of Law and Politics* (Bristol, 1999).

(102) 個々の事例を扱ったものとして，以下を参照せよ。Jeremy Seabrook, *The Refuge and the Fortress: Britain and the Flight from Tyranny* (Basingstoke, 2009), pp. 203-25.

(103) Roger Swift, 'Crime and the Irish in Nineteenth Century Britain', in Roger Swift and Sheridan Gilley, *The Irish in Britain, 1815-1939* (London, 1989), pp. 163-82.

(104) Bernard Porter, *The Origins of the Vigilant State: The London Metropolitan Police Special Branch Before the First World War* (London, 1987), pp. 50-67.

(105) Sponza, *Italian Immigrants*, p. 241.

(106) J. J. Tobias, 'Police Immigrant Relations in England: 1880-1910', *New Community*, vol. 3 (1974), pp. 213-14.

(107) *Daily Telegraph*, 11 February 1909.

(108) Panayi, *Enemy*, pp. 223-58.

(109) Jenkinson, '1919 Riots', pp. 98-102.

(110) D. S. Lewis, *Illusions of Grandeur: Mosley, Fascism and*

British Society, 1931–81 (Manchester, 1987), p. 166 ; Richard Thurlow, 'Blaming the Blackshirts : The Authorities and the Anti-Jewish Disturbances of the 1930s', in Panayi, *Racial Violence*, p. 120.

(111) Fryer, *Staying Power*, pp. 367–71 ; Anthony H. Richmond, *Colour Prejudice in Britain : A Study of West Indian Workers in Liverpool, 1941–51* (London, 1954), pp. 102–3.

(112) Edward Pilkington, *Beyond the Mother Country : West Indians and the Notting Hill White Riots* (London, 1988), pp. 147–8.

(113) Paul Gilroy, 'Police and Thieves', in Centre for Contemporary Cultural Studies, *Empire Strikes Back*, pp. 143–82.

(114) Gilroy, 前掲書, p. 143 ; Solomos, *Race and Racism*, pp. 120–47 ; Michael Rowe, *The Racialization of Disorder in Twentieth Century Britain* (Aldershot, 1998), pp. 135–61 ; Joanna Rollo, 'The Special Patrol Group', in Peter Hain, Martin Kettle, Duncan Campbell and Joanna Rollo, eds, *Policing the Police*, vol. 2 (London, 1980), pp. 153–208 ; Scarman, *Scarman Report* ; Stuart Hall, Chas Critcher, Tony Jefferson, John Clarke and Brian Roberts, *Policing the Crisis : Mugging, the State and Law and Order* (Basingstoke, 1978).

(115) 以下に引用されている。Panikos Panayi, ed., *The Impact of Immigration : A Documentary History of the Effects and Experiences of Immigrants and Refugees in Britain Since 1945* (Manchester, 1999), p. 132.

(116) Paul Gordon, *White Law : Racism in the Police, Courts and Prisons* (London, 1983), PP. 44–5.

(117) Institute of Race Relations, *Deadly Silence : Black Deaths in Custody* (London, 1991), pp. 11–12.

(118) Mary Hickman and Bronwen Walter, *Discrimination and the Irish Community in Britain* (London, 1997).

(119) Catherine Scorer and Patricia Hewitt, *The Prevention of Terrorism Act : The Case for Repeal* (London, 1981).

(120) Ronan Bennet, *Double Jeopardy : The Retrial of the Guildford Four* (London, 1993) ; Louis Bloom-Cooper, *The Birmingham Six and Other Cases : Victims of Circumstance* (London, 1997).

(121) Jo Goodey, 'The Criminalization of British Asian Youth : Research from Bradford and Sheffield', *Journal of Youth Studies*, vol. 4 (2001), pp. 429–50.

(122) Modood, *Multicultural Politics*, pp. 113–30 ; Kundnani, *End of Tolerance*, pp. 169–70.

(123) Bethnal Green and Stepney Trades Council, *Blood on the Streets* (London, 1978), pp. 7–9.

(124) Benjamin Bowling, *Violent Racism : Victimization, Policing and Social Context*, Revised Edition (Oxford, 1999), pp. 235–6.

(125) Cathcart, *Case of Stephen Lawrence*.

(126) Gilroy, 'Police and Thieves', p. 159.

(127) Central Office of Information, *Ethnic Minorities* (Lon-

don, 1997), pp. 78-80.

(128) Ellis Cashmore, 'The Experiences of Ethnic Minority Police Officers in Britain : Under-Recruitment and Racial Profiling in a Performance Culture', *Ethnic and Racial Studies*, vol. 24 (2001), p. 647.

(129) Hickman and Walter, *Discrimination and the Irish Community*, p. 182.

(130) 以下で引用されている。Gordon, *White Law*, p. 71.

(131) Cashmore, 'Experiences of Ethnic Minority Police Officers', pp. 649-50.

(132) National Association of Probation Officers and the Association of Black Probation Officers, *Race, Discrimination and the Criminal Justice System* (London, 1996), p. 2.

(133) Gordon, *White Law*, pp. 85-116 ; Roger Hood, *Race and Sentencing : A Study in the Crown Court* (Oxford, 1992).

(134) Panayi, *Enemy*, pp. 285-7 ; Cesarani and Kushner, *Internment of Aliens*.

(135) Gillman and Gillman, 'Collar the Lot' ; Kochan, *Britain's Internees* ; Stent, *A Bespattered Page?* ; Cesarani and Kushner, *Internment of Aliens* ; Dove, 'Totally un-English?' ; Lafitte, *Internment of Aliens* ; Connery Chappell, *Island of Barbed Wire : Internment on the Isle of Man in The Second World War* (London, 1986).

(136) Panayi, *Enemy*, pp. 70-149 ; Bird, *Control of Enemy Alien Civilians* ; Stella Yarrow, 'The Impact of Hostility on Germans in Britain, 1914-1918', in Kushner and Lunn, *Politics of Marginality*, pp. 97-112 ; Stefan Manz, *Migranten und Internierte : Deutsche in Glasgow, 1864-1918* (Stuttgart, 2003), pp. 262-95.

(137) たとえば、以下を参照せよ。Ruth Gay, *Safe Among the Germans : Liberated Jews After World War II* (London, 2002).

(138) James J. and Patience P. Barnes, 'London's German Community in the Early 1930s in Panikos Panayi, ed., *Germans in Britain since 1500* (London, 1996), pp. 131-46.

(139) Graham A. Smith, *When Jim Crow Met John Bull : Black American Soldiers in World War II Britain* (London, 1987) ; David Reynolds, 'The Churchill Government and the Black American Troops in Britain During World War II', *Transactions of the Royal Historical Society*, Fifth series, vol. 35 (1984), pp. 113-33 ; Neil A. Wynn, '"Race War" : Black American GIs and West Indians in Britain during the Second World War', *Immigrants and Minorities*, vol. 24 (2006), pp. 324-46 ; Christopher Thorne, 'Britain and the Black GIs : Racial Issues and Anglo-American Relations in 1942', *New Community*, vol. 3 (1974), pp. 262-71.

(140) Panikos Panayi, 'Dominant Societies and Minorities in the Two World Wars', in Panikos Panayi, ed., *Minorities in Wartime : National and Racial Groupings in Europe, North America and Australia during the Two World Wars* (Oxford, 1993), PP- 3-23.

(141) Lorimer, *Colour Class and the Victorians* ; Elazar Bal-

kan, *The Retreat of Scientific Racism: Changing Concepts of Race In Britain and the United States between the World Wars* (Cambridge, 1992).

(142) Gilroy, *There Ain't No Black*, pp. 43–71; Anne Marie Smith, *New Right Discourse on Race and Sexuality* (Cambridge, 1994).

(143) たとえば、以下を参照せよ。Paul Hartmann and Charles Husband, *Racism and the Mass Media* (London, 1974) および Bryan Cheyette, *Constructions of 'the Jew' in English Literature and Society* (Cambridge, 1993).

(144) Teun A. van Dijk, *Racism and the Press* (London, 1991).

(145) John E. Richardson, *(Mis) Representing Islam: The Racism and Rhetoric of British Broadsheet Newspapers* (Amsterdam, 2004); Elizabeth Poole, *Reporting Islam: Media Representations of British Muslims* (London, 2002).

(146) Kushner, *Remembering Refugees*, pp. 102–3, 192–3.

(147) R. F. Foster, 'Paddy and Mr Punch', *Journal of Newspaper and Periodical History*, vol. 7 (1991), pp. 33–47.

(148) Panayi, *Enemy*.

(149) Linda Colley, *Britons: Forging the Nation, 1707–1837* (London, 1994), pp. 10–58.

(150) George Rude, 'The Gordon Riots: A Study of the Rioters and Their Victims', *Transactions of the Royal Historical Society*, Fifth series, vol. 6 (1956), pp. 93–114.

(151) E. R. Norman, *Anti-Catholicism in Victorian England* (London, 1968), p. 16.

(152) John Wolfe, *The Protestant Crusade in Great Britain, 1829–1860* (Oxford, 1991), p. 2.

(153) 同書、pp. 318–19 において挙げられている。

(154) Arnstein, *Protestant Versus Catholic*, pp. 3–7.

(155) Donald M. MacRaild, *Irish Migrants in Modern Britain, 1750–1922* (Basingstoke, 1999), pp. 169–94.

(156) Arnstein, 'Murphy Riots'; Frank Neal, 'English-Irish Conflict in the North West of England: Economic, Racism, Anti-Catholicism or Xenophobia', *North West Labour History*, vol. 16 (1991–2), pp. 14–25; Bernard Aspinwall, 'Popery in Scotland: Image and Reality', *Records of the Scottish Church History Society*, vol. 22 (1986), pp. 235–57.

(157) Friedrich Engels, *The Condition of the Working-Class in London* (originally 1845; Moscow, 1973), pp. 129–33.

(158) MacRaild, *Irish Migrants*, pp. 156–60.

(159) Arnstein, *Protestant Versus Catholic*, p. 215; Norman, *Anti-Catholicism*, p. 20.

(160) L. P. Curtis による以下の二冊の本を参照せよ。*Anglo-Saxons and Celts* (New York, 1968) および、*Apes and Angels: The Irishman in Victorian Caricature* (Newton Abbot, 1971). また、以下も参照せよ。Foster, 'Paddy and Mr Punch'.

(161) Enda Delaney, *The Irish in Post-war Britain* (Oxford, 2007), pp. 133–4. また、第四章も参照せよ。

(162) Hickman and Walter, *Discrimination and the Irish Community*, pp. 191–4; Christie Davis, 'The Irish Joke as a So-

cial Phenomenon', in John Durant and Jonathan Miller, eds, *Laughing Matters : A Serious Look at Humour* (London, 1988), pp. 44-65.

(163) Hickman and Walter, 前掲書、pp. 201-12.

(164) Holmes, *Anti-Semitism*.

(165) Edgar Rosenberg, *From Shylock to Svengali : Jewish Stereotypes in English Fiction* (Stanford, 1960).

(166) 同書、p. 262.

(167) Nadia Valman, *The Jewess in Nineteenth Century British Culture* (Cambridge, 2007), p. 209.

(168) John S. Galbraith, 'The Pamphlet Campaign in the Boer War', *Journal of Modern History*, vol. 24 (1952), pp. 120-1.

(169) Colin Holmes, 'J. A. Hobson and the Jews' in Holmes, *Immigrants and Minorities*, pp. 125-57.

(170) Holmes, *Antisemitism*, pp. 70-7 ; Cheyette, *Constructions*, pp. 150-205.

(171) 一九〇五年外国人法制定を求める運動については、以下が特に詳しい。Gainer, *Alien Invasion* ; Gartner, *Jewish Immigrant in England* ; and Garrard, *English and Immigration*. 一九三〇年代については、たとえば、以下を参照せよ。Andrew Sharf, *The British Press and the Jews under Nazi Rule* (Oxford, 1964), pp. 173-4 ; Paul Weindling, 'The Contribution of Central European Jews to Medical Science and Practice in Britain, the 1930s to the 1950s', in W. E. Mosse, et al., eds, *Second Chance : Two Centuries of German-Speaking Jews in the United Kingdom* (Tübingen, 1991), pp. 243-54.

(172) Holmes, *Antisemitism*, pp. 36-48.

(173) 同書、p. 168 ; Lebzelter, *Political Antisemitism*.

(174) Arnold White, *The Modern Jew* (London, 1899), p. xii.

(175) Holmes, *Antisemitism*, pp. 122-40 ; Panayi, *Enemy*, pp. 30-2, 164-4, 175-6.

(176) Holmes, 前掲書、pp. 141-74 ; Lebzelter, *Political Antisemitism*, pp. 13-28 ; Sharman Kadish, '"Bolche, Bolshie and the Jewish Bogey" : The Russian Revolution and Press Antisemitism', *Patterns of Prejudice*, vol. 22 (1988), pp. 24-39 ; Keith M. Wilson, 'The Protocols of Zion and the Morning Post', *Patterns of Prejudice*, vol. 19, (1985), pp. 5-14.

(177) Kushner, *Persistence of Prejudice*, pp. 78-105.

(178) Tony Kushner, 'Antisemitism and Austerity : The August 1947 Riots in Britain', in Panayi, *Racial Violence*, pp. 150-70.

(179) David Cesarani, *Justice Delayed : How Britain Became a Refuge for Nazi War Criminals* (London, 1992), pp. 77-80.

(180) W. D. Rubinstein, *A History of the Jews in the English Speaking World : Great Britain* (Basingstoke, 1996), pp. 381-9 ; Todd M. Endelman, *The Jews of Britain, 1656-2000* (London, 2002), pp. 243-7 ; Brian Klug, 'Ritual Murmur : The Undercurrent of Protest Against Religious Slaughter of Animals in Britain in the 1980s', *Patterns of Prejudice*, vol. 23 (1991), pp. 16-28 ; Nigel Copsey, *Contemporary British Fascism : The British National Party and*

the Quest for Legitimacy (Basingstoke, 2004), pp. 87–93.

(181) Lucio Sponza, 'Italian Immigrants in Britain: Perceptions and Self-Perceptions', in Kathy Burrell and Panikos Panayi, eds, *Histories and Memories: Migrants and their History in Britain* (London, 2006), pp. 57–74; Wendy Ugolini, 'Communal Myths and Silenced Memories: The Unremembered Experience of Italians in Scotland During The Second World War' (University of Edinburgh Ph.D. thesis, 2006).

(182) Sponza, *Italian Immigrants*, pp. 119–33.

(183) Panikos Panayi, *German Immigrants in Britain during the Nineteenth Century, 1815–1914* (Oxford, 1995), pp. 201–51; Panayi, *Enemy*, pp. 153–83, 232–4; John Ramsden, *Don't Mention the War: The British and the Germans Since 1890* (London, 2006); Ruth Wittlinger, 'Perceptions of Germany and the Germans in Post-war Britain', *Journal of Multilingual and Multicultural Development*, vol. 25 (2004), pp. 453–65.

(184) Walvin, *Black and White*, p. 11.

(185) Lorimer, *Colour, Class and the Victorians*, pp. 69–91, 178–200; Bolt, *Victorian Attitudes to Race*, pp. 131–47; Barbara Bush, *Imperialism, Race and Resistance: Africa and Britain* (London, 1999).

(186) Bolt, 前掲書, pp. 168–210; Frances M. Mannsaker, 'The Dog that Didn't Bark: The Subject Races at the Turn of the Century', in David Dabydeen, ed., *The Black Presence in English Literature* (Manchester, 1985), pp. 114–19; Durba Ghosh, *Sex and the Family in Colonial India: The Making of Empire* (Cambridge, 2006).

(187) Urmila Seshagiri, 'Modernity's (Yellow) Perils: Dr Fu-Manchu and English Race Paranoia', *Cultural Critique*, vol. 62 (2006), pp. 162–94; Toshio Yokoyama, *Japan in the Victorian Mind* (London, 1987); Colin Holmes and A. H. Ion, 'Bushido and the Samurai: Images in British Public Opinion, 1894–1914', *Modern Asian Studies*, vol. 14 (1980), pp. 309–329.

(188) たとえば、以下を参照せよ。Reginald Horsman, 'Origins of Racial Anglo-Saxonism in Great Britain before 1850', *Journal of the History of Ideas*, vol. 37 (1976), pp. 387–410.

(189) 一九世紀のイギリスにおける疑似科学としての人権主義の発展については、以下の研究で明らかにされている。Ronald Rainger, 'Race, Politics and Science: The Anthropological Society of London in the 1860s', *Victorian Studies*, vol. 22 (1978), pp. 51–70; Michael Banton, *Racial Theories*, 2nd edn (Cambridge, 1998), pp. 1–116; Michael Biddis, *Images of Race* (Leicester, 1979); and Mosse, *Towards the Final Solution*, pp. 66–76.

(190) Joseph Salter, *The Asiatic in England: Sketches of Sixteen Years Work Among Orientals* (London, 1873); Rosina Visram, *Asians in Britain: 400 Years of History* (London, 2002), pp. 67–8; Michael H. Fisher, *Counterflows to Colonialism: Indian Travellers and Settlers in Britain, 1600*

-1857 (Delhi, 2004), pp. 383-92.

(191) Lorimer, *Colour, Class and the Victorians*, pp. 21-44 ; George F. Rehin, 'Blackface Street Minstrels in Victorian London and its Resorts : Popular Culture and its Racial Connotations as Revealed in Polite Opinion', *Journal of Popular Culture*, vol. 15 (1981), pp. 19-38.

(192) Jenkinson, '1919 Riots', pp. 108-10 ; Fryer, *Staying Power*, pp. 306-13.

(193) Paul B. Rich, *Race and Empire in British Politics*, 2nd edn (Cambridge, 1990), pp. 120-44.

(194) Paul B. Rich, 'Doctrines of Racial Segregation in Britain : 1900-1945', *New Community*, vol. 12 (1984-5), pp. 75-88.

(195) Seshagiri, 'Modernity's (Yellow) Perils' ; J. P. May, 'The Chinese in Britain', in Holmes, *Immigrants and Minorities*, pp. 111-25 ; P. J. Waller, 'The Chinese', *History Today*, vol. 35 (September 1985), pp. 8-15 ; Marek Kohn, *Dope Girls : The Birth of the British Drug Underground* (London, 1992), pp. 57-66 ; Joanne M. Cayford, 'In Search of "John Chinaman" : Press Representations of the Chinese in Cardiff, 1906-1911', *Llafur*, vol. 5, no. 4 (1991), pp. 37-50 ; Michael Diamond, *Lesser Breeds : Racial Attitudes in Popular British Culture, 1890-1940* (London, 2006), pp. 11-60.

(196) Lorna Chessum, 'Race and Immigration in the Local Leicester Press, 1945-62', *Immigrants and Minorities*, vol. 17 (1998), pp. 36-56.

(197) Robert Miles and Annie Phizacklea, *White Man's Country : Racism in British Politics* (London, 1984), pp. 20-44 ; Robert Miles, 'The Riots of 1958 : The Ideological Construction of Race Relations as a Political Force in Britain', *Immigrants and Minorities*, vol. 3 (1984), pp. 252-75.

(198) たとえば、以下を参照せよ。Van Dijk, *Racism and the Press* ; Hartmann and Husband, *Racism and the Mass Media*, pp. 127-31.

(199) Marett, *Immigrants Settling in the City*, pp. 51-3.

(200) Kushner, *Remembering Refugees*, pp. 181-212.

(201) Gilroy, *There Ain't No Black*, pp. 72-113.

(202) Barry Troyna, 'Reporting Racism : The "British Way of Life" Observed', in Charles Husband, ed., *'Race' in Britain : Continuity and Change* (London, 1987), pp. 286-8 ; Ray Honeyford, *The Commission for Racial Equality : British Bureaucracy and the Multicultural Society* (London, 1998).

(203) たとえば、以下を参照せよ。Paul B. Rich, 'Conservative Ideology and Race in Modern British Politics', in Zig Layton-Henry and Paul B. Rich, eds, *Race, Government and Politics in Britain* (Basingstoke, 1986), pp. 45-72 ; Andy R. Brown, *Political Languages of Race and the Politics of Exclusion* (Aldershot, 1999).

(204) Richardson, *(Mis) Representing Islam*, pp. 5-19 ; Poole, *Reporting Islam*, pp. 28-32.

(205) Richardson, 同書、pp. 155-90 ; Kundnani, *End of Tolerance*, pp. 90-105 ; David Miller, 'Propaganda and the "Terror Threat" in the UK', in Elizabeth Poole and John E. Ri-

chardson, eds. *Muslims and the News Media* (London, 2006), pp. 45-52.

(206) Poole, *Reporting Islam*, pp. 101-87.

(207) Nasar Meer and Tehseen Noorani, 'A Sociological Comparison of Antisemitism and anti-Muslim Sentiment in Britain', *Sociological Review*, vol. 56 (2008), pp. 195-219.

(208) 長期的視野にたってイギリスの極右を検討した研究には以下のものがある。Richard Thurlow, *Fascism in Britain* (Oxford, 1987); and Christopher T. Husbands, 'East End Racism, 1900-1980: Geographical Continuities in Vigilantist and Extreme Right-wing Political Behaviour', *London Journal*, vol. 8 (1982), pp. 3-26.

(209) 第四章を参照せよ。

(210) Husbands, 前掲論文, pp. 7-12; Gainer, *Alien Invasion*, pp. 60-4, 67-73; Holmes, *Antisemitism*, pp. 89-97.

(211) Panayi, *Enemy*, pp. 212-15; W. D. Rubinstein, 'Henry Page Croft and the National Party, 1917-22', *Journal of Contemporary History*, vol. 9 (1974), pp. 129-48; G. R. Searle, *Corruption in British Politics, 1895-1930* (Oxford, 1987), pp. 255-68.

(212) Mike Cronin, ed., *The Failure or British Fascism: The Far Right and the Fight for Political Recognition* (Basingstoke, 1996); Richard Thurlow, 'The Failure of British Fascism', in Andrew Thorpe, ed., *The Failure of Political Extremism in Inter-war Britain* (Exeter, 1989), pp. 67-84.

(213) Holmes, *Antisemitism*, pp. 141-74; Lebzelter, *Political Antisemitism*, pp. 49-85; Thurlow, *Fascism in Britain*, pp. 62-91.

(214) イギリス・ファシスト連合の歴史や記憶に関しては、以下のものを含む非常に多くの文献がある。Robert Benewick, *The Fascist Movement in Britain* (London, 1972); Colin Cross, *The Fascists in Britain* (London, 1961); Tony Kushner and Nadia Valman, eds, *Remembering Cable Street Fascism and Anti-Fascism in British Society* (London, 2000); Kenneth Lunn and Richard Thurlow, eds, *British Fascism: Essays on the Radical Right in Inter-war Britain* (London, 1980); Martin Pugh, *Hurrah for the Blackshirts!: Fascists and Fascism in Britain Between the Wars* (London, 2005); W. F. Mandle, *Antisemitism and the British Union of Fascists* (London, 1968); Lewis, *Illusions of Grandeur*; Thomas P. Linehan, *British Fascism, 1918-1939: Parties, Ideology and Culture* (Manchester, 2000).

(215) Husbands, 'East End Racism', pp. 14-15; Thurlow, *Fascism in Britain*, pp. 243-7.

(216) Paul Foot, *Immigration and Race in British Politics* (Harmondsworth, 1965), pp. 195-215.

(217) Miles and Phizacklea, *White Man's Country*, pp. 38-9.

(218) Holmes, *Tolerant Country*, pp. 56-7; Nicholas Deakin, ed., *Colour and the British Electorate: Six Case Studies* (London, 1965); Brown, *Political Languages*.

(219) Layton-Henry, *Politics of Immigration*, pp. 79-83; Nicholas Hillman, 'A Chorus of "Execration"? Enoch Powell's

"Rivers of Blood" Forty Years On', *Patterns of Prejudice*, vol. 42 (2008), pp. 83-104.

(220) Anthony M. Messina, *Race and Party Competition in Britain* (Oxford, 1989), pp. 104-9.

(221) Stan Taylor, *The National Front in English Politics* (London, 1982); Christopher T. Husbands, *Racial Exclusionism and the City: The Urban Support of the National Front* (London, 1983); Michael Billig, *Fascists: A Social Psychological Profile of the National Front* (London, 1978).

(222) 同書において、引用されている。

(223) Layton-Henry, *Politics of Immigration*, p. 184.

(224) Gerry Gable, 'Britain's Nazi Underground', in Luciano Cheles, Ronnie Ferguson and Michalina Vaughan, eds, *The Far Right in Western and Eastern Europe*, 2nd edn (London, 1995), pp. 258-271.

(225) Copsey, *Contemporary British Fascism*; Matthew J. Goodwin, 'The Extreme Right in Britain: Still an "Ugly Duckling" but for How Long?', *Political Quarterly*, vol. 78 (2007), pp. 241-50.

(226) http: //news. bbc. co. uk/1/shared/bsp/hi/elections/euro/09/html/ukregion_999999.stm [最終アクセス日二〇一五年九月三日]

(227) 第三章を参照せよ。

(228) Panayi, *Enemy*, pp. 184-222,

(229) Gainer, *Alien Invasion*, pp. 36-52.

(230) Holmes, *Anti-Semitism*, p. 110.

(231) 同書、pp. 203-19.

(232) Kushner, *We Europeans?*, p. 109.

(233) 同書、p. 172.

(234) Kushner, *Persistence of Prejudice*, pp. 48-105.

(235) Rubinstein, *History of the Jews*, p. 385.

(236) Endelman, *Jews of Britain*, p. 245.

(237) Rubinstein, *History of the Jews*, p. 385.

(238) MacRaild, *Irish Migrants*, pp. 165-9.

(239) Patricia Wells and Rory Williams, 'Sectarianism at Work: Accounts of Employment Discrimination Against Irish Catholics in Scotland', *Ethnic and Racial Studies*, vol. 26 (2003), pp. 632-62; Martin Mac an Ghaill, 'The Irish in Britain: The Invisibility of Ethnicity and Anti-Irish Racism', *Journal of Ethnic and Migration Studies*, vol. 26 (2000), p. 143.

(240) Hickman and Walter, *Discrimination and the Irish Community*, pp. 180-221.

(241) 第三章を参照せよ。

(242) 以降の本文を参照せよ。

(243) Fryer, *Staying Power*, pp. 234-6.

(244) Walvin, *Black and White*, pp. 189-99.

(245) 同書、p. 203.

(246) 以降の本文を参照せよ。

(247) Little, *Negroes in Britain*, pp. 55-107.

(248) Holmes, *John Bull's Island*, p. 153.

(249) Harold Moody, *The Colour Bar* (London, 1944), p. 3.

(250) John Flint, 'Scandal at the Bristol Hotel: Some Thoughts

on Racial Discrimination in Britain and West Africa and its Relationship to the Planning of Decolonization, 1939–47', *Journal of Imperial and Commonwealth History*, vol. 12 (1983), pp. 77–9 ; Smith, *When Jim Crow Met John Bull*.

(251) Michael Banton, *White and Coloured : The Behaviour of British People Towards Coloured Immigrants* (London, 1959), pp. 120, 181.

(252) Anthony H. Richmond, *The Colour Problem* (Harmondsworth, 1965), pp. 248–56.

(253) 第三章を参照せよ。

(254) Pilkington, *Beyond the Mother Country*, p. 45.

(255) Panayi の以下の著書で引用されている史料を参照せよ。*Impact of Immigration*, pp. 131–3.

(256) Clifford S. Hill, *How Colour Prejudiced is Britain?* (London, 1971) ; W. W. Daniel, *Racial Discrimination in England* (Harmondsworth, 1968).

(257) Dllip Hiro, *Black British White British* (London, 1971), p. 245.

(258) Richmond, *Migration and Race Relations*, pp. 211–38.

(259) Lawrence, *Black Migrants, White Natives*.

(260) 以下に所収されている論考を参照せよ。Neil Chakraborti and Jon Garland, eds, *Rural Racism* (Cullompton, 2004).

(261) たとえば、以下を参照せよ。Richard Skellington, *'Race' in Britain Today*, 2nd edn (London, 1996), pp. 232–4.

(262) Bill Dixon and David Gadd, 'Getting the Message? : "New" Labour and the Criminalization of "Hate"', *Criminology and Criminal Justice*, vol. 6 (2001), pp. 309–28 ; P. Iganski, 'Why Make "Hate" a Crime?', *Critical Social Policy*, vol. 19 (1999), pp. 386–95 ; Bowling, *Violent Racism*, p. 6.

(263) Alan O'Day, 'Varieties of Anti-Irish Behaviour in Britain, 1846–1922', in Panayi, *Racial Violence*, pp. 26–43 ; Arnstein, 'Murphy Riots' ; Gilley, 'Garibaldi Riots' ; Gallagher, *Uneasy Peace* ; Neal, *Sectarian Violence* ; Pauline Millward, 'The Stockport Riots of 1852 : A Study of Anti-Catholic and Anti-Irish Sentiment', in Roger Swift and Sheridan Gilley, eds, *The Irish in the Victorian City* (London, 1985), pp. 207–24 ; Roger Swift, '"Another Stafford Street Row" : Law, Order and the Irish Presence in Mid-Victorian Wolverhampton', *Midland History*, vol. 9 (1984), pp. 87–108 ; Jon Parry, 'The Tredegar Anti-Irish Riots of 1882', *Llafur*, vol. 3 (1983), pp. 20–3 ; John Bohstedt, 'More than One Working Class : Protestant-Catholic Riots in Edwardian Liverpool', in John Belchem, ed., *Popular Politics, Riot and Labour : Essays in Liverpool History, 1790–1940* (Liverpool, 1992), pp. 173–216 ; Paul O'Leary, 'Anti-Irish Riots in Wales, 1826–1882', *Llafur*, vol. 5 (1991), pp. 27–36 ; Panayi, *Impact of Immigration*, pp. 146–8.

(264) Panikos Panayi, 'Anti-Immigrant Riots in Nineteenth and Twentieth Century Britain', in Panayi, *Racial Violence*, p. 10.

(265) Geoffrey Alderman, 'The Anti-Jewish Riots of August 1911 in South Wales', *Welsh History Review*, vol. 6 (1972),

pp. 190-200; Colin Holmes, 'The Tredegar Riots of 1911: Anti-Jewish Disturbances in South Wales', *Welsh History Review*, vol. 11 (1982), pp. 214-25; May, 'Chinese In Britain'; Waller, 'Chinese'.

(266) Holmes, *Antisemitism*, pp. 128-37.

(267) Panayi, *German Immigrants*, pp. 235-6.

(268) Panayi, *Enemy*, pp. 223-58; Nicoletta F. Gullace, 'Friends, Aliens and Enemies: Fictive Communities and the Lusitania Riots of 1915', *Journal of Social History*, vol. 39 (2005), pp. 345-67.

(269) Jenkinson, '1919 Riots'.

(270) たとえば、以下を参照せよ。Kushner and Valman, *Remembering Cable Street*; Mandle, *Antisemitism and the British Union of Fascists*; Lewis, *Illusions of Grandeur*, pp. 89-143; Holmes, *Antisemitism*, pp. 191-202.

(271) Sponza, 'Anti-Italian Riots'.

(272) Pilkington, *Beyond the Mother Country*.

(273) Panikos Panayi, 'Middlesbrough 1961: A British Race Riot of the 1960s?', *Social History*, vol. 16 (1991), pp. 139-53.

(274) Ralph Grillo, '"Saltdean Can't Cope": Protests Against Asylum Seekers in an English Seaside Suburb', *Ethnic and Racial Studies*, vol. 28 (2005), pp. 235-60.

(275) Diane Frost, 'The "Enemy Within"? Asylum, Racial Violence and "Race Hate" in Britain Today', *21st Century Society*, vol. 2 (2007), pp. 227-48.

第六章　多文化主義の発展

多文化主義の定義

一九八〇年代の終わりまでに、イギリスにおけるエスニック・マジョリティとエスニック・マイノリティ、特に南アジアおよびカリブ海諸島に起源を持つ者たちとの関係性を表現する新しい言葉が現れた。多文化主義（もしくは多人種主義ないしは多民族性）が次第に人種関係という概念に置き換わるようになっていった。この新しい用語には暗に戦後初期の移民たちは根強い差別からすでに免れたのだという考えが内包されている。新たな秩序の中では、平等、少なくとも機会の平等は黒人《ブラック》、アジア系、白人の間に達成されたと考えられている。同時に、イギリスは特に食、大衆文化、スポーツなどの分野において、耐乏の戦後初期を特徴付けた単一文化からもはや遠く離れ、今や移民やその子孫によって影響を受けた、より豊かで多様な社会になりつつあるのだ、と。エスニック・マイノリティの人々は多様性がもはや普通のこととなった状況において、自らの背景《バックグラウンド》を賛美できるようになったのだ。

　このように、かなり単純化して多文化主義の発展を要約するやり方は（メディアや公的な場において長く見受けられるものの）いろいろと欠点を有している。まず、それは歴史的な文脈を欠いている。マイクおよびトレヴァー・フィリップスによって書かれ、『ウィンドラッシュ』と題された本の副題が『多人種のイギリスの抑えがたい台頭』であることはこのことのよい例である。フィリップス兄弟はイギリスにおける西インド諸島系コミュニティの成長について書き、それは一九四八年のエンパイア・ウィンドラッシュ号のティルベリー港への到着から始まる。彼らにとって、イギリスにそれ以前に到来した他の移民集団の歴史は重要ではないように思われる。[1] 同様に、ヤスミン・アリバイ＝ブラウンとビク・パレクは一九四五年以前にイギリスに流入した移民の重要性を認識しているものの、一九世紀やそれ以前には遡ろうとはしない。それはおそらく、彼ら自身のエスニシティと経験によるものか（アジア系［アリバイ＝ブラウンはパキスタン系で、パレクはインド系］はイギリスに二〇世紀後半に定住したため）、もしくは彼らが歴史家ではないからだろう。彼らが過去に分け入ろうとする時は、イギリスへの黒人《ブラック》およびアジア系の移民の歴史に焦点を当てる傾向がある。アリバイ＝ブラウンはエスニック集団として「白人」に分類される人々にも多様性（例えば「アイルランド系、イタリア系、ポーランド系、スペイン系、ユダヤ系、イングランド系、スコットランド系、ウェールズ系、そしてそれ以外のたくさんの集団」を挙げる）があることを重要であると認めているが、それ以上詳しく立ち入ろうとはしない。彼女の『イギリス人とは一体何者か』の中の「長く根を張る」という章ではイギリスにおける非白人《ブラック》の歴史が扱われている。一九四五年以前にイギリスにやってきた何十万人ものユダヤ人や何百万人ものアイルランド人と比較すれば、そこに関係するのはごく少数であるにもかかわらず、である。[2] 同様に、パレクの『多民族社会イギリスの未来』に関する報告書は私たちに国民の歴史《ナショナル・ストーリー》を再考するよう促しているが、このことは一九四五年以前にイギリスに入って来た移民の歴史をたどることを含んでいない（ただし報告書は、イギリスの多民族性とはアイルランド人やユダヤ人を含む、様々な白人集団の存在を認識することを含んでいると認めている）。[3] 他方、国籍法の形態や人種関係法の制定など、多文化主義の構造的基盤の歴史について研究を行っている学者たちもまた、第二次世界大戦後に焦点を当てている。例えば、エイドリアン・ファヴェルがそうである（ただし彼は多文化主義の概念にかなり批判的な立場を取っている）(4)。ランドール・ハンセンは多文化主義のイギリスの発展をたどる試みを行ったが、やはり彼も戦後期に焦点を当てている(5)。

一九四五年以降の時期に焦点を当てることはそれ以前にイギリスに入って来た大量の移民を無視してしまうことになる。多文化主義に関して著述する者の大半は、歴史的な知識を限定的にしか持たず、一九四五年以前に移民の規模ないしは法律の導入において生じた革命的発展とは結びつけない。このように歴史的見地に立たないことで、連続性が見逃されてしまう。一九四五年以降、移民の規模は増加したかもしれないが、第二次世界大戦前にもかなりのレベルで移民は生じており、イギリスにおける民族的・文化的多様性の歴史は長いのである。例えば、移民の飛び地《エンクレーブ》や新たな宗教の繁栄といった現象は一九四五年の前と後とで似通っている。同時にまた、食、音楽、ビジネス、どの尺度で見たとしても、移民は一九世紀からイギリス文化に影響を与えてきた。一九四五年以降の移民の規模の大きさは、その影響がより大きくなったかもしれない一方で、ヴィクトリア朝に確立されたパターンに基づいていた。さらに、多文化主義の制度的な起源はハンセンが断言するように一九四八年イギリス国籍法にあるのではなく(6)、またはハリー・ゴールボーンのような学者が強調するように一九六〇年代および七〇年代の人種関係法制にあるのでもない(7)。アンドレアス・ファーマイアーはその出生地主義の使用や帝国市民の編入の観点から、第一次世界大戦より前のイギリス国籍法の内包的性格を実証している(8)。近代進歩史観《ホイッグ》的歴史解釈の援護者となりたくはないが(9)、多文化のイギリスの起源は一九四八年や一九六〇年代のいつかにあるのではなく、ローマ・カトリックにプロテスタントと同じ権限を与え、一九四五年以降制定されたた法律のどれよりも革命的な一歩であった一八二九年のカトリック解放法によって始まるのだ、と示唆することができるかもしれない。このプロセスはヴィクトリア朝のユダヤ人の解放へと続くのだが、これも反ユダヤ主義とそれまでのイギリス史におけるその影響を鑑みると劇的な進歩であった。このように、私たちは一九四五年以後に起きた変化を一九世紀に起きた制度的・構造的発展の中に位置づける必要がある。イギリスはファシズムへ進んで行ったドイツのような「特有の道《ゾンダーヴェーク》」を持たなかった。[10] 代わりに、第一次世界大戦や「テロとの戦い」のような不寛容な時期を経験はしたものの、平等な権利や市民権の付与から、人種差別を違法化する試みに至るまでいくつかの段階を経て、マイノリティの権利は一九世紀から顕著に、また漸進的に改善されてきた。

しかしながら、イギリスが次第に、堅実に、確実に、多文化主義の天国へと発展を遂げているという考えへと大きく勢いをつけて飛びつく前に、かなり強くブレーキを踏んで、過去二世紀を通じて日常生活に存在した人種主義の現実を想起する必要がある。フィリップ・コーエンは「多文化主義の幻想」について、そこでは「権力の構造は変わらないまま、支配的な者と従属的な者が…どういうわけか立場を交換し、相手がどう暮らしているかを知る」としている。[11] より最近では、グレアム・ハガンが「仮想現実的《ヴァーチャル》な多文化主義」について書いている。彼はスティーヴン・ローレンス事件を検証し、「イギリスのマイノリティ市民の法の下での不平等を確認し、実質的に多文化主義の和解的なレトリックを否定する」と述べた。[12] 一八二九年のカトリック解放法から一九九八年の人権法まで、民族および人種による不平等の問題に取り組もうとする法制の流れにもかかわらず、エスニック・マイノリティは全体として政治的に、経済的に周辺的な地位に（少なくとも短期的には）留まっている。パレクやアリバイ＝ブラウンのような著述家はポスト帝国時代のイギリスに存在する民族《エスニックな》による不平等を強調し、同時に帝国の崩壊以後の人口動態的、文化的変化を指摘しようとしている。[13] 黒人《ブラック》のスポーツ選手はイギリスのスポーツの性質を変える助けになってきたかもしれないし、バングラデシュ系の移民は［イギリスの］食習慣を変えてきたが(14)、このことはアフロ・カリブ系やバングラデシュ系の多数が、これらのコミュニティのパイオニアとなった人々がやってきてから数十年の間、比較的恵まれない地位に留まってきたという事実を変える訳ではない。こういった、コミュニティの残りの人々の現実と比較したときの［一部の］エスニック・マイノリティの公的な活躍もまた、多文化主義の幻想の一部をなしている。ヴィクトリア朝後期およびエドワード朝のユダヤ人の流入の事例が示すように、経済的・政治的成功は長い時間をかけてもたらされるものかもしれない。一〇〇年後には彼らの子孫が文化的、経済的、政治的力を手に入れているかもしれない。第二次世界大戦後の数十年に移住して来た最初の帝国・英連邦《コモンウェルス》移民たちの多くの子孫が、二一世紀の半ばまでにイギリスの生活の中心になることはありそうなことのように思える。実際、英連邦《コモンウェルス》移民は、国籍法により、特に他のヨーロッパ諸国からの人々と対照すると、ただちに政治的力を獲得する可能性を持っていた。彼らはイギリス国籍を有していたので、自動的に選挙に参加することができたのである。同時に、出生地主義の原則はたとえ第一世代が選挙権を持たなかったとしても、第二世代は有するようになることを意味した。さらに、アイルランド人は一九二一年［南アイルランドのアイルランド自由国としての独立を決めた英愛条約調印の年］以前も以後も常に票を投じることができた。イギリスの選挙区中心の選挙制度においては、エスニック・マイノリティは一九世紀後半のアイルランド人から現代の南アジア人まで、彼らが集中している選挙区の議席を左右することができる。

　しかしながら、このことは多文化主義と結びついた、さらなる問題へとつながっていく。多文化主義は違いを創り出し、永続させるのである。この主張が特に顕著になるのは、コミュニティの歴史保存やカーニバルなどの公的なイベントに対する支援など、国家によって後援された多文化主義を扱う場合である。近年の「ブラック・ヒストリー・マンス」の出現はマイノリティがそこで中心となる多文化主義的な空間を創り出すが、そこで主流社会との交流は生じないかもしれない[15]。ヴァルン・ウベロイはそれぞれの集団がより大きな、国としての利益を犠牲にして、個々の集団の利益を追求するため、多文化主義は社会的な結束を妨げると主張する[16]。エイドリアン・ファヴェルは帝国からの移民の利益に基づいた、多文化主義のイギリスの出現によって、イギリスは難民やヨーロッパからの移民に対して反応の悪い国になったと示唆する[17]。これらの主張は、多文化主義は黒人《ブラック》やアジア系に対してのみならず、東ヨーロッパ系やヨーロッパ以外からやってくる難民に対しての人種主義を除去できていないという議論へと戻って行く。ウベロイやファヴェルは国家が後援する多文化主義に反対している。しかしながら、イギリスに対して過去二〇〇年に渡る歴史的な視点を取ると、私たちは時とともに変化が生じていることがわかる。私たちはここでまた、二〇世紀後半の教育レベルも高く、統合もされているユダヤ人コミュニティに立ち戻る。彼らはヴィクトリア朝やエドワード朝のゲットー化したコミュニティとは全く異なる存在である。さらに、エスニック・コミュニティのメンバーは固定化されたままではおらず、一連の多様なアイデンティティを有する[18]。

故に、イギリスは一九世紀初頭の暴虐や二〇世紀半ばの人種主義から脱却し、二一世紀の初めまでに多文化主義の楽園になったわけではない。このようなことが起きたと主張する多文化主義の幻想は真剣に疑問視されるべきである。しかしながら同時に、国家によって支援されたコミュニティのイニシアティブが存在するからといって、ある特定のエスニック集団の全てのメンバーがずっと不変なままでいるということを意味するわけではない（過去二〇〇年以上のどの段階においてもそんなことはあり得なかったのと同様である）。

人種主義は一九世紀初期以降イギリスを特徴付けてきたが、差別や迫害はマイノリティの経験の一側面しか形作ってこなかった。私たちは多文化主義のイギリスの発展を三つのやり方で評価することができる。まず、法律の制定であり、一八二九年のカトリック解放法からヴィクトリア朝のユダヤ人の解放、そして一九六〇年代から七〇年代にかけての人種関係法の制定までを見る。帝国から来た人を組み入れていき、出生地主義の原則によって機能するイギリス国籍の性質は多文化主義の発展において主要な役割を果たしてきた。二つ目に、私たちはイギリスに元から《ネイティヴ》いた人々と移民や難民との好意的な交流についても考慮する必要がある。もっとも明白な例は、異民族間の関係や結婚である（しばしばそういったものを容認しない人々の間には緊張を生じさせることがあるにしても）。異民族間の友人関係は、特に都市中心部《インナーシティ》では普通のことである。さらに、大半の移民が特に新聞メディアから非難の大合唱を受ける一方で、特に難民の場合は、国家や個々の支援団体から手助けを受けることもある。最後に、私たちはまた、一九四五年以前と以後の両方において移民の〔社会や文化への〕影響を考える必要がある。スポーツ、衣服、大衆文化、食べ物など、どの尺度で見ても、第二次世界大戦後に起きた変化に論争の余地はない一方で、実は移民たちはヴィクトリア朝から重要な影響を与えていたのである。

多文化主義の法的基盤

一九世紀初めには公民的・政治的権利は土地財産を持つ男性に限定されていた。その後の一世紀以上に渡るイギリスの民主化は労働者階級や女性に選挙権を付与することだけでなく、ローマ・カトリック教徒とユダヤ人という二つの長期間存在するエスニック・マイノリティの解放〔権利付与〕をも伴うことであった[19]。イギリスにおける発展は、背景として、ヨーロッパにおける啓蒙主義やフランス革命による影響の文脈に置く必要がある。一八世紀の終わりに、とりわけユダヤ人の権利獲得はリベラルな考えの広がりの特に重要な一側面となったのである[20]。

一九世紀の初めにイギリスにおける主要なマイノリティはローマ・カトリック教徒であり、彼らは公民的権利を奪われ、宗教改革以降、迫害に直面していた。一八〇一年以前、彼らは本土〔ブリテン島〕においてはマイノリティであったが、一八〇一年の合同以後アイルランドの人口の七分の六を占めた[21]。解放は「彼らの政治的参加と宗教的活動に対する法的制限から自由になるだけでなく、非公式の社会的差別からの解放」を意味した[22]。一七七八年と一七九一年に制定された法律の結果、ローマ・カトリック教徒の地位はいくぶん改善した。前者は彼らが財産を相続することを可能にし、後者は彼らが自分たちの宗教を合法的に実践できることを意味した。しかしローマ・カトリック教徒は二級市民であり続け、例えば高位の公職につくことや、国会議員になることはできなかった。加えて、彼らは尖塔のある教会を建てることはできず、聖職者は宗教的な衣装を公に身につけているところを見つかれば訴追された[23]。

一八二九年法に向けての動きは、一連の審査法および地方自治体法の廃止から勢いを得た。この廃止は最終的には一八二八年に法律の形で議会を通過し、プロテスタントの非国教徒に本質的に平等な権利を与えたものである[24]。カトリック解放に関する文献は一連の圧力団体の設立を通じての平等な権利を求める運動の重要性を指摘している。それは一七七八年のカトリック委員会に始まり、シサルパイン・クラブがそれに続き、一八〇八年にはイギリス・カトリック協議会が作られた。最も効果があったのはカトリック連盟であり、一八二三年に二人のアイルランド人の弁護士、リチャード・レイラー・シール

(Richard Lalor Sheil)とダニエル・オコンネル(Daniel O'Connell)によって設立され、後者がその指導者であり運動の「顔」となった。[25]「それは現代的な意味での議会外の圧力団体として最初の、そして最も成功したものの一つであった」。[26] 組織は会費が安かったため多くの会員を持ち、一八二〇年代の終わりまでにはカトリック解放に活動の焦点を絞っていた。それは当時のイギリス政治においては非常に劇的な措置であったため、一八二八年から二九年にかけての議会において中心的な議題となり、保守党の大きな反対を受け、その反対は一八三〇年代および四〇年代にまで続いた。[27] 一八二九年のカトリック解放法の最も重要な条項はローマ・カトリック教徒が国会議員となることを許すものであったが、完全な解放とはならなかった。カトリック教徒は国教会によってコントロールされている学校や大学における役職に就くことはできなかったし、司祭たちは信仰の場の外で司祭服を身につけることを許されなかった。完全な解放と平等は一九世紀の終わりまで達成されなかった。[28]

ローマ・カトリック教徒の解放はその後イギリスで他の集団が平等を獲得する際のパターンを決定した。多くの意味で、一八二九年の措置は過去二〇〇年以上において取られたマイノリティに利する措置の中で最も重要なものである。それは宗教的・民族的マイノリティが運動を行い、平等な権利を獲得することに成功し、投票を通じて主流の政治的な過程に参加するだけでなく議員となることができるという可能性を示したのだ。そして結果、これ以降の集団がその地位を改善するパターンを定めた。ファーガス・オフェラルが述べた通り、「カトリック教徒の解放は自由民主主義《リベラル・デモクラシー》の時代の幕開けであった」。[29]

結果的に、一九世紀の間にイギリスのアイルランド人は民族主義者としての大義を支える彼ら自身の政治的集団を確立しただけでなく、[30] 主流の政治に関わるようになった。これは明確な統合の証拠である。レイチェル・オヒギンズは「アイルランド人が一九世紀イギリスの労働者階級における政治的急進主義の発展に最も貢献したのは、疑いなくチャーティスト運動においてである」と述べた。彼女は部分的にアイルランドでの活動に焦点を当てているが、同時に「かなりの数のアイルランド人がイングランドでの運動に参加し、それは指導者にも一般運動員にもいた」と指摘している。(31) 彼女の主張は反論され議論を巻き起こしたが、(32) ドロシー・トムソンは「チャーティスト運動にはアイルランド人のかなり顕著な存在が見られた」と同意しており、(33) それは、選挙権や財産を持てないイングランド人と、アイルランド人の労働者階級を運動が結びつけたからでもある（その特別な団結の瞬間が一八四八年に訪れたのだ）。(34) その後、彼らはそれぞれの道を進み始めたようで、そのことはアイルランドの飢饉による移民の後に生じた、ヴィクトリア朝中期の宗派間の暴力やアイルランド人に対する攻撃によって証拠立てられている。一九世紀の終わりまでに、公民権が拡大されるにつれて、アイルランド人は彼らが集中している地域、例えばグラスゴーなどでイギリス国内の選挙に影響を及ぼすことが可能になった。(35) 多くがアイルランド国民党の候補者に投票したが、他の者は関心を自由党や独立労働党に向け始めた。実際、自由党は伝統的にアイルランド自治を支持しており、アイルランド人の中に見られた自由党への忠誠心がアイルランド人の集中地域における、当時台頭しつつあった労働党の支持の拡大を遅くした可能性もある。(36) スティーヴン・フィールディングが示す通り、戦間期にはアイルランド人コミュニティにおける労働党支持が増加した。しかし、産児制限や教育、スペイン内戦などの問題に関する論争が、これら全てが聖職者とその影響下にある人々に懸念を抱かせるものであったため、労働党とアイルランド人との関係を一筋縄ではいかないものにしていた。(37) 第二次世界大戦後になってやっと、アイルランド人が労働党に投票するというパターンが確立されたようである。(38)

イギリスにおけるアイルランド人の解放とその後の彼らのイギリス選挙政治への編入が、これ以後のマイノリティ集団によって倣われるパターンのようなものを用意した。ただし、この集団には、メンバーがイギリスの政党よりもアイルランド国民党の大義を支持するなどの事実を含め、通常とは異なる特徴もいくつか存在した。また、彼らの解放は普通選挙権の前に達成された。

ユダヤ人の公民権の獲得はローマ・カトリック教徒が同様の目標を達成させた後はかなり不可避となった。実際、ダニエル・オコンネルはユダヤ人解放の支持者となった[39]。ユダヤ人に関する状況はイギリス社会において文脈化する必要がある一方で、それはヨーロッパ全体の展開にも影響を受けていた。すでに確立された〔ユダヤ人〕コミュニティの裕福なメンバーはヴィクトリア朝に解放を経験したが、一九世紀後半の新来者と、また特に彼らの子孫はアイルランド人よりも早いペースでイギリス政治の主流に入っていくこととなった。ディズレイリ以降、改宗ユダヤ人は特にイギリス政府の中で役割を担っていった。

一九世紀の初めにはイギリスのユダヤ人は、残りの大半の人々と同じように、限定的な権利しか持たなかった。「一八二八年には彼らはまだ政府公官職からも、地方自治体からも、議会からも、殆どの専門職からも、閉め出されており、そこに入っていくためには一連の宗教審査が待ち構えていた」。彼らが合法的に土地を持てるかどうかには疑問もあったが、多くが所有していた[40]。平等は次第に達成されていき、それを促したのは、カトリック解放やその他の「改革の時代」に制定された法的措置だけでなく、ユダヤ人コミュニティにおいて、すでに経済的に成功し、「その生まれ、その出自がイングランドである指導者の集団」が発生したことにもよる。身のまわりで起きた出来事に奮起させられて[41]、これらの指導者たちは公民的・宗教的障害の撤廃のためのユダヤ人連盟を立ち上げた[42]。この当時のイギリス在住ユダヤ人の中でも最も著名な人物の何人か、例えばモーゼス・モンテフィオレ（Moses Montefiore）とライオネル・ド・ロスチャイルド（Lionel de Rothschild）はユダヤ人の平等に向けての運動の中で役割を果たした。ローマ・カトリックの運動と同様に、ユダヤ人の平等な権利を求めて運動した人々はそれに対する反対運動に直面し、そのような反対運動にはウィリアム・コベット（William Cobbett）やトマス・アーノルド（Thomas Arnold）を含む様々な支持者がいた[43]。同様にローマ・カトリック教徒の平等に向けての発展に似ているのは、そのプロセスは長い時間がかかったということである。ユダヤ人は一八三〇年代から一連の権利を獲得して行き、最後に投票し、国会議員になる権利を得た。実際、一八三〇年代から一八五〇年代の間に「議会における権利の制限を廃止しようとする試みが少なくとも一四回はあった」[44]。政治的な平等という「約束の地」に最終的にたどり着く前に、一連の措置が、司法に携わる権利や土地を所有する権利などユダヤ人が直面していた制限を少しずつ削ぎ取っていったのである。加えて、ユダヤ人は、一八四五年七月にユダヤ人地方解放法が制定されると、一八四〇年代から五〇年代にかけて、次第に地方自治体に議席を得るようになった。さらに、一八五〇年代からはオックスフォード大学とケンブリッジ大学に入学資格を得た[45]。一八五八年に、ライオネル・ド・ロスチャイルドが、これまで一八四七年と一八五七年にロンドンのシティから下院に選出されていたが、ユダヤ人解放法の制定により最終的に議員となることができた。この年をもって、社会的に確立した在英ユダヤ人の政治的平等が達成されたとされる。二年後にはユダヤ人法修正により上院議員となることも可能になった[46]。

在英ユダヤ人の解放は、確立され、自信に満ちたコミュニティの努力によって成し遂げられたのであるが、その後のコミュニティの歴史、およびイギリスの政治プロセスにおけるその役割に重要な影響を与えた。次の一五〇年において、おそらくヨーロッパの他のどの国におけるよりも、ユダヤ人の出自を持つ個人が重要な役割を果たすこととなった。ベンジャミン・ディズレイリはこのプロセスにおいてパイオニア的な役割を果たした。ヴィクトリア朝後期およびエドワード朝における反ユダヤ主義がどの程度であったとしても、ユダヤ人として生まれた人物が一八七四年に首相になったという事実は、一九世紀における他のいずれの発展とも同じくらい、イギリス国家の内包的な性質を指し示しているように思われる。(47) 実際、ディズレイリも氷山の一角だったと見なすことができるかもしれず、なぜなら、ジェフリー・オルダマンも指摘する通り、ユダヤ人は全体における人口の比率よりも多く、国政および地方政治において議員に選ばれていたのである。国会議員の数は一八五九年の三人から一九一〇年の一六人に増加し、その時までには下院の二・四%を占めるまでになっていた。アイルランド人とは異なり、彼らは主流政党（当初は自由党だったが、後に次第に保守党）に所属した。(48) ロンドンへのユダヤ人の集中を考えると、そのメンバーは当地での地方政治において特に重要な役割を果たした。ロンドンへのユダヤ人の集中を考えると、そのメンバーは当地での地方政治において特に重要な役割を果たした。一九一〇年にロンドン地方議会の地域人口のうち一%に満たない率しか占めていなかったにもかかわらず、議員の一〇%をユダヤ人が占めた。(49)

この時までに在英ユダヤ人の性質とその政治との関係は新たな発展段階に入っており、それは東ヨーロッパからのユダヤ人流入の結果であった。新来者の中には国際的な主義主張、例えば社会主義、無政府主義、(50) シオニズム(51)などに惹き付けられる者もいたが、他の者は主流の政治過程に統合されて行き、ロンドンのイーストエンドの地域にある労働者クラブ(52)とつながりを作っていった。当時参政権は限定的であったにもかかわらず、ユダヤ人はホワイトチャペル地区の有権者の四〇%をも占め、同じユダヤ人の候補に投票したのである。結果、一九〇〇年以後の国会議員、スチュワート・サミュエル（Stuart Samuel）は、一八八五年から議員であった叔父のサミュエル・モンタギュー（Samuel Montagu）を継いで議員となることができた。(53)

二〇世紀の初めまでに、多くの確立された地位にある在英ユダヤ人のメンバーがエドワード七世の宮廷に入っており[54]、中には、ディズレイリの例に続いて、内閣でのポストを得る者もいた。この状況は現在でも続いている。一八七一年にはすでにサー・ジョージ・ジェッセル（Sir George Jessel）が法務次官に、また一八八八年にはヘンリー・ド・ワームズ（Henry de Worms）が植民地省政務次官になった[55]。ハーバート・サミュエル（Herbert Samuel）は第一次世界大戦の勃発直前に郵政大臣の職にあり、サー・ルーファス・アイザックス（Sir Rufus Issacs）は法務長官の職に就いたが、どちらも反ユダヤ主義的な敵意に直面した[56]。同様のことは第一次世界大戦直後に閣僚のポストに就いたユダヤ人、例えばインド総督だったレディング卿（Lord Reading）、保健大臣だったサー・アルフレッド・モンド（Sir Alfred Mond）、インド担当大臣だったエドウィン・モンタギュー（Edwin Montagu）などにも当てはまった[57]。

ユダヤ人は戦間期に入っても閣僚の地位にあり、中でも最も有名なのは、第一次世界大戦時に内務大臣を務め、その後一九三〇年代に自由党のリーダーおよび〔再び〕内務大臣を務めたハーバート・サミュエルであろう[58]。第二次世界大戦が勃発した時、レスリー・ホア＝ベリシャ（Leslie Hore-Belisha）が陸軍大臣になった（ただし、彼が一九四〇年にこの職を失ったという事実は彼がユダヤ人であることに少なくとも幾分かは関係していたように思われる）[59]。一九三五年選挙の結果、一六人のユダヤ人議員が議席を有することとなった[60]。

一九四五年以来、東ヨーロッパ出身のユダヤ人コミュニティから議会および内閣に入る者が増えた。興味深いことに、政党の支持は変わった。一九三五年に選ばれた一六人のユダヤ人議員の半数が保守党の議員であったのに対して、一九四五年の二八人中二六人が労働党の議員であり、これは戦間期に東ヨーロッパ出身の議員が労働党支持に流れたことを反映している。しかし、一九四五年以後、東ヨーロッパ出身のユダヤ人の社会階層移動が生じると、政治的な好みも変化した。最も象徴的なのは、マーガレット・サッチャーは多くのユダヤ人が居住する選挙区［北部ロンドンのフィンチリー選挙区］に出馬したということである。ユダヤ人国会議員の数は一九七四―七九年議会の四六人でピークに達し、これは下院の七・二％という驚くべき数字であった。同時に一九四五年から九五年までの間に一四人の閣内大臣がおり、サッチャー政権下において、ナイジェル・ローソン、レオン・ブリタン（Leon Brittan）、マイケル・ハワード（Michael Howard）、マルコム・リフキンド（Malcolm Rifkind）らが蔵相、内相、外相などの重要閣僚を務めた。[61] 同様にニューレイバーにおいてもデヴィッドとエドのミリバンド兄弟（David and Ed Miliband）やピーター・マンデルソン（Peter Mandelson）などが閣僚の地位に就いている。

イギリス政治におけるユダヤ系コミュニティの成功は一九四五年以降に入国した黒人《ブラック》およびアジア系移民たちには何の意味もなかったはずであった。しかしながら、ユダヤ人の解放と政治プロセスの基盤となったものと同じ法的また市民権的基盤が（たとえそれが遅々とした、困難に溢れるプロセスに見えたとしても）新しい移民コミュニティのメンバーが議会に入ることを可能にしたのである。一九八七年に四人の黒人《ブラック》およびアジア系下院議員が議会で議席を得た躍進の契機よりも前に、この発展の基礎を置いた一連の措置が実行された。

ランドール・ハンセンは一九四八年イギリス国籍法の重要性を強調し、「その、一九四八年から一九六二年の間の例外的なリベラルさと拡大性（この間約八億人が連合王国へ入国する権利を享受した）」を指摘している。[62] ハンセンは、移民法および国籍法の人種主義的性質を強調する学者たちと同様に、このリベラルさは長くは続かなかったことを認めている。同時に新しいコミュニティは生活の全ての側面において人種差別に直面することとなり、[63] このことが一九六〇年代までに政治的な課題となり、差別を防止しようと法律が制定されることへとつながった。

重要な措置としては、一九六五年に人種関係法の制定があった。このような法律を作ろうとする試みは一九五〇年代にもあり、失敗していたが[64]、労働党政府が特に［一九六四年総選挙での］スメズィック選挙区での敗北の後に危機感を感じた結果、移民制限への反対を諦めてしまった後で、一九六五年法が実現した。一九六五年法とほぼ同時に出された、移民に関する白書が一九六二年英連邦《コモンウェルス》移民法のもと発行されていた入国のためのバウチャーの数を制限した。しかしながら、白書はまた、すでにイギリスに居住している移民たちが彼らの生活や雇用の状況を、特に地方自治体や労働組合の活動を通じて、改善できるような方法を示唆した[65]。この一九六五年の状況を背景にして人種関係法が議会を通過した。この法律は公的な場での差別、口頭または書面による人種的憎悪を煽る行為を違法化したが、住宅供給および雇用という差別の中心的部分にはメスを入れなかった。同法はまた、法律を遵守させる目的で人種関係協議会を設立した[66]。ハリー・ゴールボーンはこれを「人種主義がイギリスの生活の中で望ましくない側面であることを政治的に認め、法律を用いて人種差別との戦いを行う意志を表明したという理由で重要である」と見なしている[67]。

しかし、一九六五年法の効力の弱さと、さらなる調査がイギリスにおいて人種差別が相変わらず存在していることを明らかにしたことで、一九六五年法の規定を、明らかに差別が生じている領域、つまり住宅供給と雇用を含むように拡大する一九六八年人種関係法の成立が促された。同法はまた、調和したコミュニティ関係を創り出すことを目的とし、地域のボランティア的なコミュニティ関係評議会をこの目的において助けるコミュニティ関係委員会を設立した[68]。

次の、そして最も重要な法律は労働党政権の下、一九七六年にさらなる新しい人種関係法の形で実現した[69]。人種平等委員会の設立は大きな達成点で、同委員会は人種関係協議会とコミュニティ関係委員会双方の役割を引き継いだ。加えて、新しい法はこれまでの措置を強化し、新たに間接差別という概念を導入した。ただし、その定義は曖昧さを残していた[70]。人種平等委員会は二〇〇七年まで存続し、その年、一九九八年の人権法にその起源を持ち、あらゆるタイプの差別や偏見から個人を守る平等人権委員会に統合された[71]。

その間にも、スティーヴン・ローレンス事件調査委員会がイギリスの警察権力の検証を通して、一九九九年にその報告書が発表された際に、イギリスにおける制度的人種主義について明らかにし、その概念を規定した。調査委員会の設置はブレア政権の多文化主義への積極的な関与を明確にした。国中の警察は手を挙げて自分たちは制度的人種主義を行っていたと宣言させられたのであった[72]。人種的「憎悪」を違法化する法律の制定も一つの前進だと言えるかもしれないが、学者やその他の批評家はそのような措置の有効性を疑問視している[73]。

中央政府によって制定された法的措置と同様に、イギリスの地方自治体もまた人種的偏見を減らし、統合を促進するための試みを続けてきた。一九六〇年代および七〇年代の法制は地域のコミュニティ関係評議会を用意し、これらは一九七六年以降、人種平等評議会となり、そのうち九一評議会が一九九一年時点で存在している。同年にこれら評議会は、人種平等担当官を雇用するために、四五〇万ポンドを人種平等委員会および地方自治体から受け取っている。一九八〇年代の間、いくつかの地方自治体では人種的不平等に対処する措置が導入され始め、特にロンドンでは、大ロンドン自治体、ランベス、ブレント、ハックニー、ハリンゲイなどで行われた。そこで実施された政策の中には学校における反人種主義教育、雇用において機会均等策を実施する会社に対して地方自治体の契約を与えること、個々人に、差別に対する現在の法制に注意を向けさせるだけでなく、自分自身の潜在的な偏見に気づかせる反人種主義トレーニングなどがあった。人種関係評議会の発展につれて、一九九〇年代およびそれ以降も様々な展開が生じた。地方自治体はまた、次第に人種主義的暴力などの問題にも焦点を当てるようになった[74]。

目指す目標は違ったとはいえ、戦後の平等法制の導入は、黒人《ブラック》およびアジア系のエスニック・マイノリティによって直面された不利益を緩和しようとしたという意味で、一九世紀のマイノリティ解放と似ている。興味深いことに、一九世紀の措置とは違い、一九六〇年代および七〇年代に制定された措置の主要な動機付けはエスニック・マイノリティのメンバーによる運動によってというよりは、平等に意識の高い労働党政府から出てきたものであった。今日エスニック・マイノリティの人々の大半が人口全体と比較して置かれている経済的地位を考えると、人種関係法は失敗したように思われる[75]。多くの戦後移民にとっての問題はヴィクトリア朝のアイルランド系コミュニティと同様に、社会的地位にあった。機会の平等を享受できたとしても、彼らがいる環境を見れば、たとえ人種主義がなくなったとしても、彼らは人種だけでなく階級の障害にも直面することになるのだから、マジョリティのメンバーの大半と同じ社会経済的地位にあることは未だ難しいということになる。

しかしながら、ユダヤ人の先達と同様、戦後の移民たちは次第に、地方政府だけでなく、中央政府の主流の政治過程に入り込んで行くこととなった。ここでまた、平等の基盤は一九四八年国籍法と出生地主義の原則に戻っていく。ユダヤ人が特定の地域の選挙に影響を与えたのと全く同じ方法で、戦後の移民たちも影響力を持った。しかし、エスニック・マイノリティの投票率に関する研究では、彼らはその他の人々と比べた場合、選挙プロセスへの参加程度が少ないことがわかる。

黒人《ブラック》およびアジア人のイギリス政治への議員としての参加は戦後期に始まる訳でなく、一九世紀の終わりには、三人のインド人が自由党、保守党、共産党の議員として下院で議席を持った。この三人とは、一八九二年から九五年にかけてフィンスベリー中央選挙区選出の自由党議員であったダダバイ・ナオロジ（Dadabhai Naoroji）、一八九五年から一九〇五年にかけてベスナル・グリーン北東選挙区選出の保守党の議員だったマンチェルジー・バワナグリー（Mancherjee Bhownagree）、そして、一九二二年から二九年にかけてバターシー選挙区選出のイギリス共産党の議員だったシャプルジー・サクラトヴァラー（Shapurji Saklatvala）である。彼らはその肌の色ゆえに敵意に直面したが、彼らが議会に選出されたことは当時イギリスには数千人しかインド人が居住していなかったことを考えると注目に値することのように思われる。(76)

労働者階級の移民が都市中心部《インナーシティ》に顕著に集中していたことで、戦後移民集団は自然と労働党を支持してきた。一九九一年までに七八の選挙区で黒人《ブラック》およびアジア系の有権者が一五％を数え、そのうち二五選挙区では三〇％以上となっている。一九七四年一〇月から一九九七年五月の間にこのような有権者の約八〇％が労働党支持を表明している。(77) しかしながら、選挙への参加率は比較的低く留まり、それは主流政党の党員率、政治活動全般に関しても同様であり、特に、とりわけ非白人《ブラック》の人々の間で選挙登録が伸びなかった移民流入の初期においてはそう言える。一九八〇年代までに、世論調査によって測定された登録および投票率が、都市中心部《インナーシティ》（国全体ではないにしても）の白人居住者並みに増加してきた。(78)

ユダヤ人コミュニティの初期世代における労働党への忠誠とかなり似通っているが、戦後の英連邦《コモンウェルス》出身のエスニック・マイノリティもまた労働党に対して同様のレベルの支持を表明してきた。一九八七年の世論調査ではアジア系の六七％、アフロ・カリブ系の八六％がその年の総選挙で労働党に投票している。[79] ジグ・レイトン＝ヘンリーは「民族的少数者《エスニック・マイノリティ》コミュニティのメンバーがより豊かになり、郊外へ移住するようになると、労働党への支持は減少するであろう」と予想した。[80] しかし、一九九六年から九七年にかけての世論調査によれば（周知の通り労働党の地滑り的勝利の時期ではあるものの）労働党への支持は顕著に強固であり、アジア系で七〇％、黒人《ブラック》で八六％となっている。[81] 保守党支持が伸びないという問題はエスニック・マイノリティ有権者の階級的本能にあるというよりも、同党の人種主義的なレトリックにある。[82]

故に、過去数十年における黒人《ブラック》およびアジア人の選挙における成功は国政レベル・地方レベルともに労働党との関わりにおいて生じる傾向がある。このような展開の理由の一部は一九八〇年代の間に労働党に「非白人《ブラック》セクション」が作られ、エスニック・マイノリティが集中する都市中心部《インナーシティ》の選挙区において黒人《ブラック》およびアジア人の候補者を立てることが要求された時に生じた圧力によるものであると考えられる。[83] シャミット・サガーとアンドリュー・ゲッデスはこれがエスニック・マイノリティのメンバーに政治的なプロセスに参加する機会を与えたとして、これをイギリス政治における「肯定的な意味での人種化」であると述べている。[84] 一九八七年に大躍進が起き、四人の黒人《ブラック》およびアジア系の国会議員が、黒人《ブラック》及びアジア系マイノリティのコミュニティがかなりのパーセンテージを占める選挙区において選出された。ハックニーのダイアン・アボット（Diane Abbott）、ブレントのポール・ボーテング（Paul Boateng）、トッテナムのバーニー・グラント（Bernie Grant）、レスター・イーストのキース・ヴァズ（Keith Vaz）である。一九九七年までに、三大政党すべてから全部で四四人のマイノリティの候補者が立てられた。そのうち、労働党の候補であった一四人中九人が当選しているのに対して、保守党の一一人、自由民主党の一九人はマイノリティの集中する選挙区で立候補したにもかかわらず落選している。このことは、階級に基づく政治的な支持の方がエスニシティに基づくものよりも重要であったことを示している。二〇〇五年の総選挙の後、一五人の黒人《ブラック》およびアジア系の議員が選ばれ、そのうち一三人が労働党であった。戦後移民のバックグラウンドを持つ議員の数は増えているが、それでも彼らは人口に比して議員数が少なく、現段階においては、彼らが、ユダヤ人が一九七四年までに成し遂げたところの、ユダヤ人による過多代表〔人口比を踏まえて議員数率が多い状態〕に達することは考えにくい。イギリス社会における黒人《ブラック》およびアジア系の数をそのまま反映させると四五人の黒人《ブラック》およびアジア系議員が誕生すべきであるということになる[85]〔『ガーディアン（*Guardian*）』紙（二〇一五年五月八日）は二〇一五年に行われた総選挙の結果、四二人のエスニック・マイノリティ国会議員が当選し、これは全体の六・六％に当たるとしている〕。しかしながら、興味深いことに、ここでもまた一九四五年以前と以後のユダヤ人の状況と似通っているのだが[86]、全ての政党において黒人《ブラック》およびアジア系エスニック・マイノリティの貴族院議員が誕生しており、二〇〇〇年までに計一八人に達している[87]。

　加えて、エスニック・マイノリティは個々の〔エスニック〕集団が集中している地域において地方選挙で特に躍進している。一九八〇年代の間、黒人《ブラック》およびアジア系の市長が選出され始め、中でも有名だったのは、ハリンゲイのバーニー・グラント、ブレントのマール・エイモリー（Merle Amory）、ランベスのリンダ・ベロス（Linda Bellos）であった。保守党のアジア人市長もメイドンヘッドやレミントン・スパ（共にエスニック・マイノリティが大きく集中している地域ではない）で誕生し、一九八〇年代後半にハリンゲイでもギリシア系キプロス人のアンドレアス・ミキデス（Andreas Mikkides）が市長を務めた[88]。一九九六年までには全国約二万人の地方議員のうち、アジア系およびアフロ・カリブ系の議員は六〇〇人に上った可能性があり、これは三％に当たるが、労働党の支持失墜もあり、二〇〇一年までに二・五％まで減少した。しかし黒人《ブラック》およびアジア系の地方議員の数は彼らが台頭した都市、バーミンガム、ブラックバーン、レスター、ルートンなどでは人口に占める割合と同等であるか、もしくは凌駕している。[89] ここでもまた、エスニック・マイノリティと労働党の関係は地方政治における大躍進において重要であったが、エスニック・マイノリティの中には他党の議員も出て来ている。例えば、二〇〇三年のレスターでの地方選挙の後、労働党の過半数が失われたことはエスニック・マイノリティの議員の数も一四人（全て労働党）から一〇人に減少したことを意味したが、新たに五人の自由民主党議員が当選した。[90]

イギリスの多文化主義は国家の構造と、過去二世紀に渡るマイノリティを組み入れようとする対応によって現れてきた。これは一九世紀のローマ・カトリック教徒およびユダヤ人の解放に始まり、人種関係法による進歩へとつながる。全ての場合において、リベラルで民主主義的なイギリスが、一九世紀の間に出現し、一九六〇年代にはしっかりと機能しており、差別に直面したマイノリティの存在に反応したのだ。アイルランド系および戦後のエスニック・マイノリティの場合、彼らの社会的地位により、施行された法律は周辺化の問題を（いくらか和らげる方向に進んだものの）解決はしなかった。他方、階層上昇を成し遂げた一九世紀および二〇世紀のユダヤ人は解放を最大限享受することができた。国籍法の規定、特に第二世代に平等な権利を与える出生地主義の原則と、一九六〇年代までは帝国の市民たちに平等な地位を与えていたことが、エスニック・マイノリティの様々な集団を政治へと参加させる上で中心的な要因となった。エスニック・マイノリティのメンバーたちの中にはトランスナショナルな政治組織を作る者もいたが、[91] 圧倒的多数は有権者として、もしくは地方ないしは国レベルでの積極的な政治への参与者として自由党、保守党、労働党の主要政党に組み込まれていった。国会における過多代表がユダヤ人の特徴となってきたが、現時点では過少代表が黒人《ブラック》およびアジア系マイノリティに影響を与えており、ただしこれは今後の世代において変化するかもしれない。故にイギリス国家は政治から移民を排除し、迫害するのに大きな役割も果たしてきたけれど、解放や、人種関係および国籍に関わる法制は、部分的にマイノリティからの圧力に反応しながら、過去二世紀に渡って国に入ってきた人々を政治的に統合する手助けとなってきたのだ。

移民や難民への支援

歴史家も社会科学者も、人種関係パラダイムに基づき、これまで人種主義、特に国家によって行われるもの、そして日常ベースの人種差別の存在に注意を専ら向ける傾向があった。例外としては初期の社会科学者によって非白人《ブラック》移民と白人現地民との間に生じた関係の様々な側面を見ようとしたものがある[92]。イギリスにおける外国人嫌悪に関しては数えきれないほどの出版がなされているが、移民に対する肯定的感情に関しては真面目な性質の出版物は殆どない。このような好意的な反応の明らかな証拠としては民族間［恋愛］関係や結婚の率があり、ヴィクトリア朝時代以降、高い率で見られてきた[93]。だが、このような関係に焦点を当てた研究の多くがそのような関係が引き起こした敵意に集中するものである[94]。加えて、歴史家や社会科学者は民族間の友情には、たとえそれが現代イギリスにおける日常的な現実の一部であったとしても、ほぼ関心を向けていない。

ここで私たちは過去二世紀に渡って移民、より特定的には難民が受けてきた肯定的な反応に焦点を当てることができる。トニー・カシュナーは彼のキャリアの大半を費やして二〇世紀のイギリスにおいて難民に対する敵意が存在したことを証明してきたが[95]、同時に彼は、新来者のうち肯定的な反応を受けた人々もいたことを認めており、それはとりわけその人々が、第一次世界大戦時のベルギー人のように外敵との戦いにおいて象徴的な役割を果たした場合に当てはまる。(96) いくつかの集団、例えばキリスト友会［クエーカー教徒］などは常に、たとえ第一次世界大戦時のドイツ人のように現代イギリスにおいて最も嫌悪された集団であっても、よそ者《アウトサイダー》を支援した。(97)

歴史家や社会科学者が移民や難民に対する敵意に焦点を当ててきたにもかかわらず、より学問的でない記述の中には彼らが受けた肯定的な反応に集中したものもあった。この類いのものとして、例えば、フランチェスカ・M・ウィルソンの『彼らはよそ者《ストレンジャー》としてやってきた』があり、この本は「イギリス人が一般的に外国人を好まない」一方で、「彼らが難民庇護申請者の権利をいかに情熱的に守って来たかを明らかにすることは印象深い」と述べている。(98) 一九世紀の間、自由主義者の亡命者たちは、しばしば大陸の抑圧に対する自由の象徴であると考えられたため、様々な集団から支援を受けた。バーナード・ポーターはヴィクトリア朝においてこのイメージを提示するのに果たした国家の役割を強調しているが、ただし彼は同時に一八四〇年代および一八五〇年代初期に難民の活動や数に対して懸念が生じた時、この状況がいかに危機に晒されたかもまた実証している。ポーターは一八五八年一月一九日のタイムズの社説を引用しているが、そこには「この地球の表面に生きる全ての文明化された人間はこの国が多くの国民の避難所であり、その避難所をその血の最後の一滴を流すときまで守り抜くであろうことを十分認識しているはずである」と述べられている。(99) 同様に、コリン・ホームズはロシアの無政府主義者であり、一九世紀末にイギリスでしばらく過ごしたピョートル・クロポトキンを引用し、ユニオン・ジャックは「その下に多くの難民たち、ロシア人、イタリア人、フランス人、ハンガリー人、など全ての国の人々が避難所を見つける旗」であると述べている。(100)

よって、ヴィクトリア朝時代の大半において、難民はイギリス社会の一部から肯定的な反応を受け、その事実は彼ら自身によって認識されていた。貧しいイタリア人移民は敵意に直面したが、一九世紀初期のイギリスの上流社会は、ウィーン議会によって民族主義と自由主義に対して課せられた拘束から逃れてきた「富裕で、教育程度が高く、しばしば博識な」[101]イタリア人の亡命者たちの到着には好意的に反応した。この難民の流れは一八二〇年代から一八五〇年代まで続いた。大陸の抑圧の犠牲者という、彼らの象徴的な地位は、彼らの階級的身分や、この時代のイタリア語および文化への賞賛と相まって、彼らが自由党支持の上流社会に組み入れられていくことを確実にした。[102]同様に、ドイツ人の亡命者も、中流階級のゴットフリート・キンケルの例に見られるように、イングランドに到着した時には肯定的な反応を受けた。[103]さらに、ハンガリー革命の指導者であったラヨシュ・コシュートもまたハプスブルグ圧政の敵として、集会や新聞において歓迎を受けた。ウィルソンは「さらに魅力的なガリバルディ」が取って代わるまでは「ヴィクトリア朝イギリスの最も偉大なヒーロー」はコシュートであったと述べている。[104]

一九世紀半ばの極端な左翼思想を持った亡命者たちは中流階級の民族主義者や自由主義者ほど好意的な注目は集めなかった。[105]同時に、ユダヤ人難民の数が一九世紀の終わりに一〇〇人や一〇〇〇人ではなく、数万人に達した時、反ユダヤ主義が台頭し始めた。にもかかわらず、ビルおよびヒラリー・ルービンスタインは英語世界での親ユダヤ主義の存在を実証しており、一方、トッド・エンデルマンはユダヤ人が主流社会に容易に受け入れられたかもしれないことに焦点を当てている。ルービンスタインらはユダヤ人、主として海外に居住する者への肯定的態度は、その動機付けを様々な源、自由主義、キリスト教、シオニズムへの支持、そして保守主義にさえ見出したと主張した。[106]彼らはイギリス外で反ユダヤ主義が猛威を振るい、ユダヤ人にとっての一連の危機が訪れた間に、いかにこの親ユダヤ主義が現れたのかを実証した。これらの危機には一九世紀後期および二〇世紀初期のロシアのポグロム、ドレフュス事件およびホロコーストを挙げている。よって、一八八一年のロシアでのポグロムの際に、「非ユダヤ人の間にかなりの怒りがあった」とし、その感情はタイムズ紙面および「ロシアのユダヤ人の苦しみに抗議する大集会」で表現された。この集会は一八八二年一月にマンション・ハウスで開催され、マンション・ハウス基金の設立につながった。この運動はイギリス社会の上層に関わっていたが、労働組合員および労働者も第一次世界大戦にいたる数十年において、ロシアでの反ユダヤ主義に対して反対決議を行っている。[107] 海外での暴力的な反ユダヤ主義に対する反応に焦点を当てるだけでなく、ルービンスタインらはまた、イギリスのユダヤ人に対して特にエリート層の中に存在した支援を実証している。[108] 彼らの研究は不可避的に在英ユダヤ人に対する全体として肯定的な図式を提示することにつながり、同様にコリン・ホームズは否定的な図式を描き出した。[109] 対照的に、トッド・エンデルマンの人種的統合に関する研究はより複雑な図式を示す。彼は一六五六年から一九四五年の間のユダヤ人に対する好意的態度の存在は受け入れているが、「イングランドのユダヤ人の統合の成功を可能にした寛容は文化的多様性という概念に対して敵対的であった。ユダヤ人を親密な構成員として許容したサークルや組織は、異なるユダヤの文化を存続させることを是認したり、ユダヤ教の習慣や教義にどんな価値も見出したりするつもりはなかった」と述べている。[110]

ホロコーストの時代はイギリスにおける親ユダヤ主義の存在を分析する上で最も議論の余地がある時代である。ルイーズ・ロンドンは最も非妥協的な立場を取っており、「ユダヤ人に対する偏見は、社会的・政治的プログラムの一部をなす場合に許容できないと考えられた」、つまり「社会における反ユダヤ主義的偏見をある程度共有することは、あまりに普通のことで注目するに値しないことであった」と述べている。[111] このように私たちはロンドンの視点とルービンスタインらの視点の双方から、イギリスの世論はナチスの行為を嫌悪したであろうことを推定できる。[112] ビル・ルービンスタインは彼の議論をさらに広げ、西側の自由民主主義《リベラル・デモクラシー》体制の国々はユダヤ人に対して好意的な態度を持っていたにせよ、第二次世界大戦時のヨーロッパのユダヤ人を助けるためにあれ以上のことはできなかったであろうと示唆して、かなりの議論を巻き起こした。[113] ルービンスタインとロンドンの議論の中間の立場を取り、同時に、戦間期に強い反ユダヤ人感情が存在したこと（その感情の存在がイギリスへの入国を許されたユダヤ人の数に関する政策を決定するに役立った）を認めたとしても、好意的な感情はナチスの行為への非難感情以上に確かに存在した。まず、ユダヤ人の移民に対する政策は一九三〇年代の大半を通じて制限的であり続けたが、「水晶の夜《クリスタルナハト》」事件の後は緩和され、結果、イギリスは第三帝国からの難民をかなり多く受け入れた。[114] 同時にイギリスへの入国を支援するキャンペーンを行う一連の団体や、到着した人々を統合するための団体も現れた。社会において確立された在英ユダヤ人たちはそのような努力において大きな役割を果たしたが、非ユダヤ人もまた援助した。最も重要な団体の中にはドイツ系ユダヤ人のためのイギリス中央基金（一九三三年設立）があった。一連の他の集団も出現し、例えば、学術援助委員会が学者を対象としたような形で個々の特定の集団を援助した。[115] ユダヤ人難民の子供たちは最も好意的な注目を集めることとなった。彼らは一九三八年一一月の「水晶の夜《クリスタルナハト》」事件の後、親たちを残して逃れ、その大半が親に再び会うことはできなかった。トニー・カシュナーはこの活動を純粋に肯定的に見なす大衆的記憶に疑問を呈している。[116] 彼がキャサリン・ノックスと共に著したイギリスへの難民に関する本の中で、カシュナーはまた、戦間期を通じて、サウサンプトン地域において難民に対して様々な見方があったことを実証している。[117] しかしながら、「マス・オブザヴェーション」の報告書や日記などからは、ユダヤ人に対する純粋な同情が（時に何やら曖昧であったとはいえ）存在したことがわかる。[118]

親ユダヤ人感情をバランスよく記述しようとするならば、常にそれを反ユダヤ人感情と対照し、また一九世紀および二〇世紀においてユダヤ人がイギリス社会において成し遂げた進歩も考慮に入れる必要がある。ユダヤ人に対する肯定的な態度は確かに、特に彼らが大陸の不寛容な政治体制によって迫害の危機に直面している時には存在したが、それは常に、特に社会的な偏見という形で表面化していた反ユダヤ人感情の強い流れと競合していた。しかし、反ユダヤ主義は政治的には十分強い勢力にはならなかったために、ユダヤ人の経済的・政治的成功を妨げなかったのである。

ユダヤ人に対する肯定的な態度と同様、他の難民たちもまた、少なくともイギリス社会の一部からは歓迎を受けた。一九一七年のロシア革命に至るまでの数十年において、ロシア帝政下の抑圧を逃れた亡命者たちが自由主義者や社会主義者によって歓迎され、ロシア自由友愛協会のような、新来者と共に働き、手助けするための様々な集団の形成につながった。亡命者たちの中にはイギリスの社会主義へと参加し、影響を与える者もおり、他の者たちは彼ら自身の活動を続け、故国への帰還を目指した。[119]

過去二〇〇年の間で、イギリス国家および社会から最も広く支持を受けた集団としては一九一四年秋にドイツのベルギー侵攻を逃れた二五万人のベルギー人がいる。ベルギー人に対する態度は第一次世界大戦時のドイツ人に対する扱いとは極めて対照的であった。なぜならば後者が敵を象徴した存在であったのに対して、前者はイギリスがそのために戦った大義を反映する存在だったからである。[120] イギリスにおけるドイツ人は新聞によって敵対視され、暴動、抑留、財産の没収の対象になったのとは対照的に、ベルギー人はフン族との戦いを象徴し、そのことはつまり、少なくとも到着後の初期において、国家、慈善団体、個人から多くの支援をうける結果となった。当初、ロンドンのクラーケンウェル行政区《バラ》が支援を行ったが、一九一四年九月までに地方自治体協議会が難民を住まわせるためのキャンプを設立した。協議会は戦争難民委員会という私的な慈善団体と協同した。一九一六年二月までに六九ものベルギー人支援のための慈善団体が存在した。亡命者たちは住居、食料、衣服、雇用などを探す手助けを得た。彼らは武器工場で働き、イギリスの戦争に協力すると同時に、彼ら自身の大義も助けた[121]。個々のイギリス人もベルギー人に支援の手を差し伸べ、例えば、スランディナムのディヴィス一家はウェールズで芸術家、音楽家などの支援を行った[122]。ピーター・キャハランは「慈善活動は高齢や性別のために戦闘に参加できない何千人もの市民たちにとって入隊の代わりの象徴的な行為の一つとなった」と述べている[123]。難民が一時的であること、完全雇用という状況、そして彼らが敵対するドイツ人の犠牲者であるという象徴的な立場により、彼らは確実に好意的に受け入れられたのだ[124]。

国家によるベルギー人支援への介入はその後の難民グループに対する再定住や支援の先例のようなものとなった。加えて、カシュナーとノックスが実証した通り、難民の多くが新聞メディアからの敵意に直面したにもかかわらず、個人や慈善団体の難民を支援する努力も続けられることとなった[125]。同時にジョアンナ・ハーバートはレスターにウガンダからのアジア人が到着した際、多くの反感が表明されたにもかかわらず、市に居住する個々の白人の住民は食料の交換に象徴されるような好意的な方法で彼らと交流したことを示している[126]。

同様に、移民や難民と共に活動し、彼らを人種差別や不寛容との戦いにおいて保護しようとする団体も発展してきた。例えば、第二次世界大戦の間には、市民的自由《シヴィル・リバティーズ》のための全国評議会が抑留外国人のための活動を行った。その後も、この組織はリバティとして活動を続け、その責務の一つは、エスニック・マイノリティの権利、特に難民や反テロリズム法によって訴追された人々の権利の保護である[127]。初期の反人種差別の活動には、人種差別反対キャンペーン〔通称CARD〕があり、これは一九六四年から一九六八年の間にアメリカ合衆国での出来事に触発されてイギリス版の公民権運動として出現した。その歴史を研究した者は、この組織は異なるエスニック集団間の内部闘争や緊張関係によって限定的な成功しか収められず、結果、アメリカの公民権運動が担ったように政府の政策に影響を与える役割は担えなかったと考えている。[128] 一九七〇年代においては、街頭での国民戦線との戦いに特に労力を傾けた反ナチス同盟が続いた。反人種主義はまた、黒人《ブラック》およびアジア系の大衆文化の要素を取り入れた文化的な運動《ムーブメント》のようなものにもなった。[129] それは「人種差別に反対するロック（Rock Against Racism）」運動の出現にも役割を果たし、同運動は一九七八年に初めてのコンサートを開き、その後も盛んに活動した。[130] さらに、学術援助委員会は一九三〇年代にユダヤ人難民を助けるために設立され、難民学術研究者支援のための委員会へと発展を遂げた。[131] 同様に反人種主義同盟は様々な活動を通じて人種主義と戦う努力を行っている。[132]

移民や難民たちはイギリス社会の中に部分的に蔓延する人種主義に直面したが、対照的に存在する寛容や歓迎の流れも同時に存在した。そのような寛容や歓迎は移民たちに向けられた敵意と同程度に目立つことはなかった。というのは、人種主義は新聞という世論の主たる媒体に非常に大きな支持を見出したからである。にもかかわらず、移民や難民はイギリス社会の中で部分的に歓迎された。これらの好意的な態度の影響は測ることが難しい。好意的な感情は人種主義の幅広い表明に対して対抗することはできなかったようである。例外として、第一次世界大戦時、（同時にイギリスのドイツ人は実質的に悪を象徴する存在となったとはいえ）ベルギー人難民が公正さの象徴となったような事例がある。ベルギー人に対する好意的な態度はこのマイノリティの苦難を和らげた。対照的に人種差別反対キャンペーンや反ナチス同盟は一九六〇年代から七〇年代の間、多文化主義の発展に限定的な影響しか与えることができなかった。もし市民レベルの意見が最近の発展を助けたとするならば、それは国籍法によって許された政治過程への参加を行ったエスニック・マイノリティ自身の努力からきているものであった。

移民のインパクト

移民の経済的・文化的インパクトはおそらく多文化社会の存在が最も目に見える側面であろう。これは第二次世界大戦後、新英連邦《コモンウェルス》からの移民がイギリス社会の様々な側面および大衆文化、例えば外食、ポピュラー音楽、スポーツなどを変えていった時期に最も顕著である。しかしながら、一九四五年以後に起きた変化は第二次世界大戦より前にも起きていた。

イギリスにとっての移民の重要性を検証する際に、二つの可能なパラダイムが存在する。新来者のインパクトはこれらのうちどちらかである。影響が最もはっきりと見て取れるのは、過去二〇〇年に渡るイギリス経済にとっての移民（非熟練労働者であろうが、企業家であろうが）の重要性においてである。同様に、移民はイギリス社会の他の領域、例えば上位文化および大衆文化、軍隊においても重要な役割を果たしている。移民のインパクトを検証するには特定の活動に関わった人々の数を測ること、ないしは特定の分野に対する個々人の重要性を評価することになる。経済学者や経済史家は、例えば、一九世紀の工業化におけるアイルランド人の役割[133]や、現代経済における移民の重要性[134]を評価しようとしてきた。他方、例えば、サー・チャールズ・ハレ（Sir Charles Hallé）［イギリスで活躍したドイツ生まれのピアニスト、指揮者。ハレ・オーケストラの創始者］の一九世紀マンチェスターにおけるクラシック音楽の発展への貢献のような、個々人の特定領域への影響を測ろうとすると、このようなアプローチは主観的な判断を伴うことになってしまう。

もう一つのアプローチは、特に上位文化および大衆文化の広い領域において、「移転」という概念を用いることである。移民は自分たちの文化的遺産《ヘリテージ》を持ち込むが、それは移民や定住の過程で変容し(135)、しかし同時に受け入れ社会の文化に不可避的に影響を与える。この移転アプローチは純粋に人口動態的な視点から離れ、マジョリティおよびマイノリティの文化の間に生じた多面的な交流の集積へと関心を移していく。移民がイギリス人に変化するのと同様に、移民もまたイギリスを変えていく。新来者やその子孫が混合《ハイブリッド》的なアイデンティティを発展させるのと同様に、エスニック・マイノリティがイギリスのアイデンティティを、最も目に見えやすいのは食やスポーツの分野で、変えていく。イギリス人が今では当たり前に自分たちのものだと思っている料理、とりわけフィッシュ・アンド・チップスは移民流入の結果として発展したものである。カレーが発展したのは、バングラデシュから流入した移民がイギリス人にかつてその一部がインドで食べたことのあるものを供したからである。サッカーやクリケットの非白人《ブラック》的プレイの仕方について語ろうとすれば論争を引き起こすことになるので、スポーツの分野での文化移転を測ることはより難しいように思われる。他方、ヴィクトリア朝およびエドワード朝のクラシック音楽の発展の源は、フェリックス・メンデルスゾーン（Felix Mendelssohn）、フレデリック・ディーリアス（Frederick Delius）、グスタフ・ホルスト（Gustav Holst）のような個人［いずれも外国の起源を持つないしは外国人で、イギリスで活躍した作曲家たち］の役割を考えれば、ドイツに見ることができる。同様に、戦後、インドのドレスは女性の衣服文化において役割を果たした。

　個々の移民集団と、彼らのマジョリティ・コミュニティとの交流を検証することで移民がいかにイギリス社会の様々な側面にインパクトを与えたかを例証し、また文化移転の働きを実証することができる。

アイルランド人が最も重要な影響を与えたのはローマ・カトリック教を宗教改革後のエリート信仰から大衆信仰へと再導入・再活性化したことである。[136]しかしながら、アイルランド人に関する歴史記述の多くがヴィクトリア朝中期におけるこのマイノリティの社会・経済的状況に焦点を当てていることを考えると、この集団の影響をヴィクトリア朝以降イギリス経済に貢献した大量労働力として以外の点で測ることは難しいように思われる。アイルランド人は過去二〇〇年に渡って軍隊でも重要な役割を果たしてきた。例えば、一七九三年から一八一五年の間一五万九〇〇〇人のアイルランド人がイギリス軍で従軍している。一八七一年には一四歳から五四歳の間のアイルランド人男性のうち四・三八%がイギリス軍従軍の経験があるという（イングランド人男性の場合二・〇九%）。アイルランド人兵士は通常貧しいローマ・カトリック教徒であった。ボーア戦争の時代、アイルランド人はかつてのフェニアン主義者を含む彼ら自身の隊を形成した。このような事実は一九二一年までアイルランドはイギリス国家の一部を成していたことを示す。アイルランド人連隊は一八五九年以降ロンドンとリヴァプールにも存在し、タインサイドのアイルランド人は第一次世界大戦時に彼ら自身の大隊を作り上げた。[137]

一九世紀イギリスのドイツ人は少なくともイギリスの生活に関わる三つの領域、つまりビジネス、音楽、そしてレストラン経営において影響力を持ったように思われる。[138]一八世紀の終わりから、かなりのドイツ人労働者階級の移住が生じた一方で、イギリスにやってきた者のうち多くが起業家であり、イギリスにおける最も大きな企業のうち、いくつかを設立する手助けをした。中にはユダヤ人の背景を持つ者もいた。スタンリー・チャップマンの研究は様々な領域におけるドイツ人の重要性を例証している。一八五〇年にマンチェスターに九七、ブラッドフォードに三八、リーズに六、ノッティンガムに七、バーミンガムに一二のドイツ人による商館が存在したという。チャップマンはこれらの会社は信用と

「起業経験の価値ある蓄積」を提供していたと述べている。[139] 一九一四年より前に一〇〇万ポンド以上の資本金を持っていた商業投資銀行《マーチャント・バンキング・ハウス》のうち、チャップマンはそのうち四つが第一世代の移民によって設立されており、[140] その中にはシュローダー、クラインオート、ロスチャイルドが含まれている。[141] ドイツ人はまた、一九世紀の間スコットランドおよび北アイルランドにおいて繊維産業が発展するのにも重要になっていった。[142] シュテファン・マンツは、J&Pコーツという［スコットランドの］ペーズリーにある糸作りの会社の営業主任から取締役にまでなったオットー・エルンスト・フィリピ（Otto Ernst Philippi）の例を検証し、チャップマンによる投資銀行家《マーチャント・バンカー》に関する初期の研究を反映させて、一九世紀末期におけるドイツからイギリスへの経営方法の移転がこの成功を助けたのだと述べている。[143] 他方、ルードヴィヒ・モンド（Ludwig Mond）とスイス系のジョン・ブラナー（John Brunner）は一九世紀の終わりに化学会社を設立し、これが後に「インペリアル・ケミカル産業」に発展する。[144] 文化移転アプローチを取りつつ、シュテファン・マンツはグラスゴーにおけるテネッツ醸造所の発展を第一次世界大戦前の数十年にドイツ人によって設立され、人員が供給された例だとしている。この会社によるビール醸造はグラスゴーのとても小さな、またイギリス全体としてもさほど大きくはないドイツ人コミュニティを越えて供給され、後に国内で最も大きな醸造会社の一つとなったのであった。[145]

　ドイツはまた、一九世紀の間、幅広い種類の音楽家をイギリスに送り込み、これは一八世紀の間に確立された流れの継続でもあった。[146] ヴィクトリア朝を通じて最も著名な集団の一つが国中をマーチングして回ったドイツのブラス・バンドであった（ただし、彼らはイギリスのブラス音楽にはあまり影響を与えなかった）。[147] 他方、イギリスのドイツ人は一九世紀の間に出現した主要オーケストラの多くで演奏を行ったため、「高尚な」音楽の発展に確実に役割を果たした。特にハレ・オーケストラは、創設者であり、最初の指揮者であったチャールズ・ハレだけでなく、一八九九年から指揮者としてハンス・リヒター(Hans Richter)を雇った。同時に、ドイツ人の音楽教師たちもまたヴィクトリア朝の間、イギリスに居住した。[148] 最も有名なイギリスの作曲家の一人であるフレデリック・ディーリアスは一八六三年にブラッドフォードでドイツ人の中流家庭に生まれ、ドイツの他、他のヨーロッパの地域で音楽を勉強した。[149]

ドイツ人と他のヨーロッパ系の移民は、第一次世界大戦前のイギリスにおける飲食業の発展に中心的な役割を果たした。移民たちは様々な職に従事することになった。まず、この国に新しい製品を紹介した。アイスクリームはイタリア系の移民によってこの国に持ち込まれ、結果、一八七〇年代までに「街頭のアイスクリーム売りはロンドンではよく見られる光景となった。そしてそれは実質的にはイタリア人だった」というまでになっていた。[150] 彼らは二〇世紀を通じてアイスクリームの販売に役割を果たし続け、同時に家庭で消費されるアイスクリームの発展はユダヤ人の影響を受けていた。というのは固まりがナイフで切り分けられるというのは、元々はユダヤ人の会社であるライアンズの影響で起きたことであった。[151] ユダヤ系の移民はフィッシュ・アンド・チップスの販売に少なくとも第二次世界大戦前、ロンドンで重要な役割を果たした。他方イタリア人は南ウェールズおよびスコットランドで同時期にこの商売に従事した。一九四五年より後は様々な新参の移民、特にギリシア系キプロス人がフィッシュ・アンド・チップスを売った。同様に重要なのは、フィッシュ・アンド・チップスがユダヤ人の魚を揚げて食べる伝統と、おそらくフランスで生まれたように思われる揚げ芋とを組み合わされてできたのかもしれないということである。これらの二つのものがおそらくヴィクトリア朝にロンドンのどこかで共に食べられるようになったこと自体が、文化移転の事例である。[152]

アイスクリームとフィッシュ・アンド・チップスは隙間《ニッチ》製品の例である。より広範囲には、移民は一八五〇年以降、レストラン産業全体においてその発展に中心的な役割を果たすようになっていた。それは上から下まで、オーナーやマネージャーから、コックやウェイターに至るまでであった。このプロセスはフランス料理様式の普及と時を同じくした[153]。移民は一九一四年以前のイギリスで最も有名なダイニング・ハウスのうち二つを設立した。一つ目は、リージェント・ストリートにあったカフェ・ロワイヤルで、元々は一八六二年にイギリスに移住したフランス人のワイン商人であるダニエル・ド・ニコルズ（Daniel de Nicols）によって開かれた。同様に、スイス生まれのセザール・リッツ（César Ritz）が自分の名前をつけたホテルを一九〇六年に開業した。他方、ライアンズ・グループは様々な階級にアピールする飲食店を設立した。その頂点に一八九六年にピカデリーに開店したトロカデロがあった。同時に同社はティーショップを開店し、それは特に下層中流階級にアピールする全国チェーンへと発展した。一九〇九年には最初のコーナー・ハウス［ライアンズ・グループによって展開された飲食店、デリカテッセンなどの複合施設］が誕生し、戦間期にはチェーンへ展開された[154]。

外国人のシェフもまた一九世紀の間に重要な存在となり、中にはフランス生まれのアレクシス・ソワイエ（Alexis Soyer）やオーギュスト・エスコフィエ（Auguste Escoffier）、一八〇五年にロンドンでイタリア人の両親のもとに生まれたチャールズ・エルメ・フランカテッリ（Charles Elmé Francatelli）などがいる。彼らは皆、ヴィクトリア朝およびエドワード朝のイギリスにおいて最も使用された、最も有名な料理本のうちのいくつかを著した[155]。この三人は一九四五年のイギリスのいたるところの飲食施設で料理を提供した大勢の外国人シェフ、特にフランス、スイス、ドイツ、イタリア出身であったシェフたちの中で、ごく一部の有名人シェフであったにすぎないのである[156]。

外国人はまたホテルやレストランのマネージャーとしても雇用され、その多くはウェイターから出世した人たちであった。ドイツ人は特に重要であった。一九〇一年センサスを用いると、当時のイングランドおよびウェールズの外国人ウェイター八六三四人のうち、三〇三九人がドイツ人であると推計できる。一九一一年までにはロンドンのレストランで働くウェイターおよびウェイトレスの約一〇%がドイツ人であり、この頃までには彼らは国中の都市で働くようになっていた。[157]その二三年後に『ロンドンの労働および生活に関する新調査』は、一二万二〇〇〇人の人々が首都でホテルや飲食業において雇用されていると推計しているが、[158]その間に、殆どのドイツ人は第一次世界大戦時の不寛容期に解雇されていた。他のヨーロッパ系の人々がその代わりに雇用され、戦間期にはドイツ人も復帰した。第二次世界大戦時にはさらなる解雇が起き、特に今度はイタリア人が解雇を受けた。

故に一九四五年以前においてイギリス人が外国人を雇用している飲食施設で食事をするのはよくあることであった。飲食業において移民が至るところに雇用されていたことを考えると、特にロンドン中心部において、ヨーロッパ人を雇用していないレストランで食事をすることは難しかったかもしれない。実際、外食の発展はヨーロッパ移民と密接な関わりを持っている。料理および給仕のスキルの移転がかなりの程度で起きていた。ただし、このことは自分たちの機会が奪われていると不満を持ったイギリス人の間に憤慨を引き起こし、これはエドワード朝後期および第一次世界大戦時のドイツ人嫌悪の時期に表面化し、忠誠なるイギリス人ウェイター協会のような組織の発展につながった。ヨーロッパ人によって調理された料理を食べる以外にも、イギリス人は移民によって紹介されたり、作り出されたりした製品、特にアイスクリーム、そしておそらく、フィッシュ・アンド・チップスを消費した。この段階で外国の食べ物はフランスの「高級料理《オート・キュイジーヌ》」の形態以外は出現していなかった。最初のイタリア料理、中国料理、インド料理レストランは確かに出てきていたけれど、[159]外国食が概念として飛躍的に広がるのは一九四五年に新たな移民の集団が到来し、エスニックないしはナショナルなブランドに沿ってマーケティングが行われるようになってからである。(160)

ユダヤ人は現代イギリスの発展に大きな影響を与えた。歴史記述のうちのいくつかはこの事実を強調し、ナチス支配下のドイツからの中流階級亡命者の業績に焦点を絞った様々な著作においては特にそうである。(161)そのようなアプローチは、一九世紀の終わりにロシアのユダヤ人居留地《ペイル》からやってきた、より大人数の労働者階級の有象無象の人々を無視する傾向にある。しかしながら、当時の観察者が強調した通り、しばしば良くない意味で、ヴィクトリア朝およびエドワード朝時代の移住者たちは即時にインパクトを与え、都市の環境、特にロンドンのイーストエンドの環境を変えたのであった。一九〇三年に、ウォルター・ベザントは、「ロンドン東部の町を歩き回ってみなさい。店の前側にはどこもドイツやユダヤの名前が書いてあるし、日曜日の朝ホワイトチャペル通りに沿って歩けば、そこに目にするのは、実におびただしい数の、ロンドン東部の大半を占拠してしまった大人しい侵入者たちなのである」と述べている。(162)より最近では、アン・カーシェンが彼女のスピタルフィールズへの移民に関する研究において、ユグノーやバングラデシュ移民に加えて、ユダヤ人移民が町を変えたインパクトを強調している。(163)

しかしながら、ユダヤ人移民の影響についての研究の多くはナチズムから逃れた中流階級の難民に集中する傾向がこれまであった。これらの新来者の多くは確かに当初の貧困という形での逆境やイギリス社会の一部からの敵意（これは第二次世界大戦時の抑留につながったケースもあった）を乗り越えた。しかしながら、高い教育を受けた集団として、イギリス社会の中流階級へと移行していくことをその後容易にすることになる技能をこの人々は有していた。ヴェルナー・モッセ（Werner Mosse）によって編集された著作はナチズムからの難民が、先に一九世紀に流入したドイツ系ユダヤ人移民とともに、インパクトを与えた様々な領域を列挙している。彼らがごく少数派であったような専門職もあるが、他の職においてはより大きな影響を与えている。ドイツ系ユダヤ人の国会議員の数は顕著であったが、イギリス政治には限定的なインパクトしか与えてこなかった[164]。他方、イギリスの上位文化の発展に果たした役割はより重要であり、少なくとも亡命者自身だけでなく、その子供たちまでに焦点を当てたダニエル・スノーマンはそのように見ている[165]。難民たちは、中には子供の時にやって来た者もいたが、学問の世界で貢献をした。エドガー・フォイヒトヴァンガー（Edgar Feuchtwanger）、ヘルムート・ケーニヒスベルガー（Helmut Koenigsberger）、フランシス・カーステン（Francis Carsten）、シドニー・ポラード（Sidney Pollard）などの歴史家はナチスを逃れた人々で[166]、他にも物理学や医学の分野で活躍した者もいた[167]。同様に、第二次世界大戦後の産業界で彼らの果たした役割も注目を集めている[168]。

スノーマンは、第二次世界大戦前に到着していたにもかかわらず、ナチズムからの難民の影響が感じられ始めるのは一九四五年以後のことであり[169]、故にイギリスの発展において変化を引き起こす役割を果たすにあたり英連邦《コモンウェルス》からの移民とつながっていると示唆している。イギリス経済、文化、社会の発展に貢献したユダヤ人たちは単にナチスからの亡命者だけではなく、それ以前の流入ユダヤ人の子孫でもあった。ビル・ルービンスタインは様々な領域と、それらの領域に影響を与えた個々のユダヤ人を列挙している。彼は一九九四年に王立協会《ロイヤル・ソサエティ》の四七人のフェローと、イギリス学士院《ブリティッシュ・アカデミー》の二三人のメンバーがユダヤ人であると指摘する。彼はまたノーベル賞を受賞した九人の在英ユダヤ人も列挙している。著名な著作家にはハロルド・ピンター、アーノルド・ウェスカー、トム・ストッパード、アニタ・ブルックナー（Anita Brookner）［作家、美術史家、一九八四年『秋のホテル』でブッカー賞受賞］がいる。ルービンスタインはまた、大衆文化の発展において顕著であったユダヤ人についても触れており、その中にはフランキー・ヴォーン、ヘレン・シャピロ、ウォレン・ミッチェル（Warren Mitchell）［俳優、BBCのシットコム『死が二人を分かつまで[170]（*Till Death Us Do Part*）』で知られる］、マイクとバーニーのウィンターズ兄弟、それにマーク・ボランが含まれており、ルービンスタインがこのリストをまとめたのは一九九〇年代であるから、そこにさらに人名を加えることができるだろう。戦後のイギリス社会へのユダヤ人のインパクトは一九四五年以前に来ていた人々の社会階層移動と、ナチス支配下のドイツからの亡命者が有していた技能とが明らかに結びついたものである。

ユダヤ人が第一次大戦前に多くの都市中心部《インナーシティ》を変えたのとちょうど同じように、戦後の到来者たちも、一九五〇年代以降、最初は西インド諸島移系民が、そして次第に、一九七〇年代以降アジア人が、イギリスの都市の風景の一部となった[171]。ロンドンのイーストエンドに様々なコミュニティが移住して来た結果として、その特徴付けるものはユダヤ人からバングラデシュ人に、結果スピタルフィールズはリトル・エルサレムからバングラタウンへと変化を遂げた[172]。いくつかの衰退しつつある都市中心部《インナーシティ》地域の性質を変えただけではなく、アジア系移民はまた特に地域を再活性化するのに役立った。このことはマンチェスターのラシヨルム地区、レスターのベルグレーブ地区で起きた。前者においてはレストランが大きな役割を果たしたが、後者はヨーロッパで最も重要な南アジア系のショッピング街区となっている[173]。他方、ロンドンの多文化的な性質は、戦後期に生じた様々なエスニックな特徴を持った地域《エスニック・ネイバーフッド》のパッチワークでできあがっている[174]。

戦後経済はまた、移民に依存したものとなった。一九四〇年代のヨーロッパ人の到来がパターンを作った。新英連邦《コモンウェルス》からの移民、特に南アジア系は単に工場だけではなく様々な経済セクターに進出していき、結果、現在彼らは小規模で裕福なビジネスマンを多く輩出している。より最近では、EUからの移民が労働力不足を補うのに役立っている[175]。

ヴィクトリア朝およびエドワード朝に確立されたパターンに基づいて、宗教的な実践においても劇的な変化が生じた。第一次大戦前には、アイルランドおよび東ヨーロッパからの移民はそれぞれカトリック教とユダヤ教を大衆《マス》宗教に変えるのに役立った。一九四五年以降南アジア人は大規模に新しい宗教、特にイスラム教が顕著であるが、ヒンドゥー教、シク教を持ち込んだ[176]。

一九四五年以降、移民たちはイギリス人の食習慣を変えるのに中心的な役割を果たした。このことは特に家の外での消費において明らかとなり、これは一九四五年以前に確立されたパターンと同じである。このことはエスニック食を扱うレストランの発展において最も顕著であるが、しかし移民たちはまた、一九四五年以前の時代と同様に、あからさまには外国的な食を提供しない飲食施設を経営したり、そこで働いたりしていた。大陸出身のウェイターやコック、特に西ヨーロッパの出身の者は戦後初期、ロンドンの飲食業業で中心的な役割を果たし続けた。最も高級なホテルやレストランの多くが外国人スタッフに依存し続け、特にその最上部においてそうであったので、結果、例えば、リッツは一九八〇年代までイギリス諸島からはその第一シェフを指名しなかったのである。より最近では、東ヨーロッパ人、特にポーランド人が、一九四五年以前にドイツ人、イタリア人、フランス人がそうであったように、飲食業に進出しつつある[177]。

戦後初期の数十年にイタリア人とギリシア系キプロス人はかなり伝統的なイギリス的食品を売る店舗を開いた。イタリア人は特にコーヒー・バーと、サンドウィッチ・バーが興隆するのに重要な役割を果たした。一九六〇年代までに二〇〇〇ものコーヒー・バーが存在し、そのうち二〇〇はロンドンのウェスト・エンドにあった。その数はその後減少したが、それは儲けの幅が少なく、結果オーナーたちの中にカフェやトラットリアに変える者が出てきたからである。一九四六年のエスプレッソ・マシーンの発明が最初のコーヒー・バーの出現に役立った[178]。

レストラン業に乗り出したギリシア系キプロス人は、しばしばイギリスに到着した直後にそうしており、このことはリスクを取る傾向が強いことを示すが、同時に、圧倒的に農業従事者の多いキプロスの人々の間では土地と住居の所有が一六世紀からすでに一般的であったという事実に根を持つ、自給自足への欲求を反映している[179]。故に、一九六〇年代までにはギリシア系キプロス人はロンドンでも地方部でも様々な種類の店舗を所有するようになっていた。例えば、キプロス人は一九六三年にはレスターで、「コンチネンタル」、「フラミンゴ」、「グルメ」や「ステーキハウス」などのレストランを所有していた。ギリシア系・トルコ系のキプロス人は双方とも「ウィンピー」のフランチャイズ店を、この元々はアメリカの製品が一九六〇年代および七〇年代にイギリスに入り始めた時に開業した。ただし、ここに私たちは同時に、「ウィンピー」〔ハンバーガー・チェーン〕が「ライアンズ」チェーンの一部であるという意味で、ユダヤ系の要素を見ることもできる。この製品もまた、イギリスの個々の食品の発展に関わっているナショナルな、そしてエスニックな起源の複雑さを例証している[180]。

最も明確に移民たちが一九四五年以降のイギリスの食に影響を与えたのは、明らかに外国の食を販売するレストランの発展においてである。「エスニック料理」を食べることは、「エスニックな境界線を越える最も容易で最も楽しい方法」に見え、「私たちが大事にする多様性と、もし友好的に共生するならば認識しなくてはならない共通の人間性の間の、究極の和解」[181]を実証するかもしれない一方で、これは現実を単純化しているように思われる。民族的イングランド人〔白人系イングランド人〕の友人の集団がカレーハウスで食事をしても、他のコミュニティの友人を持たなければ、境界を越えているとは言えない。

アネケ・ファン・オッテルローが問うたように、「現地の人々と外来の人々がお互いの料理を楽しむ時、彼らは近づいたのか、それとも距離や不平等は変わっていないのか？」[182]という点はエリザベス・ブェトナーによっても強調されている。[183]階級的およびエスニックな境界は移民が主としてエスニック・マジョリティのためのサーヴィス産業で労働に従事する限りはそこに残り続ける、という議論もできるだろう。エスニック・マイノリティによってレストランで提供される食の提供を製品以外のもの、ビジネス取引以外のものと見なすことは難しく、つまり、移民たちは彼らが家で食べる食を提供するのではなく、より広範囲の人々にアピールするような食事を作り出している。これらのレストランの多くは限定的な利益幅で経営されている。繁栄への道筋は約束されてはおらず、事業の失敗は常に脅威である。[184]

移民が新しい製品を提供したという事実は「インド」料理と中国料理によって証拠立てられる文化移転のプロセスを指し示す。カレーはイギリスのインド支配に起源を持つ。一八世紀以降、ラージ〔イギリス支配下のインド〕で生活したり、働いたりした人々はインド人が食べるものを好んだ。しかしながら、これらの料理は圧倒的に菜食であり、イギリス人は肉を食べ続けたいと思ったので、新たな「イギリス式インド料理」の発展につながった。これは、イギリス人の目を通しての「インド料理」というものを初めて構築するという料理を分類《マッピング》するプロセスであった。[185]一九四五年以前にもイギリスでカレーを提供するインド料理のレストランはいくつか存在したが、それらは短命に終わる傾向があった。第二次世界大戦後になって初めて、インド料理店は繁盛し始め、結果、そのような店の数は二一世紀の初めまでに約九〇〇〇に達した。一九五〇年代から、また特に一九六〇年代から後は、バングラデシュ人（その多くがイギリスの商船でコックとして働いた経験を持っていた）が「インド」料理店を経営し、イギリス人がラージ時代に食べたような類いの、そして一九世紀からのカレーの料理本に現れたような食べ物を売った。

料理という意味において、イギリス人全体のためにバングラデシュ人が提供するイギリス式インド料理という形で、「帝国はイギリスに帰還した」のであった。一九六〇年代以降はインド料理店の新たな発展がタンドーリという形で生じ、一九八〇年代以降はバルティ〔イギリス式南アジア料理の一種で、バルティと呼ばれる鉄製の小さな鍋で調理、提供される〕という形でさらに続いた。より最近においては、主に南インド系の菜食料理を提供する店が出現している。ただし、今も多くの店はバングラデシュ人によって経営されている。(186)

中国料理もやはり一九四五年以降に人気が出た。ここでもまた、第二次世界大戦前には数えるほどのレストランしか存在していなかったのが、一九五〇年代から急速に広がりを見せ、二一世紀の初めには一万店以上が存在している。中国料理はイギリス帝国とは殆ど関わりを持たなかったという意味でインド料理とは違っている。代わりに、中国料理店や持ち帰り店《テイクアウェイ》で提供された料理は中国のものではなく、西洋の様々な場所で提供されてきたものの再現であった。実際、ケネス・ローは西洋の中国料理と東洋の中国料理を比べ、故国《ホームランド》で食べられている料理は世界中で提供されているものとはかなり異なると述べている。西洋式中国料理のメニューは、イギリス人の間で人気の出たカレー料理のように、二〇世紀の初めまでに標準化された形で現れていた。インド料理は最近になるまで大きく広がっていかなかったが、中国料理は第一世界大戦時までに国際的な現象となっていた。香港からの多くの移民は中国料理の料理店や持ち帰り店で働くために生じた。(187)これは多くのバングラデュ人やその他の南アジア人が特にレストラン業で働くためにイギリスに移住したわけではないという意味で、移民とレストラン業との関係が間接的であったイギリスにおけるカレーとは状況が異なっている。

南アジアおよび香港からの移民たちはイギリス人の食習慣に革命をもたらした。結果、一九五〇年代以降、イギリス人は昼および夜の食事の大半を占めていた肉と二種類の野菜、という組み合わせのパターンから離れていったのである。[188] イギリス人がインド料理や、中国料理や、イタリア料理や、その他のエキゾチックなレストランで食事をするようになると、彼らはこのような製品への嗜好を発展させ、家でもこのような製品を消費したいと思うようになった。イギリス人の中にはこのような料理を一から作るところまで行った者もいたが（材料は一九五〇年代後半の配給終了後は次第に手に入るようになっていたから）、多国籍企業やスーパーマーケットは外国の食を家庭にまで広げ、そしてその意味で一九八〇年代以降、これらの企業が単に二〇分間温めればよいレディ・ミール〔電子レンジやオーブンに入れるだけで簡便に料理できる商品〕を製造し始めた時、これらの料理を家庭のものとしたのである。[189]

戦後の移民は故に、イギリスにおける食の性質を変えた。一九五〇年代には多くのイギリス人が朝はフライド・ブレックファスト〔卵、ベーコンなどを焼いて（フライして）調理することを基本とする、いわゆる「イングリッシュ・ブレックファスト」のような朝食のスタイル〕を食べ、その後昼と夜に肉と野菜二種類の食事（パイ、ロースト、ナーサリー・プディング〔イギリス風デザート〕を含む）[190]を取っていた。二〇世紀の終わりまでには「国民食」にカレーと中国料理の他にも、「東南アジアのライス・ヌードルに、地中海の美食」も入るようになってきた。[191]

移民たちはまた、イギリスの生活の別の側面を変容させるのにも寄与した。ここでは簡潔に触れてみたい。例えば、グローバルな視野を取るならば、パーミンダー・バチュ（Parminder Bhachu）とナーマル・プワルは南アジアからの衣服の影響を検証している。後者は「多文化資本主義、つまり文化的多様性の生産と消費、および消費されやすい形でパッケージ化された『エキゾチック』なものを売るマーケティングに基づいた資本主義がグローバル化された経済市場の最先端にある」[192]と述べている。そのような状況の中で、衣服のデザイナーは南アジアを含む、非ヨーロッパの文化の標準的特徴を取り入れ、シェリー・ブース〔ブレア元首相の妻で著名な法廷弁護士〕やダイアナ〔元皇太子〕妃などの重要な西洋の女性に届けることが可能になる。二〇〇〇年までにオアシス、カレン・ミレン、ディーゼルなどの会社が南アジア風の衣服の要素を彼らのハイストリート・コレクションに取り入れた。この時までに「ファッション小売店《ブティック》、商店街《モール》、クラブ、露店などがパシュミナのスカーフ、もしくは少なくともパシュミナ・スカーフとして流通しているもの、メンディーズ〔インド式の手足に行う装飾的ボディ・ペインティング〕、ビンディ〔ヒンドゥー教徒の女性が額に施す装飾〕、鼻ピアス、スパンコールや刺繍で装飾された靴・サンダル・ハンドバッグ・ジーンズ・トップス・スカートなどで煌めいて」おり、エキゾチックなものは主流の一部となった。(193) カレーがバングラデシュ人のレストランからハイストリートを経由して家庭へと入っていったように、女性の衣服は同じ変容を経験したのだ。パーミンダー・バチュは「サルワール・カミーズ」の歴史を一九六〇年代および七〇年代にイギリスでパンジャーブ人として彼女と彼女の母がかなり神経質になりながら着用した衣服から、一九九〇年代までには王族や首相の妻が華やかに見せびらかすものへと変わったとしている。バチュはこの衣服および他の南アジア起源を持つ衣服の変容における南アジア系の女性ファッションデザイナーや衣料工場労働者の役割を検証している。(194)

　黒人《ブラック》のポピュラー音楽への影響について簡潔な検証を行うと、その歴史は一九世紀にまで遡ることがわかる。ヴィクトリア朝およびエドワード朝においては黒人《ブラック》の音楽が最も明確な形で現れたのは「ミンストレルシー〔ミンストレル・ショー。顔を黒くぬった白人ないしは黒人が歌や踊り、寸劇などを披露する娯楽の一形態〕」であり、イギリスにおいて、それは二〇世紀後半になってもＢＢＣの『ブラック・アンド・ミンストレル・ショー』の形で残っていた。マイケル・ピッカリングもまたジャズはそのようなパフォーマンスの遺産であるのかを検証したが、ただしイギリスのジャズというのは白人によって専ら演奏された。(195) 他方、ポール・オリヴァーは一九八〇年代の終わりまでに、それが「アフリカのバンドないしはソロのミュージシャン」であれ、アメリカから訪れているミュージシャンであれ、黒人《ブラック》の音楽がイギリスに影響を与えた様々なあり方について実証している。南アジアによって影響を受けたファッションの場合と同様、新しい音楽の運動が一九六〇年代以降生じ、それは西インド諸島系の移民、まだ西インド諸島やアメリカ合衆国にいる黒人《ブラック》のミュージシャン、そして白人のミュージシャンの間に起きた文化的交流という形を取り、結果、スカ、ソウル、ディスコ、ファンク、レゲエ、ヒップホップのような音楽の発展につながっていった。ここでもまた、食や衣服の場合と同様に、このような音楽は、それを売り出すレコード・レーベルが出現した時、次第に主流の音楽シーンへと移って行ったが、[196] 同時に主流のレコード会社もまたこれらの音楽形態に関心を持つようになっていった。一九九〇年代までには黒人《ブラック》系イギリス人は主流の世界に出てくるようになり、それはスパイス・ガールズ［女性ヴォーカル・グループ］のメンバー構成だけでなく、レオナ・ルイス（Leona Lewis）［オーディション番組『Xファクター』で一躍有名になった黒人女性歌手］のようなアーティストの音楽チャートのトップを飾るような成功によっても典型的に示される。

黒人《ブラック》の人々は次第にイギリスのテレビおよび映画においても肯定的な意味で目に見える存在となっていった。確かに、戦後の数十年において、彼らは人種的なステレオタイプを演じる傾向があり、今でもそこから完全に逃れられてはいない。一九四五年以前、ポール・ロブソン（Paul Robeson）は一九三五年の『コンゴウ部隊（*Sanders of the River*）』で豹の毛皮をまとったアフリカ人の役を与えられており、これは彼がしばしば演じた周辺的な役を反映している。[197] ステレオタイプ化は一九四五年以降も特にカリブからの移民の初期数十年においてはドラマ、ドキュメンタリー、コメディなど様々な形態において続き、この状況は今でも完全に消えたわけではない。[198] しかしながら、あからさまな人種主義が減少したこと、また黒人《ブラック》やアジア系の人々がカメラの後ろ、製作を行う側へと移動したことによって、ここ最近は重要な変化が起きている。私たちはこのことを俳優ルドルフ・ウォーカー（Rudolph Walker）の例を使って見ることができる。彼が最初に有名になったのは一九七〇年代のあからさまに人種主義的なシチュエーション・コメディ『汝の隣人を愛せ（*Love Thy Neighbour*）』であった。彼のキャリアは七〇年代の後半低迷するが、一九八四年にヤング・ヴィク劇場でオセロを演じて再び上向きになる。最も重要なことは、一九九〇年代までに、彼は『シン・ブルー・ライン（*The Thin Blue Line*）』や『イーストエンダーズ（*Eastenders*）』［共にBBCの人気ドラマ。特に、『イーストエンダーズ』はITVの『コロネーション・ストリート』に次ぐ長寿ドラマとして知られている］のような番組で、「非人種的な役柄（彼の肌の色が中心的な問題ではない役柄）」を演じ始めていたことである。[199] 同様に重要であるのは、黒人《ブラック》およびアジア系のニュースリーダー［アナウンサー］が一九九〇年代までには地方放送でも全国放送でも次第に一般的になり始めたことである。特に全国区で活躍する人々の中には、ウェスリー・カー（Wesley Kerr）、ジョージ・アレガイア（George Alagiah）、ゼイナブ・バダウィ（Zeinab Badawi）、モイラ・スチュワート（Moira Stewart）、クリシュナン・グル＝マーシー（Krishnan Guru-Murthy）、そして、誰よりも、ITNニュースの顔となった、サー・トレヴァー・マクドナルド（Sir Trevor McDonald）がいる。クイーンズ・イングリッシュ［イギリス上中流階級の英語］を身につけることによって地方ないし労働者階級のアイデンティティから抜け出した白人のニュースリーダーがいたように、黒人《ブラック》およびアジア系のニュースリーダーたちは彼らの肌の色以外は白人の同僚たちによく似ている。[200] 黒人《ブラック》およびアジア人の顔がテレビのニュース番組の顔となっていったという事実は重要な進歩を示しており、アフロ・カリブ系、アフリカ系、アジア系の中にイギリス社会のエリート層へと進出した者も存在するということを反映している。

移民たちと彼らの子孫たちは戦後、イギリス文学の中心へと次第に進出していった。ユダヤ系の起源を持つ人々に加えて、主要な作家たちが次第に南アジア、カリブ海、またそれ以外の地域を起源とするようになってきている。サクデヴ・サンドゥは戦後世代の先駆者たちを一八世紀のイグナティウス・サンチョ（Ignatius Sancho）〔奴隷出身の一八世紀の著述家、作曲家。『イグナティウス・サンチョ書簡集』で知られる〕やオラウダ・イクイアーノ（Olaudah Equiano）〔一八世紀末に奴隷体験を綴った『アフリカ人、イクイアーノの生涯の興味深い物語（*The Interesting Narrative of the Life of Olaudah Equiano*）』（翻訳は久野陽一訳、研究社、二〇一一年）で知られる〕まで遡っている。(201)最近のイギリス人の作家や詩人、特にリントン・クウェシ・ジョンソン〔詩人〕は主としてイギリスにおける黒人《ブラック》の経験だけでなく、彼ら自身の個人的な経験についても書いている。(202)同様に、ハニフ・クレイシ（Hanif Kureishi）〔脚本家、小説家〕、ゼイディー・スミス、モニカ・アリ、アンドレア・レヴィもまた多文化的なイギリスに焦点を当ててきた。サルマン・ラシュディは、『悪魔の詩』を割り引いたとしても、世界で最も有名な作家の一人になった。ただし、ここでもまた、彼の散文は彼自身の移民としての体験に影響を受けている。(203)ヨーロッパ以外に起源を持つ作家の活躍は「多文化フィクション」という概念を出現させた。(204)ただしゼイディ・スミスのような作家は多文化なロンドンの物語を文学の主流へと持ち込んだ。ヤスミン・フセインは最近ディアスポラの文化の出現に取り組む際に南アジア系の女性にとりわけ焦点を当てている。彼女は作家だけではなく、『浜辺でバージを（*Bhaji on the Beach*）』や『ベッカムに恋して（*Bend It Like Beckham*）』のような作品を生み出したグリンダー・チャーダ（Gurinder Chadha）のような映画監督も検証の対象としている。(205)

　食に加えて、移民たちが最も可視的になった分野といえばスポーツがあり、一九八〇年代までには例えばサッカー、体操、ボクシングなどの競技で主流の競技者の中に見られるようになった。多くの著述が黒人《ブラック》の若者にとっての社会階層移動の道筋としてスポーツに焦点を当てている。しかしアーネスト・キャッシュモアは黒人《ブラック》の少年たちにとってのスポーツは「失敗から利益を得る。つまり、黒人《ブラック》の子供たちがより満足のいく形で統合されなかったり、簡単に資格を得られなかったり、容易にキャリアをみつけられなかったりする失敗によって〔スポーツの世界で〕成功するのだ」[206]と述べる。イアン・ライトのようなサッカー選手はサッカーを社会的剥奪から逃れる道であると見なした。[207]教師や教育システムは全体として、黒人《ブラック》の生徒たちを一九七〇年代以降、次第にスポーツへと差し向けてきた。[208]

サッカー〔イギリスでは一般的にフットボールと呼ばれる〕の検証は特に一九六〇年代以降の、エスニック・マイノリティによるスポーツへの参加の重要性を示すことに役立つであろう。最初の黒人《ブラック》サッカー選手は一八八〇年代にまで遡るが、[209]目立った増加は、イギリスにおいて一九五〇年代の西インド諸島からの移民流入に起源を持つ黒人《ブラック》の若者の人口が増加した一九七〇年代および八〇年代まで起きなかった。一九九七年までにはプロのサッカー選手のうち一五%が黒人《ブラック》選手であり、そのうち三三%がプレミア・リーグに在籍し、これは一九八五年と比べて三五%の増加を示している。[210]しかしながら、一九九七年時点での成功（その頃には黒人《ブラック》選手はイングランドのナショナル・チームに必ず含まれるようになっていた）へと至る道筋は、様々な人種主義による障害が存在した。そのうち最も明白なものは、一九七〇年代および八〇年代に黒人《ブラック》選手の数が増加し始めた時にとりわけ顕著になったのであるが、野次であった。レス・バック、ティム・クラブとジョン・ソロモスはファンの間で使われる人種主義的な野次を七つに類型化する研究まで行った。この中には「黒人野郎《ブラック・バスタード》」といったあからさまな人種主義的侮辱から、ユーモアを通して表現された、より巧妙なものまでが含まれていた。[211]一九九〇年代までに、直接的な人種主義的発言を口に出すことは、クラブ側でこういった行為をなくそうとして、人種主義的なヤジを飛ばした者を出入り禁止にするなどと警告を行ったことで、次第に難しくなっていった。こういった展開は政府による圧力によって、また同時に、「フットボールから人種主義を蹴り出そう（Let's Kick Racism out of Football）」キャンペーンによっても生じた。[212]黒人《ブラック》の選手はイングランドのサッカーではどこにでも見られる存在となったのとは対照的に、アジア系は地方レベルのサッカー・リーグには参加している事実にもかかわらず〔プレミア・リーグ等の主要なリーグには〕見当たらない。ほぼ完璧と言っていいほどアジア系の選手が不在であることは、アジア系コミュニティにおいてスポーツを職業とすることへの抵抗感があることに加えて、草の根レベルから始まるサッカーの権力体制の中に存在する人種主義によるものだといえる。[213] 黒人《ブラック》および外国人選手たちは次第に彼らの存在をピッチで印象付けるようになっているが、おそらく最も明白にエスニック・マイノリティや移民がサッカーから不在となっている領域といえばスタンドであり、これは多くのチームのサポーターたちはエスニック・マジョリティ〔白人〕のメンバーのみでほぼ全員が構成されているからである。これはおそらく、ニューカッスルやサンダーランドなど、黒人《ブラック》およびアジア人の割合が低いところでは予想されることであるが、他の大都市では事情は異なる。しかしながら、アーセナルやマンチェスター・シティなどの多文化地域においては常にエスニック・マイノリティのサポーターが存在した。[214] この展開に先立つ事実としては、二〇世紀初期にユダヤ人のコミュニティにおいてロンドンのクラブへの支持が発展したことがある。彼らはその関心をトッテナムだけでなく、アーセナルやウェスト・ハムに向け、ただし一般的には〔トッテナムの〕スパーがユダヤ人のチームになったと言われた。[215] イギリスにおけるサッカーの多文化化の最も重要な展開としては、外国人選手の加入があり、とりわけEUの中からであるが、それ以外の地域からもやってきている。これらの選手たちはプレミア・リーグをイギリスの生活で最もコスモポリタンな場へと変えている。二〇〇八年には六六の国から、三三一人の選手がプレミア・リーグでプレイし、それは全体の六〇%にあたる。[216]

多文化国家・社会としてのイギリス

多文化社会イギリスを論評する者の大半が、一九八〇年以降の問題を強調する形で批判を行う。それらは特にエスニック・マイノリティの多くのメンバーが多文化社会によって提供される機会にもかかわらず、社会経済的梯子の底辺に残り続けるという事実に焦点を当てる。同時に、政治・社会科学者は多文化主義の利点を疑問視し始め、特にそれが特定のエスニック集団の利益を確立し、新たに興ってくる移民集団を排除するかもしれないという事実に焦点を当てる。

明らかに、イギリスは多文化のパラダイスではないし、今後も決してそうはならないだろう。しかしながら、過去二世紀に渡って、この国とその社会は、あからさまな人種主義を実践すると同時に移民集団を社会に取り込み、それによって豊かになってきたのである。イギリスが自由民主主義《リベラル・デモクラシー》国家として民主主義的構造を持つことは移民の進出において中心的な役割を果たしてきた。ローマ・カトリック教徒の解放という重要な出来事はここで議論されている時期の先駆けとなったが、政府が一連のエスニック・マイノリティの要求に答える中で以後二〇〇年の間、同様のことが繰り返されてきたのである。同じく重要なこととして、イギリスの国籍法の決定要因としての出生地主義は移民の子孫たちの社会への組み入れに中心的な役割を果たした。

同時にイギリス社会のいくつかの部分においてエスニック・マイノリティに対する肯定的態度が示されたこともあった。ヴィクトリア朝から人種間の友情、恋愛、民族間結婚はその辺りの街中でも、イギリスの家庭でも現実であったのである。同様に、数多くの個人や組織が外国人に対して敵意を示した一方で、特に短期的には、移民の定住プロセスを助けるために発展した組織も存在した。

エスニック・マイノリティはまた、イギリスを変容させるのに寄与した。まず、彼らは新しい宗教と言語をこの国に導入した。彼らはイギリスの生活の様々な側面に大きな影響を与えた。このことはヴィクトリア朝後期以来の外食という領域で、また、より最近では、スポーツ、特にサッカーにおいて最も明白であった。飲食業の発展における移民の中心的役割のために、外食の歴史は今の形以外を想像するのは難しいように思われる。同様に、近年のサッカーの歴史を西インド諸島系やアフリカ系の移民の息子たちの組み入れ、ないしはヨーロッパおよびそれ以外の地域からの選手の流入なしに語ることは難しい。文化移転のパラダイムはいかに移民たちがイギリスの変容に寄与したかを理解するのに役立つ。このことは食が移民プロセスの結果として生じる過程において最も明らかである。

人種主義は最近のイギリス史の発展の過程において存在し今なお活発ではあるが、多文化主義もまた同様である。自由民主主義《リベラル・デモクラシー》の構造と性質がこの過程を容易にしている。一九六〇年代以降イギリスの生活における変化はより明白なものとなっているが、移民がこの国の発展に役割を果たした過程はヴィクトリア朝よりも前からすでに明白だったのである。

（1） Mike Phillips and Trevor Phillips, *Windrush: The Irresistible Rise of Multi-Racial Britain* (London, 1998).

（2） Yasmin Alibhai-Brown, *Who Do We Think We Are? Imagining the New Britain* (London, 2000), pp. x, 44-70.

（3） Bikhu Parekh, et al., *The Future of Multi-Ethnic Britain* (London, 2000).

（4） Adrian Favell, *Philosophies of Integration: Immigrants and the Idea of Citizenship in France and Britain*, 2nd edn (Basingstoke, 2001).

（5） Randall Hansen, *Citizenship and Immigration in Post-war Britain: The Institutional Origins of a Multicultural Nation* (Oxford, 2000).

(6) 同書、p. 35.

(7) Harry Goulbourne, *Race Relations in Britain Since 1945* (Basingstoke, 1998), pp. 100-22.

(8) Andreas Fahrmeier, *Citizens and Aliens: Foreigners and the Law in Britain and the German States, 1789-1870* (Oxford, 2000).

(9) Herbert Butterfield, *The Whig Interpretation of History* (London, 1965).

(10) David Blackbourn and Geoff Eley, *The Peculiarities of German History: Bourgeois Society and the Politics of Nineteenth Century Germany* (Oxford, 1984), pp. 1-35 を参照。

(11) Philip Cohen, 'The Perversions of Inheritance: Studies in the Making of Multi-Racist Britain', in Philip Cohen and Harwant S. Baines, eds, *Multi-Racist Britain* (London, 1988), pp. 12-13.

(12) Graham Huggan, 'Virtual Multiculturalism: The Case of Contemporary Britain', *European Studies*, vol. 16 (2001), p. 72.

(13) Alibai-Brown, *Who Do We Think We Are?*; Parekh, *Future of Multi-Ethnic Britain*.

(14) この後を参照。

(15) Tony KushnerとKevin MyersのKathy Burrell and Panikos Panayi, eds, *Histories and Memories: Migrants and their History in Britain* (London, 2006) 所収の論考参照。

(16) Varun Uberoi, 'Social Unity in Britain', *Journal of Ethnic and Migration Studies*, vol. 33 (2007), pp. 141-57.

(17) Adrian Favell, 'Multi-Ethnic Britain: An Exception in Europe', *Patterns of Prejudice*, vol. 35 (2001), pp. 35-57.

(18) 第三章と第四章参照。

(19) リベラルなイギリスの誕生に関する古典的な著作としては Asa Briggs, *The Age of Improvement, 1783-1867* (London, 1959) がある。より最近のものとしては W. D. Rubinstein, *Britain's Century: A Political and Social History, 1815-1905* (London, 1998).

(20) Rainer Liedtke and Stephan Wendehorst, eds, *The Emancipation of Catholics, Jews and Protestants: Minorities and the Nation State in Nineteenth Century Europe* (Manchester, 1999).

(21) Wendy Hinde, *Catholic Emancipation: A Shake to Men's Minds* (Oxford, 1992), pp. 6, 10.

(22) Ian Machin, 'British Catholics', in Liedtke and Wendehorst, *Emancipation*, p. 11.

(23) 同書、p. 15; Donald M. MacRaild, *Irish Migrants in Modern Britain, 1750-1922* (Basingstoke, 1999), p. 79.

(24) Machin, 'British Catholics', pp. 15-16.

(25) Hinde, *Catholic Emancipation*, pp. 9, 13.

(26) Rubinstein, *Britain's Century*, p. 23.

(27) Hinde, *Catholic Emancipation*; Gilbert A. Cahill, 'Irish Catholicism and English Toryism', *Review of Politics*, vol. 19 (1957), pp. 6Z-76.

(28) Machin, 'British Catholics', pp. 13-23.

(29) Fergus O' Ferrall, *Catholic Emancipation : Daniel O' Connell and the Birth of Irish Democracy* (Dublin, 1985), p. 273.

(30) 第四章を参照。

(31) Rachel O'Higgins, 'The Irish Influence in the Chartist Movement', *Past and Present*, no. 20 (1961), pp. 83, 89.

(32) Graham Davis, *The Irish in Britain* (Dublin, 1991), pp. 159-90.

(33) Dorothy Thompson, 'Ireland and the Irish in English Radicalism before 1850', in James Epstein and Dorothy Thompson, eds, *The Chartist Experience : Studies in Working-Class Radicalism and Culture, 1830-1960* (London, 1982), p. 12.

(34) MacRaild, *Irish Migrants*, pp. 136-8.

(35) John McCaffrey, 'The Irish Vote in Glasgow in the Later Nineteenth Century : A Preliminary Survey', *Innes Review*, vol. 21 (1970), pp. 30-6 ; Ian Wood, 'Irish Immigrants and Scottish Radicalism', in Ian McDougall, ed., *Essays in Scottish Labour History* (Edinburgh, 1979), pp. 65-89.

(36) Alan O' Day, 'The Political Behaviour of the Irish in Great Britain in the Later Nineteenth and Early Twentieth Centuries', in John Belchem and Klaus Tenfelde, eds, *Irish and Polish Migration in Comparative Perspective* (Essen, 2003), p.91.

(37) Steven Fielding, *Class and Ethnicity : Irish Catholics in England, 1880-1939* (Buckingham, 1993), pp. 118-26.

(38) Enda Delaney, *The Irish in Post-war Britain* (Oxford, 2007), pp. 191-4.

(39) Israel Finestein, *Jewish Society in Victorian England : Collected Essays* (London, 1993).

(40) U. R. Q. Henriques, 'The Jewish Emancipation Controversy in Nineteenth Century Britain', *Past and Present*, no. 40 (1968), p. 126.

(41) V. D. Lipman, 'The Age of Emancipation, 1815-1880', in Lipman, ed., *Three Centuries of Anglo-Jewish History* (London, 1961), p. 77.

(42) Finestein, *Short History of Anglo-Jewry*, p. 81.

(43) M. C. N. Salbstein, *The Emancipation of the Jews in Britain : The Question of the Admission of the Jews to Parliament* (London, 1982), pp. 57-8, 67-8, 75.

(44) 同書、p. 57.

(45) Lipman, 'Age of Emancipation', pp. 79-81 ; Geoffrey Alderman, *Modern British Jewry* (Oxford, 1992), p. 53 ; Henriques, 'Jewish Emancipation Controversy', pp. 129-30 ; Todd M. Endelman, *The Jews of Britain, 1656-2000* (London, 2002), p. 98.

(46) Salbstein, *Emancipation*, p. 241 ; Finestein, *Short History of Anglo-Jewry*, pp. 87-8 ; Alderman, 同書、p. 63.

(47) Todd M. Endelman and Tony Kushner, eds, *Disraeli's Jewishness* (London, 2002) を。

(48) Geoffrey Alderman, *The Jewish Community in British Politics* (Oxford, 1983), p. 174.

(49) Geoffrey Alderman, *London Jewry and London Politics, 1889-1986* (London, 1989), p. 30.
(50) William J. Fishman, *East End Jewish Radicals, 1875-1914* (London, 1975).
(51) 第四章を参照。
(52) Harold Pollins, 'East End Jewish Working Men's Clubs Affiliated to the Working Men's Clubs and Institute Union', in Aubrey Newman, ed., *The Jewish East End* (London, 1982), pp. 173-91.
(53) Kenneth Lunn, 'Parliamentary Politics and the "Jewish Vote" in Whitechapel, 1906-1914', Newman, 同書, pp. 255-65 所収。
(54) Cecil Roth, 'The Court Jews of Edwardian England', *Jewish Social Studies*, vol. 5 (1943), pp. 355-66.
(55) Todd M. Endelman, *Radical Assimilation in English Jewish History, 1656-1945* (Bloomington and Indianapolis, 1990), pp. 74-5.
(56) Holmes, *Anti-Semitism in British Society, 1876-1939* (London, 1979), p. 70.
(57) W. D. Rubinstein, *A History of the Jews in the English Speaking World : Great Britain* (Basingstoke, 1996), p. 206.
(58) Bernard Wasserstein, *Herbert Samuel : A Political Life* (Oxford, 1992).
(59) Tony Kushner, *The Persistence or Prejudice : Anti-Semitism in British Society during the Second World War* (Manchester, 1989), pp. 3-4.
(60) Alderman, *Jewish Community in British Politics*, p. 174.
(61) Alderman, 同書, pp. 174-5 ; Rubinstein, *History of the Jews*, pp. 392-403 ; Endelman, *Jews of Britain*, pp. 241-2.
(62) Hansen, *Citizenship and Immigration*, p. v.
(63) 第五章を参照。
(64) Bob Hepple, *Race, Jobs and the Law in Britain*, 2nd edn (Harmondsworth, 1970), pp. 156-9.
(65) Sheila Patterson, *Immigration and Race Relations in Britain, 1960-1967* (London, 1969), pp. 42-4 ; Roy Hattersley, 'Immigration', in C. Cook and D. McKie, eds, *The Decline or Disillusionment British Politics in the 1960s* (London, 1972), pp. 182-9.
(66) Patterson, 同書, pp. 87-91 ; E. J. B. Rose, et al., *Colour and Citizenship : A Report on British Race Relations* (Oxford, 1969), pp. 519-21 ; Hepple, *Race, Jobs and the Law*, pp. 162-71.
(67) Goulbourne, *Race Relations*, p. 101.
(68) Zig Layton-Henry, *The Politics of Immigration* (Oxford, 1992), pp. 46-56 ; S. Abbot, ed., *The Prevention of Racial Discrimination* (London, 1971).
(69) Anthony Lester, 'The Politics of the Race Relations Act 1976', in Muhhammad Anwar, Patrick Roach and Ranjit Sondhi, eds, *From Legislation to Integration? Race Relations in Britain* (London, 2000), pp. 32-7.
(70) Geoffrey Bindman, 'Law Enforcement or Lack of It', 同書, pp. 40-57 ; Goulbourne, *Race Relations*, pp. 100-14 所収。

(71) 以下を参照。*Political Quarterly* (the special issue), vol. 79, no. 1 (2008); and Linda Dickens, 'The Road is Long: Thirty Years of Equality in Britain', *British Journal of Industrial Relations*, vol. 45 (2007), pp. 463-94.

(72) Brian Cathcart, *The Case of Stephen Lawrence* (London, 1999); Sir William MacPherson, *The Stephen Lawrence Inquiry* (London, 1999).

(73) Bill Dixon and David Gadd, 'Getting the Message?: "New" Labour and the Criminalization of "Hate"', *Criminology and Criminal Justice*, vol. 6 (2001), pp. 309-28; P. Iganski, 'Why Make "Hate" a Crime?', *Critical Social Policy*, vol. 19 (1999), pp. 386-95.

(74) Martin MacEwan, *Tackling Racism In Europe: An Examination of Anti-Discrimination Law in Practice* (Oxford, 1995), p. 165; Wendy Ball and John Solomos, eds, *Race and Local Politics* (Basingstoke, 1990). 以下も参照。Richard Jenkins and John Solomos, eds, *Racism and Equal Opportunity Policies in the 1980s* (Cambridge, 1993); and Alrick X. Cambridge and Stephen Feuchtwang, *Antiracist Strategies* (Aldershot, 1990). I am grateful to Alison Duffy for pointing me to these two references. 学校における反人種主義については例えば以下を参照。Sally Tomlinson, *Home and School in Multicultural Britain* (Batsford, 1984); Jagdish Gundara, Crispin Jones and Keith Kimberley, eds, *Racism, Diversity and Education* (London, 1986); Louise Cohen and Lawrence Mansion, *Multicultural Classrooms* (London, 1985); David Gillborn, *Racism and Antiracism in Schools* (Buckingham, 2000); Frank Reeves, *Race Equality in Local Communities: A Guide to its Promotion* (Birmingham, 2007); and Michael Banton, *Promoting Racial Harmony* (Cambridge, 1985), pp. 99-120.

(75) Muhamad Anwar, 'The Impact of Legislation on British Race Relations', in Anwar, Roach and Sondhi, *From Legislation to Integration*, pp. 58-77.

(76) Rosina Visram, *Asians in Britain: 400 Years of History* (London, 2002), pp. 126-49, 304-19. イギリスにおけるインド系富裕層については以下も参照。Shompa Lahiri, *Indians in Brit. ain: Anglo-Indian Encounters, Race and Identity, 1880-1930* (London, 2000); A. Martin Wainwright, *'The Better Class' of Indians: Social Rank, Imperial Identity, and South Asians in Britain, 1858-1914* (Manchester, 2008).

(77) Parekh, *Future of Multi-Ethnic Britain*, p. 230.

(78) Zig Layton-Henry, 'The Electoral Participation of Black and Asian Britons: Integration or Alienation', *Parliamentary Affairs*, vol. 38 (1985), pp. 307-18; Martin Fitzgerald, *Political Parties and Black People: Participation, Representation and Exploitation* (London, 1984), pp. 70-86.

(79) Layton-Henry, *Politics of Immigration*, p. 112.

(80) 同書、p. 113.

(81) Shamit Saggar, 'A Late, Though Not Lost, Opportunity: Ethnic Minority Electors, Party Strategy and the Conser-

vative Party', *Political Quarterly*, vol. 69 (1998), p. 156.

(82) 同書、pp. 148-59.

(83) K. Shukra, 'Black Sections in the Labour Party', in Harry Goulbourne, ed., Black Politics in Britain (Aldershot, 1990), pp. 165-89.

(84) Shamit Saggar and Andrew Geddes, 'Negative and Positive Racialisation: Re-Examining Ethnic Minority Political Representation in the UK', *Journal of Ethnic and Migration Studies*, vol. 26 (2000), pp. 25-44.

(85) *Independent*, 7 September 2006.

(86) Rubinstein, *History of the Jews*, pp. 262,403.

(87) Parekh, *Future of Multi-Ethnic Britain*, p. 232.

(88) Goulbourne, *Race Relations*, p. 64; Layton-Henry, *Politics of Immigration*, p. 105; Panikos Panayi, *The Impact of Immigration: A Documentary History of the Effects and Experiences of Immigrants and Refugees in Britain Since 1945* (Manchester, 1999), p. 119.

(89) Romain Garbaye, *Getting into Local Power: The Politics of Ethnic Minorities in British and French Cities* (Oxford, 2005), p. 7-8.

(90) 同書、pp. 116-41; Gurharpal Singh, 'Multiculturalism in Contemporary Britain: Reflections on the "Leicester Model"', in John Rex and Gurharpal Singh, eds, *Governance in Multicultural Societies* (Aldershot, 2004), pp. 65-8.

(91) 第四章を参照。

(92) 第五章と以下を参照。

(93) 第三章を参照。

(94) 第五章を参照。

(95) 特に Tony Kushner, *Remembering Refugees: Then and Now* (Manchester, 2006) を参照。

(96) Tony Kushner and Katherine Knox, *Refugees in an Age of Genocide: Global, National and Local Perspectives During the Twentieth Century* (London, 1999).

(97) Panikos Panayi, *The Enemy in Our Midst: Germans in Britain during the First World War* (Oxford, 1991), pp. 266-73.

(98) Francesa M. Wilson, *They Came as Strangers: The Story of Refugees to Great Britain* (London, 1959), p. xv.

(99) Bernard Porter, *The Refugee Question in Mid-Victorian Politics* (Cambridge, 1979).

(100) Colin Holmes, 'Immigrants, Refugees and Revolutionaries', in John Slatter, ed., *From the Other Shore: Russian Political Emigrants in Britain, 1880-1917* (London, 1984), p. 7.

(101) Lucio Sponza, *Italian Immigrants in Nineteenth Century Britain* (Leicester, 1988), p. 129.

(102) 同書、pp. 129-33; Margaret C. Wicks, *The Italian Exiles in London, 1816-1848* (New York, 1968).

(103) Rosemary Ashton, *Little Germany: Exile and Asylum in Victorian England* (Oxford, 1986), p. 155. Sabine Freitag, ed., *Exiles from European Revolutions: Refugees in Mid-Victorian England* (Oxford, 2003) も参照。

(104) Wilson, *They Came As Strangers*, p. 133 ; Tibor Frank, 'Lajos Kossuth and the Hungarian Exiles in London', in Freitag, 同書、p. 129.

(105) Panikos Panayi, *German Immigrants in Britain during the Nineteenth Century, 1815-1914* (Oxford, 1995), p. 229.

(106) William D. and Hilary L. Rubinstein, *Philosemitism and Support in the English-Speaking World For Jews, 1840-1939* (Basingstoke, 1999), pp. 111-88.

(107) 同書、pp. 39-58.

(108) 同書、pp. 111-78.

(109) Holmes, *Anti-Semitism*.

(110) Endelman, *Radical Assimilation*, p. 209.

(111) Louise London, *Whitehall and the Jews, 1933-1948 : British Immigration Policy and the Holocaust* (Cambridge, 2000), p. 276.

(112) Rubinstein, *Philosemitism*, pp. 83-102.

(113) William D. Rubinstein, *The Myth of Rescue : Why the Democracies Could Not Have Saved More Jews from the Nazis* (London, 1997).

(114) A. J. Sherman, *Britain and the Refugees from the Third Reich* (London, 1973), p. 267.

(115) Norman Bentwich, *They Found Refuge : An Account of British Jewry's Work for the Victims of Nazi Oppression* (London, 1956) ; Jeremy Seabrook, *The Refuge and the Fortress : Britain and the Flight from Tyranny* (Basingstoke, 2009), pp. 17-75.

(116) Kushner, *Remembering Refugees*, pp. 141-80.

(117) Kushner and Knox, *Refugees in an Age of Genocide*, pp. 145-54.

(118) Tony Kushner, *We Europeans? Mass-Observation, 'Race' and British Identity in the Twentieth Century* (Aldershot, 2004), pp. 189-218.

(119) 以下を参照。Barry Hollingsworth, 'The Society of Friends of Russian Freedon : English Liberals and Russian Socialists, 1890-1917', *Oxford Slavonic Papers*, vol. 3 (1970), pp. 45-64 ; Slatter, *From the Other Shore* 所収の論考。

(120) Kushner and Knox, *Refugees in an Age of Genocide*, pp. 47-8.

(121) Peter Cahalan, *Belgian Refugee Relief in England during the Great War* (New York, 1982) ; Lady Lugard, 'The Work of the War Refugees' Committee', *Journal of the Royal Society of Arts*, vol. 43 (1915), pp. 429-40.

(122) M. Vincentelli, 'The Davies Family and Belgian Refugee Artists and Musicians in Wales', *National Library of Wales Journal*, vol. 22 (1981), pp. 226-33.

(123) Cahalan, *Belgian Refugee Relief*, p. 505.

(124) 同書、p. 508.

(125) Kushner and Knox, *Refugees in an Age of Genocide*.

(126) Joanna Herbert, 'Migration, Memory and Metaphor : Life Stories of South Asians in Leicester', in Burrell and Panayi, *Histories and Memories*, pp. 145-6.

(127) Mark Lilly, *The National Council for Civil Liberties :*

The First Fifty Years (London, 1984), pp. 48-56 ; http://www.liberty-human-rights-.org.uk/ [https://www.liberty-human-rights.org.uk にサイト移行。最終アクセス日：二〇一五年九月三日]

(128) Benjamin W. Heineman Jr., *The Politic of the Powerless : A Study of the Campaign Against Racial Discrimination* (London, 1972).

(129) Dave Renton, *When We Touched the Sky : The Anti-Nazi League, 1977-1988* (Cheltenham, 2006) ; Paul Gilroy, *There Ain't No Black in the Union Jack* (London, 1987), pp. 131-5 ; Panayi, *Impact of Immigration*, pp. 184-6.

(130) John Street, Seth Hague and Heather Savigny, 'Playing to the Crowd : The Role of Music and Musicians in Political Participation', *British Journal of Politics and International Relations*, vol. 10 (2008), pp. 269-85.

(131) Seabrook, *Refuge*.

(132) http://www.antiracistalliance.org.uk [最終アクセス日二〇一五年九月三日]

(133) Jeffrey Williamson, 'The Impact of the Irish on British Labour Markets during the Industrial Revolution', in Roger Swift and Sheridan Gilley, eds, *The Irish in Britain, 1815-1939* (London, 1989), pp. 134-62.

(134) Christian Dustmann and Francesca Fabbri, 'Immigrants in the British Labour Force', *Fiscal Studies*, vol. 26 (2005), pp. 423-70.

(135) 第四章を参照。

(136) 第四章を参照。

(137) Peter Karsten, 'Irish Soldiers in the British Army, 1792-1922 : Suborned or Subordinate', *Journal of Social History*, vol. 17 (1983), pp. 31-64 ; Walter McGrath, 'The Boer Irish Brigade', *Irish Sword*, vol. 5 (1961), pp. 59-60 ; Michael McDonagh, 'The London Irish', *Irish Soldier*, 1 October 1918 ; R. G. Harris and H. R. G. Wilson, *The Irish Regiments, 1683-1999* (Staplehurst, 1999).

(138) 最近出たある論文では、登山の発展への彼らの影響が指摘されている。Jonathan Westaway, 'The German Community in Manchester, Middle Class Culture and the Development of Mountaineering in Britain', *English Historical Review*, vol. 124 (2009), pp. 571-604.

(139) Stanley D. Chapman, 'The International Houses : The Continental Contribution in British Commerce, 1800-1860', *Journal of European Economic History*, vol. 19 (1977), pp. 19, 44-8.

(140) Stanley D. Chapman, 'Aristocracy and Meritocracy in Merchant Banking', *British Journal of Sociology*, vol. 37 (1986), pp. 181-4.

(141) Stanley D. Chapman, *The Rise of Merchant Banking* (London, 1984) ; Stefanie Diaper, 'Sir Alexander Drake Kleinwort', in Dictionary of Business Biography (London, 1985), pp. 605-6 ; Richard Roberts, *Schroders : Merchants and Bankers* (London, 1992), pp. 1-151 ; Niall Ferguson, *The House of Rothschild*, 2 Volumes (London, 2000).

(142) 例えば以下を参照。A. R. Rollin, 'The Jewish Contribution to the British Textile Industry: "Builders of Bradford"', *Transactions of the Jewish Historical Society of England*, vol. 17 (1951); Harold Pollins, *Economic History of the Jews in England* (London, 1982), pp. 94-6.

(143) Stefan Manz, 'Management Transfer in the Textile Industry: The Example of Otto Ernst Philippi at J & P Coats, 1872-1917', in Stefan Manz, Margrit Schulte Beerbühl and John R. Davis, eds, Migration and Transfer from Germany to Britain, 1660-1914 (Munich, 2007), pp. 161-73.

(144) W.J. Reader, *Imperial Chemical Industries*, Vol. 1 (London, 1970), pp. 47-56.

(145) Stefan Manz, *Migranten und Internierte: Deutsche in Glasgow, 1864-1918* (Stuttgart, 2003), pp. 133-48.

(146) F. Anne M. R. Jarvis, 'German Musicians in London, c. 1750-1850', in Manz, Beerbühl and Davis, *Migration and Transfer*, pp. 37-47; Herma Fiedler, 'German Musicians in England and their Influence to the End of the Eighteenth Century', *German Life and Letters*, vol. 6 (1939).

(147) Panayi, *German Immigrants*, pp. 126-8; Roy Newsome, *Brass Roots: A Hundred Years of Brass Bands and their Music* (Aldershot, 1998).

(148) Panayi, 同書' pp. 128-30; Reginald Nettel, *The Orchestra in England: A Social History* (London, 1946).

(149) 特に Christopher Palmer, *Delius: Portrait of a Cosmopolitan* (London, 1976) を参照。

(150) Lucio Sponza, 'Italian "Penny Ice-Men" in Victorian London', in Anne J. Kershen, ed., *Food in the Migrant Experience* (Aldershot, 2002), pp. 17-41.

(151) Basil Crowhurst, *A History of the British Ice Cream Industry* (Westerham, 2000).

(152) http://flan.utsa.edu/conviviumartium/Tebben.html [http://www.utexas.edu/courses/stross/ant393b_files/ARTICLES/10th%20week/Tebben-FrenchFryFrenchIdentity.html にページ移動、最終アクセス日：二〇一五年九月三日], Maryann Tebben, '"French" Fries: France's Culinary Identity Since from Brillat-Savarin to Barthes', *Convivium Artium: Food Representation in Literature, Film, and the Arts*, Spring 2006; Panikos Panayi, *Spicing Up Britain: The Multicultural History of British Food*, (London, 2008), pp. 16-18, 78-9, 161-2; Gerald Priestland, *Frying Tonight: The Saga of Fish and Chips* (London, 1972), p. 20; John K. Walton, *Fish and Chips and the British Working Classes, 1870-1940* (Leicester, 1992), pp. 21-6.

(153) Priscilla Parkhurst Ferguson, *Accounting for Taste: The Triumph of French Cuisine* (London, 2004).

(154) Panayi, *Spicing*, pp. 79-80; Peter Bird, *The First Food Empire: A History of J. Lyons & Co.* (Chichester, 2000), pp. 2-24.

(155) Anne Currah, *Chef to Queen Victoria: The Recipes of Charles Elmé Francatelli* (London, 1973); Ruth Brandon, The People's Chef: Alexis Soyer, A Life in Seven Courses (Chichester, 2005); Ruth Cowen, Relish: The Extraordi-

nary Life of Alexis Soyer, Victorian Celebrity Chef (London, 2006); Kenneth James, *Escoffier: King of Chefs* (London, 2002).

(156) Panayi, *Spicing*, pp. 81-3.

(157) Panayi, *German Immigrants*, p. 125.

(158) Sir Hubert Llewellyn Smith, ed., *The New Survey of London Life and Labour*, vol. 8, *London Industries*, III (London, 1934), pp. 203, 220.

(159) Panayi, *Spicing*, pp. 90-3.

(160) この後を参照。

(161) W. E. Mosse, et al., eds, *Second Chance: Two Centuries of German-Speaking Jews in the United Kingdom* (Tübingen, 1991); Gerhard Hirschfeld, ed., *Exile in Great Britain: Refugees from Hitler's Germany* (Leamington Spa, 1984); Daniel Snowman, *The Hitler Emigres: The Cultural Impact on Britain of Refugees from Nazism* (London, 2003); Marian Malet and Anthony Grenville, eds, *Changing Countries: The Experience and Achievement of German-Speaking Exiles from Hitler in Britain, 1933 to Today* (London, 2002); Peter Alter, ed., *Out of the Third Reich: Refugee Historians in Post-war Britain* (London, 1998); J. M. Ritchie, *German Exiles: British Perspectives* (New York, 1997).

(162) Walter Besant, *East London* (London, 1903), p. 191.

(163) Anne J. Kershen, *Strangers, Aliens and Asians: Huguenots, Jews and Bangladeshis in Spitalfields, 1660-2000* (London, 2005).

(164) Rudolf Muhs, 'Jews of German Background in British Politics', in *Mosse, Second Chance*, pp. 177-4 を参照。

(165) Snowman, *Hitler Emigres*, pp. 352-75.

(166) Alter, *Out of the Third Reich*.

(167) Paul Hoch と Paul Weindling の Mosse, *Second Chance* 所収の論文を参照。

(168) Herbert Loebl, 'Refugee Industries in the Special Areas of Britain', in Hirschfeld, *Second Chance*, pp. 219-50.

(169) Snowman, *Hitler Emigres*, p. 352.

(170) Rubinstein, *History of the Jews*, pp. 403-5.

(171) 第三章を参照。

(172) Kershen, *Strangers* を参照。

(173) Panayi, *Impact*, pp. 92-3; Panikos Panayi, 'The Spicing Up of English Provincial Life: The History of Curry in Leicester', in Kershen, *Food in the Migrant Experience*, pp. 68-9.

(174) Panikos Panayi, 'Cosmopolis: London's Ethnic Minorities', in Andrew Gibson and Joe Kerr, eds, *London from Punk to Blair* (London, 2003), pp. 67-71.

(175) 第二章と第三章。

(176) 第四章を参照。

(177) Panayi, *Spicing*, pp. 155-6.

(178) 同書、p. 157.

(179) Floya Anthias, *Ethnicity, Class, Gender and Migration: Greek Cypriots in Britain* (Aldershot, 1992), p. 58.

(180) Panayi, *Spicing*, pp. 157–61 ; Digby Anderson, *The English at Table* (London, 2006), pp. 13–14.

(181) Pierre L. van den Berghe, 'Ethnic Cuisine : Culture in Nature', *Ethnic and Racial Studies*, vol. 7 (1984), p. 396.

(182) Anneke H. Van Otterloo, 'Foreign Immigrants and the Dutch at Table, 1945–1985 : Bridging or Widening the Gap?', *Netherlands Journal of Sociology*, vol. 23 (1987), p. 139.

(183) Elizabeth Buettner, '"Going for an Indian" : South Asian Restaurants and the Limits of Multiculturalism in Britain', *Journal of Modern History*, vol. 80 (2008), pp. 865–91.

(184) Monder Ram, Tahir Abbas, Balihar Sanghera, Guy Hillin, '"Currying Favour with the Locals" : Balti Owners and Business Enclaves', *International Journal of Entrepreneurial Behaviour and Research*, vol. 6 (2000) ; Monder Ram, Tahir Abbas, Balihar Sanghera, Gerald Barlow and Trevor Jones, '"Apprentice Entrepreneurs"? Ethnic Minority Workers in the Independent Restaurant Sector', *Work, Employment and Society*, vol. 15 (2001), pp. 353–72.

(185) Lizzie Collingham, *Curry : A Biography* (London, 2005) ; David Burton, *The Raj at Table : A Culinary History of the British in India* (London, 1993).

(186) Panayi, *Spicing*, pp. 172–5.

(187) 同書、pp. 169–72 ; J. A. G. Roberts, *China to Chinatown : Chinese Food in the West* (London, 2002) ; Kenneth Lo, *Chinese Food* (Newton Abbot, 1972).

(188) Geoffrey C. Warren, ed., *The Foods We Eat* (London, 1958).

(189) Panayi, *Spicing*, pp. 196–209.

(190) Warren, *The Foods We Eat*.

(191) Rose Prince, *The New English Kitchen : Changing the Way You Shop, Cook and Eat* (London, 2005), pp. vii–ix.

(192) Nirmal Puwar, 'Multicultural Fashion : Stirrings of Another Sense of Aesthetics and Memory', *Feminist Review*, vol. 71 (2002), p. 64.

(193) 同書、p. 67.

(194) Parminder Bhachu, *Dangerous Designs : Asian Women Fashion the Diaspora Economies* (London, 2004).

(195) George F. Rehin, 'Blackface Street Minstrels in Victorian London and its Resorts : Popular Culture and Its Racial Connotations As Revealed in Polite Opinion', *Journal of Popular Culture*, vol. 15 (1981), pp. 19–38 ; Michael Pickering, *Blackface Minstrelsy in Britain* (Aldershot, 2008) ; Catherine Parsonage, *The Evolution of Jazz In Britain, 1880–1935* (Aldershot, 2005) ; Jeffrey Green, *Black Edwardians : Black People in Britain, 1901–1914* (London, 1998), pp. 80–114.

(196) Paul Oliver, ed., *Black Music in Britain : Essays on the Afro-Asian Contribution to Popular Music* (Buckingham, 1990) ; Paul Gilroy, *The Black Atlantic : Modernity and Double Consciousness* (London, 1993), pp. 72–110 ; Michael de Konigh and Marc Griffiths, *Tighten Up : The History of*

Reggae in the UK (London, 2003).

(197) Stephen Bourne, *Black in the British Frame : The Black Experience in British Film and Television* (London, 2001), pp. 10–31.

(198) 例えば Sarita Malik, *Representing Black Britain : Black and Asian Images on Television* (London, 2002) を参照。

(199) Jim Pines, *Black and White in Colour : Black People in British Television Since 1936* (London, 1992), pp. 76–84.

(200) Malik, *Representing Black Britain*, pp. 80–1.

(201) Sukhdev Sandhu, *London Calling : How Black and Asian Writers Imagined a City* (London, 2003), pp. 19–58.

(202) Linton Kwesi Johnson, *Mi Revalueshanary Fren : Selected Poems* (London, 2002).

(203) *Guardian*, 25 July 2006 ; Stephen Morton, *Salman Rushdie : Fictions of Postcolonial Modernity* (Basingstoke, 2008) ; Andrew Teverson, *Salmon Rushdie* (Manchester, 2007).

(204) A. Robert Lee, ed., *Other Britain, Other British : Contemporary Multicultural Fiction* (London, 1995).

(205) Yasmin Hussain, *Writing Diaspora : South Asian Women, Culture and Ethnicity* (Aldershot, 2005).

(206) Ernest Cashmore, *Black Sportmen* (London, 1982), p. 207.

(207) Ian Wright, *Mr Wright : The Explosive Autobiography of Ian Wright* (London, 1996).

(208) Cashmore, *Black Britain*, pp. 98–110.

(209) Phil Vasili, *Colouring Over the White Line : The History of Black Footballers in Britain* (London, 2000), pp. 17–60.

(210) 同書、p. 190.

(211) Les Back, Tim Crabbe and John Solomos, *The Changing Face of Football : Racism, Identity and Multiculture in the English Game* (Oxford, 2001), pp. 107–17.

(212) 同書、pp. 186–218.

(213) 同書、pp. 177–9 ; Vasili, *Colouring*, pp. 155–78 ; Daniel Burdsey, 'Obstacle Race? "Race", Racism and the Recruitment of British Asian Professional Footballers', *Patterns of Prejudice*, vol. 38 (2004), pp. 279–99.

(214) Back, Crabbe and Solomos, 同書、pp. 85–95 ; Christos Kassimeris, *European Football in Black and White : Tackling Racism in Football* (Plymouth, 2008), p. 89.

(215) John Efron, 'When Is a Yid Not a Jew? The Strange Case of Supporter Identity at Tottenham Hotspur', in Michael Brenner and Gideon Reuvni, eds, *Emancipation Through Muscles : Jews and Sports in Europe* (London, 2006), pp. 235–56.

(216) Pierre Lanfranchi and Matthew Taylor, *Moving with the Ball : The Migration of Professional Footballers* (Oxford, 2001) ; http://news.bbc.co.uk/2/hi/uk_politics/7225110.stm [最終アクセス日二〇一五年九月三日], 'Limit Foreign Footballers say MPs', 3 February 2008.

第七章　結論——矛盾するもの、継続するもの

一九世紀の初めから、イギリスには一連の移民の流入があり、それが、国が常に変容し、生まれ変わるのを助けてきた。よって、一八〇〇年ぐらいからこの国に移住してきた九〇〇万人くらいの人々の存在を無視してきた主流の歴史家たち、特に第二次世界大戦後の歴史を研究する者たちは、この国の歴史の重要な側面に対して目を閉ざしてきたことになる。

移民とその子孫たちは様々な方法でイギリスの発展に寄与してきた。ヴィクトリア朝のアイルランド人移民の経済的インパクトについては議論が存在するが、一九四五年以降にこの国に移住して来た人々の経済的重要性についてはより異論がないように思われる。同時に、一九四五年以降に生じた大規模移民なしに戦後イギリス社会の性質を考えることは困難であるように思われるが、食、音楽、衣服、スポーツに生じた変化、特に最初の二つ、食と音楽については、一九世紀にも先例を見ることができる。

過去二世紀におけるイギリスへの移民が示すのは、矛盾や断絶と共に、一連の連続性である。本書のアプローチは、移民やエスニシティの歴史に関する研究をまとめつつ、長期的な視点を取ることであった。これは、しばしばある特定のマイノリティに数十年に渡って焦点を当てることにより短期的なアプローチを取るタイプの、社会科学および歴史学の研究の多くとは異なっている。ただ明らかに例外も存在し、歴史家による長期的視野の研究は、例えば、黒人《ブラック》、アジア人、アイルランド人、ユダヤ人などに

焦点を当てたものも存在する。(1) ユダヤ人に関する長期的な研究の多くが社会階層移動や時代を通じての変化を検証しているのに対して、(2) 黒人《ブラック》やアイルランド人を対象にした著作は貧困や偏見にしばしば焦点を当ててきた。(3) しかしながら、ここでの長期的アプローチは過去二世紀に渡って起きた変化を検証することを可能にする。私たちはこれらの変化を移民全体に焦点をあて、また個々のグループを論じることで扱うことができる。そのような分析は、過去二世紀に渡るイギリスの移民の歴史に明白に存在する相矛盾する要素を明らかにするのに役立つ。

移民か制限か

一九世紀の大半、イギリスは入移民に対して門戸開放政策を取った。一九〇五年の外国人法の成立はこの自由放任アプローチに終わりをもたらした。同法は以後、移民を制限するための措置が成立する際の雛型となった。これらの措置は、一九〇五年法が東ヨーロッパのユダヤ人を締め出す狙いをもっていたように、第一次世界大戦時のドイツ人であれ、一九六〇年代および七〇年代の英連邦《コモンウェルス》移民であれ、一九八〇年代以降の難民であれ、常に特定の移民集団に焦点を当てたものであった。しかし、これらの措置にもかかわらず、過去二世紀に渡って約九〇〇万人もの人々がイギリスにやってきた。この矛盾への明らかな説明は、国家がコントロールしようとしたのは、移民の性質と起源であるということである。ヴィクトリア朝後期のユダヤ人であれ、一九五〇年代の西インド諸島人であれ、一九八〇年代の難民であれ、ある特定の移民集団が新聞メディアにとってあまりに可視的になると、新聞は特定の集団の流入を制限する法律の成立を求めてキャンペーンを行う。結果的に、過去二世紀のイギリスの移民の歴史は一連の移民の連続する波によって構成されている。これらの波は戦後直後や二一世紀の初めなど、経済成長とそれに続く労働力需要の時期にピークを迎える。しかし、ある特定の集団が可視的になりすぎると、時には経済状況の悪化とも関連する形で、制限に直面する。故に一九〇五年以降のイギリス政府においては、二つの基本的な動機付け要因が移民のレベルを決定してきており、それはイギリス経済の需要と、外国人を嫌悪する新聞によって煽られた世論の敵意という形で現れてきた。

しかしながら、この敵意、そしてそれに煽られて成立した措置により、過去二世紀に渡って移民の流入が全体として妨げられたり、減ったりすることはなかった。実際、移民の流入はおそらく、ニューレイバー政権期、移民がかつてないほど制限されていた状況の中で最も大きなピークを迎えた。この増加の明らかな説明は、労働移動の自由を可能にしているEUの抜け穴にあるが、国勢調査の分析では、最も大きなコミュニティのいくつかはヨーロッパ外に起源を持ち、難民、不法移民、熟練技能労働者を含むとされる。(4)

移民法は故に、全体として移民の数を減らしてはいない。ただし、移民法は新聞の要求に従っているので、移民は人種化され、最も敵意に直面した特定の集団が排除されることとなった。二〇世紀初期の大半においてはこの集団はユダヤ人であり、それは反ユダヤ主義が一八八〇年ごろから一九五〇年の間のイギリスにおける外国人嫌悪の系譜では最も継続性を持っていたからである。第二次世界大戦後、新英連邦《コモンウェルス》からの初期の移民は一九四八年のイギリス国籍法によって可能となったが、黒人《ブラック》およびアジア人は一九七〇年代までには排除されることになった。より最近では、難民庇護申請者が新たな脅威と見なされている。

この、ジョン・ソロモスやロバート・マイルズによって主張された人種化理論は、イギリス国家がケーキを食べた上で減らさずにいられた［両方の得を得た］ことを示す。なぜなら、いくつかの集団は移民を続けることを許されたからである。アイルランド人はヴィクトリア朝の大半において主要な人種的脅威であったが、彼らは一八三七年から一九〇二年の間のどの時点においても制限を受けることはなかったし、実際、その時代から、アイルランドが一九二二年に独立を獲得した後も制限は受けなかった。同様に、現在世界中からの移民の動きに対して存在する厳格で広範囲に渡る移民制限にも関わらず、EUのより貧しい国々の市民という形でイギリス国家は明白な労働予備軍を有している。

過去二世紀の間、移民はイギリスの歴史において常に存在する要素であり、それは、ネットワークの存在によってしばしば決定される個人の選択の他、送り出し国における一連の要因、経済の需要、制限の開始が差し迫っているという見通しなどによって引き起こされた。移民を送り出した地域は確かに過去二世紀の間に変化した。移民送り出し地域は次第に、ヴィクトリア朝のアイルランドから国際的な広がりを見せ、二〇世紀までにはヨーロッパのそれ以外の地域も含むようになっていた。第二次世界大戦後は、特にその直後においては、劇的な変化が起こり、初めてヨーロッパより外の地域から何万人と人々が到来した。国勢調査は二一世紀の初めにおいて、イギリス、特にロンドンに居住する人口の国際的性質《コスモポリタン》を明らかにしている。しかし同時に明らかになるのはヨーロッパ人がヨーロッパ外の人々よりも多いという状態は続いているということである。同様に、アイルランド人は過去二世紀の大半において、最大の移民集団（彼らは最近の数十年において自らを「移民」とは見なさなくなっているけれども）であり続けている。

移民の流入は絶えず起きたが、イギリス経済の要請や、イギリスの移民制限、国際的な要因などにより増減している。一九世紀初めは比較的イギリスへの移民の動きは少なかったが、一八四〇年代の半ばにアイルランドのジャガイモ飢饉が起き、移民の増加につながった。大陸ヨーロッパおよびその外の地域からの移民は少数であったが、一八八〇年代にロシアのユダヤ人居留地《ペイル》からの新たな増加が生じた。二〇世紀の最初の数十年は比較的小規模の移民しか流入せず、例外は短期的なベルギーからの難民と、第一次・第二次世界大戦時それぞれの一時的なヨーロッパからの亡命者であった。その他、重要な例外としてはナチスから逃れた人々がいる。これらの全ての展開によって示されるのはナショナリズムおよびファシズムの結果、難民危機が生じたことである。移民は一九四五年以降、イギリス経済の国際的な強さや帝国のつながりなどの様々な要因によって、これまでとは異なる規模で展開した。一九八〇年代や九〇代の前半は谷間であったが、最盛期は、例えばニューレイバー政権下において生じた可能性がある。しかしながら、移民は、アングロサクソン、ヴァイキング、ノルマンの侵入以来おそらく見られなかったようなやり方で、一九四五年以降のイギリスを特徴付け、形作るのに寄与し続けている。

貧困か社会階層上昇か

移民に関する学術的な著述の多くは、同時代の社会調査と同じく、近現代のイギリスにおいて、それがアイルランド系であろうが、ユダヤ系であろうが、西インド諸島系であろうが、南アジア系であろうが、移民の置かれた恵まれない地位を指摘する。飢饉を逃れてきたアイルランド人からヴィクトリア朝後期のユダヤ人、戦後の英連邦《コモンウェルス》移民まで、新たに到来した移民たちに関するまともな著述の大多数が、貧しい新来者に関する記述や統計で溢れているということである。実際、貧困と移民はほぼ同義語となってきた。ヴィクトリア朝のアイルランド人や一九世紀末のイーストロンドンのユダヤ人像（同時代の批評家によって往々にして人種主義的な言語を用いて、また歴史家によって社会・経済史的方法論を用いて構築されてきた）は剥奪によって特徴付けられるものであり続けている。同様に、ジョン・レックス、ジョン・ソロモス、スティーヴン・カースルズ、ロバート・マイルズといった英連邦《コモンウェルス》移民を研究した社会科学者も人種主義と貧困が黒人《ブラック》およびアジア人をゲットーに押しとどめるという像を描いた。故に、ここで考察の対象となっている四つの集団、ヴィクトリア朝およびエドワード朝のアイルランド人とユダヤ人、戦後の黒人《ブラック》およびアジア人コミュニティが社会経済的階層の最下部に留まることは議論の余地がないことのように思われる。この現実に疑念を挟むことは難しい。同時代の記述や社会調査、研究者による研究もこのイメージを裏付けている。

しかしながら、貧困と移民を結びつけることには留保が必要である。過去二世紀に渡ってイギリスには、どんな仕事でも見つけられる仕事なら求めてやってきた貧しい移民だけでなく、技術やお金を持って、世界で最も進んだ経済の一つにおいて手に入る、より大きな機会に惹き付けられてやって来た者もいた。人々はネットワークの結果として移住するという考えが発展してきたことはこの事実を裏付けている。このアプローチは血縁や地理的起源に基づいたつながりに焦点を当てるが、ネットワークは職業的な基盤の上にも働く。一九世紀のドイツ人のイギリスへの移民はこのプロセスを例証する。ドイツ人の中には社会階層の底辺で肉体労働に従事し、スラムに居住することになった者もいたが、このコミュニティの研究は移民の多くがパン職人であれ、ウェイターであれ、音楽家であれ、企業家であれ、職業的なネットワークのために移住が起きたことを実証している。[5] 同様に、ナチスからの難民は迫害を逃れるために必死で逃れ、故に当初困窮した状況に陥ることになったが、最終的に戦後の数十年において中流階級としての地位を再確立した。同時に、大半の戦後移民は、彼らに職業階層において最下層の仕事を与えた巨大な経済に向かって移住した人々であったかもしれないが、これもまた過剰に単純化された見方である。確実に、専門職の人々もイギリスに移住しており、その代表例として、インド人医師の他に、特に二〇世紀の終わりにおいては、非常に裕福な層の移住がある。[6]同時に、EUの一員であることが二〇〇四年以降、イギリス社会の多くの人々によって忌避された雇用において働くためにやってくる何十万人ものポーランド人の移住を可能にしている。他方、労働移動の自由はイギリスにヨーロッパ大陸の様々な場所からの専門職の人々の到来という結果を招いている。[7]

レオ・ルカッセンによって示唆されるように、移民と貧困を結びつけることは世代間の社会階層移動をも無視してしまうことになる。彼の戦後の西インド諸島系移民の子孫の研究はその集団がいくばくかの社会階層移動を経験していることを証明した。[8]ただし、彼は相対的貧困がイギリスにおける黒人《ブラック》の生活を未だ特徴付けるものであることも認めている。同様に、社会調査もパキスタン系およびバングラデシュ系移民の子孫の恵まれない状況を裏付ける傾向がある。彼らがイギリスで定住を始めてからまだたった四〇年しか経っていないため、南アジア系移民の社会階層移動に関して確たる結論に至るにはまだ少し時期尚早であるかもしれない。しかしながら、教育的到達度〔学歴・教育資格〕に関する数値はエスニック・マジョリティよりもより大きな成功を示している。

長く確立しているコミュニティは世代間の変化に関しての議論を裏付ける材料を提供するし、貧しい移民という概念に疑問符をつける。残念なことに、アイルランド人移民に関する歴史記述はこのような議論の方向性を示さない。このコミュニティに関する文献の大半は大量のアイルランド人移民が流入した数十年と、一八四〇年ごろから一八八〇年ごろからの貧困に焦点を当てている。M・A・G・オトゥーイはこのような見方に疑問を呈したが、[9]彼の統合パラダイムは滅多に利用されていない。この道筋をたどった数少ない学者の中にいるのがスティーヴン・フィールディングで、マンチェスターのアイルランド人は、ローマ・カトリックの信仰を維持しながらも、労働者階級全体の標準的状況を反映していたと示唆する。[10] 同時に、ポール・オリアリーは彼のウェールズにおけるアイルランド人の研究を一九二二年まで広げ、一九世紀の移民たちは二〇世紀の初めまでには統合されていたことを反アイルランド人感情の衰退やウェールズ語の使用などの指標を用いて主張している。[11] 他方、第一次世界大戦時のドイツ系コミュニティの経験は私たちに必ずしも社会階層移動と統合が起きることは不可避でないとの警告を行う。なぜなら大戦時における外国人嫌悪は、エドワード朝時代までに次第に統合を果たしていたかに思えたコミュニティの民族浄化につながったからである。[12]

社会階層移動の最もよい例を与えてくれるのはユダヤ人である。彼らの歴史記述はこれを裏付けてくれる。他方、数多くの研究が二〇世紀の初め、ロシアのユダヤ人居住区《ペイル》から逃れ、新たに移住した難民たちがロンドンのイーストエンドに居住し、貧困状態にあったことに焦点を当てる。しかしこのことは一つのパラダイムを示しているにすぎない。イギリスのユダヤ人に関する著述を行う者はアイルランド人に関する研究を行う多くの歴史家のようにタイム・ワープに陥ってはいない。実際、一連の学者たちは皆、長期的な視点を取っており、これは通常クロムウェル統治下のユダヤ人の再入国以降のイギリスにおけるユダヤ人の歴史全体にまたがる。このようなアプローチは、何百年にも渡る検証を可能にし、かなりはっきりとユダヤ人の様々な流入の波は、それが一九世紀後期の東ヨーロッパからの流入であれ、それより前に大陸から流入していた人々であれ、社会階層移動を果たしたことを示す。一世紀もしないうちにロシアのユダヤ人居住区《ペイル》から移住した人々は、あらゆる指標が示している通り、イギリス社会の底辺からトップへと上っていったのだ。

しかしながら、単にユダヤ人が社会・経済的梯子を上って行ったからといって、自動的に他の集団も同じ道筋をたどるということにはならない。戦後の大半の集団に関して確たる結論に至るにはおそらく時期尚早であろう。同時に社会・経済的指標の中にはパキスタン、バングラデシュ、西インド諸島系移民の経験する社会階層移動は限定的であったと示しているものもある。他方、ヴィクトリア朝のイギリスに移住したアイルランド人は未だ社会階層上昇を遂げていないと認めることも困難であるように思われる（ただし、この主題についての研究が欠けているため、確たる結論に至ることも難しい）。おそらくこの集団は、ユダヤ人のように一世紀の時間をかけてイギリスの社会システムの中を上昇していったというよりは、周りの労働者階級に単に統合され、同化されていったのであろう。

よって、過去二世紀に渡るイギリスの全ての移民コミュニティの社会・経済的状況に当てはまる単一のパラダイムなど存在しない。これは、おそらくここで考慮されているのが数百万人にも上ることを考えると不可避なことであろう。しかしながら、私たちは以下の結論に至ることができる。移民が圧倒的に労働者階級の集団であり、イギリスにおいて社会・経済的階層の底辺に位置する可能性が高い集団であると見なす歴史学および社会科学の研究における支配的なパラダイムを否定する理由は何もないように思われる。とはいえ、私たちはこれを主として二つの意味で修正する必要がある。まず、イギリスにやってきた移民たちの中には少数ではあるが裕福で、高い技術を持ち、諸手を上げて歓迎された者もいたということである。二つ目は、世代間で変化が生じるということだ。どのエスニック集団も永遠の貧困のサイクルに囚われた存在であると見なすことは歴史学のアプローチによって見出される現実を無視していることになる。

エスニシティ、アイデンティティ、イギリス人性《ブリティッシュネス》

長期的なアプローチは移民のアイデンティティの分析にも役立つ。新来者が最初イギリスに落ち着く時、彼らは故郷での標準的生活様式を、それが宗教、言語、政治など何に関わることであれ、より強く保持しようとする強い欲求を持っている。結果的に第一世代は彼らの新しい環境の中で故郷の様々な側面を再現しようとするのである。この状況は次第にイギリスでの標準的生活様式に組み入れられていく子孫たちの世代を通して変わって行く。第一世代が最も異質であるかもしれないが、その子孫たちは通常次第にイギリス的になっていき、結果、最終的には彼らのアイデンティティの独自の側面は消えて行くかもしれない。

ここでもまた、このパラダイムの古典的な例はヴィクトリア朝後期からエドワード朝に東ヨーロッパからやってきたユダヤ人の新来者である。彼らは彼らの宗教、言語、食べ物を持ち込んだ。主流社会ないしは確立された在英ユダヤ人の側からの、彼らに関する同時代の記述は、残りのイギリス居住者たち(ユダヤ人であれ非ユダヤ人であれ)と彼らの違いの程度に焦点を当てた。しかし、東ヨーロッパからの新来者が社会階層梯子を上るのとちょうど同時に、彼らはまた自らのアイデンティティも同様に変化させていった。二〇世紀の終わりまでに、民族外結婚と世俗化によって、イギリスのユダヤ人コミュニティは戦後すぐの約五〇万人というピークからその約半数に数を減らした。ユダヤ人はまた芸能娯楽産業《エンターテインメント》に従事する人々の数が増えたことが示すように、イギリスのアイデンティティ構築の中心部へと入っていったのである。しかしながら、二〇世紀の間の東ヨーロッパのユダヤ人からイギリス人へというこの

動きにおいて、私たちはロシアのユダヤ人居留地《ペイル》から移住した人々の子孫たちの多くはイギリス社会の標準的生活様式に溶け込んでいきながらも、彼らのユダヤ人性を維持したのだということを忘れてはならない。実際、イギリスにおけるユダヤ教の存在そのものが、イギリスに彼らの宗教を持ち込んだ人々の末裔のうち、かなりの割合がその宗教を維持したという事実に起因している。

同じことがイギリスにおけるアイルランド人コミュニティの到来、特にヴィクトリア朝と戦後の数十年間で移住してきた数百万人にも当てはまる。一九世紀中期の彼らの流入の前には、ローマ・カトリック教は宗教改革の後、自らの宗教をなんとか維持することができた人々のエリート宗教という側面が大きかった。一八世紀におけるアイルランド人移民はヴィクトリア朝のイギリスにおける発展の基礎となったが、飢饉の後の流入は一六世紀以降初めて大規模にカトリック信仰を再導入した。それが二〇世紀まで残っているという事実はまた、ヴィクトリア朝時代に流入したアイルランド人の子孫の少なくとも一部は彼らのアイデンティティのこの［宗教という］側面を、一九四五年以降の新しいアイルランド人移民によって梃入れされる形で維持してきたということを示している[13]。特にグラスゴーの場合、アイルランド人コミュニティおよびその子孫たちが直面した敵意のレベルの結果でも一部あるのだが、アイルランド人性《アイリッシュネス》はその他の面、例えばアイルランド系のサッカーチーム、セルティックを応援するなどの形でも現れてきた[14]。

大量移民はエスニシティの組織化を助けた。しかし初期のパイオニアたちはしばしば新しい環境の中で彼らの故郷のさまざまな側面を再現するのを困難であると感じた。南アジア系は近年のイギリスの歴史の中で最も洗練されたエスニシティを有する集団の一つとなっているが、このプロセスは一九七〇年代になって、数が飛躍的に増加してやっと始まったものである。初期のパイオニアたちは単純に故郷の食べ物や衣服の市場を作り出す数を欠いており、それによって迅速にイギリス人の標準的生活様式に適応する結果となった。シク教徒の場合、このことは肉食と伝統的な衣服を犠牲にすることを意味した。

一九七〇年代以降の南アジア系コミュニティの成長をもって、信仰の場の形成、政治的集団の発展を伴う形で、やっと堅固な南アジア系のエスニシティが発展できるようになった。戦後イギリスにおけるイスラム教、シク教、ヒンドゥー教の誕生は一九世紀のローマ・カトリック教の再生に重なる。同様に、ヴィクトリア朝のドイツ人およびアイルランド人の政治的集団は、一九世紀後期および二〇世紀初期のシオニスト政党や一九四五年以降の数十年の故国の政治に関わる組織と重なる部分がある。

エスニシティが組織化され、発展する状況には連続性がある。個々人が宗教や政治に参加する程度は確かめることがより難しいように思われる。政治的な集団、例えばヴィクトリア朝中期のドイツからの亡命者の集団は、その信念がなんであれ、マイノリティの関心事に留まった。同様のことはシオニズムにもあてはまる。他方、リヴァプールで活動したアイルランドのナショナリストたちは国会議員を送り込むのに十分な支持を得た。宗教は参加という面で最も測ることが難しい。一方で、戦後にモスク、ヒンドゥー教やシク教の寺院が作られたことは信心深い信徒たちが彼らの故国での宗教を信仰し続けたことを示す。しかしながら、宗教的参加を分析しようとした研究は通常、特定の集団の一部が定期的に信仰を実践しているという断片的な事実を見出すだけであった。在英ユダヤ人の研究によって宗教的参加は時代、世代を経て減少していることが証明されてきた。

実際、エンデルマン、オルダマン、ルービンスタインの研究は部分的には、その焦点が一七、一八、一九、二〇世紀のうち、いつ到来した移民であれ、第二世代以降においてユダヤ人コミュニティがイングランド化されていった歴史でもある。エリートによる民族《エスニック》組織を作ろうとする試みは常に矛盾を孕む複雑なプロセスであり、それは、その組織が当初はテラスハウスで機能するシナゴーグやモスクであれ、政治的な集団形成であれ、新しい環境がその組織の性質において大きな役割を果たすからである。現代イギリスにおいて発展したイスラム過激主義は一九六〇年代に男性移民たちが残してきたパキスタンの故郷とは殆ど関係がなく、むしろ自らの社会経済的地位に怒りを感じ、不満を抱え、人種主義がイギリスの反イスラム的外交政策に反映されていると感じることによってさらに荒んでいく若者たちと関わっている。到着の当初からハイブリッドなアイデンティティは出身国および到着国の双方に影響を受ける形で生じる。ユダヤ人やアイルランド人移民の末裔の経験はイギリス人性《ブリティッシュネス》へと向かう動きを示唆し、そこでは多くの場合。当初の宗教的およびナショナルなアイデンティティは消える。これが一九四五年以降の非ヨーロッパ地域からの移民によって生じたコミュニティの運命にもなるかどうかを断言することは時期尚早である。ローマ・カトリック教やユダヤ教の移民の歴史はまた、移民が起きてから数世紀後も、特により信心深い新来者がやってきた場合には、これらの宗教が栄え、または少なくとも生き残っているという事実を指し示している。近年の研究が次第に示すようになったように、アイデンティティは個人ベースで検証されて初めて、完全に理解することができる。敬虔なムスリムないしはユダヤ教徒としての暮らしを生きる人々がいる一方で、特に世代を経ると、多くの人々が世俗的なイギリス人性《ブリティッシュネス》を受け入れる。

人種主義か多文化主義か

おそらく、一八〇〇年頃からのイギリスへの入移民の歴史において最も明らかな矛盾は人種主義と多文化主義の間に存在する矛盾であろう。社会科学者も歴史家も、イギリスにおける人種主義の歴史に多大な関心を向ける一方で、最近は多文化主義にも通常は批判的なやり方で焦点を当て始めている。現実には過去二世紀に渡り、イギリスはどういうわけか、人種主義が根強くはびこると同時に移民やまた特にその子孫たちが、かなりの経済的・社会的階層移動をしばしば経験してきた国となってきている。

第一世代移民を扱った研究の大半はヴィクトリア朝中期のアイルランド人であれ、ヴィクトリア朝後期のユダヤ人であれ、戦後のアフロ・カリブ系、バングラデシュ系、パキスタン系であれ、彼らが社会・経済的梯子の底辺に大きく集中したままであるという事実を指摘してきた。同時に、社会科学者はまた戦後移民の第二世代とその後の世代が都市中心部《インナーシティ》における貧困、犯罪、剥奪のサイクルにいかに囚われたままであるかということを示してきた。スティーヴン・フィールディングのような、イギリスにおけるアイルランド人の研究において一九世紀末を越えて研究を行う学者はまた、コミュニティのメンバーは限定的な社会階層移動しか経験していないと指摘している。

他方、イギリス国家の研究は人種主義の実践の明らかな証拠を指し示している。一九世紀末以降の移民法や移民政策に焦点を当ててきた研究者はそれ以外の結論に至ることは不可能である。同様に、警察や司法に関する近年の研究は、特に前者［警察］が人種主義的であることを明らかにしている。歴史家たちは戦争時においてイギリス国家が「内なる敵」に対して国家の安全保障を守るために必要と思われる方策は実質何でも実行してきたことを示してきた。第二次世界大戦時にはこのことは何千人ものユダヤ人およびイタリア人の抑留と国外退去を引き起こした。より最近では、「テロとの戦い」が、あらゆる（常規を逸したと見なされる）イスラム集団とわずかでも関わりがあると思われる人々は誰でも監視と逮捕の対象となることを意味した。しかしながら、イギリス史において最も不寛容な時代は第一次世界大戦の間に生じ、当時は国家と社会がドイツ系の人々に対する抑留、その後の国外退去および財産没収によって民族浄化を行った。

自由民主主義《リベラル・デモクラシー》の国イギリスにおいて、世論は政府と協力関係にあり、しばしば政府に対して人種主義的な政策を強制する立場にあった。このことは移民法制が移民たちに対する一般国民の敵意を背景として生じた経緯に見ることができる。移民やエスニック・マイノリティに対する、この非公的な〔国家によるものでない〕反感は主として三つの方法で表現された。まず、重要性が高く、影響力のある規模の大きな新聞メディアによって、一九世紀末の東ヨーロッパからのユダヤ人の到着以来、「イギリス的生活様式」への脅威であるとか、イギリス人の生活および労働条件を損なうとか、性的な規範が脅かされるとか、それぞれの移民の流入の度に反感が表明されてきたことである。加えて、エドワード朝から、人種主義的な政治的結社がイギリス同胞同盟からイギリス・ファシスト連合、国民戦線を経て、そして最近では、イギリス国民党としてイギリスに出現していることである。これらのうち最後のものだけが、地方議会で数十議席およびヨーロッパ議会で二議席を獲得することによって政治的な影響力を持っているように思われるが、これは大陸ヨーロッパでの展開に比べれば、小さいものに感じられる。しかしながら、全ての票が労働党・保守党の中枢部にとって意味を持つイギリスの政治史において、このような結社は一九六四年のスメズィックでの選挙（極右政党を無視することは選挙における敗北を、少なくとも地方レベルでは意味するという雰囲気を〔バーミンガム〕移民規制協会が作った）以降、影響力を持ち続けてきたのである。明らかに人種主義的な集団は故に、彼らが一見して受ける限定的な支持以上の力を有してきた。同時に、非公的な敵意はエスニック・マイノリティへの暴力という形でも姿を現し、それは、新聞における敵意と同様に、次々にその主たる対象となる集団を、一九世紀半ばのアイルランド人からユダヤ人、ドイツ人、そして戦後の帝国および英連邦《コモンウェルス》からの移民というように、移して行く傾向があった。暴動は、一八五〇年以降一世紀ほどはよくあることであったが、この形態の暴力は一九六〇年代初期には消え失せた。ただし、個人に対する攻撃は残り続けた。

国家と大衆からの人種主義と外国人嫌悪は過去二世紀に渡ってイギリスに移住してきた移民たち全てに向けられた。そのパターンは似通っており、よって私たちは中心となる犠牲者集団は変化するにせよ、敵意の性質はその間ずっと似通っていたと論じることができる。特に第二次世界大戦時のように、より厳しい迫害に至った時期もあり、異なる集団に向けられた敵意の違いを明確に認識する必要はある。

連続性は偏見が残り続けていることにある。矛盾が現れるのは、移民を迎えた人種主義が、どういうわけか違いを受け入れること、近年では多文化主義というレッテルを引きつけているものと同時に存在していることである。社会科学者たちが多文化主義のメッセージの単純さを指摘するが、イギリスのエスニック・マイノリティたちはまた、様々な方法で歓迎を受けたことも確かである。これまで見てきた通り、自由民主主義国《リベラル・デモクラシー》としてのイギリスは一八二九年のカトリック解放法以来、政体の中に外部者《アウトサイダー》を組み入れてきた。同時に、新来者に対する敵意と並行して、人道主義の流れ、特に難民に焦点を絞った支援も存在する。同様に、我々はエスニック・マイノリティたちが、「イギリスの生活様式」のさまざまな側面に対して、一九四五年以前、そして特にそれ以降に持った影響力についても無視することはできない。さらに社会階層移動のプロセスは集団によって差が生じ、また何世代もかかることではあるが、これもまたイギリスの持つ、移民を受け入れる多文化主義的な側面を示唆している。自由民主主義的《リベラル・デモクラティック》な議会民主主義の中に生じる矛盾故に、現代のイギリスは過去二世紀に渡って、移民やその末裔に対して好意的ないしは敵対的態度を示してきた。おそらくエスニック・マイノリティに対するイギリスの態度の歴史を要約する言葉として「多文化主義的な人種主義」は、究極の矛盾であるが、過去二世紀に渡るイギリスの移民の暮らしの複雑さを指し示す表現である。

(1) 第一章を参照。

(2) 特に以下を参照。Geoffrey Alderman, *Modem British Jewry* (Oxford, 1992); Todd M. Endelman, *The Jews of Britain, 1656–2000* (London, 2002); W. D. Rubinstein, A *History of the Jew in the English Speaking World: Great Britain* (Basingstoke, 1996).

(3) アイルランド系については以下を参照。Roger Swift and Sheridan Gilley, eds: *The Irish in the Victorian City* (London, 1985); *The Irish in Britain, 1815–1939* (London, 1989); and *The Irish in Victorian Britain: The Local Dimension* (Dublin, 1999). 黒人系についてはPeter Fryer, *Staying Power: The History of Black People in Britain* (London, 1984)を参照。

(4) 最近の移民に関するよい記述としてはWill Somerville, *Immigration Under New Labour* (Bristol, 2007)がある。

(5) Panikos Panayi, *German Immigrants in Britain during the Nineteenth Century, 1815–1914* (Oxford, 1995); Stefan Manz, *Migranten und Internierte: Deutsche in Glasgow, 1864–1918* (Stuttgart, 2003); Stefan Manz, Margrit Schulte Beerbühl and John R. Davis, eds, *Migration and Transfer from Germany to Britain, 1660–1914* (Munich, 2007); Ulrike Kirchberger, *Aspekte deutsch-britischer Expansion: Die Überseeinteressen der deutschen Migranten in Großbritannien in der Mitte des 19. Jahrhunderts* (Stuttgart, 1999).

(6) Paramjit S. Gill, Robert Arnott and John Stewart, 'Doctors from the Indian Subcontinent in UK General Practice', *Lancet*, vol. 362 (2003), p. 1335.

(7) Adrian Favell, *Eurostars and Eurocities: Free Movement and Mobility in an Integrating Europe* (Oxford, 2008).

(8) Leo Lucassen, *The Immigrant Threat The Integration of Old and New Migrants in Western Europe since 1850* (Urbana and Chicago, 2005), pp. 113–44.

(9) M. A. G. Ó Tuathaigh, 'The Irish in Nineteenth Century Britain: Problems of Integration', *Transactions of the Royal Historical Society*, vol. 31 (1981).

(10) Steven Fielding, *Class and Ethnicity: Irish Catholics in England, 1880–1939* (Buckingham, 1993).

(11) Paul O'Leary, *Immigration and Integration: The Irish in Wales, 1789–1922* (Cardiff, 2000), pp. 302–8.

(12) Panikos Panayi, *The Enemy in Our Midst: Germans in Britain during the First World War* (Oxford, 1991).

(13) Michael P. Hornsby-Smith, *Roman-Catholics in England: Studies in Social Structure since the Second World*

War (Cambridge, 1987), pp. 20–6.

(14) Joseph M. Bradley, 'Marginal Voices : Football and Identity in a Contested Space', in Kathy Burrell and Panikos Panayi, eds, *Histories and Memories : Migrants and their History in Britain* (London, 2006), pp. 234–52.

訳者あとがき

本書はPanikos Panayi, *An Immigration History of Britain : Multicultural Racism since 1800* (Pearson-Longman, 2010) の全訳である。著者のパニコス・パナイーは現在、イングランド中部の（本文中でも言及されているが、多くのエスニック・マイノリティ人口を抱える多文化都市である）レスターにあるド・モンフォート大学（De Monfort Univeristy）のヨーロッパ史の教授を務めている。専門はイギリスへの入移民史であるが、「はじめに」で著者も述べている通り、イギリスにおけるドイツ系移民の歴史、イギリスにおける人種主義、移民の食文化への影響など、幅広い関心を持ち、単著、共・編著問わず数多くの著作を著している（詳しくは文献リストを参照されたい）。現在のイギリス入移民史研究を代表する研究者の一人であると言えよう。

本書は、そのタイトルからも明らかなように、一八〇〇年から二一世紀の始め（本文中で何度か二〇〇〇年と述べられているが、正確に二〇〇〇年まではなく、本書の書かれた二〇一〇年までが念頭に置かれて書かれている部分もある）というタイムスパンを念頭に、イギリスへやってきた人々、特にいわゆる「移民」や「難民」がイギリスの社会に与えた影響と、またそのような人々が、時に長い時間をかけて、イギリス社会の一部となっていく過程に注目している。

原著の副題となっている「多文化主義的人種主義（multicultural racism）」は、パナイーが、そのような社会の変化、イギリス社会における「移民」の引き起こした化学反応の特徴を表現する言葉として、文中で何度か用いられている。まず、現代の文化的に多様な社会を管理する政策モデル、またそのような社会のあり方を表現するのにしばしば用いられる「多文化（主義）」という言葉を、パナイーは後でも述べるように、かなり広義に用いていることに注目したい。そして、その言葉を「よそ者」を排除する差別的な論理や行動に対する政治的非難、また分析概念としても用いられる「人種主義」と組み合わせることで、パナイーはイギリスの移民への対応に見るある種の「矛盾」（「寛容」と「排除」に揺れる態度）、複雑さを表現しようとしている。

著者は同時に、本書において、イギリスの移民およびその歴史（研究）をめぐる三つの「傾向」に対して異を唱えようとしている。第一に、イギリスが「多文化社会」であるという認識が強まり、かつての「移民」やその子孫がイギリス社会において存在感を日常的に示すようになった一方で、主流のイギリス史研究において移民の歴史が未だ軽視されがちであるという傾向である。そのことは主に第一章の前半で述べられている。しかし、公的な、またマイノリティ・コミュニティのイニシアティブによる「遺産《ヘリテージ》」として移民の記憶が集積されつつある動きなどにも触れられており、パナイー自身が移民の歴史を「力強い」と表現していることにも注目したい。特に、オーラル・ヒストリーの集積により、移民を「集団」ではなく、「個人」として見ることにも大きな可能性が今後見いだせることが述べられている。

次に、イギリスにおける移民の状況を研究するに当たり、特に第二次世界大戦後の旧植民地から流入した移民を扱う場合その傾向が顕著であるが、短期的な視野の（また、しばしば特定の移民集団のみに焦点を当てる）研究がこれまで主流であったという「傾向」である。これは最初にこのような集団に関心を向けることになったのが同時代の問題に目を向けがちな社会科学者であったことを考えると避けがたいことであったのかもしれないが、ここで著者が繰り返し強調するのは、歴史研究者として「長期的」な視野を持つことの利点である。例えば、第三章では、「統合」がテーマになっているが、短期的な視野においては（それが、一九八〇年代頃のアフロ・カリブ系移民であれ、近年のブリティッシュ・ムスリムであれ）、社会階層移動を含め「統合」の困難さに大きく目を奪われがちである。二〇〇〇年、またそれ以上という長いスパンを取ることは、現在では社会によく統合されているように見えるマイノリティ集団（例えばユダヤ系）がかつては偏見や排外主義にさらされ、「統合」は困難であると見られていたことをもって、その状況を相対化する視点が可能になる。

パナイーの持つ長期的な視野は、現在、イギリスの移民統合の一つのモデルであると考えられている「多文化主義」に対する視点にも新しさを加えている。これが、パナイーが異を唱える三つ目の「傾向」となる。著者が指摘するように、イギリスにおける「多文化主義」といえば、第二次世界大戦後の旧植民地からの移民への施策（特に一九六〇年代以降の労働党政権下において推進された人種関係政策との関わりにおける部分）が強調されがちである。しかし、ここで著者は、イギリスにおける「多文化主義」を、それよりずっと以前からのイギリス社会におけるマイノリティの解放、つまり権利付与を可能にしたイギリスの政治体制や社会の持つ一種の「リベラルさ」との関わりにおいて論じようとする。また、「よそ者」には常に敵意のみが向けられたわけではなく、（特に難民に対する）支援、また友情、恋愛、結婚など、移民・難民と「元からいた人々《ネイティヴ》」との間には複雑な交流が存在した。また、文化に目を向ければ、いわゆる「イギリス文化」のそこかしこに常に移民の持ち込んだ影響が存在することに改めて気づかされる。広義の「多文化（主義）」は確実にイギリス史の中にその確固たる存在を示し続けている。

しかし同時に、同じ歴史のスパンを通して、イギリス社会、そして特に国家には、排外主義的、人種主義的な側面も脈々と存在し続けた。どんな「よそ者」も当初は敵意にさらされがちであり（その敵意が、特に後に社会に統合された難民の場合、忘れられがちであることもパナイーはカシュナーらの議論を引きながら指摘しているが）、排除される「よそ者」の顔は時代によって変わり続けるが、そこで向けられる敵意の発現の仕方はさほど大きくは変化しない。戦争のような特異な状況がそこに大きく影響を与えることもある（第一次世界大戦時にドイツ人へ向けられた敵意、ベルギー人に向けられた好意はそのような、より複雑な様相を示す一例である）ものの、そこにはある種の「連続性」が示唆される。これが、パナイーの言う「多文化主義的人種主義」という「矛盾」とともに、「連続性」に着目する視点へとつながっていく。

イギリスの移民の歴史に関する包括的かつ刺激的な良書である本書を訳すことを決めたのは二〇一二年の春、浜井が著者をレスターの研究室に訪問した時であった。その後、溝上が共訳者として加わり、四年ほどの期間を経て、本書をここに出版することができた。翻訳の分担は序章および第一章から第三章、第六章および第七章を浜井が、第四章および第五章を溝上が担当した。

奇しくも、翻訳の最終段階であった二〇一五年夏は、ヨーロッパで難民・移民をめぐる状況が大きな盛り上がりを迎えていた。著者も「日本語版への序」で述べているように、そこにパナイーの「矛盾」と「連続性」という視点を持ち込むことで見えてくるもの多いように思う。

最後になったが、この翻訳は様々な方の協力なしには完成しなかった。まず、原著者であるパナイー氏、翻訳を実現するために出版社との仲介の労をとってくださった方々、特に、佐久間孝正先生（東京女子大学名誉教授）と若松邦弘氏（東京外国語大学）に感謝したい。その他、各国に起源を持ち、中には居住国での読みに合わせている人も含まれる人名の読み（これがこの翻訳の最も厄介な部分であったと言っても過言ではない）の他、地名の表記、団体名等の訳語や細かな事実の確認に協力してくれた友人・知人、同僚などの名前を挙げればきりがない。中でも、膨大な数の注釈の編集・確認作業を手伝ってくれた西村美幸氏（当時北海道大学院生）、初稿の一部に的確なコメントをくれた中川順子氏（熊本大学）には特にお世話になった。平明な訳文を心がけ、細心の注意を払って訳したつもりであるが、もしそれでも不明な点や、誤りなど残っていれば、全て訳者の責任であることは言うまでもない。

その他、翻訳作業を支えてくれた家族、同僚、友人に感謝するとともに、出版までには人文書院の井上裕美さんに一方ならぬお世話になったことを最後に述べて、お礼の言葉とさせていただきたい。

浜井祐三子
溝上　宏美

二〇一六年一月

事項索引

ア　行

アイルランド共和国軍（Irish Republican Army）　242, 305, 307, 317, 335, 339
アイルランド共和主義兄弟団（フェニアン）（Irish Republican Brotherhood (Fenians)）　239, 240, 316, 339
アイルランド人／系　12, 14, 23, 25, 30, 41, 44–47, 50–54, 58, 67, 69, 71, 77, 85, 87, 96–98, 127, 128, 131–135, 137–139, 141–143, 145, 146, 148–151, 153, 154, 158–165, 171, 177–179, 183, 194, 195, 200, 202, 204, 207, 209–216, 230–232, 238–242, 248–253, 262, 266, 273, 284, 286, 287, 289, 292, 297, 298, 303–309, 312–317, 335, 339, 341–344, 362, 365, 368–371, 373, 378, 382, 391, 393, 425, 426, 428–433, 435–439, 441
アイルランドの貧民階級の状況に関する王立委員会（Royal Commission on the Condition of the Poorer Classes in Ireland）　142
アイルランド連盟（Irish Confederates）　239
アフリカ人／系　10, 37, 43, 45, 46, 70, 76, 77, 199, 204, 233, 242–244, 261, 323, 407–409, 413
アフリカ進歩連合（African Progress Union）　243
アフリカ同盟（African Association）　242, 243
アフロ・カリブ人／系（黒人／黒人系（ブラック），西インド諸島人／系も参照）　9, 14, 30, 130, 131, 141, 147, 149, 155, 160, 171–176, 232, 244, 245, 261, 262, 281, 365, 379, 381, 408, 438, 445
アメリカ人／系　24, 69, 70, 77, 265, 337
アラブ人／系　77, 152
アングロ・サクソン人　37
イエメン人／系　77
イギリス・カトリック協議会（Board of British Catholics）　368
イギリス・ファシスト連合（British Union of Fascists（BUF））　232, 286, 329, 341, 344, 439
イギリス・ボクシング管理委員会（British Boxing Board of Control）　336
イギリス・ユダヤ人代表委員会（Board of Deputies of British Jews）　219
イギリス学士院（British Academy）　399
イギリス共産党（Communist Party of Great Britain）　238, 379
イギリス国籍および外国人地位法（1914）（British Nationality and Status of Aliens Act（1914））　298
イギリス国籍法（1948）（British Nationality Act（1948））　102, 298, 363, 375, 427
イギリス国籍法（1981）（British Nationality Act（1981））　103, 299
イギリス国民党（British National Party）　327, 331, 332, 439
イギリス宿泊・飲食業協会（British Hotels and Restaurants Association）　99
イギリス人（ブリトンズ）　15, 34, 106, 134, 151, 158, 164, 170, 176, 200, 203, 206, 234, 292, 294, 297, 299–301, 314, 322, 328, 333, 335, 338, 342, 343, 384, 389, 392, 397, 401, 403–405, 409, 434, 436, 439

イギリス人のためのイギリス運動（Britain for the British Movement） 328
イギリス帝国連合（British Empire Union） 328
イギリス同胞連盟（British Brothers League） 290, 328
イギリス国籍および外国人地位法（1918）（British Nationality and Status of Aliens Act（1918）） 298
イスラエル人／系 68
イタリア人／系 14, 25, 40, 43, 51, 52, 71, 73, 74, 77, 90, 92, 93, 98, 107–109, 135, 151, 165, 166, 199, 203, 204, 207, 216–218, 254, 284, 287, 293, 302, 304, 310, 320, 321, 346, 362, 384, 385, 395–397, 401, 438
イディッシュ人民劇場（Yiddish People's Theatre） 257
移民（輸送業者賠償責任）法（1988）（Immigration（Carriers Liability）Act（1988）） 89
移民規制協会（Immigration Control Association） 330
移民法（1971）（Immigration Act（1971）） 103, 298
EU／ヨーロッパ連合 72, 74, 104, 105, 159, 171, 400, 411, 427, 428, 431
イラン人／系 94
イングランド・シオニスト連盟（English Zionist Federation） 238
インド国民会議（Indian National Congress） 244
インド人／系（南アジア人／系も参照） 10, 26, 70, 71, 75, 76, 149, 151, 152, 156–158, 175, 176, 199, 204, 208, 225, 244, 260, 262, 322, 362, 379, 403, 417, 431
インド連盟（Indian League） 244
インド人労働者組合（Indian Workers Association） 244, 248
ヴァイキング 37, 429
ウェスト・セントラル少年クラブ（West Central Lads Clubs） 256
ヴェトナム人／系 76
ウォリック大学エスニック関係研究センター（Warwick University Centre for Research in Ethnic Relations） 28
ウガンダ再定住局（Uganda Resettlement Board） 148, 299
ウクライナ人／系 72
英連邦移民法（1962）（Commonwealth Immigrants Act（1962）） 111, 324, 330, 376
英連邦移民法（1968）（Commonwealth Immigrants Act（1968）） 103
エジプト人／系 152
エストニア人／系 72
エスニック・コミュニティ口述歴史プロジェクト（Ethnic Communities Oral History Project） 29
黄金海岸原住民保護協会（Gold Coast Aborigines Protection Society） 242
王立協会（Royal Society） 169, 399
オーストラリア人／系 76
オーストリア人／系 310
オランダ人／系 129
オレンジ結社（Orange Order） 216, 239, 241, 290, 315

カ　行

ガーナ人／系 76
外国人規制法（1914）（Aliens Restriction Act（1914）） 101
外国人法（1793）（Alien Act（1793）） 101
外国人法（1848）（Alien Act（1848）） 101
外国人法（1905）（Aliens Act（1905））

100, 101, 285, 288, 292, 297, 298, 300, 301, 312, 318, 328, 344, 354, 426
外国人法（1919）（Aliens Act（1919））101-103, 298
学術援助委員会（Academic Assistance Council） 387
カトリック委員会（Catholic Committee） 368
カトリック解放法（Catholic Relief Act（1829）） 15, 209, 293, 315, 363, 364, 367, 369, 371, 440
カトリック禁酒運動（Catholic Temperance Movement） 212
カトリック社会ギルド（Catholic Social Guild） 212
カトリック少年クラブ（Catholic Lads' Clubs） 213
カトリック少年団（Catholic Boys' Brigade） 213
カトリック女性連盟（Catholic Women's League） 212
カトリック連盟（Catholic Association） 368
カナダ人／系 76
帰化法（1870）（Naturalization Act（1870）） 297
キプロス人／系（ギリシア人／系も参照） 73, 77, 94, 137, 154, 171, 178, 207, 224, 225, 254, 255, 381, 395, 401, 402
教育法（1944）（Education Act（1944）） 22
ギリシア人／系（キプロス人／系も参照） 73, 94, 137, 152, 154, 171, 178, 207, 224, 254, 255, 381, 395, 401, 402
ギリシア正教会（Greek Orthodox Church） 224
キリスト友会（クェーカー教徒） 336, 384
クルド人／系 76
グレート・ブリテンおよびアイルランド・ユグノー協会（Huguenot Society of Great Britain and Ireland） 24
グレート・ブリテン・アイルランド国民連盟（Irish National League of Great Britain） 240
グレート・ブリテン・アイルランド自治連盟（Home Rule Confederation of Breat Britain） 240
グレート・ブリテン・ユダヤ系系図学協会（Jewish Genealogical Society of Great Britain） 29
ゲール競技協会（Gaelic Athletic Association） 250
ゲール語連盟（Gaelic League） 250, 251
ケルト人／系 34, 36
合同法（1801）（Union Act（1801）） 297
合同法撤廃協会（Repeal Association） 239
黒人／黒人系（ブラック） 9, 10, 21, 26, 30, 36, 41, 43-46, 50, 51, 66, 70, 97, 135, 141, 147, 150-152, 155-157, 159, 160, 170, 172-174, 202, 203, 215, 242-246, 252, 258, 285, 287-290, 292, 293, 295, 301, 305, 306, 308, 309, 311, 313, 320, 322-325, 329, 331, 335-337, 340, 341, 344, 361, 362, 364, 366, 375, 378-382, 390, 406-411, 425-427, 430, 431, 441
公民的・宗教的障害の撤廃のためのユダヤ人連盟（Jewish Association for the Removal of Civil and Religious Disabilities） 371
国民戦線（National Front） 327, 331, 332, 390, 439
国民党（National Party） 328
国連難民高等弁務官事務所 94
コミュニティ関係委員会（Community Relations Commission） 376, 377

コミュニティ関係評議会（Community Relations Councils） 376, 377
困窮外国人移民阻止協会（Association for Preventing the Immigration of Destitute Aliens） 328
困窮外国人移民抑制協会（Society for the Suppression of Destitute Aliens） 327
困窮ユダヤ人一時避難所（Poor Jews Temporary Shelter） 237
コンバット 18（Combat 18） 320, 331

サ　行

ザイール人／系 76
在英ドイツ人家族史協会（Anglo-German Family History Society） 29
サラセミア協会（Thalassemia Society） 255
シオニスト機構（Zionist Organization） 238
シク教徒（パンジャーブ出身者） 136, 138, 205, 208, 227–229, 231, 244, 248, 260, 436
自警団（Vigilantes） 328
シサルパイン・クラブ（Cisalpine Club） 368
シナゴーグ連盟（Federation of Synagogues） 220
市民的自由のための全国評議会（リバティ）（National Council for Civil Liberties（Liberty）） 389
出移民および入移民に関する特別委員会（Select Committee on Immigration and Emigration（1881）） 109
自由党 240, 370, 373, 374, 379, 382, 385
自由民主党 380, 382
人権法（1998）（Human Rights Act（1998）） 364, 377
審査法および地方自治体法（1828）（Test and Cooperation Acts（1828）） 368
人種関係協議会（Race Relations Board） 376, 377
人種関係法（1965）（Race Relations Act（1965）） 314, 367, 376
人種関係法（1968）（Race Relations Act（1968）） 314, 367, 376
人種関係法（1976）（Race Relations Act（1976）） 376
人種差別反対キャンペーン（CARD）（Campaign Against Racial Discrimination） 390
人種主義に反対するロック運動（Rock Against Racism） 390
人種平等委員会（Commission for Racial Equality） 307, 377
人種平等評議会（Racial Equality Councils） 377
新党（New Party） 329
ジンバブエ人／系 76
スイス人／系 394
スティーヴン・ローレンス事件調査委員会（Stephen Lawrence Inquiry） 377
ステップニー少年クラブ（Stepney Lads Club） 256
スリランカ人／系 76
政策研究所（Policy Studies Institute） 147, 149
正統派ヘブライ信徒連合（Union of Orthodox Hebrew Congregations） 222
聖パトリック兄弟団（National Brotherhood of St Patrick） 240
戦争難民委員会（War Refugees Committee） 389
ソマリ人／系 76, 133, 152

タ　行

代表委員会（Board of Deputies） 219
断酒協会（Total Abstinence Society）

212
治安維持法（1936）（Public Order Act (1936)） 329
チェコ人／系 72
中央イスラム協会（Central Islamic Society） 244
中央ヒンドゥー協会（Central Hindu Association） 226
中国レストラン協会（Association of Chinese Restaurants） 109
中国人／系 10, 51, 70, 71, 74-77, 86, 109, 132, 135, 149, 151, 152, 158, 171, 176, 177, 258, 322, 324, 339, 340
忠誠なるイギリス人ウェイター協会（Loyal British Waiters Society） 397
チリ人／系 76, 94
帝国ファシスト連盟（Imperial Fascist League） 329
テロリズム防止法（1974）（Prevention of Terrorism Act (1974)） 307
ドイツ海事連盟（German Navy League） 236
ドイツ系ユダヤ人のためのイギリス中央基金（Central British Fund for German Jewry） 237, 387
ドイツ植民協会（German Colonial Society） 236
ドイツ人／系 12, 14, 16, 25, 29, 41, 43, 45, 47, 49-54, 62, 67, 69, 71-74, 77, 80, 87, 88, 90, 92, 96, 101, 106-109, 112, 129-132, 135, 136, 143, 144, 152, 154, 158, 161, 164-166, 196, 200, 202, 204-207, 216, 217, 221, 235-237, 252, 253, 256, 257, 263, 286, 287, 289-291, 293, 298, 301, 302, 304, 310, 311, 313, 314, 316, 319, 321, 322, 327, 328, 333, 340-344, 384, 385, 387-390, 393-399, 401, 426, 430, 436, 439, 443, 446
ドイツ人労働者教育協会（German Workers Educational Association） 235
統合シナゴーグ（United Synagogues） 219, 222

ナ 行

難民学術研究者支援のための委員会（Council for Assisting Refugee Academics） 390
西アフリカ学生連合（West African Students Union） 243
西インド諸島人／系（アフロ・カリブ人／系も参照） 9, 70, 74, 75, 77, 97, 102, 109, 127, 128, 136, 141, 142, 146, 147, 152, 155, 173, 174, 178, 179, 195, 207, 244, 245, 261, 294, 306, 323, 324, 329, 333, 336, 337, 362, 407, 413, 426, 429, 431, 433
西インド諸島人常設委員会（West Indian Standing Committee） 245
ニュージーランド人／系 76
ノルマン人の侵攻（Norman invasion） 34, 36, 37, 44

ハ 行

バーミンガム移民規制協会（Birmingham Immigration Control Association） 330, 439
ハイフィールズ記憶プロジェクト（Highfields Remembered Project） 29
パキスタン人／系（南アジア人／系も参照） 10, 75, 76, 96, 111, 131, 137, 138, 140, 141, 149, 156, 157, 171, 174, 176, 197, 208, 247, 260, 362, 431, 438
パキスタン福祉協会（Pakistan Welfare Association） 247
バスク人／系 93
ハラール食材認定協会（Halal Food Authority） 229
パレスチナ人／系 77

汎アフリカ同盟（Pan-African Association） 243
汎イスラム協会（Pan-Islamic Society） 244
ハンガリー人／系 77, 93, 384
バングラデシュ系青年戦線（Bangladeshi Youth Front） 247
バングラデシュ人／系（南アジア人／系も参照） 10, 75, 76, 89, 141, 149, 157, 174, 176, 200, 208, 247, 365, 400, 403, 404, 406, 431, 438
バングラデシュ福祉協会（Bangladesh Welfare Association） 247
万国民主主義者友愛協会（Fraternal Democrats of All Nations） 233
反人種主義同盟（Anti-Racist Alliance） 390
反ドイツ人連盟（Anti-German League） 328
BBC 59, 259, 400, 406, 408
平等人権委員会（Commission for Equality and Human Rights） 377
ヒンドゥー教徒（Hindus） 111, 205, 208, 227, 406
フットボールから人種主義を蹴り出そう（Let's Kick Racism out of Football） 410
ブラック文化アーカイヴ（Black Cultural Archives） 30, 60
ブラッドフォード・モスク協議会（Bradford Council of Mosques） 230
フランス人／系 41, 42, 51, 77, 93, 384, 396, 401
ブレイディ・ストリート少年クラブ（Brady Street Boys Club） 256
ベルギー人／系 70, 77, 91, 97, 383, 389, 390, 446
ポーランド再生のための民主主義委員会（Democratic Committee for Poland's Regeneration） 234
ポーランド情報委員会（Polish Information Committee） 234
ポーランド人／系 14, 25, 71, 72, 74, 77, 92, 93, 99, 104, 157, 168, 171, 233, 234, 254, 262, 277, 304, 362, 401, 431
ポーランド人再定住法（1945）（Polish Resettlement Act（1945）） 93
ポーランド民主主義委員会（Polish Democratic Committee） 234
保守党 223, 241, 245, 281, 328–332, 369, 373, 374, 379–382, 439

マ 行

マルタ人／系 73, 133, 152
マンション・ハウス基金（Mansion House Fund） 237, 386
南アジア人／系 10, 14, 26, 30, 53, 74–77, 109, 110, 113, 136, 138, 139, 141, 146, 148, 149, 156, 157, 159, 160, 164, 170, 171, 175–178, 197, 205, 208, 224, 226, 227, 230, 232, 244, 259–261, 265, 309, 322, 324, 365, 400, 401, 404, 406, 409, 429, 431, 435, 436
南アフリカ人／系 76
ムスリム 53, 55, 138, 141, 148, 196, 197, 205, 208, 227, 229–231, 238, 244, 246–248, 260, 262, 281, 289, 292, 295, 305, 307, 313, 325, 326, 332, 343, 437, 445
酩酊抑止のためのカトリック連盟（Catholic Association for the Suppression of Drunkenness） 212
モントセラト人／系 147

ヤ 行

ユーゴスラヴィア人／系 72
有色人連盟（League of Coloued Peoples） 243

有色船員令（1925）（Coloured Seamen's Order（1925）） 336
ユグノー（Huguenots） 19, 24, 42, 45, 132
ユダヤ・非ユダヤ関係パークス研究センター（Parkes Centre for Jewish Non-Jewish Relations） 24
ユダヤ系少年団（Jewish Lads' Brigade） 256
ユダヤ人／系 12, 14, 20, 23-25, 28-30, 37-40, 45, 47, 48, 51, 52, 54, 67-69, 77, 83, 87, 88, 91, 92, 101, 102, 108, 128-134, 136, 139, 141, 144-146, 148-150, 152, 153, 158-160, 166-171, 177-180, 188, 199, 201, 202, 204, 206, 208, 218-224, 230, 232, 235-238, 248, 255-258, 262, 272, 283, 284, 286, 287, 289, 291, 293, 297, 302, 304, 310-314, 316-320, 329, 331, 333-335, 339-341, 344, 362, 364-368, 371-375, 378, 379, 381, 382, 385-388, 390, 393, 395, 398-400, 402, 408, 411, 425-427, 429, 432-439, 445
ユダヤ人解放法（1858）（Jewish Relief Act（1858）） 372
ユダヤ人帰化法（1753）（Jewish Naturalization Act（1753）） 48, 289
ユダヤ人地方解放法（1845）（Jewish Municipal Relief Act（1845）） 372
ユダヤ人難民委員会（Jewish Refugees Committee） 237
ユダヤ人難民協会（Association of Jewish Refugees） 236
ユダヤ人法修正（1860）（Jews Act Amendment（1860）） 372
ユダヤ人歴史協会（Jewish Historical Society） 20, 23
ユニオン運動（Union Movement） 329
ヨーロッパ・ヒンドゥー協会（Hindu Association of Europe） 226

ラ　行

ラトヴィア人／系 72
リヴァプール大学アイルランド研究所（University Irish Studies Institute） 23
リトアニア人／系 72
ルーマニア人／系 168
歴史学協会（Historical Association） 296
レスターシャー多文化口述・図像史料プロジェクト（Leicestershire Multicultural Oral and Pictoral Archive Project） 29
レバノン人／系 77
労働党（Labour Party） 54, 140, 240-242, 244, 329-332, 370, 374, 376, 378, 379, 380, 381, 382, 439, 445
ローマ・カトリック教（Roman Catholicism） 393, 435-437
ロシア自由友愛協会（Society of Friends of Russian Freedom） 234, 388
ロシア人／系 131, 145, 168, 304, 384
ロマ（Romanies in Britain） 41, 43, 44, 87
ロンドン住民連盟（Leaque of Londoners） 238
ロンドン・メトロポリタン大学アイルランド研究センター（Metropolitan University, Irish Studies Centre） 23
ロンドン大学ドイツ・ロマンス語研究所ドイツ・オーストリア亡命者研究センター（University Institute of German and Romance Studies Centre for German and Austrian Exile Studies） 25

人名索引

ア　行

アーノルド，トマス（Arnold, Thomas）　372
アイザックス，サー・ルーファス（Issacs, Sir Rufus）　374
アシュトン，ローズマリー（Ashton, Rosemary）　106
アボット，ダイアン（Abbott, Diane）　380
アミン，イディ（Amin, Idi）　94, 148, 199
アレガイア，ジョージ（Alagiah, George）　408
アリ，モニカ（Ali, Monica）　31, 409
アリバイ＝ブラウン，ヤスミン（Alibhai-Brown, Yasmin）　362, 364
アンサリ，フマユン（Ansari, Humayun）　226
アンシアス，フロヤ（Anthias, Floya）　224
アンダーソン，ベネディクト（Anderson, Benedict）　198
アンワル，ムハンマド（Anwar, Muhammad）　96, 140, 148
イクイアーノ，オラウダ（Equiano, Olaudah）　409
ヴァズ，キース（Vaz, Keith）　380
ヴァルマン，ナディア（Valman, Nadia）　317
ヴィクトリア女王（Queen Victoria）　240
ヴィスラム，ロジーナ（Visram, Rosina）　26, 66, 89, 175, 244
ウィックス，マーガレット・C（Wicks, Margaret C.）　233
ウィリアムズ，ビル（Williams, Bill）　24, 88, 168, 218
ウィリアムズ，ヘンリー・シルヴェスター（Williams, Henry Sylvester）　242
ウィリアム征服王（William the Conqueror）　37
ウィリアムソン，ジェフリー（Williamson, Jeffery）　96
ウィルソン，フランチェスカ・M（Wilson, Francesca M.）　384, 385
ウィンダー，ロバート（Winder, Robert）　13, 34, 285
ウィンターズ，マイクとバーニー（Winters, Mike and Bernie）　400
ウェーバー，マックス（Weber, Max）　160
ウェスカー，アーノルド（Wesker, Arnold）　169, 399
ウォーカー，ルドルフ（Walker, Rudolph）　408
ウォード，ポール（Ward, Paul）　292
ヴォーン，フランキー（Vaughan, Frankie）　169, 399
ウォルヴィン，ジム（Walvin, Jim）　284
ウォルター，ブロンウェン（Walter, Bronwen）　215, 252, 307, 309, 317
ウゴリーニ，ウェンディ（Ugolini, Wendy）　253, 254
ウベロイ，ヴァルン（Uberoi, Varun）　366
ウルフ，ジョン（Wolfe, John）　314
エイモリー，マール（Amory, Merle）

381
エヴァンス＝ゴードン，ウィリアム（Evans-Gordon, William） 328
エスコフィエ，オーギュスト（Escoffier, Auguste） 396
エッサー，ラインガルト（Esser, Raingard） 43
エドワード７世（King Edward VII） 374
エリクソン，シャーロット（Erickson, Charlotte） 70
エリザベス１世（Queen Elizabeth I） 40, 41, 43
エルトン，サー・ジェフリー（Elton, Sir Geoffrey） 296
エンゲルス，フリードリヒ（Engels, Friedrich） 142, 235, 315
エンデルマン，トッド・M（Endelman, Todd M.） 24, 48, 129, 167, 208, 220, 385, 386, 436
オグラダ，コーマック（O'Gráda, Cormac） 67
オコンネル，ダニエル（O'Connell, Daniel） 369, 371
オサリバン，パトリック（O'Sullivan, Patrick） 23
オッテルロー，アネケ・ファン（Otterloo, Anneke van） 403
オトゥーイ，M・A・G（Ó Tuathaigh, M. A. G.） 127, 128, 194, 252, 431
オヒギンズ，レイチェル（O'Higgins, Rachel） 369
オフェラル，ファーガス（O'Ferral, Fergus） 369
オリアリー，ポール（O'Leary, Paul） 432
オリヴァー，ポール（Oliver, Paul） 406
オルダマン，ジェフリー（Alderman, Geoffrey） 24, 129, 218, 373, 436

カ　行

カー，ウェスリー（Kerr, Wesley） 408
カーシェン，アン（Kershen, Anne） 18, 108, 132, 398
カーステン，フランシス（Carsten, Francis） 399
カーティス，L・P（Curtis, L. P.） 316
ガードナー，ケイティ（Gardner, Katy） 26, 79, 200, 231
ガートナー，ロイド・P（Gartner, Lloyd P.） 283
カシュナー，トニー（Kushner, Tony） 18, 19, 20, 24, 28, 31, 45, 66, 81, 102, 285, 300, 314, 320, 334, 383, 387, 389, 446
カースルズ，スティーヴン（Castles, Stephen） 81, 89, 104, 159, 282, 430
カッツ，デヴィッド（Katz, David） 24
カニンガム，ウィリアム（Cunningham, William） 34
ガラード，ジョン（Garrard, John） 283
ガリバルディ，ジュゼッペ（Garibaldi, Giuseppe） 385
カンプホフナー，ウォルター・D（Kamphoefner, Walter D.） 84
キャッシュモア，アーネスト（Cashmore, Ernest） 409
キャナダイン，デヴィッド（Canadine, David） 27
キャハラン，ピーター（Cahalan, Peter） 97, 389
キャントル，テッド（Cantle, Ted） 141
ギリー，シェリダン（Gilley, Sheridan） 23, 128
キルヒベルガー，ウルリケ（Kirchberger, Ulrike） 107
ギルロイ，ポール（Gilroy, Paul） 27, 293, 305

キンケル，ゴットフリート（Kinkel, Gottfried） 236, 385
クラーク，J・H（Clarke, J. H.） 319
グラス，ルース（Glass, Ruth） 22, 27, 128, 136
クラブ，ティム（Crabbe, Tim） 410
グラント，バーニー（Grant, Bernie） 380, 381
グリフィス，ピーター（Griffiths, Peter） 330
グリフィン，ニック（Griffin, Nick） 332
グル＝マーシー，クリシュナン（Guru-Murthy, Krishnan） 408
グレイザー，ネイサン（Glazier, Nathan） 195, 197
クレイシ，ハニフ（Kureishi, Hanif） 409
クロフォード，ジョン（Crawford, John） 323
クロポトキン，ピョートル（Krotopkin, Pjotr） 384
クロムウェル，オリヴァー（Cromwell, Oliver） 432
クンドナーニ，アルン（Kundnani, Arun） 309
ケイ，ダイアナ（Kay, Diana） 90
ゲイナー，バーナード（Gainer, Bernard） 79, 283, 285, 333
ケーニヒスベルガー，ヘルムート（Koenigsberger, Helmut） 399
ゲッデス，アンドリュー（Geddes, Andrew） 380
コーエン，フィリップ（Cohen, Philip） 364
コール，G・D・H（Cole, G. D. H.） 22
コール，マイク（Cole, Mike） 294
ゴールボーン，ハリー（Goulbourne, Harry） 363, 376
コシュート，ラヨシュ（Kossuth, Lajos） 385
ゴッドリー，アンドリュー（Godley, Andrew） 160
コベット，ウィリアム（Cobbett, William） 372
コリンズ，ブレンダ（Collins, Brenda） 84, 113
コルヴィン，イアン（Colvin, Ian） 25
コルズ，ロバート（Colls, Robert） 27, 292
コルピ，テリ（Colpi, Terri） 25, 40, 73, 254
コンゼン，キャスリーン・ニールズ（Conzen, Kathleen Neils） 80, 140, 141

サ　行

サーロウ，リチャード（Thurlow, Richard） 304
サガー，シャミット（Saggar, Shamit） 380
サクラトヴァラー，シャプルジー（Saklatvala, Shapurji） 379
サッチャー，マーガレット（Thatcher, Margaret） 223, 245, 295, 299, 325
サミュエル，スチュワート（Samuel, Stuart） 373
ザングウィル，イズレイル（Zangwill, Israel） 258
サンチョ，イグナティウス（Sancho, Ignatius） 409
サンドゥ，サクデヴ（Sandhu, Sukhdev） 409
シール，リチャード・レイラー（Sheil, Richard Lalor） 368
ジェームズ４世（スコットランド）（King James IV of Scotland） 43
ジェッセル，ジョージ（Jessell, George） 374

ジェンキンソン，ジャクリーン（Jenkinson, Jaqueline） 304
シャーマン，A・J（Sherman, A. J.） 102
シャイブレ，カール・ハインリヒ（Schaible, Karl Heinrich） 25, 236
ジャクソン，J・A（Jackson, J. A.） 23, 96
シャピロ，ヘレン（Shapiro, Helen） 169, 400
ジャレット，シンシア（Jarret, Cynthia） 306
ショー，アリソン（Shaw, Alison） 247
ジョリー，ダニエル（Joly, Daniéle） 299
ジョンソン，リントン・クウェシ（Johnson, Linton Kwesi） 409
シン，ダリープ（Singh, Duleep） 225, 228
シン，グルハルパル（Singh, Gurharpal） 18, 111
スウィフト，ロジャー（Swift, Roger） 23, 128, 138, 303, 343
スカーマン卿（Scarman, Lord） 288, 292, 303, 306, 308
スコット，ウォルター（Scott, Walter） 317
スチュワート，モイラ（Stewart, Moira） 408
ストッパード，トム（Stoppard, Tom） 169, 399
スノーマン，ダニエル（Snowman, Daniel） 399
スペンサー，イアン（Spencer, Ian） 79
スポンザ，ルチオ（Sponza, Lucio） 18, 25, 107, 151, 304, 320
スミス，ゼイディー（Smith, Zadie） 31, 409
セザラーニ，デヴィッド（Cesarani, David） 18, 24, 320
ソルター，ジョセフ（Salter, Joseph） 225, 323
ソロモス，ジョン（Solomos, John） 18, 128, 172, 281, 286, 290, 410, 427, 430
ソワイエ，アレクシス（Soyer, Alexis） 396

タ 行

タトラ，ダルシャン・シン（Talta, Darshan Singh） 111
ダーウィン，チャールズ（Darwin, Charles） 316, 323
ダイアナ妃（Princess Diana） 405
ダイク，テゥン・A・ファン（Dijk, Teun A. Van） 313
チェサム，ローナ（Chessum, Lorna） 18, 295, 324
チェスタトン，G・K（Chesterton, G. K.） 318
チェンバレン，メアリー（Chamberlain, Mary） 79
チャーダ，グリンダー（Chadha, Gurinder） 409
チャーチル，ウィンストン（Churchill, Winston） 302
チャップマン，スタンリー（Chapman, Stanley） 393, 394
ディヴィス，グレアム（Davis, Graham） 211
ディヴィス，ノーマン（Davis, Norman） 234
ディケンズ，チャールズ（Dickens, Charles） 317
ディズレイリ，ベンジャミン（Disraeli, Benjamin） 371-374
テイラー，サイモン（Taylor, Simon） 86
ディレイニー，エンダ（Delaney, Enda） 23, 67, 71, 113, 214

ディン，イクラク（Din, Ikhlaq） 260
ディーリアス，フレデリック（Delius, Frederick） 392, 395
デューイ，マイケル（Dewey, Michael） 250
デンヴァー，ジョン（Denvir, John） 23, 284
トーヴィ，ドゥブロシェ（Tovey, D'Blossiers） 23
トーニー，R・H（Tawney, R. H.） 160
トムソン，E・P（Thompson, E. P.） 22, 194
トムソン，ドロシー（Thompson, Dorothy） 370
ドレフュス，アルフレド（Dreyfus, Alfred） 386

ナ　行

ナオロジ，ダダバイ（Naoroji, Dadabhai） 379
ニール，フランク（Neal, Frank） 85, 143, 162, 211
ヌーラニ，テシーン（Noorani, Tehseen） 326
ネイミア，ルイス（Namier, Lewis） 333
ノーラン，ジェイ・P（Nolan, Jay P.） 207
ノックス，キャサリン（Knox, Katherine） 81, 300, 387, 389
ノックス，ロバート（Knox, Robert） 323

ハ　行

バーデ，クラウス（Bade, Klaus J.） 18, 35, 81
ハーバーグ，ウィル（Herburg, Will） 206
ハーバート，ジョアンナ（Herbert, Joanna） 389
バイロン，マーガレット（Byron, Margaret） 75, 110
パウ，ジョージ（Powe, George） 337
パウエル，イーノック（Powell, Enoch） 281, 330
ハガン，グレアム（Huggan, Graham） 364
パターソン，シーラ（Patterson, Sheila） 128, 173, 245, 280
バダウィ，ゼイナブ（Badawi, Zeinab） 408
バチュ，パーミンダー（Bhachu, Parminder） 228, 405, 406
バック，レス（Back, Les） 245, 410
バニスター，ジョセフ（Banister, Joseph） 319
ハニフォード，レイ（Honeyford, Ray） 325
ハモンド，J・LとL・B（Hammond, J. L. and L. B.） 22
ハレ，チャールズ（Hallé, Charles） 391, 394, 395
パレク，ビク（Parekh, Bhiku） 362
バレル，キャシー（Burrell, Kathy） 18, 72, 79, 200, 234, 254
ハワード，マイケル（Howard, Michael） 375
バワナグリー，マンチェルジー（Bhownaggree, Mancherjee） 379
ハンセン，ランドール（Hansen, Randall） 79, 363, 375
ハント，ジェームズ（Hunt, James） 323
ハンドリー，J・E（Handley, J. E.） 12, 23, 164, 284
ハンドリン，オスカー（Handlin, Oscar） 34, 206
バントン，マイケル（Banton, Michael） 22, 27, 128, 172, 280, 337

ピーチ，ケリ（Peach, Ceri） 73, 76, 77, 110, 141, 142, 147, 155
ピーチ，ブレア（Peach, Blair） 306
ビーミッシュ，ヘンリー・ハミルトン（Beamish, Henry Hamilton） 319, 329
ビスマルク，オットー・フォン（Bismark, Otto von） 235
ピッカリング，マイケル（Pickering, Michael） 406
ヒッキー，ジョン（Hickey, John） 143
ヒックマン，メアリー（Hickman, Mary） 23, 195, 213, 307, 309, 317, 335
ヒトラー，アドルフ（Hitler, Adolf） 70
ピノチェト，アウグスト（Pinochet, Augusto） 76, 94
ピンター，ハロルド（Pinter, Harold） 169, 399
ファーマイアー，アンドレアス（Fahmeier, Andreas） 18, 79, 297, 363
ファイザックリー，アニー（Phizacklea, Annie） 325, 330
ファヴェル，エイドリアン（Favell, Adrian） 159, 363, 366
フィールディング，スティーヴン（Fielding, Steven） 143, 195, 211, 212, 251, 370, 432, 438
フィッツパトリック，デヴィッド（Fitzpatrick, David） 87
フィリップス，マイクとトレヴァー（Phillips, Mike and Trevor） 361, 362
フィリピ，オットー・エルンスト（Phillipi, Otto Ernst） 394
フィルポット，スチュワート（Philpott, Stuart） 110, 147
ブース，シェリー（Booth, Cherie） 405
プーリー，コリン（Pooley, Colin） 143
プール，エリザベス（Poole, Elizabeth） 313
フェルドマン，デヴィッド（Feldman, David） 24, 300
フォイヒトヴァンガー，エドガー（Feuchtwanger, Edgar） 399
フォーシェ，レオン・M（Faucher, Leon M.） 142
フォーティエ，アンヌ＝マリー（Fortier, Anne-Marie） 199, 253
フォルテ，チャールズ（Forte, Charles） 166
フセイン，ヤスミン（Hussain, Yasmin） 409
ブラー，アヴタール（Brah, Avtar） 198, 201
フライヤー，ピーター（Fryer, Peter） 36, 37, 66, 284
ブラインド，カール（Blind, Carl） 236
ブラッドリー，ジョセフ・M（Bradley, Joseph M.） 251, 252
ブラナー，ジョン（Brunner, John） 394
フランカテッリ，チャールズ・エルメ（Francatelli, Charles Elmé） 396
フランソワーズ，アダム（Francoise, Adam） 109
ブリタン，レオン（Brittan, Leon） 375
ブルックナー，アニタ（Brookner, Anita） 399
ブルベイカー，ロジャース（Brubaker, Rogers） 297
プワル，ナーマル（Puwar, Nirmal） 405
ブレア，トニー（Blair, Tony） 103, 308, 377, 405
ベヴァン，ヴォーン（Bevan, Vaughan） 79, 100
ベザント，ウォルター（Besant, Walter） 398
ヘニングス，C・R（Hennings, C. R.） 25
ペリー，トマス（Perry, Thomas） 100

ベルクハン，マリオン（Berghahn, Marion） 132, 202
ヘルダー，ダーク（Hoerder, Dirk） 81
ベルチェム，ジョン（Belchem, John） 18, 211
ベルンシュタイン，エドゥアルト（Bernstein, Eduard） 235
ベロス，リンダ（Bellos, Linda） 381
ベロック，ヒレア（Belloc, Hillaire） 318
ホア＝ベリシャ，レスリー（Hore-Belisha, Leslie） 374
ボウリング，ベンジャミン（Bowling, Benjamin） 338
ポーター，バーナード（Porter, Bernard） 18, 79, 100, 304, 384
ボーテング，ポール（Boateng, Paul） 380
ホームズ，コリン（Holmes, Colin） 13, 18, 24, 34, 282-285, 319, 333, 336, 384, 386
ポール，キャスリーン（Paul, Kathleen） 79, 298
ボトムリー，ホレイショ（Bottomley, Horatio） 321
ホブソン，J・A（Hobson, J. A.） 318
ポラード，シドニー（Pollard, Sidney） 399
ボラン，マーク（Bolan, Marc） 170, 223, 400
ポリンズ，ハロルド（Pollins, Harold） 88
ホルスト，グスタフ（Holst, Gustav） 392
ホワイト，アーノルド（White, Arnold） 319, 327

マ　行

マーゴリアス，モーゼス（Margoliouth, Moses） 23
マーフィー，ウィリアム（Murphy, William） 315, 339
マイヤーズ，ノーマ（Myers, Norma） 150
マイルズ，ロバート（Miles, Robert） 90, 96, 159, 281, 286, 290, 325, 330, 427, 430
マクカービン，クリントン（McCurbin, Clinton） 306
マクシー，レオポルド（Maxse, Leopold） 319
マクドナルド，トレヴァー（McDonald, Trevor） 408
マクレイルド，ドナルド（MacRaild, Donald） 18, 23, 67, 85, 210-212, 315, 335
マラス，マイケル（Marrus, Michael） 81, 90
マルクス，カール（Marx, Karl） 91, 194, 235, 283
マルコム，エリザベス（Malcolm, Elizabeth） 162
マンツ，シュテファン（Manz, Stefan） 18, 107, 394
マンデルソン，ピーター（Mandelson, Peter） 375
ミーア，ナサル（Meer, Nasar） 326
ミキデス，アンドレアス（Mikkides, Andreas） 381
ミッチェル，ウォレン（Mitchell, Warren） 400
ミラー，マーク・J（Miller, Mark J.） 81, 89, 104
ミリバンド，エド（Miliband, Ed） 375
ミリバンド，デヴィッド（Miliband, David） 375
ムーディ，ハロルド（Moody, Harold） 243
ムッソリーニ，ベニート（Mussolini, Benito） 241
メアリー1世（Queen Mary I） 41
メイヒュー，ヘンリー（Mayhew, Hen-

ry） 162, 172, 323
メージャー，ジョン（Major, John） 299
メーソン，デヴィッド（Mason, David） 196
メンデルスゾーン，フェリックス（Mendelssohn, Felix） 392
モイニハン，ダニエル・P（Moynihan, Daniel P.） 195, 197
モーズリー，オズワルド（Mosley, Oswald） 329
モッセ，ヴェルナー（Mosse, Werner） 398
モドゥード，タリク（Modood, Tariq） 246, 281
モンタギュー，エドウィン（Montagu, Edwin） 374
モンタギュー，サミュエル（Montagu, Samuel） 373
モンテフィオレ，モーゼス（Montefiore, Moses） 371
モンド，アルフレッド（Mond, Alfred） 374
モンド，ルードヴィヒ（Mond, Ludwig） 394

ラ　行

ライアン，ルイーズ（Ryan, Louise） 215, 252
ライト，イアン（Wright, Ian） 410
ラシュディ，サルマン（Rushdie, Salman） 246, 409
ラヒーリ，ショムパ（Lahiri, Shompa） 26, 175
ラムディン，ロン（Ramdin, Ron） 66
リース，アーノルド（Leese, Arnold） 319, 329
リーズ，リン・ホレン（Lees, Lynn Hollen） 85, 158, 162, 163, 207
リヴシン，ロザリン（Livshin, Rosalyn） 221
リチャードソン，ジョン・E（Richardson, John E.） 313
リッチ，ポール（Rich, Paul） 324
リッチモンド，アンソニー（Richmond, Anthony） 280, 337, 338
リッツ，セザール（Ritz, César） 396, 401
リップマン，V・D（Lipman, V. D.） 24, 129, 220
リトル，ケネス（Little, Kenneth） 152, 280
リヒター，ハンス（Richter, Hans） 395
リフキンド，マルコム（Rifkind, Malcolm） 375
リュプケ，フレデリック・C（Luebke, Frederick C.） 206, 207, 217
ルイ14世（Louis XIV） 45
ルイス，D・S（Lewis, D. S.） 304
ルイス，レオナ（Lewis, Leona） 407
ルー，リエン・ビク（Luu, Lien Bich） 42, 43
ルーゲ，アーノルド（Ruge, Arnold） 236
ルービンスタイン，W（ビル）・D（Rubinstein, W. D.） 24, 129, 160, 169, 222, 223, 385, 387, 436
ルービンスタイン，ヒラリー（Rubinstein, Hilary） 385, 387
ルカッセン，レオ（Lucassen, Leo） 14, 16, 127, 128, 131, 141, 142, 150, 159, 172, 431
レイヴェンシュタイン，E・G・（Ravenstein, E. G.） 78, 112
レイトン＝ヘンリー，ジグ（Layton-Henry, Zig） 286, 380
レイナー，クレア（Rayner, Claire） 223
レヴィ，アンドレア（Levy, Andrea） 31, 409
レーニン，ウラジミール・イリイチ（Lenin, Vladimir Illych） 92, 234

レックス，ジョン（Rex, John） 128, 131, 147, 172, 280, 290, 430
レディング卿（アイザックス，ルーファスを参照）（Reading, Lord（see Issacs, Rufus）） 374
レブゼルター，ギゼラ・C（Lebzelter, Gisela C.） 284, 319
レントゥル，J（Rentoul, J.） 304
ロー，ケネス（Lo, Kenneth） 404
ローズ，E・J・B（Rose, E. J. B.） 280
ローゼンバーグ，エドガー（Rosenberg, Edgar） 317
ローソン，ナイジェル（Lawson, Nigel） 223, 269, 375
ローマー，サックス（Rohmer, Sax） 322
ローレンス，スティーヴン（Lawrence, Stephen） 288, 291, 308, 341, 364, 377
ローレンス，ダニエル（Lawrence, Daniel） 338
ロシュ，T・W・E（Roche, T. W. E） 100
ロス，セシル（Roth, Cecil） 12, 24, 133, 283
ロスチャイルド，ライオネル・ド（Rothchild, Lionel de） 372, 394
ロッカー，ルドルフ（Rocker, Rudolf） 235
ロビンソン，ヴォーン（Robinson, Vaughan） 138
ロブソン，ポール（Robeson, Paul） 336, 407
ロンドン，ルイーズ（London, Louise） 79, 91, 102, 386

ワ 行

ワーブナー，プニーナ（Werbner, Pnina） 140, 148, 156, 231, 246, 247
ワームズ，ヘンリー・ド（Worms, Henry de） 374
ワトソン，ジェームズ・L（Watson, James L.） 109

文献一覧

※書籍については，現在日本国内で入手が比較的容易な翻訳がある場合のみ（一部，版の異なるものも含まれている），その情報を付記した

書籍およびパンフレット

Abbot, S., ed., *The Prevention of Racial Discrimination* (London, 1971).

Adams, Carole, ed., *Across Seven Seas and Thirteen Rivers : Life Stories of Pioneer Sylhetti Settlers in Britain* (London, 1987).

Adi, Hakim, *West Africans in Britain, 1900-1960 : Nationalism, Pan-Africanism and Communism* (London, 1998).

Ali, N., Kalra, V. S. and Sayyid, S., eds, *A Postcolonial People : South Asians in Britain* (London, 2006).

Alderman, Geoffrey, *The History of the Hendon Synagogue* (London, 1978).

Alderman, Geoffrey, *The Jewish Community in British Politics* (Oxford, 1983).

Alderman, Geoffrey, *London Jewry and London Politics, 1899-1986* (London, 1989).

Alderman, Geoffrey, *Modern British Jewry* (Oxford, 1992).

Alibai-Brown, Yasmin, *Who Do We Think We Are? Imagining the New Britain* (London, 2000).

Allan, Graham and Crow, Graham, *Families, Households and Society* (Basingstoke, 2001).

Allandina, Safder and Edwards, Viv, eds, *Multilingualism in the British Isles : The Older Tongues and Europe* (London, 1991).

Alter, Peter, ed., *Out of the Third Reich : Refugee Historians in Post-War Britain* (London, 1998).

Anderson, Benedict, *Imagined Communities : Reflections on the Origin and Spread of Nationalism* (London, 1991). ベネディクト・アンダーソン著，白石隆・白石さや訳『定本　想像の共同体――ナショナリズムの起源と流行』（書籍工房早山，2007年）

Anderson, Digby, *The English at Table* (London, 2006).

Ansari, Humayun, *'The Infidel Within' : Muslims in Britain Since 1800* (London, 2004).

Anthias, Floya, *Ethnicity, Class, Gender and Migration : Greek Cypriots in Britain* (Aldershot, 1992).

Anwar, Muhamad, *British Pakistanis : Demographic, Social and Economic Position* (Coventry, 1996). ムハンマド・アンワル著，佐久間孝正訳『イギリスの中のパキスタン――隔離化された生活の現実（世界人権問題叢書）』（明石書店，2002年）

Anwar, Muhamad, *The Myth of Return : Pakistanis in Britain* (London, 1979).

Anwar, Muhamad, Roach, Patrick and Sondhi, Ranjit, eds, *From Legislation to Integration? Race Relations in Britain* (London, 2000).

Arnold, C. J., *Roman Britain to Saxon England* (Bloomington, IN, 1984).
Arnstein, Walter L., *Protestant Versus Catholic in Mid-Victorian Britain* (London, 1982).
Ashton, Rosemary, *Little Germany: Exile and Asylum in Victorian England* (Oxford, 1986). ローズマリー・アシュトン著，的場昭弘監訳『ロンドンのドイツ人――ヴィクトリア期の英国におけるドイツ人亡命者たち』（御茶の水書房，2001年）
Atkin, Nicolas, *The Forgotten French: Exiles in the British Isles, 1940-44* (Manchester, 2003).
Back, Les, *New Ethnicities and Urban Culture: Racisms and Multiculture in Young Lives* (London, 1996).
Back, Les, Crabbe, Tim and Solomos, John, *The Changing Face of Football: Racism, Identity and Multiculture in the English Game* (Oxford, 2001)
Bade, Klaus J., ed., *Homo Migrans: Wanderungen aus und nach Deutschland: Erfahrungen und Fragen* (Essen, 1994).
Bade, Klaus J., ed., *Menschen über Grenzen: Grenzen über Menschen: Die Multikulturelle Herausforderung* (Herne, 1995).
Bade, Bade, Klaus J., *Migration in European History* (Oxford, 2003).
Bade, Klaus J., ed., *Population, Labour and Migration in 19th* and 20th Century Germany (Leamington Spa, 1987).
Baines, Dudley, *Emigration from Europe 1815-1930* (London, 1991).
Baldoli, Claudia, *Exporting Fascism: Italian Fascists and Britain's Italians in the 1930s* (Oxford, 2003).
Balkan, Elazar, *The Retreat of Scientific Racism: Changing Concepts of Race in Britain and the United States between the World Wars* (Cambridge, 1992).
Ball, Wendy and Solomos, John, eds, *Race and Local Politics* (Basingstoke, 1990).
Ballard, Roger, ed., *Desh Pradesh: The South Asian Presence in Britain* (London, 1994).
Banton, Michael, *The Coloured Quarter: Negro Immigrants in a British City* (London, 1955).
Banton, Michael, *Promoting Racial Harmony* (Cambridge, 1985).
Banton, Michael, *Race Relations* (London, 1967).
Banton, Michael, *Racial Theories*, 2nd edn (Cambridge, 1998).
Banton, Michael, *White and Coloured: The Behaviour of British People Towards Coloured Immigrants* (London, 1959).
Barnes, James J. and Patience P., *Nazis in Pre-War London, 1930-1939: The Fate and Role of German Party Members and British Sympathisers* (Brighton, 2005).
Baron, Salo W., *The Russian Jew Under Tsars and Soviets* (London, 1964).
Beasant, Walter, *East London* (London, 1903).
Beishon, Sharon, Modood, Tariq and Virdee, Satnam, *Ethnic Minority Families* (London, 1998).
Belchem, John, *Irish, Catholic and Scouse: The History of the Liverpool-Irish, 1800-1939* (Liverpool, 2007).

Belchem, John, ed., *Popular, Politics, Riot and Labour : Essays in Liverpool History, 1790–1940* (Liverpool, 1992).
Belchem, John and Tenfelde, Klaus, eds, *Irish and Polish Migration in Comparative Perspective* (Essen, 2003).
Bell-Fialkoff, Andrew, *Ethnic Cleansing* (Basingstoke, 1996).
Benewick, Robert, *The Fascist Movement in Britain* (London, 1972).
Bennet, Ronan, *Double Jeopardy : The Retrial of the Guildford Four* (London, 1993).
Benson, Susan, *Ambiguous Ethnicity : Interracial Families in London* (Cambridge, 1981).
Bentwich, Norman, *They Found Refuge : An Account of British Jewry's Work for the Victims of Nazi Oppression* (London, 1956).
Benyon, John, ed., *Scarman and After : Essays Reflecting on Lord Scarman's Report, the Riots and their Aftermath* (Oxford, 1984).
Benyon, John and Solomos, John, eds, *The Roots of Urban Unrest* (Oxford, 1987).
Berger, Stefan, Donovan, Mark and Passmore, Kevin, eds, *Writing National Histories : Western Europe Since 1800* (London, 1999).
Berghahn, Marion, *Continental Britons : German-Jewish Refugees from Nazi Germany* (Oxford, 1988).
Bermant, Chain, *Point of Arrival : A Study of London's East End* (London, 1975).
Best, Geoffrey, *Mid-Victorian Britain, 1851–1875* (London, 1971).
Bethnal Green and Stepney Trades Council, *Blood on the Streets* (London, 1978).
Bevan, Vaughan, *The Development of British Immigration Law* (London, 1986).
Bhachu, Parminder, *Dangerous Designs : Asian Women Fashion the Diaspora Economies* (London, 2004).
Bhachu, Parminder, *Twice Migrants : East African Sikh Settlers in Britain* (London, 1985).
Bielenberg, Andy, ed., *The Irish Diaspora* (London, 2000).
Billig, Michael, *Banal Nationalism* (London, 1995).
Billig, Michael, *Fascists : A Social Psychological Profile of the National Front* (London, 1978).
Bird, J. C., *Control of Enemy Alien Civilians in Great Britain, 1914–1918* (London, 1986).
Bird, Peter, *The First Food Empire : A History of J. Lyons & Co.* (Chichester, 2000).
Black, Eugene C., *The Social Politics of Anglo-Jewry, 1880–1920* (Oxford, 1988).
Blackbourn, David and Eley, Geoff, *The Peculiarities of German History : Bourgeois Society and the Politics of Nineteenth Century Germany* (Oxford, 1984).
Bloch, Alice, *The Migration and Settlement of Refugees in Britain* (Basingstoke, 2002).
Bloch Alice, and Levy, Carl, eds, *Refugees, Citizenship and Social Policy in Europe* (Basingstoke, 1999).
Bloom-Cooper, Louis, *The Birmingham Six and Other Cases : Victims of Circumstance*

(London, 1997).
Bolt, Christine, *Victorian Attitudes Towards Race* (London, 1971).
Bourne, Stephen, *Black in the British Frame : The Black Experience in British Film and Television* (London, 2001).
Bowling, Benjamin, *Violent Racism : Victimization, Policing and Social Context*, Revised edn (Oxford, 1999).
Braber, Ben, *Jews in Glasgow 1879-1939 : Immigration and Integration* (London, 2007).
Bradley, Joseph M., *Sport, Culture, Politics and Scottish Society : Irish Immigrants and the Gaelic Athletic Association* (Edinburgh, 1998).
Brah, Avtar, *Cartographies of Diaspora : Contesting Identities* (London, 1996).
Brandon, Ruth, *The People's Chef : Alexis Soyer, A Life in Seven Courses* (Chichester, 2005).
Braunthal, Julius, *History of the International, 1864-1914* (London, 1966).
Brenner, Michael and Reuvni, Gideon, eds, *Emancipation Through Muscles : Jews and Sports in Europe* (London, 2006).
Brettell, Caroline B. and Hollifield, James F., eds, *Migration Theory : Talking Across Disciplines* (London, 2000).
Briggs, Asa, *The Age of Improvement, 1783-1867* (London, 1959).
Brown, Andy R., *Political Languages of Race and the Politics of Exclusion* (Aldershot, 1999).
Brubaker, Rogers, *Citizenship and Nationhood in France and Germany* (Cambridge, MA, 1992). ロジャース・ブルベイカー著，佐藤成基・佐々木てる監訳『フランスとドイツの国籍とネーション』（明石書店，2005年）
Bruce, Steve, *Religion in Modern Britain* (Oxford, 1995).
Buckman, Joseph, *Immigrants and the Class Struggle : The Jewish Immigrant in Leeds, 1880-1914* (Manchester, 1983).
Burn, W. L., *The Age of Equipoise : A Study of the Mid-Victorian Generation* (London, 1964).
Burrell, Kathy, *Moving Lives : Narratives of Nation and Migration among Europeans in Post-War Britain* (Aldershot, 2006).
Burrell, Kathy, ed., *Polish Migration to the UK in the 'New' Europe After 2004* (Farnham, 2009).
Burrell, Kathy and Panayi, Panikos, eds, *Histories and Memories : Migrants and their History in Britain* (London, 2006).
Bush, Barbara, *Imperialism, Race and Resistance : Africa and Britain* (London, 1999).
Butterfield, Herbert, *The Whig Interpretation of History* (London, 1965).
Brown, Colin, *Black and White Britain : The Third PSI Survey* (Aldershot, 1984).
Burton, David, *The Raj at Table : A Culinary History of the British in India* (London, 1993).
Byron, Margaret, *Post-War Caribbean Migration to Britain : The Unfinished Cycle* (Al-

dershot, 1994).

Cahalan, Peter, *Belgian Refugee Relief in England during the Great War* (New York, 1982).

Campbell, A. B., *The Lanarkshire Miners* (Edinburgh, 1979).

Cambridge, Alrick X. and Feuchtwang, Stephen, *Antiracist Strategies* (Aldershot, 1990).

Cannadine, David, *Class in Britain* (London, 1998). デヴィッド・キャナダイン著，平田雅博・吉田正弘訳『イギリスの階級社会』（日本経済評論社，2008年）

Cantle, Ted, *Community Cohesion : A New Framework for Race and Diversity* (Basingstoke, 2005).

Cashmore, Ernest, *Black Sportsmen* (London, 1982).

Cashmore, Ernest, *Rastaman : The Rastafarian Movement in England* (London, 1979).

Castles, Stephen, et. al, *Here for Good : Western Europe's New Ethnic Minorities* (London, 1984).

Castles, Stephen and Kosack, Godula, *Immigrant Workers and Class Structure into Western Europe* (London, 1973).

Castles, Stephen, and Miller, Mark J., *The Age of Migration : International Population Movements in the Modern World*, 3rd edn (Basingstoke, 2003). S. カースルズ・M. J. ミラー著，関根政美・関根薫訳『国際移民の時代（第４版）』（名古屋大学出版会，2011年）

Cathcart, Brian, *The Case of Stephen Lawrence* (London, 1999).

Centre for Contemporary Cultural Studies, ed., *The Empire Strikes Back : Race and Racism in Contemporary Britain* (London, 1982).

Cesarani, David, *The Jewish Chronicle and Anglo-Jewry, 1841-1991* (Cambridge, 1994).

Cesarani, David, *Justice Delayed : How Britain Became a Refuge for Nazi War Criminals* (London, 1992).

Cesarani, David, ed., *The Making of Modern Anglo-Jewry* (Oxford, 1990).

Cesarani, David and Kushner, Tony, eds, *The Internment of Aliens in Twentieth Century Britain* (London, 1993).

Chamberlain, Mary, *Narratives of Exile and Return* (London, 1997).

Chakraborti, Neil and Garland, Jon, eds, *Rural Racism* (Cullompton, 2004).

Chapman, Stanley D., *The Rise of Merchant Banking* (London, 1984).

Chapman, James, *The British at War : Cinema, State and Propaganda 1939-45* (London, 1998).

Chappell, Connery, *Island of Barbed Wire : Internment on the Isle of Man in World War Two* (London, 1986).

Cheles, Luciano, Ferguson, Ronnie and Vaughan, Michalina, eds, *The Far Right in Western and Eastern Europe*, 2nd edn. (London, 1995).

Chessum, Lorna, *From Immigrants to Ethnic Minority : Making Black Community in Britain* (Aldershot, 2000).

Cheyette, Bryan, *Constructions of 'the Jew' in English Literature and Society* (Cambridge, 1993).
Cheyette, Bryan, ed., *Contemporary Jewish Writing in Britain and Ireland : An Anthology* (London, 1998).
Clarke, Colin, Peach, Ceri and Vertovec, Steven, eds, *South Asians Overseas : Migration and Ethnicity* (Cambridge, 1990).
Clebert, Jean-Paul, *The Gypsies* (London, 1964).
Coard, Bernard, *How the West Indian Child is Made Educationally Subnormal in the British School System : The Scandal of the Black Child in Schools in Britain* (London, 1971).
Cohen, Louise and Mansion, Lawrence, *Multicultural Classrooms* (London, 1985).
Cohen, Mark R., *Under Crescent and Cross : The Jews in the Middle Ages* (Princeton, 1994).
Cohen, Philip and Baines, Harwant S., eds, *Multi-Racist Britain* (London, 1988).
Cohen, Robin, *Global Diasporas : An Introduction* (Abingdon, 1999). ロビン・コーエン著，駒井洋訳『新版　グローバル・ディアスポラ』（明石書店，2012年）
Cohen, Robin, *Frontiers of Identity : The British and the Others* (Harlow, 1994).
Cohen, Robin, *Migration and Its Enemies : Global Capital, Migrant Labour and the Nation State* (Aldershot, 2006).
Cohen, Stuart A., *English Zionists and British Jews : The Communal Politics of Anglo-Jewry, 1895-1920* (Princeton, 1982).
Cole, G. D. H., and Postgate, Raymond, *The Common People* (London, 1938).
Coleman, D. A., ed., *Demography of Immigrant and Minority Groups* (London, 1982).
Coleman, David and Salt, John, eds, *Ethnicity in the 1991 Census*, vol. 1, *Demographic Characteristics of the Ethnic Minority Population* (London, 1996).
Colley, Linda, *Britons : Forging the Nation, 1707-1837* (London, 1994). リンダ・コリー著，川北稔監訳『イギリス国民の誕生』（名古屋大学出版会，2000年）
Collingham, Lizzie, *Curry : A Biography* (London, 2005).
Collins, Kenneth E., *Second City Jewry : The Jews of Glasgow in the Age of Enterprise, 1790-1919* (Glasgow, 1990).
Colls, Robert, *Identity of England* (Oxford, 2002).
Colpi, Terri, *The Italian Factor : The Italian Community in Great Britain* (Edinburgh, 1991).
Colvin, Ian, *The Germans in England, 1066-1598* (London, 1915).
Constantinides, Michael, *The Greek Orthodox Church in London* (Oxford, 1933).
Conway, Martin and Gotovich, José, eds, *Europe in Exile : European Exile Communities in Britain, 1940-45* (Oxford, 2001).
Conzen, Kathleen Neils, *Immigrant Milwaukee, 1836-1860 : Accommodation in a Frontier City* (London, 1976).
Cook, C. and McKie, D., eds, *The Decline of Disillusionment : British Politics in the*

1960s (London, 1972).

Coogan, Tim Pat, *The IRA*, 2nd edn. (London, 1994).

Cooper, John, *Pride Versus Prejudice : Jewish Doctors and Lawyers in England, 1890-1990* (Oxford, 2003).

Copsey, Nigel, *Contemporary British Fascism : The British National Party and the Quest for Legitimacy* (Basingstoke, 2004).

Cottrett, B. J., *The Huguenots in England : Immigration and Settlement, c1550-1700* (Cambridge, 1992).

Cowen, Ruth, *Relish : The Extraordinary Life of Alexis Soyer, Victorian Celebrity Chef* (London, 2006).

Crafts, Nicholas, Gazeley, Ian and Newell, Andrew, eds, *Work and Pay in Twentieth Century Britain* (Oxford, 2007).

Cronin, Mike, ed., *The Failure of British Fascism : The Far Right and the Fight for Political Recognition* (Basingstoke, 1996).

Cronin, Mike, *Sport and Nationalism in Ireland : Gaelic Games, Soccer and Irish Identity Since 1884* (Dublin, 1999).

Cronin, Mike and Adair, Daryl, *The Wearing the Green : A History of St Patrick's Day* (London, 2002).

Cross, Colin, *The Fascists in Britain* (London, 1961).

Crowhurst, Basil, *A History of the British Ice Cream Industry* (Westerham, 2000).

Cunningham, William, *Alien Immigrants in Britain* (London, 1897).

Currah, Anne, *Chef to Queen Victoria : The Recipes of Charles Elmé Francatelli* (London, 1973).

Curtis, L. P., *Anglo-Saxons and Celts* (New York, 1968)

Curtis, L. P., *Apes and Angels : The Irishman in Victorian Caricature* (Newton Abbot, 1971).

Dabydeen, David., ed., *The Black Presence in English Literature* (Manchester, 1985).

Dalglish, Carol, *Refugees from Vietnam* (London, 1989).

Daniel, W. W., *Racial Discrimination in England* (Harmondsworth, 1968).

Davis, Graham, *The Irish in Britain, 1815-1914* (Dublin, 1991).

Davison, R. B., *Black British Immigrants to England* (London, 1966).

Daye, Sharon J., *Middle Class Blacks in Britain : A Racial Fraction of a Class Group or a Class Fraction of a Racial Group* (Basingstoke, 1994).

Deakin, Nicholas, ed., *Colour and the British Electorate : Six Case Studies* (London, 1965).

Debrunner, Hans Werner, *Presence and Prestige : Africans in Europe : A History of Africans in Europe Before 1918* (Basel, 1979).

Delaney, Enda, *Demography, State and Society : Irish Migration to Britain, 1921-1971* (Liverpool, 2000).

Delaney, Enda, *The Irish in Post-War Britain* (Oxford, 2007).

Dench, Geoff, *Maltese in London : A Case Study in the Erosion of Ethnic Consciousness* (London, 1975).
Dench, Geoff, Gavron, Kate and Young, Michael, *The New East End : Kinship, Race and Conflict* (London, 2006).
Denvir, John, *The Irish in Britain* (London, 1892).
Desai, Rashmi, *Indian Immigrants in Britain* (London, 1963).
Devine, T. M., ed., *Irish Immigrants and Scottish Cities in the Nineteenth and Twentieth Centuries* (Edinburgh, 1991).
Diamond, Michael, *Lesser Breeds : Racial Attitudes in Popular British Culture, 1890–1940* (London, 2006).
Dictionary of Business Biography (London, 1985).
Din, Ikhlaq, *The New British : The Impact of Culture and Community on Young Pakistanis* (Aldershot, 2006).
Dobson, R. B., *The Jews of Medieval York and the Massacre of March 1190* (York, 1974).
Dorgeel, Heinrich, *Die Deutsche Colonie in London* (London, 1881).
Dove, Richard, ed., *'Totally un-English?' Britain's Internment of 'Enemy Aliens' in Two World Wars* (Amsterdam, 2005).
Dummett, Michael, *On Immigrants and Refugees* (London, 2001).
Durant, John and Miller, Jonathan, eds, *Laughing Matters : A Serious Look at Humour* (London, 1988).
Dyos, H. J. and Wolff, M., eds, *The Victorian City : Images and Realities* (London, 1973).
Eade, John, *Placing London : From Imperial Capital to Global City* (Oxford, 2000).
Endelman, Todd M., *The Jews of Britain, 1656–2000* (London, 2002).
Endelman, Todd M., *The Jews of Georgian England : Tradition and Change in a Liberal Society* (Philadephia, PA, 1979).
Endelman, Todd M., *Radical Assimilation in English Jewish History, 1656–1945* (Bloomington and Indianapolis, 1990).
Endelman, Todd M., and Kushner, Tony, eds, *Disreali's Jewishness* (London, 2002).
Engels, Friedrich, *The Condition of the Working-Class in England* (originally 1845; Moscow, 1973). フリードリヒ・エンゲルス著，浜林正夫訳『イギリスにおける労働者階級の状態〈上〉〈下〉(科学的社会主義の古典選書)』(新日本出版社，2000年)
Epstein, James and Thompson, Dorothy, eds, *The Chartist Experience : Studies in Working-Class Radicalism and Culture, 1830–1960* (London, 1982).
Erickson, Charlotte, *Leaving England : Essays on British Emigration in the Nineteenth Century* (London, 1994).
Ethnic Communities Oral History Project, *Asian Voices : Life-Stories from the Indian Sub-Continent* (London, 1993).
Ethnic Communities Oral History Project, *The Motherland Calls : African Caribbean Experiences* (London, 1992).
Ethnic Communities Oral History Project, *Passport to Exile : The Polish Way to Lon-*

don (London, 1988).

Ethnic Communities Oral History Project, *Xeni : Greek Cypriots in London* (London, 1990).

Fahrmeier, Andreas, *Citizens and Aliens : Foreigners and the Law in Britain and the German States, 1789-1870* (Oxford, 2000).

Faucher, Leon M., *Manchester in 1844 : Its Present Condition and Future Prospects* (London, 1844).

Favell, Adrian, *Eurostars and Eurocities : Free Movement and Mobility in an Integrating Europpe* (Oxford, 2008).

Favell, Adrian, *Philosophies of Integration : Immigrants and the Idea of Citizenship in France and Britain*, 2nd edn. (Basingstoke, 2001).

Feldman, David, *Englishmen and Jews : Social Relations and Political Culture, 1840-1914* (London, 1994).

Ferguson, Niall, *The House of Rothschild*, Two Volumes (London, 2000).

Ferguson, Priscilla Parkhurst, *Accounting for Taste : The Triumph of French Cuisine* (London, 2004).

Finestein, Israel, *Jewish Society in Victorian England : Collected Essays* (London, 1993).

Finnegan, Frances, *Poverty and Prejudice : A Study of Irish Immigrants in York, 1840-1875* (Cork, 1982).

Finney, Nissa and Simpson, Ludi, *'Sleepwalking to Segregation?' Challenging Myths About Race and Immigration* (Bristol, 2009).

Fisher, Michael H., *Counterflows to Colonialism : Indian Travellers and Settlers in Britain, 1600-1857* (Delhi, 2004).

Fisher, Michael H., Lahiri, Shompa and Thandi, Shinder, *A South Asian History of Britain* (Oxford, 2007).

Fishman, William J., *East End Jewish Radicals, 1875-1914* (London, 1975).

Fitzgerald, Martin, *Political Parties and Black People : Participation, Representation and Exploitation* (London, 1984).

Fitzpatrick, David, *Irish Emigration, 1801-1921* (Dublin, 1984).

Foot, Paul, *Immigration and Race in British Politics* (Harmondsworth, 1965).

Forte, Charles, *Forte : The Autobiography of Charles Forte* (London, 1986).

Fortier, Anne Marie, *Migrant Belongings : Memory, Space, Identity* (Oxford, 2000).

Fraser, Angus, *The Gypsies* (Oxford, 1992).

Frost, Diane, ed., *Ethnic Labour and British Imperial Trade : A History of Ethnic Seafearers in the UK* (London, 1995).

Frost, Diane, *Work and Community Among West African Migrant Workers Since the Nineteenth Century* (Liverpool, 1999).

Freitag, Sabine, ed., *Exiles from European Revolutions. Refugees in Mid-Victorian England* (Oxford, 2003).

Fryer, Peter, *Staying Power : The History of Black People in Britain* (London, 1984).

Fry, Geoffrey K., *The Growth of Government : The Development of Ideas about the Role of the State and the Machinery and Functions of Government in Britain Since 1780* (London, 1979).
Fukuyama, Francis, *The End of History and the Last Man* (London, 1992). フランシス・フクヤマ著，渡部昇一訳『歴史の終わり〈上〉〈下〉(新装版)』(三笠書房，2005年)
Gabaccia, Donna R., *Italy's Many Diasporas* (London, 2000).
Gainer, Bernard, *The Alien Invasion : The Origins of the Aliens Act of 1905* (London, 1972).
Gallagher, Tom, *Edinburgh Divided : John Cormack and No Popery in the 1930s* (Edinburgh, 1987).
Gallagher, Tom, *The Uneasy Peace : Religious Tension in Modern Glasgow, 1819-1940* (Manchester, 1987).
Garbaye, Roman, *Getting into Local Power : The Politics of Ethnic Minorities in British and French Cities* (Oxford, 2005).
Gardner, Katy, *Age, Narrative and Migration : The Life Course of Bengali Elders in London* (Oxford, 2002).
Garrard, John A., *The English and Immigration, 1880-1910* (London, 1971).
Gartner, Lloyd P., *The Jewish Immigrant in England, 1870-1914* (London, 1960).
Gay, Ruth, *Safe Among the Germans : Liberated Jews After World War II* (London, 2002).
Geiss, Immanuel, *The Pan-African Movement* (London, 1974).
George, Dorothy M., *London Life in the Eighteenth Century* (London, 1979 reprint).
Ghosh, Durba, *Sex and the Family in Colonial India : The Making of Empire* (Cambridge, 2006).
Gibson, Andrew, and Kerr, Joe, eds, *London from Punk to Blair* (London, 2003).
Gillborn, David, *Racism and Antiracism in Schools* (Buckingham, 2000).
Gillman, Peter and Leni, *'Collar the Lot' : How Britain Interned and Expelled Its Wartime Refugees* (London, 1980).
Gilroy, Paul, *The Black Atlantic : Modernity and Double Consciousness* (London, 1993). ポール・ギルロイ著，上野俊哉・鈴木慎一郎・毛利嘉孝訳『ブラック・アトランティック――近代性と二重意識』(月曜社，2006年)
Gilroy, Paul, *There Ain't No Black in the Union Jack : The Cultural Politics of Race and Nation* (London, 1987).
Glass, D. V., *Population Policies and Movements in Europe* (London, 1940).
Glass, Ruth, *Newcomers : The West Indians in London* (London, 1960).
Glazier, Ira D. and Roza, Luigi De, eds, *Migration Across Time and Nations : Population Mobility in Historical Context* (London, 1986).
Glazier, Nathan and Moynihan, Daniel P., eds, *Ethnicity : Theory and Experience* (Cambridge, MA, 1975). N. グレイザー・D. P. モイニハン著，内山秀夫訳『民族とアイデンティティ』(三嶺書房，1984年)

Glees, Anthony, *Exile Politics during the Second World War: The German Social Democrats in Britain* (Oxford, 1982).
Godley, Andrew, *Jewish Immigrant Entrepreneurship in New York and London, 1880-1914: Enterprise and Culture* (Basingstoke, 2001).
Goffart, Walter, *Barbarian Tides: The Migration Age and the Later Roman Empire* (Philadelphia, PA, 2006).
Goodman, Paul, *Zionism in England, 1899-1949* (London, 1949).
Goose, Nigel and Luu, Lien Bich, eds, *Immigrants in Tudor and Early Stuart England* (Brighton, 2005).
Gordon, Paul, *White Law: Racism in the Police, Courts and Prisons* (London, 1983).
Goulbourne, Harry, ed., *Black Politics in Britain* (Aldershot, 1990).
Goulbourne, Harry, *Caribbean Transnational Experiences* (London, 2002).
Goulbourne, Harry, *Ethnicity and Nationalism in Post-Imperial Britain* (Cambridge, 1991).
Goulbourne, Harry, *Race Relations in Britain Since 1945* (Basingstoke, 1998).
Goulding, Brian, *Conquest and Colonization: The Normans in Britain, 1066-1100* (London, 1994).
Graham, David, *Secular or Religious: The Outlook for London's Jews* (London, 2003).
Graham, David, Schmool, Marlena and Waterman, Stanley, *Jews in Britain: A Snapshot from the 2001 Census* (London, 2007).
Graves, Robert, *Goodbye to All That* (Harmondsworth, 1985).
Green, Jeffrey, *Black Edwardians: Black People in Britain, 1901-1914* (London, 1998).
Guindi, Fadwa El, *Veil: Modernity, Privacy and Resistance* (Oxford, 1999).
Gundara, Jagdish S., Jones, Crispin and Kimberley, Keith, eds, *Racism, Education and Diversity* (London, 1896).
Gundara, Jagdish S., and Duffield, Ian, eds, *Essays on the History of Blacks in Britain* (Aldershot, 1992).
Gwynn, Robin D., *Huguenot Heritage: The History and Contribution of the Huguenots in Britain* (London, 1988).
Habib, Imtiaz, *Black Lives in the English Archives, 1500-1677: Imprints of the Invisible* (Aldershot, 2008).
Hain, Peter, Kettle, Martin, Campbell, Duncan and Rollo, Joanna, eds, *Policing the Police*, Vol. 2 (London, 1980).
Hall, Stuart, Critcher, Chas, Jefferson, Tony, Clarke, John and Roberts, Brian, *Policing the Crisis: Mugging, the State and Law and Order* (Basingstoke, 1978).
Hall, Stuart and du Gay, Paul, eds, *Questions of Cultural Identity* (London, 1996). スチュアート・ホール編，林完枝・松畑強著，宇波彰監訳『カルチュラル・アイデンティティの諸問題――誰がアイデンティティを必要とするのか？』（大村書店，2000年）
Halliday, Fred, *Arabs in Exile: Yemeni Migrants in Urban Britain* (London, 1992).
Hammond, J. L. and L. B., *The Skilled Labourer, 1760-1832* (London, 1919).

Hampshire, James, *Citizenship and Belonging: Immigration and the Politics of Demographic Governance in Post-war Britain* (Basingstoke, 2005).

Handley, J. E., *The Irish in Scotland, 1798-1845* (Cork, 1943).

Handley, J. E., *The Irish in Modern Scotland* (Cork, 1947).

Handlin, Oscar, *The Uprooted: The Epic Story of the Great Migration that Made the American Peoples*, 2nd edn (Boston, MA, 1973).

Hansen, Randall, *Citizenship and Immigration in Post-War Britain* (Oxford, 2000).

Harris, R. G. and Wilson, H. R. G., *The Irish Regiments, 1683-1999* (Staplehurst, 1999).

Harris, Ruth-Ann, *The Nearest Place that Wasn't Ireland: Early Nineteenth Century Irish Labour Migration* (Ames, IO, 1994).

Harrison, Malcolm, Phillips, Deborah, Chahal, Kusminder, Hunt, Lisa and Perry, John, *Housing, 'Race' and Community Cohesion* (Coventry, 2005).

Hartmann, Paul and Husband, Charles, *Racism and the Mass Media* (London, 1974).

Haskey, John, Kiernan, Kathleen, Morgan, Patricia and David, Miriam E., *The Fragmenting Family: Does it Matter?* (London, 1998).

Haste, Cate, *Keep the Home Fires Burning* (London, 1977).

Hatton, Timothy J., and Williamson, Jeffrey G., *The Age of Mass Migration: Causes and Economic Impact* (Oxford, 1998).

Hatton, Timothy J., and Williamson, Jeffrey G., eds, *Migration and the International Labour Market* (London, 1994).

Heineman Jr., Benjamin W., *The Politics of the Powerless: A Study of the Campaign Against Racism and Discrimination* (London, 1972).

Heinrick, Hugh, *A Survey of the Irish in England* (London, 1872).

Helweg, Arthur Wesley, *Sikhs in England: The Development of a Migrant Community* (Oxford, 1979).

Hennesy, Peter, *Whitehall* (London, 1990).

Hennings, C. R., *Deutsche in England* (Stuttgart, 1923).

Henriques, Ursula, *The Jews of South Wales: Historical Studies* (Cardiff, 1993).

Hepple, Bob, *Race, Jobs and the Law in Britain*, 2nd edn (Harmondsworth, 1970).

Herberg, Will, *Protestant-Catholic-Jew: An Essay in American Religious Sociology* (Chicago, 1983).

Herbert, Ulrich, *A History of Foreign Labour in Germany, 1880-1980: Seasonal Workers/ Forced Laborers/ Guest Workers* (Ann Arbor, MI, 1990).

Hewitt, Martin, ed., *An Age of Equipoise? Reassessing Mid-Victorian Britain* (Aldershot, 2000).

Hickman, Mary, *Religion, Class and Identity: The State, the Catholic Church and the Education of the Irish in Britain* (Aldershot, 1994).

Hickman, Mary and Walter, Bronwen, *Discrimination and the Irish Community in Britain* (London, 1997).

Higham, Nicholas J., *Rome, Britain and the Anglo-Saxons* (London, 1992).

Higham, Nicholas J., *The Norman Conquest* (Stroud, 1998).
Hill, Clifford S., *How Colour Prejudiced is Britain?* (London, 1971).
Hills, Catherine, *Origins of the English* (London, 2003).
Hinde, Wendy, *Catholic Emancipation : A Shake to Men's Minds* (Oxford, 1992).
Hiro, Dilip, *Black British White British* (London, 1971).
Hirschfeld, Gerhard, ed., *Exile in Great Britain : Refugees from Hitler's Germany* (Leamington Spa, 1984).
Hobsbawm, Eric, *Age of Extremes : A Short History of the Twentieth Century* (London, 1994). エリック・ホブズボーム著，河合秀和訳『20世紀の歴史――極端な時代〈上巻〉〈下巻〉』(三省堂，1996年)
Hoerder, Dirk, *Labor Migration in the Atlantic Economies : The European and North American Working Classes during the Period of Industrialization* (London, 1985).
Hoerder Dirk, and Moch, Leslie Page, eds, *European Migrants : Global and Local Perspectives* (Boston, MA, 1996).
Holmes, Colin, *Anti-Semitism in British Society, 1876-1939* (London, 1979).
Holmes, Colin, ed., *Immigrants and Minorities in British Society* (London, 1978).
Holmes, Colin, *John Bull's Island : Immigration and British Society, 1871-1971* (Basingstoke, 1988).
Holmes, Colin, *A Tolerant Country? Immigrants, Refugees and Minorities in Britain* (London, 1991).
Honeyford, Ray, *The Commission for Racial Equality : British Bureaucracy and the Multicultural Society* (London, 1998).
Horne, John and Kramer, Alan, *German Atrocities, 1914 : A History of Denial* (London, 2001).
Honrsby-Smith, Michael P., *Roman-Catholics in England : Studies in Social Structure since the Second World War* (Cambridge, 1987).
Hood, Roger, *Race and Sentencing : A Study in the Crown Court* (Oxford, 1992).
Hughes, Colin, *Lime, Lemon and Sarsaparilla : The Italian Community in Wales, 1881-1945* (Bridgend, 1991).
Husband, Charles, ed., *'Race' in Britain : Continuity and Change* (London, 1987).
Husbands, Christopher T., *Racial Exclusionism and the City : The Urban Support of the National Front* (London, 1983).
Hussain, Yasmin, *Writing Diaspora : South Asian Women, Culture and Ethnicity* (Aldershot, 2005).
Huttman, E. D., Blanco, W. E., and Saltman, S., eds, *Urban Housing : Segregation of Minorities in Western Europe and the United States* (London, 1991).
Hyamson, A. M., *The History of the Jews in England* (London, 1908).
Iglicka, Krystyna, *Poland's Post-War Dynamic of Migration* (Aldershot, 2001).
Institute of Race Relations, *Deadly Silence : Black Deaths in Custody* (London, 1991).
Isaac, Julius, *British Post-War Migration* (Cambridge, 1954).

Jackson, J. A., *The Irish in Britain* (London, 1963).
Jackson, Peter, ed., *Race and Racism : Essays in Social Geography* (London, 1987).
Jackson, Robert and Nesbitt, Eleanor, *Hindu Children in Britain* (Stoke-on-Trent, 1993).
James, Edward, *Britain in the First Millennium* (London, 2001).
James, Harold, *A German Identity : 1770 to the Present Day* (London, 1994).
James, Kenneth, *Escoffier : King of Chefs* (London, 2002).
James, Simon, *The Atlantic Celts : Ancient People or Modern Invention?* (London, 1999).
James, Winston and Harris, Clive, eds, *Inside Babylon : The Caribbean Diaspora in Britain* (London, 1993).
Jarvie, Grant, ed., *Sport, Racism and Ethnicity* (London, 1991).
Jenkins, Richard, and Solomos, John, eds, *Racism and Equal Opportunity Policies in the 1980s* (Cambridge, 1993)
Jewish Year Book, 1903-4 (London, 1903).
Johnson, Linton Kwesi, *Mi Revalueshanary Fren : Selected Poems* (London, 2002).
Joint Council for the Welfare of Immigrants, *Target Caribbean : The Rise in Visitor Refusals from the Caribbean* (London, 1990).
Joly, Danièle, *Britannia's Crescent : Making a Place for Muslims in British Society* (Aldershot, 1995).
Joly, Danièle, *Haven or Hell? Asylum Policies and Refugees in Europe* (London, 1996).
Jones, Catherine, *Immigration and Social Policy in Britain* (London, 1977).
Jordan, Bill and Düvell, Franck, *Irregular Migration : The Dilemmas of Transnational Mobility* (Cheltenham, 2002).
Joshua, Harris, Wallace, Tina and Booth, Heather, *To Ride the Storm : The 1980 Bristol 'Riot' and the State* (London, 1983).
Kadish, Sharman, *'A Good Jew and a Good Englishman' : The Jewish Lads' and Girls' Brigade, 1895-1995* (London, 1995).
Kassimeris, Christos, *European Football in Black and White : Tackling Racism in Football* (Plymouth, 2008).
Katz, David S., *The Jews in the History of England, 1485-1850* (Oxford, 1994).
Kay, Billy, ed., *Odyssey : Voices from Scotland's Recent Past* (Edinburgh, 1982).
Kay, Diana, and Miles, Robert, *Refugees or Migrant Workers? European Volunteer Workers in Britain* (London, 1992).
Kershen, Anne J., ed., *Food in the Migrant Experience* (Aldershot, 2002).
Kershen, Anne J., ed., *Language, Labour and Migration* (Aldershot, 2000).
Kershen, Anne J., ed., *The Promised Land : The Migrant Experience in a Capital City* (Aldershot, 1997).
Kershen, Anne J., ed., *A Question of Identity* (Aldershot, 1998).
Kershen, Anne J., *Strangers, Aliens and Asians : Huguenots, Jews and Bangladeshis in Spitalfields, 1660-2000* (London, 2005).

Kershen, Anne J., *Uniting the Tailors : Trade Unionism Amongst the Tailors of London and Leeds, 1870-1939* (London, 1995).

Khan, Yasmin, *The Great Partition : The Making of India and Pakistan* (London, 2007).

Killingray, David, ed., *Africans in Britain* (London, 1993).

Kirchberger, Ulrike, *Aspekte deutsch-britischer Expansion : Die Überseeinteressen der deutschen Migranten in Großbritannien in der Mitte des 19. Jahrhunderts* (Stuttgart, 1999).

Kirk, Neville, *Change, Continuity and Class : Labour in British Society, 1850-1920* (Manchester, 1998).

Kirkham, Pat and Thumin, Janet, eds, *You Tarzan : Masculinity, Movies and Men* (London, 1993).

Kochan, Miriam, *Britain's Internees in the Second World War* (London, 1983).

Kohn, Marek, *Dope Girls : The Birth of the British Drug Underground* (London, 1992).

Kölnisches Stadtmuseum, ed., *Hanse in Europa : Brücke zwischen den Märkten 12.-17. Jahrhundert* (Cologne, 1973).

Knodel, John E., *The Decline of Fertility in Germany, 1871-1939* (Princeton, 1974).

Konigh, Michael de and Griffiths, Marc, *Tighten Up : The History of Reggae in the UK* (London, 2003).

Kosmin, Barry A., and Levy, Caren, *The Work and Employment of Suburban Jews : The Socio-Economic Findings of the 1978 Redbridge Jewish Survey* (London, 1981).

Krausz, Ernest, *Leeds Jewry : Its History and Social Structure* (Cambridge, 1964).

Kuepper, William G, Lackey, G. Lynne and Swinerton, E. Nelson, *Ugandan Asians in Great Britain : Forced Migration and Social Absorption* (London, 1975).

Kulischer, Eugene, *Europe on the Move : War and Population Changes, 1917-1947* (New York, 1948).

Kundnani, Arun, *The End of Tolerance : Racism in the 21st* Century (London, 2007).

Kushner, Tony, ed., *The Jewish Heritage in British History : Englishness and Jewishness* (London, 1992).

Kushner, Tony, *The Persistence of Prejudice : Anti-Semitism in British Society during the Second World War* (Manchester, 1989).

Kushner, Tony, *Remembering Refugees : Then and Now* (Manchester, 2006).

Kushner, Tony, *We Europeans? Mass Observation, 'Race' and British Identity in the Twentieth Century* (Aldershot, 2004).

Kushner, Tony and Knox, Katherine, *Refugees in an Age of Genocide : Global, National and Local Perspectives During the Twentieth Century* (London, 1999).

Kushner, Tony and Lunn, Kenneth, eds, *The Politics of Marginality : Race, the Radical Right and Minorities in Twentieth Century Britain* (London, 1990).

Kushner, Tony and Lunn, Kenneth, eds, *Traditions of Intolerance : Historical Perspectives on Fascism and Race Discourse in Britain* (Manchester, 1989).

Kushner, Tony and Valman, Nadia, eds, *Remembering Cable Street : Fascism and Anti*

-*Fascism in British Society* (London, 2000).
Lafitte, François, *The Internment of Aliens* (London, 1988).
Lahiri, Shompa, *Indians in Britain : Anglo-Indian Encounters, Race and Identity, 1880-1930* (London, 2000).
Lane, Thomas, *Victims of Stalin and Hitler : The Exodus of Poles and Balts to Britain* (Basingstoke, 2004).
Lanfranchi, Pierre and Taylor, Matthew, *Moving with the Ball : The Migration of Professional Footballers* (Oxford, 2001).
Lattek, Christine, *Revolutionary Refugees : German Socialism in Britain, 1840-1860* (London, 2006).
Lawless, Richard I., *From Ta'izz to Tyneside : An Arab Community in the North-East of England during the Early Twentieth Century* (Exter, 1995).
Lawrence, Daniel, *Black Migrants, White Natives : A Study of Race Relations in Nottingham* (Cambridge, 1974).
Layton-Henry, Zig, *The Politics of Immigration* (Oxford, 1992).
Layton-Henry, Zig and Rich, Paul B., eds, *Race, Government and Politics in Britain* (Basingstoke, 1986).
Lee, A. Robert, ed., *Other Britain, Other British : Contemporary Multicultural Fiction* (London, 1995).
Lees, Lynn Hollen, *Exiles of Erin : Irish Immigrants in Victorian London* (Manchester, 1979).
Legarreta, Dorothy, *The Guernica Generation : Basque Refugee Children of the Spanish Civil War* (Reno, NV, 1984).
Lewis, D. S., *Illusions of Grandeur : Mosley, Fascism and British Society, 1931-81* (Manchester, 1987).
Lewis, Philip, *Islamic Britain : Religion, Politics and Identity among British Muslims* (London, 2002).
Liedtke, Rainer and Wendehorst, Stephan, eds, *The Emancipation of Catholics, Jews and Protestants : Minorities and the Nation State in Nineteenth Century Europe* (Manchester, 1999).
Lilly, Mark, *The National Council for Civil Liberties : The First Fifty Years* (London, 1984).
Linehan, Thomas P., *British Fascism, 1918-1939 : Parties, Ideology and Culture* (Manchester, 2000).
Lingelbach, W. E., *The Merchant Adventurers of England : Their Laws and Ordinances* (Philadelphia, 1902).
Lipman, V. D., *A History of the Jews in Britain Since 1858* (Leicester, 1990).
Lipman, V. D., *A Social History of the Jews in England, 1850-1950* (London, 1954).
Lipman, V. D., ed., *Three Centuries of Anglo-Jewish History* (London, 1961).
Little, Kenneth, *Negroes in Britain* (London, 1972).

Littler, Jo and Naidoo, Roshi, eds, *The Politics of Heritage : The Legacies of Race* (London, 2005).

Livi-Bacci, Massimo, *A Concise History of World Population*, 2nd edn (Oxford, 1977).

Lloyd, T. H., *Alien Merchants in England in the High Middle Ages* (Brighton, 1982).

Lo, Kenneth, *Chinese Food* (Newton Abbot, 1972).

Loizos, Peter, *The Heart Grown Bitter : A Chronicle of Cypriot War Refugees* (Cambridge, 1981).

London, Louise, *Whitehall and the Jews, 1933-1948 : British Immigration Policy and the Holocaust* (Cambridge, 2000).

Lorimer, Douglas, *Colour, Class and the Victorians : English Attitudes towards the Negro in the Mid-Nineteenth Century* (Leicester, 1978).

Lowe, W. J., *The Irish in Mid-Victorian Lancashire : The Shaping of a Working Class Community* (New York, 1989).

Lucassen, Leo, *The Immigrant Threat : The Integration of Old and New Migrants in Western Europe since 1850* (Chicago, 2005).

Luebke, Frederick C., *Bonds of Loyalty : German Americans and World War I* (De Kalb, IL, 1974)

Luebke, Frederick C., *Germans in the New World : Essays in the History of Immigration* (Urbana and Chicago, 1990).

Lunn, Kenneth, ed., *Hosts, Immigrants and Minorities : Historical Responses to Newcomers in British Society* (Folkestone, 1980).

Lunn, Kenneth and Thurlow, Richard, eds, *British Fascism : Essays on the Radical Right in Inter-War Britain* (London, 1980).

Luu, Lien Bich, *Immigrants and the Industries of London, 1500-1700* (Aldershot, 2005).

MacClancy, Jeremy, ed., *Sport, Identity and Ethnicity* (Oxford, 1996).

McCord, Norman, ed., *Essays in Tyneside Labour History* (Newcastle-upon-Tyne, 1977).

McDougall, Ian, ed., *Essays in Scottish Labour History* (Edinburgh, 1979).

McGhee, Derek, *Intolerant Britain : Hate, Citizenship and Difference* (Maidenhead, 2005).

McGladdery, Gary, *The Provisional IRA in England : The Bombing Campaign, 1973-1997* (Dublin, 2006).

MacEwan, Martin, *Tackling Racism in Europe : An Examination of Anti-Discrimination Law in Practice* (Oxford, 1995).

McLaine, Ian, *Ministry of Morale : Home Front Morale and the Ministry of Information in World War II* (London, 1979).

Mac Laughlin, Jim, ed., *Location and Dislocation in Contemporary Irish Society : Emigration and Identities* (Cork, 1997).

MacRaild, Donald M., *Culture, Conflict and Migration : The Irish in Victorian Cumbria* (Liverpool, 1998).

MacRaild, Donald M., *Faith, Fraternity and Fighting : The Orange Order and Irish Mi-*

gration in Northern England, c1850-1920 (Liverpool, 2005).

MacRaild, Donald M., ed., *The Great Famine and Beyond : Irish Migrants in Britain in the Nineteenth and Twentieth Centuries* (Dublin, 2000).

MacRaild, Donald M., *Irish Migrants in Modern Britain, 1750-1922* (Basingstoke, 1999).

MacRaild, Donald M. and Martin, David E., *Labour in British Society, 1830-1914* (Basingstoke, 2000).

Malet, Marian and Grenville, Anthony, eds, *Changing Countries : The Experience and Achievement of German-Speaking Exiles from Hitler in Britain, 1933 to Today* (London, 2002).

Malik, Sarita, *Representing Black Britain : Black and Asian Images on Television* (London, 2002).

Mandle, W. F., *Antisemitism and the British Union of Fascists* (London, 1968).

Manz, Stefan, *Migranten und Internierte : Deutsche in Glasgow, 1864-1918* (Stuttgart, 2003).

Manz, Stefan, Beerbühl, Margrit Schulte and Davis, John R., eds, *Migration and Transfer from Germany to Britain, 1660-1914* (Munich, 2007).

Margoliouth, Moses, *The History of the Jews in Great Britain*, 3 Volumes (London, 1851).

Marrett, Valerie, *Immigrants Settling in the City* (Leicester, 1989).

Marrus, Michael, *The Unwanted : European Refugees in the Twentieth Century* (Oxford, 1985).

Martin, John and Singh, Gurharpal, *Asian Leicester* (Stroud, 2002).

Mason, David, *Race and Ethnicity in Modern Britain*, 2nd edn (Oxford, 2000).

Mathias, Peter, *The First Industrial Nation : The Economic Transformation of Britain, 1700-1914* (London, 2001).

Mayall, David, *English Gypsies and State Politics* (Hatfield, 1995).

Mayhew, Henry, *London Labour and the London Poor*, Vol. 1 (originally 1861, London, 1968). ヘンリー・メイヒュー著，松村昌家・新野緑訳『ヴィクトリア朝ロンドンの下層社会（MINERVA 西洋史ライブラリー）』（ミネルヴァ書房，2009年），ヘンリー・メイヒュー著，ジョン・キャニング編，植松靖夫訳『ヴィクトリア時代　ロンドン路地裏の生活誌〈上〉〈下〉』（原書房，2011年），ヘンリー・メイヒュー著，植松靖夫訳『ロンドン貧乏物語――ヴィクトリア時代 呼売商人の生活誌（悠書館，2013年）

Medaglia, Anthony, *Patriarchal Structures and Ethnicity in the Italian Community in Britain* (Aldershot, 2001).

Merriman, Nick, ed., *The Peopling of London : 15,000 Years of Settlement from Overseas* (London, 1993).

Messina, Anthony M., *Race and Party Competition in Britain* (Oxford, 1989).

Messinger, Gary S., *British Propaganda and the State in the First World War* (Manchester, 1992).

Metcalf, Hilary, Modood, Tariq and Virdee, Satnam, *Asian Self-Employment : The In-*

teraction of Culture and Economics in England (London, 1996).
Miles, Robert, *Racism* (1989).
Miles, Robert, *Racism After 'Race Relations'* (London, 1993).
Miles, Robert, *Racism and Migrant Labour* (London, 1982).
Miles, Robert and Phizacklea, Annie, *White Man's Country : Racism in British Politics* (London, 1984).
Mills, John, *The British Jews* (London, 1863).
Moch, Leslie Page, *Moving Europeans : Migration in Western Europe Since 1650*, 2nd edn (Bloomington and Indiana, 2003).
Modood,Tariq, *Multicultural Politics : Racism, Ethnicity and Muslims in Britain* (Edinburgh, 2005).
Modood, Tariq, et. al. *Ethnic Minorities in Britain : Diversity and Disadvantage* (London, 1997).
Moody, Harold, *The Colour Bar* (London, 1944).
Moore, R. I., *The Formation of a Persecuting Society : Power and Deviance in Western Europe, 950-1250* (Oxford, 1987).
Moore, Robert and Wallace, Tina, *Slamming the Door : The Administration of Immigration Control* (London, 1975).
Morgan, D., *Harvesters and Harvesting, 1840-1900* (London, 1982).
Morton, Stephen, *Salman Rushdie : Fictions of Postcolonial Modernity* (Palgrave, 2008).
Mosse, George, *Toward the Final Solution : A History of European Racism* (New York, 1978).
Mosse, W. E., et al., eds, *Second Chance : Two Centuries of German-Speaking Jews in the United Kingdom* (Tübingen, 1991).
Mundill, Robin R., *England's Jewish Solution : Experiment and Expulsion* (Cambridge, 1998).
Murray, Bill, *The Old Firm : Sectarianism, Sport and Society in Scotland* (Edinburgh, 2000).
Myers, Norma, *Reconstructing the Black Past : Blacks in Britain, 1780-1830* (London, 1996).
Nadel, Stanely, *Little Germany : Ethnicity, Religion and Class in New York City, 1845-80* (Urbana and Chicago, 1990).
National Association of Probation Officers and the Association of Black Probation Officers, *Race, Discrimination and the Criminal Justice System* (London, 1996).
Neal, Frank, *Black '47 : Britain and the Irish Famine* (Basingstoke, 1998).
Neal, Frank, *Sectarian Violence : The Liverpool Experience, 1819-1914* (Manchester, 1988).
Nettel, Reginald, *The Orchestra in England : A Social History* (London, 1946).
Newman, Aubrey, ed., *The Jewish East End* (London, 1982).
Newman, Aubrey, ed., *Provincial Jewry in Victorian England* (London, 1978).

Newman, Aubrey, *The United Synagogue, 1880-1970* (London, 1977).
Newsinger, John, *Fenians in Mid-Victorian Britain* (London, 1994).
Newsome, Roy, *Brass Roots : A Hundred Years of Brass Bands and their Music* (Aldershot, 1998).
Ng, K. C., *The Chinese in London* (London, 1968).
Nichols, Dylan, *What Are You Doing Here? The Question of Australians in London* (Brighton, 2007).
Niedhardt, Gottfried., ed., *Großbritannien als Gast- und Exilland für Deutsche im 19. und 20. Jahrhundert* (Bochum, 1985).
Nirenberg, David, *Communities of Violence : Persecution of Minorities in the Middle Ages* (Princeton, NJ, 1996).
Nolan, Jay P., *The Immigrant Church : New York's Irish and German Catholics, 1815-1865* (London, 1975).
Norman, E. R., *Anti-Catholicism in Victorian England* (London, 1968).
Oakley, Robin, *Changing Patterns of Distribution of Cypriot Settlement* (Coventry, 1987).
O'Connor, Kevin, *The Irish in Britain* (Dublin, 1974).
O'Day, Alan, *The English Face of Irish Nationalism* (Dublin, 1977).
O'Ferrall, Fergus, *Catholic Emancipation : Daniel O'Connell and the Birth of Irish Democracy* (Dublin, 1985).
O'Leary, Paul, *Immigration and Integration : The Irish in Wales, 1789-1922* (Cardiff, 2000).
O'Leary, Paul, ed., *Irish Migrants in Modern Wales* (Liverpool, 2004).
Oliver, Paul, *Black Music in Britain : Essays on the Afro-Asian Contribution to Popular Music* (Milton Keynes, 1990).
Oltmer, Jochen, ed., *Migrationsforschung und Interkulturelle Studien : Zehn Jahre IMIS* (Osnabrück, 2002).
Ormond, David, *The Dutch in London : The Influence of an Immigrant Community* (London, 1973).
O'Sullivan, Patrick, ed., *The Irish World Wide : History, Heritage, Identity*, 6 Volumes (Leicester and London, 1992-7).
Palmer, Christopher, *Delius : Portrait of a Cosmopolitan* (London, 1976).
Panayi, Panikos, *The Enemy in Our Midst : Germans in Britain during the First World War* (Oxford, 1991).
Panayi, Panikos, *German Immigrants in Britain during the Nineteenth Century, 1815-1914* (Oxford, 1995).
Panayi, Panikos, ed., *Germans in Britain Since 1500* (London, 1996).
Panayi, Panikos, *Immigration, Ethnicity and Racism in Britain, 1815-1945* (Manchester, 1994).
Panayi, Panikos, *The Impact of Immigration : A Documentary History of the Effects and Experiences of Immigrants and Refugees in Britain Since 1945* (Manchester, 1999).

Panayi, Panikos, ed., *Minorities in Wartime : National and Racial Groupings in Europe, North America and Australia during the Two World Wars* (Oxford, 1993).
Panayi, Panikos, *Outsiders : A History of European Minorities* (London, 1999).
Panayi, Panikos, ed., *Racial Violence in Britain in the Nineteenth and Twentieth Centuries*, (London, 1996).
Panayi, Panikos, *Spicing Up Britain : The Multicultural History of British Food* (London, 2008).
Parekh, Bikhu, et al., *The Future of Multi-Ethnic Britain* (London, 2000).
Parsonage, Catherine, *The Evolution of Jazz in Britain, 1880-1935* (Aldershot, 2005).
Patterson, Sheila, *Dark Strangers : A Sociological Study of the Absorption of a Recent West Indian Migrant Group in Brixton, South London* (London, 1963).
Patterson, Sheila, *Immigration and Race Relations in Britain, 1960-1967* (London, 1969).
Paul, Kathleen, *Whitewashing Britain : Race and Citizenship in the Post-war Era* (Ithaca, NY, 1997).
Peach, Ceri, *West Indian Migration to Britain : A Social Geography* (London, 1968).
Peach, Ceri, Robinson, Vaughan and Smith, Susan, eds, *Ethnic Segregation in Cities* (London, 1981).
Perry, Thomas W., *Public Opinion, Propaganda and Politics in Eighteenth Century England : A Study of the Jew Bill of 1753* (Cambridge, MA, 1962).
Peters, Inge-Maren, *Hansekaufleute als Gläubiger der Englischen Krone (1294-1350)* (Cologne, 1978).
Pettegree, Andrew, *Foreign Protestant Communities in Sixteenth Century London* (Oxford, 1986).
Peukert, Detlev J. K., *Inside Nazi Germany : Conformity, Opposition and Racism in Everyday Life* (London, 1993).
Phillips, Mike and Trevor, *Windrush : The Irresistible Rise of Multi-Racial Britain* (London, 1998).
Philpott, Stuart B., *West Indian Migration : The Montserrat Case* (London, 1973).
Pickering, Michael, *Blackface Minstrelsy in Britain* (Aldershot, 2008).
Pilkington, Edward, *Beyond the Mother Country : West Indians and the Notting Hill White Riots* (London, 1988).
Pines, Jim, *Black and White in Colour : Black People in British Television Since 1936* (London, 1992).
Pollins, Harold, *Economic History of the Jews in England* (London, 1982).
Pollins, Harold, *Hopeful Travellers : Jewish Migrants and Settlers in Nineteenth Century Britain* (London, 1991).
Poole, Elizabeth, *Reporting Islam : Media Representations of British Muslims* (London, 2002).
Poole, Elizabeth and Richardson, John E., eds, *Muslims and the News Media* (London,

2006).
Porter, Bernard, *The Origins of the Vigilant State: The London Metropolitan Police Special Branch Before the First World War* (London, 1987).
Porter, Bernard, *The Refugee Question in Mid-Victorian Politics* (Cambridge, 1979).
Priestland, Gerald, *Frying Tonight: The Saga of Fish and Chips* (London, 1972).
Prince, Rose, *The New English Kitchen: Changing the Way You Shop, Cook and Eat* (London, 2005).
Proudfoot, M. J., *European Refugees, 1939-52* (London, 1957).
Pugh, Martin, *Hurrah for the Blackshirts: Fascists and Fascism in Britain Between the Wars* (London, 2005).
Quinault, Roland and Stevenson, John, eds, *Popular Protest and Public Order: Six Studies in British History* (London, 1975).
Quinlivan, Patrick and Rose, Paul, *The Fenians in England, 1865-1872* (London, 1982).
Ram, Sodhi, *Indian Immigrants in Great Britain* (New Delhi, 1986).
Ramdin, Ron, *The Making of the Black Working Class in Britain* (Aldershot, 1987).
Ramdin, Ron, *Reimagining Britain: 500 Years of Black and Asian History* (London, 1999).
Ramsden, John, *Don't Mention the War: The British and the Germans Since 1890* (London, 2006).
Rath, Jan, ed., *Unravelling the Rag Trade: Immigrant Entrepreneurship in Six World Cities* (Oxford, 2002).
Rea, Anthony, *Manchester's Little Italy: Memories of the Italian Colony of Ancoats* (Manchester, 1988).
Reader, W. J., *Imperial Chemical Industries*, Vol. 1 (London, 1970).
Reeves, Frank, *Race Equality in Local Communities: A Guide to its Promotion* (Birmingham, 2007).
Renton, Dave, *When We Touched the Sky: The Anti-Nazi League, 1977-1988* (Cheltenham, 2006).
Rex, John, *The Ghetto and the Underclass: Essays on Race and Social Policy* (Aldershot, 1988).
Rex, John, *Race Relations in Sociological Theory* (London, 1970).
Rex, John, Joly, Daniéle and Wilpert, Czarina, eds, *Immigrant Associations in Europe* (Aldershot, 1987).
Rex, John and Moore, Robert, *Race, Community and Conflict* (Oxford, 1967).
Rex, John and Singh, Gurharpal, eds, *Governance in Multicultural Societies* (Aldershot, 2004).
Rich, Paul B., *Race and Empire in British Politics* (Cambridge, 1990).
Richards, Julian D., *Viking Age England* (London, 1991).
Richardson, H. G., *The English Jewry under Angevin Kings* (London, 1960).
Richardson, John E., *(Mis) Representing Islam: The Racism and Rhetoric of British*

Broadsheet Newspapers (Amsterdam, 2004).

Richmond, Anthony H., *The Colour Problem* (Harmondsworth, 1965).

Richmond, Anthony H., *Colour Prejudice in Britain : A Study of West Indian Workers in Liverpool, 1941-51* (London, 1954).

Richmond, Anthony H., *Migration and Race Relations in an English City : A Study in Bristol* (London, 1973).

Riera, Monica, and Schaffer, Gavin, eds, *The Lasting War : Society and Identity in Britain, France and Germany after 1945* (Basingstoke, 2008).

Ritchie, J. M., *German Exiles : British Perspectives* (New York, 1997).

Rocker, Rudolf, *The London Years* (London, 1956).

Roberts, J. A. G., *China to Chinatown : Chinese Food in the West* (London, 2002).

Roberts, Richard, *Schroders : Merchants and Bankers* (London, 1992).

Robinson, Vaughan, ed., *The International Refugee Crisis : British and Canadian Responses* (London, 1993).

Robinson, Vaughan, *Transients, Settlers and Refugees : Asians in Britain* (Oxford, 1986).

Robinson, Vaughan, Anderson, Roger and Musterd, Sako, *Spreading the 'Burden'? : A Review of Policies to Disperse Asylum Seekers and Refugees* (Bristol, 2003).

Roche, T. W. E., *The Key in the Lock : Immigration Control in England from 1066 to the Present Day* (London, 1969).

Rose, E. J. B., et al., *Colour and Citizenship : A Report on British Race Relations* (London, 1968).

Rosenberg, Edgar, *From Shylock to Svengali : Jewish Stereotypes in English Fiction* (Stanford, 1960).

Roth, Cecil, *A History of the Jews in England* (Oxford, 1941).

Roth, Cecil, *The Rise of Provincial Jewry : The Early History of the Jewish Communities in the English Countryside* (London, 1950).

Rowe, Michael, *The Racialization of Disorder in Twentieth Century Britain* (Aldershot, 1998).

Rubinstein, William D., *Britain's Century : A Political and Social History* (London, 1998).

Rubinstein, William D., *A History of the Jews in the English Speaking World : Great Britain* (Basingstoke, 1996).

Rubinstein, William D., *Men of Property : The Very Wealthy in Britain since the Industrial Revolution* (London, 1981).

Rubinstein, William D., *The Myth of Rescue : Why the Democracies Could Not Have Saved More Jews from the Nazis* (London, 1997).

Rubinstein, William D. and Hilary L., *Philosemitism and Support in the English-Speaking World for Jews, 1840-1939* (Basingstoke, 1999).

Rudé, George, *The Crowd in History : A Study of Popular Disturbances in France and England* (London, 1985).

Rutherford, Jonathan, ed., *Identity : Community, Culture, Difference* (London, 1990).

Ryan, Louise, and Webster, Wendy, eds, *Gendering Migration : Masculinity, Femininity and Ethnicity in Post-War Britain* (Ashgate, 2008).
Salbstein, M. C. N., *The Emancipation of the Jews in Britain : The Question of the Admission of the Jews to Parliament* (London, 1982).
Salter, Joseph, *The Asiatic in England : Sketches of Sixteen Years Work Among Orientals* (London, 1873).
Salter, Joseph, *The East in the West or Work Among the Asiatics and Africans in Britain* (London, 1896).
Sandhu, Sukhdev, *London Calling : How Black and Asian Writers Imagined a City* (London, 2003).
Sarre, Philip and Blanden, John, eds, *An Overcrowded World? Population, Resources and the Environment* (Oxford, 2000).
Sawyer, P. H., *From Roman to Norman England*, 2nd edn (London, 1998).
Schaible, Karl Heinrich, *Geschichte der Deutschen in England* (Strasbourg, 1885).
Schulz, Friedrich, *Die Hanse und England : Von Edwards III bis auf Heinrichs VIII Zeit* (Stuttgart, 1978).
Scobie, Edward, *Black Britannia : A History of Blacks in Britain* (Chicago, 1972).
Scorer, Catherine and Hewitt, Patricia, *The Prevention of Terrorism Act : The Case for Repeal* (London, 1981).
Seabrook, Jeremy, *The Refuge and the Fortress : Britain and the Flight from Tyranny* (Basingstoke, 2009).
Searle, G. R., *Corruption in British Politics, 1895-1930* (Oxford, 1987).
Searle, G. R., *A New England? Peace and War, 1886-1918* (Oxford, 2004).
Sewell, Tony, *Black Masculinities and Schooling : How Black Boys Survive Modern Schooling* (Stoke-on-Trent, 1997).
Sharf, Andrew, *The British Press and the Jews under Nazi Rule* (Oxford, 1964).
Shaw, Alison, *Kinship and Continuity : Pakistani Families in Britain* (London, 2000).
Sherman, A. J., *Britain and Refugees from the Third Reich* (London, 1973).
Short, K. R. M., *The Dynamite War : Irish-American Bombers in Victorian Britain* (Dublin, 1979).
Shyllon, Florian, *Black People in Britain, 1555-1833* (London, 1977).
Singh, Gurharpal and Tatla, Darshan Singh, *Sikhs in Britain : The Making of a Community* (London, 2006).
Skellington, Richard, *'Race' in Britain Today*, 2nd edn (London, 1996).
Slack, Paul and Ward, Ryk, eds, *The Peopling of Britain : The Shaping of a Human Landscape* (Oxford, 2002).
Slatter, John, ed., *From the Other Shore : Russian Political Emigrants in Britain, 1880-1917* (London, 1984).
Small, Stephen, *Racialised Barriers : The Black Experience in the United States and England during the 1980s* (London, 1994).

Smith, Anne Marie, *New Right Discourse on Race and Sexuality* (Cambridge, 1994).

Smith, Gilly, *Nigella Lawson : The Unauthorised Biography* (London, 2005).

Smith, Graham A., *When Jim Crow Met John Bull : Black American Soldiers in World War II Britain* (London, 1987).

Smith, Sir Hubert Llewellyn, *The New Survey of London Life and Labour*, 9 Volumes (London, 1930-5).

Snowman, Daniel, *The Hitler Emigres : The Cultural Impact on Britain of Refugees from Nazism* (London, 2003).

Solomos, John, *Black Youth, Racism and the State : The Politics of Ideology and Policy* (Cambridge, 1988).

Solomos, John, *Race and Racism in Britain* (Basingstoke, 1993).

Somerville, Will, *Immigration Under New Labour* (Bristol, 2007).

Spellman, Kathy, *Religion and Nation : Iranian Local and Transnational Networks in Britain* (Oxford, 2004).

Spencer, Ian R. G., *British Immigration Policy : The Making of Multi-Racial Britain* (London, 1997).

Sponza, Lucio, *Divided Loyalties : Italians in Britain during the Second World War* (Frankfurt, 2000).

Sponza, Lucio, *Italian Immigrants in Nineteenth Century Britain* (Leicester, 1988).

Srebrnik, Henry, *London Jews and British Communism* (London, 1995).

Stachura, Peter D., ed., *The Poles in Britain, 1940-2000 : From Betrayal to Assimilation* (London, 2004).

Steel, David, *No Entry : The Background and Implications of the Commonwealth Immigrants Act, 1968* (London, 1969).

Steinert, Johannes-Dieter and Weber-Newth, Inge, eds, *European Immigrants in Britain* (Munich, 2003).

Steinert, Johannes-Dieter and Weber-Newth, Inge, *Labour & Love : Deutsche in Grossbritannien nach dem Zweiten Weltkrieg* (Osnabrück, 2000).

Stent, Ronald A., *Bespattered Page? The Internment of His Majesty's 'Most Loyal Enemy Aliens'* (London, 1980).

Stevenson, John, *Popular Disturbances in England, 1700-1870* (London, 1979).

Stone, Norman and Glenny, Michael, *The Other Russia* (London, 1990).

Sudbury, Julia, *'Other Kinds of Dreams' : Black Women's Organizations and the Politics of Transformation* (Abingdon, 1998).

Swift, Roger and Gilley, Sheridan, eds, *The Irish in Britain, 1815-1939* (London, 1989).

Swift, Roger and Gilley, Sheridan, eds, *The Irish in the Victorian City* (London, 1985).

Swift, Roger and Gilley, Sheridan, eds, *The Irish in Victorian Britain : The Local Dimension* (Dublin, 1999).

Sword, Keith with Davies, Noman and Ciechanowski, Jan, *The Formation of the Polish Community in Great Britain, 1939-1950* (London, 1989).

Tannahill, J. A., *European Volunteer Workers in Britain* (Manchester, 1958).
Tatla, Darshan S., *The Sikh Diaspora : The Search for Statehood* (London, 1999).
Tawney, R. H., *Religion and the Rise of Capitalism* (London, 1926).
Taylor, Philip M., *The Distant Magnet : European Migration to the USA* (London, 1971).
Taylor, Simon, *A Land of Dreams : A Study of Jewish and Caribbean Migrant Communities in England* (London, 1993).
Taylor, Stan, *The National Front in English Politics* (London, 1982).
Teverson, Andrew, *Salman Rushdie* (Manchester, 2007).
Thompson, E. P., *The Making of the English Working Classes* (London, 1963). エドワード・P・トムソン著，市橋秀夫・芳賀健一訳『イングランド労働者階級の形成』（青弓社，2003年）
Thorpe, Andrew, ed., *The Failure of Political Extremism in Inter-War Britain* (Exeter, 1989).
Thurlow, Richard, *Fascism in Britain* (Oxford, 1987).
Tinker, Hugh, *The Banyan Tree : Overseas Emigration from India, Pakistan and Bangladesh* (Oxford, 1977).
Tomlinson, Sally, *Home and School in Multicultural Britain* (Batsford, 1984).
Travers, Max, *The British Immigration Courts : A Study of Law and Politics* (Bristol, 1999).
Trebilcock, Clive, *The Industrialization of the Continental Powers, 1780-1914* (London, 1981).
Udelson, Joseph H., *Dreamer of the Ghetto : The Life and Works of Israel Zangwill* (London, 1990).
Valman, Nadia, *The Jewess in Nineteenth Century British Culture* (Cambridge, 2007).
van Dijk, Teun A., *Racism and the Press* (London, 1991).
Vasili, Phil, *Colouring Over the White Line : The History of Black Footballers in Britain* (London, 2000).
Vaughan, W. E., ed., *A New History of Ireland*, Vol. 5 (Oxford, 1989).
Vesey-Fitzgerald, Brian, *Gypsies of Britain : An Introduction to their History*, 2nd edn. (Newton Abbot, 1973).
Vigne, Randolph and Littleton, Charles, eds, *From Strangers to Citizens : The Integration of Immigrant Communities in Britain, Ireland and Colonial America, 1550-1750* (Brighton, 2001).
Virdee, Pippa, *Coming to Coventry : Stories from the South Asian Pioneers* (Coventry, 2006).
Visram, Rosina, *Asians in Britain : 400 Years of History* (London, 2002).
Wainwright, A. Martin, *'The Better Class' of Indians : Social Rank, Imperial Identity, and South Asians in Britain, 1858-1914* (Manchester, 2008).
Walter, Bronwen, *Outsiders Inside : Whiteness, Place and Irish Women* (London, 2001).
Walton, John K., *Fish and Chips and the British Working Classes, 1870-1940* (Leices-

ter, 1992).
Walvin, James, *Black and White : The Negro and English Society, 1555-1945* (London, 1973).
Walvin, James, *Black Ivory : Slavery in the British Empire*, 2nd edition (Oxford, 2001).
Walvin, James, *Passage to Britain : Immigration in British History and Politics* (Harmondsworth, 1984).
Ward, Paul, *Britishness Since 1870* (London, 2004).
Warren, Geoffrey C., ed., *The Foods We Eat* (London, 1958).
Wasserstein, Bernard, *Herbert Samuel : A Political Life* (Oxford, 1992).
Wasserstein, Bernard, *Vanishing Diaspora : The Jews of Europe Since 1945* (London, 1996).
Watson, Arnold R., *West Indian Workers in Britain* (London, 1942).
Watson, James L., ed., *Between Two Cultures : Migrants and Minorities in Britain* (Oxford, 1977).
Weber, Max, *The Protestant Ethic and the Spirit of Capitalism* (Originally 1904, London, 1976 Edn).
Werbner, Pnina, *Imagined Diasporas among Manchester Muslims* (Oxford, 2002).
Werbner, Pnina, *The Migration Process : Capital, Gifts and Offerings among British Pakistanis* (Oxford, 1990).
White, Arnold, *The Modern Jew* (London, 1899).
Wicks, Margaret C., *The Italian Exiles in London, 1816-1848* (New York, 1968).
Williams, Bill, *The Making of Manchester Jewry, 1740-1875* (Manchester, 1976).
Williamson, Charlotte, Evans, Neil and O'Leary, Paul, eds, *A Tolerant Nation? Exploring Ethnic Diversity in Wales* (Cardiff, 2003).
Wilpert, Czarina, ed., *Entering the Working World : Following the Descendants of Europe's Immigrant Labour Force* (Aldershot, 1988).
Wilson, Amrit, *Finding a Voice : Asian Women in Britain* (London, 1981).
Wilson, Francesca M., *They Came as Strangers : The Story of Refugees to Great Britain* (London, 1959).
Wilson, Trevor, *The Myriad Faces of War : Britain and the Great War, 1914-1918* (Cambridge, 1986).
Winder, Robert, *Bloody Foreigners : The Story of Immigration to Britain* (London, 2004).
Wolfe, John, *The Protestant Crusade in Great Britain, 1829-1860* (Oxford, 1991).
Wong, Maria Lin, *Chinese Liverpudlians : A History of the Chinese Community in Liverpool* (Birkenhead, 1989).
Wrench, John, Rea, Andrea and Ouali, Nouria, eds, *Migrants, Ethnic Minorites and the Labour Market* (Brighton, 1999).
Wrench John, and Solomos, John, eds, *Racism and Migration in Western Europe* (Oxford, 1993).

Wright, Ian, *Mr Wright: The Explosive Autobiography of Ian Wright* (London, 1996).

Wyatt, Michael, *The Italian Encounter with Tudor England: A Cultural Politics of Translation* (Cambridge, 2005).

Yokoyama, Toshio, *Japan in the Victorian Mind* (London, 1987).

Zubrzycki, Jerszy, *Polish Immigrants in Britain: A Study of Adjustment* (The Hague, 1956).

Zucchi, John E., *The Little Slaves of the Harp: Italian Child Street Musicians in Nineteenth-Century Paris, London and New York* (London, 1992).

論文

Abbas, Tahir, 'A Theory of Islamic Political Radicalism in Britain: Sociology, Theology and International Political Economy', *Contemporary Islam*, vol. 1 (2007).

Adler, Henrietta, 'Jewish Life and Labour in East London', in Sir Hubert Llewelyn Smith, ed., *New Survey of London Life and Labour*, vol. 6 (London, 1934).

Alderman, Geoffrey, 'The Anti-Jewish Riots of August 1911 in South Wales', *Welsh History Review*, vol. 6 (1972).

Alderman, Geoffrey, 'The Political Impact of Zionism in the East End of London Before 1940', *London Journal*, vol. 9 (1983).

Aldrich, Howard E., Carter, John C., Jones, Trevor P., and McEvoy, David, 'Business Development and Self-Segregation: Asian Enterprise in Three British Cities', in Ceri Peach, Vaughan Robinson and Susan Smith, eds, *Ethnic Segregation in Cities* (London, 1981).

Amin, Ash, 'Unruly Strangers? The 2001 Urban Riots in Britain', *International Journal of Urban and Regional Research*, vol. 27 (2003).

Anderson, Gregory, 'German Clerks in England, 1870-1914: Another Aspect of the Great Depression Debate', in Kenneth Lunn, ed., *Hosts, Immigrants and Minorities: Historical Responses to Newcomers in British Society* (Folkestone, 1980).

Anwar, Muhamed, 'The Impact of Legislation on British Race Relations', in Muhammad Anwar, Patrick Roach and Ranjit Sondhi, eds, *From Legislation to Integration? Race Relations in Britain* (London, 2000).

Archer, J. W., 'The Steelyard', *Once a Week*, vol. 5 (1861).

Arnstein, Walter L., 'The Murphy Riots: A Victorian Dilemna', *Victorian Studies*, vol. 19 (1975).

Aspinwall, Bernard, 'Popery in Scotland: Image and Reality', *Records of the Scottish Church History Society*, vol. 22 (1986).

Backhouse, Marcel, 'The Strangers at Work in Sandwich', *Immigrants and Minorities*, vol. 10 (1991).

Baines, Dudley, 'Immigration and the Labour Market', in Nicholas Crafts, Ian Gazeley and Andrew Newell, eds, *Work and Pay in Twentieth Century Britain* (Oxford, 2007).

Ballard, Roger, 'Differentiation and Disjunction Among the Sikhs in Britain', in Roger Ballard, ed., *Desh Pradesh : The South Asian Presence in Britain* (London, 1994).

Ballard, Roger and Ballard, Catherine, 'The Sikhs : The Development of South Asian Settlements in Britain' in Roger Ballard, ed., *Desh Pradesh : The South Asian Presence in Britain* (London, 1994).

Barber, Sarah, 'Irish Migrant Agricultural Labourers in Nineteenth Century Lincolnshire', *Saothar*, vol. 8 (1982).

Barnes, James J. and Patience P., 'London's German Community in the Early 1930's', in Panikos Panayi, ed., *Germans in Britain Since 1500* (London, 1996).

Belchem, John, 'Class, Creed and Country : The Irish Middle Class in Victorian Liverpool', in Roger Swift and Sheridan Gilley, eds, *The Irish in Victorian Britain : The Local Dimension* (Dublin, 1999).

Benyon, John, 'Interpretations of Civil Disorder' in John Benyon and John Solomos, eds, *The Roots of Urban Unrest* (Oxford, 1987).

Berghaus, Günter, 'The Emigres from Nazi Germany and their Contribution to the British Theatrical Scene', in Werner E. Mosse, et al., eds, *Second Chance : Two Centuries of German-Speaking Jews in the United Kingdom* (Tübingen, 1991).

Berridge, Virgina, 'East End Opium Dens and Narcotic Use in Britain', *London Journal*, vol. 4 (1978).

Bhachu, Parminder, 'Culture, Ethnicity and Class Among Punjabi Sikh Women in 1990s Britain', *New Community*, vol. 17 (1991).

Bindman, Geoffrey, 'Law Enforcement or Lack of It', in Muhhammad Anwar, Patrick Roach and Ranjit Sondhi, eds, *From Legislation to Integration? Race Relations in Britain* (London, 2000).

Bloch, Alice, 'Zimbabweans in Britain : Transnational Activities and Capabilities', *Journal of Ethnic and Migration Studies*, vol. 34 (2008).

Bogan, D., 'History of Irish Immigration to England', *Christus Rex*, vol. 12 (1958).

Bohstedt, John, 'More than One Working Class : Protestant-Catholic Riots in Edwardian Liverpool', in John Belchem, ed., *Popular Politics, Riot and Labour : Essays in Liverpool History, 1790-1940* (Liverpool, 1992).

Boyce, Frank, 'Irish Catholicism in Liverpool between the Wars', *Labour History Review*, vol. 57 (1992).

Bradley, Joseph M., 'Integration or Assimilation? Scottish Society, Football and Irish Immigrants', *International Journal of the History of Sport*, vol. 13 (1996)

Bradley, Joseph M., 'Marginal Voices : Football and Identity in a Contested Space', in Kathy Burrell and Panikos Panayi, eds, *Histories and Memories : Migrants and their History in Britain* (London, 2006).

Brettell, Caroline B. and Hollifield, James F., 'Introduction : Migration Theory - Talking Across Disciplines', in Caroline B. Brettell and James F. Hollifield, eds, *Migration Theory : Talking Across Disciplines* (London, 2000).

Brock, Peter, 'Polish Democrats and English Radicals, 1832-1862: A Chapter in the History of Anglo-Polish Relations', *Journal of Modern History*, vol. 25 (1953).

Brock, Peter, 'The Polish Revolutionary Commune in London', *Slavonic and East European Review*, vol. 35 (1956).

Brown, Mark S., 'Religion and Economic Activity in the South Asian Population', *Ethnic and Racial Studies*, vol. 23 (2000).

Burdsey, Daniel, 'Obstacle Race? "Race", Racism and the Recruitment of British Asian Professional Footballers', *Patterns of Prejudice*, vol. 38 (2004).

Burrell, Kathy, 'Homeland Memories and the Polish Community in Leicester', in Peter D. Stachura, ed., *The Poles in Britain 1940-2000: From Betrayal to Assimilation* (London, 2004).

Burrell, Kathy, 'Introduction: Migration to the UK from Poland: Continuity and Change in East-West Mobility', in Kathy Burrell, ed., *Polish Migration to the UK in the 'New' Europe After 2004* (Farnham, 2009).

Burrell, Kathy, 'War, Cold War and the New World Order: Political Borders and Polish Migration to Britain', 'History in Focus', Issue 11, http://www.history/ac.uk/ihr/Focus/Migration/articles/burrell.html.

Cahill, Gilbert A., 'Irish Catholicism and English Toryism', *Review of Politics*, vol. 19 (1957).

Carby, Hazel V., 'Schooling in Babylon', in Centre for Contemporary Cultural Studies, ed., *The Empire Strikes Back: Race and Racism in Contemporary Britain* (London, 1982).

Carus-Wilson, Elenora M., 'Die Hanse in England', in Kölnisches Stadtmuseum, ed., *Hanse in Europa: Brücke zwischen den Märkten 12.-17. Jahrhundert* (Cologne, 1973).

Cashmore, Ernest, 'The Experiences of Ethnic Minority Police Officers in Britain: Under-Recruitment and Racial Profiling in a Performance Culture', *Ethnic and Racial Studies*, vol. 24 (2001).

Castles, Stephen, 'Why Migration Policies Fail', *Ethnic and Racial Studies*, vol. 27 (2004).

Cayford, Joanne M., 'In Search of "John Chinaman": Press Representations of the Chinese in Cardiff, 1906-1911', *Llafur*, vol. 5 (1991).

Cesarani, David and Kushner, Tony, 'Alien Internment in Britain during the Twentieth Century: An Introduction', in David Cesarani and Tony Kushner, eds, *The Internment of Aliens in Twentieth Century Britain* (London, 1993).

Chance, Judy, 'The Irish in London: An Exploration of Ethnic Boundary Maintenance', in Peter Jackson, ed., *Race and Racism: Essays in Social Geography* (London, 1987).

Chapman, Stanley, 'Aristocracy and Meritocracy in Merchant Banking', *British Journal of Sociology*, vol. 37 (1986).

Chapman, Stanley, 'The International Houses: The Continental Contribution in British

Commerce, 1800-1860', *Journal of European Economic History*, vol. 19 (1977).

Chapman, Stanley, 'Merchants and Bankers' in Werner E. Mosse, et al., eds, *Second Chance : Two Centuries of German-Speaking Jews in the United Kingdom* (Tübingen, 1991).

Chase, Malcolm, 'The Teeside Irish in the Nineteenth Century', *Labour History Review*, vol. 57 (1992).

Chessum, Lorna, 'Race and Immigration in the Local Leicester Press, 1945-62', *Immigrants and Minorities*, vol. 17 (1998).

Chessum, Lorna, '"Sit Down, You Haven't Reached that Stage Yet" : African Caribbean Children in Leicester Schools, 1960-74', *History of Education*, vol. 26 (1997).

Chinn, Carl, '"Sturdy Catholic Emigrants" : The Irish in Early Victorian Birmingham', in Roger Swift and Sheridan Gilley, eds, *The Irish in Victorian Britain : The Local Dimension* (Dublin, 1999).

Chitty, C. W., 'Aliens in England in the Sixteenth Century', *Race*, vol. 8 (1966).

Coates, Sue, 'Manchester's German Gentlemen : Immigrant Institutions in a Provincial City, 1840-1920', *Manchester Region History Review*, vol. 5 (1991-2).

Cohen, Philip, 'The Perversions of Inheritance : Studies in the Making of Multi-Racist Britain', in Philip Cohen and Harwant S. Baines, eds, *Multi-Racist Britain* (London, 1988).

Cole, Mike, '"Brutal and Stinking" : and "Difficult to Handle" : The Historical and Contemporary Manifestations of Racialisation, Institutional Racism, and Schooling in Britain', *Race, Ethnicity and Education*, vol. 7 (2004).

Coleman, David and Salt, John, 'The Ethnic Group Question in the 1991 Census : A New Landmark in British Social Statistics', in David Coleman and John Salt, eds, *Ethnicity in the 1991 Census*, vol. 1, *Demographic Characteristics of the Ethnic Minority Population* (London, 1996).

Collins, Brenda, 'The Origins of Irish Immigration to Scotland in the Nineteenth and Twentieth Centuries', in T. M. Devine, ed., *Irish Immigrants and Scottish Cities in the Nineteenth and Twentieth Centuries* (Edinburgh, 1991).

Collins, Brenda, 'Proto-Industrialization and pre-Famine Emigration', *Social History*, vol. 7 (1982).

Collins, E. J. T., 'Migrant Labour in British Agriculture in the Nineteenth Century', *Economic History Review*, vol. 29 (1976).

Colpi, Terri, 'The Impact of the Second World War on the British Italian Community' in David Cesarani and Tony Kushner, eds, *The Internment of Aliens in Twentieth Century Britain* (London, 1993).

Comite, Luigi di, 'Aspects of Italian Emigration, 1881-1915', in Ira D. Glazier and Luigi De Roza, eds, *Migration Across Time and Nations : Population Mobility in Historical Context* (London, 1986).

Conradson, David and Latham, Alan, 'Friendship, Networks and Transnationality in a

World City: Antipodean Transmigrants in London', *Journal of Ethnic and Migration Studies*, vol. 31 (2005).
Constantinides, Pamela, 'The Greek Cypriots: Factors in the Maintenance of Ethnic Identity', in James L. Watson, ed., *Between Two Cultures: Migrants and Minorities in Britain* (Oxford, 1977).
Conzen, Kathleen Neils, 'Immigrants, Immigrant Neighbourhoods, and Ethnic Identity: Historical Issues', *Journal of American History*, vol. 66 (1979).
Cross, Malcolm, 'Ethnic Minority Youth in a Collapsing Labour Market: The UK Experience', in Czarina Wilpert, ed., *Entering the Working World: Following the Descendants of Europe's Immigrant Labour Force* (Aldershot, 1988).
Dahya, Badr, 'Pakistanis in Britain: Transients or Settlers?', *Race*, vol. 14 (1973).
Dalit Solidarity Network UK, 'No Escape: Caste Discrimination in the UK', 2006, http://www.dalits.nl/pdf/noescape.pdf
Davies, Norman, 'The Poles in Great Britain, 1914-1919', *Slavonic and East European Review*, vol. 50 (1972).
Davis, Christie, 'The Irish Joke as a Social Phenomenon', in John Durant and Jonathan Miller, eds, *Laughing Matters: A Serious Look at Humour* (London, 1988).
Demandt, Alexander, 'Patria Gentium: Das Imperium Romanum als Vielvölkerstaat', in Klaus J. Bade, ed., *Menschen über Grenzen: Grenzen über Menschen: Die Multikulturelle Herausforderung* (Herne, 1995).
Dewey, Michael, 'The Survival of an Irish Culture in Britain', *Irish Historical Studies*, vol. 20 (1982).
Diaper, Stefanie, 'Sir Alexander Drake Kleinwort', in *Dictionary of Business Biography* (London, 1985).
Dickens, Linda, 'The Road is Long: Thirty Years of Equality in Britain', *British Journal of Industrial Relations*, vol. 45 (2007).
Dixon, Bill and Gadd, David, 'Getting the Message?: "New" Labour and the Criminalization of "Hate"', *Criminology and Criminal Justice*, vol. 6 (2001).
Dustmann, Christian and Fabbri, Francesca, 'Immigrants in the British Labour Force', *Fiscal Studies*, vol. 26 (2005).
Eade, John, 'The Search for Wholeness: The Construction of National and Islamic Identities Among British Bangladeshis', in Anne J. Kershen, ed., *A Question of Identity* (Aldershot, 1998).
Edwards, Owen Dudley and Storey, Patricia J., 'The Irish Press in Victorian Britain', in Roger Swift and Sheridan Gilley, eds, *The Irish in the Victorian City* (London, 1985).
Edwards, Paul, 'The Early African Presence in the British Isles' in Jagdish S. Gundara and Ian Duffield, eds, *Essays on the History of Blacks in Britain* (Aldershot, 1992).
Efron, John, 'When Is a Yid not a Jew? The Strange Case of Supporter Identity at Tottenham Hotspur', in Michael Brenner and Gideon Reuvni, eds, *Emancipation*

Through Muscles : Jews and Sports in Europe (London, 2006).

Eisenberg, Christiane, '"German Gymnastics" in Britain, or the Failure of Cultural Transfer', in Stefan Manz, Margrit Schulte Beerbühl and John R. Davis, eds, *Migration and Transfer from Germany to Britain, 1660-1914* (Munich, 2007).

Endelman, Todd M., '"Practices of a Low Anthropological Level" : A Schechita Controversy of the 1950s", in Anne J. Kershen, ed., *Food in the Migrant Experience* (Aldershot, 2002).

English, Jim, 'Empire Day in Britain, 1904-1958', *Historical Journal*, vol. 49 (2006).

Esser, Raingard, 'Germans in Early Modern Britain', in Panikos Panayi, ed., *Germans in Britain Since 1500* (London, 1996).

Favell, Adrian, 'Multi-Ethnic Britain : An Exception in Europe', *Patterns of Prejudice*, vol. 35 (2001).

Feldman, David, 'Migrants, Immigrants and Welfare from the Old Poor Law to the Welfare State', *Transactions of the Royal Historical Society*, sixth series, vol. 13 (2003).

Fiedler, Herma, 'German Musicians in England and their Influence to the End of the Eighteenth Century', *German Life and Letters*, vol. 6 (1939).

Fitzpatrick, David., '"A Peculiar Tramping People" : The Irish in Britain, 1801-70', in W. E. Vaughan, ed., *A New History of Ireland*, vol. 5 (Oxford, 1989).

Flint, John, 'Scandal at the Bristol Hotel : Some Thoughts on Racial Discrimination in Britain and West Africa and Its Relationship to the Planning of Decolonization, 1939-47', *Journal of Imperial and Commonwealth History*, vol. 12 (1983).

Foster, R. F., 'Paddy and Mr Punch', *Journal of Newspaper and Periodical History*, vol. 7 (1991).

Frank, Tibor, 'Lajos Kossuth and the Hungarian Exiles in London', in Sabine Freitag, ed., *Exiles from European Revolutions : Refugees in Mid-Victorian England* (Oxford, 2003).

Frost, Diane, 'The "Enemy Within"? Asylum, Racial Violence and "Race Hate" in Britain Today', *21st Century Society*, vol. 2 (2007).

Gable, Gerry, 'Britain's Nazi Underground', in Luciano Cheles, Ronnie Ferguson and Michalina Vaughan, eds, *The Far Right in Western and Eastern Europe*, 2nd edn (London, 1995).

Galbraith, John S., 'The Pamphlet Campaign in the Boer War', *Journal of Modern History*, vol. 24 (1952).

Gardner, Katy and Shukur, Abdus, '"I'm Bengali, I'm Asian and I'm Living Here" : The Changing Face of British Bengalis', in Roger Ballard, ed., *Desh Pradesh : The South Asian Presence in Britain* (London, 1994).

George, Vic and Millerson, Geoffrey, 'The Cypriot Community in London', *Race*, vol. 8 (1967).

Gill, Paramjit S., Arnott, Robert and Stewart, John, 'Doctors from the Indian Subcontinent in UK General Practice', *Lancet*, vol. 362 (2003).

Gilley, Sheridan, 'English Attitudes towards the Irish', in Colin Holmes, ed., *Immigrants and Minorities in British Society* (London, 1978).

Gilley, Sheridan, 'The Garibaldi Riots of 1862', *Historical Journal*, vol. 16 (1973).

Gilley, Sheridan, 'The Roman Catholic Church and the Nineteenth-Century Irish Diaspora', *Journal of Ecclesiastical History*, vol. 35 (1984).

Gilley, Sheridan, 'The Roman Catholic Mission to the Irish in London, 1840-1860', *Recusant History*, vol. 10 (1969-70).

Gilley, Sheridan, 'Catholic Faith of the Irish Slums : London, 1840-70', in H. J. Dyos and M. Wolff, eds, *The Victorian City : Images and Realities* (London, 1973).

Gilroy, Paul, 'Police and Thieves', in Centre for Contemporary Cultural Studies, ed., *The Empire Strikes Back : Race and Racism in Contemporary Britain* (London, 1982).

Glazier, Nathan and Moynihan, Daniel P., 'Introduction', in Nathan Glazier and Daniel P. Moynihan, eds, *Ethnicity : Theory and Experience* (Cambridge, MA, 1975).

Goodey, Jo, 'The Criminalization of British Asian Youth : Research from Bradford and Sheffield', *Journal of Youth Studies*, vol. 4 (2001).

Goodwin, Matthew J., 'The Extreme Right in Britain : Still an "Ugly Duckling" but for How Long?', *Political Quarterly*, vol. 78 (2007).

Goose, Nigel, 'The "Dutch" in Colchester', *Immigrants and Minorities* vol. 1 (1982).

Greengrass, Mark, 'Protestant Exiles and their Assimilation in Early Modern England', *Immigrants and Minorities*, vol. 4 (1985).

Griffiths, David J., 'Fragmentation and Consolidation : The Contrasting Cases of Somali and Kurdish Refugees in London', *Journal of Refugee Studies*, vol. 13 (2000).

Grillo, Ralph, '"Saltdean Can't Cope" : Protests Against Asylum Seekers in an English Seaside Suburb', *Ethnic and Racial Studies*, vol. 28 (2005).

Grzbienowski, T., 'The Polish Cause in England a Century Ago', *Slavonic Review*, vol. 11 (1932).

Gullace, Nicoletta F., 'Friends, Aliens and Enemies : Fictive Communities and the Lusitania Riots of 1915', *Journal of Social History*, vol. 39 (2005).

Hall, Ray, 'Stabilizing Population Growth : The European Experience', in Philip Sarre and John Blanden (eds), *An Overcrowded World? Population, Resources and the Environment* (Oxford, 2000).

Hall, Stuart, 'From Scarman to Stephen Lawrence', *History Workshop Journal*, Issue 58 (1999).

Halpern, Brendan, 'Who are the Irish in Britain? Evidence from Large-Scale Surveys', in Andy Bielenberg, ed., *The Irish Diaspora* (London, 2000).

Hamlett, John, Bailey, Adrian R, Alexander, Andrew and Shaw, Gareth, 'Ethnicity and Consumption : South Asian Shopping Patterns in Britain, 1974-75', *Journal of Consumer Culture*, vol. 8 (2008).

Haslett, John and Lowe, W. J., 'Household Structure and Overcrowding Among the Lancashire Irish, 1851-1871', *Histoire Social*, vol. 10 (1977).

Hatch, E., 'Belgian Refugees in the United Kingdom', *Quarterly Review*, vol. 446 (1916).

Hattersley, Roy, 'Immigration', in C. Cook and D. McKie, eds, *The Decline of Disillusionment: British Politics in the 1960s* (London, 1972).

Henderson, Jeff, and Khan, Valerie, 'Race, Class and the Allocation of Public Housing in Britain', *Urban Studies*, vol. 21 (1984).

Henriques, U. R. Q., 'The Jewish Emancipation Controversy in Nineteenth Century Britain', *Past and Present*, vol. 40 (1968).

Henriques, Ursula, 'The Jewish Community of Cardiff, 1813-1914', *Welsh History Review*, vol. 14 (1988).

Herbert, Joanna, 'Migration, Memory and Metaphor: Life Stories of South Asians in Leicester', in Kathy Burrell and Panikos Panayi, eds, *Histories and Memories: Migrants and their History in Britain* (London, 2006).

Herson, John, 'Migration, "Community" or Integration? Irish Families in Victorian Stafford', in Roger Swift and Sheridan Gilley, eds, *The Irish in Victorian Britain: The Local Dimension* (Dublin, 1999).

Hickey, John, 'Irish Settlement in Nineteenth Century Cardiff', in Paul O'Leary, ed., *Irish Migrants in Modern Wales* (Liverpool, 2004).

Hillman, Nicholas, 'A Chorus of "Execration"? Enoch Powell's "Rivers of Blood" Forty Years On', *Patterns of Prejudice*, vol. 42 (2008).

Hollingsworth, Barry, 'The Society of Friends of Russian Freedom: English Liberals and Russian Socialists', *Oxford Slavonic Papers*, vol. 3 (1970).

Holmes, Colin, 'The German Gypsy Question in Britain, 1904-1906', in Kenneth Lunn, ed., *Hosts, Immigrants and Minorities: Historical Responses to Newcomers in British Society* (Folkestone, 1980).

Holmes, Colin, 'Immigrants, Refugees and Revolutionaries', in John Slatter, ed., *From the Other Shore: Russian Political Emigrants in Britain, 1880-1917* (London, 1984).

Holmes, Colin, 'J. A. Hobson and the Jews', in Colin Holmes, ed., *Immigrants and Minorities in British Society* (London, 1978).

Holmes, Colin, 'The Tredegar Riots of 1911: Anti-Jewish Disturbances in South Wales, *Welsh History Review*, vol. 11 (1982).

Holmes, Colin, 'Trotsky and Britain', *Society for the Study of Labour History Bulletin*, vol. 39 (1979).

Holmes, Colin and Ion, A. H., 'Bushidō and the Samurai: Images in British Public Opinion, 1894-1914', *Modern Asian Studies*, vol. 14 (1980).

Holmes, Martin, 'Evil May-Day 1517: The Story of a Riot', *History Today*, vol. 15 (September 1965).

Horsman, Reginald, 'Origins of Racial Anglo-Saxonism in Great Britain before 1850', *Journal of the History of Ideas*, vol. 37 (1976).

Howald, Stefan, 'Everyday Life in Prewar and Wartime Britain', in Marian Malet and Anthony Grenville, eds, *Changing Countries: The Experience and Achievement of*

German-Speaking Exiles from Hitler in Britain, 1933 to Today (London, 2002).
Huggan, Graham, 'Virtual Multiculturalism : The Case of Contemporary Britain', *European Studies*, vol. 16 (2001).
Husbands, Christopher T., 'East End Racism, 1900-1980 : Geographical Continuities in Vigilantist and Extreme Right-wing Political Behaviour', *London Journal*, vol. 8 (1982).
Hutchinson, John, and O'Day, Alan, 'The Gaelic Revival in London, 1900-22 : Limits of Ethnic Identity', in Roger Swift and Sheridan Gilley, eds, *The Irish in Victorian Britain : The Local Dimension* (Dublin, 1999).
Huttman, E. D., 'Housing Segregation in Western Europe : An Introduction', in E. D. Huttman, W. E. Blanco and S. Saltman, eds, *Urban Housing : Segregation of Minorities in Western Europe and the United States* (London, 1991).
Hutton, Seán, 'The Irish in London', in Nick Merriman, ed., *The Peopling of London : 15,000 Years of Settlement from Overseas* (London, 1993).
Hyams, Paul, 'The Jewish Minority in Medieval England, 1066-1290', *Journal of Jewish Studies*, vol. 25 (1974).
Iganski, P., 'Why Make "Hate" a Crime?', *Critical Social Policy*, vol. 19 (1999).
James, Winston, 'Migration, Racism and Identity Formation : The Caribbean Experience in Britain', in Winston James and Clive Harris, eds, *Inside Babylon : The Caribbean Diaspora in Britain* (London, 1993).
Jarvis, F. Anne M. R., 'German Musicians in London, c1750-1850', in Stefan Manz, Margrit Schulte Beerbühl and John R. Davis, eds, *Migration and Transfer from Germany to Britain, 1660-1914* (Munich, 2007).
Jenkinson, Jacqueline, 'The 1919 Riots', in Panikos Panayi, ed., *Racial Violence in Britain in the Nineteenth and Twentieth Centuries* (London, 1996).
Johnston, Ron, Forrest, James, and Poulsen, Michael, 'Are there Ethnic Enclaves/Ghettos in English Cities', *Urban Studies*, vol. 39 (2002).
Jones, Trevor, 'South Asian Businesses in Retreat? The Case of the UK', *Journal of Ethnic and Migration Studies*, vol. 29 (2003).
Joseph, C. L., 'The British West Indies Regiment, 1914-1918', *Journal of Caribbean History*, vol. 2 (1971).
Josephides, Sasha, 'Associations Amongst the Greek Cypriot Population in Britain', in John Rex, Daniele Joly and Czarina Wilpert, eds, *Immigrant Associations in Europe* (Aldershot, 1987)
Josephides, Sasha, 'Principles, Strategies and Anti-Racist Campaigns : The Case of the Indian Workers' Association', in Harry Gouldbourne, ed., *Black Politics in Britain* (Aldershot, 1990).
Kadish, Sharman, '"Bolche, Bolshie and the Jewish Bogey" : The Russian Revolution and Press Antisemitism', *Patterns of Prejudice*, vol. 22 (1988).
Kamphoefner, Walter D., 'At the Crossroads of Economic Development : Background

Factors Affecting Emigration from Nineteenth Century Germany', in Ira D. Glazier and Luigi De Roza, eds, *Migration Across Time and Nations : Population Mobility in Historical Context* (London, 1986).

Karsten, P., 'Irish Soldiers in the British Army, 1792-1922 : Suborned or Subordinate', *Journal of Social History*, vol. 17 (1983).

Kennedy, David and Kennedy, Peter, 'Ambiguity, Complexity and Convergence : The Evolution of Liverpool's Irish Football Clubs', *International Journal of the History of Sport*, vol. 24 (2007).

Kerr, B. M., 'Irish Seasonal Migration to Great Britain, 1800-38', *Irish Historical Studies*, vol. 3 (1942-3).

Kershen, Anne J., 'Mother Tongue as a Bridge to Assimilation? : Yiddish and Sylhetti in East London', in Anne J. Kershen, ed., *Language, Labour and Migration* (Aldershot, 2000).

Kettenecker, Lothar, 'The Germans After 1945', in Panikos Panayi, ed., *Germans in Britain Since 1500* (London, 1996).

Khan, Verity Saifullah, 'The Pakistanis : Mirpuri Villagers at Home and in Bradford', in James L. Watson, ed., *Between Two Cultures : Migrants and Minorities in Britain* (Oxford, 1977).

Kiernan, V. G., 'Britons Old and New', in Colin Holmes, ed., *Immigrants and Minorities in British Society* (London, 1978).

Klug, Brian, 'Ritual Murmur : The Undercurrent of Protest Against Religious Slaughter of Animals in Britain in the 1980s', *Patterns of Prejudice*, vol. 23 (1991).

Kosmin, Barry A., 'Nuptuality and Fertility Patterns of British Jewry, 1850-1980', in D. A. Coleman, ed., *Demography of Immigrant and Minority Groups* (London, 1982).

Krause, Kristine, 'Transnational Therapy Networks Among Ghanaians in London', *Journal of Ethnic and Migration Studies*, vol. 34 (2008).

Kushner, Tony, 'Antisemitism and Austerity : The August 1947 Riots in Britain', in Panikos Panayi, ed., *Racial Violence in Britain in the Nineteenth and Twentieth Centuries* (London, 1996).

Kushner, Tony, 'Great Britons : Immigration, History and Memory', in Kathy Burrell and Panikos Panayi, eds, *Histories and Memories : Migrants and their History in Britain* (London, 2006).

Kushner, Tony and Lunn, Kenneth, 'Introduction', in Tony Kushner and Kenneth Lunn, eds, *The Politics of Marginality : Race, The Radical Right and Minorities in Twentieth Century Britain* (London, 1990).

Lannes, Xavier, 'International Mobility of Manpower in Western Europe', *International Labour Review*, vol. 73 (1956).

Large, David, 'The Irish in Bristol in 1851 : A Census Enumeration', in Roger Swift and Sheridan Gilley, ed., *The Irish in the Victorian City* (London, 1985).

Layton-Henry, Zig, 'The Electoral Participation of Black and Asian Britons : Integration

or Alienation', *Parliamentary Affairs*, vol. 38 (1985).
Lester, Anthony, 'The Politics of the Race Relations Act 1976', in Muhhammad Anwar, Patrick Roach and Ranjit Sondhi, eds, *From Legislation to Integration? Race Relations in Britain* (London, 2000).
Lewis, Philip, 'Being Muslim and Being British: The Dynamics of Islamic Reconstruction in Britain', in Roger Ballard, ed., *Desh Pradesh: The South Asian Presence in Britain* (London, 1994).
Lipman, V. D., 'The Age of Emancipation, 1815-1880', in V. D. Lipman, ed., *Three Centuries of Anglo-Jewish History* (London, 1961).
Lipman, V. D., 'The Origins of Provincial Anglo-Jewry', in Aubrey Newman, ed., *Provincial Jewry in Victorian England* (London, 1978).
Lipman, V. D., 'A Survey of Anglo-Jewry in 1851', *Transactions of the Jewish Historical Society of England*, vol. 17 (1951-2).
Livshin, Rosalyn, 'The Acculturation of the Children of Immigrant Jews in Manchester, 1890-1930', in David Cesarani, ed., *The Making of Modern Anglo-Jewry* (Oxford, 1990).
Loebl, Herbert, 'Refugee Industries in the Special Areas of Britain', in Gerhard Hirschfeld, ed., *Exile in Great Britain: Refugees from Hitler's Germany* (Leamington Spa, 1984).
Lugard, Lady, 'The Work of the War Refugees' Committee', *Journal of the Royal Society of Arts*, vol. 43 (1915).
Luk, Wai-ki E., 'Chinese Ethnic Settlements in Britain: Spatial Meanings of an Orderly Distribution', *Journal of Ethnic and Migration Studies*, vol. 34.
Lunn, Kenneth, 'Parliamentary Politics and the "Jewish Vote" in Whitechapel, 1906-1914', in Aubrey Newman, ed., *The Jewish East End* (London, 1982).
Luu, Lien Bich, 'Alien Communities in Transition', in Nigel Goose and Lien Bich Luu, eds, *Immigrants in Tudor and Early Stuart England* (Brighton, 2005).
Luu, Lien Bich, 'Dutch and their Beer Brewing in England, 1400-1700', in Anne J. Kershen, ed., *Food in the Migrant Experience* (Aldershot, 2002).
Mac an Ghaill, Martin, 'The Irish in Britain: The Invisibility of Ethnicity and Anti-Irish Racism', *Journal of Ethnic and Migration Studies*, vol. 26 (2000).
McCaffrey, John, 'The Irish Vote in Glasgow in the late Nineteenth Century: A Preliminary Survey', *Innes Review*, vol. 21 (1970).
MacDermott, T. P., 'Irish Workers in Tyneside in the Nineteenth Century', in Norman McCord, ed., *Essays in Tyneside Labour History* (Newcastle-upon-Tyne, 1977).
MacDonald, Roderick J., 'Dr Harold Arundel Moody and the League of Coloured Peoples, 1931-1947: A Retrospective View', *Race*, vol. 14 (1973).
McGrath, Walter, 'The Boer Irish Brigade', *Irish Sword*, vol. 5 (1961).
McDonagh, Michael, 'The London Irish', *Irish Soldier*, 1 October 1918.
Machin, Ian, 'British Catholics', in Rainder Liedtke and Stephan Wendehorst, eds, *The*

Emancipation of Catholics, Jews and Protestants : Minorities and the Nation State in Nineteenth Century Europe (Manchester, 1999).

McGregor, JoAnn, '"Joining the BBC (British Bottom Cleaners)" : Zimbabwean Migrants and the UK Care Industry', *Journal of Ethnic and Migration Studies*, vol. 33 (2007).

Mahler, Raphael, 'The Economic Background of Jewish Emigration from Galicia to the United States', *YIVO Annual of Jewish Social Science*, vol. 7 (1952).

Malcolm, Elizabeth, '"A Most Miserable Looking Object" : The Irish in English Asylums, 1850-1901 : Migration, Poverty and Prejudice', in John Belchem and Klaus Tenfelde, eds, *Irish and Polish Migration in Comparative Perspective* (Essen, 2003).

Mannsaker, Frances M., 'The Dog that Didn't Bark : The Subject Races at the Turn of the Century', in David Dabydeen, ed., *The Black Presence in English Literature* (Manchester, 1985).

Manz, Stefan, 'Management Transfer in the Textile Industry : The Example of Otto Ernst Philippi at J & P Coats, 1872-1917', in Stefan Manz, Margrit Schulte Beerbühl and John R. Davis, eds, *Migration and Transfer from Germany to Britain, 1660-1914* (Munich, 2007).

Marchlewicz, Krzysztof , 'Continuities and Innovations : Polish Emigration after 1849', in Sabine Freitag, ed., *Exiles from European Revolutions : Refugees in Mid-Victorian England* (Oxford, 2003).

May, J. P., 'The Chinese in Britain', in Colin Holmes, ed., *Immigrants and Minorities in British Society* (London, 1978).

Meer, Nasar, 'Muslim Schools in Britain : Challenging Mobilisations or Logical Developments?', *Asia Pacific Journal of Education*, vol. 27 (2007).

Meer, Nasar, 'The Politics of Voluntary and Involuntary Identities : Are Muslims in Britain an Ethnic, Racial or Religious Minority?', *Patterns of Prejudice*, vol. 42 (2008).

Meer, Nasar and Noorani, Tehseen, 'A Sociological Comparison of Antisemitism and anti-Muslim Sentiment in Britain', *Sociological Review*, vol. 56 (2008).

Merriman, Nick, 'From Prehistoric Times to the Huguenots', in Nick Merriman, ed., *The Peopling of London : 15,000 Years of Settlement from Overseas* (London, 1993).

Miles, Robert, 'The Riots of 1958 : The Ideological Construction of Race Relations as a Political Force in Britain', *Immigrants and Minorities*, vol. 3 (1984).

Miller, David, 'Propaganda and the "Terror Threat" in the UK', in Elizabeth Poole and John E. Richardson, eds, *Muslims and the News Media* (London, 2006).

Millward, Pauline, 'The Stockport Riots of 1852 : A Study of Anti-Catholic and Anti-Irish Sentiment', in Roger Swift and Sheridan Gilley, eds, *The Irish in the Victorian City* (London, 1985).

Model, Suzanne and Fisher, Gene, 'Unions Between Blacks and Whites : England Compared with the USA', *Ethnic and Racial Studies*, vol. 25 (2002).

Moran, Gerard, 'Nationalists in Exile : The National Brotherhood of St Patrick in Lanca-

shire, 1861-5, in Roger Swift and Sheridan Gilley, eds, *The Irish in Victorian Britain : The Local Dimension* (Dublin, 1999).

Muhs, Rudolf, 'Jews of German Background in British Politics', in Werner E. Mosse, et al., eds, *Second Chance : Two Centuries of German-Speaking Jews in the United Kingdom* (Tübingen, 1991).

Myers, Kevin, 'Historical Practice in the Age of Pluralism : Educating and Celebrating Identities', in Kathy Burrell and Panikos Panayi, eds, *Histories and Memories : Migrants and their History in Britain* (London, 2006).

Neal, Frank, 'A Criminal Profile of the Liverpool Irish', *Transactions of the Historic Society of Lancashire and Chesire*, vol. 140 (1990).

Neal, Frank, 'English-Irish Conflict in the North West of England : Economics, Racism, Anti-Catholicism or Xenophobia', *North West Labour History*, vol. 16 (1991-2).

Neal, Frank, 'Liverpool, the Irish Steamship Companies and the Famine Irish', *Immigrants and Minorities*, vol. 5 (1986).

Neal, Frank, 'South Wales, the Coal Trade and the Irish Famine Refugee Crisis', in Paul O'Leary, ed., *Irish Migrants in Modern Wales* (Liverpool, 2004).

Neal, Frank, 'A Statistical Profile of the Irish Community in Gateshead : The Evidence of the 1851 Census', *Immigrants and Minorities*, vol. 27 (2009).

O'Connell, Bernard, 'Irish Nationalism in Liverpool, 1873-1923', *Eire Ireland*, vol. 10 (1975).

O'Day, Alan, 'The Political Behaviour of the Irish in Great Britain in the Later Nineteenth and Early Twentieth Centuries', in John Belchem and Klaus Tenfelde, eds, *Irish and Polish Migration in Comparative Perspective* (Essen, 2003).

O'Day, Alan, 'Varieties of Anti-Irish Behaviour in Britain, 1846-1922', in Panikos Panayi, ed., *Racial Violence in Britain in the Nineteenth and Twentieth Centuries* (London, 1996).

Ó Gráda, Cormac, 'A Note on Nineteenth Century Irish Emigration Statistics', *Population Studies*, vol. 29 (1975).

O'Higgins, Rachel, 'The Irish Influence in the Chartist Movement', *Past and Present*, no. 20 (1961).

O'Leary, Paul, 'Anti-Irish Riots in Wales, 1826-1882', *Llafur*, vol. 5 (1991).

O'Leary, Paul, 'Skill and Workplace in an Industrial Economy : The Irish in South Wales', in John Belchem and Klaus Tenfelde, eds, *Irish and Polish Migration in Comparative Perspective* (Essen, 2003).

O'Neill, Brendan, 'How Migrants Really Live', *New Statesman*, 4 June 2007.

Ó Tuathaigh, M. A. G., 'The Irish in Nineteenth Century Britain : Problems of Integration', *Transactions of the Royal Historical Society*, vol. 31 (1981).

Panayi, Panikos, 'Anti-German Riots in London During the First World War', *German History*, 7 (1989).

Panayi, Panikos, 'Anti-Immigrant Riots in Nineteenth and Twentieth Century Britain', in

Panikos Panayi, ed., *Racial Violence in Britain in the Nineteenth and Twentieth Centuries* (London, 1996).

Panayi, Panikos, 'Cosmopolis : London's Ethnic Minorities', in Andrew Gibson and Joe Kerr, eds, *London from Punk to Blair* (London, 2003).

Panayi, Panikos, 'Dominant Societies and Minorities in the Two World Wars', in Panikos Panayi, ed, *Minorities in Wartime : National and Racial Groupings in Europe, North America and Australia during the Two World Wars* (Oxford, 1993).

Panayi, Panikos, `Germans in Eighteenth Century Britain', in Panikos Panayi, ed., *Germans in Britain Since 1500* (London, 1996).

Panayi, Panikos, 'Immigration and Food in Twentieth-Century Britain : Exchange and Ethnicity', *Journal for the Study of British Cultures*, vol. 13 (2006).

Panayi, Panikos, 'Middlesbrough 1961 : A British Race Riot of the 1960s ?', *Social History*, vol. 16 (1991).

Panayi, Panikos, 'One Last Chance : Masculinity, Ethnicity and the Greek Cypriot Community of London', in Pat Kirkham and Janet Thumin eds, *You Tarzan : Masculinity, Movies and Men* (London, 1993).

Panayi, Panikos, 'Refugees in Twentieth-Century Britain : A Brief History', in Vaughan Robinson, ed., *The International Refugee Crisis : British and Canadian Responses* (London, 1993).

Panayi, Panikos, 'Sausages, Waiters and Bakers : German Migrants and Culinary Transfer to Britain', in Stefan Manz, Margrit Schulte Beerbühl and John R. Davis, eds, *Migration and Transfer from Germany to Britain, 1660-1914* (Munich, 2007).

Panayi, Panikos, `The Spicing Up of English Provincial Life : The History of Curry in Leicester', in Anne J. Kershen, ed., *Food in the Migrant Experience* (Aldershot, 2002).

Panayi, Panikos, 'Victims, Perpetrators and Bystanders in a German Town : The Jews of Osnabrück Before, During and After the Third Reich', *European History Quarterly*, vol. 33 (2003).

Papadaki, Evienia and Roussou, Maria, 'The Greek Speech Community', in Safder Allandina and Viv Edwards, eds, *Multilingualism in the British Isles : The Older Tongues and Europe* (London, 1991).

Parker-Jenkins, Marie, 'Equal Access to State Funding : The Case of Muslim Schools in Britain', *Race, Ethnicity and Education*, vol. 5 (2002).

Parry, Jon, 'The Tredegar Anti-Irish Riots of 1882', *Llafur*, vol. 3 (1983).

Patterson, Sheila, 'The Poles : An Exile Community in Britain', in James L. Watson, ed., *Between Two Cultures : Migrants and Minorities in Britain* (Oxford, 1977).

Peach, Ceri, 'Does Britain Have Ghettos ?', *Transactions of the Institute of British Geographers*, New Series, vol. 21 (1996).

Peach, Ceri, 'Empire, Economy, and Immigration : Britain 1850-2000', in Paul Slack and Ryk Ward, eds, *The Peopling of Britain : The Shaping of a Human Landscape* (Ox-

ford, 2002).

Peach, Ceri, 'A Geographical Perspective on the 1981 Urban Riots in England', *Ethnic and Racial Studies*, vol. 9 (1986).

Peach, Ceri , 'Social Geography : New Religions and Ethnosuburbs – Contrasts with Cultural Geography', *Progress in Human Geography*, vol. 26 (2002)

Peach, Ceri , 'South Asian Migration and Settlement in Great Britain, 1951–2001', *Contemporary South Asia*, vol. 15 (2006).

Pellew, Jill, 'The Home Office and the Aliens Act, 1905', *Historical Journal*, vol. 32 (1989).

Phillips, Deborah, 'Black Minority Ethnic Concentration, Segregation and Dispersal in Britain', *Urban Studies*, vol. 35 (1998)

Phillips, Deborah, 'Moving Towards Integration : The Housing of Asylum Seekers and Refugees in Britain', *Housing Studies*, vol. 21 (2006).

Philpott, Stuart, 'The Montserratians : Migration Dependency and the Maintenance of Island Ties in England', in James L. Watson, ed., *Between Two Cultures : Migrants and Minorities in Britain* (Oxford, 1977).

Pollins, Harold, 'East End Jewish Working Men's Clubs Affiliated to the Working Men's Clubs and Institute Union', in Aubrey Newman, ed., *The Jewish East End* (London, 1982).

Pooley, Colin G., 'The Residential Segregation of Migrant Communities in Mid-Victorian Liverpool', *Transactions of the Institute of British Geographers*, New Series, vol. 2 (1977).

Pooley, Colin G., 'Segregation or Integration? The Residential Experience of the Irish in Mid-Victorian Britain', in Roger Swift and Sheridan Gilley, eds, *The Irish in Britain, 1815–1939* (London, 1989).

Purwar, Nirmal, 'Multicultural Fashion : Stirrings of Another Sense of Aesthetics and Memory', *Feminist Review*, vol. 71 (2002).

Rainger, Ronald, 'Race, Politics and Science : The Anthropological Society of London in the 1860s', *Victorian Studies*, vol. 22 (1978).

Ram, Monder, Abbas, Tahir, Sanghera, Baliha, Barlow, Gerald and Jones, Trevor, '"Apprentice Entrepreneurs"? Ethnic Minority Workers in the Independent Restaurant Sector', *Work, Employment and Society*, vol. 15 (2001).

Ram, Monder, Abbas, Tahir, Sanghera, Baliha and Hillin, Guy, '"Currying Favour with the Locals" : Balti Owners and Business Enclaves', *International Journal of Entrepreneurial Behaviour and Research*, vol. 6 (2000).

Ravenstein, E. G., 'The Laws of Migration', *Journal of the Royal Statistical Society*, vols 48 and 52 (1885 and 1888).

Rehin, John F., 'Blackface Street Minstrels in Victorian London and its Resorts : Popular Culture and its Racial Connotations as Revealed in Polite Opinion', *Journal of Popular Culture*, vol. 15 (1981).

Rex, John, 'The Social Segregation of the Immigrant in British Cities', *Political Quarterly*, vol. 39 (1968).

Reynolds, David, 'The Churchill Government and the Black American Troops in Britain During World War II', *Transactions of the Royal Historical Society*, 5th series, vol. 35 (1984).

Reynolds, Tracey, 'Caribbean Families, Social Capital and Young People's Diasporic Identities', *Ethnic and Racial Studies*, vol. 29 (2006).

Paul B. Rich, 'Conservative Ideology and Race in Modern British Politics', in Zig Layton-Henry and Paul B. Rich, eds, *Race, Government and Politics in Britain* (Basingstoke, 1986).

Rich, Paul B., 'Doctrines of Racial Segregation in Britain: 1900-1945, *New Community*, vol. 12 (1984-5).

Richardson, C., 'Irish Settlement in Mid-Nineteenth Century Bradford', *Yorkshire Bulletin of Economic and Social Research*, vol. 20 (1968).

Rogers, Murdoch, 'Glasgow Jewry: The History of the City's Jewish Community', in Billy Kay, ed., *Odyssey: Voices from Scotland's Recent Past* (Edinburgh, 1982).

Rojek, Wojciech, 'The Government of the Republic of Poland in Exile, 1945-92', in Peter D. Stachura, ed., *The Poles in Britain, 1940-2000: From Betrayal to Assimilation* (London, 2004).

Rollin, A. R., 'The Jewish Contribution to the British Textile Industry: "Builders of Bradford"', *Transactions of the Jewish Historical Society of England*, vol. 17 (1951).

Rollo, Joanna, 'The Special Patrol Group', in Peter Hain, Martin Kettle, Duncan Campbell and Joanna Rollo, eds, *Policing the Police*, Vol. 2 (London, 1980).

Rosenblaum, S., 'A Contribution to the Study of the Vital and other Statistics of the Jews in the United Kingdom', *Journal of the Royal Statistical Society*, vol. 68 (1905).

Rössler.Hans, '"Die Zuckerbäcker waren vornehmlich Hannoveraner": Zur Geschichte der Wanderung aus dem Elbe-Weser-Dreieck in die Britische Zuckerindustrie', *Jahrbuch der Männer vom Morgenstern*, vol. 81 (2003).

Roth, Cecil, 'The Court Jews of Edwardian England', *Jewish Social Studies*, vol. 5 (1943).

Rubinstein, W. D., 'Henry Page Croft and the National Party, 1917-22', *Journal of Contemporary History*, vol. 9 (1974).

Rudé, George, 'The Gordon Riots: A Study of the Rioters and Their Victims', *Transactions of the Royal Historical Society*, 5th series, vol. 6 (1956).

Ryan, Louise, 'Passing Time: Irish Women Remembering and Re-Telling Stories of Migration to Britain', in Kathy Burrell and Panikos Panayi, eds, *Histories and Memories: Migrants and their History in Britain* (London, 2006).

Ryan, Louise, 'Who Do You Think You Are? Irish Nurses Encountering Ethnicity and Constructing Identity in Britain', *Ethnic and Racial Studies*, vol. 30 (2007).

Saggar, Shamit, 'A Late, Though Not Lost, Opportunity: Ethnic Minority Electors, Party Strategy and the Conservative Party', *Political Quarterly*, vol. 69 (1998).

Saggar, Shamit, and Geddes, Andrew, 'Negative and Positive Racialisation : Re-Examining Ethnic Minority Political Representation in the UK', *Journal of Ethnic and Migration Studies*, vol. 26 (2000).

Sales, Rosemary, 'The Deserving and the Undeserving? Refugees, Asylum Seekers and Welfare in Britain', *Critical Social Policy*, vol. 22 (2002).

Sales, Rosemary, 'Secure Borders, Safe Haven : A Contradiction in Terms?', *Ethnic and Racial Studies*, vol. 28 (2005).

Schapiro, Leonard, 'The Russian Background of the Anglo-American Jewish Immigration', *Transactions of the Jewish Historical Society of England*, vol. 20 (1959-60).

Scouloudi, Irene, 'Alien Immigration in London, 1558-1640', *Proceedings of the Huguenot Society of London*, vol. 16 (1938).

Seed, John, 'Limehouse Blues : Looking for Chinatown in the London Docks, 1900-40', *History Workshop Journal*, Issue 62 (2006).

Seshagiri, Urmilla, 'Modernity's (Yellow) Perils : Dr Fu-Macnhu and English Race Paranoia', *Cultural Critique*, vol. 62 (2006).

Shang, Anthony, 'The Chinese in London' in Nick Merriman, ed., *The Peopling of London : 15,000 Years of Settlement from Overseas* (London, 1993).

Sheller, Mimi and Urry, John, 'The New Mobilities Paradigm', *Environment and Planning A*, vol. 38 (2006).

Shimoni, Gideon, 'Poale Zion : A Zionist Transplant in Britain 1905-1945', *Studies in Contemporary Jewry*, vol. 2 (1986).

Shukra, K., 'Black Sections in the Labour Party', in Harry Goulbourne, ed., *Black Politics in Britain* (Aldershot, 1990).

Singh, Gurharpal, 'Multiculturalism in Contemporary Britain : Reflections on the "Leicester Model"', in John Rex and Gurharpal Singh, eds, *Governance in Multicultural Societies* (Aldershot, 2004).

Smith, Elaine R., 'Jewish Responses to Political Antisemitism and Fascism in the East End of London', in Tony Kushner and Kenneth Lunn, eds., *Traditions of Intolerance : Historical Perspectives on Fascism and Race Discourse in Britain* (Manchester, 1989).

Spencer, A. E. C. W., 'Catholics in Britain and Ireland', in D. A. Coleman, ed., *Demography of Immigrant and Minority Groups* (London, 1982).

Sponza, Lucio, 'The Anti-Italian Riots, June 1940', in Panikos Panayi, ed., *Racial Violence in Britain in the Nineteenth and Twentieth Centuries* (London, 1996).

Sponza, Lucio, 'The British Government and the Internment of Italians', in David Cesarani and Tony Kushner, eds, *The Internment of Aliens in Twentieth Century Britain* (London, 1993).

Sponza, Lucio, 'Italian Immigrants in Britain : Perceptions and Self-Perceptions', in Kathy Burrell and Panikos Panayi, eds, *Histories and Memories : Migrants and their History in Britain* (London, 2006).

Sponza, Lucio, 'Italian "Penny Ice-Men" in Victorian London', in Anne J. Kershen, ed., *Food in the Migrant Experience* (Aldershot, 2002).

Sponza, Lucio, 'Italians in War and Post-War Britain', in Johannes Dieter-Steinert and Inge Weber-Newth, eds, *European Immigrants in Britain* (Munich, 2003).

Stadulis, Elizabeth, 'The Resettlement of Displaced Persons in United Kingdom', *Population Studies*, vol. 5 (1952).

Steinmetz, Susanne, 'The German Churches in London, 1669-1914' in Panikos Panayi, ed., *Germans in Britain Since 1500* (London, 1996).

Stent, Ronald, 'Jewish Refugee Organizations', in Werner E. Mosse, et al., eds, *Second Chance : Two Centuries of German-Speaking Jews in the United Kingdom* (Tübingen, 1991).

Stillwell, John, and Phillips, Deborah, 'Diversity and Change : Understanding the Ethnic Geographies of Leeds', *Journal of Ethnic and Migration Studies*, vol. 32 (2006).

Strauss, Herbert A., 'Jewish Emigration in the Nazi Period : Some Aspects of Acculturation', in Werner E. Mosse, et al., eds, *Second Chance : Two Centuries of German -Speaking Jews in the United Kingdom* (Tübingen, 1991).

Street, John, Hague, Seth and Savigny, Heather, 'Playing to the Crowd : The Role of Music and Musicians in Political Participation', *British Journal of Politics and International Relations*, vol. 10 (2008).

Swift, Roger, '"Another Stafford Street Row" : Law, Order and the Irish Presence in Mid-Victorian Wolverhampton', *Midland History*, vol. 9 (1984).

Swift, Roger, 'Anti-Catholicism and the Irish Disturbances : Public Order in Mid-Victorian Wolverhampton', *Midland History*, vol. 9 (1984).

Swift, Roger, 'Crime and the Irish in Nineteenth Century Britain', in Roger Swift and Sheridan Gilley, *The Irish in Britain, 1815-1939* (London, 1989).

Syamken, Georg, 'Englandfahrer und Merchant Adventurers', *Hamburger-Wirtschafts -Chronik*, vol. 5 (1975).

Sze, Szeming, 'Chinese Students in Great Britain', *Asiatic Review*, vol. 27 (1931).

Tananbaum, Susan L., 'Ironing Out the Ghetto Bend : Sports and the Making of Modern British Jews', *Journal of Sport History*, vol. 31 (2004), pp. 53-75.

Tebben, Maryann, '"French" Fries : France's Culinary Identity from Brillat-Savarin to Barthes', *Convivium Artium : Food Representation in Literature, Film, and the Arts*, Spring 2006, http://flan.utsa.edu/conviviumartium/Tebben.html

Theodorou, Zena and Kyriacou, Sav , 'Cypriots in London', in Nick Merriman, ed., *The Peopling of London : 15,000 Years of Settlement from Overseas* (London, 1993).

Thompson, Dorothy, 'Ireland and the Irish in English Radicalism before 1850', in James Epstein and Dorothy Thompson, eds, *The Chartist Experience : Studies in Working -Class Radicalism and Culture, 1830-1960* (London, 1982).

Thompson, E. P., 'The Moral Economy of the English Crowd in the Eighteenth Century', *Past and Present*, no. 50 (1971).

Thompson, Paul, 'Moving Stories : Oral History and Migration Studies', *Oral History*, vol. 27 (1999).

Thorne, Christopher, 'Britain and the Black GIs : Racial Issues and Anglo-American Relations in 1942', *New Community*, vol. 3 (1974).

Thurlow, Richard, 'Blaming the Blackshirts : The Authorities and the Anti-Jewish Disturbances of the 1930s', in Panikos Panayi, ed., *Racial Violence in Britain in the Nineteenth and Twentieth Centuries* (London, 1996).

Thurlow, Richard, 'The Failure of British Fascism', in Andrew Thorpe, ed., *The Failure of Political Extremism in Inter-War Britain* (Exeter, 1989).

Tobias, J. J., 'Police Immigrant Relations in England : 1880-1910', *New Community*, vol. 3 (1974).

Tolia-Kelly, Divya P., 'A Journey Through the Material Geographies of Disapora Cultures : Four Modes of Environmental Memory', in Kathy Burrell and Panikos Panayi, eds, *Histories and Memories : Migrants and their History in Britain* (London, 2006).

Townsend, Robert B., 'The Status of Women and Minorities in the History Profession', *Perspectives* (April 2002).

'The Transfer of Irish Workers to Great Britain', *International Labour Review*, vol. 48 (1943).

Treble, J H., 'Irish Navvies in the North of England, 1830-50', *Transport History*, vol. 6 (1973).

Troyna, Barry, 'Reporting Racism : The "British Way of Life" Observed', in Charles Husband, ed., *'Race' in Britain : Continuity and Change* (London, 1987).

Uberoi, Varun, 'Social Unity in Britain', *Journal of Ethnic and Migration Studies*, vol. 33 (2007).

Ugolini, Wendy, 'Memory, War and the Italians in Edinburgh : The Role of Communal Myth', *National Identities*, vol. 8 (2006).

Ugolini, Wendy, 'Reinforcing Otherness? Edinburgh's Italian Community and the Impact of the Second World War', *Family and Community History*, vol. 1 (1998).

Ugolini, Wendy, and Schaffer, Gavin, 'Victims or Enemies? Italians, Refugee Jews and the Reworking of Internment Narratives in Post-War Britain', in M. Riera and Gavin Schaffer, eds, *The Lasting War : Society and Identity in Britain, France and Germany after 1945* (Basingstoke, 2008).

van den Berghe, Pierre L., 'Ethnic Cuisine : Culture in Nature', *Ethnic and Racial Studies*, vol. 7 (1984).

Van Otterloo, Anneke H., 'Foreign Immigrants and the Dutch at Table, 1945-1985 : Bridging or Widening the Gap?', *Netherlands Journal of Sociology*, vol. 23 (1987).

Vertovec, Steven, 'Caught in an Ethnic Quandry : Indo-Caribbean Hindus', in Roger Ballard, ed., *Desh Pradesh : The South Asian Presence in Britain* (London, 1994).

Vertovec, Steven, 'Transnationalism and Identity', *Journal of Ethnic and Migration Stud-*

ies, vol. 27 (2001).

Vincentelli, M., 'The Davies Family and Belgian Refugee Artists and Musicians in Wales', *National Library of Wales Journal*, vol. 22 (1981).

Walker, Graham, 'The Orange Order in Scotland Between the Wars', *International Review of Social History*, vol. 37 (1992).

Walker, W. M., 'Irish Immigrants in Scotland: Their Priests, Politics and Parochial Life', *Historical Journal*, vol. 15 (1972).

Waller, P. J., 'The Chinese', *History Today*, vol. 35 (September 1985).

Walter, Bronwen, 'Contemporary Irish Settlement in London: Women's Worlds, Men's Worlds', in Jim Mac Laughlin, ed., *Location and Dislocation in Contemporary Irish Society: Emigration and Identities* (Cork, 1997).

Waterman, Stanley and Kosmin, Barry, 'Ethnic Identity, Residential Concentration and Social Welfare: The Jews in London', in Peter Jackson, ed., *Race and Racism: Essays in Social Geography* (London, 1987).

Watson, James L., 'The Chinese: Hong Kong Villagers in the British Catering Trade', in James L. Watson, ed., *Between Two Cultures: Migrants and Minorities in Britain* (Oxford, 1977).

Weber-Newth, Inge, 'Bilateral Relations: British Soldiers and German Women', in Louise Ryan and Wendy Webster, eds, *Gendering Migration: Masculinity, Femininity and Ethnicity in Post-WarBritain* (Ashgate, 2008).

Weindling, Paul, 'The Contribution of Central European Jews to Medical Science and Practice in Britain, the 1930s to the 1950s', in W. E. Mosse, et al., eds, *Second Chance: Two Centuries of German-Speaking Jews in the United Kingdom* (Tübingen, 1991).

Wells, Patricia and Williams, Rory, 'Sectarianism at Work: Accounts of Employment Discrimination Against Irish Catholics in Scotland', *Ethnic and Racial Studies*, vol. 26 (2003).

Werly, J. M., 'The Irish in Manchester, 1832-49', *Irish Historical Studies*, vol. 17 (1973).

Westaway, Jonathan, 'The German Community in Manchester, Middle Class Culture and the Development of Mountaneering in Britain', *English Historical Review*, vol. 124 (2009).

Wilkin, Andrew, 'Origins and Destinations of the Early Italo-Scots', *Association of Teachers of Italian Journal*, no. 29 (1979).

Williams, Bill, '"East and West": Class and Community in Manchester Jewry, 1850-1914', in David Cesarani, ed., *The Making of Modern Anglo-Jewry* (Oxford, 1990).

Williams, Chris, '"Decorous and Creditable": The Irish in Newport', in Paul O'Leary, ed., *Irish Migrants in Modern Wales* (Liverpool, 2004).

Williamson, Jeffrey, 'The Impact of the Irish on British Labour Markets during the Industrial Revolution', in Roger Swift and Sheridan Gilley, eds, *The Irish in Britain,*

1815-1939 (London, 1989).
Wilson, Keith M., 'The Protocols of Zion and the *Morning Post*', *Patterns of Prejudice*, vol. 19 (1985).
Wittlinger, Ruth, 'Perceptions of Germany and the Germans in Post-War Britain', *Journal of Multilingual and Multicultural Development*, vol. 25 (2004).
Wood, Ian, 'Irish Immigrants and Scottish Radicalism', in Ian McDougall, ed., *Essays in Scottish Labour History* (Edinburgh, 1979).
Wynn, Neil A., '"Race War": Black American GIs and West Indians in Britain during the Second World War', *Immigrants and Minorities*, vol. 24 (2006).
Yarrow, Stella, 'The Impact of Hostility on Germans in Britain, 1914-1918', in Tony Kushner and Kenneth Lunn, eds, *The Politics of Marginality : Race, The Radical Right and Minorities in Twentieth Century Britain* (London, 1990).
Zamojski, Jan E., 'The Social History of Polish Exile (1939-1945): The Exile State and the Clandestine State', in Martin Conway and José Gotovich, eds, *Europe in Exile : European Exile Communities in Britain, 1940-45* (Oxford, 2001).

公的出版物・報告書

Census of England and Wales 1931 : General Tables (London, 1935).
Census of Scotland 1931 : Report of the Fourteenth Census of Scotland, vol. 2 (Edinburgh, 1993).
Central Office of Information, *Ethnic Minorities* (London, 1997).
Home Office, Department of Work and Pensions, H M Revenue and Customs and Department for Communities and Local Government, 'Accession Monitoring Report, May 2004 - June 2006'.
MacPherson, Sir William, *The Stephen Lawrence Inquiry* (London, 1999).
The National Curriculum for England and Wales (London, 1999).
Office for National Statistics, *Focus on Ethnicity and Identity* (London, 2005).
Royal Commission on the Conditions of the Poorer Classes in Ireland, Appendix G, *The State of the Irish Poor in Great Britain* (London, 1836)
Scarman, Lord, *The Scarman Report : The Brixton Disorders, 10-12 April 1981* (Harmondsworth, 1982).
Scottish Office Central Research Unit Papers, 'Ethnic Minorities in Scotland', June 1983.
Select Committee on Emigration and Immigration (Foreigners) (London, 1888).
United Nations Department of Economics and Social Affairs, Population Division, 'The World at Six Billion', http://www.un.org/esa/population/publications/sixbillion/sixbillion.htm.
United Nations High Commission for Refugees, *The State of the World's Refugees : In Search of Solutions* (Oxford, 1995).

新聞

Daily Telegraph
Guardian
Independent
Jewish Chronicle
Observer
Sunday Telegraph
The Times

学位論文

Baxter, Susan Chui Chie, 'A Political Economy of the Ethnic Chinese Catering Industry' (Aston Ph.D Thesis, 1988).

Dee, Dave, '"Your Religion is Football!" Soccer and the Jewish Community in London, 1900-1960' (De Montfort MA Thesis, 2007).

Dudrah, Rajinder Kurmar, 'British South Asian Identities and the Popular Cultures of British Banghra, Bollywood Film and Zee TV in Birmingham' (Birmingham Ph.D Thesis, 2001).

Jones, M. A., 'The Role of the United Kingdom in the Transatlantic Emigrant Trade, 1815-1875' (Oxford D. Phil thesis, 1955).

Ugolini, Wendy, 'Communal Myths and Silenced Memories : The Unremembered Experience of Italians in Scotland During World War Two' (Edinburgh Ph.D Thesis, 2006).

ウェブサイト（訳者によって2015年10月6日付けでアップデート）

Anglo-German Family History Society, http://www.agfhs.org/site/index.php

Anti-Racist Alliance, http://www.antiracistalliance.org.uk

BBC, http://www.bbc.co.uk

Black History Month, http://blackhistorymonth.org.uk

Research Centre for German and Austrian Exile Studies, http://modernlanguages.sas.ac.uk/research-centre-german-and-austrian-exile-studies

Centre for Research in Ethnic Relations, University of Warwick, http://www2.warwick.ac.uk/fac/soc/crer/（センターは既に閉鎖）

Dalit Solidarity Network UK, http://dsnuk.org

Federation of Family History Societies, http://www.ffhs.org.uk

GENUKI, Family History and Genealogy Societies, http://www.genuki.org.uk/Societies/index.html

Highfields Remembered, http://highfields.dmu.ac.uk

History in Focus, http://www.history.ac.uk/ihr/Focus/

Home Office, UK Border Agency, http://www.ukba.homeoffice.gov.uk

Huguenot Society of Great Britain, http://www.huguenotsociety.org.uk/

Irish Studies Centre, London Metropolitan University, https://metranet.londonmet.ac.uk/irishstudiescentre/
Irish Studies Institute, University of Liverpool, http://www.liv.ac.uk/irish-studies/
Jewish Genealogical Society of Great Britain, http://www.jgsgb.org.uk
Jewish Historical Society of England, http://www.jhse.org
Jewish Museum London, http://www.jewishmuseum.org.uk
Liberty, https://www.liberty-human-rights.org.uk
Manchester Jewish Museum, http://www.manchesterjewishmuseum.com
Moving Here, http://webarchive.nationalarchives.gov.uk/+/http://www.movinghere.org.uk/；(サイトは閉鎖。イギリス国立公文書館によりアーカイヴ化されている)
National Statistics, http://www.statistics.gov.uk
Parkes Centre for Jewish Non-Jewish Relations, University of Southampton, http://www.parkes.soton.ac.uk/
United Nations Department of Economics and Social Affairs, Population Division, http://www.un.org/esa/population

著者略歴

パニコス・パナイー（Panikos Panayi）

ド・モンフォート大学ヨーロッパ史教授。イギリス入移民史研究を代表する研究者の一人。イギリスのドイツ系移民の歴史，人種主義の歴史，難民・移民と記憶，食文化における移民の影響など幅広い関心をもつ。本書の他，*Refugees and the End of Empire: Imperial Collapse and Forced Migration in the Twentieth Century*（Pippa Virdee と共編著，2011年，Palgrave Macmillan），*Prisoners of Britain: German civilian and combatant internees during the First World War*（2013年，Manchester UP）など多くの著作がある。

訳者略歴

浜井祐三子（はまい・ゆみこ）

北海道大学大学院メディア・コミュニケーション研究院教授。専門はイギリス史およびイギリス地域研究，特に現代イギリスの移民研究。東京大学総合文化研究科博士課程中退。主著は『イギリスにおけるマイノリティの表象――「人種」・多文化主義とメディア』（三元社，2004），「多民族・多文化国家イギリス」（木畑洋一編『現代世界とイギリス帝国（イギリス帝国と20世紀第5巻）』，ミネルヴァ書房，2007），「『帝国の残滓』――ウガンダからのアジア人流入とイギリス社会」（木畑洋一・後藤春美編『帝国の長い影』，ミネルヴァ書房，2010）。

溝上　宏美（みぞかみ・ひろみ）

志學館大学人間関係学部准教授。専門はイギリス現代史，特にイギリスにおけるポーランド移民の受け入れ，定住過程やイギリスのナショナル・アイデンティティの変容。京都大学大学院文学研究科博士課程研究指導認定退学。「アトリー労働党政権の東欧系移民受け入れ政策」（『二十世紀研究』4，2003年），「兵士から外国人労働者へ――アトリー労働党政権のポーランド人再定住政策」（『史林』88－3，2005年），「イングリッシュネスと他者――婦人会から見た第二次世界大戦後のイギリス社会の変容」（『西洋史学』244，2012）など。

ISBN 978-4-409-51073-5　C3022

近現代イギリス移民の歴史
――寛容と排除に揺れた二〇〇年の歩み

二〇一六年 五 月二五日　初版第一刷発行
二〇二〇年 九 月二〇日　初版第二刷発行

著　者　パニコス・パナイー
訳　者　浜井祐三子
　　　　溝上宏美

発行者　渡辺博史
発行所　人文書院
〒六一二-八四四七
京都市伏見区竹田西内畑町九
電話〇七五・六〇三・一三四四
振替〇一〇〇〇-八-一一〇三
装幀　田端恵　㈱ＭＥＴＡ
印刷　㈱冨山房インターナショナル
製本　新生製本所

http://www.jimbunshoin.co.jp